ISBN 978-0-259-86919-1
PIBN 10626920

1 MONTH OF
FREE
READING

at

www.ForgottenBooks.com

By purchasing this book you are
eligible for one month membership to
ForgottenBooks.com, giving you
unlimited access to our entire
collection of over 1,000,000 titles via
our web site and mobile apps.

To claim your free month visit:

www.forgottenbooks.com/free626920

English
Français
Deutsche
Italiano
Español
Português

www.forgottenbooks.com

Mythology Photography **Fiction**
Fishing Christianity **Art** Cooking
Essays Buddhism Freemasonry
Medicine **Biology** Music **Ancient
Egypt** Evolution Carpentry Physics
Dance Geology **Mathematics** Fitness
Shakespeare **Folklore** Yoga Marketing
Confidence Immortality Biographies
Poetry **Psychology** Witchcraft
Electronics Chemistry History **Law**
Accounting **Philosophy** Anthropology
Alchemy Drama Quantum Mechanics
Atheism Sexual Health **Ancient History**
Entrepreneurship Languages Sport
Paleontology Needlework Islam
Metaphysics Investment Archaeology
Parenting Statistics Criminology
Motivational

HISTOIRE

DES RELIGIONS

DE LA GRÈCE ANTIQUE.

Paris. — Imprimerie de L. MARTINET, rue Mignon, 2.

HISTOIRE

DES

RELIGIONS

DE LA GRÈCE ANTIQUE

DEPUIS LEUR ORIGINE JUSQU'A LEUR COMPLÈTE CONSTITUTION

PAR

L.-F. ALFRED MAURY

TOME TROISIÈME

La morale.
Influence des religions étrangères et de la philosophie.

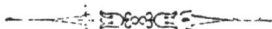

—————

PARIS

LIBRAIRIE PHILOSOPHIQUE DE LADRANGE

RUE SAINT-ANDRÉ-DES-ARTS, 41

1859

19945
21/12/91

HISTOIRE
DES RELIGIONS
DE LA GRÈCE ANTIQUE.

CHAPITRE XIV.

LA MORALE DES GRECS DANS SES RAPPORTS AVEC LA RELIGION.

L'exposé de la théogonie d'Hésiode qui se trouve au chapitre V a montré que la morale revêtit dès le principe, en Grèce, un caractère simple et pratique qui la dégageait des formes mythologiques dont la religion demeurait entourée. Ce caractère est aussi celui des préceptes moraux de l'école gnomique.

On y voit reparaître les courts apophthegmes des anciens poëtes ; on y retrouve le bon sens, l'énergique concision qui distinguent la morale de l'auteur des *Travaux et les Jours*. La religion recueillait ces sentences tombées de la bouche des sages, et elle les inscrivait parfois au fronton de ses temples. Aux propylées du temple de Latone à Délos, on avait gravé ces mots attribués à Théognis : « Ce qu'il y a de plus beau, c'est la justice ; de meilleur, c'est la santé ; et de plus agréable, la jouissance de ce qu'on désire [1]. » Au temple de Delphes, on lisait la fameuse sentence : *Connais-toi toi-même*, prononcée par

---

[1] Aristot. *Ethic. ad Nicomach.*, I, 8 ; *Ad Eudem.*, I, 1. Theogn. *Sentent.*, 255.

T. III.

Chilon [1] et que la piété fit plus tard remonter à Apollon. L'idée de justice dominait toute la morale des premiers sages, et Aristote ne faisait que répéter le langage des gnomiques, quand il proclamait la justice la plus importante de toutes les vertus, celle dans laquelle toutes les autres sont comprises [2]. Malgré la pureté de plusieurs de ses préceptes, cette philosophie morale était encore incomplète; ce qui lui fait défaut, c'est l'élévation du sentiment; ce qu'elle ne peut atteindre, c'est l'idéal.

Solon appartient à l'école des gnomiques, qui s'efforçait de populariser des préceptes qu'on n'avait guère encore enseignés que sous le voile du mythe. Ce qui nous est resté du législateur athénien prouve qu'il plaçait le culte envers les dieux au nombre de nos premiers devoirs : *Honore les dieux et respecte tes parents*, dit-il quelque part [3]. Le culte constituait à ses yeux, comme à ceux de la plupart des anciens, une partie de la morale, il en était le point de départ et la sanction; institué par les dieux mêmes, il devait se perpétuer éternellement. « Combien plus encore devons-nous, observe Diodore [4], être fidèles aux dieux qui dispensent le bonheur aux hommes religieux, non-seulement pendant la vie, mais encore après la mort, et qui préparent pour toute l'éternité, dans les cérémonies du culte qu'ils ont instituées, une si douce et si honorable occupation! » — « Il n'est rien dans la vie à quoi nous devions attacher plus

---

[1] Voy. ce qui est dit de cette sentence, tome II, p. 533. Cf. Anonym. *De vit. Pythagor.*, p. 63, edit. Kuster.

[2] Aristot. *Ethic. ad Nicomach.*, V, 1. Cf. Ciceron. *De officiis*, I, 43; II, 11.

[3] Diogen. Laert., lib. I, p. 40 : Θεοὺς τίμα, γονέας αἰδοῦ.

[4] Diodor, VIII, fragm. 22.

d'importance qu'aux honneurs rendus à la divinité[1]. » Et ailleurs le même historien remarque que ceux qui ne professent pas la piété envers les dieux, professent encore moins la justice envers les hommes[2]. Solon condamne le mensonge[3] ; il invite celui qui aime le bien à ne pas fréquenter le méchant[4]. Toutefois il n'établit pas une séparation absolue et purement théorique entre les bons et les mauvais. Il y a, selon lui, des gens heureux et des gens malheureux ; mais quant au mal, il se glisse dans tous les cœurs[5].

La morale en Grèce différait peu de la nôtre. Elle a été au fond la même dans tous les temps. Un sentiment instinctif de notre conservation et de nos besoins a toujours fait condamner ce qui peut porter atteinte à la con-

[1] Diodor., *loc. cit.* Diodore développe cette pensée, et recommande la piété, non-seulement aux hommes, comme un acte de reconnaissance envers les dieux, mais aux cités, elles qui, par leur durée, s'approchant pour ainsi dire de l'immortalité, semblent avoir quelque chose de commun avec la nature divine, et qui, subsistant pendant des siècles, retirent, en échange de leur attachement au culte, de grands avantages ; car la piété les mène au faîte de la puissance, tandis que la négligence des devoirs religieux les expose aux sévères châtiments du ciel. (VII, fragm. 23.)

[2] μὴ ψεύδου. Pittacus ordonnait de dire toujours la vérité. Pythagore la recommandait également comme une des choses les plus essentielles. Stobée a recueilli plusieurs passages des anciens, qui donnent le même conseil, et qui sont empruntés à Homère, à Phocylide, à Cléobule, à Théognis, à Euripide et à Chérémon. (Voy. Stob., *Serm.* 12.)

[3] Diodor. Sic., VII, fragm. — Les idées de piété et de justice ont toujours été liées dans l'esprit des anciens. L'homme juste (δίκαιος) était en même temps l'homme pieux (θεοσεϐής). (Aristoph. *Plut.*, 28. Cf. Nægelsbach, *Die nachhomerische Theologie*, p. 434.)

[4] Μὴ κακοῖς ὁμίλει.

[5] Οὐδὶ μάκαρ οὐδεὶς πέλεται βρότος· ἀλλὰ πόνηροί
Πάντες, ὅσους θνητοὺς ἠέλιος καθορᾷ.
(Solon. fragm. 6 *Poet. minor. Græc.,*
edit. Gaisford, p. 335.)

stitution de la société et affaiblir le lien qui en est la force. On trouve recommandées chez les plus anciens auteurs grecs presque toutes les vertus que nous honorons aujourd'hui ; ce que dit Solon, les poëtes le répètent après lui.

Ces préceptes de morale pratique se développèrent et s'épurèrent graduellement. En Attique, le fils aîné de Pisistrate fit graver les plus essentiels sur les hermès, afin que chacun les eût sans cesse sous les yeux [1].

A côté de la morale populaire, il ne tarda pas à s'en former une autre reposant sur une pensée plus exclusivement religieuse. C'est qu'à l'instinct qui élève notre pensée vers la divinité, conçue comme l'auteur de toutes choses, instinct dont la raison commençait à se rendre compte [2], s'unissait un sentiment plus vrai de la nature divine. Le bien, le bon, qui doivent régler nos actions et qui éclairent notre conscience, apparaissaient comme un rayon de la divinité, comme la lumière morale dont elle illumine notre âme. Bias avait déjà dit que tout le bien qui nous arrive, il faut le faire remonter aux dieux [3]. « Non-seulement il existe, écrit Ménandre, une morale fondée sur la nature de l'homme, indépendante de toute opinion spéculative, antérieure à toute conviction, mais, de plus, dans les âmes vertueuses, les facultés intellec-

[1] Voy. Platon. *Hipparch.*, § 3, p. 34, edit. Bekker.

[2] On voit, par ce que dit Platon, que l'on démontrait depuis longtemps l'existence des dieux à ceux qui doutaient de leur existence, par la création, par l'ordre qui y règne, par le consentement de tous les peuples, grecs ou barbares (*Leg.* X, § 1, p. 464, edit. Bekker). En présence d'une nature périssable, il devait y avoir quelque chose d'immortel, et cette immortalité se trouvait au sein de la divinité. « Les œuvres des dieux sont périssables, a dit Sophocle, mais les dieux sont immortels. » (Sophocl. ap. Plutarch., *De defect. oracul.*, § 9, p. 697.)

[3] Diogen. Laert., I, p. 60 : Ὅ,τι ἂν ἀγαθὸν πράττῃς, εἰς θεοὺς ἀνάπεμπε.

tuelles, ce qu'on appelle la raison, sont un reflet de la nature divine, ou plutôt Dieu lui-même [1]. » Euripide fait dire
au chœur, dans la tragédie des *Bacchantes* : « O sot orgueil
qui prétend être plus sage que les sages et antiques
lois! Doit-il coûter à notre faiblesse d'avouer la force
d'un être suprême, quelle que soit d'ailleurs sa nature,
et de reconnaître une loi sainte antérieure à tous les
temps [2]! »

De cette doctrine, il résulte que la divinité est la source
de tout bien, quelle est l'être souverainement bon. Et, en
effet, Simonide avait déjà dit que Dieu seul est bon et
qu'il est impossible que l'homme ne soit pas pécheur [3].
Zeus, le maître des dieux, dans lequel se réunissaient
tous les attributs et toutes les perfections de la divinité,
était donc *le dieu bon* par excellence, et il paraît avoir été
invoqué sous ce nom spécial, en Arcadie [4].

---

[1] Cette pensée se trouve dans un fragment des *Adelphes* de Ménandre,
conservé dans le traité Περὶ μοναρχίας de Saint-Justin (edit. Otto,
p. 122, 155). Térence, qui a imité cette pièce, ne l'a pas rendue. Otto
rapproche de la dernière sentence du comique grec,

Θεός ἐστι τοῖς χρηστοῖς ἀεὶ
Ὁ νοῦς

ce passage de Sénèque (*Epist.* IV, 12) : « *In unoquoque virorum bo-
norum... habitat Deus.* » M. Hase (*Journal des savants*, année 1853,
p. 184) en rapproche aussi une pensée du poète comique Platon, tirée
d'une pièce intitulée : Σοφισταί (voy. Cobet, *Observat. critic. in Platon.
comic. reliq.*, p. 190 :

Προμηθία γάρ ἐστιν ἀνθρώποις ὁ νοῦς.

[2] Euripid. *Bacch.*, v. 882, sq.
[3] Ἀδύνατον καὶ οὐκ ἀνθρώπειον, ἀλλὰ θεὸς ἂν μόνος τοῦτ' ἔχοι τὸ γέρας.
(Ap. Platon. *Protagor.*, § 84.)
[4] A gauche du chemin de Mégalopolis au mont Ménale, est un temple
dédié à *Agathos Théos*. « Si c'est aux dieux que les hommes doivent
tous les biens dont ils jouissent, dit Pausanias, si Zeus est le souverain
des dieux, il paraît naturel de conjecturer que c'est à lui qu'on a donné
ce surnom. » (VIII, c. 36, § 3.)

Puisque ce sont les dieux qui nous fournissent le type de la beauté et de la vertu, les hommes vertueux sont les images des dieux, ainsi que le remarquait Diogène [1]. Et comme on aime toujours ce qui est fait à sa ressemblance, les dieux doivent aimer dans les justes leurs images [2] : pensée contenue chez les anciens poëtes et que développe Platon dans son *Philèbe* [3]. Homère, par exemple, avait dit : « Les dieux fortunés n'aiment point les actions impies, mais ils honorent la justice et les pieux travaux des hommes [4]. » Eschyle nous représente la divinité comme jetant un regard favorable sur celui qui exerce l'autorité avec douceur et équité [5]. « Quiconque honore ses parents est chéri des dieux pendant sa vie et après sa mort, » s'écrie Euripide [6]. En retour de cette amitié des dieux pour l'homme, celui-ci lui rendait le respect, car il ne pouvait avoir pour eux un amour qui n'existe qu'entre des êtres de la même nature ; l'amour de Dieu, dans le sens chrétien du mot, est un sentiment qui était inconnu aux anciens [7].

---

[1] Diogen. Laert., lib. VI, p. 397.

[2] « Les hommes qui sont aimés des dieux, dit Simonide, sont le plus longtemps vertueux et le sont davantage. » Ἐπὶ πλεῖστον δὲ καὶ ἄριστοι εἰσιν οὕς ἄν οἱ θεοὶ φιλῶσι. (Platon. *Protagor.*, § 87.)

[3] Δίκαιος ἀνὴρ καὶ εὐσεβὴς καὶ ἀγαθὸς πάντως ἆρ' οὐ θεοφιλής ἐστιν.
(Platon. *Phileb.*, § 84, p. 519, edit. Bekker. Cf. Platon, *Leg.* IV, § 8, p. 114.)

[4] *Odyss.*, XIV, 80-81.

[5]　　　　Τὸν κρατοῦντα μαλθακῶς
　　　Θεὸς πρόσωθεν εὐμενῶς προσδέρχεται.
　　　　　　(Æschyl. *Agamem.*, v. 918-919.)

[6] Euripid. *Fragm. trag. inc.*, 181.

[7] Voyez dans Aristote (*Ethic. ad Nicom.*, VIII, 7) les motifs donnés pour expliquer comment l'homme ne saurait avoir de l'amitié pour les dieux : Ἔστι γὰρ φιλία καὶ πρὸς θεὸν καὶ τὰ ἄψυχα · οὐκ ὀρθῶς — ἡ δὲ πρὸς

Zeus est en général représenté comme rempli pour les hommes d'un sentiment d'amitié et de bienveillance. De là l'épithète d'*ami* (φίλιος [1])qui lui est donnée. Il veille sur les malheureux et ‾prend les étrangers sous sa garde spéciale [2]. Le bonheur est donc le fruit de la protection des dieux. Mais l'homme ne doit ni trop s'enorgueillir des faveurs du ciel, ni trop compter sur leur durée : trop de bonheur est funeste, car il n'est pas durable. C'est ce que dit Eschyle, en se servant d'une comparaison : « Il faut alléger la cargaison du navire trop chargé de richesses [3]. »

Sophocle, dans son *OEdipe roi*, nous rappelle que nul homme sur la terre ne mérite le nom d'heureux, avant que la mort soit venue mettre un terme à son existence [4]. Dieu abaisse les superbes et élève les humbles, disait Chilon [5]. Pindare avertit Arcésilas, qui avait remporté la victoire aux jeux Pythiques, de ne point oublier que c'est Dieu qui est l'auteur de sa gloire [6]. Et cette pensée religieuse revient souvent à la bouche du grand lyrique [7]. La vraie sagesse consiste dans cette modération; cet heureux tempérament de prudence et de

---

θεὸν φιλία οὐδέ ἀντιφιλεῖσθαι δέχεται, οὔθ' ὅλως τὸ φιλεῖν· ἄτοπον γὰρ ἂν εἴη εἰ τις φαίη φιλεῖν τὸν Δία. (*Ethic.*, II, 11.) Conf. l'application que Letronne a faite de cette remarque à l'interprétation des noms dans lesquels entre celui d'une divinité (*Mém. de l'Acad. des inscript.*, 2ᵉ série, t. XIX, p. 102).

[1] Voy. Callimach. *Epigr.*, VI, v. 4.
[2] Herodot., I, 44. Dion. Chrysost. *Orat.*, I, 9.
[3] Æschyl. *Sept. Theb.*, v. 777-779.
[4] Μηδέν' ὀλβίζειν, πρὶν ἂν τέρμα τοῦ βίου περάσῃ.
(*OEdip. tyran.*, v. 1529-30.)
[5] Diogen. Laert., lib. I, *Vit. Chilon.*, p. 47.
[6] Pindar. *Pyth.*, V, 23.
[7] Voy. Alb. de Jonghe, *Pindarica*, p. 22, sq.

retenue que les Grecs appelaient σωφροσύνη, et qui était
la compagne naturelle de la piété (εὐσεβεία [1]). La modération en tout est en effet sans cesse recommandée
par les anciens [2], et l'homme véritablement digne de la
qualification de σώφρων est celui qui est modéré (μέτριος [3])
en toutes choses. Appliquons-nous donc, disent les
moralistes de l'antiquité, à observer la tempérance, et.
Euripide ajoute : C'est par la culture de l'intelligence
que nous y parviendrons ; l'éducation forme l'homme
à la vertu. Ces idées avaient déjà cours dans la Grèce,
quand Socrate entreprit de les étendre et de les fortifier
par un enseignement systématique [4].

Un progrès aussi sensible dans les principes moraux
des Grecs ne pouvait s'opérer sans que la morale pratique
et sociale en reçût un perfectionnement et devînt plus
efficace et meilleure. Aussi voyons-nous proclamer, vers
cette époque, ces principes empreints d'un sentiment de
fraternité et d'affection mutuelle, qui sont la base de la
vraie morale. Ce que les Grecs appelaient *amitié*, ce qui
était, à leurs yeux, le lien qui unit les cités et fait vivre
les sociétés [5], n'était pas seulement un pur attachement
né de la conformité des idées et des caractères, c'était le

---

[1] Sophocl. *Electr.*, v. 309-310. Euripid. *Bacch.*, v. 1139. Isocrat.
Orat. de pace, c. 63, p. 110. L'orateur athénien s'exprime ainsi : Ἅ μέν
οὖν ὑπάρχειν δεῖ τοῖς μέλλουσιν εὐδαιμονήσειν, τὴν εὐσέβειαν καὶ τὴν σωφροσύνην
καὶ τὴν ἄλλην ἀρετὴν ὀλίγῳ πρότερον εἰρήκαμεν.
[2] Οἱ δ'ἀγαθοὶ πάντων μέτρον ἴσασιν ἔχειν, dit Théognis (v. 614 ; cf. 335,
401). Voy. Pindar. *Olymp.* XIII, 47 ; *Pyth.* II, 34. Euripid. *Hippol.*,
264 ; *Med.* 127.
[3] Xenoph. *Histor. græc.*, VI, 3, 11. Æschyl., I, 162. Dinarch.
Orat., III, 18.
[4] Euripid. *Iphig. Aul.*, v. 558. Voyez la dissertation sur la *Morale
d'Euripide*, par M. L. Maignen, p. 37 (Paris, 1856).
[5] Aristot. *Ethic.*, VIII, 1.

principe de la philanthropie et de l'assistance réciproque.
« L'amitié parfaite, écrit Aristote [1], ne saurait exister
qu'entre gens vertueux, car ceux-là seuls ont les uns pour
les autres une bienveillance fondée sur le mérite propre
et personnel de chacun d'eux [2]. » Iolaüs, au début de la
tragédie des *Héraclides* [3], s'écrie que l'homme juste est
celui qui se croit né pour ses semblables.

Les Athéniens faisaient remonter à leur héros Bou-
zygès, c'est-à-dire jusqu'aux plus anciens âges, le précepte sublime : « *Faites à autrui ce que vous voudriez
qui vous fût fait* [4], » que l'on retrouve plus développé
dans ces paroles d'Isocrate : « *Ne faites pas aux autres
ce que vous ne voudriez pas souffrir d'eux* [5], *et soyez à
l'égard des autres ce que vous voulez que je sois à votre
égard* [6]. » Cet orateur athénien nous présente la morale des
Grecs parvenue à son plus haut degré de pureté et d'élévation. Il reprend les préceptes de Solon et les ennoblit.

La poésie gnomique s'était bornée à recommander de
ne pas faire du mal au prochain et de pratiquer la bienfaisance [7]. Mais Isocrate prêche véritablement ce que les
chrétiens ont appelé la charité : « Vous devez, dit-il en
s'adressant à Nicoclès, aimer les hommes, aimer vos
sujets. Tous les êtres dont le sort nous est confié, les

---

[1] Aristot. *Ethic.*, VIII, 3.
[2] *Idem, ibid.*
[3] Ὁ μὴν δίκαιος τοῖς πέλας πέφυκ' ἀνήρ.
(Euripid. *Heracl.*, v. 2.)
[4] Voy. Hesychius, v° Βουζύγης. Cf. Creuzer, *Orat. de civit. Athen.*,
p. 11, et note, p. 50, edit. Sec.
[5] *Orat. ad Nicocl.*, c. 61, p. 24, edit. Bailer.
[6] *Ibid.*, c. 49, p. 22, edit. Bailer.
[7] « Ne faites de mal à personne ; la bienveillance convient au juste, »
dit Théognis. (*Sentent.*, p. 41, edit. Sylb.)

hommes, les animaux même, si nous ne les aimons, comment pourrions-nous les bien gouverner [1] ? »

De là au principe du dévouement mutuel, il n'y a qu'un pas. Et en effet, nous voyons parfois apparaître chez les poëtes des exemples d'admirables dévouements. Dans la tragédie des *Héraclides*, Euripide fait dire à Macarie, la fille d'Hercule : « Que dis-je ? Si je sauvais mes jours aux dépens de ceux de mes frères, en serais-je plus heureuse ; assez d'autres sans moi ont fait voir par leur exemple quel est le sort de ceux qui osent trahir l'amitié [2]. » Et Macarie se dévoue pour ses frères.

La vertu, voilà donc quelle est la véritable richesse, le véritable trésor que nous devons nous attacher à amasser. Celle des pères fait le meilleur patrimoine qu'ils laissent à leurs enfants [3]. « Malheur au fils qui ne sert pas à son tour ceux qui lui ont donné le jour ; en échange de ses pieuses largesses, le fils recevra de ses propres enfants autant qu'il aura donné à ses parents [4]. » Quand on rapproche cette morale de celle que nous présentent Hésiode et les anciens poëtes, on saisit un progrès sensible, auquel, il faut le dire, la philosophie de Socrate n'a pas été étrangère [5]. L'ancienne morale se bornait à prescrire l'observation de la justice, elle n'allait pas au delà. « Rendez à chacun ce qui lui est dû, » disait Simonide. Mais Socrate, tout en reconnaissant l'autorité du vieux gnomique, fait voir qu'il est resté au-dessous de la véritable loi du devoir, et que l'homme juste devrait, à ce

---

[1] *Ad Nicocl.*, § 18, p. 19, edit. Baiter.
[2] *Heracl.* v. 520, sq.
[3] *Ibid.* v. 532, sq.
[4] Eurip. *Suppl.*, v. 361.
[5] Voyez ce qui est dit au chapitre XIX.

compte, du mal à ses ennemis, principe que désavoue la vraie morale [1].

Le pardon des injures et l'amour des ennemis, ces sentiments sublimes fondés sur la fraternité humaine et qu'a prêchés le christianisme, sans pouvoir encore les faire entrer dans les cœurs, étaient en effet complétement étrangers à l'antiquité hellénique. Une âme noble et forte ne devait pas, dans l'opinion des Grecs, laisser l'offense qu'elle avait reçue impunie [2]; la supporter en silence, c'était agir comme un lâche ou comme un esclave [3]· Si parfois les moralistes anciens conseillent de ne pas rendre l'injure pour l'injure, c'est par un sentiment d'intérêt bien entendu; c'est par une règle de prudence, afin de ne pas transformer la société en un champ de luttes perpétuelles où la bonne harmonie ne peut plus trouver sa place [4]; c'est en vertu de ce principe de la modération en toutes choses que recommandent tous les philosophes [5].

La morale antique s'en tient donc aux règles de conduite qu'adopte aujourd'hui le vulgaire, et voilà pourquoi

[1] Platon. De republ., I, § 6, p. 273, edit. Bekker. Voy. les judicieuses observations de M. Maignen dans sa thèse sur la Morale d'Euripide, p. 58.

[2] Platon. Menon., § 3, p. 10. Οὐδὲ ἀδικούμενου ἄρα ἀντιδικεῖν, ὡς οἱ πόλλοι οἴονται (Platon. Critias, § 16). Voy. E. Schaubach, Das Verhältniss der Moral des classischen Alterthums zur christlichen, dans les Theologische Studien und Kritiken, publiés par C. Ullmann et F. W. C. Umbreit, 24ᵉ année, 1851 p. 59, sv.

[3] Platon. Gorgias, §§ 85, 86, p. 246, 247.

[4] Φιλεῖν δεῖ ὡς μισήσοντας καὶ μισεῖν ὡς καὶ φιλήσοντας (Bias ap. Aristot. Rhet., II, 13. Cf. Sophocl. Ajax., v. 660; Diod. Sic., XII, 20). Τὸν φίλον δεῖ εὐεργετεῖν, ὅπως ἢ μᾶλλον φίλος· τὸν δὲ ἐχθρὸν φίλον ποιεῖν. — « Hoc si » constitutum sit ut peccata hominis peccatis, injurias injuriis ulciscan- » tur, quantum incommodorum consequatur. » (Ciceron. De invent., II, 27.) Cf. Valer. Maxim., IV, 2, 4.

[5] Schaubach, Mém. cit., p. 85.

elle n'a pas connu la charité chrétienne, cette charité
tendre et de tous les jours, pleine d'abnégation et de dévouement, dont la sœur hospitalière ou le missionnaire
évangélique nous fournissent le modèle. Toutefois le
principe de la charité en lui-même n'a point été inconnu
aux Grecs, pas plus qu'il n'est inconnu à certains peuples
asiatiques. S'ils ne poussaient pas le dévouement pour le
malheureux jusqu'au point où le portèrent les chrétiens,
où l'avaient même porté les bouddhistes [1], les anciens connaissaient du moins la commisération, le désir de soulager
les malheureux, qui procède de l'instinct de sociabilité [2].
Pour certains Grecs, la vertu avait même son plus ferme
appui dans l'amitié [3] ; elle était préférable à la considération [4]. Bien des traits rapportés par les anciens démon-
trent que ce n'étaient pas là de purs préceptes qu'on répétait sur le théâtre ou à la tribune, mais qui ne passaient
pas dans les actes. La vie de plus d'un sage dépose
de la réalité de cette charité antique. Bias, par exemple,
trouva malgré sa pauvreté de quoi délivrer, comme le
faisaient les Pères de la Merci, de jeunes filles mes-
séniennes qui avaient été réduites en esclavage par des
brigands ; il les renvoya à leurs parents, auxquels, loin

---

[1] « La perfection à laquelle aspire l'ascète bouddhiste ne doit pas
l'élever seul, et c'est pour en faire partager le bienfait aux autres
hommes qu'il la recherche au milieu des plus difficiles épreuves. » (Eug.
Burnouf, *Introduction à l'histoire du bouddhisme indien*, p. 159.) Cf.,
sur l'extraordinaire charité des bouddhistes indiens, *ibid.*, p. 196 et
suiv., et Stanislas Julien, *Histoire de la vie de Hiouen-Thsang*, p. 41,
207, 213 (Paris, 1853).

[2] Aristot. *Ethic.*, VIII, 1.

[3] « Certaines gens pensent que ceux qui savent être amis ne peuvent
manquer d'être vertueux, » écrit Aristote (*loc. cit.*).

[4] Aristot. *Ethic.*, VIII, 8. Quand l'amitié est fondée sur la vertu, elle
était, selon quelques-uns, désirable pour elle-même.

de réclamer le prix de leur rançon, il fit encore des présents [1]. Les anciens Grecs-ont aussi connu l'espérance. Pindare lāpropose aux malheureux comme la plus douce des consolations, car elle berce doucement son cœur et allaite sa vieillesse [2], et Euripide proclame l'espérance la compagne du brave, et le désespoir le partage du lâche [3]. Le sage ne passe-t-il pas sa vie à espérer [4]? Est-il même rien que l'on ne puisse espérer [5]? Vivons donc, nourrissons-nous d'espérance, puisque la réalité est si amère [6], ou tout au moins résignons-nous [7].

Enfin nous retrouvons encore chez les anciens la troisième des vertus théologales, la foi, la foi aux dieux, sans laquelle la morale n'a pas de sanction et le cœur humain point d'appui. Religion et morale étaient donc intimement liées, quand la philosophie apprit à l'homme à les distinguer, sans nier cependant le secours réciproque qu'elles se prêtent.

L'homme qui sent que la divinité est près de lui a plus de force pour lutter contre la tentation, pour résister aux entraînements des mauvais penchants, si toutefois il se fait de cette divinité une idée pure et élevée et qu'il ne lui prête pas ses propres passions. Cette foi en la divinité fortifie sa vertu et le sauvegarde même des terreurs de la superstition. « Achevez votre sacrifice à Dieu, fait dire Ménandre à un de ses personnages, achevez-le en toute confiance, étant juste et orné de la pureté de

[1] Diodor. Sic., IX, fragm. 9.
[2] Pindar. ap. Platon. De republ., I, § 5, p. 271.
[3] Eurip. Hercul. fur., v. 101; Troad., v. 676.
[4] Ino, fragm. 19.
[5] Hypsip., fragm. 9.
[6] Phryxus, fragm. 3 : Δι' ἐλπίδος ζῆ καὶ δι' ἐλπίδος τρέφου.
[7] OEnomaüs, fragm. 3.

l'âme, comme d'un vêtement éclatant;-si vous entendez
le tonnerre, ne fuyez pas, puisque votre conscience ne
vous fait nul reproche, car Dieu vous voit et se tient près
de vous [1]. »

La pensée, exprimée par Solon, que le culte rendu aux
dieux est un des premiers devoirs de l'homme, et qui est
énoncée aussi dans Euripide [2], se trouve également chez
Isocrate, mais développée comme tous les préceptes de
morale qu'il emprunte à ses devanciers. L'orateur athénien n'entend pas seulement qu'on honore les dieux par
des cérémonies et des rites solennels, il veut qu'on les
révère du fond du cœur et qu'on se transmette les règles
suivies dans leur adoration, comme un héritage sacré qu'il
serait impie de répudier : « Restez inviolablement attaché
à la religion de vos pères. Souvenez-vous, dit-il à Nicoclès, que l'hommage d'un cœur droit et vertueux honore
plus les immortels que la pompe du culte extérieur et la
multitude des victimes. C'est par la justice qu'on obtient
ce que l'on demande plutôt que par les sacrifices [3]. » Et
dans son *Discours à Démonique* , le même orateur
s'exprime ainsi : « Honorez d'abord les immortels par la
fidélité à vos serments, plus encore que par la multitude
des victimes. L'un ne prouve que l'aisance et la richesse,

Ὁ γάρ θεὸς βλέπει σε πλησίον παρών.
(Menand. ap. Euseb. *Prœp. evang.*, XIII, 13, p. 682.)
[2] Il y a, selon ce poète (*Suppl.*, v. 300), trois vertus principales
auxquelles l'homme de bien doit continuellement s'exercer, le culte
des dieux, le respect pour les parents, et l'observation des lois.
[3] Τὰ πρὸς τοὺς θεοὺς ποίει μὲν ὡς οἱ πρόγονοι κατέδειξαν, ἡγοῦ δὲ θῦμα
τοῦτο κάλλιστον εἶναι καὶ θεραπείαν μεγίστην, ἐὰν ὡς βέλτιστον καὶ δικαιότατον
σαυτὸν παρέχης· μᾶλλον γὰρ ἐλπὶς τοὺς τοιουτούς ἢ τοὺς ἱερεῖα πολλὰ κατα-
βάλλοντας πράξειν τὶ παρὰ τῶν θεῶν ἀγαθόν. (Isocrat. *Ad Nicocl.*, c. 20,
p. 11, edit. Baiter.)

l'autre atteste l'innocence et la vertu. Adorez en tout
temps la divinité, mais principalement dans les fêtes publiques. Ainsi l'on verra que vous honorez les dieux et
que vous observez les lois [1]. »

Le culte que l'homme doit aux dieux, c'était, dans la
pensée des Grecs, une marque de reconnaissance et de
respect du même ordre que celle que l'on doit aux auteurs de ses jours. Les dieux n'étaient-ils pas la cause
des plus grands bienfaits que nous puissions recevoir, et
ne leur devions-nous pas l'intelligence comme la vie [2].

Les encouragements qu'on donnait à la piété, les
louanges dont elle était l'objet, ressortent d'une foule
d'inscriptions antiques.

On décernait des couronnes d'or, des statues et des
avantages honorifiques à ceux qui avaient déployé un
zèle tout particulier pour le culte des dieux, comme à
ceux qui s'étaient distingués par leurs vertus, leurs bons
sentiments et leur désir de s'acquérir l'estime publique [3].

Malgré les progrès que la morale religieuse avait faits
au plus beau temps de la Grèce, malgré le degré de pureté

[1] Isocrat. *Ad Demon.*, c. 13, p. 2, edit. Baiter.
[2] Aristot. *Ethic. ad Nicom.*, VIII, 12.
[3] Les formules usitées alors étaient : ἀρετᾶς ἕνεκα καὶ τᾶς πρὸς τοὺς
θεοὺς χάριν εὐσεβείας (voy. l'inscription relative à une statue élevée
dans Cyrène à un prêtre d'Apollon par les autres prêtres du dieu
(Boeckh, *Corp. inscr. græc.*, t. III, n° 5132), ou : εὐσεβείας ἕνεκα
τᾶς ποτὶ τοὺς θεοὺς καὶ ἀρετᾶς καὶ εὐνοίας καὶ φιλοδοξίας, etc. (voy. une
inscription de Lindus, donnée par L. Ross dans le *Rheinisches Museum
für Philologie*, 2ᵉ série, 1846, p. 191). On décernait aussi des honneurs
particuliers et des actions de grâce publiques à ceux qui avaient fait
preuve de zèle et d'empressement dans le culte public. (Voy. à ce
sujet l'inscription de Cos, relative à Nicagoras, donnée par Leake dans
les *Transactions of the Royal Society of literature*, vol. I, p. 19,
n° 44.)

relative qu'elle avait atteint, comme le prouvent les
écrits d'Isocrate, les premiers poëtes qui en avaient
jeté les fondements, mais n'avaient encore qu'ébauché
l'enseignement des devoirs, ne demeurèrent pas moins
les instituteurs officiels de la morale publique. C'était
dans la lecture et l'étude de leurs écrits, que la jeunesse
allait puiser ses règles de conduite et ses principes de
vertu [1].

Le même Isocrate nous le dit formellement dans son
Discours à Nicoclès : « Tout contribue, écrit-il, à
instruire les particuliers, les lois de leur pays, les préceptes de morale légués par les anciens poëtes [2].» Et
quoique l'orateur athénien laisse loin derrière lui, comme
moraliste, l'école des gnomiques, ces poëtes demeurent
encore à ses yeux, comme à ceux de tous ses contemporains, les meilleurs instituteurs de la morale [3]. Cet enseignement des premiers chantres de la Grèce [4] ajoutait
encore au caractère sacré sous lequel ils s'offraient à
l'imagination du vulgaire, et l'opinion qui commençait à
s'accréditer que la science du bien nous vient des dieux,
les faisait regarder comme en ayant été inspirés.

La morale apophthegmatique des poëtes gnomiques
avait quelque chose de sec et d'abstrait qui ne parlait
point à l'esprit du peuple. Celui-ci était encore moins en
état de comprendre une morale dialectique et raisonnée

---

[1] Platon. *Protagor.*, § 43.

[2] Πρὸς δὲ τούτοις καὶ τῶν ποιητῶν τινες τῶν προγεγενημένων ὑποθήκας ὡς
χρὴ ζῆν καταλελοίπασιν. (Isocr. *Nicocl.*, c. 3, p. 8, edit. Baiter.)

[3] « Chacun convient, dit-il, à propos des poésies d'Hésiode, de
Théognis et de Phocylide, qu'ils ont laissé les meilleurs préceptes de
morale. » (Isocr., *Ad Nicocl.*, c. 43, p. 14, edit. Baiter.)

[4] C'est ce qui fait dire à Pausanias, en parlant d'Hésiode (II, c. 9,
§ 5) : παρεδήλωσα δὲ τάδε ἀπιδὼν ἐς τὸ Ἡσίοδον σὺν θεῷ πεποιημένον.

telle que l'introduisit Socrate dans les écoles de philosophie. Il fallait quelque chose qui frappât davantage son imagination et sût lui plaire, tout en l'instruisant et en le rendant meilleur. Le mythe était excellent pour cet objet. Il voilait par la vivacité d'un récit attrayant ce qu'il y a de grave et même d'amer dans tout enseignement moral [1].

« Le peuple, comme le remarque fort bien Maxime de Tyr dans sa dissertation sur la question de savoir *qui ont le mieux parlé des dieux, des poëtes ou des philosophes*, à raison de la faiblesse de son esprit, ne peut regarder les choses sous leur face naturelle et a besoin de la fable [2]. » Et l'orateur grec remarque encore que la fable, par les ornements dont elle revêt une vérité sèche, lui imprime un caractère de majesté et de puissance qui ajoute au respect que celle-ci nous inspire [3]. Pour que les hommes admirent un fait, un précepte aussi bien qu'un individu, il ne faut pas qu'ils le regardent de trop près. Et puis quand la vérité a besoin d'être cherchée sous l'allégorie, l'esprit, après l'avoir découverte, l'envisage en quelque sorte comme sa création, et s'y attache par conséquent davantage [4].

La morale mythique avait donc pour les Grecs une vertu et un attrait qui la faisaient subsister à côté de

---

[1] Voyez, à ce sujet, les observations consignées dans les *Mémoires de l'anc. Acad. des inscript. et belles-lettres*, t. XLV, p. 53.

[2] Πραγμάτων γὰρ ὑπ' ἀθρωπίνης ἀσθενείας οὐ καθορωμένων σαφῶς, εὐσχημονέστερος ἑρμηνεὺς ὁ μῦθος. (*Dissert.*, X, p. 165, edit. Reiske.)

[3] Τί γὰρ ἂν ἄλλο εἴη μύθου χρεία, ἢ λόγος περισκεπὴς ἑτέρῳ κόσμῳ; καθάπερ τὰ ἱδρύματα, οἷς περιέβαλλον οἱ τελεσταὶ χρυσὸν καὶ ἄργυρον καὶ πέπλους, τούτοις ἀποσεμνύνοντες αὐτῶν τὴν προσδοκίαν. (*Dissert.*, X, § 5.)

[4] Καταμαντευομένη δὲ τῶν οὐχ ὁρωμένων, καὶ θηρεύουσα ταῦτα τοῖς λογισμοῖς μὴ τυχοῦσα μὲν σπεύδει ἀνευρεῖν, τυχοῦσα δὲ ἀγαπᾷ ὡς ἑαυτῆς ἔργον. (Maxim. Tyr., *ibid.*)

la morale apophthegmatique, et qui lui assura encore une longue existence, après que la philosophie eut remplacé l'enseignement gnomique.

La philosophie fut même d'abord obligée d'emprunter à la poésie ses fables et ses allégories, pour faire pénétrer dans les intelligences les principes nouveaux [1].

Cette prédilection du vulgaire pour l'enseignement mythologique indignait les esprits d'élite qui eussent préféré que le peuple s'en tînt aux enseignements plus purs de la morale. Isocrate se plaint, dans un des passages cités plus haut, que l'on préfère des contes ridicules aux plus belles sentences d'Hésiode, de Théognis et de Phocylide [2]. Ce qui justifie l'indignation de l'orateur athénien, c'est que dans l'enseignement mythologique l'erreur et la vérité se confondent; et là sont en effet son inconvénient et son danger. Dans l'ignorance où il est de l'histoire, le peuple prend pour vraies les fictions des poëtes [3], et de la sorte une superstition grossière étouffe bientôt la morale [4]. Mais tel n'était point encore le plus grand péril. Les poëtes, en même temps qu'ils voulaient enseigner sous le voile de l'allégorie, brodée par la fantaisie et le caprice, les préceptes de la morale, cherchaient aussi à peindre les phénomènes de la nature, expression vivante de la puis-

---

[1] Πάντα μεστὰ αἰνιγμάτων καὶ παρὰ ποιηταῖς καὶ παρὰ φιλοσόφοις. (Maxim. Tyr. *Diss.*, X, p. 175, edit. Reiske.)

[2] Isocrat., *Ad Nicocl.*, c. 43, p. 14, edit. Baiter.

[3] C'est ce que rappelle cette observation de Pausanias : Οἷα ἱστορίας ἀνηκόοις οὖσι, καὶ ὁπόσα ἤκουον εὐθὺς ἐκ παίδων ἔν τε χοροῖς καὶ τραγῳδίαις πιστὰ ἡγουμένοις (I, c. 3, § 2).

[4] C'est le danger que firent ressortir plus tard, avec beaucoup de force, les Pères de l'Église, et qui dicte à Minucius Félix ces réflexions : « Et » iisdem fabulis inhærentibus, ad usque summæ ætatis robur adolescent; » et in iisdem opinionibus miseri consenescunt : cum sit veritas obvia, » sed requirentibus. (*Octav.*, c. 22.) »

sance suprème. Les attributs de Dieu se révélant à l'homme par ces phénomènes, ceux-ci apparaissaient comme autant de symboles au fond desquels il fallait pénétrer pour trouver la divinité. D'ailleurs, le poëte était encore plus préoccupé d'exprimer par son langage et par ses figures le jeu merveilleux de la création, que d'apporter aux mortels des exemples du juste et du bien. Il s'établit de la sorte dans la poésie un conflit entre les idées morales et les images symboliques. La conduite et les attributs prêtés aux dieux, dans le but de représenter les phénomènes de la divine nature, se trouvèrent en contradiction avec les enseignements moraux qu'on associait aux récits ; et il semble même que cette scission entre la fable proprement dite et la morale ait contribué à la naissance des poésies gnomiques. Il fallut séparer la vérité morale, pure, d'une vérité allégorique et physique qui, mal interprétée, pouvait devenir et devenait en effet la justification de l'immoralité.

Mais ce qui fut plus grave encore pour la morale, ce qui exerça sur les mœurs l'effet le plus fâcheux, c'est que le culte prétendit, en Grèce, reproduire ou tout au moins rappeler les mythes poétiques. En adorant les divinités qui personnifiaient les diverses manifestations de la puissance divine au sein de la nature, on voulut que les rites symbolisassent aussi ces manifestations, et bientôt le symbole prévalut sur le caractère auguste et pur sans lequel le culte ne saurait avoir d'action efficace sur les mœurs.

Telle a été la grande plaie morale du polythéisme grec et la cause des désordres qui ont affaibli son influence civilisatrice.

On rencontre en effet, dans différents rites, différentes

20 MORALE. RELIGIEUSE.

cérémonies que la religion consacrait, des pratiques contraires à la probité, aux bonnes mœurs. Par exemple, dans les fêtes qui avaient lieu à Samos en l'honneur d'Hermès, il était permis de voler[1]. Une foule de représentations obscènes rappelaient, dans les temples, les amours des dieux. Il y en avait notamment de fort répandues qui figuraient l'union charnelle de Zeus et de Héra[2].

Le culte de Dionysos, ainsi que je l'ai fait remarquer au chapitre VI, était rempli d'actes indécents et de scènes de nature à blesser la pudeur[3]. De ce nombre était la procession du phallus, qui a fourni à Aristophane le sujet de plaisanteries obscènes[4]. Sous le prétexte d'honorer le dieu du vin, on se livrait à la débauche et à l'ivrognerie. Les extravagances des Bacchanales étaient regardées comme une invention de Dionysos en délire[5], et le peuple, qui juge souvent de la valeur des actes, non par ce qu'ils sont en eux-mêmes, mais d'après les principes qu'on lui a inculqués, n'avait plus de scrupule à céder à l'ivresse, puisqu'un dieu lui avait donné l'exemple.

L'immoralité s'autorisait donc de ces exemples sacrés,

[1] Plutarch. *Quæst. græc.*, § 55.

[2] C'est ce que nous apprennent les paroles de Chrysippe, ap. Origen. *Adv. Cels.*, IV, XLVIII, 540. Cf. Lobeck, *Aglaoph.*, t. I, p. 606. Preller, *Demeter und Persephone*, p. 244.

[3] Voyez Aristoph. *Acharn.*, v. 254, sq. Voyez toutefois la discussion qui s'est élevée entre Raoul-Rochette et Letronne, à propos du caractère obscène de certains actes du culte grec et de diverses représentations figurées (*Revue archéologique*, t. II, p. 753 et suiv.), discussion dans laquelle Letronne me paraît avoir été un peu trop favorable à la moralité du culte des anciens.

[4] Dans quelques-unes de ces processions, on voyait les dévots adorer et baiser cette image obscène.

[5] On racontait, à Athènes, que Héra ayant ôté la raison à Dionysos, celui-ci, pour se venger d'elle, inventa les orgies et les danses extravagantes qu'on y exécutait. (Platon. *Leg.*, II, § 13, p. 561.)

et le vice trouvait là une véritable justification : « Il
est bien probable, écrit Raoul-Rochette, que tant de
scènes de surprise ou de violence, de rapt ou de métamorphose, mises sur le compte de Jupiter, n'eurent
d'autres motifs que celui d'autoriser et même d'ennoblir
par les exemples du maître des dieux les faiblesses de
l'humanité et les déréglements du monde [1]. » Platon reprochait aux Crétois d'avoir inventé la fable de Zeus et
de Ganymède pour justifier leurs habitudes honteuses [2].
Et plus tard Pline, qui ne fait que répéter ce qu'avaient
dit ses devanciers, signale tout ce qu'il y a d'impie et de
ridicule dans les adultères, les querelles, les haines que
l'on prête aux dieux, dans la présidence que l'on attribue
à plusieurs sur le vol et le crime [3]. Maxime de Tyr
remarque judicieusement qu'il est mauvais de voiler la
vérité sous une allégorie impudique, et de cacher ainsi,
sous des figures dangereuses, ce qui est au contraire utile
à l'homme [4].

Aussi les poëtes s'aperçurent-ils de bonne heure de
l'influence funeste qu'avaient sur la religion et la morale ces fables en contradiction avec l'idée qu'on doit
se faire des dieux. Pindare s'écrie qu'il est du devoir

[1] Raoul-Rochette, *Choix de peintures de Pompéi*, expl. de la pl. I,
p. 6.

[2] Platon. *Leg.*, I, edit. Bekker, p. 457. Cicéron (*Tuscul. I*, XXVI, 65)
condamne Homère pour avoir dit que Ganymède fut ravi par les dieux
à cause de sa beauté.

[3] *Sed super omnem impudentiam, adulteria inter ipsos fingi; mox
jurgia et odia, atque etiam furtorum esse, et scelerum numina.* (Plin.
Hist. nat., II, c. 5, 7.)

[4] Τὸ γὰρ ὑποβαλεῖν αἰσχρῷ καλὸν, καὶ τὰ ὠφελοῦντα διὰ τῶν βλαπτόντων
ἐπιδεικνυσθαι, οὐκ ὠφελεῖν βουλομένου ἔργον (τὸ γὰρ ὠφελοῦν ἀφανὲς) ἀλλὰ
βλάπτειν. (*Dissert.*, XXIV, 5, p. 467, edit. Reiske. Cf. Platon. *Respubl.*,
III, p. 390, edit. Bekker. Arnob., *Adv. Gent.*, IV, 22.)

de l'homme de ne raconter sur les dieux que des 'choses morales [1], et tels qu'il·les expose, les mythes perdent ce qu'ils avaient de plus choquant dans les récits des premiers poëtes [2]. Les immortels ne sont plus pour lui des personnages querelleurs et haineux, et s'il chante encore leurs amours, c'est seulement pour nous faire comprendre que les créatures peuvent devenir l'objet de leurs affections et faire naître en eux des sentiments tendres et bienveillants [3]. Médire des dieux est, suivant son expression, une science coupable et le langage intempestif de la folie [4]. Euripide, adoptant les mêmes idées, fait dire à Hercule : « Non, je ne pense point que les dieux se livrent à des amours incestueux, qu'ils chargent de liens les mains de leurs pères ; je ne l'ai jamais cru, je ne le croirai jamais, et l'on ne me persuadera pas que l'un d'eux se soit ainsi rendu maitre de l'autre. Un dieu, s'il est dieu, n'a besoin de personne ; les poëtes on inventé ces misérables récits [5]. » Et en effet, le tragique grec a déjà des idées religieuses tout à fait différentes de celles que professaient les homérides. Il refuse en plein théâtre de reconnaître pour, dieux des êtres souillés d'actions hon-

---

[1] Ἔστι δ'ανδρὶ φάμεν ἐτικὸς ἀμφὶ δαιμόνων καλά. (*Olymp.*, I, 35.)

[2] Voyez la dissertation intitulée *De Pindari sapientia*, en tête des *Pindarica* d'Albert de Jonghe, p. 8 et suiv. (Utrecht, 1845).

[3] Jonghe, *op. cit.*, p. 12. Pindare, écrit Otfried Müller, croit que c'est l'ignorance ou la malveillance qui ont altéré les mythes, qu'il change, noh pour leur donner plus de vraisemblance, car il en conserve tout le merveilleux (*Olymp.*, I, p. 476). Il distingue dans le mythe un noyau qui lui apparaît comme l'effet du développement et de l'embellissement du poëte. (Voy. *Prolegom. zu einer wissensch. Mythol.*, p. 87 et 88.)

[4] Pind. *Olymp.*, IX, 30, sq.

[5] Eurip. *Hercul. fur.*, v. 1334, sq.

leuses[1]. Il se fait de l'être-suprême une tout autre idée.
A ses yeux, la nature divine pénètre l'univers entier, et
n'est point enfermée dans l'enceinte des murailles d'un
temple[2]. Dieu voit tout et n'est point vu[3]. Il existe par
lui-même et gouverne tous les dieux[4].

Ces notions plus pures de philosophie et de morale,
Euripide les empruntait sans doute à Anaxagore, son
maître; mais en les émettant, il ne faisait que continuer
l'œuvre d'épuration religieuse qui commence avec Pindare
et plus anciennement peut-être. Quand Platon prescrit de
ne pas croire aux cruautés et aux impiétés prêtées par les
poëtes aux dieux et aux héros, quand il déclare que de
pareilles fictions blessent à la fois la religion et la vérité,
puisqu'on ne saurait rien imputer de mauvais aux dieux[5],
il ne fait que répéter et développer ce que les intelligences d'élite avaient déjà compris, en Grèce, avant lui.
En lisant les poëtes, on sentait déjà, comme Plutarque le
répétait plus tard[6], que tout ce qu'on y trouve de dérai-
sonnable et d'absurde devait être mis sur le compte de
la fiction.

Ainsi, quoique la morale mythique conservât sur les esprits droits et éclairés une action bienfaisante, elle corrompait trop souvent le vulgaire, frappé uniquement des récits
immoraux dont elle était entachée. C'est ce qui ressort
des réflexions remarquables de Denys d'Halicarnasse, que

---

1 Voy. Euripid. *Belleroph. fragm.*, 9. Cf. Plutarch. *De stoic. repugn.*,
§§ 32, 33, p. 275-278, edit Wyttenb.

2 Clem. Alex. *Stromat.*, V, p. 691, edit. Potter.

3 Clem. Alex. *Cohort. ad Gent.*, p. 59.

4 Voyez Valckenaër, *Diatrib. in Eurip. perdit. tragœd. relig.*, 5
(1768). Patin, *Études sur les tragiques grecs*, t. I, p. 43.

5 Plat., *De republ.*, III, § 5, p. 400, edit. Bekker.

6 Plutarch., *De audiend. poet.*, c. 2, p. 61, edit. Wyttenbach.

nous a conservées la *Préparation évangélique*[1]. « Que
l'on veuille bien ne pas supposer, dit-il, que j'ignore que
dans la mythologie des Grecs il y a quelques récits utiles
aux hommes : les uns indiquant par l'allégorie les œuvres
de la nature ; les autres donnés comme consolation dans
les adversités ; quelques-uns bannissant de l'âme les terreurs qui l'assiégent, quelques autres la purgeant des
opinions erronées ; ceux-ci inventés dans certaines vues
d'utilité. Eh bien, quoique je connaisse cela tout aussi
bien que personne, cependant je suis toujours sur la réserve à l'égard des fables, et j'approuve beaucoup plus
la théologie romaine, par l'idée que les avantages contenus dans les fables grecques sont minimes et ne peuvent
pas profiter à la multitude, mais seulement à ceux qui en
ont pénétré le sens et découvert le véritable esprit par une
longue application. Mais il y en a peu qui soient parvenus
à ce degré de science. Ceux, au contraire, qui ne savent
pas la philosophie et qui font le plus grand nombre,
prennent ordinairement dans un mauvais sens ce qu'on
leur rapporte des dieux. D'où il leur arrive un de ces
deux inconvénients, ou de mépriser les dieux comme
ayant été en proie aux plus viles passions, ou de ne
s'abstenir d'aucune des actions les plus honteuses et les
plus criminelles, en voyant qu'elles sont attribuées aux
dieux. »

Puis, comme l'a remarqué M. Victor Cousin, le polythéisme, par le seul fait de son existence, portait une
certaine atteinte à la morale ; car si le bien est ce qui plaît
aux dieux, ces dieux étant divers et souvent en guerre
entre eux, il est impossible de savoir si ce qui est agréable

[1] Dionys. Halic. *Ant. rom.*, II, § 21, ap. *Opera*, edit. Reiske, t. I,
p. 277. Euseb. *Præp. evangel.*, III, 1.

aux uns est agréable aux autres et d'avoir une règle fixe [1].

Toutefois il ne faut point s'exagérer cette opposition entre les traditions de la religion hellénique et les principes du juste et du bon. L'homme est un être si inconséquent, qu'il peut facilement révérer à la fois des choses opposées, et de même que nous rencontrons dans la Bible, présentées sous des couleurs favorables, des actions déshonnêtes ou coupables, sans que la morale si pure du christianisme en reçoive d'atteintes, de même la poésie grecque pouvait prêter aux dieux des aventures galantes et des projets criminels, sans qu'on cessât de croire qu'ils nous prescrivent le bien. La vénération dont ces dieux étaient entourés s'opposait d'ailleurs à ce que le vulgaire approfondit ces contradictions choquantes dans le caractère qu'on leur prêtait. Leur personne était si auguste, leur nom si saint, que ce n'était jamais sans un sentiment de crainte que l'on tournait vers eux sa pensée ; aussi la morale prescrivait-elle de ne prendre leur nom à témoin que dans les circonstances les plus solennelles [2], et de ne

[1] Voyez l'argument de l'*Euthyphron* de Platon, dans la traduction de M. Cousin.

[2] Platon. *Leg.*, XI, § 3, p. 531, edit Bekker. Cette distinction entre ce qui était permis aux dieux et ce qui était défendu aux hommes ne semble pas avoir choqué les plus grands esprits. Aristote, dans sa *Politique* (IV, 15, § 8), en proscrivant les peintures et les représentations obscènes, et chargeant le magistrat de veiller à ce qu'elles ne soient point exposées, excepte cependant les images indécentes que la loi autorise en certain temps. Toutefois le philosophe ne peut échapper à la conséquence immorale et antireligieuse qui ressort de cette contradiction entre la conception divine et le sentiment moral, car il ajoute que la loi prescrit de ne pas prier, dans un âge plus avancé, les dieux auxquels sont consacrés ces simulacres obscènes, ni pour soi, ni pour sa femme, ni pour ses enfants. C'est ainsi qu'en voulant conserver de vieux symboles, on était entraîné à briser le lien de dépendance qui unit l'homme à Dieu.

pas profaner par une indiscrète curiosité la sainteté de leur nature. On pouvait admettre pour eux des vues et des intentions particulières qui, bien que dérogeant à la loi humaine, ne l'infirmaient pas [1]. D'ailleurs Homère et Hésiode et tous les vieux poëtes, de quelque respect qu'ils fussent entourés, n'avaient point l'autorité infaillible qu'ont chez nous les livres sacrés des Hébreux. L'interprétation, livrée aux caprices de chacun, non réglée par un enseignement établi, pouvait toujours se soustraire aux conséquences dangereuses qu'eût tirées contre la morale l'explication littérale de ces poëtes. ·

Cette élasticité dans ce qu'on pourrait appeler l'exégèse mythologique permettait de modifier peu à peu et insensiblement le caractère des divinités grecques, et de les élever, de simples personnifications de la nature, à des individualités représentant les plus hautes conceptions morales. C'est ainsi que nous voyons Déméter, qui, à l'origine, n'était rien que la divinisation de la terre, transformée en une déesse législatrice (θερμοφόρος), réglant les

---

[1] C'est l'idée qu'on retrouve aussi quelquefois chez les docteurs chrétiens. Saint Augustin, après avoir condamné le suicide comme contraire à la morale religieuse, s'exprime ainsi : « Mais au temps de la persécution, de saintes femmes, pour échapper au déshonneur, ont cherché dans le fleuve, où elles périrent, leur ravisseur et leur meurtrier ; et toutefois l'Église catholique célèbre avec dévotion la solennité de leur martyre. Je m'abstiens ici de tout jugement téméraire. L'autorité divine, par certaines communications dignes de foi, a-t-elle inspiré à l'Église d'honorer leur mémoire ; peut-être en est-il ainsi. Que dire en effet si elles ont cédé non à l'entraînement humain, mais à l'ordre de Dieu, à l'obéissance, non à l'erreur, comme Samson, dont il n'est pas permis de croire autrement ? Or, quand Dieu commande et intime clairement ses volontés, qui donc oserait s'élever contre l'obéissance ? Qui oserait accuser une pieuse soumission ? Est-ce à dire qu'on puisse songer sans crime à immoler son fils à Dieu, parce que Abraham l'a fait saintement ? » (De civit. Dei, I, 26.)

mœurs et la vie, veillant sur la chasteté des femmes, et personnifiant en elle toutes les vertus d'une matrone. Apollon, qui représentait d'abord l'action solaire, devint, en sa qualité de régulateur des saisons et de l'année, le dieu de l'harmonie, et par les accords de sa lyre fit pénétrer dans le cœur des hommes ce que Pindare appelle ἀπόλεμος εὐνομία [1]. Athéné, qui personnifie les eaux et l'air, c'est-à-dire la partie la plus subtile et la plus pure de la nature, finit par représenter l'intelligence et la sagesse qui en émane. De la sorte, les idées morales arrivèrent à dominer la mythologie et la mirent pour ainsi dire à leur suite.

Et en effet, à côté des anciens poëtes, il en apparaissait de nouveaux qui substituaient des images plus pures et plus morales à celles que les premiers avaient mises en scène. Le théâtre surtout imprimait à la mythologie un caractère plus honnête, et en modifiait les fables de manière à les transformer en de véritables moralités. Les aventures des dieux et des hommes n'étaient plus seulement des créations de la fantaisie humaine prenant pour acteurs des personnifications sorties de l'anthropomorphisme des premiers âges, c'étaient des récits disposés et conçus à l'avance de manière à faire ressortir une idée, un principe, un précepte moral. Tel est le caractère qu'ont au plus haut degré les tragédies d'Eschyle. Il n'y avait pas, d'ailleurs, à l'originé, dans la tragédie grecque, cette complication d'intrigues et ce riche développement de passions et de caractères qui distraient quelque peu l'attention de la pensée morale développée par le poëte. Sophocle n'offre guère moins qu'Eschyle ce sentiment moral qui

---

[1] Voyez les réflexions de M. H. Brunn dans les *Annales de l'Institut archéologique de Rome*, t. XXII, p. 66 (1850).

fait de la scène tragique une école de mœurs. « Nul,
parmi les Grecs, écrit M. Ch. Lenormant, n'a reçu une
révélation plus étonnante de la chasteté; on ne le voit
jamais s'amollir dans la peinture des égarements de l'âme,
et quand il nous touche, il ne surprend pas nos sens, il
n'intéresse aucune de nos faiblesses[1]. »

La comédie continuait de son côté l'école des gnomiques, en semant ses dialogues de maximes philosophiques et morales, et Platon en tira plusieurs de ses
préceptes[2].

Il est certain que la morale des Grecs était plus pure
que celle des autres populations asiatiques avec lesquelles
ils entretenaient des relations. Bien que les mœurs fussent
plus relâchées en Grèce qu'à Rome[3], les Hellènes avaient
cependant, sur l'amour, des sentiments plus délicats que
la plupart des populations asiatiques. La polygamie leur
était inconnue[4]. Dès l'époque héroïque, on voit les femmes
grecques ne pouvoir supporter les concubines[5]. Aussi
n'y eut-il au principe de la monogamie, que de rares
exceptions auxquelles on a voulu rattacher la bigamie
supposée de Socrate[6]. « Il n'est pas bon sans doute qu'un

[1] *Sur une représentation d'OEdipe à Colone*, dans le *Correspondant*, ann. 1857.
[2] Platon, notamment, fit des emprunts à Épicharme et à Sophron.
(Voy. Diog. Laert., lib. III, *Vit. Plat.*, p. 192 et 193.)
[3] Voyez, à ce sujet, ce que dit Cornélius Népos, *Præfat.*
[4] Athen., lib. XIII, 2, p. 556.
[5] Athen., *ibid.*
[6] On s'est appuyé, pour soutenir que Socrate avait épousé deux
femmes, sur un passage du livre d'Aristote : Περὶ εὐγενείας, cité par
Athénée, Diogène Laërte et Plutarque. Cette bigamie, en opposition
formelle avec la loi de Cécrops, aurait été, au dire de Satyrus et de
Hiéronyme de Rhodes, autorisée par les Athéniens, dans la pensée
d'augmenter leur population, épuisée par les guerres, les discordes

homme ait deux épouses, est-il dit dans une des tragédies d'Euripide[1]; car, ajoute ailleurs ce poëte[2], les femmes sont faciles à séduire, et quand à cette disposition se joignent les torts d'un mari qui dédaigne le lit conjugal, alors l'épouse veut suivre son exemple et cherche un autre amant; mais c'est là, dit-il encore[3], une honteuse représaille, car une femme doit céder en tout à son époux[4], si elle est sage[5]. » Prudente maxime qui fait encore partie de notre moderne code de conduite. Athénée remarque judicieusement, à propos de la polygamie des Perses, que cet usage n'existe que là où la femme est esclave[6]. Au contraire, en Grèce la femme est libre, elle a déjà une position indépendante avant d'être mariée, et le mariage n'absorbe pas entièrement sa personnalité[7]. Elle n'est pas la fille du mari et la sœur de ses enfants, comme à Rome ; elle a des droits civils et une propriété à elle dans la dot ; les droits politiques seuls lui manquent[8]. C'est en

civiles et les contagions. (Voy. Diog. Laert. II, *Vit. Socrat.*, p. 105.) Cette assertion a été admise notamment par de Burigny (*Théologie païenne*, t. II, p. 389), mais le fait demeure douteux et a soulevé de nombreuses controverses.

[1] *Andromach.*, v. 672.

[2] *Electr.*, v. 1035.

[3] *Electr.*, v. 1051.

[4] *Electr.*, v. 1097.

[5] Sophocl. *Trachin.*, 400, sq. Euripid. *Andromach.*, 213, sq., 240, sq. Cf. Lasaulx, *Zur Geschichte der Ehe bei den Griechen*, ap. *Mém. de l'Acad. de Munich*, t. VII, p. 98.

[6] Athen., lib. XIII, 2, p. 556.

[7] Cependant, comme le remarque Cornélius Népos dans sa *Préface*, les femmes grecques jouissaient de moins de liberté personnelle que la femme latine ; elles n'assistaient à aucun repas et vivaient retirées dans le gynécée. (*Præfat.*, p. 4, edit. Vict. Leclerc.)

[8] Voyez, à ce sujet, les observations de M. Melegari, dans l'analyse de son cours de la philosophie du droit, donnée dans la *Bibliothèque universelle de Genève*, nouvelle série, 1844, t. LII, p. 36.

réagissant sur la loi romaine, que la loi grecque prépara pour la femme l'indépendance que le christianisme [1] lui a donnée. Mais cette liberté laissée au sexe ne les dispensait pas d'observer la pudeur et la retenue : « Le silence et la modestie sont la parure de mon sexe, dit Macarie dans les *Héraclides* d'Euripide [2], et je n'ignore pas que notre vertu consiste à remplir en paix nos devoirs dans le sein de notre famille. » C'est aussi ce que répète, dans son traité *sur la chasteté des femmes* [3], la pythagoricienne Phintys, fille de Callicrate. Le rôle de la femme est, nous dit-elle, de veiller à la direction de l'intérieur et de prendre soin de son mari. Elle recommande à l'épouse d'être fidèle à son époux; car, ajoute-t-elle, en entretenant des rapports avec un autre homme, l'épouse offense les dieux généthliaques et se rend coupable de perfidie envers les dieux de la nature, devant lesquels elle avait juré, avec ses parents et ses alliés, de n'avoir de relation qu'avec son mari, de vivre avec lui pour la procréation des enfants [4]. « Ne point respecter la fidélité du mariage, c'est encore, dit Phintys, enfreindre les lois de la patrie, qui interdisent l'adultère ; et comment une femme infidèle pourrait-elle se présenter dans les temples et devant les autels sans cette chasteté que demandent les dieux? L'adultère est le crime qui les offense le plus et qu'ils pardonnent le moins [5]. » On retrouve les mêmes idées dans

[1] Voyez les observations de M. Laferrière, *Histoire du droit civil de Rome et du droit français*, t. 1, p. 215.

[2] Euripid. *Heracl.*, v. 475 et 477.

[3] *Ex quorumdam pythagoreorum libris fragmenta*, ap. Orelli, *Opuscula Græcorum veterum sententiosa et moralia*, t. II (Lipsiæ, 1821), p. 356.

[4] Stob. *Serm.* LXXII. Orelli, *op. cit.*, t. II, p. 360.

[5] Ce précepte prouve les progrès qu'avait faits la morale; car à

Platon. Il veut que l'on déclare infâme, que l'on prive de toute distinction et de tout privilége, celui qui vit avec une femme qui n'est pas son épouse légitime [1].» Aristophane même, malgré son cynisme, ne prend pas, comme la comédie moderne, le mari trompé pour thème de ses sarcasmes.

C'est que les Grecs savaient tout le prix qu'ont, pour la félicité domestique et le bon ordre des sociétés, la vertu des femmes et la retenue, qui en est comme le reflet. «Insensé, s'écrie Euripide [2], celui qui, frappé de l'éclat de la fortune ou de la naissance, épouse une femme méchante! Un hymen modeste où l'on trouve la vertu est préférable à toutes les grandeurs.» Ce sont là des conseils qu'on répète encore de nos jours et auxquels les modernes ne paraissent guère plus se conformer que les contemporains du tragique.

En Grèce, on prescrivit sans cesse aux femmes la chasteté, on honora celles qui en avaient le plus strictement observé les préceptes, ainsi qu'en témoignent les inscriptions; on leur recommanda la piété qui sanctionne et sauvegarde l'honnêteté de leurs principes [3]. Quand la

Athènes, l'adultère de la femme n'était pas, sous le rapport légal, le crime le plus sévèrement puni. La femme coupable d'adultère (μοιχεία) était seulement privée du droit de porter une parure, et elle ne pouvait assister aux sacrifices publics; si elle osait enfreindre cette défense, tout le monde avait le droit de lui déchirer ses vêtements, de lui arracher sa parure et de la frapper, mais non de lui faire de blessure et encore moins de lui donner la mort. (Voy. Æschin. Adv. Timarch., c. 74. Demosthen. Adv. Neœr., p. 1373.) En général, le crime d'adultère entraînait plutôt, chez les Grecs, une note d'infamie qu'une peine corporelle. (Voy. Meier und Schömann, Der Attische Process., p. 330.)

[1] Platon. Leg., VIII, § 8, p. 375, edit. Bekker.
[2] Plutarque, en rapportant (De mulier. virt., § 12, p. 26) un trait des jeunes filles de Céos, remarque que les femmes prennent, dans les cérémonies du culte, des habitudes de modestie et de retenue.
[3] La même Phintys recommande aux femmes d'être pleines de décence

femme, en effet, était occupée d'honorer les dieux, elle ne songeait pas au mal; aussi les plus pieuses étaient ordinairement citées pour leur vertu [1].

Mais cette piété, tant vantée chez les femmes, dégénérait bien souvent, il faut le reconnaître, en une dévotion aveugle qui altérait la simplicité du culte, le surchargeait de mille pratiques grossières et ridicules. Plus portée que l'homme à la crédulité, la femme prêtait une foi naïve à tout ce qu'a inventé la superstition pour calmer les terreurs et nourrir les espérances. « C'est une chose ordinaire aux femmes, écrit Platon [2], surtout à celles qui sont malades ou qui courent quelque danger, ou qui sont dans quelque circonstance critique, ou au contraire à qui il est survenu quelque bonne fortune, de consacrer tout ce qui se présente à elles, de faire vœu d'offrir des sacrifices, d'ériger des chapelles aux dieux, aux démons et aux enfants des dieux. »

En présence des manifestations si claires qui sont faites en faveur de la chasteté, de la vertu des femmes, on s'étonne de voir le culte d'Aphrodite si fort en honneur chez les Grecs, puisqu'il tranchait d'une manière complète avec ces principes d'honnêteté. A Corinthe, ainsi que nous l'apprend Chamæléon d'Héraclée [3], c'était un usage an-

---

et de réserve dans les cérémonies religieuses : ἐν τᾷ θυσίᾳ τᾷ πρὸς τὸ θεῖον εὐλαβεία ἦμεν καὶ μετρίαν (Orelli, *op. cit.*, t. II, p. 358). Aristote enjoint la piété particulièrement aux femmes enceintes; il leur prescrit d'aller, chaque jour, au temple (*Politic.*, VII, 14, p. 306, edit. Schneider).

[1] *Electr.*, v. 1097. Cf. L. Maignen, *Morale d'Euripide*, p. 29.

[2] *Leg.* X, § 15, p. 520.

[3] Ap. Athen , XIII, 32, p. 573. Au rapport de Théopompe et de Timée , ce furent aussi les courtisanes de Corinthe qui allèrent présenter dans le temple d'Aphrodite les vœux des Grecs pour le salut

cien de réunir _toutes les courtisanes de la ville pour qu'elles allassent offrir à la déesse les vœux des habitants. Protégées par le culte·d'Aphrodite, dont elles étaient regardées comme les prêtresses, les courtisanes se voyaient en certains lieux environnées d'une véritable considération. Phryné offrit à Delphes une statue d'or d'Aphrodite que Diogène appelait avec raison la preuve de l'inconstance des Grecs [1]; et Praxitèle représentait cette déesse sous les traits de la courtisane Cratine [2].

Mais il faut soigneusement distinguer les principes adoptés, des mœurs en elles-mêmes; celles-ci se sont toujours ressenties dans la Grèce, avant comme depuis le christianisme, de l'influence qu'exerce sur les passions l'ardeur du climat. Quand, au moyen âge, on voit à Venise et dans certaines villes du midi de la France, les filles de joie établies par l'autorité, louées par elle pour leurs bons services, quand on trouve un roi des ribauds et qu'on constate le droit du seigneur, s'étonnera-t-on que Démosthène ait dit, en parlant devant un tribunal : « Nous avons des courtisanes pour nos plaisirs, des concubines pour partager notre couche, des épouses pour

commun, lorsque le roi de Perse envahit la Grèce avec son armée. C'est pourquoi les Corinthiens offrirent à la déesse un tableau qui représentait toutes ces courtisanes, et qui fut l'objet d'une épigramme de Simonide. Lorsque des particuliers faisaient des vœux à la même déesse, ils amenaient dans le temple pour la remercier, quand ils croyaient en avoir été exaucés, un certain nombre de courtisanes (Athen., XIII, 32, p. 71). C'est conformément à cet usage que Xénophon de Corinthe, partant pour les jeux Olympiques, fit vœu, au cas où il remporterait la victoire, d'amener des courtisanes à la déesse.

[1] Diog. Laert., lib. VI, p. 403. Athen., XIII, p. 59. Pausan., X, c. 14, § 5.

[2] Clem. Alex. Cohort. ad Gent., § 6, p. 13.

nous donner des enfants légitimes et veiller aux soins de la maison [1]. » En parlant ainsi, l'orateur grec exposait ce qui était, non ce qui devait être.

Il était impossible que le relâchement des mœurs ne réagît pas sur le culte, et il se passa naturellement en Grèce ce qu'on vit au moyen âge se produire en Occident. Alors la grossièreté et la gaieté populaires faisaient souvent invasion dans les cérémonies religieuses. Elles pénétraient jusque dans les églises, se donnaient toute liberté dans les représentations dont celles-ci étaient décorées. L'indécence de la *fête des fous* et de celle de *l'âne*, l'obscénité de certains bas-reliefs placés à l'entrée des temples, sculptés sur des chapiteaux de colonnes, ou destinés à décorer des stalles, ne sauraient pourtant rien prouver contre la pureté de la morale chrétienne. Eh bien! ce qu'il y avait d'impudique dans le culte d'Aphrodite découlait de la même source populaire, et était d'ailleurs, ainsi qu'on le verra au chapitre XVI, en grande partie d'origine asiatique. Mais lors même qu'ils imitaient es désordres sanctionnés par des cultes étrangers, les Grecs gardaient plus de retenue que les Asiatiques. En dépit de la considération que surent s'acquérir par leur beauté, leur esprit ou leur talent, certaines courtisanes, elles formèrent toujours, comme le font encore les actrices, une classe à part pour laquelle on avait plus d'admiration que d'estime [2]. La chasteté n'en était pas moins regardée, suivant l'expression d'Euripide [3], comme

---

[1] Demosthen., *Adv. Neær.*; § 122.
[2] Un valet, dans Aristophane (*Pax*, v. 848), dit qu'il ne donnerait pas trois oboles des dieux, s'ils nourrissent des courtisanes, ainsi que nous autres mortels.
[3] Στέργοι δέ με σωφροσύνα
Δώρημα κάλλιστον θεῶν. (*Med.*, v. 636.)

le plus beau présent des dieux. Un ancien [1] remarque que chez les Lydiens, les filles, après avoir exercé la prostitution, se mariaient, avec l'argent qu'elles avaient ainsi amassé, tandis que les filles des Grecs qui eussent exercé cet infâme métier n'auraient pu jamais trouver d'époux.

Toutefois il est un genre de désordres qui s'introduisit au plus beau temps de la Grèce, et ne paraît pas avoir soulevé la réprobation des gens honnêtes [2]. Je veux parler des attachements contre nature, auxquels tant d'allusions sont faites chez les anciens. Ces liaisons révoltantes étaient fort répandues chez les Béotiens et les Éléens, et Xénophon nous dit formellement qu'en beaucoup de lieux les lois ne les condamnaient pas [3]. Elles sont l'objet des plaisanteries des comiques [4]; elles inspirent aux lyriques des vers passionnés [5], et ne sont pas même désavouées par la religion [6]. Les plus beaux génies de l'époque de Périclès, à l'exception toutefois de ce grand homme [7] et de quelques autres, tels que Phidias [8], So-

---

[1] Anonymi *De honesto et turpi*, ap. Orelli, *Opuscula Græcorum veterum sententiosa et moralia*, t. II, p. 217.

[2] Voyez ce que disent Maxime de Tyr (*Dissert.*, t. XXV, p. 2, edit. Reiske) et Cornélius Népos (*Præfat.*).

[3] Xenoph., *De Polit. Laced.*, c. 2.

[4] Voyez Aristophane et les fragments des divers comiques grecs.

[5] Alcée et Ibycus ont célébré des amours contre nature (voy. Cicer. *Tuscul.*, IV, 33, 77). Anacréon chanta les charmés de son Bathylle. Pindare nous offre déjà des traces de ce genre de poésie érotique que les Grecs désignaient sous les noms de παιδικοὶ ὕμνοι, παιδικοὶ αὐλοί. (Voy. Stob. *Serm.* LV, 3, 19, et Athen., XIV, p. 634, sq.)

[6] La pédérastie puisait en effet une sorte de sanction dans divers mythes helléniques qui attribuaient ce vice à des dieux et à des héros.

[7] Périclès reprochait à Sophocle l'impureté de ses désirs. (Voy. Athen., XIII, p. 603, sq.)

[8] Phidias eut pour mignons Agoracrite et Pantarcès. (Voy. Pausan., V, c. 11, § 3; VI, c. 10, § 6; IX, c. 34, § 1.)

phocle[1], Euripide[2], se livrèrent à la pédérastie, et des citoyens aussi vertueux qu'Aristide[3] et Épaminondas[4], aussi recommandables par leur caractère politique que Thémistocle[5], ont connu de pareils attachements. Eschine se vante dans un de ses discours[6] de cet odieux penchant, que les hommes libres revendiquaient comme un privilége et interdisaient aux esclaves.

Il est vrai que par une singulière aberration des idées morales, les Grecs voulurent faire de l'amour entre individus du même sexe un moyen d'éducation, un mobile d'émulation. Les Athéniens défendirent sous des peines sévères le détournement de jeunes gens qui n'aurait eu pour objet que de satisfaire un penchant brutal[7]. Quelques âmes élevées condamnaient absolument tout ce qui pouvait donner lieu à ces désordres, et Platon n'est que l'écho des honnêtes gens de son temps, quand il proscrit entre les personnes du même sexe un commerce stérile interdit par la nature[8]. Aristote range avec raison au nombre des maladies morales nées d'une perversité na-

---

[1] Voyez ce qui est dit ci-dessus de Périclès.

[2] Euripide était, ainsi qu'Agathon, adonné à la pédérastie. (Voy. Aristophan. *Thesmophor.*, v. 35, 54, 74, 210, 264.)

[3] Plutarch. *Aristid.*, § 2. Aristide et Thémistocle devinrent tous deux amoureux du jeune Sthésiléus, de l'île de Céos, et cette rivalité fut l'origine de la haine que ces deux grands hommes nourrissaient l'un pour l'autre.

[4] Épaminondas avait pour mignon Caphisodore, qui tomba à ses côtés dans la bataille de Mantinée. Il aima aussi Micythus et Asopicus. (Voy. Plutarch. *Amat.*, c. 17, p. 52.)

[5] Voy. Plutarch. *Themist.*, § 3.

[6] Æsch., *Adv. Timarch.*, § 12. Aristoph. *Plut.*, v. 1071.

[7] Plat., *De Republ.*, V, § 14, p. 538.

[8] Ἄθυτα δὲ παλλακῶν σπέρματα καὶ νόθα μὴ σπείρειν μηδὲ ἄγονα ἀῤῥένων παρὰ φύσιν. (*Leg.* VIII, § 8, p. 375, edit. Bekker.)

turelle l'amour entre personnes du même sexe[1]. Plus tard la vraie morale reprit définitivement ses droits, et Diodore de Sicile nous dit que la religion défend tout commerce secret avec un homme[2]. Il semble même que la législation ait pris alors des mesures contre la corruption de la jeunesse qui aurait eu la sodomie pour moyen.

La bizarre prétention d'ennoblir et d'épurer la plus impure, la plus infâme passion, paraît appartenir en propre à la race dorienne. Lycurgue, qui la sanctionna[3], en cherchant cependant à la dégager de ce qu'elle a d'ignoble et de repoussant, emprunta vraisemblablement ses principes à la Crète[4], où nous la trouvons réglée par le législateur et élevée pour ainsi dire au rang d'une institution de l'État[5]. Les jeunes Crétois briguaient l'honneur de fixer les regards et de mériter l'attention des hommes plus âgés. Si l'on en croit les anciens, c'étaient des qualités morales, le courage et la retenue, qui valaient aux jeunes insulaires cette triste préférence. Alors en vertu d'un usage singulier, l'amant se faisait enlever, et le séducteur avertissait plusieurs jours à l'avance les amis de l'objet de son choix. Un pareil enlèvement restait toute la vie comme une marque glorieuse, et l'on montrait avec orgueil les présents qui déposaient de cet honorable déshonneur[6].

En Élide et d'autres parties de la Grèce, les désordres allaient plus loin, et les jeunes gens se livraient à une

---

[1] Aristot. *Ethic.*, VII, 5.

[2] Diodor. Sic. VIII, fragm. 18. Cf. Plutarch. *Amat.*, c. 23.

[3] Æschin., *loc. cit.*

[4] Voy. Xenoph., *De polit. Laced.*, c. 2. Athen., XIII, c. 79, p. 602. Aristot. *Polit.*, II, c. 6, § 6.

[5] Voy. Ephor. ap. Strab., X, p. 483. Cf. Aristot. *Polit.*, II, c. 7, § 5.

[6] Voyez, à ce sujet, Hoeck, *Kreta*, t. III, p. 115 et suiv.

véritable prostitution au premier venu [1]. Cette prostitution était à peu près tout ce que condamnait alors la morale
des Grecs. Quand les deux amants observaient l'un à
l'égard de l'autre une fidélité fondée sur un attachement
et une estime réciproques, la pédérastie n'avait pour eux
rien qui choquât le sens moral. Mais un Grec avait-il
poussé la dépravation plus loin, avait-il trafiqué de ses honteuses faveurs, il se voyait noté d'infamie, déclaré indigne
de remplir la prêtrise, d'exercer la charge d'archonte ou
de magistrat, de prendre part aux votes et de se faire même
entendre comme orateur [2] ; il était exilé des sanctuaires et
dans les fêtes solennelles ne pouvait porter la couronne ;
enfin il lui était défendu de pénétrer dans l'Agora [3].

Le silence d'Homère sur de pareilles amours nous
prouve qu'aux premiers âges de la Grèce, on ignorait
cette monstrueuse dépravation ; mais on la trouve déjà répandue au temps de Solon [4], et elle se continue jusque
par delà l'époque d'Alexandre. Suivant le scholiaste d'Eschyle [5], Laïus, père d'OEdipe, est le premier parmi les
Grecs qui se soit souillé de cette turpitude ; la mort et
les malheurs de sa race furent la punition de son crime.
On a donné, avec vraisemblance, les jeux gymniques,
dont un des effets était de provoquer l'admiration pour
les belles formes, comme une des causes qui contribuèrent le plus à propager ce vice [6]. Il en fut de la pédé

---

[1] Voyez Max. Tyr. *Dissert.*, XXVI, p. 317. Xenoph., *De pol. Laced.*,
c. 2.

[2] Æschin., *Adv. Timarch.*, § 12 et sq., edit. Bekker.

[3] Æschin., *Adv. Timarch.*, §§ 21 et 22.

[4] Voyez Plutarch. *Solon.*, § 1 ; *Amat.*, c. 4, p. 12, edit. Wytt.

[5] *Schol. ad Æsch. sept. Theb.*, 81.

[6] M. le comte L. de Laborde combat cette idée par la raison que les
mêmes désordres se rencontrent encore aujourd'hui chez les Grecs,

rastie chez les Hellènes comme de l'usage du sigis-
béisme en Italie et même à la cour de France, au xvi° et
au xvii° siècle. C'est une perversion morale qui s'introduisit graduellement en Grèce, sous l'influence du relâchement des principes de vertu et d'honnêteté. Arrivée à
l'état d'usage, elle en exerça toute la tyrannie et contrai-
gnit les moralistes à compter avec elle. On chercha alors
à en faire pour les jeunes gens un moyen d'éducation ou
d'émulation, absolument comme à la cour de Louis XIII,
on choisissait à un jeune homme une maîtresse parmi les
femmes mariées, qui lui pût servir d'introductrice dans le
monde, et jusqu'à un certain point de mentor [1].

Cette perversion des idées morales ne s'étendit pas heu-
reusement à d'autres principes. Les règles de la justice et
de la probité n'eurent pas d'atteintes analogues à souffrir,
d'aberrations correspondantes à déplorer. Le sentiment
de la justice (δικαιοσύνη) demeura toujours vif chez les
Grecs, bien que la passion les entraînât souvent hors de
ses voies. A leurs yeux, cette justice est l'expression
même du bon, elle est pour les hommes un devoir

aux yeux desquels la nudité est un opprobre (*Rapport sur l'application des arts à l'industrie*, p. 94); mais, d'un autre côté, on a vu
que les jeux gymniques (t. II, p. 276) avaient exercé une heureuse
influence sur la chasteté. Pour conserver leurs forces, les Grecs, comme
on le voit par les exemples d'Iccas de Tarente, de Crison, d'Astylos et
de Diopompos, gardaient une continence sévère et fuyaient toutes les
occasions qui eussent mis en péril leur vertu. (Platon. *Leg.*, VIII, § 7,
p. 370, edit. Bekker.)

[1] On peut consulter à cet égard la *Vie* et les *Lettres de Voiture*,
dans l'édition de ses *OEuvres* par Am. Roux (Paris, 1856), p. 8 et sv.
Cet usage immoral tirait d'ailleurs son origine de ce qui se pratiquait
au moyen âge entre les femmes mariées et les jouvenceaux qui les
prenaient pour leurs mies. (Voy. Lacurne de Saint-Palaye, *Mémoires
sur l'ancienne chevalerie*, t. I, p. 266 et sv.)

correspondant à celui de la piété (εὐσέβεια) envers les dieux[1]. Sans doute le fait de l'esclavage est, dans leur ordre social, une infraction permanente et choquante à cette grande loi de la justice qui n'est au fond que celle de l'égalité, mais cette infraction est un mal presque inhérent aux sociétés primitives, où l'homme est encore trop ignorant de ses devoirs pour comprendre qu'il doit respecter la liberté, l'indépendance d'autrui, que la liberté ne peut pas plus s'aliéner que la pensée. La condition de l'esclave s'adoucit elle-même, à mesure que le sentiment de fraternité eut pénétré davantage chez les Grecs.

Le principe d'humanité recevait aussi dans l'esclavage une rude atteinte. L'esclave étant une propriété du maître, celui-ci n'était pas tenu d'observer à son égard les règles de la justice[2]; s'il avait pour lui de la douceur, de la bonté, c'est que souvent il craignait de compromettre par un traitement rigoureux une existence qui faisait sa propre richesse, de perdre un travail dont il tirait profit[3]. Toutefois, je le répète, la servitude paraît avoir, aux plus beaux temps de la Grèce, perdu de ce qu'elle avait ailleurs d'horrible et d'avilissant. Si le maître ne pouvait voir dans son serviteur un ami, il reconnaissait encore en lui un homme ayant droit à sa commisération[4]. Des théories inhumaines ne s'étaient pas alors attachées à ravaler la condi-

---

[1] « La justice, dit Théognis, est le résumé de toutes les vertus, le juste, Cyrnos, le véritable homme de bien » (Sentent., 147), et plus loin il ajoute : « Le méchant est celui qui agit injustement et qui méprise le châtiment céleste (νέμεσις) » (Sentent., 279). Les épithètes de θεοσεβής et de δίκαιος, comme il a été dit plus haut, ne sont presque jamais séparées. (Aristophan. Plut., 28. Cf. Isocrat. Orat., XII, p. 124, 204.)

[2] Aristot. Ethic., V, 6. Cf. VIII, 10.

[3] Xenoph. Memor., II, 4.

[4] Aristot. Ethic., VIII, 11.

tion de l'esclave, en le représentant comme le rejeton d'une race-stupide et éternellement condamnée à la sujétion. L'esclave n'était pas, comme aujourd'hui en Amérique, un homme d'un autre sang et d'une autre peau. La servitude s'offrait comme une infortune dont le maitre à son tour pouvait être frappé, et cela seul contribuait à inspirer au Grec de la commisération pour son esclave. Quand Socrate engageait le maître à se faire aimer de son serviteur[1], il ne faisait que prêcher une règle de conduite à laquelle bien des maîtres s'étaient déjà, de son temps, conformés.

A Athènes, l'esclave jouissait même, à certains égards, d'une liberté égale à celle de l'homme libre. Démosthène nous dit qu'il était plus hardi dans son langage que bien des citoyens[2], et Xénophon[3] observe qu'on le voyait souvent dans cette ville disputer le pas à l'homme libre. La loi interdisait de le frapper, si l'on se prenait de querelle avec lui. Il est vrai qu'ici elle avait en vue l'homme libre seul, car rien ne ressemblant plus à un homme libre qu'un esclave, le droit de frapper celui-ci une fois accordé, on eût été exposé à porter la main sur un homme en possession de sa liberté.

L'esclave était d'ailleurs loin d'être réduit au dernier degré de l'abjection. «Il n'y a de honteux chez les esclaves que le nom, fait dire Euripide à l'un de ses personnages[4]. Dans tout le reste, un esclave ne vaut pas moins qu'un homme libre quand son cœur est honnête.» C'est que ce poëte comprenait que la vraie servitude est

---

1 Xenoph. Œcon., XIII, 9 ; XIV, 5.
2 Demosthen. Philipp., III, § 3, p. 111.
3 Xenoph., De polit. Athen., c. 1.
4 Euripid. Ion., v. 854 ; Melan. captiv., v. 10.

non pas celle de l'esclave, mais celle des passions. «Bien des esclaves portent un nom flétrissant, dit encore le tragique [1], mais leur âme est plus libre que celle des hommes libres. »

L'esclave antique trouvait donc bien des cœurs compatissants. « Et comment le philosophe aurait-il pu ne point protester en faveur de ces nobles intelligences, victimes de la force brutale, écrit le savant historien de ses misères; ce n'étaient point en effet ici des malheurs purement imaginaires et des douleurs idéales. Elles n'étaient si vivement senties, ces grandes infortunes, que parce que l'exemple s'en révélait tous les jours, et les âmes les mieux faites pour la liberté ou le commandement étaient souvent plus exposées à ces conséquences approuvées de la guerre : témoin ces Grecs asiatiques emmenés captifs par le Perse barbare, pour avoir chéri la liberté jusqu'à vouloir l'affranchir des liens de la domination politique, et tant d'autres Grecs asservis par des Grecs dans ces guerres inspirées par la jalousie d'une indépendance inquiète ou par l'ambition même de commander [2]. » On peut dire, avec un judicieux écrivain de notre époque [3], que si la liberté n'existait pas pour l'esclave dans la société, la religion et la poésie protestaient du moins en sa faveur.

Athènes fut le principal centre de ce progrès de la morale publique. Là plus qu'en aucun autre lieu de la Grèce, la morale était placée sous l'égide de la religion. Les mythes qui avaient pour objet de faire ressortir la punition des crimes, le malheur des méchants et la gloire

[1] Euripid. *Phryx.*, fr. 39.
[2] H. Wallon, *Histoire de l'esclavage dans l'antiquité*, t. I, p. 383..
[3] F. Laurent, *Histoire du droit des gens*, t. II, p. 153, 154.

des justes, y étaient populaires. On y rendait un culte aux Euménides, qui personnifiaient la punition terrible qu'attache le remords à la conscience du coupable. Le personnage d'Oreste, par exemple, si souvent représenté sur la scène athénienne, était le type mythologique par excellence du châtiment qui poursuit le criminel. Mais le culte des déesses aux vengeances desquelles Oreste est en butte, représente encore cette sauvage peine du talion qui caractérise les plus anciennes législations. Le sentiment de la *vendetta* faisait que le sang criait vengeance, de quelque repentir que fût d'ailleurs touché le coupable. La religion, en instituant la purification du sang versé, fit disparaitre ces farouches haines héréditaires, et Athènes, en établissant le tribunal de l'Aréopage, substitua une justice régulière à ces vengeances réciproques. C'est là un grand progrès des idées morales, qui nous est représenté par la fin de la légende d'Oreste. Le héros, sur l'ordre d'Apollon, vient chercher dans la ville de Thésée un refuge contre les Erinnyes, qui l'accusèrent devant le redoutable tribunal [1]. Ainsi, par ses mythes ingénieux, les poëtes athéniens détournèrent leurs compatriotes des haines implacables, ils les habituèrent à remettre à la loi la punition de leurs offenses, et amenèrent cette douceur dans les mœurs, cette humanité qui distinguaient les Athéniens des autres Grecs.

Ces sentiments, vers l'époque de Périclès, s'étaient développés à un haut degré et pénétraient les lois et les institutions de la capitale de l'Attique [2]. Plusieurs faits

---

[1] Voyez la tragédie des *Euménides* d'Eschyle.

[2] Athènes était alors célèbre à cause de sa φιλανθρωπία et de sa χρηστότης. (Voy. Plutarch. *Aristid.*, § 27, p. 542, 543, edit. Reiske.)

rapportés par les anciens en sont la preuve. Ainsi nous voyons que le supplice d'une femme enceinte qui avait été jugée digne de mort était différé jusqu'après son accouchement [1]. Les magistrats ne voulaient point envelopper dans leur condamnation une créature innocente. Les services rendus à la patrie étaient souvent pour le criminel un motif de pitié qui lui valait sa grâce. Car la pitié fut un sentiment auquel Athènes aimait à se laisser aller, et cette ville était la seule de la Grèce qui lui eût élevé un autel [2]. Lorsque le poëte Eschyle allait être lapidé, en punition de l'impiété de ses drames, son jeune frère Aminias, qui avait été mutilé à la bataille de Salamine, où son courage lui avait valu le prix, releva son manteau, et montrant le tronçon de son bras, implora la clémence des juges en faveur du frère d'un homme qui avait si bien mérité de la patrie. Les juges touchés firent grâce à Eschyle [3].

Ce sentiment profond d'humanité qui caractérise les Athéniens leur faisait prendre soin des pauvres [4], surtout de ceux qui avaient servi l'État. Lorqu'un citoyen était dans l'impossibilité de vivre par son travail, il avait droit à un secours que lui assurait la patrie [5]. La vie de l'esclave même était protégée par la divinité comme celle de l'homme libre, et celui qui s'était rendu coupable du

[1] Voyez Ælian. *Hist. var.*, V, 18.
[2] Voyez Pausan., I, c. 17, § 1.
[3] Ælian. *Hist. var.*, V, 19.
[4] Voyez ce qui est rapporté par Plutarque à propos de Lysimaque neveu d'Aristide (*Aristid.*, § 26).
[5] Ce secours paraît avoir été d'un ou deux oboles par jour. (Lysias, *Orat.* XXIV, *De invalid. stip. dand.*, edit. Reiske, p. 741, sq.)

meurtre d'un esclave n'échappait point à la souillure du sang versé[1]. L'humanité des anciens s'étendait même jusqu'aux animaux[2]. Toutefois, quand la vieille superstition reprenait son empire, ces nobles sentiments se voyaient oubliés, et la mort était froidement donnée aux plus innocentes créatures. C'est ainsi qu'Atarbe paya de sa vie le meurtre involontaire d'un moineau consacré à Esculape[3].

Dans Athènes plus que dans une autre ville de la Grèce, on voit, en suivant la succession des événements, l'homme graduellement se dépouiller des habitudes grossières et des penchants brutaux de la vie sauvage. En même temps que les passions animales vont s'affaiblissant, les sentiments généreux s'élargissent, la haine qui divise les cités devient moins féroce qu'aux temps homériques. Toutefois le fond du cœur humain est toujours demeuré le même. Nous le retrouvons chez les Hellènes, avant comme après Homère, ce qu'il est encore parmi nous. Les passions se combinent dans un ordre différent et changent de mobile selon les temps ; mais leur essence, leur nature, ne subissent aucune altération. Tempérées et

---

[1] Je cite ces paroles d'Antiphon : « Telle est la force impérieuse de la loi, que quand on aurait tué quelqu'un de ces misérables sur lesquels nous avons un empire absolu, et qui n'ont personne pour venger leur mort, par respect pour les lois divines et humaines, on se purifiera, on s'éloignera des lieux que la loi désigne, dans l'espoir d'arriver par là au bonheur ; car l'espérance est ce que les hommes ont de plus agréable et de plus doux. Or celui qui offense les dieux et qui enfreint leurs lois se prive de l'espérance même, le plus grand bien de cette vie mortelle. » (*Orat. de Choreg.*, § 4, p. 80, edit. Bekker.)

[2] Voyez ce que raconte des Athéniens, Plutarque dans la *Vie de Caton le censeur*, §§ 5, 6, au sujet des mules qui avaient été employées pour la construction de l'Hécatompédon.

[3] Ælian. *Hist. var.*, V, 17.

polies, quand les mœurs s'adoucissent, elles ne gardent
cette modération qu'à la surface. Le développement des
intérêts et des rapports sociaux transporte à l'habileté et
à la force morale la puissance qui était, dans le principe,
l'attribut de la force physique; l'ambition, la jalousie,
l'insatiabilité des désirs n'usent plus alors de la violence;
elles recourent à l'intrigue, à la calomnie, à la ruse. Mais
que tout à coup, à la suite d'une catastrophe politique,
d'une révolution intérieure, l'état social vienne à perdre
la régularité de ses mouvements, que l'ordre apparent
s'ébranle, la barbarie et tout son cortége de passions
farouches reprennent bientôt possession de l'homme.
C'est ce qui arriva dans la Grèce après l'abaissement
d'Athènes et l'établissement des tyrannies locales.

Si Athènes était par excellence la patrie des vertus et
le théâtre d'une moralité croissante, en sa qualité de
grande ville où tant de peuples divers, d'étrangers,
d'aventuriers, se trouvaient réunis, elle devait, plus qu'aucune autre aussi, renfermer la corruption et le crime.
« Mais de cette ville, écrit Plutarque, il me semble qu'on
a eu raison de dire que les gens de bien qu'elle a produits
le furent au suprême degré, et que les méchants qu'elle a
renfermés ont été les plus pervers [1]. »

La nature du polythéisme hellénique facilitait entre les
diverses populations de la Grèce des rapprochements qui
augmentaient les sentiments réciproques de bienveillance

---

[1] Ἀλλ' ἐοίκεν ἀληθῶς λέγεσθαι τὸ τὴν πόλιν ἐκείνην φέρειν ἄνδρας ἀρετῇ τε
τοὺς ἀγαθοὺς, ἀρίστους καὶ κακία τοὺς φαύλους πονηροτάτους. (Plutarch.
Dion., § 58, p. 346, edit. Reiske.) Platon avait déjà dit que quand les
Athéniens étaient bons, ils l'étaient au plus haut degré : ὡς ὅσοι Ἀθηναίων
εἰσὶν ἀγαθοὶ διαφερόντως εἰσὶ τοιοῦτοι (Leg., I, § 11, p. 475, edit.
Bekker.)

et de fraternité. Comme aucune nation hellénique né repoussait l'existence des dieux adorés par ses voisines,
comme elles avaient pour leurs divinités respectives un
sentiment de crainte et de vénération, nul ne s'imaginait
tenir du ciel le droit de commander aux autres, et en
exterminant ses rivales, satisfaire la justice divine. Aussi
on ne voit rien, chez les Grecs, de cette hostilité farouche
que les juifs et les musulmans nourrissaient contre les in-
fidèles. Le temple était constamment respecté, et que le
vaincu embrassât l'autel de ses propres dieux ou celui du
dieu de ses vainqueurs, c'était toujours un sacrilége de
violer le lieu qu'il avait choisi pour asile[1]. De là ce droit
des suppliants si caractéristique en Grèce, et devant lequel
venaient se briser une vengeance féroce ou une impi-
toyable fureur d'extermination. La pitié pour les suppliants a été certainement un des effets les plus bienfai-
sants de la religion hellénique, un des exemples où la
crainte de la divinité prêtait à l'observation de la morale
le plus efficace appui.

J'ai montré au chapitre VIII, en parlant du droit
d'asile, le caractère sacré qu'avaient les suppliants pour
les Grecs. Ce respect des suppliants est écrit presque à
chaque page des tragédies antiques. Eschyle le met en
relief dans sa tragédie des *Suppliantes*. Celle d'Euripide, intitulée les *Héraclides*, consacre la maxime, qu'il
vaut mieux soutenir une guerre que de livrer les suppliants[2]. Admirable application du principe de la solidarité humaine, subordination remarquable des règles de la
politique aux lois de la morale. « Les suppliants sont sous
la protection des dieux, écrit ce dernier poëte ; la religion

---

[1] Cornel. Nepos, *Agesilas*, § 6.
[2] Euripid. *Heracl.*, v. 775 et sq.

nous défend toute violence à leur égard, et la justice éternelle ne souffre pas qu'on les outrage[1]. » C'est ce que répète encore Euripide dans sa tragédie d'*Ion*[2]. Et ce principe était sanctionné par le culte lui-même dans l'adoration de Zeus Xénios, qui punissait les impies par lesquels les lois de l'hospitalité avaient été violées[3].

Le châtiment céleste, voilà ce dont en effet étaient menacés ceux qui avaient enfreint les lois de la morale, de même que la récompense attendait les bonnes actions. La tragédie d'*Ion* d'Euripide finit par une allocution mise dans la bouche du chœur, qui déclare que les bons trouvent enfin le prix de la vertu, et les méchants la juste peine de leur crime, idée qui apparaît dès les temps homériques[4]. La vengeance divine, qui n'est que la détermination prise par la divinité de ne point laisser le crime impuni, que l'implacable aversion qu'elle nourrit contre lui, atteint toujours le criminel[5]. Cette pensée, souvent exprimée par Solon dans les fragments qu'il nous a laissés, est fréquemment répétée par les tragiques. « La puissance des dieux

---

Εἰκὸς θεῶν ἱκτῆρας αἰδεῖσθαι, ξένε καὶ μὴ βιαίω
Χειρί δαιμόνων ἀπολίπειν σφ' ἔδη
Πότνια γὰρ δίκα τάδ' οὐ πείσεται.
(*Heraclid.*, v. 101 et sq.)

[2] « Les suppliants sont toujours sacrés », dit le chœur, dans cette tragédie, v. 1313, sq.

[3] Voyez Hom. *Odyss.*, VII, 165, 166. Cf. Plutarch. *Arat.*, § 54, p. 597, edit. Reiske. « C'est de Zeus que nous viennent les étrangers et les pauvres, » dit l'Odyssée (VI, 207, 208 ; cf. IX, 271 ; XIV, 56, 57). Ainsi, dès les temps homériques, l'idée touchante développée par le christianisme nous montrant, dans le pauvre, l'image de Jésus-Christ, inspirait déjà un véritable sentiment de charité.

[4] L'Odyssée nous dit que « Zeus voit tous les hommes et châtie tous les coupables. » (*Odyss.*, XIII, v. 212-218.)

[5] Voyez Euripid. *Bacch.*, v. 880 et sq.

s'exerce avec lenteur, mais son effet est infaillible, » dit le chœur dans les *Choéphores* d'Eschyle (v. 58). « Elle poursuit celui qui, par un triste égarement, s'élève contre le ciel et lui refuse son hommage ; sa marche détournée et secrète atteint l'impie au milieu de ses vains projets[1]. » Aux mythes antiques qui nous peignent simplement, sous les apparences du symbole et de l'allégorie, les phénomènes physiques, succèdent d'autres mythes plus moraux dont l'objet est de faire ressortir ce principe redoutable de l'inévitabilité de la vengeance divine. C'est ce que nous disent les fables racontées par Pindare[2]. La tragédie antique, en mettant en scène l'histoire des Atrides et des enfants d'OEdipe, avait pour but de montrer l'action persistante de la justice céleste[3]. Et aux plus beaux temps de la Grèce, une foule d'anecdotes qui circulaient chez ses habitants offraient des preuves terribles du danger qu'on courait à braver la colère des dieux[4].

Ce châtiment céleste, cette vindicte de la divinité qui s'attache à la poursuite du coupable, se personnifiait pour les anciens, comme on l'a déjà vu au chapitre VI, dans les Erinnyes, autrement dit les *Euménides.* Dans la tragédie qui portait le nom de ces divinités, se déroulaient, avec toute la vivacité et tout l'intérêt du drame, les effets de la vengeance divine ; la croyance à ces implacables déesses, l'opinion qu'elles s'attachaient avec un secret et

---

[1] « La vengeance céleste suit toujours les mauvaises actions, » écrit Diodore (X, fragm. 26), « et distribue à ceux qui les ont commises une juste punition. »

[2] Voyez A. de Jonghe, *Pindar.,* p. 18, et sq.

[3] Voyez Preller, *Griech. Mythol.,* t. II, p. 238.

[4] Voyez, par exemple, à ce sujet, ce que Diodore de Sicile rapporte d'Alexandre Zabinas (XXXIV, fragm. 28).

sauvage plaisir à tourmenter le criminel[1], y étaient consacrées. C'était une conception analogue à celle du Satan du livre de Job ou des diables du Dante.

Le méchant avait à redouter ici-bas le châtiment de ses méfaits, non-seulement pour lui, mais encore pour ses descendants[2]. Le principe que la punition des pères se poursuit sur les enfants avait cours chez les anciens Hellènes, aussi bien que chez les Hébreux. La tragédie grecque nous fournit plus d'un passage qui fait allusion à cette antique doctrine du péché originel. «O malheur nouveau qui se joint aux maux antiques de cette maison! s'écrie le chœur dans une des tragédies d'Eschyle[3]. J'appelle mal antique cette faute de Laïus, sitôt punie sur lui et poursuivie maintenant sur la troisième génération.» Et ailleurs le même poëte fait dire au chœur[4] : « Les dieux ne daignent pas seulement songer à ceux qui foulent aux pieds les lois les plus saintes. Ainsi disait l'impie..... mais les dieux se sont manifestés aux descendants des audacieux qui, enivrés d'un excès funeste d'opulence, respiraient l'injustice et la guerre[5].» Les orateurs tiennent le même langage : « Quant à Cinésias, si connu parmi nous, s'écrie Lysias[6], tel est l'état où les dieux l'on ré-

---

[1] Voyez Preller, *Griech. Mythol.*, t. II, p. 238. Diodore de Sicile, après avoir raconté le châtiment d'Alexandre Zabinas, s'exprime ainsi : « On voit par cet exemple qu'il est impossible de se soustraire à cette vindicte divine qui châtie les impies; les Erinnyes vengeresses ne cessent de veiller sur ces grands criminels et leur infligent une grande punition. » (Diodor. Sic., XXXIV, fragm. 28.)

[2] Diodor. Sic., XX, c. 70, fragm. 13; XXIX, c. 16; XXXVII, fragm.

[3] *Septem Theb.*, v. 717-722.

[4] *Agamemnon.*, v. 365 et sq.

[5] Voyez, sur cette doctrine, Cicéron, *De natura deorum*, III, 38.

[6] Fragm. 35, p. 241, edit. Franz.

duit, que ses ennemis désirent qu'il continue de vivre,
pour être un exemple qui apprenne aux autres que les
dieux ne se contentent pas toujours de punir les enfants des
scélérats qui les outragent, mais qu'exerçant leur courroux
contre les impies eux-mêmes, ils leur envoient des malheurs et des maladies plus cruelles qu'aux autres hommes. »

A côté de ce genre de punition céleste, s'en plaçait une
autre, sanction plus redoutable de la vertu, bien que
peut-être moins efficace sur les hommes, qui craignent
généralement plus les maux de cette vie que ceux dont
la religion les menace dans un monde à venir.

On a déjà vu que la doctrine des récompenses et des
peines était consacrée dans la mythologie des anciens[1].
Cette doctrine de la rémunération future prit un caractère
de plus en plus moral, bien qu'elle conservât toujours
dans ses conceptions un côté grossier et matériel. Pindare,
parlant du sage, nous dit qu'il voit au delà du trépas les
justes châtiments réservés aux hommes pervers ; que
tout crime qui souille ici-bas le domaine de Zeus doit
subir, aux sombres demeures, et par l'ordre du destin,
l'irrévocable arrêt que prononce un juge inflexible[2]. Irrévocable, car la plupart des anciens, quand ils n'adoptaient pas la doctrine de la métempsychose, admettaient
l'existence de peines éternelles[3]. Pindare, parlant des
justes, nous les montre coulant, sous les perpétuelles
clartés du soleil, des jours heureux[4]. C'est, comme
on voit, la conception d'Homère et d'Hésiode. D'anciennes

. [1] Voyez tome I, p. 582 et suiv.

[2] *Olymp.*, II, 102 et sq.

[3] « Les récompenses et les châtiments que nous préparent les dieux
sont également sans terme. » (Diod. Sic.,VIII, fragm. 22.)

[4] Pindar., *ib.*, v. 106 et sq.

poésies, attribuées à Musée et à Eumolpe, nous représentent les justes assis au banquet des dieux, le front couronné de fleurs[1]. Citons encore ces paroles de Pindare : « Les larmes, les chagrins n'altèrent point leur bonheur, tandis que d'horribles supplices font gémir et consument le parjure[2]. » Car le parjure était, aux yeux des anciens, un des plus grands crimes dont on pût se rendre coupable. Le serment liant les hommes aux dieux[3], les engagements se trouvaient ainsi mis sous la sauvegarde du ciel. Les récompenses que la religion promettait à la vertu étaient de nature à faire désirer, comme une vie meilleure, l'immortalité qui nous attend au delà du tombeau. Cette pensée était fortifiée par l'enseignement des mystères, de même que la foi à des châtiments futurs puisait une nouvelle force dans les récits que faisaient les initiés[4]. Et cette aspiration vers l'autre vie commençait en effet à se manifester, sous l'influence d'une philosophie qui se substituait peu à peu à la religion. « Qui sait si la vie n'est pas pour nous une mort, dit Euripide, et la mort une vie[5]? » Et chez Platon[6], qui suit les enseignements de son maître Socrate, la croyance à l'immortalité de l'âme se dépouille, comme on le verra plus loin, d'une

---

[1] Voyez Platon., *De republ.*, lib. II, § 6, p. 344; *Schol. Ruhnken. ad Hesiod.*, p. 149.

[2] Pindar., *loc. cit.*

[3] Ὀμόσαι κατ' ἱερῶν τελείων. (Demosthen., *Adv. Neœr.*, p. 1365 et suiv.

[4] Ὃν καὶ πολλοὶ λόγον τῶν ἐν ταῖς τελεταῖς περὶ τὰ τοιαῦτα ἐσπουδακότων ἀκούοντες σφόδρα πείθονται τὸ τῶν τοιούτων τίσιν, ἐν Ἅιδου γίγνεσθαι καὶ πάλιν ἀφικομένοις δεῦρο ἀναγκαῖον εἶναι τὴν κατὰ φύσιν δίκην ἐκτῖσαι, etc. (Platon. *Leg.*, IX, § 10, p. 236, edit. Bekker.)

[5] Τις δ'οἶδεν εἰ τὸ ζῆν μέν ἐστι κατθανεῖν τὸ κατθανεῖν δὲ ζῇ. (Eurip., ap. Platon. *Gorg.*, § 104, p. 273, edit. Bekker.)

[6] Voyez Platon. *Phœdon.*, § 145, p. 394, edit. Bekker.

partie des fables dont elle avait été jusqu'alors enve-
loppée, et prend une forme plus pure et plus réellement
morale.

Dans tout le cours de l'antiquité, l'idée de la justice
divine, Δίκη, est distincte de celle de la justice humaine,
Θέμις. Celle-ci est un jugement réfléchi, calculé et en quelque sorte contradictoire, tandis que la justice divine a
je ne sais quoi de fatal et d'irrévocable. *Thémis* est la
fille de Zeus, et *Dicé* celle de Pluton[1]; *Thémis* est le produit
de l'esprit libre qui vit dans l'homme, et *Dicé* celui de la
force fatale qui gouverne le monde. Dans l'univers, une
responsabilité terrible est attachée aux actes mauvais. Le
châtiment les suit aussi nécessairement que la mort suit
la destruction de certains organes. Cette Dicé n'est en
quelque sorte que la fatalité dans ses effets moraux.

La fatalité domine en effet toute la conception divine
et théologique des tragiques grecs. Elle apparaît déjà
chez les anciens poëtes, mais elle est, dans le principe, moins invoquée que la volonté et la puissance des
dieux[2]. Souvent même les idées de providence et de fatalité se confondent. Dans Pindare, ce qu'ordonne le
destin n'est que ce qui a été établi par Zeus[3]. On retrouve
chez les Grecs soutenues la doctrine de la volonté libre
et celle de la fatalité, deux pôles contraires entre lesquels
la métaphysique et la théologie semblent condamnées à
osciller perpétuellement.

---

[1] Τὴν αὐτὴν τάξιν ἔχειν παρὰ τῷ Διὶ τὴν Θέμιν καὶ παρὰ τῷ Πλούτωνι τὴν
Δίκην καὶ κατὰ τὰς πόλεις τὸν νόμον. (Jamblich. *Vit. Pythag.*, c. IX, 46,
p. 94.)

[2] Voyez, à ce sujet, A. de Jonghe, *Pindarica*, p. 26.

[3] Comme le rappelle ce vers :

Καὶ τὸ μόρσιμον Διόθεν πεπρωμένον ἔκφερεν.

(*Nem.*, IV, 60.)

Tout dans Homère respire le fatalisme[1], et les dieux sont eux-mêmes placés sous l'empire du destin. Cette idée se continua longtemps. La pythie de Delphes fit répondre à Crésus qui l'avait envoyé consulter pour savoir s'il était permis aux dieux d'être ingrat : « Il est impossible, même à un dieu, d'éviter le sort marqué par les destins[2]. »

Chez Eschyle, l'idée du destin apparaît avec une force toute particulière[3]. C'est une puissance invincible qui préside à toutes les révolutions du monde, aux grands succès, aux grands revers; changeant, au gré d'un aveugle caprice ou d'une justice sévère, le désespoir en joie et les triomphes en désastres, répandant du haut du trône, d'où elle règne despotiquement sur les hommes et même sur les dieux, les biens et les maux, les châtiments et les récompenses. Cette idée du destin obsède et fatigue, pour ainsi dire, l'imagination du poëte, qui la reproduit sous mille formes. « Elle devient, tout abstraite qu'elle est, écrit M. Patin[4], une sorte de personnage vivant et agissant, le héros du drame d'Eschyle et comme son drame lui-même. »

Chez les anciens poëtes, c'étaient les divinités elles-mêmes qui poussaient l'homme au mal; dans Eschyle, le mal est au contraire la lutte des penchants humains contre la volonté divine[5]. Toutefois, au milieu des entraî-

---

[1] Une foule de passages des poëmes homériques expriment cette idée fataliste. Tel est, par exemple, celui-ci, que l'on croirait emprunté à quelque auteur musulman : « Nous ne mourrons pas avant que le jour marqué pour notre mort arrive. » (*Odyss.*, X, 174, 175.)

[2] Herodot., I, c. 91.

[3] Voy. Camboulieu, *Essai sur la fatalité dans le théâtre grec*, 1855, in-8.

[4] Voyez Patin, *Études sur les tragiques grecs*, t. I, p. 33.

[5] Voyez Nægelsbach, *De religion. Orest. Æschyli continentibus*, p. 9.

nements qu'éprouvent tous les hommes vers le mal, une force-supérieure les retient, et cette force c'est le destin[1].

Dans Sophocle, la même idée apparaît encore, mais elle est adoucie, et les personnifications du destin et de la nécessité ont perdu en partie l'individualité qu'elles avaient chez Homère[2].

Euripide nous présente à peu près les mêmes doctrines. Toutefois Dieu s'identifie davantage chez lui à cette puissance mystérieuse dont le chœur prend toujours soin de rappeler la sagesse et les arrêts inévitables[3]. C'est le chœur qui proclame cette maxime répétée ailleurs à propos de Zeus : « Ses voies sont imprévues, imperceptibles et cachées[4]. Dieu confond les destinées de ceux qui sont unis, fait périr le juste et l'innocent par les mêmes calamités qui .fondent sur le coupable[5]. » Chez ce poëte[6], on ne sent pas au même degré que les dieux sont régis par la fatalité qui les domine tous, idée bien mar-

---

[1] Voyez Friedrich Lübke, *Die sophokleische Theologie und Ethik*, part. I, p. 54. Kiel, 1851.

[2] Voyez Daunou, *Mémoire où l'on examine si les anciens philosophes ont considéré le destin comme une force aveugle*, dans les *Mémoires de l'Académie des inscriptions et belles-lettres*, t. XV, p. 48 et suiv.

[3] Voyez, par exemple, ce que dit le chœur dans la tragédie des *Héraclides*, v. 608 et sq.   .

[4] Comparez ce que dit le chœur à la fin de la tragédie d'*Hélène* et dans celle des *Suppliantes*, v. 96 et sq.

[5] Voyez Euripid., *Suppl.*; v. 225 et sq.

[6] Déjà Eschyle, accordant les idées de liberté et de destin, avait dit dans ses *Perses* :   ·

Ἀλλ' ὅταν σπεύδῃ τις αὐτὸς χ᾿ ὁ θεός συνάπτεται

(V. 728.)

quée au contraire chez quelques auteurs tragiques[1].

La fatalité avait chez les anciens tout le caractère d'un arrêt irrévocable ; lancé par la divinité et il l'enchaînait à son tour, absolument comme cela arrivait pour la malédiction paternelle [2], qui vouait à des malheurs terribles la tête qui l'avait encourue, quels que fussent d'ailleurs plus tard le repentir du fils ou le regret du père [3]. Ce caractère de la fatalité a nui, il faut l'avouer, au sentiment moral chez les anciens, ou il lui a donné un caractère plus stoïque que religieux. En présence d'une poursuite implacable de la destinée, il n'y avait plus pour l'homme qu'à se réfugier dans sa conscience, à protester, au nom de la morale naturelle, contre les inexorables décrets du destin qu'il était réduit à maudire, ainsi qu'on le voit par les tragiques. Aussi ces poëtes se complaisent-ils dans le tableau du juste accablé sous les coups du destin. La vertu n'a son siége que dans l'âme seule, et c'est là ce qui fait, d'un autre côté, son mérite et sa grandeur ; car l'homme n'est plus le passif instrument de la grâce divine, mais l'être libre et vraiment responsable de ses œuvres [4].

---

[1] C'est à un de ces tragiques, par exemple, que Sénèque (*OEdip.*, v. 980 et sq.) a emprunté ces vers :

> Fatis agimur. Cedite fatis,
> Non sollicitæ possunt curæ,
> Mutare rati stamina fusi.
> Quidquid patimur mortale genus,
> Quidquid facimus, venit ex alto.
> . . . .
> Non illa Deo vertisse licet,
> Quæ nexa suis currunt causis.

[2] Platon. *Leg.*, XI, § 11, p. 560, edit. Bekker.

[3] Voyez sur les funestes effets qu'avait la malédiction, suivant les anciens, Preller, *Griech. Mythol.*, t. II, p. 237.

[4] Voyez Ravaisson, *Mémoire sur le stoïcisme* (*Acad. des inscript. et belles-lettres*, t. XXI, p. 80).

Ce qu'on appelait la colère ou la vengeance des dieux n'était toutefois le plus souvent qu'un juste courroux[1] provoqué par un crime, par une infraction à la loi morale, par un sacrilége. C'est ainsi que l'ivresse et tous les désordres qu'elle entraine étaient regardés comme un effet de la colère de Dionysos irrité de ce qu'on avait mésusé de ses dons[2]. Cette vengeance céleste (Némésis), sorte de fatalité, de

[1] De là, la distinction entre ce que les Grecs appelaient φθόνος, la haine, et qui appartenait essentiellement aux hommes, et la νέμεσις, la vindicte, qui était l'attribut des dieux et portait sur des faits moraux. La Némésis, comme on le voit surtout par Sophocle (*Electr.*, v. 1441 et sq.), poursuivait le coupable comme un remords; le φθόνος s'emparait de lui au contraire, pour le porter à de nouveaux crimes. (Voy. Lübke, *Die sophokleische Theologie und Ethik*, part. I, p. 58.) La Némésis était la conséquence fatale du crime auquel le coupable et même sa race ne pouvaient plus se soustraire; quelque chose d'analogue à ce qu'est, pour les chrétiens, le péché d'Adam. (Voy. T. C. G. Schincke, *Leben und Tod oder die Schicksals-Göttinen*, Leipzig, 1825, p. 29 et suiv.)

[2] Mais cette idée se modifia, et l'on rapporta à d'autres causes, à la punition d'autres crimes, le châtiment attaché par la divinité à l'intempérance. Ainsi, dans les *Bacchantes* d'Euripide (v. 629 et suiv.), l'ivresse furieuse de Penthée est attribuée au mépris qu'il a fait des mystères dionysiaques. Le meurtre de Clitus, dont se rendit coupable Alexandre dans un accès d'ivresse, fut attribué à la vengeance de Dionysos, irrité, selon les uns, du peu de respect qu'il avait eu pour sa ville natale, comme il a été dit ailleurs (Plutarch., *Alexand.*, § 13, p. 31, edit. Reiske), selon les autres, de ce qu'il n'avait pas célébré au temps marqué son anniversaire (Quint. Curt., lib. VIII, § 8, c. 2). Cependant lors des fêtes dionysiaques, on autorisait, en l'honneur du dieu, l'abus du vin dans les villes et les colonies de l'Attique; aussi voyons-nous, par Hérodote (II, 179), que les Scythes reprochaient aux Grecs leurs bacchanales, pensant qu'il est contraire à la raison d'imaginer une divinité qui pousse les hommes à l'extravagance (voy. Platon. *Leg.*, VI, § 18, edit. Bekker). Toutefois la philosophie blâma cette intempérance, qui se couvrait du voile de la religion, et lui opposa la sobriété des Lacédémoniens (*Leg.*, I, § 9, p. 459). Voy. t. II, p. 202 et sq.

fortune (τύχη), elle était pour les Grecs l'expression de
l'ordre immuable et juste qui attache irrévocablement
dans l'univers la punition à l'acte criminel [1]. L'idée de mi-
séricorde divine, si développée par le catholicisme, l'ancien ne la concevait pas. La justice ne dépendait pas, à ses
yeux, du caprice du Très-Haut; elle était forcée, nécessaire. Ses dieux sont comme le Dieu de l'ancienne alliance, qui veut du sang pour être apaisé et ne pardon-
nera que si son fils s'offre en sacrifice.

En présence des inexorables effets du destin ou des
arrêts terribles de la Providence, car les deux conceptions
se confondaient dans la pratique [2], il n'y avait plus souvent de possible pour l'homme qu'une vertu, la résignation. Aussi, dès les premiers siècles de la Grèce, l'avait-on
prêchée presque dans les mêmes termes que les chrétiens.
Homère avait dit, par la bouche de Nausicaa : « Zeus,
roi de l'Olympe, distribue la fortune aux mortels, soit aux
bons, soit aux pervers, à chacun comme il lui plaît. Ce
qu'il vous envoie, il vous faut le supporter. [3] » Théognis
répète à peu près la même chose [4]. Et le chœur, dans les
Suppliantes d'Eschyle, s'écrie : «Résignons-nous d'avance
aux arrêts du destin; qui peut s'opposer aux impénétrables
décrets de Zeus [5]? »

Mais cette résignation n'est pas toujours fondée sur la
triste nécessité de courber la tête devant un inévitable

---

[1] Schincke, *ouv. cit,*, p. 131.

[2] Voyez Daunou, *Sur le destin,* dans les *Mém. de l'Acad. des inscr.
et belles-lettres,* t. XV, p. 48 et suiv.

[3] *Odyss.,* VI, v. 189 et sq.

[4]   Ἀλλ' ἐπιτολμᾶν ·
        Χρὴ δῶρ' ἀθανάτων οἷα διδῶσιν, ἔχειν.
        (Theogn. *Sententiæ,* v. 1163-1164, p. 32, edit. Sylb.)

[5] Voyez *Suppl.,* v. 1055.

fléau ; elle repose aussi sur la pensée plus douce que Dieu frappe l'homme pour l'éprouver, l'améliorer, et que la souffrance nous fait sentir davantage le prix du bien. Pindare, s'adressant à Hiéron, lui dit pour le consoler des douleurs qu'il souffre, qu'il doit avoir appris des anciens que les dieux envoient aux hommes deux maux pour un bien[1]. Il ne faut donc pas que l'homme se laisse aller au désespoir, car, ainsi que le dit Théognis, l'espérance est la seule bonne déesse qui habite chez les humains[2].

La lutte des divinités entre elles, telle qu'elle apparaît chez Homère, qui nous les représente animées de sentiments opposés, de passions diverses, nuisait au caractère moral de la religion. Pour que l'idée de providence, ou tout au moins de destin, dominât la conception théogonique, il fallait que toutes ces divinités faibles, haineuses et impuissantes comme les hommes, se rabaissassent au niveau des simples créatures, et que Zeus les dominât comme ses subordonnés, ses sujets. Ce dieu était effectivement en principe la divinité par excellence[3]. Mais dans certaines contrées de la Grèce, le dieu local avait fini par se substituer à Zeus, et alors c'était à lui que l'on rapportait tous les attributs de la divinité par excellence. Car chaque ville avait une tendance à faire de sa divinité favorite le dieu principal, comme on l'observe dans l'Hindoustan, chez les différentes sectes. Mais cela n'altérait en rien la notion divine, qui était transportée seulement alors à un nom nouveau. Tel était en effet le

---

[1] Voyez *Pyth.*, III, 80.

[2] Ἐλπὶς ἐν ἀνθρώποισι μόνη θεὸς ἐσθλὴ ἔνεστιν. (Theogn. *Sentent.*, v. 1131, p. 85, edit. Sylb.)

[3] Voyez vers 579 et suiv.

caractère du polythéisme; la conception divine conservait toujours son unité et sa physionomie typique, mais
elle s'appliquait tour à tour à des personnifications tirées
d'un des attributs de la nature ou de Dieu. De la sorte,
l'unité se retrouvait toujours, en dépit de cette infinie variété. Quand les dieux étaient les acteurs d'un drame ou
d'un mythe, ils n'apparaissaient que comme des créatures,
des puissances inférieures à Zeus et qui luttaient contre
lui, quoiqu'elles sussent qu'elles ne pouvaient lui résister[1].
Mais lorsqu'on les adorait, quand on leur adressait des
vœux et des hommages, c'était alors la divinité tout entière que l'on invoquait sous leur nom.

Puisque Zeus tenait entre ses mains toutes les destinées
de l'univers, c'était donc lui qui savait et qui connaissait
toutes choses. L'omniscience, qu'Homère attribuait volon-
tiers à tous les dieux[2], devint l'attribut exclusif de leur
souverain. Hésiode avait dit[3] : « L'œil de Zeus voit tout,
rien ne lui est caché. » Pindare déclare que ceux qui s'imaginent pouvoir cacher quelque chose de leurs actions à
la divinité se trompent[4]. Et une pareille pensée se retrouve à la fois chez Épicharme[5], Euripide[6] et Aristophane[7].

---

[1] C'est ce que nous montrent les paroles qu'Homère met souvent dans leur bouche. (Voy. par exemple, *Iliad.*, VIII, v. 31 et 210.)

[2] Vous êtes des déesses, dit Homère aux Muses, par conséquent vous savez tout (*Iliad.*, II, v. 484). Télémaque dit aussi que les dieux savent tout (*Odyss.*, IV, v. 379).

[3] *Opera et Dies*, v. 265.

[4] Pind. *Olymp.*, I, v. 103, sq.

[5] Voyez ap. Theodor. *Therap. Serm.*, VI; *Opera*, t. IV, p. 564.

[6] Τὸν πάνθ' ὁρῶντα, κ' αὐτὸν οὐχ ὁρώμενον. (Cf. Euripid. ap. Sext. Empiric., *Adv. Math.*, p. 54.)

[7] Ὦ Ζεῦ δίοπτα καὶ κάτοπτα πανταχῇ. (Aristoph. *Acharn.*, v. 435.)

Cette doctrine conduisit à admettre que nos actions sont entre les mains des dieux, entre celles de l'être qui les résume tous et qui en est le souverain; et voilà comment on arriva à croire que Zeus et les dieux nous donnent la vertu et le bonheur, que nous accomplissons par leur grâce de nobles et généreuses actions et méritons de glorieuses récompenses. « La sagesse est un présent, une grâce des dieux, » dit Eschyle[1], et la même pensée se rencontre plusieurs fois dans Théognis[2]. « Personne n'est bon ni méchant sans l'assistance des dieux, » écrit ce gnomique. Aussi Bias voulait-il que tout le bien qu'on faisait fût reporté aux dieux[3], et Eschyle tient que c'est la divinité qui écarte de notre esprit les pensées mauvaises[4].

Tombons-nous dans l'erreur, persistons-nous dans une pensée coupable, c'est Dieu qui nous aveugle. Il n'éclaire que ceux qui sont dignes de l'être. Penthée, parlant de Dionysos, s'écrie dans la tragédie d'Euripide : « Où est-il? mes yeux ne peuvent l'apercevoir. » Et le dieu répond : « En moi; mais toi, impie, tu ne peux le reconnaître[5]. » Et en même temps que la divinité nous inspire de vertueux projets, elle nous fortifie contre la tentation de commettre le mal; elle lutte avec nous contre nos penchants pervers. Le Grec qui se sentait entraîné à commettre quelque action coupable allait se jeter aux pieds des autels consacrés aux *dieux préservateurs*, et là il pui-

---

[1] Æschyl. *Agamemnon.*, v. 189-191.

[2] Theogn. *Sentent.*, edit. Sylb., p. 13.

[3] Ὅτι ἄν ἀγαθὸν πράττῃς εἰς θεοὺς ἀνάπεμπε. (Diogen. Laert., lib. I, p. 61.)

[4] .....καὶ τὸ μὴ κακῶς φρονεῖν
Θεοῦ μέγιστον δῶρον.
(Æschyl. *Agamemn.*, v. 935-936.)

[5] Voyez Euripid. *Bacch.*, v. 501 et 502.

sait, pour résister à la tentation, une force qu'il n'avait
pas auparavant [1]. C'est, comme on le voit, le dogme chrétien de la grâce.

La divinité disposant de nos destinées, nous devons la
craindre et lui obéir; il ne nous est pas permis de quitter
cette vie avant qu'elle ait prononcé notre arrêt. Aussi en-
seignait-on dans les mystères que les hommes sont sur
cette terre comme dans un poste qu'il ne leur est pas
permis d'abandonner, sans en avoir reçu l'ordre [2].

Toutes les idées morales que le christianisme a sanction-
nées se trouvaient donc déjà, plus ou moins développées,
dans les enseignements des poëtes et du culte païen. Tous
les problèmes que la théologie chrétienne a agités, ceux de
la providence, de la liberté, de la grâce, s'étaient offerts
à l'imagination des Grecs, et comme nous, sans pouvoir
les résoudre, ils avaient accepté des principes qui semblent
inconciliables.

Que dans la pratique, les païens se montrassent d'une
morale moins sévère, d'une observation moins rigou-
reuse que les chrétiens, la chose est infiniment vraisemblable. L'enseignement religieux n'avait pas chez eux
cette autorité dont est revêtue l'Église, cette régularité de
discipline et cette rigueur de principes qui font la force
et l'honneur du christianisme. Toutefois il est à noter
que le désaccord qui existe souvent entre les préceptes de
la religion et les actions de ceux qui la professent s'est
produit dans tous les temps, dans la Grèce surtout, dont
le climat brûlant allume les passions et entretient la volupté. La Grèce, sous les empereurs de Byzance, bien

---

[1] Ἴθι ἐπὶ θεῶν ἀποτροπαίων ἱερὰ ἱκέτης. (Platon. *Leges*, X, pp. 305,
592, 853.

[2] Platon. *Phœdon.*, § 16, p. 151, edit. Bekker.

que chrétienne, nous présente les mêmes vices et les mêmes désordres dont eut à s'affliger le monde païen. Malgré les injonctions de la loi nouvelle, les crimes les plus odieux se sont accomplis, et le fanatisme s'est alors chargé de faire ce que faisait auparavant la superstition.

C'est là un effet de l'infirmité de notre nature. Les religions sont des sanctions solennelles et divines données à la loi morale; elles en fortifient l'observation, mais elles ne la garantissent pas. Le moyen âge, époque de foi vive et de piété sincère, abonde autant en crimes, en désordres, en actes de cruauté et de barbarie, que les siècles antiques. N'a-t-on pas vu, dans ces derniers temps, les colonies espagnoles de l'Amérique du Sud, devenues libres, donner le spectacle d'une démagogie dont les excès ne le cèdent en rien à ceux des tyrannies de la Grèce et de l'Italie antiques? Les Européens n'ont pas montré pour les sauvages du nouveau monde plus d'humanité que Sparte pour ses ilotes, quoique leur Dieu eût recommandé la mansuétude et la paix. Les *auto-da-fé* ne furent après tout, bien souvent, qu'une forme détournée de ces sacrifices humains qu'on a tant, et avec raison, reproché aux anciens. Les massacres dont se rendirent coupables les *conquistadores* ne sont pas des indices d'idées morales plus avancées que celles des Grecs. Les mœurs de l'Espagne catholique le cèdent-elles d'ailleurs en liberté, en licence, à celles de la Grèce? Sans doute, on n'y élève pas des autels à une Aphrodite impudique, mais on y voit des courtisanes se mettre effrontément sous la protection de Marie. Les fabliaux du moyen âge sont assurément plus obscènes que les poésies érotiques de la Grèce; et les représentations scéniques des peuples

chrétiens allument-elles moins les passions que ces jeux .
reprochés par saint Augustin aux païens[1]? Ce Père ne pres-
sentait pas alors que l'Espagne catholique aurait un jour ses
combats de taureaux, la France son Opéra, ses ballets,
ses comédies, où le mariage deviendrait un thème inépui-
sable de ridicule. Enfin, faut-il tant s'étonner en Grèce
de tyrans dissolus et de courtisanes honorées, quand un roi
très chrétien, défenseur de la foi, faisait légitimer ses
enfants adultérins, et proposait au respect public les com-
pagnes de ses désordres ou les victimes de ses séductions.

Et le bas peuple, toujours ignorant, toujours superstitieux, le bas peuple, qui ne prend du culte que les pratiques, et, par un compromis bizarre, croit être religieux
en restant féroce et brutal, fut-il, au moyen âge, si fort
au-dessus de la servitude antique? Qu'on jette les yeux
sur le tableau qu'un de nos plus profonds et plus judicieux érudits[2] a tracé, d'après les témoignages contemporains, de la condition morale des vilains, et qu'on dise
si l'esclave grec fut moins avili, moins méprisé que cette
caste malheureuse. Je ne parle pas de l'esclavage du nègre,
plus inhumain encore que la servitude hellénique, mais de
cette dureté du maître chrétien pour le serf qui le faisait
vivre.

Sans doute la morale chrétienne est fort supérieure à
la morale du polythéisme; elle inspire surtout des dévouements sublimes dont l'antiquité n'eut que rarement
l'idée; elle a élevé à la hauteur d'une institution la charité, tout individuelle chez les anciens, et substitué l'héroïsme religieux à l'héroïsme de l'amour de la patrie,

---

[1] *De civit. Dei*, II, 4.
[2] Voyez ce que dit M. V. Leclerc, de la condition des vilains et de
leurs défauts, *Histoire littéraire de France*, I. XXIII, p. 194.

mais elle n'a pas pour cela transformé la société : et
polythéiste, la Grèce était déjà ce qu'elle est chrétienne
et orthodoxe ; elle était ce que sont tous les pays de
l'Europe, catholiques ou protestants, un théâtre plus ou
moins fréquent de désordres et de crimes, où la vertu
n'est que le fruit rare et passager des cœurs qui prennent dans la religion ce qui ennoblit, améliore et épure.
Il serait donc injuste de distinguer, en traitant de la morale religieuse de l'antiquité, entre les préceptes et les
actes, puisqu'on ne le fait pas dans l'appréciation de la
société chrétienne. L'idée du bien, du grand, du beau,
le sentiment du devoir apparaissent clairement chez les
Grecs ; cela suffit pour que nous ayons le droit de soutenir que leur religion n'était pas un pur amas de
honteuses superstitions et de solennités licencieuses ou
ridicules. La vertu y avait sa place, sa récompense, son
honneur, et l'idée du bien y dominait puissamment. Le
polythéisme a fait vivre la Grèce dix siècles et plus, c'est
assez dire qu'il renfermait un principe fécond de développement moral et de vie que les modernes ne sauraient
méconnaître.

CHAPITRE XV.

LES RELIGIONS DE L'ASIE MINEURE.

Importation des mythes et des idées religieuses de l'Asie dans la religion hellénique. — Tendance des Grecs à adopter les divinités et les rites étrangers.—Peuples de l'Asie Mineure.—Religion phrygienne et thrace. — Son influence sur la religion hellénique. — Cultes de Cybèle et d'Atys. — Mystères phrygiens. — Culte de Sabazius et des autres divinités phrygiennes. — Leur alliance avec le culte de Dionysos. — Mystères thraces. — Religions de la Lydie, de la Carie, de Rhodes, de la Crète.— Culte d'une divinité lunaire répandue dans toute l'Asie. — Artémis d'Éphèse. — Artémis Taurique. — Culte d'Anaïtis. — Religions de l'Arménie et de la Perse. — Leur influence sur les religions de la Grèce. — Religions de la Lycie, de la Cilicie, de la Cappadoce.

J'ai cherché à mettre en évidence, dans les chapitres précédents, le caractère et l'organisation de ce qui constituait, à proprement parler, la religion hellénique. Et, dans ce tableau, je me suis presque toujours abstenu de faire connaître quelles altérations avaient introduites les influences étrangères. C'est maintenant le lieu de rechercher la nature et l'étendue de ces altérations, afin d'apprécier la part qui resta à l'élément hellénique, une fois que des emprunts faits à l'étranger eurent partiellement dénaturé le génie des croyances grecques.

Les traditions et les rites ne conservèrent pas toujours en effet, chez les Hellènes, les formes que j'ai définies et exposées précédemment. Un mouvement continu porta d'Europe en Asie et d'Asie en Europe certains cultes et certains dieux. Il s'opéra un échange incessant entre les religions de l'Asie Mineure et celles de la Grèce, et il serait dès lors impossible d'assigner une date précise à l'époque où la Grèce commença à subir l'influence reli-

gieuse des contrées voisines. Tout ce qu'il est permis
d'affirmer, c'est que ce fut à partir des vii° et vi° siècles
avant notre ère, que les emprunts faits par l'Europe à
l'Asie devinrent de plus en plus multipliés. Le développement des relations commerciales mit dans des rapports
plus habituels les peuples des rives opposées de la Méditerranée. Les colonies qui avaient été envoyées par les
Doriens, les Éoliens et les Ioniens sur le littoral de l'Asie
Mineure entretenaient encore avec la mère patrie des
relations dont la religion, autant que la politique, subis-
sait l'influence.

Les Grecs, ainsi qu'il a été montré aux chapitres précédents, avaient porté le culte de leurs principaux dieux
dans la Crète et les provinces de l'Asie Mineure, depuis
la Lycie jusqu'à la Mysie et la Troade. La religion hellénique s'y était implantée et avait alors communiqué sa vie
propre à ces cultes locaux rattachés de plus en plus intimement à elle ; car les peuples auxquels se mêlèrent les
colons grecs avaient déjà une religion constituée. Celle-ci,
autant qu'on en peut juger par le petit nombre de renseignements qui nous sont parvenus, était un naturalisme
analogue à celui des Hellènes. L'alliance entre les cultes
hellénique et asiatique devait donc s'opérer sans effort et
presque d'elle-même. Comme les populations de l'Asie
Mineure étaient en partie issues de la même souche que
les Grecs, comme la majorité de leurs langues appartenait à la famille indo-européenne et que leur séparation
d'avec les populations helléniques n'était pas d'ailleurs
vraisemblablement fort ancienne, il en résultait des affi-
nités qui devaient amener des fusions. Et dans la réli-
gion grecque rien n'étant nettement défini, les conceptions divines ayant une forme incertaine et prenant de

nombreux aspects, les dieux pouvaient aisément revêtir
la physionomie asiatique. C'est ce qui arriva, surtout dans
la Lydie, la Carie, la Lycie et la Mysie; à tel point qu'en
bien des cas, on ne sait plus guère distinguer, dans la
légende et le culte attribués aux divinités grecques, ce qui
avait été apporté des contrées helléniques et ce que le
génie asiatique y avait introduit.

Zeus, Poséidon, Apollon, Artémis, Athéné, Aphrodite, Dionysos, Hercule, reçoivent en Asie des surnoms ou des attributs spéciaux qui varient suivant les
localités et qui sont vraisemblablement empruntés aux
divinités topiques dont ils prennent la place, ou tout au
moins qui se rattachent aux idées religieuses particulières
au pays. En plusieurs cas cependant, la fusion ne fut
pas assez complète pour que la divinité grecque absorbât
tous les éléments asiatiques. Un certain nombre de dieux
gardèrent leur physionomie locale. En dépit de leur nom
grec, on retrouve chez eux des attributs purement orientaux, et plus on pénètre dans l'intérieur de l'Asie Mineure,
plus on trouve ces traits prononcés, plus le caractère
asiatique reparaît; souvent même le nom national s'est
conservé. C'est ce dont il est facile de se convaincre,
en suivant l'histoire de plusieurs des divinités que nous
ne rencontrons à l'origine qu'en Asie.

Les monuments nous font souvent reconnaître ces
métamorphoses imparfaites que subissaient les divinités
grecques sous l'influence des idées asiatiques. Ainsi,
pour en citer quelques exemples, le Zeus de Dodone, dont
le culte fut porté vers l'époque impériale à Halicarnasse,
y reçut la couronne radiée qui appartenait vraisemblablement au Zeus de cette ville, divinité solaire, en place
de la couronne de chêne ou de laurier qui était sa coif-

fure caractéristique en Épire[1]. L'Apollon Sminthien et
l'Apollon Sauroctone de la Mysie ont chacun un attribut
qui les distingue nettement de l'Apollon purement dorien,
et décèle une origine qui n'est pas toute grecque[2]. Néanmoins le caractère hellénique demeurait fortement empreint sur ces dieux en partie exotiques, car, ainsi que le
dit l'auteur de l'*Épinomis*, les Grecs perfectionnaient tout
ce qu'ils empruntaient aux barbares[3].

Mais à côté de ces divinités helléniques que le génie
asiatique modifiait, altérait en quelque sorte à son insu,
il y avait des divinités orientales dont la conception était
assez arrêtée, le caractère assez distinct, pour ne pouvoir
se fondre avec les divinités grecques. Ces dieux purement
asiatiques, la religion hellénique, dans l'impossibilité de
les transformer, se les appropria, et c'est par ces emprunts que l'on saisit d'une manière incontestable l'introduction dans la religion grecque d'éléments véritablement
étrangers. Aussi est-ce leur étude qui me permettra d'apprécier l'étendue et la nature des influences qu'exercèrent en Grèce les croyances des barbares, celles-ci se
montrant dans ces emprunts plus circonscrites et mieux
définies.

Le culte de chaque cité grecque était généralement
consacré par ses lois et constituait une partie de ses
institutions politiques. Il en résultait une barrière qui

---

[1] Comparez les monnaies d'Halicarnasse représentant Zeus Dodonéen
(Mionnet, *Description des médailles antiques*, Suppl., t. VI, p. 498,
501, n°ˢ 312, 325) à celles de l'Épire (Mionnet, *loc. cit.*, t. II, p. 47
et suiv., *Suppl.*, t. III, p. 359 et suiv.).

[2] Strab., XIII, p. 604. Clem. Alex. *Cohort. ad Gent.*, p. 34. Cf.
Preller, *Griech. Mythol.*, t. I, p. 161. J. de Witte, *Apollon Sminthien*, p. 8.

[3] Λάϐωμεν δὲ ὡς ὅ τί περ ἂν Ἕλληνες βαρϐάρων παραλάϐωμεν, κάλλιον τοῦτο
εἰς τέλος ἀπεργάζονται. (Platon. *Epinom.*, § 10, p. 35, edit. Bekker.)

s'opposait à ce que des altérations fussent apportées dans la religion nationale. De plus, le respect des traditions empêchait que, suivant l'intérêt ou la mode, on changeât les rites, les noms des dieux et les dieux eux-mêmes. « Il est du devoir d'un législateur, pour peu qu'il ait de la prudence, écrit l'auteur de l'*Épinomis*, de ne jamais entreprendre d'innover en matière de culte et de ne point porter ses concitoyens vers un culte qui n'aurait pas de fondement certain. Il ne doit pas non plus les détourner des sacrifices établis par la loi traditionnelle, parce qu'il est ignorant en ces sortes de choses, toute nature mortelle étant incapable d'y rien connaître[1]. » Néanmoins, en dépit de ces causes conservatrices du culte, les alliances entre des nations qui, comme on l'a vu au chapitre VI (page 8 et suiv.), adoptaient réciproquement les divinités les unes des autres, amenaient l'introduction de divinités nouvelles. Les emprunts de divinités, résultats d'alliances ou de la vogue de certains dieux, ne furent pas moins fréquents en Asie qu'en Europe[2]. La superstition inspirait pour telle ou telle divinité étrangère, dont on vantait la puissance, dont on racontait les miracles, une foi qui ne se traduisait d'abord que par des cérémonies secrètes, mais qui finissait par s'insinuer peu à peu dans les croyances générales, et par usurper près des dogmes nationaux une place qui leur aurait été tout d'abord refusée. A Athènes surtout, où abondaient les étrangers, où la mobilité des institutions et des idées se communiquait à la religion, les cultes secrets s'étaient singulièrement multipliés, et ils préparèrent graduellement l'invasion des divinités étrangères, ou, comme disaient les Grecs, cette

---

[1] Platon. *Epinom.*, § 8, p. 29, edit. Bekker.
[2] Voyez ce qui a été déjà dit, à ce sujet, au chapitre VII, t. II, p. 9 et suiv.

théoxénie[1] dont les Athéniens furent toujours travaillés. Il est vrai que la politique, se préoccupant du danger que faisaient courir à la religion nationale ces pratiques nouvelles, porta des lois sévères contre les cultes secrets [2] qui pouvaient avoir un caractère magique ou malfaisant. Mais ces dispositions légales, qu'on faisait valoir contre ceux auxquels on cherchait des motifs d'accusation, demeuraient vraisemblablement sans effet, lorsque aucune raison politique ne s'attachait à la poursuite des coupables : « Les Athéniens, fidèles à leur goût pour les modes étrangères, écrit Strabon [3], l'ont suivi même à l'égard du culte

---

[1] Voyez, sur la θεοξένια chez les Grecs, et les *dii evocati* des Latins, Ambrosch, *Römische Studien*, p. 186. Boeckh, *Corp. inscr. græc.*, t. II, p. 1075, add., et tome II de cet ouvrage, p. 28.

[2] Il règne beaucoup d'incertitudes sur la portée et le véritable caractère des lois établies contre l'introduction des superstitions étrangères. Wachsmuth (*Hellen. Altherthumsk.*, t. II, p. 569, 2ᵉ édit.), s'appuyant sur le témoignage de Suidas et de Photius (vᵒ Μητραγύρτης), soutient que la peine de mort était établie contre l'introducteur de tout culte secret. Au contraire, l'auteur de l'article MAGIE, dans l'*Encyclopédie classique* de Pauly (p 1418), M. Georgii, n'admet pas que ce seul fait puisse justifier une pareille accusation, opinion qui s'appuie d'ailleurs sur les recherches de Lobeck (*Aglaoph.*, p. 663 et sq.). Toutefois le témoignage formel de Démosthène (*De fals. leg.*, § 281, edit. Vœmel, p. 431 ; cf. *Adv. Bœot.*, § 2, p. 995), au sujet de la prêtresse Ninus, dénoncée pour avoir introduit des rites phrygiens, pourra toujours être produit à l'encontre de cette opinion. La difficulté est de s'expliquer comment tant de cultes étrangers ont pu être sanctionnés par l'État, si leur introduction était en opposition formelle avec les lois. Mais dans un pays qui avait subi autant de révolutions qu'Athènes, et où des partis contraires arrivaient successivement au pouvoir, on a pu tolérer, à certaines époques, ce que défendait formellement la loi ; tout comme dans le siècle dernier, quoique les lois les plus sévères subsistassent contre ceux qui se rendraient coupables d'hérésie et d'impiété, les opinions les plus irréligieuses se produisaient impunément, et bien des actes de l'autorité même enfreignirent formellement ces lois.

[3] *Lib.* X, p. 471.

des dieux. Ils ont adopté beaucoup de rites des barbares, au point que, sur la scène comique, on les en a plaisantés.» Les femmes étaient les courtiers principaux de ce culte interlope; voilà pourquoi Platon, dans ses *Lois*[1], interdit les chapelles domestiques, où il se plaint que les femmes, toujours portées à la superstition, que les individus dominés par l'effroi d'une vision, aillent en secret porter des prières et des vœux à une foule de dieux, de héros et de démons. Aussi Plutarque, reproduisant les préceptes de Platon[2], veut-il que les femmes n'adorent pas en particulier de dieux et ne se livrent pas à des rites étrangers. Et Strabon, que je viens de nommer, nous dit[3], en parlant du même sexe, que tout le monde s'accorde à regarder les femmes comme auteurs de la superstition, comme celles qui nous invitent par leur exemple à rendre un culte plus recherché à la divinité, et à solliciter par des fêtes et des prières son secours. On peut encore citer, continue le géographe, ce que Ménandre fait dire à un de ses personnages, fatigué des dépenses que font les femmes pour les sacrifices: « C'est nous surtout, gens mariés, que les dieux se plaisent à ruiner; nous sommes toujours obligés de chômer quelque fête.» Dans son *Mysogyne*, l'ennemi des femmes accuse le sexe des mêmes superstitions: «Nous sacrifions, dit-il, cinq fois par jour. A chaque sacrifice, sept esclaves rangés en cercle jouaient de la cymbale et faisaient retentir l'air de leurs cris d'allégresse[4].»

Mais ces défenses, surtout à partir du ve siècle avant notre ère, n'eurent que peu d'effet. D'ailleurs, le sanc-

---

[1] Platon. *Leg.*, X, § 15, p. 520.
[2] *Præcept. conjug.*, § 19, edit. Wyttenbach. p. 553. Cf. § 48, p. 572.
[3] Lib. VII, p. 297.
[4] Strab., lib. VII, p. 297.

tuaire domestique, où ces dieux étrangers étaient adorés, formait un véritable asile que la police de l'État ne pouvait violer, et où il n'était pas permis d'aller chercher les délinquants en matière de culte [1]. Il y avait d'ailleurs toujours un moyen détourné pour les habitants d'une cité, d'y introduire un dieu nouveau : c'était de donner celui-ci comme n'étant qu'une forme du dieu national, de présenter son nom comme un surnom qu'il avait reçu dans une autre contrée ; et toute divinité ayant, à un certain degré, les attributs du dieu suprême, il n'existait pas de divinité étrangère qui n'eût avec celles de la Grèce une ressemblance de caractère très propre à faciliter le subterfuge. C'est de la sorte, notamment, que fut introduit à Athènes le culte des divinités phrygiennes. La Phrygie était une contrée tout asiatique, quoique plus tard la Grèce y ait fait pénétrer sa langue et son génie. Les relations entre les Hellènes et les Phrygiens remontaient aux temps héroïques ; mais les deux peuples n'en constituaient pas moins des nationalités tranchées. Ce qui a fait prêter aux Phrygiens une physionomie plus grecque qu'ils ne la présentaient réellement, c'est que le peu que nous savons de leur histoire, de leur religion et de leurs mœurs, nous a été transmis par les poëtes grecs, qui y ont mêlé des idées helléniques. Les premiers Phrygiens s'appelaient Mæoniens [2], et sont personnifiés, suivant l'usage asiatique, par un roi Mæon, que Diodore de Sicile fait régner sur la Phrygie [3] et qu'il donne pour époux à Dindyme,

---

[1] Voyez à cet égard les paroles de Cicéron (*Pro domo sud*, § 41).

[2] Strab., XII, p. 572 ; XIII, p. 625. Cf. t. I, p. 32.

[3] III, 58. Ce Mæon ou Manis pourrait bien être le même que le Μάζευς dont Hesychius fait le dieu suprême des Phrygiens, et qui, à en juger par un passage de Plutarque (*De Isid. et Osiride*, § 24, p. 476), se confondait avec l'Ahura Mazda (Ormuzd) des Perses.

personnification d'une montagne du même pays. Ces
Mæoniens sont souvent mis en rapport avec les Lydiens,
représentés par Lydus[1], personnage dont on fait un fils
d'Atys et qui n'a pas plus que lui de réalité historique.
Le nom d'Atys est précisément, comme on le verra plus
loin, celui du dieu principal de la Phrygie. Le nom de
Mæonie est encore employé par Homère[2], et il semble être
demeuré en usage pendant un assez long temps[3]. L'établissement de la dynastie des Héraclides correspond vraisemblablement à l'époque où l'influence hellénique se fit
sentir sur le pays. Toutefois il ne faudrait pas inférer de
ce nom d'Héraclides, qu'une dynastie grecque ait remplacé dans la Lydie celle dés Atyades. Il est très vraisemblable que l'Hercule dont on fait descendre Agron[4],
premier roi de cette dynastie, était dans le principe un
dieu distinct de l'Hercule thébain. C'est celui qui a été
connu sous le nom d'Hercule lydien, et qu'on identifia
postérieurement au fils d'Alcmène. Je reviendrai plus loin
sur ce dieu. Il me suffit de rappeler ici qu'au dire d'Hérodote, Agron était fils de Ninus, petit-fils de Bélus, ar-
rière-petit-fils d'Alcée, dont le père était Hercule. Il y a
évidemment dans cette généalogie l'intention de rattacher
les personnages purement asiatiques de l'histoire lydienne
au héros thébain. Ces noms de Bélus, de Ninus, sont

---

[1] Dionys. Halic. *Ant. rom.*, I, 27. Herodot., I, 7, 91. Strab., XIV,
p. 680.

[2] Homer. *Iliad.*, III, 400 ; XVIII, 291. Strab., *loc. cit.*

[3] Ce nom fut ensuite exclusivement appliqué à la partie orientale de
la Lydie qui s'étend au pied du mont Tmolus, et est arrosée par le cours
supérieur de l'Hermus (voy. Ptolem., V, 2 ; Plin. *Hist. nat.*, V, 29,
30). Enfin un bourg de la même province reçut le nom de Mæonie
(voy. Hamilton, *Researches in Asia Minor*, t. II, p. 139).

[4] Herodot., I, 7.

complétement assyriens[1], et les monarques de la dynastie des Héraclides ne portent pas des noms grecs, mais des noms lydiens[2]. La dynastie suivante, celle des Mermnades, est également toute lydienne. La domination grecque ne s'établit donc en Lydie qu'à une époque relativement moderne, et dès lors là religion dut conserver pendant bien des siècles un caractère presque aussi national que l'offrait celle des Phrygiens, qui s'en rapprochait beaucoup.

Les Lydiens, de même que les Phrygiens, continuèrent, jusqu'au ive siècle avant notre ère[3], d'être regardés par les Grecs comme des barbares. Les Mygdoniens[4], les

[1] Il est très probable qu'il y avait eu des migrations des populations assyriennes en Lydie, car on retrouvait dans cette province des usages empruntés à l'Assyrie. Tel était celui qui se pratiquait pour sanctionner un traité, et dans lequel les représentants des deux partis se faisaient réciproquement des blessures et léchaient le sang qui en découlait (voy. Herodot., I, 74). Les recherches de M. J. Oppert ont d'ailleurs rendu probables l'origine sémitique d'une partie de la population lydienne et le caractère également sémitique de plusieurs divinités qu'elle adorait.

[2] Ainsi Hérodote (I, 7) nous dit que Candaule était appelé par les Hellènes, *Myrsile;* d'où il suit que le premier nom était tout à fait étranger à la langue grecque. En se fondant sur un passage d'Hipponax, M. Georges Curtius (*Die Sprache der Lyder*, ap. Höfer, *Zeitschrift für Wissensch. der Sprach.*, t. II, p. 220, sq.) traduit ce nom par κυνάγγης, c'est-à-dire *égorgeur de chiens,* et en conclut l'origine indo-européenne du lydien, opinion qui est combattue par M. Lassen (*Ueber die lykischen Inschrift.*, ap. *Zeitschrift der deutsch. morgenl. Gesellschaft*, t. X, p. III, p. 383.)

[3] Ὥσπερ νῦν Λυδοὶ καὶ Φρύγες καὶ Σύροι καὶ ἄλλοι παντοδαποὶ βάρβαροι (Xenoph., *De vectigal.*, c. 2). Quinte-Curce nous représente les Phrygiens et les Paphlagoniens comme étant, à l'époque d'Alexandre, *rustici homines* (VI, 30).

[4] Le nom de Mygdoniens finit par être employé comme équivalent de Phrygiens (Pausan., X, c. 27, § 1). Dans l'Iliade (III, 168), un des chefs phrygiens s'appelle Mygdonius. Étienne de Byzance (v° Μυγδονία) fait de la Mygdonie une partie de la grande Phrygie; elle s'éten-

Dolions [1], paraissent avoir appartenu, ainsi que les Troyens [2], à la souche phrygienne; c'est donc dans la religion de cette race qu'il faut aller chercher les éléments de la leur. On serait tenté de rattacher à la même famille les Mysiens, que l'on regardait généralement comme des Thraces, et qu'Hérodote [3] fait descendre des Lydiens. Cette dernière circonstance a conduit M. Lassen à les rattacher à la branche sémitique [4]; quoi qu'il en soit de la réalité de cette vue ethnologique, leurs fréquents rapports avec les Grecs exercèrent sur le caractère de leurs divinités une influence sensible, et l'on retrouve chez elles une hellénisation plus prononcée.

J'ai parlé des Cariens au chapitre Ier, je ne reviendrai pas sur leur origine; je remarquerai seulement que leur mythologie présentait un caractère distinct où l'on re-

---

dait en effet au nord de l'Olympe de Mysie et était séparée par le Rhyndacus du pays des Dolions. (Strab., XIV, p. 681; *Schol. ad Apoll. Rhod.*, I, 936, 943, 1015.)

[1] Leur pays s'étendait à l'est de la Mygdonie, jusqu'à l'Ascanias (Strab., XIV, p. 681). Les Dolions ont été souvent désignés sous le nom de Thraces.

[2] Homère nous montre les Troyens dans une étroite union avec les Phrygiens. Hécube, l'épouse de Priam, est Phrygienne (*Iliad.*, XVI, 718), et ce monarque conclut une alliance avec les Phrygiens contre les Amazones (*Iliad.*, III, 184). Les noms d'Hector, de Pâris et de Scamandrios paraissent avoir été des noms phrygiens (voy. Hesychius, v° Δαρεῖος). Les Grecs ont traduit ces deux derniers noms par ceux d'Alexandre et d'Astyanax (*Iliad.*, VI, 402; Strab., XIV, p. 681; Hesychius, v° Δαρεῖος), tout comme ils rendaient, ainsi qu'on vient de le voir ci-dessus, par *Myrsile* le nom de Candaule. Cette nécessité où se trouvaient les Grecs de traduire les noms lydiens et phrygiens est à elle seule une preuve que leur langue était très distincte des idiomes parlés en Phrygie et en Lydie.

[3] VII, 74. Cf. Strab., XII, p. 571.

[4] *Ueber die lykischen Inschrift.*, p. 383.

trouve, à mon avis, plutôt des traits indo-européens qu'une physionomie sémitique[1].

Les Lyciens, qui appartenaient incontestablement, comme l'a montré l'étude de leur langue[2], à la branche indo-européenne, et qui étaient d'origine crétoise[3], avaient aussi une religion nationale qui fut de plus en plus pénétrée d'éléments grecs.

Nous savons peu de chose de la religion des Lycaoniens; ils se rattachaient, selon toute vraisemblance, à la famille cappadocienne[4], qui embrassait aussi les Cataoniens[5] et qui était issue de la souche indo-européenne.

Les Paphlagoniens étaient liés de très près aux Phrygiens, et quoique ayant un lien de parenté avec les Cappadociens, leurs voisins, ils formaient cependant un peuple bien distinct de ceux-ci[6]. La Cappadoce était en effet et demeura jusqu'à la fin une contrée tout asiatique, ainsi que la plus grande partie du Pont, habitée par des races diverses[7] dont plusieurs étaient cappadociennes. Aussi trouvons-nous la religion de ces contrées dans une étroite liaison avec celle de la Perse.

Au sud de l'Asie Mineure, se trouvaient les Pamphyliens et les Ciliciens, qui ne constituaient qu'une même race[8]. Les premiers, dont la nationalité était plus tran-

---

[1] Tel n'est pas toutefois l'avis de M. Lassen; mais les étymologies sur lesquelles il se fonde ne me paraissent avoir aucune solidité.

[2] Voyez le savant mémoire de M. Lassen, cité ci-dessus.

[3] Herodot., I, 173; VII, 92. Pausan., I, c. 19, § 3. Cf. Lassen, *ouvr. cit.*, p. 362 et sulv.

[4] Lassen, *ouvr. cit.*, p. 364-365.

[5] Lassen, p. 378. Strab., XIII, p. 541.

[6] Strab., XII, p. 553. Lassen, p. 378.

[7] Strab., XII, p. 549. Lassen, *loc. cit.*

[8] Strab., XII, p. 570; XIV, p. 667, 688.

chée, passaient pour être émigrés dans leur pays à la
suite du siége de Troie [1]. C'est là un indice qu'ils appartenaient à la famille indo-européenne ; cependant l'origine
sémitique des Ciliciens semble assez bien établie [2], et
l'analogie des deux peuples conduirait à leur assigner une
même origine. Il est à croire que les Ciliciens de race
pure qui furent plus tard repoussés par les Grecs [3], et qui
habitaient dans les défilés du Taurus, étaient distincts des
populations qui vinrent se fixer sur le littoral, lesquelles
étaient d'origine phénicienne [4]. Le peu que nous savons,
en effet, sur la religion des Ciliciens, nous ramène plutôt
aux cultes de la Syrie et de la Phénicie qu'au naturalisme phrygien ou à la religion perse [5].

Les Solymes, à en juger par ce qu'en dit le poëte
Choërile [6], appartenaient aussi à la famille sémitique. Sous
le nom de Myliens, ils avaient formé la population primitive de la Lycie [7], avant d'être en partie repoussés au
nord dans les montagnes. Leurs descendants se retrouvaient dans les Pisidiens et les Isauriens [8], qui gardaient
encore, au temps de Strabon, leur idiome national [9]. La
tradition toute sémitique du déluge, qui existait à Apamée

---

[1] Hérodote (VII, 92) leur donne pour chefs Amphiloque et Calchas.

[2] Voyez Lassen, p. 384.

[3] Ce sont ceux que l'on trouve désignés sous le nom de Ἐλευθερο-
χίλιχες. (Diod. Sic., III, 55. Strab., XIV, p. 668.)

[4] Movers, *Die Phönizier*, t. II, part. II, p. 169, 203 et suiv.

[5] Voyez Lassen, *ouvr. cit.*, p. 385 et suiv.

[6] Ce poète dit que les Solymes parlaient la langue phénicienne.
(Naek., *Choerilii Samii quæ supers.*, et de al. *Choeril. dissert.* Cf.
Joseph., *Adv. Apion.*, I, 22.)

[7] Strab., XIII, p. 651 ; XIV, p. 655.

[8] Diod. Sic., XVIII, 22. Pompon. Mel., I, 2, 5. Plin. *Hist. nat.*, V,
c. 24, § 1.

[9] Strab., XIII, p. 651.

Cibotos [1], nous donne à penser que des croyances d'origine sémite [2] avaient cours dans cette ville de Pisidie.

Nous n'avons qu'une connaissance très imparfaite de la religion phrygienne, dont les mythes ne nous ont été transmis par les Grecs que d'une manière indirecte et fractionnée. Trois divinités principales apparaissent en tête de leur théogonie : Cybèle, Atys et Sabazius.

J'ai déjà parlé au chapitre II de cette déesse Cybèle, qui a vraisemblablement la même origine que Rhéa, avec laquelle les Grecs finirent par la confondre. Toutefois l'histoire mythique et le culte de cette dernière divinité présentent des formes d'un caractère tout hellénique que l'on ne trouve pas dans celui de la déesse phrygienne. Il y a sans doute entre le symbolisme de ces deux divinités des analogies frappantes, mais lorsque l'on prend soin de distinguer la donnée phrygienne des additions postérieures, on reconnaît dans Cybèle une conception tout asiatique qui était inconnue aux premiers Hellènes.

D'abord le nom de Cybèle, Κυϐέλη et Κυϐήϐη [3], n'est

[1] Cette ville ne fut, il est vrai, comprise dans la Pisidie qu'à partir du iv° siècle de notre ère, et auparavant elle était plus généralement rapportée à la Lydie. Mais il y avait entre les Pisidiens et les premiers habitants de cette province des relations étroites, et Cibyre, la ville principale de la Pisidie, passait pour une ancienne colonie de Lydiens. Cette liaison particulière entre les deux pays est certainement un indice en faveur de l'origine sémitique des Lydiens.

[2] Les médailles d'Apamée représentent Noé et sa femme dans l'arche, dont le nom grec κιϐωτός rappelait le surnom de la ville (voy. Raoul-Rochette, *Premier Mémoire sur les antiquités chrétiennes*, dans le tome XVII des *Mém. de l'Acad. des inscript. et belles-lettres*, p. 115 et suiv.). Peut-être est-ce à cette tradition que se rattachait l'opinion d'après laquelle la Phrygie était la première terre qui fût sortie des eaux du déluge (*Oracul. Sibyllin.*, VII, 12, sq.: t. I, p. 196, sq., edit. Alexandre).

[3] DEA CYBEBE. Mommsen, *Inscript. regn. Neapolit. latin.*, n° 6754, p. 383. Festus (*De verborum significat.*, v° CUBEBE) fait dé-

point grec; il appartient à la langue phrygienne et répondait dans celle des Hellènes à un sens analogue, à l'expression de μήτηρ ὄρεια ou ἰδαία[1], c'est-à-dire *la mère des montagnes* ou *des forêts montagneuses*[2].

« Les Bérécyntes, tribu phrygienne, et en général tous les peuples de la Phrygie, écrit Strabon[3], comme ceux de la Troade qui habitent autour du mont Ida, rendent de même à Rhéa (ici le géographe grec entend Cybèle[4]) un culte où entre aussi l'orgie. C'est Rhéa qu'ils invoquent sous les noms de *Mère des dieux*, d'*Agdistis*, de *Déesse phrygienne*, de *Grande déesse*, ou que, d'après la dénomination de certains lieux dans lesquels on l'honore, ils qualifient d'*Idéenne*, de *Dindymène*, de *Sipylène*, de *Pessinuntis*, de *Cybèle*. » Cybèle était en effet une personnification de la terre, non pas spécialement de la terre cultivée et productrice, comme la Déméter grecque[5], mais plutôt du sol dans son état rocailleux et

river le nom de *Cybèbe* de celui des prêtres de la déesse dont je parlerai plus loin.

[1] Strab., X, p. 469, 470; XII. p. 567.

[2] Le nom de Cybèle pourrait bien avoir été, du reste, ainsi que quelques-uns l'ont cru, emprunté à une des montagnes où la déesse était adorée (voy. Strab., XII, p. 567; Paul Diacon. *Excerpt. ex Fest.*, p. 40, edit. Lindem), ou même, comme celui de plusieurs montagnes, il pouvait signifier simplement *montagne*. M. K. Schwenck suppose avec une certaine probabilité que le mot Cybèle (Κυβήλη) n'était qu'un diminutif de Κύβη, tout comme Κοτύλη était un diminutif de Κότυς (*Etymol. mytholog. Andeutungen.*, p. 95).

[3] Strab., X, p. 579. Voy. t. I, p. 79.

[4] Lucien substitue de même Rhéa à Cybèle, lorsqu'il fait de la première déesse celle des Mygdoniens. (Voy. *De sacrific.*, c. 9, p. 84, edit. Lehmann.)

[5] Cybèle a cependant parfois ce caractère. auquel fait allusion le surnom de Πανδώρα, que Diodore de Sicile lui donne, en la confondant avec Rhéa (III, 57).

abrupt primitif : voilà pourquoi les pierres, les montagnes couvertes_ de -forêts lui étaient consacrées et passaient même pour ses images. A Pessinunte, son simulacre était une pierre, tombée, disait-on, du ciel [1] et jadis recueillie sur une des cimes placées sous sa protection. Au mont Ida, il existait une autre pierre qui lui était consacrée et à laquelle se rattachait la même tradition [2]. Un savant antiquaire [3] a judicieusement supposé que la plupart de ces pierres de Cybèle avaient une origine atmosphérique qui les aura fait tenir pour divines.

Sur toutes les montagnes de la Phrygie et des contrées voisines où était répandu le culte de la déesse, s'élevait un sanctuaire en son honneur. Aussi Cybèle recevait-elle une foule d'épithètes empruntées aux noms de ces montagnes [4], et qui s'ajoutaient au nom de *Mă*, Μᾶ, c'est-à-dire, en phrygien, *Mère* [5]· De là les noms de *Mère de Pessinunte, de Dindymène, de Sipyle, de Bérécynthe*, etc., que donnent à Cybèle les auteurs grecs [6].

---

[1] *Marmor. par.*, l. 18, 19. Cf. Appian., VII, 56. Herodian., I, 11, p. 422, 423, edit. Irmisch. Ammian. Marcellin., XXII, 22.

[2] Voyez Claudian., *De rapt. Proserp.*, I, v. 200. Pline (*Hist. nat.*, II, 59; 60) cite plusieurs aérolithes auxquels les anciens rendaient un culte. On en révérait notamment un dans le gymnase d'Abydos. Un autre était adoré à Cassandrie.

[3] Voyez Charles Lenormant, *Études de la religion phrygienne de Cybèle*, dans les *Nouvelles Annales de l'Institut archéologique*, partie française, t. I, p. 236 et suiv.

[4] Voyez ce qui a été dit au chapitre II, tome Ier, p. 79.

[5] Tome I, p. 107. Voy. Æschyl. *Suppl.*, :v. 890. Steph. Byzant., v° Μάστωρα. Comparez ce mot avec le grec Ἀμμά et l'hébreu אם (*em*). Virgile désigne Cybèle sous le simple nom de *Phrygia mater* (*Æneid.*, VII, 39).

[6] Voy. Herodot. I, 80. Pausanias, VII, c. 17, § 5.

Nous ne possédons pas de représentations de Cybèle remontant à l'époque phrygienne; celles qui nous sont parvenues, ou dont la description nous a été transmise, ont été conçues sous l'influence des idées grecques, qui la confondaient avec Rhéa. Toutefois certains attributs lui sont tellement particuliers, qu'on y doit reconnaître ceux qui lui avaient été donnés en Phrygie. La déesse était figurée debout ou assise sur un trône[1], ordinairement le bras gauche levé vers la tête[2]. A ses côtés on voyait deux lions, animaux qu'on lui avait consacrés[3] comme des emblèmes de sa force et de sa puissance[4], et qui jouaient d'ailleurs un grand rôle dans les représentations figurées de l'Asie[5]. Parfois elle était placée sur un char, traînée par ces mêmes animaux[6], circonstance qui pouvait se rattacher à l'usage qu'avaient les Phrygiens de traîner sa statue lors des cérémonies en

---

[1] Cf. Böttiger, *Ideen zur Kunstmythologie*, p. 286. Cf. Pindar. *Olymp.*, II, 40.

[2] Voyez A. de Rauch, *Médailles inédites*, dans les *Ann. de l'Institut archéol.*, t. XIX, p. 281.

[3] Voyez Macrob. *Saturn.*, I, 21, p. 210; I, 23, p. 217. Dans un des hymnes homériques en l'honneur de la Mère des dieux (XIII, v. 4), hymne où paraissent s'être conservés les caractères de la déesse phrygienne, il est dit qu'elle se plaît au mugissement des lions :

    .....ἠδὲ λύκων κλαγγή, χαροπῶν τε λεόντων.

[4] Le lion était aussi devenu le symbole de Rhéa; mais comme cette déesse était originaire de Crète, et que l'autre centre de son culte se trouvait en Arcadie, deux contrées où le lion n'existe pas, il est vraisemblable que cet animal avait passé de Cybèle à Rhéa.

[5] Voyez les observations faites par M. Ainsworth (*Travels and researches in Asia Minor*, London, 1842, p. 58).

[6] *Schol. ad Aristoph. Aves*, 877. Λεοντόδιφρε, Philipp. Thess., *Ep.* ap. Brunck, *Analecta*, II, 212, nᵘ 6. Lucret., II, v. 602. Voyez aussi un grand nombre de médailles et de bas-reliefs, et spécialement Zoega, *Bass. Riliev.*, tav. 13. Montfaucon, *Ant. expl. suppl.*, t. I, pl. 1.

son honneur [1]. Elle portait sur la tête une couronne tourellée, ou le *modius*, coiffure qui paraît avoir été celle de
toutes les divinités-mères de l'Asie [2], et qui faisait sans
doute allusion à ce qu'elles exerçaient leur protection sur
les cités et les fruits de la terre. Quelquefois on met dans
la main de Cybèle un fouet auquel sont enlacés de petits
osselets; cet attribut rappelait un usage que j'expliquerai
plus loin et était l'emblème de la puissance et de la
royauté. Le pin, qui jouait, comme on le verra aussi,
un rôle dans sa légende mythique, lui était consacré [3], vraisemblablement parce qu'il croît sur les montagnes.

On adorait Cybèle dans des antres ou des cavernes [4],
qui avaient été, comme je l'ai montré au chapitre II, les
premiers temples de la Grèce.

Son culte était tout orgiastique; ses prêtres, appelés
Galles [5], se livraient, en chantant ses louanges, à des

---

[1] Lucret., *De nat. rer.*, II, 600 et sq. Cet usage était essentiellement asiatique. On voit, par exemple, l'empereur Élagabale faire placer
l'image du dieu dont il avait pris le nom, sur un char traîné par
six chevaux blancs richement caparaçonnés. L'empereur marchait à
reculons devant ce char, comme David devant l'arche d'alliance (Herodian., V, 6, § 15).

[2] C'est ce que nous apprennent les médailles. Il existe un très
grand nombre de représentations figurées où la déesse est ainsi couronnée.

[3] Pausan., VII, c. 17, § 5. Cf. tome I, p. 174.

[4] Ce culte passait pour remonter à une haute antiquité. (Cicer., *De
harusp. respons.*, § 13.)

[5] Strab., XII, p. 567. Polyb. ap. Suidas, v° Γάλλοι. Diod. Sic.. XXXIV,
fragm. Horat. *Sat.*, I, 2, 120. Ce mot, qui paraît être emprunté à
la langue phrygienne, tirait, suivant quelques auteurs, son étymologie
du nom du fleuve Gallus, qui se jette dans le Sangarius et était
très révéré chez les Phrygiens. On assurait que cette eau, prise en
boisson, provoquait le délire dans lequel tombaient les prêtres de la

danses [1] frénétiques et bruyantes, au son des cymbales [2], de la flûte et du tambour [3]; ils croyaient imiter la déesse, qui, suivant la légende, avait aussi dansé de la sorte, la tête parée de la même coiffure qu'avaient adoptée [4] ses prêtres. Ce sont là des traits qui ne nous per-

déesse (Plin. *Hist. nat.*, V. 32, XXXI, 2; Steph. Byzant., *loc. cit.*; Herodian., I, 11; Fest., v° *Galli;* Ovid. *Fast.*, IV, 361; Martian. Capell., VI, § 687, p. 557, edit. Kopp). Il paraît plus vraisemblable que le mot *galle* signifiait, en phrygien, *inspiré, prophète*, et répondait au grec θεοφόρητος (voy. Phrynichus, *Eclog.*, p. 272 ; Photius, v° Γάλλος).

[1] Strab., X, p. 466. Lucian., *De saltat.*, t. V, p. 27. Apul. *Metam.*, VIII, 27, p. 753, edit. Hildebrand. De là le nom de *Ballatores Cybelæ*, que leur donne une inscription latine (Orelli, *Inscr. lat. select.*, n° 2337). Les Galles entremêlaient les hymnes à Cybèle (μητρῷα) de hurlements sau‐ vages (ὀλόλυγμα) (Rhian. ap. Brunck, *Analect.*, I, 481, n° 9 ; Plutarch. *Amat.*, c. 16, p. 58), frappaient des mains (Apoll. Rhod., I, 1139). Cf. Heyne, *De relig. et sacr. cum. furor. peract. originibus et caus.*, ap. *Comment. Societ. Gœtting.*, t. VIII.

[2] Propert., XVII, 37. La cymbale passait pour être d'invention phrygienne, et son emploi fut introduit dans les Dionysies, lorsque celles-ci eurent été confondues avec les orgies phrygiennes. (Hmer. *Ecl.*, XIII, 210. Macrob. *Saturn.*, I, 18.)

[3] Pindare s'écrie : « O mère des dieux! ce fut originairement pour‐ toi que retentit la vaste cymbale au contour arrondi, avec la crotale aux sons bruyants, et que s'allumèrent les torches formées de bois 'du pin jaunissant. » (Pindar. ap. Strab., X, p. 469.) On lit aussi dans l'hymne homérique à la Mère des dieux :

Ἥκροτάλων τυπάνων τ'ἰαχὴ, σὺν τε βρόμος αὐλῶν
Εὐαδεν.

Varron (ap. S. August., *De civit. Dei*, VII, 24) dit que le *tympanum*, ou *tambour de Cybèle*, était l'emblème de l'orbe de l'univers (cf. Sueton. *Octav.*, 68), de même que la flûte en représentait l'harmonie. L'emploi de la flûte dans les fêtes de Cybèle en fit attribuer l'invention à cette déesse ; elle avait, disait-on, soufflé dans une flûte, en mémoire de la castration d'Atys. (Tatian. *Orat. ad Græc.*, § 12, p. 31. Cf. Macrob. *Saturn.*, I, 21. Lucret. *De nat. rer.*, II, 610 et sq.)

[4] «Saltatur et magna sacris compta cum infulis Mater et contra decus ætatis illa Pessinuntia Dindymene, in bubulci unius amplexu flagitiosa. » (Arnob., *Adv. Gent.*, IV, 35.)

mettent pas de méconnaître une divinité asiatique [1]. Encore aujourd'hui, presque dans le même pays où s'accomplissaient jadis les cérémonies des Galles, les derviches
tourneurs et hurleurs célèbrent la divinité par des cérémonies tour à tour ridicules et dégoûtantes [2], et qui rappellent en tout point celles des prêtres de la déesse phrygienne. Le culte de Rhéa était aussi accompagné d'une
danse orgiastique, celle que les Curètes célébraient en
l'honneur de Zeus [3], et c'est là un nouvel indice de la
parenté originelle existant entre Cybèle et la déesse crétoise. Les Galles brandissaient encore des épées [4],
agitaient des boucliers. C'est également ce que l'on
nous raconte des Corybantes [5], nom sous lequel les
Galles eux-mêmes ont été parfois désignés [6], et qui était

[1] C'est en effet de la sorte qu'étaient honorées plusieurs divinités de
l'Asie. Élagabale se livrait, en l'honneur de son dieu favori, à la danse,
au son bruyant d'une pareille musique, et accompagné de femmes qui
agitaient des cymbales. (Voy. Herodian., V, p. 5, §§ 3, 17.)

[2] Andréossy, *Constantinople et le Bosphore*, p. 93 et suiv. Cf. mon
Mémoire sur le corybantiasme, dans les *Annales médico-psychologiques
du système nerveux*, t. X, p. 55 et suiv.

[3] Ces danses étaient la *pyrrhique* et la *prylis*. (Strab., X, p. 467.
Callimach. *Hymn. in Jov.*, 52: *Schol. Pind. Pyth.*, II, 126.)

[4] Lucret., *De nat. rer.*, II, 621.

[5] Le nom de *Corybantes* figure à la fois, chez les Grecs, comme celui
des personnages mythologiques qui avaient élevé Zeus en Crète; dans ce
cas il s'applique évidemment aux Curètes, et comme celui des prêtres
de la *grande Mère* phrygienne; de là l'expression de corybantiasme ou
de danse de Corybante imposée à la danse convulsive qu'exécutaient les
Galles, et qui constituait une véritable maladie. Platon nous représente en
effet les Corybantes comme étant, lorsqu'ils dansaient, hors d'eux-mêmes
et insensibles à tout, hormis à l'air de musique chanté en l'honneur de la
divinité qui était supposée les posséder. (*Ion.*, §§ 5, 7, p. 447, 457, edit.
Bekker. Plutarch., *Amat.*, c. 18, p. 58. Apul. *Metam.*, VIII, 30, p. 745.
Cf. mon *Mém. sur le corybantiasme*, dans les *Ann. méd.-psychol.*, p. 58.)

[6] On trouve, en effet, dans une inscription qui paraît remonter au

emprunté à celui d'une divinité phrygienne ou mysienne, *Corybas* [1], dont j'ai parlé. Ce nom venait de ce que les Galles s'imaginaient représenter dans leurs évolutions chorégraphiques le mouvement du soleil. Les derviches tourneurs expliquent par des idées analogues leurs singuliers exercices. L'épithète de *Cybèbes*, que portaient encore les Galles, a été expliquée par le mouvement dont étaient agités ces bizarres ministres de la déesse phrygienne [2]. Toutefois il est plus vraisemblable que ce nom, dont l'emploi paraît remonter à une époque déjà ancienne [3], était emprunté à celui de la déesse elle-même.

Dans leurs accès de fureur factice, les Galles allaient jusqu'à se couper les parties génitales [4], ainsi qu'on a vu le faire certains enthousiastes religieux [5], et cela, sans doute, en mémoire du dieu qui était, comme on le verra plus loin, l'amant de Cybèle [6]. Cette castration semble, du reste, n'avoir été souvent qu'incomplète; elle était tout à fait conforme aux idées de l'Orient; car il existait en Asie

IIIe siècle de notre ère, les Corybantes (τὸς κύρβαντας) nommés parmi les divinités de la Crète, à la suite des Curètes (Κωρῆτας). (Voy. Boeckh, *Corp. inscript.*, n° 2755, t. II, p. 410.)

[1] Lucien nous dit (*De salt.*, c. 17) que dans ces danses, les Galles représentaient les mouvements des étoiles au lever et au coucher du soleil. (Voy. ce qui a été dit de *Corybas* au chap. II, t. I, p. 198 et suiv.)

[2] Voyez Movers, *Die Phönizier*, t. I, p. 687. Cf. Festus, v° *Cubebe mater.*

[3] Cratin. in Phot. *Lexic.*, v° Κύβηβος. Ruhnken., *Ad Tim.*, p. 11.

[4] Plus tard le roi Abgare interdit dans ses États, aux prêtres de Cybèle, le droit de se châtrer. (Bardesan., *Fragm. de fato*, ap. Galland, *Bibliothec. græc.*, t. I, p. 688.)

[5] Les *Scoptzi*, secte russe, se châtrent dans leur accès de délire religieux. (Voy. A. de Haxthausen, *Études sur la situation intérieure de la Russie*, t. I, p. 301.)

[6] Lactant., *De fals. relig.*, I, 21. Lampride dit, en parlant de l'empereur Élagabale : « Jactavit autem caput inter præcisos fanaticos, et

Mineure un certain nombre de prêtres eunuques. Les
ministres du dieu syrien Élagabale l'étaient également[1].
Les Galles paraissent s'être livrés à d'autres actes d'ascétisme fanatique. Ils s'abstenaient de certains aliments[2],
et se soumettaient à une flagellation pratiquée à l'aide
d'une discipline faite de cordes garnies d'osselets[3].
Dans chaque ville où existait le culte de la déesse,

genitalia sibi devinxit et omnia fecit quæ Galli facere solent. » (*Anton.*
Heliogab., § 7, p. 806, edit. Lugd. Batav., 1671.) De là l'épithète de
semiviri, que leur donne Martial (III, 92). Cette castration se faisait
avec un tesson, *testula* (Arnob., *Adv. Gent.*, V, p. 200), ou avec ce
qu'on appelait *testa samia* (Plin. *Hist. nat.*, XXV, 12; XXXI, 2);
quelquefois avec une pierre aiguisée, *acuta silice* (Juven., VI, 5, 11.;
Catull., XLII, 5), car le fer ne devait pas passer sur leurs plaies. C'est
là encore une idée orientale, le fer étant regardé, en certains cas, par
les Orientaux, comme impur : chez les Hébreux, le Nazaréen qui se
consacrait à Dieu ne devait pas se laisser passer le fer sur la tête.

[1] Dion. Cass., LXXIX, p. 1359, 20.

[2] « Xerophagias vero novum affectati officii nomen et proximum
ethnicæ superstitionis; quales castimoniæ Apim, Isidem et Magnam
matrem certorum eduliorum exceptione purificant. » (Tertullian., *De
jejun.*, 1, p. 543. Cf. 15, p. 153.) Arnobe nous apprend que les prêtres de
Cybèle s'abstenaient de pain : « Ab alimonio panis cui rei dedistis nomen
castus ? » (*Adv. Gent.*, V, 16.) «Faciant hoc cultores Isidis et Cybeles
qui gulosa abstinentia Phasidis aves et fumantes turtures vorant ne
scilicet cerealia dona contaminent. » (S. Hieronym. *Epistol.*, LVII, *Ad
Laet. de inst. fil.* Cf. *Adv. Jovian.*, II, p. 209.)

[3] Μάστιξ ἀστραγαλωτή. (Plutarch., *Adv. Colot.*, § 33, p. 60, edit.
Wyttenbach.) On lit dans Apulée (*Metam.*, VIII, c. 28, p. 738, edit. Hildeb.) : « Arrepto denique flagro, quod semiviris illis proprium gestamen
est, contortis tenis lanosi velleris prolixe fimbriatum, et multijugis talis
ovium tesselatum, indidem sese multinodis commulcat ictibus : mire
contra plagarum dolores præsumptione munitus. » (Cf. VIII, 30, p. 744.)
L'usage de la flagellation était consacré en Grèce, dans quelques fêtes,
en l'honneur de certaines divinités, d'Artémis Orthia (voy. t. II, p. 216)
et de Dionysos, dans les fêtes appelées *Scieries*, à Aléa, en Arcadie
(Pausan., VIII, c. 23, § 1). Sur plusieurs monuments, les Galles sont
représentés portant à la main la discipline dont ils se frappaient.

ces prêtres étaient organisés en un collége sacré qui avait
à sa tête un *archigalle*[1]. De même que les derviches, ils
mendiaient de lieu en lieu[2], débitant pour quelque argent
leurs prières et leurs formules purificatoires[3], promettant
de remettre les péchés[4] et joignant à ce commerce simo-
niaque la vente de philtres amoureux. On appelait ces co-

Voyez Orelli, *Inscript. lat. select.*, n° 2320, sq. Mommsen, *Inscr.
regn. neapol. lat.*, n° 3583. Parrhasius avait peint un archigalle que
Tibère fit placer dans sa chambre à coucher (Plin. *Hist. nat.*, XXXVI,
9, 36), peut-être à cause du caractère obscène de cette figure, qui était
vraisemblablement hermaphrodite (Sueton. *Tiber.*, c. 44).

[2] A Rome, les Galles faisaient des quêtes à certaines époques de
l'année. (Cicer., *De legib.*, II, 16. Cf. II, 9.)

[3] Platon (*De republ.*, II, § 7, p. 346, edit. Bekker) nous trace un
tableau curieux de ces prêtres ambulants qui infestaient de son temps la
Grèce : « De leur côté, des sacrificateurs ambulants, des devins, assiégent
les portes des riches, leur persuadent qu'ils ont obtenu des dieux, par
certains sacrifices et enchantements, le pouvoir de leur remettre les
crimes qu'ils ont pu commettre eux et leurs ancêtres, au moyen de jeux
et de fêtes. Quelqu'un a-t-il un ennemi auquel il veuille nuire, homme
de bien ou méchant, n'importe, il pourra le faire à peu de frais ; ils ont
certains secrets pour séduire ou pour forcer les dieux et disposer de leur
pouvoir. Et ils appuient leurs prétentions du témoignage des poètes.

» Ils invoquent une foule de livres composés par Musée et par Orphée,
enfants de la lune et des neuf sœurs, et sur ces autorités, ils persuadent
non-seulement à de simples particuliers, mais à des États, que certains
sacrifices accompagnés de fêtes peuvent expier les crimes des vivants et
même des morts ; ils appellent ces cérémonies τελεταί (*purifications*).
Quand elles ont pour but de nous délivrer des maux de l'autre vie, on
ne peut les négliger sans s'attendre à de grands supplices. » Apulée
(*Metam.*, VIII, 28, p. 739), à une époque, il est vrai, beaucoup plus récente, nous dépeint ces prêtres allant quêter dans les lieux publics et
vivant d'aumônes : « *Stipes œreas, immo vero et argenteas, multis
certatim afferentibus sinu recepere patulo.* » On leur donnait aussi
des vivres, du lait, du fromage, du vin, de la farine : « *Nec non et vini
cadum et lactem et caseos et farris et siligini aliquid*, etc. »

[4] Voyez ce que dit Plutarque (*De superstit.*, § 3, p. 556, edit. Wyttenbach). Juvénal (*Sat.*, VI, 522, sq.) nous montre également ces prêtres
imposant des pénitences à ceux qui veulent être absous de leurs péchés.

rybantes vagabonds *métragyrtes*[1]; ils portaient un costume particulier, avaient sur la tête une sorte de mitre ou de tiare, coiffure d'origine essentiellement asiatique[2], étaient vêtus d'une tunique-de lin et d'une robe de soie semée de fleurs et brodée d'or[3].

Les actes bizarres et indécents auxquels se livraient ces charlatans, les tours de passe-passe par lesquels ils cherchaient à étonner le crédule public, finirent par inspirer pour eux un sentiment de dégoût et de mépris[4]. Cepen-

[1] Μητραγύρται, c'est-à-dire *prêtres mendiants de la grande Mère* (Sophocl. *OEdip. tyr.*, v. 387). On nommait en effet ἀγύρτης un prêtre mendiant.

[2] La tiare ou mitre, que portent depuis le Xᵉ siècle les évêques de l'Église occidentale, est une coiffure asiatique qui avait été déjà en usage, plusieurs siècles auparavant, dans l'Eglise alexandrine, et qui paraît avoir une première origine assyrienne. On la retrouve donnée aux rois sur les bas-reliefs de Ninive, et elle y est représentée avec les deux fanons qu'ont encore aujourd'hui la mitre épiscopale et la tiare du pape. (Voyez Layard, *Niniveh and its remains*, t. II, p. 320.) Le nom d'orfroi, que porte l'étoffe tissée d'or dont sont faites les mitres dites *pretiosœ*, est dérivé du latin *auriphrygiata*, et rappelle leur origine phrygienne. Virgile (*Æneid.*, IV, 218) qualifie encore la mitre par l'épithète de *mœonia*. C'était la tiare (κίδαρις) des Perses et le *peer* (פאר) dont parlent Isaïe et Ézéchiel, et que portait Élagabale dans ses fonctions sacerdotales (Herodian. V, 5, § 4).

[3] Diod. Sic., XXXV, XXXVI, fragm. 3. Juvenal. *Satir.*, VI, 516. Apul. *Metam.*, VIII, 27, p. 731, edit. Hildebr. Quelquefois leur tunique était blanche, bariolée de petites bandes rouges et serrée avec une ceinture.

[4] C'est ce qui résulte du tableau que nous trace Apulée (*Metam.*, VIII, 34, sq.). Les Galles paraissent avoir eu la plus grande analogie, dans leur organisation et leur caractère, avec ce que sont encore, en Orient, les derviches Bektachis, qui parcourent le pays, conjurant les esprits, débitant des amulettes et des talismans, prophétisant l'avenir et se soumettant à des tortures volontaires, mais cachant sous ces dehors hypocrites des mœurs fort dépravées. Ils ressemblent aussi beaucoup à certaines confréries religieuses de l'Afrique musulmane, et notamment à celle qui prend pour patron Sidi-Mohammed-Ben-Aïssa. Ces fakirs vendent des talismans, charment les serpents.

dant ils conservèrent encore longtemps en Asie une considération qu'ils devaient au respect dont leur divinité protectrice était entourée [1].

Le culte de Cybèle avait surtout pour, objet de représenter d'une manière symbolique la légende mythique de la déesse, et cette légende n'était elle-même que l'expression des principaux phénomènes naturels qui se rattachent à l'influence du soleil sur la terre, à la production des êtres, à la succession des saisons.

A Cybèle était associé un dieu nommé *Atys*, ou plutôt *Attès* ou *Atès* [2], d'un rang inférieur à elle et qu'on lui donnait pour amant. Cet Atys paraît avoir été une per-

et traînent avec eux des animaux féroces, qu'ils prétendent avoir apprivoisés par la puissance que le marabout leur patron leur a communiquée. Les Aïssaoua portent de longs cheveux, ont des dehors repoussants, et, dans leurs exercices religieux, s'accompagnent d'une bruyante musique de flûtes et de tambours. (Voyez. le curieux ouvrage de E. de Neveu, *Les Khouan, ou confréries religieuses de l'Algérie*, 2ᵉ édit., p. 104 et suiv.)

[1] Lorsque les Romains, commandés par Manlius, passèrent le Sangarius, les Galles de la grande Mère vinrent de Pessinunte, revêtus de leurs habits pontificaux et déclamant d'un·ton inspiré des vers où la déesse promettait aux Romains une route facile, la victoire et l'empire du pays (Tit. Liv., XXXVIII, 10). Les Galles passaient pour avoir le don, prophétique, qu'ils devaient à l'inspiration de la déesse (voy., sur une anecdote relative à la puissance inspiratrice communiquée par Cybèle, Dion. Chrys. *Orat.*, XXXIV, p. 61, edit. Reiske). Certaines inscriptions font mention d'oracles, de visions prophétiques envoyées par Cybèle (Gori, *Inscript. antiq.*, class. I, n° 60, p. 17).

[2] Ce nom est tour à tour écrit par les auteurs grecs : Ἄτυς, Ἄττυς, Ἄττης. Mais à en juger par les inscriptions lyciennes, cette dernière forme paraît être la véritable. (voy. Lassen, *Ueber die lykischen Inschrift.*, ap. *Zeitschrift der morgenl. Gesellschaft*, t. X, p. 372). Atys était adoré simultanément avec Cybèle dans les temples de cette déesse (Pausan., VII, c. 20, § 2). Sur les médailles d'Antioche de Méandre, le dieu est représenté soutenant des deux mains. sur sa tête, le masque de Cybèle (voy. Waddington, dans la *Revue numismatique*, 1851, p. 235, pl. XII, n° 1).

sonnification du soleil[1]. Sa fête tombait au commencement du printemps[2]. Le premier jour de la solennité, à laquelle les Grecs appliquaient aussi le nom de mystère, à raison de l'analogie qu'elle présentait avec les mystères de Déméter, on pleurait la mort du dieu. Voici comment les Phrygiens racontaient cet événement. Cybèle était devenue amoureuse du bel Atys et l'avait choisi pour son prêtre[3], sous la condition qu'il garderait sa chasteté ; mais le berger[4], car c'est ainsi qu'Atys était qualifié[5], oublia avec une fille du fleuve Sangarius la promesse qu'il avait faite. Pour le punir, la déesse le jeta dans un délire furieux durant lequel il s'émascula ;

[1] Ou plutôt de la végétation que fait naître le soleil. (Arnob., *Adv. Gent.*, V, 42. Cf. Porphyr. ap. S. August., *De civit. Dei*, VII, 25.)

[2] S. August., *De civit. Dei*, VII, 25. Ovid. *Metam.*, X, v. 104. *Ibid.*, 455. Lucret., II, 620. Catull. *Carmin.*, 62. Macrob. *Saturn.*, I. 21, p. 313, edit. Bip. Lactant., I, 17. Suidas, v° Ἄττις.

[3] Voilà pourquoi Atys est représenté sur les monuments comme un véritable Galle, ayant le tympanum à la main et les autres attributs de ses prêtres. Il s'offrait alors tout à fait comme le patron des Galles, et l'on voit même, sur une lampe antique, Atys sacrifiant à la déesse, assise devant lui sur un trône. (Voy. Passeri, *Luc. fict.*, I, tab. 19, p. 26.)

[4] Cette qualification de *berger* est donnée à Atys par les Latins qui ont altéré sa légende, comme ils transformèrent en chasseur Adonis, d'après les auteurs grecs, auxquels nous devons la connaissance de ce dieu phénicien. Apollon, dieu soleil, était de même représenté en Troade, c'est-à-dire dans un pays qui avait fait partie de la Phrygie, comme ayant gardé les troupeaux d'Admète (*Iliad.*, II, 793.; Hesiod. ap. *Schol. ad Euripid. Alcest.*, v. 1). Preller a judicieusement remarqué que les troupeaux de Laomédon, gardés également par le dieu, aussi bien que ceux d'Admète, représentent les nuages (*Griechische Mythologie*, t. I, p. 168).

[5] Suivant des légendes postérieures et déjà empreintes d'anthropomorphisme, c'est un roi du pays qui fit mettre Atys à mort. (Voy. Servius, *Ad Æn.*, IX, 116.)

il allait même attenter à ses jours[1], quand Cybèle le
métamorphosa en pin[2]. C'était cette mort d'Atys que l'on
rappelait par une cérémonie lugubre, au commencement
de sa fête. Il y a dans tout ce mythe une allusion évidente au passage de l'été à l'hiver[3]. Atys est un berger[4],
car les peuples de l'Orient ont souvent comparé le soleil
à un pasteur[5] qui garde les troupeaux célestes, c'est-à-
dire les constellations ou les nuages. Au moment de
l'hiver, il perd sa force, ou, pour parler le langage symbolique, sa virilité; il semble même menacé de mort; alors
la terre, Cybèle, éplorée, regrette son amant. La métamorphose en pin fait sans doute allusion à ce que les
conifères sont presque les seuls végétaux qui gardent

[1] Voyez Ovid. *Metam.*, X, 104; *Fast.*, IV, 223 et sq. Servius, *Ad
Virg. Æn.*, IX, 116. Arnob., *Adv. Gent.*, V, 4.

[2] Julius Firmicus (*De err. prof. relig.*, p. 17, edit. Rigalt) nous dit
que, dans les mystères phrygiens en l'honneur de la *Mere des dieux*,
on coupait un pin sur lequel on plaçait l'image du jeune Atys. « Tunc
arborem pinum sub qua Attis nomine spoliaverat se viri, » écrit Arnobe
en parlant de Cybèle, « in antrum suum defert, et societatis planctibus
cum Agdesti tundit et sauciat pectus, pausatæ circum arboris robur. »
(*Adv. Gent.*, V, 7.)

[3] L'auteur du *Traité sur Isis et Osiris* (c. 69, p. 120, 121) nous dit
formellement que les fêtes des Phrygiens se rapportaient à l'idée que la
divinité sommeille en hiver et veille en été. La première fête s'appelait,
en mémoire de ce fait, κατευνασμός, et la seconde, *réveil* (ἀνέγερσις).

[4] Le dieu Papas, autrement dit Atys, était célébré comme le pasteur
des astres blancs : ὡς ποιμήν λευκῶν ἄστρων (Origen. *Philosophum.*,
edit. Miller, p. 119). Il est aussi qualifié de *chevrier* (αἰπόλος), nom
qu'il recevait, nous dit l'auteur des *Philosophumena*, pour exprimer
son perpétuel mouvement.

[5] Dans le Rig-Véda, les nuages sont souvent comparés à des troupeaux de vaches qui gardent le dieu soleil. Un des hymnes de ce recueil
dit d'Indra : « Il est pour nous le père de famille qui conduit les vaches
là où il veut. » (Trad. Langlois, t. I, p. 60, lect. 343.) Dans un autre
hymne (*ibid.*, p. 158-159), le même dieu est représenté comme un
pâtre qui conduit des vaches brillantes bondissant de joie sur le do-

durant l'hiver leur verdure. Cet arbre joue aussi un rôle mystique dans le culte du dieu persan Mithra[1]. Atys revient à la vie, et cette renaissance a lieu précisément au printemps. On retrouve dans d'autres religions orientales des mythes empreints d'un symbolisme analogue, et l'on verra, notamment au chapitre suivant, reparaître la même légende dans le culte d'Adonis. Pendant que l'on se lamentait sur la perte d'Atys[2], on promenait, en mémoire de sa métamorphose, un pin sacré[3]. Le second jour, les Galles faisaient retentir l'air des sons de leurs cornes et de leurs trompettes.[4]; le troisième, selon

maine de leurs maîtres (lect. 644); enfin un troisième hymne (p. 194, 4, VII) nomme Indra le *pasteur souverain des chevaux et des vaches.* On peut rapprocher de ces passages le psaume XXII. Ce symbolisme se retrouve aussi dans Pindare, qui qualifie Apollon de Ὁ πάων μήλων (*Pyth.*, IX, 66, 113).

[1] Voyez Lajard. *Recherches sur le culte du cyprès pyramidal,* dans le tome XXI des *Mémoires de l'Académie des inscriptions et belles-lettres,* p. 80.

[2] « Quid pectoribus applodentes palmas passis cum crinibus Galli? » (Arnob., *Adv. Gent.,* V, 16. Cf Arrian. *Tactic.,* c. 33, §4.) C'est à ces lamentations frénétiques que fait vraisemblablement allusion Plutarque, quand il parle des κοπετοί πολλαχοῦ δὲ πάλιν αἰσχρολόγιαι πρὸς ἱεροῖς, μανίαι τε ἄλλαι ὀρινόμεναι ῥιψάυχενι σὺν κλόνῳ (*De defect. oracul.,* § 14, p. 708). Lucien (*Tragodopodag.,* v. 30, sq.) parle de chants funèbres dans lesquels on célébrait Cybèle et Atys.

[3] Ovid. *Fast.,* IV, 223. Julius Firmicus, *De error. prof. relig.,* p. 17, edit. Rigalt. Pline mentionne formellement cette procession de l'arbre ou δενδροφορία (*arbor intrat. Hist. nat.,* XVI, 10, 15). Ce pin était entouré de bandelettes de laine (Arnob., *Adv. Gent.,* V, 16, 7). Cette cérémonie avait un caractère tout oriental et se retrouvait dans le culte d'Adonis, qui a tant d'analogie avec celui d'Atys. A Hiérapolis, on portait, chaque printemps, des arbres dans l'avant-cour ou le vestibule du temple de la déesse de Syrie, et on les y brûlait. (Voy. Lucian., *De dea Syr.,* § 49.)

[4] C'est ce que les Latins, lorsqu'ils transportèrent à Rome le culte de Cybèle, appelèrent *tubilustrium.* (Cf. Plin., *loc. cit.*)

l'usage dont j'ai parlé plus haut et par un symbolisme que je viens de faire comprendre, ils s'enlevaient, dans le paroxysme de leurs exercices orgiastiques, les organes de la génération [1]: Le quatrième, Atys était censé ressuscité, et l'on exprimait sa joie par des danses désordonnées[2]. Enfin le cinquième était consacré au repos[3]. Ainsi se composait l'ordre de la fête, du moins à Pessinunte[4].

Ces fêtes, on le voit, respiraient la tendance qui porte les peuples orientaux à manifester leurs sentiments par des expressions exagérées de tristesse ou de joie[5]. Ce caractère désordonné les fit constamment repousser par la partie des Grecs qui conservait des

[1] Plin., *loc. cit.* Lucret., II, 621. Arnob., *loc. cit.* C'est ce que les Romains appelèrent, lorsqu'ils eurent transporté dans leur ville le culte de Cybèle, *féter le sang.* Cet usage inspire à Minucius Felix ces éloquentes paroles d'indignation : « Propter hanc fabulam Galli eam et semiviri sui corporis supplicio colunt. Hæc jam non sunt sacra, tormenta sunt. » (*Octav.*, 21.) — « Quid? qui sanguine suo libat et vulneribus suis supplicat, non profanus melius esset, quam sic religiosus? aut cui exta sunt obscena demessa, quomodo Deum violat qui hoc modo placat? cum si eunuchos Deus vellet, posset procreare non facere. » (*Ibid.*, 24.) On peut les rapprocher de celles de saint Augustin, dans la *Cité de Dieu.* « Se ipsi in templis contrucidant, vulneribus suis ac sanguine supplicant. » (VI, 10.)

[2] Voilà pourquoi les Romains appelaient ce jour *Hilaria.* (Cf. Plin., *loc. cit.* Julian. *Orat.* V, p. 327.)

[3] C'est ce jour que les Romains nommaient *requietio.* (Cf. Plin., *loc. cit.* Arnob., *loc. cit.*)

[4] Voyez Herodian., I, 11. Tit. Liv., XXIX, 11, 14. Dion. Cassius, XLVIII, p. 559, 36.

[5] « Salambonem etiam omni planctu et jactatione Syriaci cultus exhibuit, » écrit Lampride en parlant d'Élagabale (*Heliogab.*, § 7, p. 80). On retrouve des usages religieux analogues chez les Juifs (voy. *Genes.*, L, 10; I *Reg.*, XXXI; I *Paralipom.*, X, 12; *Judith*, XVI, 29; *Sirach*, XXI, 13) et les Syriens (Lucian., *De dea Syr.*, §§ 52, 53).

instincts plus moraux et des habitudes de rètenue [1].

Les cérémonies du *taurobole* et du *criobole*, dont j'ai déjà parlé dans un des chapitres précédents, constituaient une autre solennité du culte de la déesse phrygienne; elles se rattachaient à des rites purificatoires [2] qui avaient les métragyrtes pour ministres, et que certains dévots accomplissaient tous les mois [3]. Lors de la confusion de la déesse mère de Phrygie avec Déméter, le taurobole fut pratiqué aux mystères d'Éleusis [4].

Dans les récits que les Grecs nous ont faits des mythes phrygiens, sous l'influence de l'anthropomorphisme dont était peu à peu pénétrée toute la mythologie, ils rabaissèrent Atys aux proportions d'un simple mortel [5]; son nom ayant

[1] La pythagoricienne Phintys engage les femmes à s'abstenir de prendre part à la fête de la Mère des dieux. (Voy. Stob. *Serm.* LXXII, ap. Orelli, *Opusc.* t. II, p. 360.)

[2] Orelli, *Inscr. lat. select.*, n° 2320 et sq. Cf. Æl. Lamprid. *Helig.*; § 7. N. F. Kautsch, *De taurobolio* (Lips., 1738). Zoega, *Abhandl.*, p. 141.

[3] Τὰς δ'ὰ Μητρωακὰς παρὰ Ῥωμαίοις ἤ.καὶ πρότερον ποτε παρὰ Φρυξὶ σπουδασθείσας καστείας ἑκάστου μηνὸς ἡγνεύεν. (Marin. *Vit. Procl.*, c. 19, p. 15, edit. Boissonade.)

[4] Orelli, *ibid.*, n° 2361.

[5] C'est ce qui résulte notamment du témoignage de Diodore de Sicile et de Pausanias. Le second fait d'Atys le fils d'un Phrygien appelé Calaüs, qui voulut introduire en Lydie le culte de Cybèle, et devint, pour cette raison, son favori; mais Zeus, jaloux, envoya contre lui un sanglier qui lui donna la mort (VII, c. 17, § 5). Selon le premier, Cybèle était la fille du roi phrygien Mæon. Celui-ci, irrité de voir qu'Atys, simple berger, avait su gagner l'amour de sa fille, le fit tuer. Cybèle, au désespoir, parcourut tout le pays, en poussant d'horribles hurlements. Après quoi, une épidémie et une stérilité étant venues frapper la Phrygie, on consulta l'oracle, qui ordonna d'élever un tombeau au cadavre d'Atys, resté sans sépulture (III, 58, 59). Dans toutes ces fables, on reconnaît le souvenir de la légende phrygienne altérée. Pausanias paraît avoir confondu Atys avec Adonis, ou

été porté par des rois de la Lydie et par des individus [1], cette circonstance dut encore contribuer à en faire un personnage humain. Pour les Grecs, en effet, Atys n'est plus que le beau pâtre de Célènes [2], le fils de *Nanna* [3]. Ce dernier nom, qui appartenait aussi à la langue phrygienne, nous reporte à celui d'une des grandes divinités de la Médie, de la Perse et du Pont, *Anaïtis* ou *Anahid* [4] (*Ardvi çûra Anâhita, la déesse de l'eau qui féconde la terre*), adorée à Ecbatane et à Zéla [5]. Il se retrouve encore dans celui de Bibi Nani, déesse adorée en Afghanistan [6], et qui paraît n'être lui-même qu'une forme de celui d'Anaïtis [7]. Il se lit sur les médailles grecques de la

peut-être avec Méléagre. Quant à Diodore, qui s'éloigne moins de la donnée phrygienne, il nous rappelle que l'on montrait en effet, sur les montagnes consacrées à Cybèle, le tombeau d'Atys, son amant, idée symbolique qu'il est facile de saisir, mais qui, mal entendue, conduisait tout naturellement à faire croire qu'Atys avait eu une existence humaine. Il est probable que le Zeus dont le tombeau se voyait en Crète représentait un dieu solaire analogue à celui dont il est ici question. Les Assyriens avaient aussi un tombeau de leur dieu Bélus, divinité du soleil et du ciel.

[1] Voyez ce que je dis plus loin et ce que j'ai déjà rapporté ci-dessus du culte d'Atys en Lydie.

[2] Théocrite (*Idyll.*, XX, 40) le qualifie de βωκόλος. Cf. l'épithète ἀγροῖκος, ap. Philostrat. *Epist.*, 39. Tertullien, l'appelle *fastidiosus pastor* (*Adv. nat.*, I, p. 48, § 5, edit. Rigalt).

[3] Arnob., *Adv. Gent.*, V, 6. Cf. Pausanias, VII, c. 17, § 5.

[4] Voyez, sur cette déesse, le mémoire de Fr. Windischmann, intitulé *Die Persische Anahita oder Anaïtis* (Munich, 1856, in-4).

[5] Voyez Plutarch. *Artaxerx.*, c. 27. Strab., XI, p. 512; XII, p. 559. Polybe écrit Αἴνη (XI, 27, ɪɪ, p. 670, § 17, edit. Bekker). Voyez ce que je dis plus loin au sujet de l'Artémis Taurique.

[6] Voyez H. H. Wilson, *Ariana antiqua*, p. 362, 363. Cf. *Journal of the Asiatic Society of Bengal*, t. V, p. 266, Mémoire de M. Avdall.

[7] A moins que ce nom ne tire son origine de celui de la déesse assyrienne *Nana*, la lune dans ses trois décades, suivant M. J. Oppert,

Bactriane[1], et a été porté par une déesse qui présente de nombreuses analogies avec Cybèle. Arrien[2] nous parle d'une divinité des bords du Phase (Φασιανὴ θεός) qui rappelait Rhéa; elle avait des cymbales à la main et était placée sur un trône. La ressemblance de cette déesse avec la Cybèle adorée au Métroon d'Athènes avait frappé les Grecs, et cette circonstance n'est pas un des moindres indices en faveur de la parenté originelle des deux divinités.

La légende d'Atys a été rapportée avec quelques-unes de ces variantes inséparables des mythes de l'antiquité, à propos d'un autre héros appelé *A gdistis*[3], nom qui paraît n'être qu'une forme archaïque de celui d'Atys[4]. Pausanias, qui nous a conservé toute cette légende, raconte que pendant son sommeil, Zeus rendit involontairement mère la Terre, et que de ce commerce accidentel naquit un être hermaphrodite nommé *Agdistis*. Or, l'Atys châtré de la légende précédente offre ce même caractère d'hermaphroditisme. Les dieux, effrayés de cette mons-

laquelle n'est sans doute pas sans des rapports de nom et d'attributs avec Anaïtis.

[1] Voyez C. L. Grotefend, *Die Münzen der griechischen, parthischen und indo-scythischen Kœnige von Bactrien und den Lœndern am Indus*. Hanovre, 1839, p. 46, sq., et *Zusaetzen*, p. 2.

[2] *Peripl. Pont-Euxin*, c. 9.

[3] Voyez Pausan., VII, c. 17, § 5. Cf. Strab., X, p. 469; Arnob., *Adv. Gent.*, V, 5.

[4] Voyez, sur l'étymologie de ce nom d'Agdistis, R. Gosche, *De arianæ linguæ gentisque armeniacæ indole*, p. 21. Atys paraît être la forme lydienne du nom d'Agdistis, de même que Mygdon paraît avoir été la forme phrygienne de celui de Midas. Toutefois, d'après Arnobe (*Adv. Gent.*, V, 5), ce nom serait dérivé d'*Agdos*, porté par un canton de la Phrygie où se trouvait la pierre consacrée à ce dieu. Mais il est facile de reconnaître, dans cette pierre, l'une de celles qui représentaient Cybèle.

T. III.

truosité, s'emparèrent des organes virils d'Agdistis et les jetèrent à terre; il en naquit un amandier[1], emblème de l'amertume de la douleur. Il y a sans doute dans cette dernière circonstance une allusion à la forme de l'amande, fruit d'un arbre dont la floraison annonce les premiers jours du printemps. Aussi les Phrygiens représentaient-ils Amygdalos, personnification de l'amandier, comme le père de toutes choses[2]. L'arbre merveilleux porta des fruits dont vint à cueillir la fille du fleuve Sangarius; puis ayant mis un de ces fruits sur son sein, elle en fut fécondée et conçut aussitôt. Attès ou Atys fut le nom de l'enfant dont elle devint ainsi mère. Elle laissa à un bouc le soin de l'élever, et l'enfant crût si rapidement en force et en beauté, qu'Agdistis fut saisi d'amour pour lui[3]. Tel était le mythe phrygien, dans lequel, par une de ces confusions fréquentes dans les fables orientales[4], on transportait à Agdistis le rôle de Cybèle. Atys, suivant la légende, ne répondit pas à l'amour qu'il avait inspiré, et il se disposait à épouser la fille d'un roi de Pessinunte, quand il fut pris d'un délire furieux et s'arracha les organes de la virilité. Cet acte insensé qui causa sa mort fut imité par le père de sa future épouse[5]. Agdistis

---

[1] Pausan., *loc. cit.*

[2] Origen. *Philosophumen.*, edit. Miller, p. 118. Arnobe (*Adv. Gent.*, V, 7) raconte le fait un peu diversement, et il ajoute : « Unde amygdalus nascitur amaritudinem significans funeris. »

[3] Cet amour d'Agdistis pour Atys ne paraît être qu'une variante de celui que conçut pour ce dernier la déesse Cybèle. Peut-être cette confusion tient-elle à ce que le nom d'Agdistis fut transporté parfois à la déesse. (Voy. Strab., X, p. 469; XII, p. 567. Hesych., v° Ἄγδιστις. Cf. Panofka, *Terracotten des Kön. Museums zu Berlin*, Taf. XXV, 2, p. 89.)

[4] Voyez Pausan., *loc. cit.* C'est une autre confusion qui a fait transporter à Cybèle le nom d'Agdistis.

[5] Pausan., *loc. cit.*

tomba alors dans une profonde affliction et supplia Zeus de lui rendre l'objet de sa tendresse. Le souverain des dieux y consentit, et Atys ressuscita ; trait frappant de conformité avec la fable de Cybèle. · Dans d'autres légendes, reparaissait la déesse phrygienne ; mais un grenadier était substitué à l'amandier, Nanna remplaçait la fille de Sangarius ; c'était alors Agdistis qui perdait sa virilité[1]. Au travers de ces variantes, la même idée naturaliste perce toujours. Atys et Agdistis figurent également le soleil, le dieu du ciel invoqué par les Phrygiens sous le nom de Père, *Papas*[2], correspondant à celui de *Mère*, donné à Cybèle[3]. Ce *Papas*, que les Grecs nomment le Zeus des Bithyniens[4] et des Phrygiens[5], n'était lui-même en réalité qu'Atys, presque toujours associé à Cybèle[6]. On l'invoquait encore sous le nom *Bagœos* (Βαγαῖος[7]), dans lequel se retrouve la racine du nom de Dieu chez les Slaves.

---

[1] Voyez Arnob., *Adv. Gent.*, V, 6, 7. Ce nom d'Agdistis paraît être emprunté à celui d'une montagne de la Phrygie, le mont Agdos ou Agdas, transformé par quelques mythographes en un être qu'avait fécondé Zeus, et où était né Agdistis. Pausanias nous dit (I, c. 4, § 5) qu'Atys était enterré sous le mont Agdistis. Voyez ce mot, employé avec le sens de père, dans une inscription d'Halicarnasse (ap. Boeckh, *Corp. inscr. grœc.*, n° 2664).

[2] Diodore de Sicile (III, 57) nous dit en effet qu'Atys fut appelé plus tard *Papas*.

[3] Voyez ce qui a été dit plus haut, page 81. ˙

[4] Arrian. in *Bithyn.*, ap. Eustath., *Ad Homer. Iliad.*, V, p. 565, 5.

[5] Ce nom était aussi celui du dieu suprême chez les Scythes (Origen., *Adv. Cels.*, lib. V, p. 262, edit. Spencer), ainsi qu'on le verra plus loin.

[6] Voyez les inscriptions latines. Orelli, *Inscr. latin. select.*, n°ˢ 1898 et sq., n°ˢ 2320, 2328, 2329.

[7] Voyez Hesychius, v° Βαγαῖος. Cf. Gosche, *De arianœ linguœ gentisque armeniacœ indole*, p. 22. C'est probablement le même dieu qui était encore invoqué sous le nom de Mazeus (Μάζευς), et dans lequel

Cette racine est elle-même dérivée du zend ou du sanscrit[1].
L'identité d'Atys et de Papas ressort des paroles de l'auteur des *Philosophumena*[2], qui nous dit que les Phrygiens appelaient *Papas*[3] leur dieu tour à tour mort ou immortel, stérile ou berger; et il ajoute que c'est le polymorphe Atys, fils de Rhéa, c'est-à-dire de Cybèle, qu'ils célèbrent au son des clochettes et des flûtes idéennes. Les Galles chantaient ces hymnes en l'honneur d'Atys et de Cybèle d'après un mode particulier à la Phrygie, et appelé pour ce motif *phrygien*; ils s'accompagnaient des sons d'une flûte que Hyagnis avait, disait-on, inventée à Célènes[4]. Toutefois on faisait plus souvent honneur à Cybèle de la découverte des instruments employés dans son culte[5].

Une autre cérémonie, qui se rattache sans doute au rôle joué dans la légende de Cybèle par la fille du fleuve Sangarius, était le bain mystique de la Mère des dieux

Gosche reconnaît le radical arien *Maz* (grand), correspondant au sanscrit *Mahat*, superlatif *Magista*, et à l'arménien *Meds*.

[1] *Bhaga*, pouvoir divin, excellence, d'où le persan *bagh*, idole. Cf. Lassen, *Ueber die lykischen Inschriften*, p. 369.

[2] Edit. Miller, p. 118. L'auteur des *Philosophumena*, en vertu d'un syncrétisme dont il sera question au chapitre suivant, identifie Papas à Osiris, à Adonis et à Corybas, trois divinités solaires du même caractère.

[3] Ce Papas est vraisemblablement identique au dieu syrien *Babias*, adoré à Damas, et qui représentait le dieu enfant; car les enfants étaient appelés, dans cette ville, *babia*, ce qui rappelle l'anglais *baby*. (Damasc. *Vit. Isidor.*, ap. Phot. *Bibl.*, cod. 242, p. 341, edit. Bekker.)

[4] Atys est, en effet, représenté une flûte et une verge à la main (Macrob. *Saturn.*, I, 21). On rapportait aussi l'invention du mode phrygien à Marsyas et à Olympus (voy. Aristot. *Polit.*, VIII, 5; Forkel, *Gesch. der Musik.*, I, p. 114).

[5] *Chron. Par.*, X. Athen., XIV, p. 624, 6. Diod. Sic., III, 58.

qui terminait la fête d'Atys[1]. On chantait pendant le cours de cette fête des hymnes d'un caractère obscène, dont l'usage se conserva à Rome jusque dans les derniers siècles du paganisme[2].

A Pessinunte, c'était la pierre sacrée que l'on plongeait dans l'eau[3], au lieu du simulacre. Il est curieux de retrouver des cérémonies analogues, chez les Grecs et d'autres populations européennes, pour des divinités ayant également le caractère de mère.

Sabazius était, après Atys, le dieu le plus important de la Phrygie. Son nom, d'origine évidemment indo-européenne, fait sans doute allusion au respect, à la vénération dont il était entouré[4]. Il est qualifié de *souverain*

---

[1] Voyez Dion. Cass., XLVIII, 559, 38. Plin. *Hist. nat.*, XVI, 10. Stat. *Sylv.*, V, 1, v. 223, 224. Arrian. *Tact.*, c. 93. Arnob., *Adv. Gent.*, VII, 32.

[2] S. Augustin avait encore entendu ces chants (*De civit. Dei*, II, 4). Cf. Ammian. Marcellin., XXIII, 3. Lucan. *Phars.*, I, 600.

[3] Ce bain mystique rappelle certaines cérémonies pratiquées en Grèce, en l'honneur d'autres divinités. A Argos, on baignait solennellement le *xoanon* de Pallas (voy. Callimach. *Lavacrum Palladis*). A Delphes se trouvait une pierre qui passait pour être celle que Rhéa avait donnée à son époux, à la place de Zeus, qu'il allait dévorer. Tous les jours, on oignait cette pierre d'huile (voy. Pausan., X, c. 24, § 5). Des usages analogues existaient chez les populations celtiques, et latines. En France, dans certaines localités, les paysans font baigner la statue du saint, à l'époque de sa fête. Tacite nous apprend (*German.*, 40) que, dans une île de l'Océan, voisine du Danemark et habitée par une population germanique, on lavait dans un lac l'image de la déesse *Hertha*, autrement dit de la Terre. Cet usage, lié au culte d'une divinité qui avait le même caractère que Cybèle, prouve que les populations indo-européennes avaient rapporté d'Asie en Europe ce rite singulier. (Voy. Ch. Lenormant, *Études sur la religion phryg.*, p. 244. *Ann. Inst. Rom.*)

[4] Ce mot semble tirer son origine du sanscrit *sabhâdj*, signifiant *honoré* (voy. Lassen, *Ueber die lykischen Inschriften*, p. 370). Peut-être aussi le nom de Sabazius était-il dérivé de l'exclamation *saboé* (σαϐοῖ), que l'on poussait en l'honneur d'Atys et qui était une marque

de l'univers [1]. Caprios lui est donné pour père [2] et Cybèle pour mère [3]. Sabazius semble avoir constitué la troisième personne d'une triade dont la Grande Mère et Atys seraient les deux autres membres [4]. On ne sait s'il faut voir en lui l'Ourios phrygien que Cicéron nous présente comme le Jupiter de la Phrygie [5], et qui rappelle, par l'étymologie de son nom, le jour ou la lumière [6].

Sabazius est donné comme fils de Cybèle [7]; mais malheureusement sa légende se trouve, par un effet du syncrétisme, liée d'une manière si étroite à celle de Dionysos [8], au-

d'adoration envers le dieu. Photius dit en effet : Εὐοί, σαϐοί, μυστικὰ μὲν ἐστιν ἐπιφθέγματα, φασὶ δὲ τῇ Φρυγῶν φωνῇ τοὺς μύστας δηλοῦν ἀφ' οὗ καὶ ὁ Σαϐάζιος Διόνυσος. Le nom de Σάϐοι était donné aux lieux consacrés à Sabazius (*Schol. Aristoph. Av.*, 874). On retrouve le nom de Sabazius dans une inscription que porte un bas-relief mithriaque du Musée du Louvre, sur lequel on lit NAMA SEBEZIO, c'est-à-dire, vraisemblablement, *adoration à Sabazius* (voy. Lajard, *Recherches sur le culte de Vénus*, p. 229, 3ᵉ mémoire); car en sanscrit, le mot *nama* signifie adoration. (Voy. Benfey, *Soma-Véda*, p. 107. Langlois, *Mémoire sur la divinité Soma*, ap. *Mém. de l'Acad. des inscript.*, t. XIX, p. II, p. 36 et suiv.)

[1] Πανκοίρανος. Voy. Boeckh, *Corp. inscript. grœc.*, t. II, n° 3791. Cf. une inscription grecque découverte à Givysa (l'ancienne Libyssa), ap. *Bull. archéol. rom.*, 1848, p. 82.

[2] « Tertium (Bacchum), Caprio patre, eumque regem Asiae præfuisse dicunt cui Sabazia sunt instituta. » (Cicer., *De natur. deor.*, III, 23.)

[3] Voyez Strab., X, p. 470, 471. Hesychius, vᵒ Σαϐάζιος.

[4] En effet, dans une inscription latine, on voit la Mère des dieux, Atys et Men identifié à Sabazius, invoqués comme les trois grandes divinités protectrices (Orelli, *Inscr. latin. select.*, n° 1901). Apulée (*Metam.*, VIII, 25, p. 724, édit. Hild.) associe la déesse syrienne confondue avec Cybèle, Adonis confondu avec Atys et Sabazius.

[5] *In Verr.*, IV, 57. C'est vraisemblablement le Ζεὺς Οὐρίος adoré en Bithynie, dont parle Arrien (*Peripl. Pont. Euxin.*, c. 12).

[6] אֵיר ou אוֹר. (Voy. Gosche, *De ariana lingua gentisque armeniacæ indole*, p. 26. Chwolsohn, *Die Ssabier und der Ssabismus*, t. II, p. 289.)

[7] Strab., X, p. 471. Hesych., vᵒ Σαϐάζιος.

[8] Dans une foule de légendes des derniers siècles du polythéisme,

quel les Grecs l'identifièrent[1], elle est si complétement fondue avec les mythes orphiques[2], qu'il devient impossible d'y démêler ce qui appartient à la donnée phrygienne primitive. Nous pouvons toutefois constater que les fêtes de ce dieu, ou *Sabazies*, offraient le même caractère orgiastique que les fêtes de Cybèle et d'Atys[3]. La ressemblance de l'histoire mythique du dieu orphique *Zagreus*, le Dionysos des mystères, avec celle d'Atys, tend à faire supposer qu'on pratiquait dans les *Sabazies* des cérémonies symboliques que s'approprièrent les Grecs et qui découlaient des mythes phrygiens[4]. Si l'on en croit un

Dionysos est mis en rapport avec Cybèle, qu'on ne distingue plus de Rhéa. Ainsi, par exemple, Eumélos raconte que Dionysos fut initié, en Phrygie, par Rhéa, à ses mystères (voy. *Schol. Homer. Iliad.*, VI, 130). On lui consacra le pin, parce qu'il était l'arbre d'Atys (voy. Plutarch. *Conviv. quæst.*, V, 3, § 1, p. 767).

[1] Héraclide, dans son second livre sur Héraclée, faisait remarquer que Sabazius paraissait identique à Dionysos (*Schol. Aristoph. Av.*, 874).

[2] Ainsi ce que Diodore (IV, 4) rapporte des Sabazius a évidemment trait aux mystères orphiques. (Voy. ce que je dis au chapitre XVIII.)

[3] C'est ce qui résulte du témoignage de Strabon. Cf. Suidas, v° Ἀττις. Cicer., *De nat. deor.*, III, 23. Arnob., *Adv. Gent.*, V, 20. Clem. Alex. *Cohort. ad Gent.*, p. 14.

[4] Plusieurs usages des Sabazies grecques n'ayant rien de commun avec les Dionysies, il en faut chercher l'origine dans le culte du dieu phrygien. Tel est, par exemple, le rite par lequel les initiés s'introduisaient sous le haut de leurs vêtements un serpent ou une couleuvre, qu'ils faisaient descendre par le bas (Clem. Alex. *Cohort. ad Gent.*, p. 14; Justin. Martyr. *Apolog.*, I, 45; Arnob., *Adv. Gent.*, V, 21; J. Firmicus Matern., *De error. profan. religion.*, c. 21; cf. Theophr. *Charact.*, 16). Ce rite symbolisait sans doute la naissance du dieu, car Arnobe nous raconte la fable suivante, tirée du mythe orphique, fondé vraisemblablement sur la donnée phrygienne : Sabazius, que le Père de l'Église assimile à Jupiter, brûlait d'amour pour sa mère (Cybèle), mais il n'osait assouvir sa coupable passion; il prit la forme d'un taureau et s'efforça de satisfaire son ardeur amoureuse, à l'indignation

témoignage qui malheureusement ne remonte pas à une époque bien ancienne [1], Sabazius était, pour les Phry-. giens, une divinité mâle de la lune, et n'aurait été dès lors qu'une forme du dieu *Mên* ou Lunus [2] dont je traiterai plus loin. D'un autre côté, divers auteurs identifient Sabazius à Atys [3], et plusieurs circonstances tendent à nous faire croire que le nom du premier était une simple épi-

de la déesse, victime de la salacité de son fils. C'est parce que, dans les mythes orphiques, Cybèle avait été assimilée à Déméter, qu'Arnobe lui applique le nom de *Brimo*, qui appartenait à celle-ci dans les Éleusinies. Sabazius s'efforça en vain de calmer l'irritation de sa mère. Il coupa alors les testicules d'un bélier, les plaça dans une feuille qu'il attacha avec de la laine, et, feignant de venir implorer le pardon de celle qu'il avait offensée, il jeta ces testicules dans son sein. Au bout de dix mois, Cybèle mit au jour une fille dont la beauté alluma encore l'ardeur de Sabazius, et pour la séduire, il prit la forme d'un dragon. Il s'introduisit dans le sein de la belle enfant, qu'Arnobe, avec les orphiques, assimile à Proserpine. Fécondée par son père, la déesse mit au monde un dieu à tête de taureau. On reconnaît ici le fait auquel se rapportait l'acte bizarre des initiés, et l'auteur (*Adv. Gent.*, V, 21) fait lui-même le rapprochement. L'ensemble de tout ce mythe porte un caractère évidemment oriental qui est absolument étranger aux mythes grecs; il explique la formule prononcée dans les Sabazies : *Le taureau a engendré le serpent, et le serpent le taureau.* (Voy., pour de plus amples détails, ce que je dis au chapitre XVIII.)

[1] Ἐπεὶ καὶ παρ' Ἕλλησι μηνὸς ἱερὰ παρειλήφαμεν καὶ παρὰ Φρυξὶ μῆνα Σαβάζιον ὑμνούμενον καὶ ἐν μέσαις τοῦ Σαβαζίου τελεταῖς. (Proclus, *In Tim. IV*, edit. Schneider, § 251, p. 607.)

[2] On consacrait, en effet, des images de lune, d'argent, comme ex-voto, à ce dieu, qui était figuré avec une grande chevelure dorée. *Attini comam inauravit*, dit une inscription. (Orelli, n° 1903.)

[3] Lucien (*Consil. deor.*, c. 9) réunit à Atys Sabazius, Mithra et Corybas. Le surnom de Ὕης, c'est-à-dire l'*humide*, qui était donné à Atys, s'appliquait aussi à Sabazius (voy. Demosthen., *De coron.*, p. 313, edit. Reiske). Dans les fêtes en l'honneur de ce dernier dieu, on répétait les mots : Εὐοῖ, σαβοῖ, et ὕης ἄττης. (Voy. *Anecdot. graec.*, edit. Bekker, p. 257. Zonar., v° Εὐοῖ. Lobeck, *Aglapham.*, p. 621, 647. *Epimetr.*, XIII.)

thète de *Papas* [1], une sorte de qualification donnée à Atys [2]. On trouve en effet Sabazius assimilé, de même que Papas, à Zeus ou Jupiter [3]. Diodore [4] nous le dépeint, comme ayant des cornes de taureau, attribut qui convient parfaitement à une divinité lunaire ; mais on ne saurait affirmer que ce fût là l'attribut qui lui appartenait en Phrygie. Il est, du reste, probable que des échanges s'opérèrent peu à peu entre le culte des principaux dieux phrygiens, dont les noms sont loin de nous être tous connus [5]. Dionysos put être amalgamé tour à tour avec chacun d'eux ; ce qui contribua encore, lorsque la Phrygie eut été presque complétement hellénisée, à défigurer le caractère primitif de Sabazius et des divinités analogues. Voilà pourquoi on ne saurait décider, dans les lieux de la Grèce où s'établit plus tard le culte de Sabazius, si l'on y adorait véritablement la divinité phrygienne, ou si ce n'était sim-

[1] On a vu plus haut que *Papas* était le nom du Zeus phrygien, et chez plusieurs auteurs, ainsi que dans les inscriptions latines, Sabazius est identifié à Jupiter. (Artemid. *Oneirocrit.*, II, 13. Val. Max., I, 3, 2. Apul. *Metam.*, VIII, p. 170, edit. Oudend. Orelli, *Inscr. lat. select.*, 1259. Gruter, *Inscr.*, p. 22, 5, 6 ; p. 23, 4.)

[2] Suidas, v° Ἄττις. Bekker, *Anecdot.*, p. 461. Plutarch. *Amat.*, c. 13, p. 22, ap. *Oper.*, t. XII, edit. Hutten. Ce qui tend à faire croire que Sabazius n'était pas un dieu distinct d'Atys, et que cette désignation ne doit être entendue que comme un surnom, c'est que, sur les monuments de la Phrygie et sur les monnaies de l'Asie Mineure, on ne voit point figurer le simulacre de Sabazius, tandis qu'Atys y est souvent représenté.

[3] Les inscriptions latines et J. Firmicus Maternus appellent cette divinité Jupiter Sabazies. (Voy. *De errore profan. religion.*, c. 11, p. 42, edit. Münter, et la note de l'éditeur où sont relatées les inscriptions. Cf. Valer. Maxim., I, 3, 2.)

[4] Diodor. Sic., IV, 4. *Schol. Arat.*, 172.

[5] Tel est, par exemple, le nom de *Battacos*, porté par un dieu qui paraît avoir été associé à Atys, et dont nous ne connaissons pas les attributs. (Suidas, v° Γάλλοι. Jablonski, *Opuscula*, t. III, p. 67.)

plement que le Dionysos qu'on y avait identifié[1]. Ainsi le Dionysos χοιροψάλης[2] ou à sexe féminin, adoré à Sicyone, n'est évidemment qu'une métamorphose du dieu hermaphrodite Atys confondu avec Sabazius ou Mên. Une circonstance démontre, du reste, l'origine phrygienne d'une partie de la légende du dieu de Nysa, c'est le rôle qu'on y voit jouer à des personnages incontestablement apportés de la Phrygie. Le plus important d'entre eux est Midas[3], roi mythique de ce pays et auquel on donnait pour père Gordias, autre héros phrygien[4]. Midas était représenté comme l'ami de Dionysos, le propagateur de son culte. Il avait accueilli chez lui Silène, le précepteur du dieu, qui devint ensuite le sien[5]; toutefois, selon quelques-uns, ce n'était pas Silène dont Midas reçut les leçons, mais un Satyre qu'il attira près de lui, ou, pour mieux dire, qu'il fit prisonnier.[6]; il l'enivra en mêlant du vin à l'eau dont le demi-dieu se désaltérait, particularité qui nous reporte encore au dieu de la liqueur enivrante. Il est difficile de démêler le véritable caractère de Midas à travers les fables dont il était devenu l'objet chez les Grecs. On a cru reconnaître en lui une divinité lunaire analogue au dieu Mên[7]. La légende qui lui prêtait des oreilles d'âne, en punition du mépris qu'il avait témoigné pour Apollon et

---

[1] C'est ce qu'on peut dire, par exemple, du culte de Sabazius, que l'on trouve établi, à une époque postérieure, en différents points de l'Archipel, et notamment à Sicinos. (Voy. L. Ross, *Reisen auf den griechischen Inseln des Ægäischen Meeres*, t. I, p. 154.)

[2] Clem. Alex. *Cohort. ad Gent.*, p. 23, edit. Potter.

[3] Pausan., I, c. 4, § 5. Ælian. *Hist. var.*, IV, 17.

[4] Herodot., I, 14, 35.

[5] Ælian. *Hist. var.*, III, 18. Cf. Cicéron. *Tusculan.*, I, 48.

[6] Plutarch. *Consol. ad Apoll.*, § 27 p. 453. Ælian. *Hist. var.*, III, 18. Aristot. ap. Serv. *Ad Virg. Eglog. IV*, 13.

[7] Sur un vase peint, on voit en effet Midas représenté sous des traits

sa musique[1], nous montre, d'une part, qu'il était figuré avec de longues oreilles, comme certaines divinités asiatiques, de l'autre, que son culte avait été en rivalité avec celui du fils de Latone. L'âne a d'ailleurs sa place dans la légende de Dionysos. C'est la monture de Silène[2], et ce Silène est précisément le prophète de Midas, tout comme Marsyas est son chantre sacré, son aœde[3], son joueur de flûte[4]. On reconnaît, chez les deux personnages, l'association de diverses idées liées qui étaient dans l'esprit des anciens. Marsyas est le nom d'un fleuve de la Phrygie[5] auquel, comme à la plupart des fleuves de ce pays, on rendait un culte; on sait, de plus, que les eaux passaient, dans l'antiquité, pour avoir une vertu inspiratrice. Les Muses n'étaient elles-mêmes que des nymphes fatidiques[6]? Silène,

tout semblables à ceux que les médailles donnent au dieu Mên. Il est coiffé du bonnet phrygien, vêtu du chiton, et tient un cheval à la main. (Voy. Panofka, *Kœnig Midas auf Bildwerken*, dans l'*Archœologische Zeitung*, 1845, p. 92.)

[1] Hygin. *Fab.* 191. Philostrat. *Imag.*, I, 22. Tertull. *De pall.* § 2, p. 112.

[2] Voyez Preller, *Griechische Mythologie*, t. I, p. 406.

[3] Une légende vraisemblablement d'origine phrygienne attribuait à Marsyas l'invention de la flûte. (Platon. *Leg.*, III, § 1, p. 7.)

[4] Plutarch. *De musica*, § 5, p. 204. Cf. Pausan., X, c. 30, § 5. D'après certaines légendes, Silène, auquel on substituait souvent un Satyre, avait enseigné la sagesse à Midas (Ciceron. *Tuscul.*, I, 48). M. Preller fait remarquer que, dans les traditions de l'Asie Mineure, les Silènes jouaient le même rôle que les Satyres en Grèce. (Voy. *Griechische Mythologie*, t. I, p. 454.)

[5] Fulgent. *Mythol.*, VI, 5. Maxime de Tyr (*Dissert.* VIII, c. 8, p. 143, édit. Reiske) dit formellement que les Phrygiens adoraient comme des dieux le Marsyas et le Méandre. Le premier de ces fleuves est représenté plusieurs fois, sur les monnaies phrygiennes, sous la figure d'un Satyre ou d'un Faune. (Voy. Mionnet, *Médailles antiques*, t. IV, p. 229, n° 219; p. 232, n° 239; *Suppl.*, t. VII, p. 509, n° 143; p. 513, n° 162. Cf. Waddington, *Revue numismatique*, ann. 1851, p. 159.)

[6] Voyez tome I, p. 460. Étienne de Byzance (v° Τόῤῥηβος) et Photius

par l'étymologie de son nom[1], nous ramène aussi à une
divinité des eaux. La fable qui fait mêler le vin à l'eau
pour prendre Silène[2] tient donc intimement à cette personnification; elle fait vraisemblablement allusion aux libations jadis offertes au dieu. Ces libations avaient peut-
être remplacé celles où l'on répandait le sang des animaux, et qui, suivant une autre fable, avaient causé la
mort du roi de Phrygie[3].

Midas rappelle tout à fait le Saturne italiote[4]. Son règne
avait été pour la Phrygie l'âge d'or[5]. Il avait réglé le

(v° Νύμφαι) nous apprennent que les Lydiens, dont le culte était étroitement lié à celui des Phrygiens, ne distinguaient pas les Muses des
Nymphes.

[1] Ce nom de Silène (Σειληνός) paraît appartenir à la même racine que
l'italien *Selenus*, et signifie *une eau qui coule en bouillonnant*. (Preller,
Griechische Mythol., t. I, p. 452.)

[2] Selon la fable, Silène, ayant bu de cette eau, fut pris d'ivresse et
s'endormit; c'est alors que Midas le fit prisonnier. On montrait, en
différents lieux de la Grèce, des sources que l'on donnait comme ayant
été le théâtre de cette capture. (Voy. Xenoph. *Cyr. exped.*, I, c. 2,
§ 3. Pseudo-Plutarch., *De fluv.*, § 10, p. 339. Pausan., I, c. 4, § 5.)

[3] On raconte en effet que Midas était mort pour avoir bu du sang de
taureau. (Strab., I, p. 61. Plutarch., *De superstit.*, § 7.)

[4] Midas avait été, selon Justin (VII, 1), un roi de Macédoine qui, à une
époque très ancienne, passa de cette contrée en Phrygie. (Cf. Strab.,
XIV, p. 680. Hérodote (I, 14) cite Midas comme le premier monarque
barbare qui ait envoyé des offrandes à Delphes. Cet historien parle
aussi d'autres rois du nom de Midas. Le Mygdon, mentionné dans
l'Iliade (III, 186) comme un roi phrygien qui combattit, de concert avec
Otrée et Priam, contre les Amazones, et que les Mygdoniens se donnaient pour ancêtres (Pausan., X, c. 27, § 1), pourrait bien n'être que
Midas; Mygdon étant la forme phrygienne primitive de ce nom, ainsi
que j'ai déjà eu occasion de le faire remarquer.

[5] Herodot., I, 14, 35. Theopomp. ap. Ælian. *Hist. var.*, III, 18.
De là la fable qui racontait que tout ce que Midas touchait se chan-
geait en or. (voy. Plutarch. *Parall. græca*, § 5, p. 257). Peut-être
aussi l'origine de cette fable tient-elle à ce que le fleuve personnifié

culte[1]. Gordias, son père, était célébré comme le premier roi du pays, comme l'instituteur de l'agriculture et le fondateur de Gordium[2]. Il n'est pas sans analogie avec le Triptolème attique, à la physionomie duquel il emprunta peut-être quelques traits[3]. Midas n'est lui-même, il y a apparence, qu'une personnification de fleuve[4], et de là le rapport où il se trouve avec la Terre, Cybèle[5], qu'on lui donnait pour mère. On a vu que dans la Grèce, les fleuves étaient regardés comme d'anciens rois du pays. Le titre de prince qui leur était, dans le principe, attribué fit prendre le change aux générations postérieures, et l'on supposa que ces divinités avaient été des monarques in-

---

par Midas roulait de l'or comme le Pactole, ce qui expliquerait précisément le rôle que le fleuve joue lui-même dans une de ses légendes. (Voy. Ovid. *Metam.*, XI, p. 90-145. Hygin. *Fab.* 194. Servius, *Ad Virg. Eglog. VI*, 13.)

[1] On attribuait à Midas l'établissement du culte du grand dieu phrygien, le Zeus idéen, auquel il avait, disait-on, élevé un autel d'or (Plutarch., *l. c.*) et la fondation des mystères de Cybèle (Arnob., II, 73).

[2] Voyez Herodot., I, 14, 35. Le fameux nœud gordien que trancha Alexandre, et qui attachait, disait-on, le char du roi phrygien, paraît avoir été un emblème de sa force et de sa puissance. (Voy. Arrian. *Exp. Alex.*, II, c. 3. Cf. Preller, *ouv. cit.*, t. I, p. 405.)

[3] L'étymologie du mot de Gordias ramène à celle du nom de Gordys, que l'on donnait pour fils à Triptolème, et qui personnifiait l'ensemencement. (Voy. tome I, p. 225.)

[4] En effet, le nom de Midas était donné à une source de la Phrygie (voy. Pausan., X, c. 1, §4 ; Arrian. *Exp. Alex.*, I, c. 2, §13), transportée ensuite dans d'autres pays. Cette origine fluviatile de Midas conviendrait au reste parfaitement au caractère lunaire que d'autres ont cru reconnaître en lui, vu la liaison, chez les anciens, des idées de lune et d'humidité. Il est à noter que, sur les médailles de Prymnessos, qui portent pour légende le nom de Midas, le revers représente un fleuve couché. (Voy. Mionnet, *Méd. ant.*, t. IV, p. 357.)

[5] Hygin. *Fab.* 274. Plutarch. *Cæsar.*, § 9, p. 185. Cf. Diodor. Sic., III, 5, 8.

digènes. Ce qui donne à cette opinion beaucoup de vraisemblance, c'est que le culte des fleuves était très répandu
dans toute l'Asie. Mineure. Les noms de fleuves, et notamment ceux du Scamandre, du Caïcus, du Méandre, du
Lycus, du Simoïs, etc., entrent à titre de noms de divinités dans la composition de différents noms grecs [1]. Sur
les médailles de la Phrygie, de la Lydie, de la Carie et
de toutes les autres provinces de l'Asie Mineure [2], on
retrouve plus tard la figure ou le nom de ces fleuves ; ils
apparaissent au même·titre que, sur d'autres monnaies,
les Génies des villes de ces contrées [3]·

On vient de voir que les cultes de Cybèle et d'Atys
avaient pour centre la Phrygie. Ces cultes se répandirent
de bonne heure dans les contrées voisines, habitées par
des populations de même race que les Phrygiens, ou qui
étaient du moins avec eux dans d'étroites relations de
voisinage. Ce que l'auteur du *Traité sur Isis et Osiris*
nous rapporte de l'idée que se faisaient les Paphlagoniens
de la divinité, est en tous points conforme à ce que nous

[1] Voyez Letronne, *Observations philologiques et archéologiques sur
l'étude des noms propres grecs*, p. 56, 57. Paris, 1846.

[2] Voyez notamment les médailles de Cadi en Phrygie, où est figuré
l'Hermus (Mionnet, t. IV, p. 249, n° 324 ; p. 252, n° 347 ; cf. p. 248,
n° 320) ; d'Euménia, représentant le fleuve Glaucus (Mionnet, *Suppl.*,
t. VII, p. 763) ; de Midæum, représentant le fleuve Tymbris ou Tem-
bris (Waddington, *Revue de numismat.*, ann. 1851, p. 177) ; celles
d'Acrasus en Lydie, représentant le Lycus (Mionnet, *Suppl.*, t. VII,
p. 313) ; de Smyrne, représentant le Melès (Mionnet, t. III, p. 210,
211, n°ˢ 1153, 1161). Cf., pour d'autres monnaies de la Phrygie,
Mionnet, t. IV, p. 217, n° 136 ; p. 240, n° 241 ; *Suppl.*, t. VII, p. 498,
n° 88, et pour des monnaies de la Carie et de la Pamphylie, Mionnet,
t. III, p. 479, n° 336 ; *Suppl.*, t. VI, p. 503.

[3] On voit, sur les monnaies de la Phrygie, figurer quelquefois le
Génie de la ville avec le bonnet national. Voyez notamment les monnaies
de Pergame (Mionnet, *Suppl.*, t. V, p. 416, n° 832).

savons de la théologie phrygienne. « Les Paphlagoniens, écrit-il, disent que, durant l'hiver, Dieu est lié
et emprisonné, mais que, l'été, il brise ses liens et reprend son activité [1].» Ainsi la religion phrygienne était
adoptée en Paphlagonie ; nous voyons, d'un autre côté,
le culte de Cybèle en faveur dans toute la Lydie et la
Carie. A Sardes, la déesse avait un temple qui fut brûlé
par les Ioniens [2]. Au mont Latmus, son sanctuaire passait
pour ancien [3], et sur le Sipyle elle devait être invoquée
depuis bien des siècles [4], puisque les plus anciennes
mentions qui nous soient parvenues de cette déesse la
désignent déjà sous le nom de *déesse du Sipyle* [5]. Au
temps de Strabon, il existait un temple de cette divinité
à Smyrne [6]. Une foule de médailles des mêmes contrées
nous offrent son image [7]. Atys trouva aussi des adorateurs
bien au delà des limites de son berceau primitif. Une
dynastie avait en Lydie porté son nom [8], et s'était par

---

[1] Plutarch., *De Is. et Osirid.*, § 69, p. 120, 121, edit. Wyttenbach.

[2] Herodot., V, 102.

[3] Polyæn. *Stratagem.*, VIII, 53, 4.

[4] Voyez Boeckh, *Corp. inscr. græc.*, t. II, p. 700. C'était par cette
déesse du Sipyle que se prêtait le serment solennel chez les Magné-
siens et les Smyrniens. (Cf. *Marmor. oxon.*, II, 26, edit. Chandler.
Reinesius, *Inscr.*, LXXXVII, 43. Muratori, *Inscr.*, 156, 1.)

[5] Θεὰ Σιπυλήνη (Strab., X, p. 469, sq.). Cf., sur la Cybèle du mont
Sipyle : Pausan., V, c. 13, § 4. Æl. Aristid., *De Smyrn. polit.*, p. 229.
Sacr. Serm., vol. II, p. 318, edit. Jebb. Ulpian., *De regul. tit.* 23;
De hered.

[6] Strab., XIV, p. 646.

[7] Voyez Mionnet, t. IV, p. 69 et suiv., n° 382 et suiv. Voyez Ph. Le
Bas, *Voyage archéologique en Grèce et en Asie Mineure*, pl. V, p. 9.

[8] Voyez Herodot., I, 7. Une tradition que nous a conservée Diodore
de Sicile (III, 58) faisait de Cybèle la fille de Mæon, un des premiers
rois de la Lydie, autrement dit la personnification de la Lydie ou
Mæonie.

conséquent placée sous sa protection spéciale. En Mysie et en Troade, le culte de Cybèle apparaît dès l'âge héroïque. Une tradition voulait que Dardanus eût introduit dans ce pays les mystères de cette déesse[1]. Une autre tradition faisait d'Atys un Lydien qui avait enseigné aux Phrygiens et aux habitants de Samothrace les mystères de la Mère des dieux[2]. Des inscriptions prouvent que plus tard le culte de cette déesse et de son amant pénétra jusqu'en Cappadoce[3]. L'apparition de plus en plus fréquente du type de Cybèle sur les monnaies asiatiques[4] témoigne, d'un autre côté, de l'extension graduelle que prit le culte de cette divinité[5]. Quelques médailles offrent aussi la figure d'Atys toujours revêtu de son costume phrygien[6]. Letronne a fait remarquer[7] que cette extension du culte de Cybèle paraît dater d'une époque peu antérieure à celle

---

[1] Clem. Alex. *Cohort. ad Gent.*, p. 12.

[2] Lucian., *De dea Syria*, § 15, p. 736, edit. Dindorf.

[3] Une inscription grecque d'Iconium renferme une invocation à Agdistis et à Cybèle, qualifiée de *bonne mère secourable* (Βοηθηνή) (voy. Ch. Texier, *Description de l'Asie Mineure*, part. II, p. 142). Lucien (*Tragodopod.*, v. 34, 35) nous représente les Lydiens célébrant, au mont Tmolus, la fête d'Atys.

[4] La figure de Cybèle se voit notamment sur les médailles de Smyrne, de Clazomène, de Phocée, de Cnide, de Trapézopolis, etc. (Voy. Mionnet, t. III, p. 182, n° 864 et suiv.; p. 90, n° 68; p. 93, n° 82; p. 224 et suiv.; p. 341 et suiv.; p. 388; *Suppl.*, t. VI, p. 302, n°° 1390, 1391 et suiv.)

[5] Letronne (*Étude des noms propres grecs*, p. 90) a remarqué que les noms dans lesquels entre le radical *métro*, rappelant la Mère des dieux, deviennent beaucoup plus nombreux à dater du commencement de notre ère.

[6] L'image de ce dieu se voit sur les monnaies d'Antioche du Méandre (Waddington, *Revue de numismatique*, ann. 1851, pl. XII, n° 1, p. 235) et sur celles de Cyzique (Mionnet, *Suppl.*, t. V, p. 301, n° 108).

[7] *Étude des noms propres grecs*, p. 87.

d'Alexandre, et qu'elle influe sur la décadence et la ruine de l'ancienne divinité *Mandro*, dont le centre d'adoration doit avoir été placé vers les sources du Méandre. C'est à ce célèbre et habile antiquaire que nous devons la découverte de la divinité lydienne ainsi appelée[1]. Les lois de la composition des noms propres grecs révélèrent à Letronne l'existence du dieu Mandro, dont le nom est entré fréquemment en composition chez ceux de certains personnages de l'Asie Mineure. L'analogie du nom de *Mandre* (Μανδρο) avec celui du fleuve Méandre (Μαίανδρος[2]) tend à faire croire que ce fleuve n'était autre que le dieu *Mandro*. Le Méandre est figuré en effet sous les traits d'une divinité des eaux sur des monnaies de la Lydie et de la Carie[3]. Le nom de *Mandrios*, qui signifierait alors *consacré au Méandre*, se rencontre dans toute l'Asie Mineure, et notamment à Samos[4]. Sans doute, lorsque la dévotion pour ce fleuve alla s'affaiblissant, l'antique forme de son nom finit par n'être plus comprise. Cette décadence du culte d'un fleuve serait, au reste, tout à fait conforme à ce qui s'est passé en d'autres lieux de la Grèce. J'ai fait voir au chapitre II[5], qu'il faut remonter aux temps héroïques pour trouver le culte des rivières tout à fait en faveur. Homère nous a représenté les Troyens, voisins et alliés des Phrygiens, rendant au Scamandre des honneurs divins. Quoi qu'il en soit du

---

[1] Letronne, *Étude des noms propres grecs*, p. 33 et suiv.

[2] De même, le nom de *Mæon* (Μαίων), qui figure dans les traditions phrygiennes et qui est donné au père de Cybèle, paraît n'être qu'une variante de celui de Μήν (*Mén*).

[3] Voyez les renvois donnés plus haut, à propos du culte des fleuves en Asie Mineure. Cf. Mionnet, t. IV, p. 229, n°ˢ 218, 219.

[4] Voyez Herodot., III, 123.

[5] Voyez tome I, p. 160.

véritable caractère du dieu *Mandro*, il est un fait constant, c'est que son culte était tout asiatique. Quant à celui de Cybèle et d'Atys, il conserva dans la Carie et dans la Lydie sa physionomie phrygienne. Toutefois on ne saurait affirmer qu'à l'époque romaine, les Grecs n'aient point quelque peu modifié le caractère de la déesse. A Pergame[1], à Nicomédie[2], où existaient d'anciens sanctuaires de la Mère des dieux, à Cyzique, où le philosophe Anacharsis passait pour avoir institué son culte[3], il n'est pas impossible que, sous l'influence de l'art hellénique, se soient introduits des attributs ou des mythes étrangers aux Phrygiens. Cependant il est à remarquer que sur les monnaies asiatiques de l'époque impériale, on voit toujours apparaître Cybèle avec les mêmes attributs : elle a le *modius* sur la tête, tient d'une main une patère, et de l'autre un sceptre ou plus habituellement le tympanum ; à ses pieds ou à ses côtés sont des lions[4]. Il va sans dire qu'en devenant la divinité protectrice de certaines villes, Cybèle dut emprunter à sa naturalisation nouvelle quelques attributs qui caractéri-

---

1 Une inscription grecque, placée au pied d'une statue, porte en effet : Μήτερα θεῶν Περγαμένην. (Voy. *Indicazione dei principali monumenti antichi del reale Museo Estense del Catajo*, p. 111. Modena, 1842.)

2 Ce temple était regardé comme ancien, au temps de Trajan. (Plin. jun., lib. X, ep. 58.)

3 Herodot., IV, 76. Selon d'autres témoignages, le temple de la déesse serait beaucoup plus ancien, et quelques-uns le faisaient même remonter aux Argonautes. (Neanth., *Cyzic.*, ap. Strab., I, p. 45 ; XII, p. 575. Cedrenus, p. 119.)

4 C'est ainsi que la déesse est représentée sur des médailles de Magnésie, de Sipyle, d'Ancyre (Mionnet, t. IV, p. 225, n° 178 ; *Suppl.*, t. VII, p. 504, n°ˢ 110, 111), de Cotiæum en Phrygie (Mionnet, t. IV, p. 270 et suiv.; *Suppl.*, t. VII, p. 543). Voy. plus haut, p. 82.

saient la cité où elle venait d'être admise. C'est ainsi
que sur les monnaies de Stratonicée, la déesse est représentée assise sur un lion et tenant une voile enflée par
le vent[1], circonstance qui nous montre que, dans ce
port de la Carie, Cybèle était devenue la patronne des
matelots.

Le culte de Rhéa datait en Troade de l'âge héroïque.
On le trouve en vigueur sur le mont Ida. L'extrême analogie de cette déesse avec la Cybèle phrygienne fait supposer que la Rhéa troyenne n'était qu'une forme hellénisée
de cette dernière[2]. En effet, dans toute la contrée, Rhéa
était, au dire des poëtes, invoquée comme la déesse protectrice du pays[3], et son culte avait toujours eu pour sanctuaire des montagnes[4]. Enfin ce qui achève de faire croire
que la Mysie devint de bonne heure le théâtre d'une fusion entre les mythes de la Phrygie et de la Grèce, c'est
qu'on y rencontre deux héros ou personnages divins,
d'un caractère analogue à Atys. Ce caractère se reconnaît aisément, malgré les métamorphoses que lui ont
fait subir les poëtes grecs : je veux parler de Pâris et
d'Anchise. Pâris est aimé par la déesse de la production,
que les Grecs ont appelée Aphrodite, mais qui était, pour
les Phrygiens, Cybèle[5]. Le caractère efféminé de Pâris

---

[1] Voyez Mionnet, t. III, p. 377, n° 436; *Suppl.*, t. VI, p. 537,
n° 485.

[2] Strabon (X, p. 469) nous dit que Rhéa est invoquée comme la mère
des dieux et honorée d'un culte orgiastique par tous les peuples de la
Troade et de la Phrygie.

[3] Voyez Strab., *loc. cit.*

[4] Voyez tome I, p. 79.

[5] On lit en effet, dans Hesychius : Κυβήλη ἡ μήτηρ τῶν θεῶν καὶ ἡ
Ἀφροδίτη (v°), et dans Photius (v° Κύβηβος) : Χάρων δὲ ὁ Λαμψακηνὸς τὴν
Ἀφροδίτην ὑπὸ Φρυγῶν καὶ Λυδῶν, Κυβήβην λέγεσθαι. Enfin Proclus, par-

nous reporte à la nature hermaphrodite d'Atys [1], et le
nom d'Alexandre, par lequel les Grecs rendaient le nom
troyen de Pâris [2], montre que c'était une divinité secourable et protectrice. Anchise est de même aimé par
Aphrodite; il répond pour la Dardanie à ce qu'était Pâris
pour la Troade, et dans le peu d'énergie que les poëtes
lui font déployer [3], on découvre encore des indices du caractère efféminé du dieu qu'aimait la grande déesse. Anchise est donné pour père à Énée, que les plus anciennes
traditions rattachent à la Phrygie et dont on fit même un
monarque de cette contrée. Ascanios, que les poëtes
transforment en un fils d'Énée, parait tirer son nom de
l'Ascanie, qui est, dans Homère, l'appellation de la Phry-

lant des Bithyniens, s'exprime ainsi : Σέβουσι μεν ὡς ἐπὶ πολὺ τὴν Ἀφροδίτην
ὡς θεῶν μητέρα διαφόροις αὐτὴν καὶ ἐγχωρίοις ὀνόμασιν ὀνομάζοντες, ὁμοίως
καὶ τὸν τοῦ Ἀρεως, καλοῦντες αὐτὸν Ἄδωνιν καὶ ἄλλοις τισὶν ὀνόμασι, καὶ
τινάς δὲ τελετὰς μετ' ὀδυρμῶν ἐκτελοῦσιν αὐτοῖς. Apulée nous dit en
parlant d'Isis : « En adsum rerum natura parens..... Summa,
numinum, prima cœlitum, deorum dearumque facies uniformis.....
Inde primiginii Phryges Pessinunticam nominant deam matrem.....,
Cyprii Venerem, etc. » (Metam., X, 1, 5.) Voyez, pour de plus amples
développements à ce sujet, Völcker, Ueber Spuren ausländischer
Götterkulte bei Homer, dans le Rheinisches Museum für Philologie,
2ᵉ série, t. I, p. 201, 1633, in-8.

[1] Hermésianax, cité par Pausanias (VII, c. 171, § 5), nous dit en effet
que la mère d'Attès (Atys) l'avait mis au monde incapable de se reproduire; ainsi, dans le récit du poète élégiaque, le dieu avait déjà le caractère d'un être impuissant. De là l'épithète d'ἀπαλὸς que lui donne Lucien
(Tragodopodagr., v. 32).

[2] Voyez Dionys. Halic. Ant. Rom., I, 47, 48, 53, 54. Voyez, à ce
sujet, Völcker, Ueber Spuren ausländischer Götterkulte bei Homer,
dans le Rheinisches Museum für Philologie, 2ᵉ série, t. I, p. 205. Cf.,
sur l'étymologie du nom de Pâris, qui paraît avoir signifié combat-
tant, Curtius, ap. Zeitschrift für vergleich. Sprachforschung., t. I,
p. 35.

[3] Iliad., II, v. 863; XIII, v. 793.

gie [1]. Enfin divers traits de l'histoire du pieux Troyen sont dans un rapport assez étroit avec le mythe de Cybèle. On place, par exemple, son tombeau à Berecynthia, dont le nom est un des surnoms de la déesse [2]. M. Lajard a judicieusement observé que les principaux attributs de la déesse phrygienne se retrouvent chez l'Aphrodite troyenne [3]. Anchise, de même que Pâris, était un berger de l'Ida [4]. C'est sur cette montagne qu'il obtint les faveurs d'Aphrodite, et ce caractère pastoral n'est pas un des traits les moins saillants qui le rapprochent d'Atys. Dans l'hymne homérique à Aphrodite [5], précisément en s'adressant à Anchise, la déesse se donne tous les traits de la divinité phrygienne. Elle est, dit-elle, fille d'Atrée, qui règne sur la Phrygie. Dans un autre passage, on voit Cybèle suivie d'animaux féroces, de lions dévorants, de loups et de rapides panthères [6]. Il existait à Aphrodisias, en Carie, une seconde Aphrodite qui, par ses attributs, annonce une divinité lunaire analogue à Cybèle [7]. Au mont Latmus, en Carie, la légende d'Endymion [8] offre un symbolisme tout pareil à celui qui constituait le fond de la religion phrygienne. Endymion est aussi un berger [9]; ce

---

[1] *Iliad.*, II, v. 863; XIII, v. 793.

[2] Festus Pompon., *De verbor. signif.*, edit. Dacier, p. 470.

[3] Voyez *Recherches sur le culte du cyprès pyramidal*, dans les *Mémoires de l'Académie des inscriptions et belles-lettres*, t. XX, p. 86 et suiv.

[4] *Iliad.*, V, v. 313; II, v. 819; III, v. 46. Hesiod. *Theogon.*, v. 1010. Euripid. *Iphig. in Aul.*, v. 1289. Apollod., III, 12, 6.

[5] Homer. *Hymn. in Vener.*, V, 112, 138, 147.

[6] V. 70. Cf. Volcker, dans le *Rheinisches Museum*, 2ᵉ série, t. I, p. 204.

[7] Voyez Mionnet, *Méd. ant.*, t. III, p. 326, 328, 329 et 331.

[8] Pausan., V, c. 1, §§ 2, 4. Apollodor., I, 7, 5-6. Hygin. *Fab.* 271.

[9] M. Max Müller a parfaitement démontré qu'Endymion, dont le nom

n'est plus Cybèle, mais c'est une déesse lunaire, identifiée par les Grecs à leur Artémis[1], qui en devient amoureuse. Or, ceux-ci confondirent, comme on le sait, tour
à tour, avec Rhéa, Aphrodite et Artémis, les divinités
mères de la Phrygie et des autres provinces de l'Asie
Mineure. Chez ces divinités, en effet, se trouvaient associées les personnifications de la terre, de la lune, de la
production, de la gestation et des eaux[2]; en sorte que,
suivant que dans un mythe, l'un de ces attributs venait
à prédominer, les Grecs assimilaient la déesse mère à
celle de leurs divinités qui leur rappelait ce même
attribut.

Voilà comment s'opéra le mélange des croyances phrygiennes et des fables helléniques. Cybèle, grâce à sa
ressemblance avec la Rhéa crétoise adorée aussi en
Arcadie, trouva dans la Grèce des adorateurs[3] disposés à
l'associer aux dieux nationaux. Il semble qu'Hésiode, ou
du moins l'auteur d'un ancien poëme dont la composition
lui était attribuée, ait déjà connu Cybèle, à laquelle il
donne pour fils Midas[4]. Et cette première circonstance

est formé du verbe ἐν-δύω (se plonger dans), est le soleil couchant ; il
personnifie les δυσμαὶ ἡλίου, et le mont Latmus n'est lui-même qu'une
personnification de la nuit, analogue à Latone. La lune baise de ses
feux les astres à son coucher, personnifié par un berger endormi sur la
montagne. C'est un mythe tout semblable à celui de l'aurore et de
Tithon. (Voy. Comparative Mythology, dans les Oxford Essays, 1856,
p. 50.)

[1] La légende carienne d'Endymion fut transportée à Élis, où
elle prit son caractère purement hellénique. (Théocrit., XX, 37 ;
III, 49.)

[2] Voyez le Mémoire déjà cité plus bas de M. Gerhard.

[3] C'est ainsi que le culte de Cybèle s'établit en Arcadie. (Voy. Pausan.,
X, c. 32, § 3.)

[4] Voyez Lactant. Placid., Fab., XI, 4.

tend à faire croire que dans la cosmogonie du poëte
d'Áscra, se trouvaient déjà transportés à Rhéa quelques
traits empruntés à la physionomie de Cybèle. Nous
voyons par Pindare que, de son temps, la déesse phrygienne était révérée en Béotie. Ce lyrique passait même
pour avoir introduit le culte de la déesse phrygienne à
Thèbes, et avoir consacré sa statue dans des temples[1]. A
Athènes, l'adoration de la Mère des dieux datait d'une
époque déjà ancienne et s'y était greffée comme on le
verra, sur le culte de Rhéa. C'est d'ailleurs un fait avéré
que la Cybèle athénienne était d'origine phrygienne; une
foule de témoignages le constatent [2]. Si l'on en croit
Julien, les Athéniens furent les premiers qui apportèrent
en Grèce le culte de la Mère des dieux[3]; ce qui ferait
remonter cette introduction avant la LXXXIV° olympiade[4].
Une tradition, dont il existe deux variantes[5], rapportait à

[1] D'après un autre témoignage, il aurait même consacré un temple
à la déesse Dindymène. (Voy. Pausan., IX, c. 21, § 3. *Schol. Pindar.*
Pyth., III, 138. Pindar., fragm. Παρθεν, p. 590, sq. Philostrat. *Imag.*,
II, 2. Welcker, *ad h. loc.*, p. 15.)

[2] Voyez Pausan., III, c. 22, § 4. Cf. V, c. 20, § 5. Comme on reprochait à Antisthène de n'être pas citoyen d'Athènes, il répondit : « La
Mère des dieux est bien de Phrygie. » (Voy. Diogen. Laert., VI, p. 365.)
Théodoret remarque que les mystères de Cybèle, Rhéa ou Brimo ont
été portés de la Phrygie en Grèce (*Serm. I de fide*, ap. *Oper.*, t. IV,
p. 168). Il existait, il est vrai, une tradition inverse qui faisait porter
d'Athènes en Phrygie les mystères de la Mère des dieux ; mais cette
tradition, rapportée par Denys d'Halicarnasse (*Ant. Rom.*, I, 61), est
en contradiction avec tous les témoignages.

[3] Julian. *Orat.*, V, p. 298, edit. Paris, 1630.

[4] Voyez, à ce sujet, le Mémoire de M. Ed. Gerhard, intitulé : *Ueber
das Metroon zu Athen.*, dans les *Mém. de l'Acad. des sciences de Berlin*,
pour 1849, p. 461 et suiv.

[5] Selon l'empereur Julien (*loc. cit.*), le prêtre phrygien aurait été
injurié et tué à Athènes. D'après Suidas et Photius (v° Μετραγύρτης),
le métragyrte, qui avait voulu convertir au culte de Cybèle une femme

la mort d'un métragyrte, qui avait eu lieu à Athènes, l'établissement du culte de Cybèle dans cette ville. L'oracle ordonna en expiation de ce meurtre, qu'un temple fût élevé au lieu où le prêtre phrygien avait péri. Ce temple, qui ne tarda pas à devenir célèbre sous le nom de *Métroon* (Μητρῷον) c'est-à-dire *temple de la Mère*[1], prit parmi les sanctuaires d'Athènes une importance et un rang qu'on s'explique difficilement, puisque, malgré la dévotion qu'elle inspirait dans cette ville, Cybèle devait toujours garder le caractère défavorable attaché à une divinité étrangère[2]. Mais je crois qu'il faut soigneusement distinguer entre la déesse et les rites phrygiens pratiqués en son honneur. Identifiée en fait avec Rhéa[3] et obtenant à ce titre une statue sculptée par Phidias[4], Cybèle devenait une véritable divinité grecque, tandis que les cérémonies bizarres célébrées en son honneur et son étrange

d'Athènes, se tua en tombant dans une fondrière, près de cette ville. Une épidémie s'étant ensuite déclarée, l'oracle, consulté sur les moyens de faire cesser la maladie, ordonna l'expiation de cette mort.

[1] Æschin., *Adv. Ctes.*, p. 576, 32, edit. Reiske. Andocyd., *De myst.*, p. 19, 3, edit. Reiske. Plutarch. *Vit. deum orat.*, 2, p. 255. Julian. *Orat.*, V, p. 298. Suidas, v° Μητραγύρτης. C'était près du Métroon que Diogène avait placé son tonneau. (Voy. Diogen. Laert., lib. VI, p. 379.)

[2] Voyez Gerhard, *Mém. cit.* Phavorinus nous apprend que c'était dans ce temple de Cybèle que l'on conservait l'original de l'accusation de Mélitus contre Socrate. (Voy. Diogen. Laert., lib. II, p. 114.)

[3] Cette identification est sans cesse opérée dans Euripide. (Voy. *Helen.*, v. 1304; *Bacch.*, v. 58, 120, 172; *Hyppolit.*, 121; *Orest.*, 1454, 1527. Cf. Clem. Alex. *Cohort. ad Gent.*, II, p. 13. Orph. *Argon.*, 22; *Hym.*, 40.) M. Gerhard a judicieusement remarqué (*Ueber das Metroon und die Göttermutter*, ap. *Mém. de l'Acad. des sciences de Berlin*, p. 466 et suiv.) que les Grecs associèrent à la conception phrygienne d'anciennes traditions sur une déesse Terre et Lune.

[4] Phidias avait représenté la Mère des dieux assise sur un trône, entre deux lions. (Pausan., I, c. 3, § 5. Arrian. *Peripl. Pont. Euxin.*, p. 9. Cf. Zoega, *Bassi rilievi*, I, p. 87.)

collége de prêtres gardèrent toujours, aux yeux des Athéniens, un caractère exotique et barbare. Ces cérémonies, ou, comme disaient les Grecs, ces mystères, se substituèrent cependant en certains lieux au culte de Rhéa[1], se mêlèrent aux Dionysies, dont les danses et les rites orgiastiques[2] avaient avec eux tant d'analogie. Nous voyons, par exemple, qu'à Dymé, en Archaïe, le culte de la déesse Dindymène et d'Atys avait été introduit, et que les mystères phrygiens y étaient célébrés[3].

Les mystères de Cybèle, les *Sabazies*, qui n'en étaient pour ainsi dire qu'une forme[4], se confondirent peu à peu avec les Dionysies comme avec les fêtes de Rhéa[5]. Les

[1] Voyez Pausan., II, c. 3, § 4.

[2] C'est ce que Strabon observe formellement (X, p. 469), lorsqu'il dit que les poëtes confondirent les Dionysies et les fêtes en l'honneur de la Mère des dieux.

[3] Voyez Pausan., VII, c. 17, § 5.

[4] On retrouve en effet, au commencement de notre ère, dans le culte de Cybèle, une grande partie des rites usités dans le culte de Dionysos. Ainsi on voit les Galles se faire sur le corps les marques de feuilles de lierre que l'on portait dans les Dionysies (voy. *Etymol. magn.*, v° Γάλλος; cf. Lobeck, *Aglaopham.*, p. 657). Strabon (X, p. 471) nous dit que les cris de *Evoé*, que l'on poussait dans les Bacchanales, étaient associés à ceux de *Hyès-Attès, Attès-Hyès, Saboé*, dans le culte de Sabazius et de la Grande Mère.

[5] C'est ce qui ressort de divers passages d'Euripide, cités plus haut. La description que Démosthène nous donne, dans son *Plaidoyer contre Eschine sur la couronne* (*Oper.*, edit. Reiske, p. 313), des mystères ou fêtes de Dionysos, dont son rival avait été un des ministres, nous fait voir que, de son temps, le culte de cette divinité se trouvant complétement confondu avec les Sabazies et les fêtes d'Atys, les rites usités pour l'adoration de ces diverses divinités n'étaient plus distingués. Hérodien fait remarquer (I, 11) que les Phrygiens célébraient, en l'honneur de la Mère des dieux, des mystères semblables à ceux des Bacchantes. Toutes ces fêtes avaient lieu de préférence la nuit (Cicer. *De leg.*, II, 15).

Galles, les Corybantes, les Curètes, se firent des emprunts réciproques [1], et ce mélange de rites donna naissance à un culte bâtard qui participait des rites phrygiens
et des rites grecs Ce culte se grossit encore plus tard
d'usages et de traditions apportées de la Syrie et de
l'Égypte. Je reviendrai sur ces mystères au chapitre XVIII, en traitant des doctrines philosophiques qui
leur firent subir des modifications profondes. Bien que
le culte de Cybèle perdit chez les Hellènes sa physionomie nationale, il la gardait encore dans les collèges
de Galles institués dans la Grèce, à l'instar de ceux de la
Phrygie. Les métragyrtes allaient colportant chez les
Grecs, comme ils le firent plus tard à Rome, leurs
charmes et leurs formules magiques. Ils célébraient
les Sabazies, dans lesquelles ils simulaient l'inspiration
et purifiaient les pécheurs [2], mais ils trouvaient peu d'imitateurs. J'ai déjà dit que la pythagoricienne Phintys recommande aux femmes de ne pas se mêler aux cérémonies
en l'honneur de la Mère des dieux, à raison de leur indécence [3]. Plus tard, un auteur alexandrin nous représente le culte de Cybèle comme ne trouvant plus des
dévots que chez les femmes et les hommes de l'esprit
le plus faible [4].

Le culte de la déesse phrygienne se confondit graduellement avec celui de toutes les grandes déesses de l'Orient,

---

[1] Voyez comme preuve le passage de Strabon, X, p. 469.

[2] Lorsque Platon, dans son *Phèdre*, fait mention des charmes (καθάρμοι)
et des formules d'initiation (τελετή), il a en vue ceux que débitaient les
métragyrtes. (Cf. Jamblich., *de myster. Ægypt.*, III, 10, p. 71.)

[3] Μὴ χρέσθαι τοῖς ὀργιασμοῖς καὶ ματρωσμοῖς. (Stob. *Serm.* LXXIV,
444, 22.)

[4] Γυναῖκες γάρ εἰσιν αἱ προηγουμένως μητρίζουσαι, ἀρρένων δὲ ὀλιγοστοὶ
καὶ ὅσοι ἂν ὦσιν ἁπαλώτεροι. (Jamblich., *De myster.*, III, 10, p. 71.)

et un culte nouveau, qui avait conservé une partie des rites phrygiens, sortit de ce syncrétisme. Le culte d'Atys fut alors, comme celui de Cybèle, porté par les Romains jusqu'aux extrémités de leur empire[1], prenant place dans cette invasion de divinités étrangères qui revivifièrent pour un moment, sous les empereurs, le polythéisme gréco-latin.

Une divinité dont le culte n'a guère été moins répandu en Asie Mineure que celui de Cybèle, est Mên (Μήν) autrement dit le dieu *Lune* ou *Mois*[2], adoré spécialement par les Phrygiens[3]. On trouve en un assez grand nombre de lieux des temples qui lui sont consacrés ; en Phrygie, dans une localité nommée *Mên*[4], près d'Antioche de Pisidie[5], sur le territoire des Antiochiens[6], en Galatie[7], à

---

[1] Je rappelle ici une inscription trouvée à Pennes, près de Marseille, consacrée à la Grande Mère de l'Ida (Orelli, *Inscr. latin. select.*, n° 1896), et un bas-relief découvert à Tournai, représentant la figure du dieu Atys et consacré par un archigalle. (Voy. *Messager des sciences et arts de Belgique*, Gand, 1824, p. 22, art. de M. Renard.)

[2] Ce mot Μήν, qui ne s'appliquait plus, chez les Grecs, qu'au *mois*, a dû signifier originairement *lune*; il ne conserva plus que la première acception, une fois que l'emploi du mot σελήνη, avec le sens de lune, eut prévalu. Il appartient au même radical que l'allemand *Monat*, le gothique *Mena*, l'anglais *Moon*, le latin *Mensis*, le danois *Maane*, le gaélique *Mios* et le russe *Miésatss*, dérivés du radical sanscrit *Mâ-sa*, *Mâs*, la lune. (Voy. Benfey, *Griech. Wurzellexicon*, t. II, p. 32.)

[3] Καὶ σελήνην (προσεκύνησαν) ὡς Φρύγες. (*Cohort. ad Gent.*, p. 22, edit. Potter. Cf. Lucian. *Jupiter Tragœdus*, § 42, p. 293, edit. Lehmann.)

[4] Probablement au lieu nommé *Mên Caros*, entre Caroura et Laodicée. (Strab., XII, p. 580. Cf. XII, p. 557.)

[5] Voyez Strab., XII, p. 576-577. Cf. p. 557.

[6] Strab., XII, p. 557.

[7] Ce temple est figuré sur les monnaies de Galatie. (Voy. Mionnet, t. IV, p. 375, n° 4.)

124. RELIGIONS DE L'ASIE MINEURE.

Cabira, dans le Pont[1]. Les médailles nous font connaître diverses localités de la Carie[2], de la Pamphylie, de la Lydie[3], de la Phrygie[4], où ce même Mên a dû être révéré comme le dieu patron de la cité[5]; ce qui montre quelle faveur son culte avait rencontrée. Ses plus anciens simulacres étaient de simples pierres ovales

[1] Strab. XII, p. 557.

[2] Les médailles prouvent que le dieu Mên recevait un culte spécial dans les villes cariennes de Mysa (Mionnet, t. III, p. 365, n° 362, p. 372; Suppl., t. VI, p. 519, n° 407, p. 521, n° 410), de Taba (Mionnet, t. III, p. 384, 385, n° 476, 478; Suppl., t. VI, p. 549, n° 538), de Trapézopolis (Mionnet, t. III, p. 389, n° 495, Suppl., t. VI, p. 552, n° 555), et d'Aba (Mionnet, t. III, p. 304).

[3] Le dieu Mên est figuré sur les monnaies de Sillyum en Pamphylie (Mionnet, t. III, p. 491, n° 260; Suppl., t. VII, p. 84, n° 265, 267; Waddington, dans la Revue de numismatique, ann. 1853, p. 37), à Pappa, dans la même province (Waddington, loc. cit., p. 43), à Sagalassus, aussi en Pamphylie et à Olbasa (Waddington, loc. cit., p. 34, 44).

[4] Mên est représenté sur des monnaies de Saittæ, en Lydie (Mionnet, t. IV, p. 4, n° 607, p. 113, n° 622; Waddington, loc. cit., p. 31), de Clazomène (Mionnet, t. III, p. 91, n° 69), de Smyrne (Mionnet, Suppl., t. VI, p. 364, n° 1821), d'Antioche du Méandre (Mionnet, t. III, p. 314; Suppl., t. VI, p. 448).

[5] La figure du dieu Mên se voit sur les médailles des villes phrygiennes d'Alia (Mionnet, t. IV, p. 215, n° 130), d'Ancyre (Mionnet, t. IV, p. 224, 225; Suppl., t. VII, p. 503, n° 108), d'Apamée Cibotos (Mionnet, t. IV, p. 234, n° 247), d'Attuda (Mionnet, t. IV, p. 234, n° 247), de Cibyre (Mionnet, t. IV, p. 258, n° 377, p. 263, n° 200), d'Hiérapolis (Mionnet, t. IV, p. 298, n° 594), de Laodicée (Mionnet, t. IV, p. 315, n° 689; Suppl., t. VII, p. 580, n° 420), de Sibibonda (Mionnet, Suppl., t. VII, p. 616), de Siblia (Mionnet, Suppl., t. VII, p. 616, n° 518), de Sébaste de Galatie (Mionnet, t. IV, p. 397, n° 142). Les monnaies de la province de Galatie, démembrement de la Phrygie, représentent également la figure du dieu (Mionnet, t. IV, p. 375, n° 4). Quelques médailles de la Bithynie, province qui faisait originairement partie de la Phrygie, offrent aussi l'image de la même divinité. Cf. les monnaies de Juliopolis sous les empereurs Commode, Septime Sévère, Gallien et Maximin). Mionnet, t. II, p. 74, 75, n° 379, 380, p. 446, n° 186, p. 448, n° 199.)

surmontées d'un croissant[1] ; mais sur les monuments
figurés d'une époque plus récente, Mên reçoit constamment, de même qu'Atys[2], les traits d'un jeune homme
coiffé du bonnet phrygien, vêtu de la chlamyde, le croissant sur les épaules, tenant d'une main une patère[3] ou
une pomme de pin[4], et de l'autre une haste. Quelquefois
il a dans ses mains un globe[5] ; près de lui est un cheval[6].

[1] C'est ainsi que le dieu est représenté sur les monnaies de Carrhes,
en Mésopotamie. A Nysa, Mên devait être le dieu protecteur de la
ville, car sur une médaille qui consacre, sous le règne d'Élagabale,
l'alliance des habitants de cette ville et de ceux d'Éphèse, cette divinité est placée à côté de l'Artémis d'Éphèse. (Voy. Mionnet, t. III,
p. 369, n° 384. A. de Rauch, *Méd. inéd.*, dans les *Annales de l'Institut
archéologique de Rome*, t. IX.)

[2] Atys est toujours, comme Pâris, coiffé du bonnet phrygien et vêtu
de la chlamyde. (Voy. Chabouillet, *Catalogue général et raisonné des
camées et pierres gravées de la Bibliothèque impériale*, n° 2.)

[3] Sur les monnaies impériales de Cibyre, en Phrygie, Mên, debout,
tient une patère de la main droite, et une haste de la gauche ; à ses pieds
est un autel allumé (Mionnet, t. IV, p. 263, n° 400). Ces deux attributs
de la patère et de la haste sont placés dans les mains du dieu, sur
certaines monnaies d'Ancyre (Mionnet, *Suppl.*, t. VII, p. 503,
n° 108.)

[4] Le dieu Mên porte la pomme de pin sur les monnaies de Juliopolis,
de Sillyum, et de Pappa en Pamphylie. Une monnaie de Nysa, du règne
de Marc-Aurèle, offre le dieu de face, entre deux lions, tenant de la
main droite une pomme de pin, et de la gauche levée, la haste (voy.
Mionnet, *Suppl.*, t. VI, p. 521, n° 415). Les mêmes attributs lui sont
donnés sur un grenat du cabinet des antiques, à la Bibliothèque impériale (voy. Chabouillet, *Catalogue général et raisonné des camées et
pierres gravées de la Bibliothèque impériale*, n° 2033).

[5] Sur les monnaies de Saittæ, en Lydie, le dieu tient d'une main
une haste, et de l'autre un globe ; sur une médaille de Sibibonda, en
Phrygie, le dieu porte d'une main la haste, et de l'autre la pomme de
pin, comme sur la monnaie de Hiérapolis de Phrygie. (Voy. Mionnet,
t. IV, p. 298, n° 594.)

[6] Le cheval lui est donné notamment pour attribut sur des monnaies

Tous ces caractères conviennent à une divinité asiatique, et les origines de son culte paraissent en effet devoir être cherchées en Perse[1]. Les attributs de Mên ne nous laissent aucun doute sur le symbolisme dont il est l'expression. Ce qui frappe en lui, c'est son sexe. Or, chez les peuples de la Bactriane, au temps des anciens rois indo-scythes du Caboul, nous retrouvons précisément un dieu Lune. Les monnaies du roi Kanerki offrent son image portant, comme le *Men* phrygien, le croissant sur les épaules. La légende zende *Mao* est la forme perse du sanscrit *Mas*, lune, correspondant au grec Μήν[2]. Mên était donc une divinité de la race indo-persique. On sait d'ailleurs que dans les langues appartenant au rameau perso-germanique, la lune est désignée par un mot du genre masculin, et cette circonstance vient encore à l'appui de l'opinion qui range les Phrygiens dans la race iranienne[3]. Chez les Hindous, la lune était adorée sous une double forme. Sous la forme masculine, elle portait les noms de *Tchandra*, *Soma*, *Indou*,

---

de Trapézopolis, en Carie (Mionnet, t. III, p. 389, n° 495 ; *Suppl.*, t. VI, p. 552, n° 555), de Sillyum, en Pamphylie (Mionnet, *Suppl.*, t. VII, p. 84, n° 260).

[1] Strabon nous dit en effet qu'un temple du dieu Mên existait chez les Albaniens (XII, p. 557), et le nom de *Pharnace*, que portait ce dieu dans le Pont, est tout perse et paraît correspondre au zend *Frenaka*, c'est-à-dire, *brillant* ou *ancien*.

[2] Voyez J. Prinsep, *Observations on the coins and relics discovered by general Ventura in the Tope of Manikyala*, ap. *Journal of the Asiatic Society of Bengal*, vol. III, p. 452, 453. Du même, *On ancient Hindus coins*, ap. *Journal of the Asiatic Society of Bengal*, vol. IV, p. 629, 630. Cf. H. H. Wilson, *Ariana antiqua*, p. 260.

[3] Cf., pour les preuves, P. Boetticher, *Arica*, p. 50 et suiv.

sous la forme féminine, celui de *Rohini*, qui signifie proprement-le croissant [1].

Ce dieu Lune paraît avoir été identique au dieu *Pharnace* adoré dans le Pont [2] et l'Arménie, et auquel était attaché un oracle [3] qui ne fut renversé que par les apôtres du christianisme [4]. Il devait être en relation plus ou moins éloignée avec le dieu *Sin* ou *Lune* des Assyriens, auquel on sacrifiait un taureau le 6 du mois de Nisan [5], et dont le culte se conserva longtemps à Harran [6]. Ce Sin avait un caractère hermaphrodite qui nous ramène à Atys et Agdistis [7]. Chez diverses populations indo-européennes, et notamment chez les Lettes, le soleil était vénéré comme une déesse qui avait la lune pour époux. Le caractère mâle de cette divinité peut d'ailleurs se justifier par certaines idées physiques [8].

---

[1] *Râmâyana*, trad. Gorresio, t. I, p. 400.

[2] Ἱερὸν Μηνός, Φαρνάκου καλούμενον (Strab., XII, p. 557). Ausone parle de Pharnace (il l'appelle Φανάκη) comme d'un dieu mysien (*Epigr.*, 29, 30), qu'en vertu des idées syncrétiques, il confond avec Osiris, Dionysos et Adonis.

[3] Spartian. *Caracall.*, c. 6 et sq.

[4] Cf. G. Wolff, *De novissima oraculorum œtate*, p. 27.

[5] Voyez Chwolsohn, *Die Ssabier und der Ssabismus*, t. II, p. 23, 37, 156, 328. M. Oppert a lu le nom de cette divinité sur les inscriptions cunéiformes de Babylone et de Khorsabad, et il entre, selon lui, comme radical dans les noms de *Senacherib* (*Sin a augmenté les frères*) et de *Senabalat* (*Sin a augmenté la semence*).

[6] Herodian., IV, 13. Spartian. *Caracall.*, c. 6. Ammian. Marcell., XXIII, c. 3, § 1.

[7] Chwolsohn, *loc. cit.*, t. II, p. 183.

[8] Je cite à ce propos les paroles de Pline (*Hist. nat.*, II, c. 102, 103 [99, 100]) : « C'est ce que confirme l'opinion de ceux qui font de la lune l'astre de l'esprit vital. Par elle, disent-ils, la terre s'emplit de sucs nourriciers. A son approche, les corps grossissent, ils se vident en son absence. L'ardeur du soleil dessèche l'humidité; aussi dit-on que c'est un astre mâle qui brûle et dévore tout. »

Mén était le grand dieu national des Cariens, et c'est ce qui explique comment, dans une inscription grecque d'une contrée voisine de la leur, il est assimilé à Zeus [1]. Il devait avoir en conséquence une certaine analogie avec le Baal syrien [2], qualifié sur les inscriptions de *Fortunæ rector Menisque magister* [3]. Il recevait en effet le titre de roi, et son culte était associé à celui d'Atys [4]. Ses simulacres étaient, comme celui de ce dieu, généralement dorés [5]. Strabon donne le surnom de *Caros*, c'est-à-dire de *Carien*, au dieu *Mén* qui avait son temple entre Laodicée et Caroura [6]. Des rites particuliers paraissent avoir distingué ce *Mén carien* de celui qu'on adorait dans la Pisidie sous le surnom d'*Arcœos* ou d'*Ascœos* [7]. Le sacerdoce de ce dernier dieu rappelle par son organisation celui des divinités de la Cappadoce et de l'Asie en général. Le prêtre exerçait sur le pays, comme on verra plus loin que cela avait lieu dans divers cantons de la Cappadoce, une autorité souveraine, qui fut abolie après la mort d'Amyntas [8]. Un grand nombre d'hiérodules étaient attachés au service

---

[1] Voyez, pour les preuves, Boetticher, *Arica*, p. 50 et suiv.

[2] Voyez une inscription de l'an 226, trouvée dans la Mæonie, et où il est question du Ζεὺς Μασφαληνὸς καὶ Μηνοταμίας (ap. Boeckh, t. II, n° 3438).

[3] Orelli, t. III, edit. Henzen, n° 5862. Cf. Renier, *Mélanges d'épigraphie*, p. 132.

[4] M.D.M.I. ET. ATTIDI. MENO TYRANNO (Orelli). Atys recevait aussi le titre de βασιλεύς (Julian. *Orat.*, p. 315, n° 1901). Une autre inscription (Orelli, n° 1900), où Mén est également associé à Cybèle et à son amant, le représente comme le dieu de l'âme et de l'intelligence (*animæ et mensis custos*), sans doute en vertu du sens que les Latins prêtaient, d'après leur langue, au mot *men*.

[5] Ὁ Ἄττις καὶ ὁ Μίθρης καὶ ὁ Μὴν ὅλοι ὁλόχρυσοι. (Lucian. *Jupiter Tragœdus*, c. 8.)

[6] Strab., XII, p. 580.

[7] Strab., XII, p. 576-577.

[8] Strab., XII, p. 577.

du temple. On sait peu de chose du culte rendu au dieu Mên. Le taureau, dont les cornes rappellent le croissant de la lune, lui était consacré, comme chez les Grecs il l'était à Dionysos[1]. Ce culte avait sans doute beaucoup d'analogie avec celui de Sabazius et d'Atys[2]. Nous voyons en effet les prêtres de Mên jouer, sous le nom de *Ménagyrtes*[3], le même rôle que les ministres de la déesse phrygienne. Si donc le culte de Mên pénétra dans la Grèce, il dut s'y confondre avec celui d'Atys et de Sabazius. On rencontre, il est vrai, chez les Grecs, des noms qui rappellent la dévotion pour cette divinité[4], mais on ne trouve mentionnés nulle part en Grèce de temples en son honneur[5]. Mên demeura toujours un dieu exclusivement asiatique; la présence con-

---

[1] Le taureau est figuré au revers des médailles de Pessinunte, qui portent au droit la figure du dieu Mên (voy. Mionnet, *Suppl.*, t. VII, p. 643, n° 58). Sur une monnaie de Nysa, en Carie, de l'époque de Valérius l'ancien, une tête de taureau est placée aux pieds du dieu, qui d'une main tient une patère, et de l'autre la haste (Mionnet, t. III, p. 372). Une tête de taureau est aussi figurée à ses pieds sur certaines médailles de Sibibonda, en Phrygie (Mionnet, *Suppl.*, t. VII, p. 616).

[2] Voyez ci-dessus, p. 304, note 1.

[3] Μηναγύρται. (Voy. Bœttiger, *Ideen zur Kunstmythologie*, I, p. 139.)

[4] Tels sont les noms de Ménodore (Μηνόδωρος) et de Ménodote (Μηνόδοτος). Un sculpteur de ce dernier nom florissait à Athènes au premier siècle de notre ère (Sillig, *Catal.*, p. 271). Deux inscriptions d'Athènes font mention d'un Ménophile (Μηνόφιλος) (Boeckh, t. I, n°ˢ 593, 608).

[5] « Il faut, écrit Letronne en parlant de Mên, que le culte de ce dieu soit bien rarement sorti de l'Asie Mineure, car, à l'exception d'une médaille de Dyrrachium, en Illyrie, de Byzance et de Marcianopolis, en Mœsie, les noms de Μηνόδοτος, Μηνόδωρος, Μηνογένης, Μηνοφάντης, Μηνοφάνης, et surtout Μηνόφιλος, le plus fréquent de tous dans les inscriptions et sur les médailles, se trouvent exclusivement sur les

stante de ses images sur les médailles impériales de l'Asie Mineure nous prouve que la piété pour son culte ne s'était pas affaiblie au contact du panthéon hellénique.

Aux différentes divinités qui viennent d'être citées comme appartenant à la Phrygie ou à la Lydie, il faut ajouter le dieu *Année*, que les Lydiens appelaient *Sardis*[1]. On reconnaît dans ce nom le radical qui entre dans le mot *Sar* (סהר), proprement *cercle*, par lequel les Assyriens désignaient des périodes de temps[2]. L'origine vraisemblablement sémitique du dieu lydien montre que la mythologie lydienne devait être en grande partie d'origine assyrienne; ce qui confirme, d'autre part, l'origine assyrienne du dieu lydien ʿSandan, dont il sera question plus loin.

Malgré la différence des noms qui sépare les dieux de la Lydie et de la Phrygie des divinités grecques, il est facile de reconnaître en eux ces mêmes personnifications des forces de la nature, qui se retrouvent chez presque tous les peuples de l'antiquité. Leur culte ne devait pas conséquemment offrir des cérémonies essentiellement différentes des cérémonies grecques. J'ai déjà dit que les expiations se pratiquaient de même chez les Lydiens et chez les Grecs[3]. L'observation des augures existait aussi chez les Phrygiens, et cet art avait pris chez eux un tel développement, qu'ils passaient pour en être les inventeurs[4].

---

monnaies des villes asiatiques de l'époque impériale. » (*Étude des noms propres grecs*, p. 90.)

[1] Σάρδις. (J. Lyd., *De mensib.*, III, 14.)

[2] Beros, p. 54 et sq., edit. Richter.

[3] Voy. Herodot., I, 35.

[4] Voy. Clem. Alex. *Stromat.*, I, p. 361, edit. Potter. Tatian. *Orat.*

On aurait pu s'attendre à retrouver en Thrace les
divinités - de la Phrygie, puisque les populations des
deux pays appartenaient à la même race. Mais hors le
nom de Midas, qui se rattachait encore au delà de
l'Hellespont, à des traditions locales, dont l'origine
est, il est vrai, inconnue, on ne découvre rien qui-
permette d'identifier les religions de la Phrygie et de
la Thrace. Le syncrétisme qui s'opéra dans les derniers temps entre la religion phrygienne et les croyances
de la Perse et de l'Asie Mineure, nous explique comment - les dieux de la Phrygie, Atys, Sabazius, Mèn,
finirent par être assimilés à des divinités syro-per-
sanes, et notamment à Mithra. Sur une curieuse terre
cuite du musée de Berlin qui provient de Calvi, on voit
représentée une divinité ailée avec le costume généralement donné à Atys et à Mithra[1]; elle tient de chaque
main une panthère par le cou. Ce sujet rappelle celui
qui reparaît si souvent sur les monuments assyriens :
c'est une divinité saisissant de chaque main un animal
féroce[2]. Il est donc à croire que l'on finit par transporter à Atys les caractères des divinités de la Syrie.
Les monuments nous fournissent d'autres exemples de
rapprochements analogues. Sur un bas-relief d'airain
trouvé à Rome, et que ce même musée[3] possède, se

ad Græc., § 1. D'après ce dernier auteur, les Isauriens prétendaient
aussi à l'honneur de cette découverte.

[1] Archäolog. Zeitung, 1854, n° 64, pl. LXIV.

[2] Voyez surtout les planches de l'ouvrage de M. Lajard, intitulé Le
culte de Mithra. Le personnage représenté sur la terre cuite de Calvi
est vraisemblablement une divinité solaire, analogue à Atys. (Voy.
Arnob., Adv. Gent., V, 42.)

[3] Archäolog. Zeitung, 1854, n° 65, pl. LXV. Le bonnet et le cheval
sont deux attributs du dieu Lune.

voit un cavalier qui offre avec le dieu Mên une assez
frappante ressemblance; il est placé dans l'antre mithriaque, brandit une hache et est entouré d'animaux
et de personnages symboliques. J'aurai du reste occasion,
en traitant au chapitre XVIII des modifications que l'orphisme fit subir aux idées grecques, de revenir sur les
divinités orientales auxquelles la Phrygie avait fourni
quelques traits.

Les Thraces, dont j'ai fait connaître au chapitre Ier [1]
le caractère ethnologique, appartenaient à la même
souche que les Gètes et les Scythes[2]; ils devaient
avoir pour religion un naturalisme analogue à celui de
ces deux dernières populations. Aussi, pour compléter la notion que nous ont laissée les anciens de la religion thrace, doit-on étudier celle des Scythes d'Hérodote[3]. Ceux-ci invoquaient le dieu du ciel sous le
nom presque phrygien de *Papœos*[4]; la terre, sous
celui d'*Apia*, qui rappelle l'ancien nom du Péloponn-
nèse[5]; le feu, sous celui de *Tabiti*[6]; la planète Vénus

---

[1] Voyez tome I, p. 37.

[2] M. Bergmann a établi, dans un excellent Mémoire, que la majorité
des peuples auxquels Hérodote a donné le nom de Scythes, et en particulier ceux qui occupaient le sud de la Russie actuelle, étaient de la
même race que les Germains et les Slaves. (Voy. F. G. Bergmann, *Les
Scythes, les ancêtres des peuples germaniques et slaves*. Colmar,
1858.)

[3] Herodot., IV, 59.

[4] Voyez plus haut, page 99. Ce mot qui rappelle l'arménien *pap*,
aïeul, paraît avoir signifié *père*. (Bergmann, *ouvr. cit.*, p. 32.)

[5] Steph. Byzant., v° Ἀπία. Ce mot ne signifiait rien autre chose
que *continent*, et répondait au grec νῆσος; on le retrouve dans le
nom de *Messapia*, terre du milieu (Bergmann, *ouvr. cit.*, p. 34). Cf.
tome I, p. 222.

[6] M. Bergmann rattache ce nom, qui signifiait *feu*, à la même racine

ou la lune, sous celui d'*Artimpasa* [1]. Les Scythes, de même que les Gètes, immolaient à leurs divinités des victimes humaines; ceux-ci à leur grand dieu *Zalmoxis* [2], ceux-là à une déesse lunaire qu'Hérodote appelle *Orsiloché* [3].

Le culte des Thraces semble avoir été un peu moins barbare que celui des Scythes, car l'historien d'Halicarnasse nous parle de jeux de diverses espèces qui se célébraient chez eux en l'honneur des morts, au moment des funérailles [4], usage qui existait, comme on l'a vu, chez les Grecs, et qui dénote déjà un certain degré de développement dans les rites religieux. Le même historien nous dit que les Thraces n'adoraient que trois divinités : Arès, Dionysos et Artémis [5]. Il est évident qu'il ne faut entendre par ces noms que trois divinités ayant avec celles qui étaient ainsi désignées chez les Grecs une certaine analogie. Arès ne pouvait être qu'un dieu de la guerre, Artémis qu'une divinité lunaire. Or, on retrouve chez certaines tribus de la Thrace, notamment chez les Édones, le culte de deux déesses désignées sous les noms de Bendis [6] et de

que *Tapáti*, nom de la déesse du feu chez les Hindoux. Les idées de feu (*focus*) et de famille (*familia*) étant constamment associées, on s'explique la parenté des mots de *tabiti* et de *teuta*, nation (celtiq.), *thioth*, tribu (gothiq.) (Bergmann, p. 44).

[1] C'est-à-dire, suivant M. Bergmann, *noble dame* (*artin*, noble, radic. indo-européen, et *pats*, *pati*, seigneur) (Bergmann, p. 41). Artimpasa paraît avoir été plutôt la lune que Vénus, astre souvent confondu avec elle, comme on le verra au chapitre suivant.

[2] Herodot., IV, 94.

[3] Herodot., IV, 59. Cf. Pausan., I, c. 43, § 1.

[4] Herodot., V, 8.

[5] Herodot., V, 7.

[6] Βένδις. Voyez Hesychius, v° Βένδις. *Schol. ad Platon. de Republ.*, I, p. 255, édit. Bekker, *Anecdot. græc.*, p. 1343.

Cotys ou Cotytto [1]. Ce qui est rapporté de ces deux divinités, dont la première rappelait, disait-on, l'Hécate hellénique [2], nous fait reconnaître en elles des déesses lunaires :
ce sont très vraisemblablement celles qu'Hérodote a confondues avec Artémis. Le Dionysos mentionné par le
même historien avait-il une parenté plus étroite avec le
dieu grec que celle qui résultait d'une simple analogie d'attributs? C'est là une question difficile. Tous les anciens
nous parlent du culte de Dionysos ou de Bacchus comme
ayant été extrêmement répandu en Thrace, et lui donnaient même, comme on l'a vu au tome Ier, ce pays pour
berceau. Cette Thrace ne doit pas, il est vrai, ainsi que
je l'ai déjà fait remarquer, être identifiée avec la contrée
dont il est ici question. La Thrace primitive était la Macédoine et la Thessalie. On ne sait si, de ces dernières
contrées, le culte de Dionysos n'est pas passé dans la seconde Thrace, en subissant sans doute certaines modifications. Des fables, nées de la confusion des deux Thraces,
ont pu assigner ensuite pour théâtre, à divers épisodes de
la légende de Dionysos, des localités de la Thrace hellespontique [3]. Nous voyons par Hérodote que les Grecs
étaient déjà, de son temps, entrés en relations suivies
avec les populations thraco-scythiques [4]. Ils ont donc bien
pu, sous l'empire de la croyance à une origine thrace de

---

[1] Æschyl. ap. Strab., X, p. 470.

[2] Hesychius, v° Δίλογχον. Cf. v° Βένδις.

[3] La confusion qui s'opéra entre les deux Thraces explique comment
on prétendit, plus tard, faire remonter à Orphée l'institution de mystères ou de cérémonies usités dans la Thrace hellespontique, par exemple
ceux des Cicones. (Diodor. Sic., V, 77.)

[4] Herodot., IV, 95 et sp. On voit même, par ce que cet écrivain
rapporte de Scylès (IV, 79), que les mystères de Dionysos avaient été
portés jusque chez les Scythes des bords du Borysthène.

leurs dieux, porter dans la contrée de l'Hémus et du Stry-
mon le culte du fils de Sémélé. Quoi qu'il en soit, il est
certain que les Dionysies helléniques rappelaient tout à
fait les fêtes de la Phrygie et de la Thrace. Cette analogie
était telle, que les Grecs crurent reconnaître, comme je
l'ai dit, Dionysos dans le Sabazius phrygien, et voilà comment la Lydie ne tarda pas à devenir un second centre
de la mythologie dionysiaque[1].

Le culte de Bendis avait, de la Thrace, rayonné jusque dans l'île de Lemnos[2] et déjà pénétré en Attique, au
temps de Xénophon[3]. Les fêtes de la déesse, les *Bendidies*, rappelaient par leurs rites les Dionysies[4] ; aussi
trouvèrent-elles chez les Athéniens un accueil favorable[5], tout en conservant cependant le caractère d'un
culte étranger[6].

Les mystères ou fêtes célébrées la nuit en l'honneur de
Cotys ou de Cotytto présentaient un caractère encore plus
orgiastique que celles de Bendis[7]. Ce que nous en savons tend à nous faire regarder cette déesse comme
ayant eu une certaine parenté, sinon d'origine, au moins

---

[1] Le mont Tmolus, en Lydie, fut alors donné comme ayant été le
berceau du dieu, où Hippa l'avait, ajoutait-on, nourri (Euripid. *Bacch.*,
v. 55, sq.; cf. Orph. *Hymn.*, XLVII, 4). De là le rôle que l'on fit jouer,
dans la légende du dieu, aux Amazones, héroïnes lydiennes et phrygiennes (Diodor. Sic., III, 65).

[2] Voy. Aristophan., ap. Photius, *Lexic.*, v° Μεγάλην θεόν.

[3] Xenoph. *Histor. græc.*, II, c. 4, § 11.

[4] *Hellen.*, II, c. 4, § 8.

[5] Hesychius, v° Βένδις. Platon., *De Republ.*, I. p. 255.

[6] Strabon (X, p. 471) comprend les Bendidies parmi les cultes étrangers. (Cf. Tit. Liv., XXXVIII, 41.)

[7] Aussi cette déesse fut-elle regardée comme celle de l'impureté. (Cf.
Juven. *Satir.*, II, 92. Horat. *Epod.*, XVII, 56. Strab., X, p. 470,
Suidas, v° Κότυς.)

d'attributs, avec Cybèle. Sa fête commençait par une purification, une sorte de baptême[1] analogue à celui qu'on
trouve, à l'époque romaine, pratiqué sous les noms de
taurobole et de criobole[2] dans le culte de Cybèle. De là
le nom de *Baptes* donné aux prêtres de la déesse thrace[3].
Les Galles et les métragyrtes administraient également
une espèce de baptême, et l'on ne saurait douter que cette
circonstance n'ait beaucoup contribué à répandre le culte
de Cotytto qui, de bonne heure, pénétra jusqu'à Rome[4].
Les cérémonies purificatoires furent une des causes principales de la vogue dont a joui, chez les anciens, le culte
des divinités orientales. Car la faveur fut toujours assurée
aux religions qui promettent la rémission des fautes et
savent calmer les terreurs de la conscience par l'emploi
de certains rites, de certaines prières. Hérodote ajoute
aux trois divinités désignées par lui comme étant celles
des Thraces, un quatrième dieu qu'il appelle Hermès,
et auquel il nous apprend que les rois du pays rendaient seuls un culte, comme à leur ancêtre. Il est probable qu'il s'agit ici d'une divinité de la terre, analogue
à celle que les Germains adoraient sous le nom de Tuisco[5],
et à laquelle un culte était rendu sous des noms divers

---

[1] Suidas, v° Βάπται. Hesychius, *s. h. v.*

[2] Voyez ci-dessus, p. 95. Les tauroboles, qui furent introduits à
Rome, vers l'époque des Antonins, avaient le caractère de cérémonies
purificatoires. (J. Firmicus, *De error. profan.*, 28. Cf. Salmas., *Ad
Lamprid. Heliog.*, 7.)

[3] Juven. *Satir.*, VI, 92. Ailleurs le même satirique nous montre
les prêtres de Cybèle prescrivant aux superstitieuses Romaines qui veulent
être lavées de leurs crimes, d'aller se plonger trois fois la tête dans le
Tibre. (*Satir.* VI, 522, 523.)

[4] Juven., *loc. cit.*

[5] Tacit. *Germ.*, c. 3. Cf. W. Müller, *Geschichte und System der
altdeutschen Religion*, p. 225.

chez les Celtes et d'autres populations indo-européennes. Car il est à noter que les dieux étrangers assimilés par les Grecs à leur Hermès sont généralement des divinités chthoniennes ; Hermès ayant eu par excellence ce caractère.

A mesure que les Hellènes entrèrent davantage en relation avec les Thraces, leur langue et leurs croyances pénétrèrent de plus en plus chez ce peuple. En sorte que, par degrés, les divinités thraces se trouvèrent remplacées par les divinités helléniques auxquelles elles avaient été assimilées. La Thrace finit donc par adorer bien réellement Arès, Dionysos et Artémis. Mais elle dut inévitablement conserver, dans ses cérémonies religieuses, les formes de son ancien culte national.

Le nom de Dionysos étant tout hellénique, il n'est vraisemblablement pas dérivé de la langue des Thraces, chez lesquels on ne retrouve d'ailleurs aucun nom de divinités grecques [1]. De plus, il est peu probable que la culture de la vigne remontât, chez un peuple aussi barbare, à une époque plus ancienne qu'en Grèce. Cet arbuste doit avoir été porté chez eux par des colonies grecques ou macédoniennes. Or, il est à noter que c'est précisément dans les localités de la Thrace dont le vin avait acquis de la réputation [2], que nous trouvons les principaux sanctuaires du Dionysos thrace. Il y a donc

---

[1] J'entends parler ici de divinités réellement thraces, telles que Cotytto, Bendis, et non de dieux comme Apollon, dont le culte n'avait été introduit que postérieurement, sans doute lors de la fondation d'Abdère par Timésios de Clazomène. (Herodot., I, 168.)

[2] Ainsi Dionysos était adoré comme le patron de Maronée, à raison du vin renommé qu'on y récoltait (voy. Plin. *Hist. nat.*, XIV, 4, 18 ; Tibull., IV, 1, v. 57). Homère (*Odyss.*, IX, v. 197) parle déjà du vin

là un nouvel indice que le culte de ce dieu était d'importation étrangère. Les habitants du pays étant fort adonnés aux excès du vin [1], la dévotion pour Dionysos s'y répandit naturellement; de là l'importance de son culte dans la Thrace. Ainsi tout ce qu'il est permis d'admettre, c'est qu'on révérait dans cette contrée une divinité qui, par ses attributs et son culte, rappelait d'une manière frappante le Dionysos hellénique et lui fut identifiée par les Grecs. Le nom de *Bassareus* que recevait Dionysos en Lydie était emprunté au vêtement de peau de renard que, dans ce pays comme en Thrace [2], on portait lors des cérémonies en son honneur; et c'est là encore une dernière circonstance qui tend à faire admettre une parenté assez étroite entre le dieu de la Lydie et celui de la Thrace, auxquels les Grecs appliquèrent également le nom de Dionysos.

Quelque puisse être d'ailleurs l'origine fort controversable du Dionysos thrace, il faut reconnaître que les rites qui se pratiquaient en l'invoquant, dans les villes de l'Hémus et sur les bords de l'Hèbre, contribuèrent à modifier le caractère des Dionysies helléniques. Comme on avait fini par croire que la Thrace était la patrie du dieu de Nysa, les dévots allaient de préférence l'adorer dans son berceau supposé, et de retour en Grèce, ils devaient attacher plus de respect et de confiance aux rites qu'ils y

de cette ville; ce qui montre que les Grecs, depuis une époque reculée, étaient en rapport avec ses habitants, et rend ma supposition plus vraisemblable. En un autre lieu de la Thrace (Pausan., IX, c. 30, § 5), existait un oracle de Dionysos.

[1] Voyez, sur l'ivrognerie des Thraces, Platon. *Leg.*, I, § 9, p. 461, 462, edit. Bekker.

[2] Pollux, VII, 59. Herodot., VII, 75. Xenophon. *Cyr. Exped.*, VII, 4, 4. Cf. Boetticher, *Arica*, p. 42.

avaient vus adoptés. Il n'est pas, du reste, impossible que le surnom de Bacchus (Βάκχος), donné à Dionysos [1], fût le nom du dieu thrace que l'on a confondu avec le fils de Sémélé; ce nom semble appartenir à la même racine que le phrygien *Bagœos* [2] (Βαγαῖος), et avoir simplement signifié dieu. Il ne se rattache pas d'ailleurs directement à la langue grecque, tandis qu'il tient à l'idiome phrygien, identique pour le fond à celui de la Thrace [3].

On vient de voir que la Carie avait reçu, à une époque ancienne, le culte des principales divinités de la Phrygie [4]; sur son littoral s'était propagée l'adoration des divinités helléniques. Plus en rapport avec la Grèce, la Carie ne conserva point dans sa religion la physionomie tout asiatique que gardèrent constamment les dieux phrygiens. Les Doriens, les Ioniens, importèrent dans cette contrée le culte d'Apollon et de Poséidon, qui finit par devenir la religion dominante des principales villes de la côte. Cependant, malgré cette hellénisation de la religion carienne, il est une divinité qui conserva toujours son caractère national et que les Grecs ne parvinrent jamais à identifier complétement avec un de leurs dieux, c'est Labrandeus (Λαϐρανδεύς ou Λαϐρανδηός), le Zeus carien ou Stratios, divinité des combats, adorée dans les principales villes de la Carie, sous des surnoms divers [5]. Ce

---

[1] Ou Βακχεύς. Pausan., IX, c. 16, § 4. Diodor. Sic., IV, c. 5.

[2] Voyez Bergmann, *Les Scythes*, p. VII.

[3] Voyez tome I, p. 32 et suiv.

[4] L'épithète de *Carós*, donnée à Mên, dans le temple qu'il avait près de Caroura, en Carie, indique qu'il était devenu un dieu tout carien, si toutefois ce surnom, que Strabon nous a conservé et qui figure sur les médailles, n'a point une autre étymologie. (Voy. Strab., XII, p. 580. Mionnet, *Suppl.*, t. VII, p. 519, n° 193.)

[5] Strabon nous dit en effet (XIV, p. 315) que le culte de Zeus était

Zeus, ou, pour mieux dire, le dieu carien que les
Hellènes identifièrent avec leur Zeus, avait son principal sanctuaire à Mylasa[1], la première capitale de la
Carie; son image, représentée sur les anciennes monnaies des rois, figure encore sur les médailles de cette
ville[2], à l'époque impériale. Son principal attribut était la
hache à deux tranchants ou bipenne[3], arme nationale
des Ioniens et des Cariens. On la trouve effectivement
toujours placée dans les mains des Amazones, héroïnes
qui jouaient un grand rôle dans les traditions mythologiques de ces contrées[4], et sur lesquelles je reviendrai plus
loin. Il semble même que ce soit cette arme qui ait valu

reconnu de tous les Cariens, et il nous montre ainsi que les Zeus
désignés en Carie par diverses épithètes n'étaient pas différents du dieu
national. (Cf. Plin. *Hist. nat.*, XXXII, 2, 7.)

[1] Voy. Herodot., I, 171, v. 119. Strab., XIV, p. 658, 659.

[2] Voy. Mionnet, t. III, p. 357, 358; *Suppl.*, t. VI, p. 511. Le
Zeus carien est figuré sur ces monnaies, tenant la bipenne d'une main
et la haste de l'autre. Sa statue, terminée en gaine et ayant quelquefois
le modius sur la tête, est placée dans un temple tétrastyle, dont le
fronton est décoré, sur une médaille du temps de Géta, d'un bouclier
placé entre deux capricornes (voy. Mionnet, *Suppl.*, t. VI, p. 512,
n° 376). Ce temple tétrastyle paraît avoir remplacé un temple distyle,
figuré sur des monnaies de Caracalla, et dans lequel on voit l'image du
Zeus carien vêtu de la toge et la main droite posée sur une haste
(Mionnet, III, p. 357). Ce temple s'élevait à quelque distance de Mylasa,
mais sur son territoire.

[3] La bipenne se voit notamment, entre les mains du dieu, sur des
monnaies de Mylasa. Au temps de Septime Sévère, sur les monnaies
d'Halicarnasse, la bipenne figure au revers (Mionnet, t. III, p. 349).
Cette bipenne devint l'emblème de la ville d'Euménia, en Phrygie, où
fut porté le culte de la divinité carienne, à une époque postérieure
(voy. Mionnet, t. IV, p. 293; *Suppl.*, t. VII, p. 262, n° 354).

[4] Voyez, sur les Amazones, la note de M. Guigniaut, dans les *Éclaircissements du livre IV des Religions de l'antiquité*, t. II, part. II,
p. 979, et F. G. Bergmann, *Les Amazones dans l'histoire et dans la
fable* (Colmar, 1857, in-8°).

son nom [1] au dieu carien. Tandis que Labrandeus porte cette double hache d'une main, il tient de l'autre la haste ou la lance [2]. La forme de sa statue rappelle les plus anciens simulacres de la Grèce, et prouve la haute antiquité de son culte. Il est probable que le Zeus de Mylasa recevait aussi le nom de *Labrandeus* [3]. Les attributs que les médailles lui donnent sont en effet identiques à ceux de ce dernier [4]. Il faut en dire autant du Zeus Chrysaorias adoré à Stratonicée [5], et dont le nom paraît indiquer un dieu portant à la main un glaive d'or [6]. Ce glaive était, selon toute vraisemblance, l'emblème de la foudre, et fait supposer qu'à Stratonicée, Zeus était regardé, de même que le Zeus grec, comme le dieu du tonnerre. Il est pos-

[1] En effet, Plutarque nous apprend (*Quæst. græc.*, § 45, p. 236) que le mot λάβρυς voulait dire une *hache* en langue lydienne. Cette étymologie tendrait à faire supposer que le dieu était originaire de Lydie. Quant à l'anecdote par laquelle l'écrivain de Chéronée explique l'attribut de la bipenne donnée à ce dieu, elle ne peut avoir, pour nous, de valeur.

[2] Sur un bas-relief assyrien, on voit figurer, parmi les idoles que l'on porte en procession sur un brancard, un dieu à quatre cornes, qui a aussi une hache d'une main, et qui, de l'autre, tient la foudre. (A. H. Layard, *Niniveh and its remains*, t. II, p. 451.)

[3] Ce Zeus Labrandeus (Λαβρανδεύς) avait son temple sur une montagne voisine de Labranda (voy. Steph. Byzant., vᵒ Λάβρανδα). Le nom de Labranda ne paraît avoir été donné à la localité qu'à l'occasion du dieu lui-même.

[4] On voit en effet figurer sur les monnaies de Carie une divinité qui tient une patère de la main droite et une haste de la gauche (voy. Mionnet, t. III, p. 346) ; ce doit être le Zeus Labrandeus, à moins qu'on n'y doive reconnaître le Zeus Chrysaorias, qui est aussi figuré de la sorte. (Voy. plus bas.)

[5] Voy. Strab., XIV, p. 315.

[6] Tel est le sens du mot Χρυσάορος, qui est donné par Homère comme épithète à Apollon, et qu'on trouve dans un hymne homérique à Déméter (v. 4). Toutefois ce nom de Χρυσαορεύς pourrait bien être

sible, du reste, que le Zeus Chrysaorias ait quelque parenté d'origine avec le Chrysaor qui apparaît déjà chez Hésiode[1], dans la légende de Persée. Hérodote nous dit que les Cariens s'attribuaient exclusivement le droit d'entrer dans le temple de ce dieu[2]; cette circonstance est confirmée par les monuments; ils nous montrent avec évidence que le Zeus carien était la divinité nationale et suprême du pays, et non pas seulement le patron de Mylasa[3]. Voilà pourquoi il existait des sanctuaires de ce dieu dans les principales villes de la Carie. Mais pour distinguer la divinité adorée en ces divers sanctuaires, les Grecs attribuèrent des surnoms différents au Zeus carien. Le surnom d'*Areios* qui lui est donné sur les médailles d'Iasus[4], aussi bien que le javelot et le bouclier dont est armée sa statue[5], indiquent que Labrandeus était dans cette ville, comme à Mylasa, un dieu des combats[6]. Les Cariens, peuple essentiellement guerrier,

---

dérivé de celui de Χρυσαορίς, que paraît avoir jadis porté la contrée dont Stratonicée était la ville principale. (Pausan., V, c. 21, § 5; Steph. Byzant., v° Χρυσαορίς.)

[1] Voy. Hesiod. *Theog.*, v. 280, sq.

[2] Herodot., I, 1, 71. Cet historien ajoute toutefois que les Mysiens et les Lydiens jouissaient aussi de ce privilége, à raison de la parenté de race qui les unissait aux Cariens.

[3] Le Zeus armé de la haste, et ayant la patère à la main, apparaît tant sur les monnaies du royaume de Carie que sur celles de Mylasa, d'Halicarnasse, de Céramus (voy. Mionnet, t. III, p. 346, 349; *Suppl.*, t. VI, p. 479). Sur les monnaies des rois ou satrapes de Carie, Hécatomnus, Mausole, Hidrieus et Pixodarus, le Zeus carien est figuré debout, marchant; il tient la bipenne d'une main, et de l'autre la haste (voy. Mionnet, t. III, p. 397 et suiv.).

[4] Voy. Mionnet, t. III, p. 353.

[5] Sur les médailles d'Iasus, le dieu est, de plus, représenté casqué.

[6] Le nom de *Stratios*, que lui donnèrent les Grecs, signifie en effet *dieu des armées* (στρατός).

et qui avait inventé les cimiers et perfectionné le bouclier [1], devaient naturellement faire de leur divinité
suprême un dieu des combats. Hérodote [2] remarque que
les Cariens étaient le seule nation à lui connue qui offrît
des sacrifices à Zeus sous le nom de Stratios, et cette
circonstance achève de nous prouver que le Zeus carien
différait essentiellement du Zeus grec. Labrandeus fut
porté cependant de bonne heure en Attique, où il dut
se fondre avec Zeus [3]. Pausanias donne Ogoa (Ὀγώα)
pour son nom national [4]. Strabon l'écrit Osôgô [5], mot
qui paraît en avoir été la forme dorienne; elle fut
adoptée par les Grecs [6]. Ce que les deux auteurs nous
disent de cette divinité semble du reste convenir à un
dieu des mers [7]. Les Cariens, qui étaient d'excellents
marins, et qui, se livrant à la piraterie, combattaient plus
souvent sur mer que sur terre, placèrent naturellement
l'élément humide sous la protection de leur dieu national.
Ogoa devait être, pour eux, à peu près ce que fut
Athéné pour les Athéniens, et Jupiter Capitolin pour les
Romains. C'était dans son temple que se tenaient les

[1] Voy. Herodot., I, 171.

[2] Herodot., V, 119.

[3] Des familles cariennes, notamment celle d'Isagoras, portèrent en
Attique, comme culte domestique, l'adoration de ce dieu carien.
(Herodot., V, 86.)

[4] VIII, c. 10, § 3.

[5] Strab., XIV, p. 659. Cette forme est aussi celle que donnent les
inscriptions. (Voy. G. Henzen, dans le *Bulletin archéologique de Rome*,
ann. 1849, p. 189.)

[6] Voyez les inscriptions grecques, où ce nom d'Osôgô (Ὁσωγώ) est
consigné (Boeckh, *Corp. inscr. græc.*, II, nᵒˢ 2693, 2700).

[7] Dans une inscription de Mylasa, il est question d'un prêtre de Ζεὺς
Ὁσγώα, et de Ζηνοποσειδῶν. (Voy. G. Henzen, *loc. cit.* Voy. sur Osôgô,
ce que j'ai dit tome I, p. 89.)

délibérations politiques[1]. Il est probable qu'ainsi que
cela s'observe pour des divinités analogues de la Cappadoce[2], le Zeus carien avait un prêtre ou pontife suprême,
qui exerçait originairement une certaine autorité dans le
pays. Au temps de Strabon[3], ses fonctions, encore à vie,
étaient entourées d'une grande considération. On donnait
pour fils, au Zeus carien, Carios, adoré en Lydie sur la
montagne du même nom, et qui en était peut-être la personnification[4].

Nous rencontrons à Laodicée de Phrygie, ville fondée
à une époque plus moderne que Mylasa, une divinité
adorée sous le nom de Zeus *Aseus*[5]; l'origine en paraît également orientale : c'était sans doute le dieu
suprême de quelques-uns des cantons de l'Asie[6].

---

[1] Strabon nous dit en effet que les Cariens tenaient, dans le temple
de Zeus Chrysaoreus, des réunions dites χρυσαορικὰ συστήματα. (Strab.,
XIV, p. 650.)

[2] Voyez plus bas.

[3] Strab , XIV, p. 659.

[4] Nicol. Damascen. *Histor. excerpt.*, p. 116, edit. Orelli.

[5] Cette ville a été fondée par Antiochus II.

[6] Ζεὺς Ἄσευς. Ce nom se lit sur une monnaie de Laodicée, de
Phrygie, décrite par M. H. Waddington (*Revue de numismatique*,
ann. 1851, p. 174); il accompagne l'image d'un dieu barbu. M. de
Longpérier croit qu'il faut chercher l'étymologie de ce nom dans l'hébreu עז (*Aziz*), signifiant *fort*. Il y avait en effet, chez les Syriens, un
dieu adoré sous le nom d'Aziz (Ἄζειζος). (Cf. Julian. *In Sol. orat.*, IV,
edit. Spanheim, p. 150. Boeckh, *Corp. inscr. græc.*, t. III, n° 4619.)
On trouve dans une inscription découverte à Souf, près de Gérasa, le
nom écrit Ἀξεὺς (Ἀξεῖ Διὶ ἁγίῳ, Boeckh, n° 4665), qui rappelle davantage
la forme d'Ἄσευς. Sur une médaille de Laodicée, ce Zeus est représenté
debout, portant un enfant de la main droite et tendant la main gauche
à une chèvre placée devant lui (cf. Mionnet, t. IV, p. 313). Cette
chèvre fait, je crois, allusion au mot hébreu עז (*éz*), qui signifie
chèvre.

Un autre dieu carien, *Masaris*[1], fut assimilé par les Grecs à Dionysos. On ignore quels en furent, à l'origine, la nature et les attributs.

A Rhodes, le culte du dieu Soleil apparait avec un caractère tellement différent de celui d'Apollon, qu'il faut reconnaître en lui, sinon une divinité asiatique, au moins un dieu étranger au panthéon des Hellènes. J'ai fait remarquer, au chapitre II, que le culte du Soleil avait, dès le principe, existé en Grèce avec un caractère distinct de celui d'Apollon. Il paraît vraisemblable que l'Hélios adoré à Rhodes et dans l'île de Mégiste [2], et dont le type diffère totalement de celui d'Apollon [3], était un des restes de ce culte primitif qui se retrouvait encore dans la Grèce, à Élis [4], à Apollonie [5], à Hermioné [6], à Argos [7], à Trézène [8], et en plusieurs autres localités. Ce Soleil, adoré à Rhodes, participait naturellement, en sa qualité de divinité suprême, du caractère de Zeus. Les Rhodiens lui attribuaient sept fils et une fille [9]; c'est à peu près tout ce que nous savons des mythes dont il était l'objet. La célébrité du culte du Soleil à Rhodes finit par faire rentrer

[1] Καὶ παρὰ Καρσὶν ὁ Διόνυσος Μάσαρις ἔνθεν ἐκλήθη. (Steph. Byzant., v° Μάσταυρα).

[2] Voy. Mionnet, *Suppl.*, t. VI, p. 609.

[3] Voyez les médailles de Rhodes, où ce dieu est représenté avec une large face et la tête radiée, type qui était celui du célèbre colosse. Cependant, en certaines villes, Apollon avait conservé quelque chose de la physionomie d'Hélios, notamment à Cléones en Argolide, à en juger du moins par les médailles. (Voy. E. de Cadalvène, *Recueil de médailles grecques inédites*, p. 199, pl. III, n° 5.)

[4] Pausan., V, c. 25, § 5.

[5] Herodot., IX, 93.

[6] Pausan., II, c. 34, § 10.

[7] Id., II, c. 18, § 3.

[8] Id., II, c. 31, § 8.

[9] Pindar. *Olymp.*, VII, 54, sq.

dans la Grèce la dévotion au dieu Soleil, qui en était pour
ainsi dire sortie; et, comme l'a remarqué Letronne [1],
l'apparition fréquente chez les Grecs de noms propres
impliquant l'existence de son culte, nous prouve qu'à
partir de l'époque voisine de l'ère chrétienne, le Soleil
vit augmenter le nombre de ses adorateurs. Or, le culte
d'Hélios avait certainement ses rites propres, qui durent
se mêler graduellement à ceux qui se pratiquaient en
l'honneur d'Apollon. Et cette fusion remontait déjà haut,
car nous voyons en Lycie le culte apollinique jouir d'une
telle faveur et arriver si vite à prendre un caractère national, qu'il est difficile de ne pas supposer en ce pays
l'existence antérieure d'un dieu solaire confondu ensuite
avec le fils de Latone. La Milyade fut conquise à une
époque très ancienne par les Crétois [2], qui paraissent lui
avoir imposé le nom de Lycie [3], sans doute à raison du
culte qu'on y rendait au dieu de la lumière [4]. Ces Crétois,
qui reconnaissaient de leur côté un dieu soleil sous le
nom d'Abélios (Ἀϐέλιος [5]), ont pu eux-mêmes porter dans
le pays des Solymes, dont ils s'emparèrent, le culte de
leur propre divinité. Nous voyons en effet à Patare et à
Telmissus, le culte d'Apollon s'offrir avec des caractères
qui ne sauraient convenir au dieu dorien. Dans la première de ces villes, le dieu ne rendait d'oracles qu'à cer-

---

[1] *Étude des noms propres grecs*, p. 32 et suiv.

[2] Voy. Herodot., I, 173.

[3] Herodot., *loc. cit.* Ou du moins, d'après ce que dit cet historien,
la Lycie ne fut ainsi appelée qu'après l'établissement des colonies
crétoises.

[4] Le nom de Lycie (Λυκία), déjà connu d'Homère (*Iliad.*, VI, 184,
430; XII, 330), paraît emprunté au radical *Lux* (lumière). (Voy.
tome I, p. 59.)

[5] Voy. Hesychius, v° Ἀϐέλιον.

·taines époques, et l'on enfermait la nuit dans son temple la grande prêtresse [1], pour recevoir ses révélations. Hérodote avait remarqué lui-même que cet usage religieux se retrouvait en Assyrie et en Égypte [2]. L'existence d'une grande prêtresse et non d'un grand prêtre, chargée d'interpréter les oracles du dieu, ne s'accorde pas davantage avec les habitudes helléniques. A Telmissus, les devins qui remplissaient la ville [3] nous rappellent plutôt les *Nabi* ou *Roeh* de la Syrie et de la Palestine que les Exégètes d'un *manléion* grec. Le nom du dieu Soleil lycien paraît avoir été *Sarpédon;* car il y avait encore à Patare, au temps des Romains, un sanctuaire consacré à une divinité de ce nom. Non loin de Patare [4], en Cilicie, on trouve, en effet, le surnom de Sarpédonios (Σαρπηδόνιος) donné à Apollon [5]. Homère fait de Sarpédon un roi de Lycie allié des Troyens. La forme de ce nom dénote une origine syrienne [6]. Au milieu des fables de leur invention dont les Hellènes ont environné la légende de ce personnage, il est impossible de discerner quel en put être, dans le principe, le caractère. La Lycie, de même que la Crète, avait été le théâtre d'un mélange entre les doctrines religieuses de la Syrie et de la Carie, de la Lydie et de la Phrygie. Il faut donc s'at-

[1] Herodot., I, 182.
[2] Cet usage s'observait dans le temple de Bélus, à Babylone, et dans celui d'Ammon-Ra ou de Cneph, à Thèbes, en Égypte.
[3] Voy. Herodot., I, 78.
[4] Appian. *Bell. civil.*, IV, 18.
[5] Zosim., I, 57. Cf. Müller, *Die Dorier*, t. I, p. 216.
[6] Le radical *Sar*, que l'on retrouve dans celui de *Sarus*. fleuve de la Cilicie, est tout sémitique, et signifie *prince, chef*. C'est là un indice en faveur de l'origine sémitique des Solymes, dont Sarpédon devait avoir été la divinité. Il semble que, dans certaines fêtes, on ait pleuré Sarpédon comme on pleurait Adonis. (Aristoph. *Nub.*, 621.)

tendre à retrouver dans son culte des éléments hétérogènes. Toutefois, malgré les importations grecques, la religion lycienne dut conserver son caractère national. Les Lyciens formaient une confédération à part[1] et étaient plus soumis aux influences de la Perse[2] qu'à celles de la Grèce ; la physionomie asiatique de leur culte se reconnaît jusque dans les derniers temps, et c'est à tort qu'Otf. Müller n'a voulu retrouver chez eux que l'adoration d'un Apollon dorique.

La Crète, comme il vient d'être dit, fut un des plus anciens théâtres du syncrétisme qui s'opéra entre les divinités et les mythes de la Grèce et de l'Orient. En étudiant les légendes religieuses dont ce pays était le berceau[3], on y a reconnu des éléments phénico-syriens associés à des données pélasgiques et phrygiennes. Il a déjà été question, au chapitre II, du Zeus crétois, je ne parlerai donc plus ici que des traits qui lient le culte de la Crète à celui de l'Asie Mineure. J'ai fait ressortir la ressemblance de la Rhéa crétoise avec la Cybèle phrygienne, l'une et l'autre adorées sur un mont Ida, honorées d'un culte orgiastique, fêtées par des danses armées. Cette ressemblance donne à penser que des colonies phrygiennes et lydiennes avaient porté dans l'île le culte de la Mère des dieux ; il revêtit là un caractère nouveau, et tout fait présumer que c'est cette Rhéa crétoise que révéraient déjà les Grecs, lorsque des communications plus fréquentes avec la Phrygie leur en firent rapporter Cybèle sous sa forme primitive.

La Crète dut donc avoir, dans le principe, sa religion

[1] Voy. Strabon., XIV, p. 664.
[2] Voy. Herodot., I, 28, 176.
[3] Voy. Hœck, *Kreta*, t. II, p. 158 et suiv.

propre, qu'elle tenait des populations de l'Asie Mineure, et qui se modifia sous l'influence des Pélasges, des Phéniciens et des Hellènes. On voit, en effet, par des monuments épigraphiques du ve siècle avant notre ère, qu'au culte des divinités purement crétoises, telles que le Zeus Crétagénès, le Zeus des monts Talléens (Ζεὺς ὁ Ταλλαῖος), le Zeus du Dicté, les Curètes, était associé celui des divinités tout helléniques, Héra, Déméter Éleusienne, Arès, Athéné Poliade, Apollon Pythien, etc[1]. L'une des divinités nommées dans ces inscriptions conserva toujours sa physionomie crétoise, c'est Britomartis, dernier reste d'une théogonie antérieure. Britomartis était en Crète[2] la déesse des chasseurs et des pêcheurs. Les Grecs identifièrent la *douce vierge*, car telle était la signification de son nom[3], avec la fille de Latone[4]. Ils en firent l'Artémis des pêcheurs, l'Artémis Dictynne[5], et

---

[1] Voy. Boeckh, *Corp. inscr. græc.*, n°s 2554, 2555, t. II, p. 400 et suiv. Ces deux inscriptions sont des traités d'alliance entre des petits peuples de la Crète. Le serment des Latiens, consigné dans le premier de ces traités, nous montre que c'étaient les anciennes divinités pélasgiques qui faisaient le fond de la théogonie de ce peuple : Hestia, Zeus, Héra, Poséidon, Amphitrite, Arès, Athéné, Hermès, Apollon. On retrouve ces mêmes noms de divinités dans une autre inscription découverte en Crète, et qui parait dater de l'an 220 av. J.-C. Britomartis y est mentionnée comme distincte d'Artémis. (Voy. W. Vischer, dans le *Rheinisch. Museum*, nouv. sér., t. X, p. 395.)

[2] Pausan., III, c. 14, § 2. Cf. Hœck, t. II, p. 158 et suiv.

[3] Ce nom était dérivé de deux mots crétois, βριτύ (*douce, bénie*) et μάρτις (*vierge*). (Voy. Solin. *Polyh.*, 11.)

[4] Callimach. *Hymn. in Dian*, v. 189. Pausan., II, c. 30, § 3. Euripid. *Iphig. in Taurid.*, v. 126. Aristophan. *Ran.*, v. 1402. Ce furent sans doute les Samiens, auxquels était attribuée la construction du temple que la déesse avait à Cydonie, qui appliquèrent à Britomartis ce nom grec. (Voy. Herodot., III, 59.) .

[5] De δίκτυον (*filet*). Aristoph. *Ran.*, v. 1358. Callimach. *Hymn. in*

comme cela était arrivé pour Callisto, ils la rabaissèrent
jusqu'à la condition d'une simple nymphe, compagne
de la fille de Latone [1]. De même que cette dernière,
Britomartis dut avoir originairement un caractère lunaire, si toutefois ce ne sont pas les Grecs qui le lui
attribuèrent, en l'assimilant à Artémis. Britomartis semble
du reste avoir, ainsi que la plupart des divinités asiatiques, réuni les deux types qui, dans la mythologie
hellénique, sont représentés par deux déesses, Artémis
et Aphrodite; ce qui donne à penser que la vierge
crétoise se rattachait à cette grande famille de déesses
qui a à sa tête l'Artémis d'Éphèse, et dont il sera question plus loin.

Le caractère de divinité marine rapproche Britomartis d'Aphrodite. Nous la voyons en effet identifiée
en Grèce à l'Aphaïa d'Égine [2], dont le caractère à la
fois marin et lunaire est incontestable, et dont le berceau
semble, pour ce motif, devoir être cherché dans la Phénicie ou l'Asie Mineure. Grâce à son identification avec
Artémis, Dictynne finit par devenir une divinité tout
hellénique dont le culte se répandit en plusieurs contrées de la Grèce [3], où elle était parfois confondue avec
Hécate [4].

Les monuments nous font encore connaître dans l'Ar-

Dian., v. 189, 200. Diodor. Sic., V, 76. Peut-être, en lui donnant ce
surnom, les Grecs jouaient-ils sur le double sens d'une épithète appliquée par les Crétois à leur Britomartis.

[1] Voy. *Schol in Aristophan. Ran.*, v. 358.

[2] Voy Pindare, ap Otf. Müller, *Æginet.*, p. 153 et suiv. J. de Witte,
dans les *Annales de l'Institut archéolog. de Rome*, part. franç., t. II,
p. 173-180 (ann 1830).

[3] Plutarch., *De solert. animal.*, § 36, p. 989, edit. Wyttenbach.

[4] Euripid. *Hippolyt.*, v. 141.

chipel une divinité marine dont le sanctuaire principal se trouvait à Itanos, dans l'île de Crète, et qui est représentée avec une queue de poisson, caractère qui la rapproche du Dagon philistin [1]. Il n'y a pas de doute que les divinités crétoises, dont les légendes étaient colportées par les marins, n'aient contribué à altérer les mythes grecs et dénaturé le véritable caractère qu'ils avaient dans le principe. Les divinités helléniques, en empruntant à celles de l'Asie des traits étrangers à la conception primitive qu'elles personnifiaient, ne devenaient plus que des personnages de fantaisie, et leur légende perdait peu à peu son caractère symbolique, pour ne revêtir que celui d'une pure fable. Aussi la critique ne saurait-elle se montrer trop circonspecte à l'endroit des mythes qui ont été transformés. Il est vrai que la distinction entre le fond primitif et les additions étrangères est souvent difficile à opérer. Cette observation s'applique surtout à la légende de l'Hercule de Sardes. On a vu au chapitre VI par quelles altérations avait passé l'histoire mythique de ce héros, de combien de fables locales elle s'était grossie. Parmi ces fables, il y en a qui sont certainement empruntées à la légende des divinités solaires de l'Asie; mais quel était, dans le principe, le caractère de ces divinités, avant que l'influence grecque en eût modifié les traits? Je dois le rechercher ici. Car c'est des traditions religieuses de la Lydie et de la Carie qu'ont été certainement tirées les données qui constituent le fond de la légende de l'Hercule lydien. Cette légende apparait déjà dans Hésiode [2]. Le véritable nom du dieu

---

[1] Steph. Byz., v° Ἴτανος. Voyez Eckhel, *Doctrin. numor. veter.*, t. I, p. 314. Cf. Movers, *Die Phönizier*, t. I, p. 278, 523.

[2] Hesiod. *Theogon.*, v. 289, 524, sq , 950, sq.

lydien assimilé à Hercule, est *Sandon* ou *Sandan*[1]. A en juger par l'étymologie de ce nom, qui paraît avoir signifié *le fort*[2] (צמד), c'était une divinité d'origine sémitique, vraisemblablement assyrienne. Son culte se retrouvait en Cilicie[3]. Cette origine assyrienne a été soutenue par Otfried Müller[4] et Movers[5]. Leurs recherches ont donné la clef de la légende qui représente le fils d'Alcmène se brûlant volontairement sur un bûcher[6]. La mollesse, la vie efféminée dans laquelle l'amour d'Omphale fait tomber le héros qui avait dompté tant de monstres, prennent leur source dans la nature hermaphrodite du dieu Sandan, et la cérémonie religieuse où l'on brûlait son image, suggéra l'idée de sa mort volontaire[7]. L'Hercule lydien a donc quelques traits de ressemblance avec

---

[1] Beros, ap. Agath., II, p. 62, edit. Richter, p. 51. Ammien Marcellin (XIV, 8) donne le nom de *Sandan*, qui n'est qu'une forme légèrement altérée de celui de *Sandon*, au fondateur de Tarse, tandis que d'autres attribuent la fondation de la même ville à Hercule.

[2] Telle est l'opinion de M. Jules Oppert, qui retrouve ce nom (*Samdan*) sur les inscriptions cunéiformes, où il apparaît comme épithète du dieu *Ninip*, c'est-à-dire l'*agitateur*, prototype de l'Hercule lydien, fils comme lui de Bélus. (Voy. *Etudes assyriennes*, p. 181.)

[3] Ammian. Marcellin., *loc. cit.*

[4] Voyez *Sandon und Sardanapal*, par K. O. Müller, dans le *Rheinisches Museum für Philologie*, Jahrg. III, Heft. I (Bonn, 1829).

[5] *Die Phönizier*, t. I, p. 458 et suiv.

[6] Ce mythe personnifiait une cérémonie religieuse dont le caractère paraît avoir été celui d'une expiation ou d'une représentation symbolique de la manière dont les personnages divins et héroïques se débarrassaient des liens de l'humanité et se purifiaient des souillures terrestres. Dans le mythe tel que les Grecs l'avaient façonné, le fils d'Alcmène retrouvait la jeunesse au milieu des flammes, retour à la jeunesse aussi exprimé par son mariage avec Hébé. (Voy. J. Roulez, *Mort et apothéose d'Hercule*, dans les *Annales de l'Institut archéologique de Rome*, 1847, t. XIX, p. 268 et suiv.).

[7] Dion. Chrysostôme (*Orat.*, XXXIII, p. 408, edit. Mor.) rapporte

l'Atys phrygien; et il peut, jusqu'à un certain point, en être considéré comme une métamorphose. Omphale qui, à en juger par l'étymologie de son nom [1], était une divinité de la volupté, participait d'un autre côté du caractère de Cybèle [2]; mais elle rappelait davantage l'Aphrodite grecque. Toutefois, malgré ces analogies, on ne saurait assimiler complétement leurs deux légendes. Rien, dans le mythe phrygien, qui corresponde à la mort volontaire d'Hercule sur le bûcher, tandis qu'en Assyrie existaient des usages religieux de nature à l'expliquer [3]. Il est donc plus naturel d'aller chercher dans ce dernier pays le berceau de l'Hercule lydien. Nous

que les habitants de Tarse célébraient avec beaucoup de pompe la fête du bûcher, en l'honneur d'Hercule (*Sandan*), fête dont le type des médailles de cette ville nous retrace le souvenir (voy. Otf. Müller, *Diss. cit.*, p. 26). Sur les médailles de Philadelphie, ville voisine de Tarse, on voit un bûcher de forme pyramidale, surmonté d'un aigle, et au milieu duquel se trouve la figure d'Hercule Sandan. (Voy. Pellerin, *Recueil de médailles*, t. II, pl. xlIv, n° 68; cf. t. II, pl. lxxiv, n° 37.)

. [1] Selon M. Movers (*Die Phönizier*, I, p. 493), le nom d'Omphale tirerait son étymologie de אמה et פל, et signifierait la *grande fille*. Il me paraît plus probable que ce nom, écrit par les Grecs Ὀμφάλη, serait dérivé de אם־פעול et correspondant à celui de Belphégor, בעל־פעור, le *dieu de la volupté*, cité plusieurs fois dans la Bible, comme nous l'apprend saint Jérôme : « Phegor in lingua hebraica Priapus appellatur. » (*In Jovin.*, I, 12.) Le changement de *r* (ר) en *l* (ל) s'opérant fréquemment quand un mot passe d'une langue à l'autre.

[2] Omphale paraît, de même que Cybèle, se rattacher au culte des montagnes, car elle est représentée par les mythographes comme l'épouse de Tmolus.

[3] Voy. Movers, *Die Phönizier*, t. I, p. 451, 458, 471, 479. Il résulterait d'un passage d'Agathias (*Hist.*, II, 24, p. 117, edit. Bonn), que le culte de Sandan existait en différents points de la haute Asie. M. Movers a cherché à établir l'identité de l'Hercule lydien avec les dieux appelés Hercule assyrien, Hercule phénicien.

devons noter ici que les emprunts faits par la légende
grecque aux mythologies asiatiques sont fort antérieurs
au siècle de Périclès, puisque l'Hercule qui apparaît sur
le théâtre grec leur doit déjà une partie de ses traits.
Amalgamé avec le culte de l'Hercule grec, celui du dieu
Sandan pénétra en différentes villes de l'Ionie [1]. A l'île
de Cos, on célébrait au printemps une fête appelée *Lutte*,
Résistance (Ἀντιμαχία), et dans laquelle le prêtre, en mémoire du séjour d'Hercule près d'Omphale, prenait des
vêtements de femme [2]. Les Grecs rattachèrent Atys, en
sa qualité de dieu de la Lydie, à l'amant d'Omphale, et le
représentèrent comme né de ses amours [3].

Omphale peut bien, du reste, se rattacher à cette catégorie de déesses de la production et de la maternité que
l'on rencontre avec des caractères analogues, bien que
sous des noms différents, dans toute l'Asie Mineure.
Toutefois, entre ces déesses, il y a une distinction importante à opérer : les unes personnifient plus les forces
productrices de la terre que la reproduction des êtres par
l'union des sexes ; tandis que les autres, généralement
d'origine phénicienne, présentent davantage le caractère
de divinité des amours, du libertinage et du plaisir. Car,
malgré les scènes orgiastiques par lesquelles on célébrait
son culte, la déesse phrygienne conservait toujours un
caractère chaste et respectable qui disparaît au contraire
chez les déesses de la Syrie. Voilà pourquoi les Hellènes
identifièrent non à Aphrodite, mais à Artémis, la plupart

---

[1] L'Hercule lydien est figuré en effet sur les monnaies du Panionium
et de Phocée. (Mionnet, *Suppl.*, t. VI, n° 4, p. 80, n° 1296, p. 283.)
[2] Plutarch. *Quœst. grœc.*, § 58, p. 248, edit. Wyttenb. Cf. Otf.
Müller, *Dorier*, I. I, p. 449 et suiv.
[3] Strab., XV, p. 219.

des divinités analogues à Cybèle que l'on rencontre dans la Lydie, la Lycie, la Pamphylie, la Cilicie, et qui n'étaient pour ainsi dire que des formes locales d'une même divinité.

Entre ces déesses, la plus célèbre, celle dont le culte trouva le plus de faveur en Grèce, est l'Artémis d'Éphèse. Cette divinité nous apparaît avec des caractères qui ne permettent pas de méconnaître son origine essentiellement asiatique. Quoique certaines traditions, évidemment inventées par les Grecs, mais tenues pour celles même d'Éphèse, lui donnent la même mère qu'à l'Artémis grecque, Lêto ou Latone [1], il est plus probable qu'elle était, dans le principe, mise en rapport avec l'Hercule lydien ou Sandan, auquel on faisait remonter les priviléges du temple [2]; car elle n'est point, de même que Phœbé, associée à Apollon. La déesse d'Éphèse est une divinité de la production, de la terre, comme nous l'indiquent les attributs qui accompagnent son simulacre [3]. Ce simulacre est, par sa nature, tout asiatique. L'image de la déesse, en forme de gaine, porte, disposées en zones autour de son corps, des figures d'animaux, de cerfs [4], de lions, de taureaux, qui sont autant d'allusions à son ca-

---

[1] Voy. Steph. Byzant., v° Κέρισσος. Plus tard les Éphésiens prétendirent même s'approprier, comme nationale, toute la légende délienne d'Apollon. (Voy. Tacit. *Annal.*, III, 61.)

[2] Tacit., *loc. cit.*

[3] Voyez E. Guhl, *Ephesiaca*, p. 101 (Berolini, 1843, in-8). Cf. Stuhr, *System der Mythologie*, t. II, p. 240 et suiv.

[4] La présence du cerf près d'elle a aussi contribué à rapprocher, dans l'esprit des Hellènes, la déesse d'Éphèse et Artémis. Sur les pierres gravées de travail grec, l'Artémis d'Éphèse est, le plus ordinairement, figurée entre deux cerfs. (Voy. Chabouillet, *Catalogue général des camées de la Bibliothèque impériale*, n°° 1495, 1497.)

ractère à la fois tellurique et lunaire [1]. C'est ce caractère lunaire qui avait fait identifier par les Grecs la déesse à Artémis, et qui amena aussi sa confusion avec la déesse de la nuit [2]· Le nom originel de la déesse paraît avoir été *Oupis* [3], qui rappelle l'*Ops* latine, et auquel M. E. Guhl [4] croit une origine pélasgique, mais qui devait appartenir à quelque dialecte indo-européen de l'Asie occidentale. L'antique simulacre que l'on conservait d'Oupis à Éphèse, la représentait la poitrine toute chargée de mamelles [5], nouvelle allusion à son caractère de déesse mère si étranger à la sœur d'Apollon, constamment représentée vierge. L'abeille était un autre de ses symboles [6], et ses prêtresses portaient le nom de *Mélisses*, c'est-à-dire *abeilles* [7]; son grand prêtre s'appelait, par la même raison, *le roi des abeilles* [8]. Il est difficile de pénétrer le symbolisme qui avait inspiré ces singuliers titres; on en retrouve d'analogues chez d'autres divinités grecques [9]·

---

[1] Voy. Pausan., IV. c. 31, § 6; VII, c. 5, § 2.

[2] Voy. Preller, *Griechische Mythologie*, t. I, p. 199.

[3] Timoth., ap. Macrob. *Saturn.*, V, 22. Callimach. *Hymn. in Dian.*, v. 204, 240. Οὖπι ἄνασσα (cf. *Hym. in Del.*, 292). De là vraisemblablement le nom d'οὖπιγγοι, donné aux hymnes en l'honneur d'Artémis (Athen., XIV, p. 619). Plus tard on fit d'Oupis une nymphe de la suite d'Artémis. (Virgil. *Æneid.*, XI, 532. Cf., sur le nom d'Oupis, Bergmann, *Les Amazones*, p. 12.)

[4] E. Guhl, *Ephesiaca*, p. 80, 81.

[5] Πολυμαστός (Pausan., *loc. cit.*). « Mammis multis et uberibus exstructa. » (Minucius Felix, *Octav.*, 22.)

[6] Pausan., VIII, c. 13, § 1. Cette abeille est représentée sur les monnaies d'Éphèse. (Voy. Mionnet, t. III, p. 84 et suiv.; *Suppl.*, t. VI, p. 110 et suiv.)

[7] Μέλισσαι. (Aristoph, *Ran.*, v. 1274. Lactant. *De fals. relig.*, I, 21. Cf. Gerhard, *Griechische Mythologie*, t. I, p. 350).

[8] Ἐσσήν (Pausan., VIII, c. 13, § 1). Ἐσσήν, κυρίος τῶν μελισσῶν (Suidas, *s. h. v.*).

[9] Ce nom de Mélisses (Μέλισσαι) était aussi porté par les prêtresses de

Le culte de la déesse était environné d'un éclat qui ne contribua pas peu à sa célébrité. Ses prêtresses pouvaient seules pénétrer dans son temple. Ses prêtres étaient eunuques [1] comme ceux de Cybèle, et le nom persan de *Mégabyse* qui leur était donné [2] est un des indices les moins équivoques de l'origine orientale de tout ce culte. Chaque année, on célébrait à Éphèse, en l'honneur de la déesse, dans le mois qui portait son nom [3], des fêtes solennelles accompagnées de jeux gymniques [4]. L'une des cérémonies consistait en une procession que représenta un jour le

Déméter (Hesychius, v° Μέλισσα; Callimach. *Hymn. ad Apollin.*, 110), et par la grande prêtresse de Delphes (voy. Pindar. *Pyth.*, IV, 106; *Schol. Euripid. Hippol.*, 72).

[1] Cette obligation de la castration ne se rencontre, en effet, presque jamais dans le sacerdoce grec proprement dit, et c'était évidemment, à Éphèse, un résultat des habitudes orientales. On le retrouve à l'époque impériale, au temple de Zeus Panémérios et d'Hécate, à Stratonicée, deux divinités, l'une solaire et l'autre lunaire, évidemment d'origine asiatique (Boeckh., t. II, n° 2715). Voy. tome II, p. 417.

[2] Strab., XIV, p. 641. Diogen. Laert., XI, p. 123. Hesychius, v° Μεγαβύζοι λέγει. Cf. Boetticher, *Arica*, p. 22. Il faut remarquer que la présence de ce nom perse n'a de valeur que si son emploi remonte à une époque ancienne; car ce titre sacerdotal aurait pu être introduit par les Perses, qu'on sait avoir apporté dans le temple d'Apollon, à Sardes, les rites de leur culte. (Cf. Ctesias, *Fragm*, edit. C. Müller, p. 46. *Schol. ad Aris toph. Pac.*, 410).

[3] Ces fêtes, qualifiées de πανηγύρεις et de ἱερομηνίαι, se célébraient dans tous les lieux où fut porté le culte de la déesse éphésienne. Elles sont mentionnées dans une inscription grecque contenant un décret des Éphésiens pour rendre le mois sacré (voy. Boeckh, t. II, n° 2954; cf. 2999). Ce mois s'appelait Ἀρτεμισιών ou Ἀρτεμίσιον.

[4] Guhl, *Ephesiaca*, p. 116. Ces fêtes sont mentionnées dans les Actes grecs du martyre de saint Timothée, dont les Bollandistes ont donné la version latine. Elles avaient dégénéré en une procession inconvenante dans laquelle on se masquait et où l'on portait l'idole de la déesse et d'autres dieux en l'honneur desquels on chantait des cantiques (ᾄσματα). Ces dieux sont désignés sous le nom de Catagogiens (καταγωγείων),

pinceau d'Apelles [1]. Dans cette solennité, on promenait, en chantant des hymnes, l'image de la déesse ; plusieurs de ceux qui y prenaient part se masquaient, et, armés de gros bâtons, se livraient à plusieurs de ces actes inconvenants et ridicules [2] que l'on retrouve dans les processions du moyen âge [3], et qui se reproduisent encore aujourd'hui dans l'Amérique méridionale [4]. Les jeunes vierges se livraient aussi en l'honneur de la déesse à des danses dont le mouvement était d'une extrême rapidité, et dans lesquelles leur simple tunique se soulevait de manière à découvrir ce que la pudeur aurait dû cacher [5].

qui rappelle un des surnoms de l'Aphrodite Erycine. (Voy. du Cange. *Gloss. græc.*, p. 607. Bolland, *Act. sanct.*, XXIV *Jan.*, p. 566, 6. Lobeck, *Aglaopham.*, p. 177.)

[1] Plin. *Hist. nat.*, lib. XXXV, c. 36.

[2] Voy. *Act. martyr. sanctæ Timoth.*, ap. Bolland., *loc. cit.*

[3] On peut citer ce qui se passait à la fête des Innocents et à celle de l'Ane.

[4] Ces processions ont lieu dans la Bolivie, la république Argentine, le Mexique. (Voyez ce qu'a rapporté à leur sujet, dans ce dernier pays, Th. Gage, *Nouvelle relation*, trad. fr., 4ᵉ édit., t. II, p. 1222 et suiv.

[5] Pollux, IV, 164. Otf. Müller, *Dorier*, t. I, p. 392. C'est ce que rappellent ces vers d'Autocratès (ap. Ælian. *Hist. anim.*, XII, 9) :

Οἷα παίζουσι φίλαι
Παρθένοι Λυδῶν κόραι
Κοῦφα πηδῶσαι, κομῶσαι
Κἀνακρούουσαι χορείαν
Ἐφεσίαν παρ' Ἄρτεμιν
Κάλλιστα καὶ τοῖν ἰσχίοιν
Τὸ μὲν κάτω τό δ' αὖτ' ἄνω
Ἐξαίρουσαι, οἷα κίγκλος ἄλλεται.

Cf. Aristoph. *Nub.*, 599, sq.

Il semble que c'est à cette danse que fait allusion Martial (*Ep.* II), lorsqu'il parle des *molles Triviæ honores.* Ces danses firent donner à la Diane latine, assimilée à l'Artémis gréco-éphésienne, le surnom d'*omnivaga* (*De natur. deor.*, II, 27). Cf. Lobeck, *Aglaoph.*, p. 1086.

Ces danses rappelaient celles qu'à Élis et chez les Doriens on célébrait en l'honneur de l'Artémis Cordax [1], divinité qui parait avoir emprunté une partie de son culte à la déesse asiatique. Nous ne savons que fort peu de chose touchant les rites qui accompagnaient l'adoration de la déesse d'Éphèse. Il semble qu'ils aient été liés à certaines cérémonies d'incantation dont les célèbres *lettres éphésiennes* [2] ont été les formules. Ces talismans étaient cachés dans le piédestal, la ceinture et la couronne de la déesse [3]. On racontait que Crésus s'en était servi sur le bûcher [4]. Les Dactyles idéens passaient pour en être les inventeurs. Et en effet, le nom de l'un d'eux se retrouve parmi les mots qui constituaient ces formules [5]. L'association du souvenir des Dactyles de l'Ida, prêtres de Rhéa, aux origines du culte de la déesse éphésienne, est un nouveau point de rapprochement entre celle-ci et Cybèle, la déesse de l'Ida. Au dire de Pausanias [6] et de Clément d'Alexandrie [7], les mots sacramentels éphésiens

---

[1] Cette danse s'appelait κόρδαξ (voy. Aristoph. *Nub.*, v. 540; Pausan., VI, c. 22. § 1). C'est en parlant de cette danse que le scholiaste d'Euripide (*Ad Hecub.*, 915) s'exprime ainsi : Αἱ Διορίδες κόραι ἐρχόμεναι εἰς τὸν ναὸν τῆς Ἀρτέμιδος ἐνθουσιῶσαι μετὰ ἑνὸς μόνου χιτῶνος ὠρχοῦντο, etc. Ces rites presque orgiastiques firent qualifier, par Timothée, la déesse de μαινάδα, θυιάδα, λυσσάδα, φοιβάδα (voy. Plutarch., *De aud. poet.*, § 4).

[2] Τὰ ἐφέσια γράμματα (Athen., XII, p. 171). Ces lettres passaient pour avoir la vertu de chasser les démons du corps de ceux qui en étaient possédés (Plutarch. *Quæst. conviv.*, VII, 5. § 4, p. 908, 909, edit. Wyttenbach). Elles rappellent les formules incantatoires employées dans le même but par les Juifs (voy. Joseph. *Ant. Jud.*, VIII, c. 2).

[3] Pausan., ap. Eustath., *Ad Odyss.*, XIX, 247.

[4] Id., *ibid.*

[5] Δαμναμενεύς (Euseb. *Præp. evang.*, X, 6).

[6] Pausan., ap. Eustath., *Ad Odyss.*, XIX, 247.

[7] Andocyd., ap. Clem. Alex. *Stromat.*, V, p. 672, édit. Potter. Hesychius donne les mots suivants comme constituant les ἐφέσια γράμματα :

avaient un sens physique. Ce dernier nous dit qu'ils désignaient l'*obscurité*, la *lumière*, la *terre*, l'*année*, le *son*.
On portait ces mots écrits sur des amulettes, afin de se
préserver des mauvaises influences. Les Milésiens avaient
aussi des lettres ou formules analogues [1] qui pourraient
bien s'être rattachées au culte d'une divinité mère ou tout
au moins d'un dieu solaire identifié par les Grecs à Apollon ou à Artémis [2].

J'ai déjà parlé, au chapitre VIII, du temple de la déesse
à Éphèse, temple qui passait pour une des merveilles du
monde, et qui avait sous sa juridiction non-seulement la
ville [3], mais encore la contrée appelée *Catacécauméné* [4],
le champ voisin du Caystre [5] et la ville de Corissos [6]. Dans
cette autorité attribuée au sacerdoce du dieu national,
perce un trait caractéristique des religions asiatiques.
Plus on avance vers la Syrie et la Perse, plus on voit

Ἄσκιον, Κατάσκιον, Λίξ, Τέτραξ, Δαμναμενεύς, Αἴσιον, qu'il rend par *Ténèbres,
Lumière*, αὐτός, *Soleil* et *Vérité*. Ces noms diffèrent peu de ceux que
Clément d'Alexandrie tire du pythagoricien Andocyde. Au mot Λίξ, il
substitue Λίξ, ce qui fait croire qu'il faut lire dans la transcription d'Hesychius, non αὐτός, mais φωτός, mot qui signifie *lumière*. (Voy. tome I,
page 59.)

[1] Les lettres milésiennes étaient des formules du même genre que les
éphésiennes (Clem. Alex. *Strom.*, V, 46, p. 569). C'était un assem-
blage de mots grecs et phrygiens qui rappelle le mélange de mots
grecs, hébreux et égyptiens, dont on composa plus tard les formules
magiques.

[2] Voyez, sur ces lettres éphésiennes et milésiennes, l'article MAGIE
de l'*Encyclopédie classique* de Pauly, p. 1400.

[3] Voy. Ælian. *Hist. var.*, III, 26. Herodot., I, 26. Dans les *Actes
des Apôtres* (XIX, 35), toute la ville est désignée comme νεωκόρος d'Artémis. Cf. Guhl, *Ephesiaca*, p. 160 et suiv.

[4] Voy. Steph. Byzant., v° Κατακεκαυμένη.

[5] Id , v° Καύστριον.

[6] Id., v° Κόρισσος.

prédominer la. forme théocratique. Le pontife, dans le culte d'une foule de divinités d'origine orientale, est le souverain du pays; que les influences grecques aient modifié le caractère primitif de la divinité, on reconnaît encore, à l'importance dont son prêtre est entouré, la trace d'une origine étrangère à la Grèce. Aussi verra-t-on plus loin dans la Cappadoce, où les influences helléniques ne s'étaient que faiblement exercées, les prêtres conserver l'autorité souveraine.

On faisait remonter la construction du temple d'Éphèse tantôt aux Pélasges, tantôt aux Amazones [1]; et cette dernière tradition paraît avoir été la plus ancienne. Des danses armées, célébrées dans les fêtes de la déesse [2], rappelaient ces héroïnes que l'on trouve associées aux plus vieilles traditions de l'Asie Mineure. Les Amazones, sur la tête desquelles se réunirent des idées mythologiques et des données historiques développées ensuite par les poëtes [3], étaient liées au culte des divinités lunaires des peuples thraco-cimmériens [4], dont elles

[1] Pindar., ap. Pausan., VII, c. 2, § 4. Pausan., IV, c. 31, § 5. Callimach. *Hymn. in Dian.*, v. 240. Steph. Byzant., v° Ἔφεσος. Plutarch. *Quæst. græc.*, § 56. Hygin. *Fab.*, 223, 225. Diod. Sic., II, c. 96.

[2] Callimach. *Hymn. in Dian.*, v. 240 et suiv. Cf. cependant Guhl, *Ephesiaca*, p. 111. C'étaient les danses que, suivant la tradition, les Amazones exécutaient autour de la statue des dieux, et qui sont représentées sur divers monuments. (Voy. Welcker, *Les noces de Thésée et d'Antiope*, dans les *Annales de l'Institut archéolog. de Rome*, t. XIX, p. 300.)

[3] Ces données furent développées notamment dans l'*Amazonia* d'Hégésinus.

[4] Un des faits les plus importants et les plus significatifs de la légende historique des Amazones, c'est la guerre et les amours de Thésée avec leur reine. Quand on rapproche ce mythe de celui des amours du

personnifiaient à la fois le personnage et les prêtresses[1]. Les monuments numismatiques nous les montrent toujours armées de la bipenne[2], arme essentiellement asiatique, et adorées par chaque ville comme de vraies divinités mères, si bien qu'elles se confondirent par la suite avec la déesse Fortune, qu'au temps de l'empire romain, chaque ville d'Asie reconnaissait comme son génie protecteur[3]. Le nom d'*Amazone*, qui paraît avoir signifié *mammelue*, rappelle les nombreuses mamelles de la déesse d'Éphèse[4]. Femmes au caractère viril et aux formes quelque peu masculines, les Amazones correspondent aux prêtres hermaphrodites de Cybèle et de l'Artémis d'Éphèse. La légende, s'emparant de cette donnée, fit passer dans leurs actes un hermaphroditisme qui n'était d'abord que symbolique. Et ce qui achève de nous faire reconnaître en elles des prêtresses de la déesse

héros athénien et d'Ariadne, on est frappé de l'analogie du symbolisme que ces deux traditions renferment. Ariadne est comme l'Amazone, une divinité lunaire. La reine des Amazones est appelée par les uns Antiope et par les autres Hippolyte.

[1] Voyez, à ce sujet, la note de M. Guigniaut, dans les *Religions de l'antiquité*, t. II, part. II, p. 979 et suiv., et surtout F.-G. Bergmann, *Les Amazones dans l'histoire et dans la fable* (Colmar, 1858).

[2] Voyez un grand nombre de monnaies de la Lydie et de la Phrygie, et notamment celles de Smyrne et de Mostène (Mionnet, *Méd.*, t. III, p. 206 et suiv.; t. IV, p. 89 et suiv.).

[3] Voy. Preller, *Griech. Mythol.*, t. I, p. 334.

[4] De μαζός, *mamelle*, et α augmentatif. La signification de cette particule s'étant perdue, on l'entendit dans le sens privatif; de là la fable imaginée sur l'usage où étaient les Amazones de brûler aux filles la mamelle droite, pour qu'elles pussent plus aisément tirer de l'arc. (Hippocrat. *De aquis*, VI, 90. Diodor. Sic., III, c. 53. Philostr. *Her.*, XIX, 19, Strab., XI, p. 503, 506. Cf. F.-G. Bergmann, *ouvr. cit.*, p. 25.)

lunaire [1], c'est qu'on les voit apparaître dans le mythe de l'Artémis Taurique, divinité de la lune liée, comme je le montrerai plus loin, par une parenté étroite à l'Artémis d'Éphèse.

Le temple de la déesse éphésienne était un lieu constant de pèlerinage pour les Grecs et les peuples des contrées voisines [2]; aussi son culte se propagea-t-il avec une grande rapidité [3], et les monnaies nous le montrent, à l'époque impériale, répandu dans toute la Phrygie [4] et la Carie [5]. Xénophon éleva dans Scillunte, à la déesse, un autel et un temple sur le modèle de celui d'Éphèse [6], et

---

[1] Pausanias nous dit que les Amazones habitaient à l'entour du temple de la déesse éphésienne (περὶ τὸ ἱερόν) (VIII, c. 2, § 4).

[2] Ἴστε που τοὺς Ἐφεσίους ὅτι πολλὰ χρήματα παρ' αὐτοῖς ἐστι, τὰ μὲν ἰδιωτῶν ἀποκείμενα ἐν τῷ νεῷ τῆς Ἀρτέμιδος, οὐκ Ἐφεσίων μόνον, ἀλλὰ καὶ ξένων καὶ τῶν ὁπουθεν δήποθεν ἀνθρώπων, τὰ δὲ καὶ δήμων καὶ βασιλέων. (Dion Chrysost. *Orat.* XXXI, p. 595, edit. Reiske.)

[3] Les monnaies nous montrent que le culte de la déesse était répandu dans plusieurs villes de la Lydie (voy. Mionnet, t. IV, p 3 et suiv., p. 93 et suiv.). Pausanias (VII, c. 2, § 3) nous dit qu'au temps où le culte de la déesse fut importé à Éphèse, cette ville était habitée par les Lydiens et les Léléges-Cariens, peuples qui devinrent naturellement ensuite les propagateurs de ce culte.

[4] On trouve la déesse représentée sur les monnaies d'Æzani en Phrygie (Mionnet, t. IV, p. 206, n° 69; cf. p. 215, n° 126), sur celles d'Ancyre (Mionnet, t. IV, p. 219, n° 147), d'Apamée (Mionnet, t. IV, p. 231, n° 233, 234), d'Attuda (Mionnet, t. IV, p. 520, n° 197), de Colosses (Mionnet, t. VII, p. 540, n° 263), de Cadi (Mionnet, t. IV, p. 251), d'Eumélia (Mionnet, t. IV, p. 294), d'Hiérapolis (Mionnet, *Suppl.*, t. VII, p. 569, 571).

[5] Cette déesse est représentée sur les monnaies de Milet et de Colophon (Mionnet, t. III, p. 168, n° 781; *Suppl.*, t. VI, p. 100, n° 134), sur celles d'Alabanda, d'Antioche, du Méandre, d'Apollonie, de Bargasa, d'Harpasa, de Taba, et en général toutes villes de Carie (voy. Mionnet, t. III, p. 315, 316, 332, 333, 351; *Suppl.*, t. VI, p. 543).

[6] **Xenoph.** *Cyr. exped.*, V, c. 3, § 12.

institua des jeux en son honneur. Le culte introduit par
la dévotion du capitaine grec rayonnna de là en différents points du territoire hellénique [1]. Les colonies contribuèrent aussi beaucoup à le répandre. C'est ainsi que
les Phocéens qui fondèrent Marseille élevèrent dans sa
citadelle un temple qui fut consacré à cette Artémis,
par reconnaissance de ce qu'elle leur avait servi de
conductrice durant le voyage. Les colonies sorties de
Marseille propagèrent à leur tour en Ibérie son culte,
devenu pour elles un culte national [2]. Les monuments
font foi du nombre considérable de villes qui l'adoptèrent [3]. Le temps ne fit qu'accroître la célébrité et la
richesse du sanctuaire d'où étaient sortis tous ces cultes
locaux [4].

Nous trouvons, sur toute la côte de l'Asie Mineure,
plusieurs autres Artémis qui rappellent, à des degrés
divers, celle d'Éphèse, et dont le culte fut un mélange en proportion variable de rites asiatiques et d'éléments grecs. Car, en même temps que les divinités de

---

[1] Voy. Pausan., IV, c. 31, § 6. Strab., III, p. 159; IV, p. 179; XIV,
p. 639. Tacit. *Annal.*, III, 61. Cf. Spanh., *Ad Callim. Del.*, 255. Cf.
Gerhard, *Griech. Mythol.*, t. I, p. 349.

[2] Strab., IV, p. 179. C'est sur l'ordre d'un oracle que les Phocéens,
avant de partir, se placèrent sous la protection de la déesse. Celle-ci
apparut en songe à Aristarché, une des femmes les plus considérées
d'Éphèse, et lui enjoignit d'accompagner les colons, en emportant avec
elle une des statues consacrées dans le temple. C'est ce que fit Aristarché, qui devint, à Marseille, la première prêtresse d'Artémis. Strabon, qui nous rapporte le fait, ajoute que les colonies marseillaises se
conformèrent toujours, dans le culte qu'elles rendirent à la déesse et
dans les simulacres qu'elles lui vouèrent, aux usages pratiqués dans la
métropole.

[3] Van Dale, *Dissertat. de antiq.*, IV, p. 310. Cf. Guhl, *Ephesiaca*,
p. 104.

[4] Voy. Pausan., IV, c. 31, § 6.

l'Asie voyaient pénétrer dans leur culte les usages et les
dénominations grecs, les dieux apportés de la Grèce subissaient à leur tour l'influence asiatique, comme cela arriva
notamment pour Apollon à Sardes. L'Artémis d'Orty-
gie, dont le sanctuaire était si voisin de Délos, est une
de celles où se sont le plus évidemment confondus les
caractères empruntés aux usages religieux des deux contrées. L'Artémis Leucophryné, dont le temple magnifique a laissé de si belles ruines [1] non loin du Méandre,
avait été certainement, dans le principe, une divinité lunaire asiatique [2], comme nous le rappelle le rôle que, dans
sa légende, les auteurs grecs font jouer aux Amazones.
Cette déesse, réduite plus tard à n'être qu'une nymphe de
l'Artémis grecque [3], vit son culte transporté à Athènes et
confondu par la famille de Thémistocle avec celui d'Apollon [4]. L'Artémis Patroa de la Galatie semble également
n'avoir rien eu de commun avec la sœur de ce dieu. Sa prêtresse gardait une réclusion sévère et n'entretenait aucun
rapport avec les hommes ; ce qui rappelle la règle observée par les prêtresses de l'Artémis asiatique [5]. Au mont
Tmolus et au Sipyle, on célébrait aussi des fêtes en l'hon-

---

[1] Ce temple est mentionné par Strabon (xiv, p. 647 ; Tacit. *Annal.*,
III, 62). Cf. Arnob., *Adv. Gent.*, VI, 6.

[2] C'est l'opinion soutenue par la grande majorité des mythographes,
Otf. Müller, Preller, Gerhard, etc.

[3] On montrait le tombeau de cette nymphe dans le temple de l'Artémis Leucophryné, à Magnésie (voy. Clem. Alex. *Cohort. ad Gent.*,
p. 29 ; Theodoret. *Serm.*, VIII, p. 598 ; Zenob., ap. Arnob., *Adv.
Gent.*, VI, 6). Ainsi ce qui s'était passé en Arcadie pour Callisto, se
renouvela pour l'Artémis Leucophryné.

[4] Pausan., I, c. 26, § 4. Bathyclès porta de même son culte à
Amyclée (cf. III, c. 18, § 6).

[5] C'est ce qui résulte de l'histoire de la Galate ou Gauloise Camma,

neur d'une déesse Artémis [1] qui n'avait rien de grec,
pas plus que l'Artémis *Cindyas* adorée à Bargylia. Son
simulacre offrait d'ailleurs quelque analogie avec celui
de l'Artémis d'Éphèse [2], et son culte était originaire de
Phrygie [3]. Au temps de Xénophon, son sanctuaire était
encore fort révéré [4]. L'image de la déesse qui s'y trouvait placée en plein air, ne pouvait, disait-on, jamais être
atteinte par la pluie ni la neige [5]. Enfin, comme on l'a
déjà vu au chapitre II, la Chrysé de la Troade était encore
une divinité lunaire qui tient, d'un côté à l'Iphigénie
grecque, et de l'autre à l'Artémis mysienne adorée au
sommet de l'Olympe de Mysie [6]. Le surnom d'*Astyrène*,
donné dans la Troade à Artémis, nous reporte également
à une conception voisine de celle qui nous est fournie par
Chrysé [7]. Il est impossible d'opérer le départ exact des
éléments grecs et asiatiques qui entrèrent dans les fables
débitées sur ces divinités. Les monuments seuls, par les
attributs dont ils entourent celles-ci, nous mettent sur
la trace des éléments non helléniques. Ainsi à Mynde
en Carie, la couronne tourellée dont est coiffée Artémis,

que nous a rapportée Plutarque (*Amat.*, c. 22, p. 77, edit. Wyttenb.; cf. *De virtut. mulier.*, § 20, p. 55).

[1] Athen., IV, p. 38.

[2] Sur une monnaie de Stratonicée en Carie, la déesse est représentée
accostée de deux cerfs et ayant une broche de chaque main. Dans le
champ, on voit le soleil et la lune (Mionnet, *Suppl.*, t. VI, p. 538,
nᵒˢ 489, 492; voy. Heyne, *Antiq. Aufsätz.*, t. I, p. 109; Müller,
Dorier, I, p. 392). Le buffle, animal cornu, lui était consacré.

[3] Xenophon. *Hist. græc.*, III, 2, 19.

[4] Ἱερὸν μάλα ἅγιον (Xenophon. *Hist. græc.*, III, c. 2, § 19).

[5] Polyb., XVI, 12, 3. Strab., XIV, p. 658.

[6] Callimach. *Hymn. in Dian.*, v. 117.

[7] Chrysé, Χρύσης ou Χρύση. Cette déesse fut tour à tour assimilée
à Artémis et à Athéné. Voyez ce qui a été dit au tome I, p. 151.

qui tient de la main droite un arc et lève la gauche sur
une haste[1], nous fait reconnaître dans cette déesse non la
sœur d'Apollon, mais une divinité mère et tellurique analogue à Cybèle, et transformée par les Grecs en Artémis.

Toutes ces déesses semblent avoir leur berceau dans
l'Assyrie, où les monuments nous font connaître l'existence d'une divinité analogue. Cette divinité est figurée
sur les cylindres babyloniens, montée sur un lion, armée
d'un arc et de flèches, le carquois sur l'épaule et le front
coiffé d'une tiare que surmonte une étoile [2]. Des images
de terre cuite de travail romain représentent une déesse
tenant de chaque main un lion par la patte [3], et ce motif
se retrouve avec quelques variantes sur des monuments
figurés de l'Étrurie et de la Rhétie [4]. Le même sujet reparaît encore dans des compositions plus anciennes [5].
M. Gerhard a cru, avec une certaine vraisemblance, distinguer dans la suite de ces figures les variations d'un
même type divin, d'une même personnification de la
terre, de la force productrice représentée comme la reine
des animaux sauvages, et c'est précisément sa personnification qui apparait dans l'Artémis d'Éphèse et chez les
divinités analogues [6].

La Pallas de Troie, dont le simulacre était, aux yeux

---

[1] Voy. Mionnet, *Suppl.*, t. II, p. 515, n° 389.

[2] Voy. Raoul-Rochette, *L'Hercule assyrien*, pl. VI, n° 14.

[3] Cette terre cuite provient de Calvi. La déesse est ailée et vêtue
d'une longue tunique. (Voy. Gerhard, *Archäologisch. Zeitung*, Jahrg.
XII, Taf. LXII, n° 2.)

[4] Voy. Gerhard, *ouvr. cit.*, Taf. LXIII, n°ˢ 1 et suiv.

[5] Voy. Gerhard, *ouvr. cit.*, Taf. LXI (vase de Théra); Taf. LXII, n° 2
(terre cuite de Capoue).

[6] Voyez l'article de M. Gerhard, intitulé *Persische Artemis* (*Arch. Zeit.*,
Jahrg. XII, n°ˢ 61-63).

des habitants d'Ilion, un si précieux talisman [1], fut très
vraisemblablement une divinité poliade analogue à l'Artémis d'Éphèse et à la Cybèle de Phrygie; mais l'influence
des Grecs s'était fait sentir en Troade depuis une époque
fort reculée, et ils ont défiguré à ce point les traditions
mysiennes, qu'il est impossible de remonter aux éléments purement asiatiques sur lesquels avait brodé
leur imagination. Voilà comment la déesse troyenne finit
par se confondre avec la Pallas d'Athènes. La double
conception de l'Artémis, qui en faisait tantôt, avec les
Hellènes, une vierge d'un caractère farouche et solitaire,
tantôt, avec les Lydiens et les Phrygiens, la mère des
êtres et le principe féminin de la production, peut du
reste avoir eu une origine asiatique. La sœur d'A-
pollon, dont le culte était sorti de la Thessalie et de la
Macédoine, n'est pas en effet sans une certaine ressemblance avec une autre déesse lunaire, assimilée par les
Grecs à l'Artémis Taurique et apportée du Pont et de
l'Arménie. Je veux parler d'*Anaïtis*, dont le nom a déjà
été rappelé plus haut, et qui, d'après les recherches de
M. Oppert, était adorée en Assyrie sous le nom de Nana,
en qualité d'épouse du soleil hyperboréen et présidant à
l'humidité. Pausanias [2] nous dit que l'Artémis Taurique
(Ταυρικὴ θεά) était révérée de son temps, par les peuples de
la Cappadoce et du Pont-Euxin; et afin que nous n'ayons
aucun doute sur l'identité de cette divinité avec l'Anaïtis
adorée dans l'Arménie et le Pont, il ajoute que les Lydiens, qui ont chez eux un temple d'Artémis Anaïtis, se
disputent l'honneur de posséder sa statue. Un passage de

---

[1] *Iliad.*, VI, 88, sq. *Schol. ad Eurip. Orest.*, 119. Dionys. Halic.
Ant. Rom., I, 69.
[2] III, c. 16, § 6.

Tacite [1] nous apprend que c'était à Hiérocésarée que se trouvait le sanctuaire de l'Anaïtis lydienne. D'autre part, Strabon et Pausanias [2] disent que le culte d'Anaïtis était établi à Zéla, dans la province du Pont, où elle avait un temple célèbre desservi par un grand nombre d'hiérodules [3]. Jadis le souverain pontife de la déesse avait exercé une autorité politique presque souveraine dans le pays, mais cette autorité s'affaiblit plus tard. Il continua toutefois d'être environné des plus grands honneurs et en possession de toutes les richesses du temple [4].

Strabon ajoute que le culte rendu par les habitants de Zéla à la déesse était plus décent que celui dont on l'honorait en Arménie. Il nous dit en effet ailleurs [5] que les Arméniens avaient élevé des temples à Anaïtis, en plusieurs endroits, et particulièrement dans la province d'Acilisène. Là non-seulement il y a, continue le géographe grec, des individus des deux sexes dévoués au service de la déesse, ce qui est simple, mais les familles les plus distinguées lui consacrent leurs filles encore vierges; et c'est là une loi du pays qu'après s'être, durant longtemps, prostituées dans le temple d'Anaïtis, elles s'engagent avec un mari; aucun ne refuse de les épouser [6].

Dans la Médie, où existait aussi le culte de la même

---

[1] *Annales*, III, 62.

[2] Strab., XI, p. 511. Pausan., *loc. cit.*

[3] Strab., IX, p. 512. Cf. Herodot., I, 94. Cf. F. Windischmann, *Die Persische Anaïta oder Anaïtis*, p. 13 et suiv.

[4] Strab., XII, p. 559. Les temples d'Anaïtis paraissent avoir été en général d'une grande richesse. La statue de la déesse, qui fut détruite lors de l'expédition d'Antoine contre les Parthes, était d'or (Plin. *Hist. nat.*, lib. XXXIII, c. 24).

[5] Strab., XI, p. 532.

[6] Id., *ibid.*, p. 553.

déesse [1], nous voyons Artaxerxès, fils d'Ochus, enlever à Darius Aspasie, qui avait choisi celui-ci, et la consacrer comme prêtresse d'Anaïtis, fonction dans laquelle elle devait garder une perpétuelle chasteté . C'est à ce monarque que l'on faisait remonter l'établissement, ou du moins la propagation du culte de la déesse dans l'empire perse [2]. Le véritable nom de celle-ci paraît avoir été *Anahid* [3], qui reparaît, sous diverses altérations, en un grand nombre de localités de l'Assyrie et de la Perse [4]. Il en fut, chez les populations indo-persiques, du culte d'Anaïtis, comme de celui de Mên; il trouva partout une grande faveur, et on le rencontre jusque chez les monarques indo-scythes de la Bactriane qui adoraient, comme on l'a vu plus haut, la déesse sous le nom de *Nana* [5].

A Comane, en Cappadoce, on reconnaissait une divinité lunaire qui est dans une parenté étroite avec

[1] Plutarch. *Artaxerx.*, § 27, p. 498, edit. Reiske. Cf. H. H. Wilson, *Ariana antiqua*, p. 263.

[2] Clément d'Alexandrie (*Cohort. ad Gent.*, p. 57, edit. Potter, p. 43, b, c) dit, d'après Bérose, qu'Artaxercès introduisit le culte d'Aphrodite Tanaïs, c'est-à-dire Anaïtis, à Babylone, à Suse, à Ecbatane, en Perse, à Bactres, à Damas et à Sardes.

[3] Voyez, à ce sujet, M. Ed. Meyen, *De Diana taurica et Anaitide* (Berolini, 1846), p. 46 et sq. Cf. ci-dessus p. 96.

[4] Ce nom a été donné sous la forme Anaïs par Strabon, qui parle d'un temple d'une déesse ainsi appelée, existant à Arbèle : Περὶ Ἀρϐήλα δὲ ἐστι καὶ τὸ τῆς Ἀναίης ἱερόν (XVI, p. 358). Et cette forme se retrouve dans Polybe (X, p. 27) : Ὁ ναὸς ὁ τῆς Αἴνης προσαγορευόμενος. Dans le livre des Machabées, cette déesse, adorée à Elymaïs, est appelée *Nane* (II, 1, 13). Clément d'Alexandrie, qui l'identifie à Aphrodite, parle d'une Ἀφροδίτην Ταναΐδα. (Cf. Lajard, *Recherches sur le culte de Vénus*, 3e mém., p. 188.)

[5] Voy. J. Prinsep, ap. *Journal of the Asiatic Society of Bengal*, vol. III, p. 450; vol. IV, p. 629. Cf. H. H. Wilson, *Ariana antiqua*, p. 358.

Anaïtis; les Grecs l'ont identifiée à leur Ényo et les Latins à leur Bellone [1]. Tout ce que Strabon [2] rapporte de son culte concorde parfaitement avec ce que nous savons d'Anaïtis. Il est vrai que les habitants de Comane ne la désignaient pas sous ce nom, et l'appelaient, comme la déesse phrygienne, *Ma* [3], c'est-à-dire sans doute *mère;* circonstance qui montre sa parenté avec cette divinité. Mais ce que le géographe grec note du grand nombre d'hiérodules attachés à son service [4], de l'autorité de son póntife, choisi dans la famille royale, et qui était, après le satrape ou le roi, le personnage le plus considérable dans la province [5], rappelle l'organisation sacerdotale du temple de Zéla. Et ce qui complète le rapprochement des deux divinités, c'est l'existence d'un temple de la déesse de Comane dans une ville du Pont appelée aussi Comane, et qui avait été construit sur le modèle du premier. Là se pratiquaient les mêmes rites, et le pontife était environné de la même autorité. Ce ministre, dans la procession où l'on portait l'image de la déesse, avait le front ceint du bandeau royal. Au temple était attaché un oracle [6]. Enfin,

---

[1] Plutarque (*Sylla*, § 9, p. 92, edit. Reiske), qui raconte que cette déesse apparut à Sylla, nous dit qu'elle fut tour à tour identifiée à la Lune, à Athéné et à Enyo. (Cf. Hirt., *De bell. Alex.*, 66. Ciceron. *Epist. ad famil.*, XV, 4.)

[2] Strab., XII, p. 532; XV, p. 732.

[3] C'était précisément le nom que les Phrygiens donnaient à leur Cybèle. (Voy. Steph. Byzant., vᵒ Μάσταυρα, et ce qui a été dit plus haut.)

[4] Strab.; XII, p. 535. Au temps de Strabon, le nombre des hiérodules s'élevait à six mille. Il y avait en outre beaucoup d'inspirés attachés au temple.

[5] C'est ce que dit aussi Hirtius (*De bell. Alex.*, 66). Une partie des habitants de la ville, sans doute ceux qui étaient attachés au temple, et qui étaient presque tous Cataoniens, ne relevaient que de son autorité (Strab., XII, p. 535).

[6] Strab., XII, p. 557.

ce qui est plus significatif encore, c'est qu'on y retrouvait la prostitution, comme dans le culte d'Anaïtis [1]. Dans
son temple, qui ne fut détruit qu'après l'établissement du
christianisme [2], un grand nombre de courtisanes attachées
à son service se livraient, à l'époque de la panégyrie,
aux étrangers qui s'y portaient en foule [3]. Une médaille de
Comane, vraisemblablement de la Comane du Pont, nous
donne la figure de la déesse. Elle est représentée la tête
environnée de rayons, tenant une massue d'une main et
un bouclier de l'autre [4]. Ces attributs conviennent, il est
vrai, plutôt à une déesse solaire qu'à une divinité lunaire;
mais il est probable qu'en sa qualité de divinité suprême, la
déesse avait fini par personnifier le soleil, auquel divers
peuples de la branche perso-germanique donnent le sexe
féminin.

---

[1] En Acilisène, les familles les plus distinguées consacraient à la
déesse leurs filles encore vierges, et on ne les mariait qu'après qu'elles s'é-
taient prostituées, un certain temps, pour l'honorer. (Strab., XI, p. 553.)

[2] Procop., De bell. Pers., I, 17. Toutefois il paraît résulter des paroles
de Pline que, de son temps, le mantéion attaché à ce temple seul sub-
sistait (Hist. nat., VI, 3).

[3] Strab., XII, p. 558.

[4] Voy. J. Millingen, Ancient Coins of Greek cities and kings, pl. v,
n° 4, p. 67. Cette médaille date, il est vrai, de l'époque impériale, c'est-
à-dire d'un temps où le caractère de la déesse pouvait avoir été déjà
dénaturé. Certaines figurines, que l'on a prises, mais sans autorité
suffisante, pour des images d'Anaïtis, représentent une femme tenant
une mamelle de chaque main (voy. W. Kennet Loftus, Travels and
researches in Chaldœa and Susiana, p. 379, London, 1857). D'autres
antiquaires croient, avec plus de vraisemblance, reconnaître l'Anaïtis
ou Artémis persique dans une déesse figurée sur les cylindres, avec
le double carquois, tenant l'épée, la couronne et le sceptre terminé
par un disque (voy. Chabouillet, Catalogue général des camées du
cabinet des médailles, n° 781). A l'époque sassanide, Anaïtis apparaît
sans attributs guerriers, coiffée du globe et du croissant, une fleur à la
main (voy. Chabouillet, ouvr. cit., n° 1117).

La déesse de Comane était tenue par les Grecs pour la même que l'Artémis Taurique, cette redoutable divinité dont, suivant une tradition consignée chez les tragiques [1], Iphigénie était devenue prêtresse, et à laquelle Oreste faillit être immolé. Cette assimilation tenait certainement à la ressemblance qu'avaient les cultes des deux divinités. Strabon, en se fondant sur cette identification, acceptée, comme on l'a vu plus haut, par Pausanias, ajoute, à propos de la déesse cappadocienne, « *il paraît même que son culte fut apporté de la Scythie Taurique par Oreste et Iphigénie*, » et il propose à ce sujet une ridicule étymologie du nom de la ville [2]. Cette fable grecque a dû s'accréditer dans le pays même, puisque nous la voyons rapportée, avec les variantes inévitables en pareils cas, par Dion Cassius [3] et Procope [4]. On la reproduisit à propos du temple d'une autre déesse cappadocienne adorée à Castabala, et identifiée par les Grecs à leur Artémis, l'Artémis Pérasia [5]. Un fait plus certain, c'est que les deux villes de Comane prétendaient posséder l'épée de la déesse [6]. Cette circonstance montre

---

[1] Voy. Euripid. *Iphig. in Taur.*, v. 10, 30, 783.

[2] Strabon (XII, p. 535) dit que la ville tira son nom de la chevelure de deuil (κόμη) qu'Iphigénie suspendit dans le temple.

[3] Dion Cassius, XXXV, 11.

[4] Procop. *loc. cit.*

[5] Strab., XII, p. 537. Les Grecs rendaient compte de ce surnom de *Pérasia* par une étymologie non moins ridicule que celle à l'aide de laquelle on expliquait le nom de Comane. Ils le faisaient venir du mot πέρας, *terme, extrémité*, parce que, disaient-ils, son culte était venu de loin. Peut-être faut-il voir dans ce surnom le même radical que dans le nom de *Pharnace*, qui désignait la lune en Arménie. Strabon nous apprend que les prêtresses de l'Artémis Pérasia passaient pour pouvoir marcher, pieds nus, sur des charbons allumés, sans se faire aucun mal. (Cf. Jamblich., *De myster. Ægypt.* III, 4.)

[6] Strab., *loc. cit.* Dion Cassius, *loc. cit.*

que la divinité des deux villes avait un caractère guerrier, et voilà pourquoi les Grecs l'identifièrent à Enyo [1].
Il est facile alors de s'expliquer les rites barbares et sanguinaires adoptés dans son culte, et ce sont vraisemblablement ces rites qui conduisirent à la rapprocher de l'Artémis Taurique. Mais n'y avait-il là qu'une analogie fortuite, et ce rapprochement était-il fondé sur une parenté originelle de la déesse de Comane et de celle des Scythes? C'est ce que je vais essayer de démêler.

Il est incontestable qu'il existait chez les Taures ou Thraco-Cimmériens une déesse assimilée par les Grecs à l'Artémis Taurique, et à laquelle ce peuple sacrifiait les malheureux naufragés, pour tirer des présages de l'inspection de leurs entrailles. Hérodote [2], qui rapporte le fait, ajoute que les Taures disent que cette déesse est Iphigénie; prêtant à ce peuple l'opinion des Grecs, qui prétendaient reconnaître dans la divinité scythique la Chrysé-Iphigénie transformée par les poëtes en une fille d'Agamemnon. Les nombreuses colonies helléniques qui s'étaient déjà établies en Scythie, au temps d'Hérodote, avaient pu, du reste, accréditer chez les Taures eux-

---

[1] Les Romains l'identifièrent, pour ce motif, à Bellone. Tout donne à penser que les prêtres que l'on trouve, à Rome, désignés sous le nom de *Bellonarii*, et qui se faisaient, en l'honneur de la déesse, des blessures aux bras et aux jambes (Jamblich. ´*Myster.*, III, 4), tiraient leur origine d'un collége sacerdotal venu de Pont ou de Cappadoce, en Italie. On les trouve en effet plus tard confondus sous le nom de *Fanatici*, avec les prêtres d'Isis et de la Grande déesse (Orelli, *Inscr. latin. select.*, n° 2316 et suiv.; cf. Lucan., I, 565; Lactant. *Instit.*, I, 21; Martial, XII, 57). Le *Dies sanguinis* qu'ils célébraient a tout le caractère d'une fête orientale et rappelle les usages des Galles. (Voy. plus haut, p. 86. Cf. Hartung, *Religion der Rômer*, II, p. 270.)

[2] Herodot., IV, 103. Cf. ce que dit Strabon (VII, p. 308) de la déesse vierge adorée par les Héracléotes dans la Chersonèse Taurique.

mêmes cette assimilation arbitraire. Le véritable nom de
la déesse était sans doute celui d'Artimpasa, la déesse
de la lune et de la production chez les Scythes, dont les
Taures étaient une des tribus. Or, on retrouve précisément chez les Albaniens du Caucase, qui appartenaient
vraisemblablement à la même race que les Scythes et les
peuples indo-européens de l'Asie Mineure, le culte d'une
déesse Lune. Le souverain pontife de cette déesse occupait, de même que ceux des deux Comane, le premier
rang après le roi [1]. Le territoire vaste et peuplé consacré
à la déesse était, comme aux deux Comane et à Zéla,
placé sous l'autorité de ce prêtre. Un grand nombre
d'autres lui obéissaient. «Entre ces ministres, écrit Strabon [2], il se trouve quelques hommes qui, par une disposition singulière, sont, en certains temps, saisis d'enthousiasme et prophétisent l'avenir. On immole à la déesse un
de ces inspirés; on tire des présages de la manière dont
la victime tombe; puis on transporte le cadavre dans un
endroit désigné où chacun le foule aux pieds par forme
d'expiation.» L'infortuné, avant d'être immolé, était,
ajoute encore l'auteur grec, retenu dans les fers, splen-
didement nourri et parfumé partout le corps [3].

Ces rites superstitieux et féroces, en même temps qu'ils
reportent à ceux que pratiquaient les Taures dans le culte
de leur déesse, rappellent la légende d'Oreste. Tombé
dans le délire après le meurtre de sa mère, le fils de
Clytemnestre fut sur le point d'être offert comme victime
d'expiation à l'Artémis Taurique [4].

---

[1] Strab., X, p. 503.
[2] Strab., *loc. cit.*
[3] Strab., *loc. cit.*
[4] Euripid. *Iphigen. in Taur.*, v. 79 et sq.

D'un autre côté, diverses traditions nous représentent les Perses comme ayant été chercher en Scythie, ou du moins comme ayant reçu, à l'occasion d'une guerre avec les Scythes, le culte de leur Anaïtis [1]. On donnait le nom de *Sacœa*, c'est-à-dire *scythiques*, aux fêtes bruyantes qui se célébraient dans tous les lieux où était établi le culte de la déesse. L'ensemble de ces rapprochements nous conduit à reconnaître autant de divinités lunaires d'un genre analogue, dans la déesse scythique dite Artémis Taurique, dans l'Anaïtis de la Perse et de l'Arménie, et dans la déesse de Comane [2].

Le caractère farouche et belliqueux de la déesse scythique paraît s'être greffé sur le caractère désordonné et lubrique des déesses assyrienne et arménienne [3], pour donner naissance au type d'Anaïtis qui les réunit.

Les cérémonies licencieuses pratiquées en l'honneur de la seconde de ces déesses se seront mêlées aux rites qui ensanglantèrent les autels de l'autre [4]; alliance monstrueuse que facilitait le secret dont les deux ordres de cérémonies avaient besoin de s'entourer, et qui leur fit attribuer par les Grecs le nom de mystères. Ces dégoûtantes et horribles cérémonies passèrent plus tard dans le

---

[1] Strab , XI, p. 512.

[2] Je dois ajouter, pour qu'on ne prête pas une trop grande généralité à ma proposition, que plusieurs divinités analogues à celles de Comane finirent par prendre un caractère solaire.

[3] Aussi Strabon en rapproche-t-il les prostitutions qui se pratiquaient en Lydie (Cf. Herodot., I, 94 ; Ælian. *Hist. var.*, IV, 1 ; Quint. Curt., V, 5). L'usage lydien semble, du reste, avoir été originaire de l'Assyrie et découler du culte de Mylitta (voy. Lajard, *Recherches sur le culte de Vénus*, 2⁰ mémoire, p. 55, 56).

[4] C. Tiesler, *De Bellonœ cultu et sacris* (Berolini, 1842), et Meyen, *De Diana Taurica et Anaitide* (Berolini, 1845).

Hellènes avaient déjà atteint un assez haut degré de culture.

Une moindre distance sépare la religion lydo-phrygienne des religions de la Phénicie et de la Syrie. On retrouve chez celles-ci une divinité offrant avec la grande déesse lydo-phrygienne une frappante analogie ; c'est *Achéra* ou *Astarté* [1] (אשרה, אשתרת), qui reçoit aussi l'épithète de *Baalthis* [2] et dont le culte était répandu dans toute la Phénicie et le pays des Philistins. Elle personnifiait à la fois la lune et les phénomènes de la production et de la génération [3]. Le dieu-soleil *Adonis* ou *Adonai* (אדני), c'est-à-dire *le seigneur*, ou mieux *mon seigneur, mon maître*, lui est subordonné. Les Grecs assimilèrent, comme on le verra plus loin, Astarté à leur Aphrodite, quoique sa légende rappelât beaucoup plutôt celle de Cybèle. L'analogie est même assez frappante pour donner une grande vraisemblance à la communauté d'origine des deux déesses. J'ai dit, au chapitre•précé-

---

[1] Τετάρτην (Ἀφροδίτην) τῆς Συρίας καὶ Κύπρου τὴν λεγομένην Ἀστάρτην (J. Lyd., *De mensib.*, III, 36, p.89, edit. Schow; Lucian., *De dea Syr.*, §§ 3, 4, p. 83). D'après les recherches de M. J. Oppert, cette déesse Astarté ne serait autre que la déesse *Istara* (עשׁתר), adorée par les Assyriens comme présidant à l'agitation et à l'amour, et qu'on invoquait sous le nom générique de *Bilitta* (*Mylitta*), donné à toutes les grandes déesses de l'Assyrie.

[2] בלטי, c'est-à-dire, sans doute, *la maîtresse, la dame*. Ce nom, qui figure dans les inscriptions phéniciennes, nous a été conservé par les écrivains grecs (Euseb. *Præp. evang.*, IX, 41; Hesychius, v° Βήλθης); il parait, du reste, avoir été appliqué à différentes déesses (Chwolsohn, *Die Ssabier und der Ssabismus*, t. II, p. 71).

[3] Lucian., *De dea Syr.*, § 4, p. 453. Voyez, sur le culte de cette déesse adorée à Ascalon et Gaza sous le nom d'*Achéra*, à Sidon et à Carthage sous celui d'*Astarté*, Movers, *Die Phönizier*, t. I, p. 601 et suiv. Hérodote (I, 105) nous apprend que le culte de l'Aphrodite Uranie était syro-phénicien.

dent, que Cybèle prend, en certains cas, alors qu'elle se confond avec Agdistis [1], le caractère d'une divinité hermaphrodite. L'Aphrodite syrienne, autrement dit l'Astarté de Phénicie et de Cypre, était aussi une divinité hermaphrodite, et, à Cypre, elle était même représentée barbue et phallophore [2]· Il semble donc que ce soit de Phénicie qu'ait été porté en Phrygie le culte de cette déesse à double sexe, ou plutôt les deux pays avaient puisé leurs croyances religieuses au même berceau. Les Pamphyliens adoraient également une Aphrodite barbue [3] qui se reconnaît aisément pour la déesse syrienne. Cette Aphrodite avait la plus grande analogie avec Cybèle. D'un autre côté, l'Aphrodite de Paphos était représentée, de même que la Mère de Pessinunte, par une simple pierre grossièrement taillée [4]. Tout concourt ainsi à faire assigner une même origine aux déesses hermaphrodites de l'Asie, tour à tour désignées par les Grecs sous les noms d'Aphrodite et de Cybèle. Et l'on trouve effectivement en Phrygie un temple consacré à Aphrodite *Cybélis* [5]. Des traditions qui se répandirent chez les Phrygiens et les Lydiens, après qu'ils furent entrés

---

[1] Strab., XII, p. 567. Hesych., v° Ἀγδίστις.

[2] Servius, *Ad Virgil. Æn.*, II, 632. Macrob. *Saturn.*, III, 8. Lydus donne à Aphrodite l'épithète de ἀρσινόθηλυς (*De mens.*, p. 24, 89, edit. Schow). Julius Firmicus (*De error. prof. relig.*, c. 3) qualifie, pour ce motif, Vénus, c'est-à-dire Aphrodite, de *biformis* (voy. Lajard, *Recherches sur le culte de Vénus*, 2e mémoire, p. 65-66).

[3] J. Lyd., *loc. cit.*

[4] Maxim. Tyr. *Dissert.*, VIII, 8, p. 143, edit. Reiske. Tacit. *Histor.*, II, 3. Serv., *Ad Æn.*, I, 724. Cf. Guigniaut, *La Vénus de Paphos*, dans la traduction de *Tacite* par Burnouf, t. II, p. 419.

[5] Nonn. *Dionys.*, XLVIII, 654. A Elymaïs, on entretenait des lions dans le temple d'Adonis (Ælian. *Hist. anim.*, XII, 33), et l'on a vu, au chapitre précédent, que ces animaux étaient consacrés à Cybèle.

en relation avec les Grecs, donnaient Aphrodite pour la
même divinité que Cybèle [1].

Mais la ressemblance entre les deux déesses ne s'arrête pas à ces premières analogies; elle reparaît dans les
actions que leur prêtait la légende. Astarté est éprise des
charmes d'Adonis, comme Cybèle l'est de ceux d'Atys.
Ce dernier périt d'une mort malheureuse, et Adonis
trouve également le trépas par suite d'un accident [2]. La
déesse phrygienne conçoit de cette mort une douleur profonde [3], elle s'efforce de rendre la vie à son amant, en
inondant son cadavre de nectar; ce qu'on racontait aussi
d'Aphrodite, après la mort d'Adonis. Atys fut métamor-
phosé en un arbre; Adonis l'est en une fleur [4]. Le trépas
d'Atys a été le résultat de la colère de Cybèle, jalouse de
l'amour qu'il avait conçu pour la fille du fleuve Sangarius; la mort d'Adonis a pour auteur un sanglier qu'une
déesse lunaire [5] en courroux a envoyé contre lui. Les
fêtes par lesquelles les Phéniciens solennisaient la mort
d'Adonis rappelaient d'une manière frappante celles que

[1] Char. Lampsach., ap. Phot. *Lex.*, v° Κύβηβος. Suivant Hesychius
(v° Κυβήλη), Aphrodite était assimilée, chez les Grecs, à Héra et à
Cybèle.

[2] Panyasis, ap. Apollodor., III, 14. Ptolem. Hephæst., ap. Phot.
Bibl., cod. 189, p. 146, 147, edit. Bekker. Au dire de quelques-uns,
Apollon avait envoyé le sanglier qui donna la mort à Adonis. Cette fable
tient à l'étroite relation existant entre Apollon et Adonis, qui figurent
tous deux le soleil. (Cf. Lactant. Placid. *Fab.*, X, 12.)

[3] Macrob. *Saturn.*, I, 21.

[4] En anémone. (Voy. Bion, *Idyll.*, I, 64.)

[5] Ce sanglier, que les Phéniciens appelaient *alpha*, c'est-à-dire *le
sauvage, le cruel*, avait été, suivant l'opinion la plus répandue, suscité
par Artémis (voy. Apollodor., *loc. cit.*). Ovide, qui appropie la légende
aux fables poétiques imaginées postérieurement, dit que le sanglier fut
envoyé par Mars (*Arès*) dans un accès de jalousie (*Metam.*, X, 290, sq.).

les Phrygiens consacraient à pleurer la mort de leur dieu [1].
On a vu que celles-ci duraient cinq jours; la cérémonie
phénicienne en mémoire d'Adonis en durait sept [2]. Atys
n'avait péri que pour ressusciter, et cette résurrection
était l'image du retour du soleil et de ses feux après
l'hiver, durant lequel la nature demeure comme frappée
de mort; Adonis ressuscitait aussi, et, suivant les légendes helléniques, qui ont malheureusement quelque peu
altéré la donnée phrygienne, il obtint du dieu du ciel [3] de
passer alternativement quatre mois avec Astarté, quatre
mois seul et quatre mois sous terre, ou, pour parler
comme les Grecs, en compagnie de Proserpine. Ce fait
décèle clairement le sens calendaire de la fable [4]. Les
Phéniciens, de même que les premiers Grecs, divisaient
l'année en trois saisons, qui sont ici symbolisées : l'hiver,
durant lequel Adonis, c'est-à-dire le soleil, habite sous
terre, car il nous est invisible la plus grande partie du
jour; le printemps, où son action fait germer et pousser les
plantes, circonstance représentée par l'union d'Adonis
avec Astarté, la déesse de la production; enfin l'été,
saison pendant laquelle rien ne vient tempérer les ardeurs
solaires.

[1] Macrob. *Saturn.*, I, 21. Dans les fêtes d'Adonis, on célébrait la
disparition du dieu (ἀφανισμός) et sa réapparition (εὕρεσις). Le même
ordre n'était pas toujours observé dans ces fêtes. En certaines localités,
la cérémonie religieuse paraît avoir précédé la solennité funèbre (voy.
Creuzer, *Religions de l'antiquité*, trad. Guigniaut, t. II, part. II, p. 48).

[2] Ammian. Marcellin., XX, 1.

[3] Apollodor., III, 14, 1-4.

[4] Suivant d'autres, Adonis passait six mois parmi les vivants et
six parmi les morts (*Schol. ad Theocrit. Idyll.*, XV, 103). Καὶ παρὰ
Φοίνιξιν ὁ ἀνὰ μέρος παρ' ἓξ μῆνας ὑπὲρ γῆν τε καὶ ὑπὸ γῆν γινόμενος
Ἄδωνις (Cornut., *De natur. deor.*, c. 28, p. 163, 164, edit. Osann.). Voy.
Creuzer, *Religions de l'antiquité*, trad. Guigniaut, t. II, part. I, p. 50.

D'autres traits complètent la ressemblance des légendes phrygienne et phénicienne [1]. On retrouve dans l'histoire d'Adonis plusieurs circonstances du mythe d'Agdistis [2]. Adonis a dû le jour à l'inceste involontaire de Smyrna avec son père [3]; Agdistis est également né du commerce involontaire de Zeus avec la Terre. Smyrna est métamorphosée en une plante, la myrrhe [4]; Agdistis est changé en un arbre, l'amandier. Les fruits de cet amandier donnent naissance à Atys, de même que de l'arbre qui produit la myrrhe naît Adonis. Le mythe

---

[1] Tel est, par exemple, la mort d'un certain Atys, tué, comme Adonis, par un sanglier, et dont Hérodote (I, 43) et Diodore (IX, fragm. 17), qui confondent ici le dieu avec le fils de Crésus, font un personnage historique. La cause involontaire de sa mort est précisément un individu du nom d'Adraste, qui rappelle le surnom d'*Adrastea* donné à Cybèle, cause involontaire de la mort d'Atys; c'est ce qu'a noté Ptolémée Héphæstion (ap. Phot. *Bibl.*, cod. 189, p. 146, edit. Bekker).

[2] Le caractère hermaphrodite que les Orphiques prêtent à Adonis rappelle aussi d'une manière frappante le sexe ambigu d'Agdistis (voy. Orph. *Hymn.*, LVI, 55). Ptolémée Héphæstion (ap. Phot., *loc. cit.*, p. 150) dit qu'Adonis avait le sexe mâle quand il était uni à Aphrodite, et le sexe féminin quand il était uni à Apollon.

[3] Apollodor., III, 14, 3. Hygin. *Fab.*, 58, 164, 251, 271. Lact. Placid. *Fab.*, X, 9, 10. Cinyras, qui, par un commerce incestueux avec sa fille, donne naissance à Adonis, n'est lui-même qu'Adonis, invoqué, comme on le verra plus loin, sous le nom de Cinyras. Ce mythe nous représente donc le dieu devenant son propre générateur ; ce qui nous ramène au dogme égyptien d'Ammon *mari de sa mère*. Le dieu Ammon, dont il sera question au chapitre suivant, était en effet, de même qu'Adonis, le *seigneur des dieux*, le *seigneur de l'éternité*; il s'engendrait *soi-même*, idée qui figure l'inceste de sa naissance. Ra, qui représente, comme Adonis, le soleil, était dit aussi s'engendrer soi-même. Smyrna jouait donc, en Phénicie, le même rôle que Neith ou Maut, la déesse mère de son époux; en tant qu'engendré, Adonis répondait à Khons, l'Hercule égyptien (voy. E. de Rougé, *Notice sommaire des monuments égyptiens du Louvre*, p. 99 et suiv.).

[4] Apollodor., III, 14, 4. Antonin. Liber., 34. Ovid. *Metam.*, X, 435.

semble avoir dans les deux fables, phrygienne et phénicienne, un caractère également astronomique ou calendaire. Ce n'est qu'au bout de dix mois qu'Adonis sort de
l'arbre qui l'avait porté et nourri, à l'instar de l'utérus
d'une femme[1]. A sa mort, il est enseveli par Astarté,
comme Atys l'est par Cybèle[2]. Enfin le pin, qui jouait
un si grand rôle dans les fêtes de cette dernière déesse,
semble n'être qu'un succédané mythique du cyprès consacré à Astarté[3]. La ressemblance des deux légendes
n'échappa pas aux anciens, qui finirent par identifier les
deux déesses et n'en plus faire qu'une seule participant
du caractère de l'une et l'autre, ainsi qu'on le voit par
Lucien et Apulée[4].

Je ne poursuivrai pas davantage des rapprochements si
manifestes et si particuliers. Il est évident que les Phrygiens
et les Phéniciens avaient puisé à la même source[5]; mais
cette source quelle était-elle? C'est ce que je rechercherai
plus loin. En attendant, je me bornerai à constater que
l'influence syro-phénicienne s'était fait sentir sur toute
la côte méridionale de l'Asie Mineure, en Cilicie, en
Lycie, en Pamphylie et jusqu'en Lydie. L'Hercule lydien

---

[1] Apollodor., *loc. cit.*

[2] Apollodor., *loc. cit.* Bion, *Idyll.*, I, 64.

[3] Voyez le mémoire de M. Lajard, *Du cyprès pyramidal considéré comme symbole ou attribut des dieux en Orient et en Occident*,
dans les *Annales de l'Institut archéologique de Rome*, t. XIX, p. 42
et suiv.

[4] Voy. Lucian., *De dea Syr.*, §§ 14, 15, p. 91. Apul. *Metam.*, VIII,
c. 24, p. 720 et sq., edit. Hild. Apulée confond par le même motif
Adonis et Sabazius (VIII, c. 24, p. 724).

[5] Bien que les traditions et les diverses cérémonies religieuses des
Phrygiens ne soient pas les mêmes que celles des Syriens (Assyriens),
écrit Macrobe, le fond est le même, relativement à la Mère des dieux et
à Atys (*Saturn.*, I, 21).

nous a offert des traits qui sont dans un rapport étroit avec les mythes de la Syrie [1]. Ce fut donc vraisemblablement dans la direction du sud au nord que la religion de la grande déesse productrice et lunaire adorée en Phénicie sous le nom d'Astarté a rayonné dès une époque reculée ; elle pénétra aussi dans la Phrygie et les contrées environnantes. Mais une fois importée chez des populations de races diverses, l'adoration de cette déesse y prit une physionomie quelque peu différente. La divinité lunaire et sensuelle des syro-phéniciens revêtit un caractère moins lubrique et moins désordonné, pour en prendre un plus farouche et plus sanguinaire, et cela, comme je l'ai dit, sous l'influence des populations qui étaient descendues du Caucase et s'étaient mêlées aux indigènes de la Phrygie et du Pont.

Quant aux Cariens, qui menaient une vie de piraterie et d'aventures, se livraient peu à la culture des champs ou à l'élève des bestiaux, ils n'acceptèrent pas la déesse phénicienne ; ils gardèrent leur dieu national, dieu guerrier et marin dont il a été question au chapitre précédent.

La forme sous laquelle se trouvent symbolisés, dans les légendes primitives de Cybèle et d'Astarté, les phénomènes de la végétation, nous reporte au mythe grec d'Hadès et de Proserpine. La ressemblance des fables grecque et phrygienne avait déjà frappé les anciens [2]. Il y a dans la donnée hellénique, telle que je l'ai présentée au chapitre VI [3], un caractère tellement analogue à celui des légendes phénicienne et phrygienne, qu'on est naturelle-

---

[1] Voy. page 151 et suiv.
[2] Voy. Cornutus, *De natur. deor.*, c. 18, p. 163 et sq.
[3] Voy. tome I, p. 468 et suiv.

ment conduit à supposer entre elles une primitive parenté. Et quand on songe que cette légende de Proserpine
et d'Hadès sert de fondement aux mystères d'Éleusis,
institués, disait-on, par les Thraces, on ne peut se défendre de la pensée qu'il n'y ait eu jadis, d'Asie en Europe,
un courant de mythes telluriques ou chthoniens, courant qui a dû traverser des populations agricoles, puisque ces mythes en reflètent les espérances et la vie.
Mais dans des siècles postérieurs à ceux des premiers
emprunts faits à l'Asie, l'influence des croyances syro-
phéniciennes se fit sentir plus directement sur la religion grecque, et elle s'est continuée jusqu'à une époque
comparativement moderne. Les Phéniciens, navigateurs infatigables, qui faisaient un commerce incessant
dans l'Archipel grec, durent y propager le nom de leurs
dieux, les rites qu'ils observaient en les adorant. Il
n'est pas impossible que ces mystères de Samothrace,
qui attiraient de toutes parts des dévots et des initiés,
se soient modifiés quelque peu, sous l'influence d'importations phéniciennes. Malheureusement, comme j'ai
déjà eu occasion de le remarquer, les Grecs ne conservaient guère les noms des divinités étrangères qu'ils
accueillaient dans leur panthéon; ils échangeaient ces
noms contre d'autres tirés de leur propre langue, ou
du moins ils faisaient subir à ces noms des altérations
qui leur imprimaient une physionomie tout hellénique [1]:
C'est donc seulement par les circonstances extérieures,
par des données historiques, qu'il est possible de remonter à l'origine phénicienne d'un certain nombre de

---

[1] Voyez, à ce sujet, les observations de Letronne, consignées dans
une lettre à M. Botta (*Revue archéologique*, t. IV, p. 467).

croyances grecques. Cypre, qui avait déjà reçu, à une
époque reculée, des colonies sémitiques, fut, pour ainsi
dire, la voie par laquelle s'opéra le plus habituellement
en Grèce le transport des mythes orientaux. Cette île
renfermait des sanctuaires antiques et vénérés de la
déesse Astarté [1]. Son culte y avait été apporté d'Ascalon [2] en Phénicie. Il y prit un développement considérable, mais s'y modifia sans doute sous l'influence des
différentes religions qui pénétrèrent à Cypre. Comme,
aux temps homériques, les Grecs étaient déjà en relation avec les habitants de cette île, le nom d'Astarté
dut, dès une époque reculée, venir à leurs oreilles.
Il paraît, il est vrai, n'avoir été cité par aucun des
anciens poëtes; mais ce que les écrivains grecs racon-
tent de la déesse Aphrodite adorée à Cypre a incontestablement trait à Astarté, et tous les témoignages déposent en faveur de ce fait que la déesse
Aphrodite avait été apportée de Cypre, et notamment de
Paphos [3].

Le nom d'Adonis, si l'on peut s'en fier au témoignage
d'Apollodore [4], avait déjà été prononcé par Hésiode [5], et
Völcker a fait remarquer quelle analogie le personnage

---

[1] Tels étaient les sanctuaires de Paphos et d'Amathunte. (Tacit. *Hist.*,
II, 3. Pausan., IX, c. 41, § 2. Voy. Guigniaut, *La Vénus de Paphos
et son temple*, p. 419 et suiv.)

[2] C'est ce que nous dit Hérodote (I, 105). Cf. Lucian. *De dea Syr.*,
§ 8, p. 5. Cf. Cicer., *De natur. deor.*, III, 23, 59.

[3] De Luynes, *Numismatique et inscriptions cypriotes*, p. 18.

[4] Hesiod. ap. Apollodor., III, 14, 3. On attribuait la construction du
temple d'Aphrodite paphienne de Tégée à Laodicée, fille d'Agapénor.
(Pausan., VIII, c. 53, § 3.)

[5] *Ueber Spuren ausländischer Götterkulte bei Homer*, ap. Rheinisch.
Museum, 2ᵉ sér., t. I, p. 215.

de Phaéthon, tel que le dépeint l'auteur de la *Théogonie*[1], présente avec le dieu phénicien. Phaéthon est un beau jeune homme venu de l'Orient, et comme tel, fils de Céphale et d'Éos. Il inspire, à l'exemple d'Adonis, de l'amour à Aphrodite, dont il était le prêtre et gardait le temple. Céphale, auquel il doit le jour, se rattache également aux légendes cypriotes; Apollodore le fait descendre de Cinyras et d'Adonis. Le nom de Phaéthon annonce d'ailleurs un dieu solaire, et l'on comprend facilement que les Grecs aient pu transporter les attributs de l'amant d'Astarté à une divinité dont le caractère lumineux et *pyrigène* ne devait pas leur échapper.

Le nom de Cinyras, que certains mythographes donnent au père d'Adonis[2] et qu'Homère connaît[3] déjà, paraît dérivé du grec κινυρός, qui a le sens de *plainte;* il a évidemment trait aux cérémonies funèbres et lugubres que les Cypriotes et les Phéniciens célébraient en mémoire de la mort du dieu; celui-ci recevait un nom d'un sens analogue, *Gingras*[4], qui désigne la flûte dont les sons plaintifs se faisaient entendre pendant ces cérémonies. Le même dieu était encore invoqué sous le nom

[1] *Theogon.*, v. 973 et sq.
[2] Apollodor., III, 14, 3. Lucian., *De dea Syr.*, § 9, p. 86.
[3] *Iliad.*, XI, 21. Cf. Pindar. *Pyth.*, II, 26.
[4] Γίγγρας (Pollux, *Onom.*, IV, 10, 76; Athen., IV, 23, p. 178, edit. Schweighauser). A Perge, en Pamphylie, où le culte du dieu avait été porté, il recevait, pour la même raison, le nom d'une flûte (Ἀεωϐάς) (voy. *Etymol. magn.*, p. 117, v° Ἀῶος). Le nom de Cinyras rappelle de même un instrument de musique à sons lugubres, la κινύρα, harpe à dix cordes, d'origine asiatique, qui n'est autre que le כנור des Hébreux, lequel, par une altération de lettres, a donné naissance au grec κιθάρα.

de Gauas (Γαύας), emprunté peut-être au même ordre d'idées [1].

Des traditions d'une origine, il est vrai, très problématique, faisaient remonter l'importation du culte d'Aphrodite à Cypre au temps de la guerre de Troie, et plusieurs légendes, inventées par les Grecs jaloux d'être les fondateurs de ce culte vénéré, leur attribuaient l'honneur d'avoir élevé à Cypre un de ses sanctuaires [2]. Ces traditions peuvent être apocryphes ; mais il n'en est pas moins certain que l'Aphrodite de Paphos était, depuis une époque fort ancienne, adorée dans l'île de Cythère. Des colonies phéniciennes y avaient introduit son culte [3], ou plutôt il y fût apporté par des Grecs qui avaient pris dans l'île de Cypre une dévotion pour la déesse [4]. Quoi qu'il en soit, Aphrodite était déjà adorée dans Cythère, lors de la com-

---

[1] Tzetzes, *Ad Lycophron. Alex.*, p. 133, edit. Steph. Voyez, sur l'étymologie de ce nom, mes Remarques, dans la *Revue archéologique*, t. V, p. 696.

[2] Pausanias, qui a recueilli quelques-unes de ces traditions, nous dit qu'Agapénor, chef des Arcadiens, qu'il avait conduits au siége de Troie, fut jeté, à son retour, sur les côtes de l'île de Cypre, y fonda Paphos, et érigea dans cette ville le célèbre temple d'Aphrodite (VIII, c. 5, § 2, c. 53, § 3). Mais ce qui montre bien que, malgré cette prétention, les Grecs ne pouvaient dénier l'existence, à Cypre, du culte de la déesse, antérieurement à leur arrivée, c'est qu'Aphrodite était, de son aveu, honorée auparavant dans un endroit de l'île appelé Golgos ou Golgis. M. Guigniaut a judicieusement remarqué (*Tacite*, trad. Burnouf, t. IV, *Mémoire sur la Vénus de Paphos*, p. 422) que ce nom était d'origine phénicienne.

[3] C'est ce que dit formellement Hérodote (I, 105). Le commerce du lin et de la pourpre amenait sans cesse les Phéniciens dans le Péloponnèse. (Voy. Gerhard, *Ueber Griechenlands Volksstämme und Stammgottheiten*, dans les *Mémoires de l'Académie de Berlin*, ann. 1853, p. 480. Voy., sur la question de l'origine phénicienne du temple de Cythère, Leake, *Morea*, t. III, p. 74.)

[4] Hésiode, retournant, comme faisaient si souvent les Grecs, la direc-

position de l'Odyssée [1]. J'ai dit, au chapitre VI[2] que le culte de l'Aphrodite cypriote, ou, pour parler plus exactement, de l'Astarté phénicienne, s'était greffé sur le culte pélasgico-hellénique de Dioné[3]. Tous les auteurs grecs s'accordent à reconnaître deux Aphrodites : l'une plus ancienne, c'est-à-dire dont le culte datait en Grèce d'une époque très reculée et qui recevait le nom *Pandémos* (Πάνδημος); elle était déjà adorée, disait-on, au temps de Thésée[4] et paraît s'être confondue avec Dioné[5]; l'autre, qu'on surnommait quelquefois *Uranie*, c'est-à-dire *céleste*[6], était l'Astarté, la déesse de Paphos et de Cythère. Et en effet, l'Aphrodite de Paphos recevait le surnom d'éthérée (*Aërias*[7]). Le caractère pur et céleste indiqué par cette· épithète avait fait interdire d'ensanglanter son autel, sur lequel brûlait un feu pur et qui était placé en plein air. Le culte de la même Aphrodite fut de nouveau porté en Grèce sous le nom d'Aphrodite syrienne[8], alors que l'Aphrodite de Paphos avait déjà été

tion qu'avaient suivie leurs dieux, fait venir la déesse à la nage de Cythère à Cypre (*Theogon.*, v. 195 et sq.).

[1] *Odyss.*, VIII, 288.

[2] Voy. tome Ier, p. 487, 488.

[3] Homère donne Dioné pour mère à Aphrodite (*Iliad.*, XX, 105 ; V, 371 ; cf. Suidas, v° Ἀστάρτη).

[4] Pausan., I, c. 22.

[5] Ἡ δὲ νεωτέρα Διὸς καὶ Διώνης ἦν δ'ἡ πάνδημον καλοῦμεν, etc. (Platon. *Conviv.*, § 8, p. 26, edit. Bekker). Platon considérait au contraire cette Aphrodite comme la plus récente, car dans l'ordre de ses idées théoriques, l'Aphrodite Uranie devait être la plus ancienne.

[6] Herodot., I, 105. Pausanias (VIII, c. 32, § 1) distingue trois Aphrodites, dont les statues se voyaient de son temps à Mégalopolis, dans un temple alors en ruine. (Cf. Cicer., *De natur. deor.*, III, 23.)

[7] Tacit. *Histor.*, II, 3. On fit ensuite d'Aërias un roi auquel fut rapportée la fondation du temple.

[8] L'existence de ce temple est constatée par une inscription découverte

tellement hellénisée, que les Grecs ne la reconnaissaient plus dans la divinité cypriote [1].

Le nom d'Aphrodite [2] (Ἀφροδίτη), signifie *née de l'écume*, et l'on a vu, au chapitre V [3], comment, au dire d'Hésiode, la déesse était née de l'écume formée autour des parties génitales d'Uranos que Cronos avait jetées dans la mer [4]. Ce mythe, bien que présenté sous des formes toutes grecques, a un caractère essentiellement oriental [5], qui se prêtait au rapprochement des légendes

au Pirée par M. Rizo Rangabé. Cet antiquaire a cherché à établir que c'est Conon qui avait rapporté de Cypre à Athènes le culte de la déesse, sous la désignation d'*Aphrodite Euplea*, au retour du séjour qu'il avait fait près de son ami Evagoras. L'inscription nous apprend que ce temple était desservi par une prêtresse, ἱέρεια (voy. *Annales de l'Institut archéologique de Rome*, t. XXI, p. 162 et suiv., ann. 1849).

[1] L'identité d'Astarté et de l'Aphrodite syrienne ressort des paroles de Cicéron : « Quarta (Venus) syria Tyroque concepta ; quæ Astarte » vocatur ; quam Adonidi nupsisse proditum est. » (*De natur. deor.*, III, 23.)

[2] Quelques auteurs, et notamment M. Scheiffele (art. VÉNUS de l'*Encyclopédie classique* de Pauly), veulent faire dériver ce mot de l'hébreu ou phénicien פָּרָה, *parah*, *fécondité*, étymologie extrêmement hasardée.

[3] Voy. tome Ier, p. 355.

[4] Hesiod. *Theogon.*, 190.

[5] Suivant M. d'Eckstein, ce mythe appartiendrait à l'ensemble d'antiques traditions que les peuples de souche indo-européenne ont rapportées de l'Asie. L'Aphrodite grecque serait la *Shrî* du mythe indien, *qui sort de la cuisson des éléments.* Shrî signifie en effet *la cuite*, et le sens de ce mot s'applique à tout ce qui embellit l'univers, à ce qui cause la prospérité des hommes et des dieux (*Journ. asiat.*, ann. 1855, t. II, p. 316). On célébrait, dans l'île de Chypre, une fête qui avait pour but de rappeler la naissance d'Aphrodite, telle que le rapporte Hésiode, et ce serait là une preuve de l'origine phénicienne de la fable, si l'on ne pouvait pas aussi supposer que les Grecs avaient eux-mêmes introduit dans l'île cet usage. Encore aujourd'hui, les Cypriotes, à la fête dite des *Cataclysmes*, dernier reste de la fête d'Aphrodite, se

de Cybèle et d'Astarté. Atys et Adonis ont tous deux, comme Uranos, perdu leur virilité. Dans le mythe d'Agdistis, les dieux enlèvent à ce fils du ciel et de la terre ses parties génitales, et c'est de cet organe mutilé que naît l'amandier père d'Atys [1]. Adonis est blessé à la cuisse [2]; or, dans les idées sémitiques, la cuisse est le symbole euphémique des organes de la génération [3]. Cronos lui-même, comme on le verra plus loin, présente dans ses principaux traits, le caractère d'un dieu sémitique. Ainsi tout se réunissait pour rattacher le mythe raconté par Hésiode, aux fables phéniciennes; et dès lors le nom d'Aphrodite, qui était intimement lié à cette légende, a été naturellement rapproché de celui d'Astarté. La naissance de la déesse de la beauté pourrait d'ailleurs fort bien être empruntée à la théogonie phénicienne, qui donnait l'eau pour l'élément générateur de toutes choses [4]. Ce fut vraisemblablement à Cythère que s'opéra surtout le mélange entre les deux légendes, hellénique et phénicienne. La proximité où cette île est du Péloponnèse, faisait que son sanc-

jettent les uns aux autres de l'eau à la figure. (Voy. Albert Gaudry, *Recherches scientifiques en Orient*, part. agric., p. 146· Paris, 1855.)

[1] Voyez ce qui a été dit plus haut. Cf. Guigniaut, *Religions de l'antiquité*, t. II, part. III, p. 944.

[2] Apollodor., III, 14, 3. Aristophan. *Lysistrat.*, v. 390. Bion, *Idyll.*, I. Lucian., *De dea Syr.*, § 6. Strab., XVI, p. 755.

[3] Voyez mes observations, *Revue archéologique*, t. VIII, p. 646, note 5. Ce qui montre que, d'après le mythe oriental, Adonis avait perdu sa virilité, c'est qu'on voyait ses prêtres se châtrer comme le faisaient ceux d'Atys. ὥσπερ Ἄτται τινὲς καὶ Ἀδωναῖοι λεγόμενοι, δι' ἀνδρογύνων καὶ γυναικῶν παραδύεται, écrit Plutarque (*Amat.*, c. 13, p. 32). Cf. Lucian., *De dea Syr.*, § 22, p. 101.

[4] Plutarch. *Conviv. quæst.*, VIII, 8, § 3, p. 1014. Le culte d'Astarté se rattachait en effet, chez les Sabéens, à celui d'une divinité des eaux (Chwolsohn, *Die Ssabier und Ssabismus*, t. II, p. 40, 299), qui, dans leurs traditions, présente une assez grande analogie avec Cybèle.

tuaire était moins fréquenté des Phéniciens que des Grecs. Ceux-ci devaient dès lors atttribuer à la déesse cypriote les formes sous lesquelles ils se représentaient leur divinité de la génération.

On le voit, sans avoir été précisément l'une des sources de la religion des Grecs, les idées théologiques des Phéniciens exercèrent cependant sur la légende de certaines divinités helléniques une influence notable. En Phénicie et en Syrie, de même qu'en Asie Mineure, à mesure que les Grecs entrèrent dans des relations plus fréquentes avec les populations, ils empruntèrent davantage à leur mythologie. Dans les derniers temps, les temples des divinités syriennes étaient fréquentés par des pèlerins venus des contrées helléniques [1]; ceux-ci ne tardaient pas à devenir des courtiers de croyances asiatiques en Grèce et ailleurs. Les premiers emprunts n'avaient été que fortuits; les éléments syro-phéniciens s'étaient vus promptement absorbés dans l'idée grecque; mais plus tard, les emprunts furent plus étendus, et la trace d'une origine exotique se laisse saisir davantage à travers les transformations que les Hellènes ont fait subir aux légendes syro-phéniciennes.

Je viens de montrer que l'Aphrodite hellénique était née de la fusion de deux déesses distinctes, l'Astarté de Cypre et la déesse pélasgique. Malgré cette fusion, le culte de la première divinité n'en garda pas moins, dans son île natale, sa forme originaire et asiatique. Placée au voisinage de la Syrie, Cypre, en dépit de l'influence hellénique, restait en communion de croyances avec les

---

[1] Lucien nous dit que le temple de la déesse syrienne était visité par des dévots accourus de la Phénicie, de la Babylonie, de la Cappadoce de la Cilicie et de l'Assyrie (*De dea Syr.*, § 10, p. 87, edit. Lehmann).

villes de la côte de la Phénicie. Dans la plupart de celles-ci, existait également le culte d'une divinité lunaire ou uranienne [1], présidant à la génération et identique à Astarté, quoiqu'elle n'en portât pas toujours le nom. Or, il est à noter que Cypre devait précisément le culte de sa déesse à l'une de ces villes maritimes.

C'était à Sidon que se trouvait le plus célèbre et le plus ancien sanctuaire d'Astarté [2]; c'est là que Salomon en avait été chercher le culte pour l'introduire à Jérusalem [3]. Astarté était la déesse poliade des Sidoniens [4], de la même façon qu'Athéné était celle d'Athènes, ou comme encore les déesses mères de la Phrygie et de la Lydie étaient celles des différentes villes de l'Asie Mineure. Ceci nous fournit un nouveau trait de ressemblance entre Astarté et Cybèle. D'ailleurs, si l'on en juge par les monnaies de l'époque impériale, les simulacres de la déesse phénicienne avaient tous les attributs de la Rhéa-Cybèle [5]. A Tyr, la même déesse était aussi invoquée [6];

---

[1] Voy. Lucian., *De dea Syr.*, § 4, p. 453, edit. Lehmann. Cf. Lajard, *Recherches sur le culte de Vénus*, 2ᵉ mém., p. 43.

[2] Voy. Movers, *Die Phönizier*, t. I, p. 602 et suiv.

[3] 1 *Reg.*, XI, 5, 33; II *Reg.*, XXIII, 13.

[4] C'est ce que nous montrent les monnaies de Sidon, où Astarté apparaît avec le même caractère que l'Aphrodite cypriote (Mionnet, *Méd. ant.*, t. V, nº 192 et suiv.). La légende de plusieurs de ces monnaies indique l'existence d'un asile dans le temple de la déesse. Le caractère de divinité poliade qu'Astarté avait à Sidon est confirmé par J. Lydus, qui l'appelle πολιοῦχος (*De mensib.*, IV, 44, p. 80; cf. Achille Tatius, I, 1).

[5] Les monnaies de Carthage représentent Astarté avec la couronne tourellée, montée sur un lion, la foudre d'une main et la lance de l'autre. (Gesenius, *Script. ling. phœnic. mon.*, tab. 16. Cf. A. de Luynes, *Numismatiq. et inscript. cypriot.*, pl. v.)

[6] Les monnaies de Tyr nous font voir que la déesse avait un temple dans cette ville, au moins à l'époque impériale (voy. Mionnet, *Méd.*

et on l'identifiait, non pas à la lune, mais à la planète Vénus [1], adorée par les Syriens sous le nom de *Baalthis* ou *Balthis* [2], et regardée comme l'étoile du bonheur [3]. La planète Vénus, confondue souvent avec la lune, a été une des divinités principales de presque toutes les populations sémitiques [4]. L'Aphrodite Μελαίνις ou *noire* des Grecs, révérée à Corinthe [5], pourrait bien n'être aussi qu'une forme de Balthis importée de la Syrie. Car cette dernière déesse recevait en Asie le surnom de שחם ou שוחמא, c'est-à-dire *noire, brûlante (glühende)* [6]. A Byblos, on retrouve également Astarté comme divinité principale. Sa légende y avait pris [7], comme dans toutes les villes de

---

ant., t. V, n°ˢ 644, 646). Astarté est représentée, tantôt sur une galère, à titre de divinité de la navigation (Mionnet, t. V, n°ˢ 577, 580, 591, 594), tantôt debout, la tête couronnée de tours, une haste à la main gauche et la droite posée sur un trophée (Mionnet, t. V, n°ˢ 626, 633, 676). Elle présente, dans ce dernier cas, tous les caractères d'une déesse poliade.

[1] Plin. *Hist. nat.*, II, 6, 8. Voy. Movers, *ouvr. cit.*, t. I, p. 636.

[2] בעלתי (Sanchoniath., p. 38, edit. Orelli; Chwolsohn, *Die Ssabier und der Ssabismus*, t. II, p. 23). Le *Fihrist-el-Ulûm* nous apprend qu'on brûlait en son honneur des animaux vivants.

[3] *Gad-Astoreth* (cf. Chwolsohn, *ouvr. cit.*, t. II, p. 30, 226). La planète Vénus porte encore, chez les astrologues orientaux, le nom de *Petite fortune* (voy. Reinaud, *Description des monuments du cabinet Blacas*, t. II, p. 371).

[4] Voy. Evagr. *Hist. eccles.*, VI, 22. G. Cedren. *Histor. comp.*, t. I, p. 744, edit. Bekker. Origen., *Adv. Cels.*, V, 34, p. 603, edit. Delarue. Procop., *De bell. pers.*, II, 28. S. Johan. Damasc., *De hœres.*, c. 101. Coteler. *Eccles. grœc. monum.*, t. I, p. 326. Assemani, *Dissertat. de Syris nestorianis*, ap. *Biblioth.*, t. III, part II.

[5] Pausan., II, c. 2, § 4. Cf. VIII, c. 6, § 2; IX, c. 27, § 4.

[6] En Arabe, *Esch-Schahmiyah*, ou encore *Barqayâ*, c'est-à-dire l'*étincelante*. (Chwolsohn, *Die Ssabier und der Ssabismus*, t. II, p. 33, 337, 338.)

[7] Voy. Lucian., *De dea Syr.*, § 6, p. 84. La figure d'Astarté se trouve

la côte de Phénicie, un caractère local. A Hiérapolis, la
déesse syrienne dont Lucien nous a fait connaître le culte
et le temple[1] n'est évidemment qu'une forme de la même
divinité. Son nom paraît avoir été *Atargatis* ou *Tiratha*[2];
tous les attributs d'une déesse mère et productrice sont,
chez elle, manifestes; elle préside à la fois à l'élément
humide[3], à la lune et à la planète Vénus. La Sémiramis
adorée à Ascalon[4], et qui était la divinité de la guerre
chez les Philistins, à raison de son caractère de déesse
poliade[5], n'est encore qu'une forme d'Astarté, et c'est,
comme on l'a vu plus haut, celle qui a donné naissance
à l'Aphrodite de Cypre, à Paphos. Et l'on trouve, en effet,
la déesse de Cypre aussi représentée comme une divinité
guerrière[6]. Les poissons qui lui étaient consacrés[7] rap-

aussi sur les monnaies de Byblos avec le caractère d'une déesse poliade
(Mionnet, t. V, n°ⁱ 117 et suiv.).

[1] Lucian., *ibid.*, § 1 et sq.

[2] Plin. *Hist. nat.*, V, 23. Movers, *op. cit.*, p. 593 et suiv. Ce
nom (עתרעתו) se lit sur une médaille d'un satrape de Syrie (voy.
Judas, dans la *Revue archéologique*, t. IV, p. 466). Ce qui démontre
l'identité d'Atargatis et d'Astarté avec la déesse syrienne, c'est que
Cornutus, qui l'identifie, en sa qualité de déesse mère et poliade, à
Rhéa, nous dit que la colombe et le poisson lui étaient consacrés (*De
natur. deor.*, c. 6, p. 18, edit. Osann.).

[3] Voy. Apul. *Metamorph.*, VIII, p. 182. Cf. Movers, *ouvr. cit.*,
p. 586 et suiv.

[4] Lucian., *De dea Syr.*, §§ 14, 15, p. 91. Diodor. Sic., II, 4; II, 6.

[5] Voy. Movers, *ouvr. cit.*, p. 634.

[6] A Cypre, la déesse recevait le surnom d'ἔγχειος (Hesych., *s. h. v.*).
A Cythère, Aphrodite était aussi représentée tout armée (voy. Pausan.,
III, 23, § 1).

[7] Ces poissons étaient la mænis (μαίνις) et l'aphyé (ἀφύη) (Plutarch.,
De superstit., § 10, p. 674). On les voit figurés dans un bassin circu-
laire, placé dans le temple de l'Aphrodite de Paphos, sur les monnaies
de cette ville (voy. Mionnet, *Méd. ant.*, *Suppl.*, t. VII, p. 303, n° 1;
p. 306, n° 3). On nourrissait aussi, dans le temple de Paphos, des

pellent ceux que l'on nourrissait auprès du temple de la
déesse de Syrie. Un autre animal consacré à Astarté
était la colombe [1], attribut de Dioné, symbole de la
sagesse créatrice [2] amoureuse de ses propres œuvres. On
racontait en Syrie que Sémiramis s'était manifestée
sous la forme de cet oiseau, et dans cette prétendue
Sémiramis il faut reconnaître la déesse syrienne Dercéto [3].

serpents et des crocodiles (Aristot., ap. Apollon. *Hist. comment.*,
n° 39, p. 37, edit. Meursius). Ces animaux étaient vraisemblablement
consacrés à la déesse, en sa qualité de personnification de l'élément
humide. C'était la même idée qui donna naissance à une fable, d'après
laquelle Dercéto s'était métamorphosée en poisson (Lactant. Placid. *Fab.*,
IV, 1-3).

[1] Cet oiseau est représenté au revers de certaines monnaies de Cypre,
qui portent au droit le buste d'Aphrodite, le front ceint d'un diadème,
le cou orné d'un collier et les oreilles de pendeloques (voy. A. de
Luynes, *Numismatique et inscriptions cypriotes*, pl. V, n° 4 et suiv.).
Les Syriens, à raison du caractère sacré de cet oiseau, ne l'offraient
jamais comme victime. (Hygin. *Fab.*, 197. Euseb. *Præp. evang.*, I, 6.
Sext. Empiric. *Hypoth.*, III, 24. Diodor. Sic., II, c. 4; cf. c. 20. Lucian.
Jupit. tragœd., c. 42. Voy. Chwolsohn, *Die Ssabier und der Ssa-
bismus*, t. II, p. 8, 10, 107.)

[2] La colombe jouait un grand rôle dans la mythologie syrienne et
était le symbole de la sagesse créatrice, *Khokmâh* (חכמה, σοφία).
Les Samaritains adoraient, sur le mont Garizim, Jehovah sous la
figure d'une colombe (voy. P. Beer, *Geschichte, Lehren und Meinungen
aller Sekten der Juden*, t. I, p. 35, Brünn, 1822), et, suivant une
interprétation admise par les rabbins, la sagesse créatrice planait, sous
la forme d'une colombe, au-dessus des eaux qui portaient la terre, au
moment de sa création (voy. F. Nork, *Biblische Mythologie*, t. II,
p. 297 ; E. Renan, *Sur l'origine et le caractere véritable de l'histoire de
Sanchoniathon*, dans les *Mémoires de l'Académie des inscriptions et
belles-lettres*, t. XXIII, part. II, p. 251). Là encore, la colombe présente
le caractère de la force créatrice qui couve l'œuf du monde, à la façon
d'un oiseau, et figure le principe féminin. On voit que la déesse
syrienne était la personnification d'une idée analogue.

[3] Ctesias, *Fragm.*, edit. Baehr, p. 393, sq. Diodor. Sic., IV, 4 et sq. Lu-

Suivant une légende que nous a rapportée Hygin [1], un œuf était jadis tombé du ciel dans l'Euphrate ; des poissons l'avaient apporté sur la rive, des colombes l'avaient couvé, et de sa coquille était sortie Aphrodite. Le nom de *Sémiramis* paraît avoir signifié *colombe* [2]. Sans doute ce double sens aura été l'origine de plusieurs des légendes que l'on rattacha à la reine d'Assyrie du même nom.

Il est à noter que si l'on retrouve parmi les attributs de l'Aphrodite grecque les colombes de la Sémiramis syrienne, et parmi ceux de Rhéa, le lion et les insignes d'une divinité poliade, le caractère lunaire, qui était si visible dans Astarté, n'a point été transporté aux déesses helléniques qu'on lui assimila. Les cornes du croissant, par exemple, ne furent jamais adoptées en Grèce pour caractériser Uranie ou l'Aphrodite céleste, quoique cet attribut appartînt à la divinité syrienne, ainsi que le rappelle le nom d'une des villes du pays de Galaad, où elle était adorée [3]. La vache ou le taureau consacré à la déesse égyptienne Hathor ou Athyr, qui offre avec Astarté tant de traits de ressemblance [4], ne joue

cian., *De dea Syr.*, § 14, p. 91, edit. Lehmann. C'est pour ce motif que les adorateurs de la déesse devaient s'abstenir de poisson. L'usage de consacrer le cyprès à Aphrodite paraît aussi être originaire, comme l'arbre lui-même, de Cypre, où ce conifère était un symbole d'Astarté. (Voy. Lajard, *Recherches sur le cyprès pyramidal*, dans les *Mémoires de l'Académie des inscriptions et belles-lettres*, t. XX, part. II. Dierbach, *Flora mythologica*, p. 50.)

[1] Hygin. *Fab.* 197.

[2] Voyez Creuzer, *Religions de l'antiquité*, trad. Guigniaut, t. II, part. I, p. 33. Voyez Ph. Luzzato, *Mémoire sur l'existence d'un dieu assyrien nommé Sémiramis*, dans le *Journal asiatique*, 4e série, t. X, p. 479, 480.

[3] Astaroth Carnaïm (*Genes.*, XIV, 5 ; *Deuteron.*, I, 4 ; *Josue*, IX, 10.)

[4] Voyez le chapitre suivant.

aucun rôle dans les fables dont Aphrodite devint le thème.

Ces faits prouvent que la fusion entre l'épouse d'Héphæstos et la déesse sidéro-lunaire de la Phénicie et de Syrie n'a pas été bien intime, et qu'en empruntant à sa couronne étoilée quelques-uns de ses rayons, la déesse des amours ne voulut jamais lui rien prendre qui altérât ses traits charmants ou qui diminuât ses charmes. L'art avait ses exigences, et il ne pouvait s'accommoder des symboles monstrueux ou disparates dont n'était pas choqué le génie plus mythique qu'esthétique des peuples de l'Asie.

Il n'est pas hors de vraisemblance cependant que quelques-unes des fables qui avaient cours en Grèce appartinssent à tout ce cycle mythique, quoiqu'on doive reconnaitre que plusieurs archéologues se sont montrés trop enclins à demander à la Phénicie l'origine des divinités helléniques. Comme je l'ai déjà remarqué, l'étude attentive des Védas nous a fait retrouver, chez les populations indo-européennes, le véritable point de départ de mythes que, de prime abord, on aurait jugés phéniciens. Entre ces fables, dont il est naturel d'aller chercher en Phénicie le berceau, s'en trouvent deux qui jouent un grand rôle dans la mythologie hellénique, je veux parler de celle d'Europe et celle de Hellé. Suivant la première, à laquelle Homère [1] fait déjà allusion, et que nous raconte Bacchylide [2], Europe cueillait tranquillement des fleurs dans une prairie, quand Zeus, épris de sa beauté, s'approcha d'elle sous la forme d'un taureau et l'invita à sauter sur sa croupe. La jeune

---

[1] *Iliad.*, XIV, 321 et sq.
[2] *Schol. ad Iliad.*, XII, 397. Lucian., *De astrolog.*, p. 211, edit. Lehmann.

imprudente, attirée par l'odeur de crocus qu'exhalait l'animal, céda à ses instances et s'assit sur lui. Une fois chargé de son précieux fardeau, le taureau divin s'élança dans les eaux et alla conduire en Crète la belle Phénicienne[1]. Celle-ci, abandonnée par le dieu dont l'amour était satisfait, épousa le roi Astérion[2]. Le caractère de ce mythe, le nom d'Astérion[3] qui y figure, celui d'Europe[4], dans lequel on reconnaît un des surnoms de Zeus ou du Soleil, nous reportent à une religion sabéiste, telle que paraît avoir été celle des Phéniciens. Homère et Bacchylide s'accordent à faire d'Europe une fille de Phœnix, qui n'est lui-même qu'une personnification de la Phénicie. Tout concourt donc en faveur de l'origine phénicienne de cette légende. Et en effet, les monnaies de Sidon nous présentent plusieurs fois Astarté montée sur un taureau et avec tous les caractères qui conviennent à Europe[5], ainsi que l'avait remarqué Lucien[5].

Ce sont aussi les monnaies qui conduisent à chercher en Phénicie l'origine de la légende de Hellé et de

---

[1] Voy. Apollod., III, 1, 1. Hygin. *Fab.* 178.

[2] Elle eut de ce nouvel époux trois fils, Minos, Rhadamanthe et Sarpédon. (*Iliad.*, XIV, 321. Moschus, *Idyll.*, II, 1, sq. Lucian. *De mar.*, 15. Theophr. *Hist. plant.*, I, 15. Plin. *Hist. nat.*, XII, 5. Ovid. *Metam.*, II, 850 et sq.)

[3] Ce nom d'*Astérion* (Ἀστερίων ou Ἀστέριος) rappelle celui d'Astéria (Ἀστερία), que nous avons vu plus haut avoir été donné par les Grecs à l'Astarté de Cypre.

[4] Εὐρώπη, c'est-à-dire l'*œil large*, nom tout à fait correspondant à celui d'un autre personnage mythologique des traditions de l'Argolide, Europs (Εὔρωψ) (Pausan., II, c. 5, § 5), qui semble n'être qu'une personnification de l'épithète d'εὐρύωπα, donnée par Homère à Zeus (voy. *Iliad.*, V, 265).

[5] *De dea Syr.*, § 4, p. 83. Voy. de Luynes, *Numismatique et inscriptions cypriotes*, pl. v, n° 1. Mionnet, *Méd. ant.*, t. V, n° 251 et suiv.

Phrixos. En proie à la-haine de sa belle-mère Ino, la fille d'Athamas se sauve avec Phrixos, son frère, sur le fameux bélier à la toison d'or, du dos duquel elle tombe dans la mer à laquelle elle impose son nom [1]. Sur les monnaies de Cypre, on voit l'Aphrodite-Astarté montée sur le bélier qui lui était consacré comme victime, et sous des traits qui rappellent ceux de Hellé [2]. Ici encore il s'agit d'un animal divin qui traverse les eaux, chargé d'une déesse solaire ou céleste [3]. La mère de Phrixos et d'Hellé est Néphélé (Νεφέλη), c'est-à-dire *la nue*. Le même ensemble d'idées naturalistes se manifeste sous le récit légendaire des Grecs. Phrixos n'est autre que Zeus [4], qui était adoré sous ce surnom et que l'on a vu tout à l'heure enlever la belle Europe. Il est inutile de pousser davantage l'interprétation de cette légende dont les éléments sont d'ailleurs fort complexes ; il suffit ici d'avoir montré que leur sens naturaliste concourt, avec le lieu où se passe la scène, pour faire admettre que les navigateurs de Cypre ou de la Phénicie avaient apporté aux Grecs le canevas sur lequel broda l'imagination de leurs poëtes.

[1] Apollod., I, 9, 1. Apollonius, *Argon.*, II, 1140 et sq. Diodor. Sic., IV, 47. Hygin. *Fab.* 1, 22, 14.

[2] De Luynes, *Numismatique et inscriptions cypriotes*, pl. v, 2.

[3] En effet, le nom d'Ἕλλη, qui rappelle celui de Hélène, divinité lunaire, comme on a vu au chapitre VI, peut être une ancienne forme du nom de la lune (σελήνη). Il peut aussi renfermer le radical indo-européen, d'où est dérivé l'allemand *hell*, clair, le grec ἥλιος. Dans ce cas, Hellé serait non la lune, mais le soleil.

[4] Suivant la légende grecque, Phrixos sacrifie le bélier à Zeus Phrixios ou Phyxios, que l'on identifiait au Zeus Laphystios des Orchoméniens (voy. *Schol. Apollon. Argon.*, II, 653 ; Pausan., I, c. 24, § 2). Ce Zeus Phrixios paraît avoir présidé à la sécheresse, et voilà pourquoi on faisait brûler en son honneur les cuisses des victimes (Pausan., *loc. cit.*). Son nom est dérivé du grec φρύγω, aoriste ἔφρυξα, *torréfier*.

Toutes les déesses de la Syrie et de la Phénicie sont dans un rapport étroit avec la déesse assyrienne Mylitta, dont le culte était, de même que celui de l'Astarté d'Hiérapolis et de Cypre, déshonoré par la prostitution [1]. Cette prostitution sacrée se rattache à des usages particuliers à la race chananéenne et à la nation babylonienne. Nous la retrouvons en Lydie et dans le culte d'Anaïtis [2]. Les rapports qui lient cette Mylitta aux déesses mères se retrouvent donc au nord comme au sud de l'Asie Mineure. Le caractère d'hermaphroditisme qui se manifeste chez la Cybèle phrygienne, et que reflète la légende d'Atys, reparaît à la fois dans Mylitta et dans la déesse d'Hiérapolis [3]. Et je l'ai déjà dit, Aphrodite de Cypre était représentée comme une divinité androgyne avec la barbe au menton et l'organe qui distingue l'homme [4]. Ce caractère bizarre répugnait trop aux sentiments esthé-

---

[1] Herodot., I, 199. Strab., XVI, p. 745. Cf. Baruch, VI, 42. Justin., XVIII, 5. J'ai dit que d'après les recherches de M. J. Oppert, le nom de Mylitta ne serait que la forme hellénisée du nom de Bilitta, donné par les Assyriens à toutes leurs déesses. Dans ce cas, le nom de Mylitta aurait été simplement appliqué par excellence à la déesse suprême, comme on attribuait au dieu suprême celui de Bel (voy. Nicol. Damasc. *Histor. excerpt.*, p. 20, edit. Orelli); d'où il suivrait qu'Hérodote aurait confondu des divinités d'un caractère très différent. La Mylitta dont il parle serait la *Zarpanit*, déesse de la fécondation, en l'honneur de laquelle les femmes se prostituaient, et qu'il faut bien distinguer de *Nana*, dont les Grecs auraient fait leur Aphrodite céleste (voy. *Journal asiatique*, sér. V, t. IX, p. 493).

[2] Voyez ci-dessus, p. 172. En Lydie, les jeunes filles se livraient à la prostitution avant de se marier (Ælian. *Hist. var.*, IV, 3). Cet usage infâme avait passé dans la Byzance païenne, dans les *lupanars*, qui étaient consacrés à Aphrodite (G. Codin., *De signis* C. P., p. 28).

[3] Voy. Lajard, *Recherches sur le culte de Vénus*, 2ᵉ mém., p. 65.

[4] Macrob. *Saturn.*, III, 8. Servius, *Ad Æn.*, II, 6 2. Suidas, v" Άφρο-δίτη. On n'immolait à l'Aphrodite paphienne que des victimes mâles (Tacit. *Hist.*, II, 3).

tiques des Grecs pour.qu'ils le conservassent dans la déesse de Cythère; il leur suggéra toutefois l'idée d'Hermaphrodite, véritable Aphrodite mâle, qui préside aussi à la fécondité[1], mais dont la fantaisie des poëtes a tellement dénaturé la physionomie originelle, qu'il n'est pas plus possible d'y retrouver la déesse de Paphos que dans le chef-d'œuvre de Polyclète[2] le cône à tête humaine par lequel cette déesse est figurée sur les médailles[3].

Creuzer a fait ressortir l'analogie des cérémonies qui se pratiquaient en l'honneur de la déesse phrygienne et de celle de Syrie, à laquelle on donnait également le titre de *Mère* et dont le lion était l'attribut[4]. «A Hiérapolis comme en Phrygie, écrit-il[5], existaient des eunuques sacrés et se pratiquaient des orgies où les dévots, formant des danses furibondes au son du tambour et des flûtes, se flagellaient mutuellement jusqu'à faire couler le sang, et même, dans le transport frénétique de la fête, sous les yeux du peuple assemblé, portaient la main sur leur propre corps et se privaient de la virilité. Là aussi des femmes fanatiques, se passionnant pour ces eunuques volontaires qui leur rendaient un brûlant amour, avaient avec eux un monstrueux commerce.[6] » Tout confirme

---

[1] Pausan., I, c. 19, § 2.

[2] Plin. *Hist. nat.*, XIX, 20; XXXIV, 8.

[3] Lajard, *Recherches sur le culte de Vénus*, pl. I.

[4] Lucian., *De dea Syr.*, § 15, p. 92.

[5] *Religions de l'antiquité*, trad. Guigniaut, t. II, part. I, p. 30.

[6] Ce que S. Augustin dit des prêtres de la Mère des dieux à Carthage se rapporte évidemment à la déesse syro-phénicienne, confondue de son temps avec Cybèle. Ces prêtres étaient eunuques; leur démarche efféminée et leur air lascif inspiraient le dégoût : « Itemque de mol-» libus eidem Matri magnæ contra omnem virorum mulierumque vere-

donc la parenté originelle des deux déesses[1]. On comprend du reste que l'Astarté syro-phénicienne ait pu prendre en Phrygie une physionomie quelque peu différente de celle qu'elle avait chez les Grecs. Telle était la variété de ses attributs, que le peuple l'assimila tour à tour à Aphrodite et à Héra[2], et, d'un autre côté, les Romains crurent reconnaître leur Junon dans l'Astarté ou Achéra de Carthage[3]· Cette déesse poliade de la ville punique, identique au fond à celle de Sidon[4], recevait encore le nom de *Baalthis*, dont j'ai parlé plus haut, en sa qualité d'épouse du seigneur, *Adonis* ou *Adon*, surnommé *Baal*[5]· Les caractères de ce dieu céleste et solaire, père et créateur, se modifiaient dans chaque ville de Syrie, ce qui avait aussi lieu pour Astarté son épouse; et de même que celle-ci prenait son point de ·départ dans la

» cundiam consecratis, qui usque in hesternum diem madidis capillis, » facie dealbata, fluentibus membris, incessu femineo per plateas vicos- » que Carthaginis, etiam a populis unde turpiter viverent exigebant. » (*De civit. Dei*, VII, 26.)

[1] Les monnaies de la Phénicie, notamment celles de Sidon, nous présentent quelquefois Astarté placée sur un char couvert (Mionnet, t. V, n° 288 et suiv., 359 et suiv.). Circonstance qui rappelle l'usage où l'on était de promener la figure de Cybèle sur un char, souvent représenté traîné par des lions.

[2] Aussi voit-on la planète *Phosphoros* (Vénus), que les Phéniciens avaient consacrée à Astarté, tour à tour identifiée par les Grecs à Héra et à Aphrodite (Aristot., *De mundo*, § 2).

[3] Movers, *Die Phönizier*, t. I, p. 609 et suiv. De même la déesse de Syrie était tour à tour assimilée à Aphrodite, à Héra et à la nature (φύσις), qui a formé de l'eau les principes de tous les êtres et qui est la source de tous les.biens dont jouissent les hommes (Plutarch. *Crassus*, § 17, p. 451).

[4] Lucian., *De dea Syr.*, § 4.

[5] Hesych., v° Ἄδωνις .....δεσπότης ὑπό Φοινίχων καὶ Βόλου (cor. Βήλου) ὄνομα. (Voy. Guigniaut, *Éclaircissem. sur les religions de l'antiquité* de Creuzer, t. II, part. II, sect. 2, p. 854.)

Mylitta assyrienne, Baal avait le sien dans le Bélus ou Bel adoré à Babylone. C'est par la Crète que les Grecs semblent avoir eu connaissance de ce dieu, car Cronos, qu'on y adorait comme père de Zeus, offre une physionomie analogue à celle du Baal phénicien. Aussi les Latins ne manquèrent pas d'identifier cette divinité, qu'ils trouvèrent à Carthage, avec leur Cronos-Saturne[1]. On immolait des victimes humaines, et principalement des enfants [2], sur les autels du dieu phénicien, comme sur ceux du dieu crétois. Tout ce qui nous est rapporté [3] du *Moloch* ou *Mélek*, c'est-à-dire du *dieu-roi*, nom donné à Baal, en certaines localités de la Syrie et de la Phénicie, convient également à Cronos; et celui-ci reçoit précisément pour épouse Rhéa, dont l'analogie avec Cybèle a déjà été signalée. On ne saurait cependant affirmer que Cronos fût un dieu tout phénicien; il est au contraire probable que sa figure nous a conservé bien des traits helléniques ou pélasgiques, mais ils ont été profondément amalgamés à ceux qui étaient de la légende phénicienne [4].

Toutefois, ainsi que cela se produisit pour les premiers emprunts faits par les Grecs à l'histoire mythique d'Astarté, les mythes qui se rapportaient à Baal finirent par ne laisser que de faibles traces dans la légende hel-

---

[1] Platon. *Minos*, § 5. Diodor. Sic., XX, 14. Plutarch., *De superstit.*, § 13, p. 678. Plin. *Hist. nat.*, XXX, 1. Justin. XVIII, 7. S. Augustin., *De civit. Dei*, VII, 26.

[2] Sophocl., ap. Hesych., v° Κύριον. Porphyr., *De abstin.*, II, 56. Quint. Curt., IV, 15. Au temps d'Alexandre, ces sacrifices humains ne se faisaient plus à Tyr, mais ils continuaient à Carthage. (Cf. Euseb. *Orat. de laud. Constant.*, c. 13. Plutarch., *De superstit.*, p. 171. Diod. Sic., XX, 14.)

[3] Voy. Movers, *Die Phönizier*, t. I, p. 328, 333.

[4] Voyez ce que j'ai dit de ce dieu (tome I, p. 81).

lénisée du dieu crétois; et c'est plus tard seulement, vers l'an 600 avant notre ère, quand le nom d'Adonis commença à se répandre dans la Grèce [1], que des croyances phéniciennes moins défigurées s'introduisirent à la suite du nom du dieu parèdre d'Astarté.

Cet Adonis, dont j'ai déjà fait plus haut mention, était aussi invoqué ou plutôt pleuré sous le nom de *Thammuz* [2]; il avait des fêtes dont j'ai rappelé, au commencement de ce chapitre, la ressemblance avec celles d'Atys. Ces fêtes se célébraient dans l'île de Cypre, à peu près avec les mêmes rites que dans la Phénicie. Elles tombaient au solstice d'été [3], et avaient pour but de rappeler la mort et la résurrection du dieu [4]. Les

---

[1] Le mythe d'Adonis était déjà connu dans la Grèce, au temps d'Alcée de Mytilène, qui florissait vers la XLIV⁰ olympiade (604 ans avant Jésus-Christ), ainsi que l'indiquent les deux vers de ce poète (voy. Alcæi *fragm.* XXXIV, edit. Matthiæ, p. 70) :

Καθνάσκει, Κυθίρη', ἄβρὸς Ἄδωνις 'τί κε θείμεν
Καττύπτεσθε, Κόραι, καὶ κατερείκεσθε χιτῶνας.

[2] Voy. Ezechiel, VIII, 14. S. Hieronym., *In Ezechiel.*, lib. III, c. 8. Θάμμουζ ὅπερ ἑρμηνεύεται Ἄδωνις (*Chronic. Paschal.*, p. 244, ed. Dindorf). D'après le *Fihrist el Ulûm*, les Sabéens célébraient, dans le mois de Thammûz, la fête *El Buqât*, c'est-à-dire des femmes qui pleurent en l'honneur du dieu Tâ-Uz, et durant cette fête ce sexe ne mangeait que des fruits secs et s'abstenait de farine moulue (Chwolsohn, *Die Ssabier und der Ssabismus*, t. II, p. 27). Le culte de Thammuz était répandu depuis Antioche jusqu'à Elymaïs (Ammian. Marcell., XXII, 2; Ælian. *Hist. animal.*, XII, 33), et avait pénétré jusqu'en Babylonie (Moïs Maimonid., *Mor. Nevochim.*, III, 29). Un mois du calendrier syrien et hébreu portait son nom (תמוז).

[3] C'est ce qui résulte du témoignage de Plutarque (*Alcibiad.*, § 18, p. 34; *Nicias*, § 13, p. 367, edit. Reiske), rapproché de celui de Thucydide (VI, 30), comme l'a fait voir Raoul-Rochette (*Mémoire sur les jardins d'Adonis*, dans la *Revue archéologique*, 8ᵉ année (1851), p. 120, 121.

[4] La disparition du soleil a été presque toujours regardée, par les

femmes surtout y prenaient part ; elles se tenaient, pendant la nuit, devant leur maison, versant des larmes abondantes, les yeux incessamment fixés vers un certain point du nord [1]. Les cheveux épars, vêtues de deuil, la tunique en désordre, sans être retenue par une ceinture, elles faisaient entendre en l'honneur d'Adonis des chants funèbres [2]. L'image du dieu mort était placée sur un catafalque colossal ; on allait même, à Byblos, jusqu'à représenter les funérailles d'Adonis [3]. Cette solennité, qui entretenait puissamment le sentiment religieux, semble avoir eu quelque analogie avec les usages qui se pratiquent dans l'Église catholique au vendredi saint; là aussi on fête la mort et la résurrection d'un dieu. La douleur d'Astarté était rendue presque sous les mêmes traits que celle de la Vierge en présence du cadavre de son divin fils, et les Grecs, en substituant Vénus à Astarté, plaçaient sur son sein le dieu expirant, dans des compositions qui rappellent la *Pietà* chrétienne [4].

peuples enfants, comme la mort de l'astre. Ainsi les anciens Grecs s'imaginaient que, pendant les éclipses, le soleil mourait, périssait : Ἥλιος δὲ οὐρανοῦ ἐξαπόλωλε, comme dit Homère (*Odyss.*, XX, 35); cf. Plutarch. *De fac. orb. lun.*, p. 931, t. IX, p. 680, edit. Reiske). C'est la même idée qu'exprimait l'ἀφανισμός d'Adonis (Lucian., *De dea Syr.*, § 7).

[1] Lucian., *De dea Syr.*, § 6 et sq.

[2] Il semble que l'idylle de Théocrite sur la mort d'Adonis ait été composée en vue d'être chantée dans cette solennité. A Byblos, les femmes coupaient leur chevelure (Lucian., *loc. cit.*); à Alexandrie, elles se montraient seulement les cheveux épars (voy. Theocrit. *Idyll.*, XV, v. 132 et sq.). Plutarque parle des lamentations des femmes (κοπετοὶ γυναικῶν) qui célébraient; à Athènes, la fête d'Adonis (*Nicias*, § 13, p. 367, edit. Reiske).

[3] Lucian., *loc. cit.* Hesychius, v° Κάθεδρα.

[4] C'est ce qu'a remarqué M. Otto Jahn (*Annales de l'Institut archéologique de Rome*, t. XVII, p. 350). On peut notamment rapprocher de ces compositions la célèbre *Pietà* de Michel-Ange.

Pendant cette nuit solennelle, où Adonis était supposé avoir perdu la vie, on semait dans des pots d'argile, dans des corbeilles, des plantes hâtives [1], et surtout la laitue, qui jouait un rôle dans la légende du dieu et sur laquelle on disait qu'il était mort [2], ou encore le fenouil, l'orge et le blé [3] : c'est ce qu'on appelait les *jardins d'Adonis* [4]. Ces vases ou paniers étaient placés sur les toits des maisons [5], à côté de petites figures de cire ou de terre cuite représentant le dieu [6]. La chaleur du soleil, accrue par la réverbération, faisait promptement pousser ces céréales, ces plantes potagères destinées à représenter symboliquement le retour de la végétation [7], mais dont l'existence éphémère était devenue proverbiale [8]. Quand les plantes avaient levé et qu'elles commençaient à verdir [9], on fêtait le retour des jours chauds, autrement

---

[1] Eustath., *Ad Homer. Odyss.*, XI, 590, p. 1701, 45. Theocrit. *Idyll.*, XV, v. 113, 114.

[2] Hesychius, v° Ἀδώνιδος κῆποι. Suidas, *s. h. v.* Eustath., *Ad Homer. Iliad.*, X, 499. Athen., II, p. 69 a. De là le nom d'Ἀδωνίης, donné à la laitue (cf. Hesychius, *s. h. v.*).

[3] Hesychius, v° Ἀδώνιδος κῆποι. *Schol. ad Theocrit. Idyll.*, XV, 112. Cf. Raoul-Rochette, *Mémoire sur les jardins d'Adonis*, dans la *Revue archéologique*, 1851, p. 109.

[4] Τοῦ Ἀδώνιδος κήποι (Julian. imp. *Cæsar.*, c. 24).

[5] Aristophan. *Lysistrat.*, v° 389 ; *Pax*, v. 412.

[6] Plutarch. *Alcibiad.*, § 16. Ammian. Marcellin., XIX, 1. Alciphron. *Epistol.*, I, 39. Voy. Raoul-Rochette, *Mém. cit.*, p. 112.

[7] Voilà pourquoi J. Lydus représente Adonis comme la personnification du fruit : Ἄδωνις μέν ἐστιν ὁ καρπός. (*De mensib.*, p. 88, edit. Schow. Voy. Creuzer, *Religions de l'antiquité*, trad. Guigniaut, t. II, part. I, p. 49.)

[8] Zenob. *Centur.*, I, n° 49. Diogen., *Centur.*, n° 14. Suidas, v° ἀκαρπότερος. Cf. *Revue archéologique*, ann. 1851, p. 106. Eustath., *Ad Homer. Odyss.*, XI, 590, p. 1701, 45. Platon. *Phædr.*, p. 191-192, edit. Bekker).

[9] Ἄχρι χλόης (*Revue archéologique*, p. 106). On jetait ces plantes

dit la résurrection du dieu. On disait alors qu'Adonis était rendu à l'amour d'Astarté, ou pour parler avec les Grecs, d'Aphrodite[1]. On chantait des hymnes en l'honneur de la divinité ressuscitée[2]. Sans doute aussi, au moins dans quelques parties de la Syrie, s'observaient des rites obscènes destinés à rappeler les amours d'Astarté et du dieu solaire[3]. Il est même vraisemblable qu'Adonis, que l'on représentait sous les traits d'un beau jeune homme efféminé[4], était, en certains cas, donné comme hermaphrodite; conception qui rapproche ce dieu, ainsi que je l'ai déjà dit, de l'Atys phrygien[5].

dans les fontaines, après les avoir exposées dans la pompe funèbre du dieu.

[1] Lucian., *De dea Syr.*, § 6, p. 84. On disait qu'Adonis était ressuscité, qu'il revivait. Μετὰ δὲ τῆ ἑτέρῃ ἡμέρῃ (écrit Lucien) ζώειν τέ μιν μυθολογέουσι καὶ ἐς τὸν ἠέρα πέμπουσι. — «Et anniversariam ei celebrant solemnitatem in » qua plangitur a mulieribus quasi mortuus et postea reviviscens canitur » atque laudatur. » (S. Hieronym., *In Ezechiel.*, III, 8.)

[2] Voy. ci-dessus, p. 196. Il est probable que c'était aussi à cette fête que l'on chantait, en l'honneur de la déesse son épouse, ces litanies dont parle Jean Lydus, et où elle était invoquée sous une foule de noms différents: Ἐν τοῖς ὕμνοις ἐγγύς τριακοσίοις ὀνόμασιν εὑρίσκομεν καλουμένην τὴν Ἀφροδίτην. (*De mensib.*, p. 91.)

[3] Une fête de ce genre paraît avoir existé à Paphos (Nonn. *Dionys.*, XLI, 5), et peut-être aussi à Amathunte, où Adonis était adoré dans le même sanctuaire qu'Aphrodite (Pausan., IX, c. 3, § 2).

[4] Tous les monuments grecs nous montrent en effet Adonis sous des traits efféminés. (Voy. Ch. Lenormant, dans les *Annales de l'Institut archéologique de Rome*, t. XXVII, p. 423. Clarac, *Musée de sculpture*, t. IV, pl. cxvi, n⁰ˢ 1424, 1429. Visconti, *Mus. Pio-Clement.*, II, tav. xcvi; *Mus. Chiaram.*, I, tav. ix. Raoul-Rochette, *Monuments inédits*, p. 170.)

[5] Voyez plus haut, page 97. Le scholiaste de Lucien donne à Atys l'épithète de θηλυδρίας, *efféminé*, qui convient tout à fait à l'amant d'Astarté. (*Schol. in Lucian. Jov. tragœd.*, page 374, édit. Lehmann.)

Le culte d'Adonis avait passé de Cypre en Pamphylie. A Perge [1], ce dieu était invoqué sous le surnom d'Abobas (Ἀϐωϐάς), dont j'ai expliqué plus haut l'origine. Mais tel qu'il était célébré, ce culte, pas plus que celui d'Astarté qui lui était associé, n'était originaire de Cypre; il y avait été apporté de la Phénicie, de Byblos où le dieu avait son principal sanctuaire [2] et était qualifié de divinité suprême, de Très-Haut (Θεὸς ὁ μέγιστος, ὁ ὕψιστος) [3].

Les *Adonidies*, ou fêtes d'Adonis, se répandirent en Grèce, vraisemblablement dès le vi⁰ siècle avant notre ère [4]. De Paphos, d'Amathunte [5] et d'Idalie [6], où l'Aphrodite cypriote avait des sanctuaires célèbres, le culte asiatique de cette déesse rayonna dans toutes les contrées helléniques. Au temps de Nicias et d'Aristophane, nous voyons les *Adonidies* publiquement célébrées à Athènes avec les mêmes rites qu'en Asie [7]. Ces fêtes se rencontrent aussi en Macédoine, en Bi-

[1] Voy. *Etymol. magn.*, p. 117.

[2] Strab., XVI, p. 364. Eustath., *Ad Dionys. Perieg.*, 919. Eckhel, *Doctrin. num. vet.*, t. III, p. 361. « Byblius Adon », dit Martianus Capella, *De nupt. Merc. et Ph.*, II, p. 54.

[3] Sanchoniath., p. 20, 24, edit. Orelli. Strab., XIV, p. 683. Pausan., IX, c. 41, § 2. Tacit. *Annal.*, III, 62. Steph. Byzant., v⁰ Ἀμαθοῦς. C'est près du Byblos que se trouvait le fleuve Adonis, le Nahr-Ibrahim actuel, dont les eaux, en se mêlant à celles de la mer, étaient, pour les anciens, une image de l'union d'Aphrodite et de son amant. (Lucian., *De dea Syr.*, § 8, p. 85. J. Lydus, *De mensibus*, IV, 44, p. 80. Cf. Nonn. *Dionys.*, III, 109.)

[4] Le culte d'Adonis avait pénétré aussi en Étrurie, à en juger du moins par les miroirs étrusques où le dieu syrien est plusieurs fois représenté. (Gerhard, *Etrusk Spiegel*, Taf. cxi, cxiv, cxv; *Nouv. Ann. de l'Institut archéolog. de Rome*, t. I, p. 509.)

[5] Strab., XIV, p. 682. Theocrit. *Idyll.*, XV, 101. Bion, *Idyll.*, I, 36.

[6] Plutarch. *Nicias*, § 13, p. 367, edit. Reiske.

[7] Suidas, v⁰ οὐδὲν ἱερόν.

culte d'Artémis et d'Hécate, dont la conception première découlait du même ordre d'idées.

Le nom porté chez les Scythes par les femmes qui ont fourni aux Grecs l'idée des Amazones [1] rappelle un autre culte sanguinaire analogue à celui dont Iphigénie était, suivant la légende hellénique, devenue prêtresse.

Ainsi on peut admettre que le culte d'une déesse de la lune et de la production, desservi par des prêtresses et déshonoré par des sacrifices humains, rayonna des rives de la mer Noire, sur les bords du Thermodon, dans la Cappadoce, l'Arménie, la Perse, et s'avança jusqu'à Éphèse et en Asie Mineure. Prenant tour à tour des formes sanguinaires ou orgiastiques, suivant le génie des peuples qui l'avaient adopté, et donnant ainsi naissance à la légende des Amazones, à celle d'Iphigénie, à la religion d'Anaïtis, de l'Enyo de Comane, de l'Artémis d'Éphèse, de l'Artémis Taurique et de toutes celles qui en rappellent les traits [2].

M. Ed. Gerhard a cru reconnaître que ce culte était caractéristique de la race syro-phénicienne ou sémitique [3]. Cependant on le rencontre chez des populations telles que les Phrygiens, qui n'appartenaient pas à cette grande

---

[1] *Oiorpata*, c'est-à-dire tueuses d'hommes, comme nous l'apprend Hérodote (IV, 110). Ce nom, d'une origine incontestablement indo-européenne, est une nouvelle preuve que les Scythes dont il est ici question appartiennent à la même famille que les Perses et les Phrygiens (voy. la note de M. Guigniaut, *Religions de l'antiquité*, t. II, part. III, p. 980).

[2] Voyez la dissertation de M. Bergmann, dont j'adopte en partie les vues, et qui a mis en relief l'origine indo-européenne de la tradition des Amazones.

[3] Voyez, dans les *Monatbericht* de l'Académie des sciences de Berlin pour juin 1855, la dissertation d'Ed. Gerhard, intitulée : *Bemerkungen zur vergleichend. Mythologie*, p. 369 et suiv.

famille. Ce culte se rattache à la fondation d'une foule de villes de l'Asie Mineure, dont l'origine n'est en aucune façon sémitique. Éphèse, Smyrne, Cymé et Myrina, passaient pour avoir été fondées par des Amazones [1]. La figure de ces héroïnes est représentée sur les médailles d'un grand nombre de cités asiatiques [2]., et notamment sur celles de Smyrne, où un temple magnifique était consacré à l'une d'elles [3]. Le type de ces Amazones armées de la bipenne représenté sur les médailles, décèle des divinités guerrières, par conséquent des déesses analogues à la Pallas troyenne. La confusion qui s'opéra plus tard entre les Amazones et les divinités mères, la Fortune, Némésis [4], nous démontre l'analogie de leurs caractères respectifs avec ceux des grandes déesses asia-

[1] Voy. Strab., XI, p. 504. Steph. Byzant., v° Σμύρνη.

[2] Les Amazones sont figurées sur un grand nombre de monnaies de la Lydie et sur quelques-unes de celles de la Phrygie. (Cf. Mionnet, t. IV, p. 89 et suiv.)

[3] Ce temple, représenté, à l'époque impériale, comme tétrastyle, fut confondu avec celui qui avait été élevé au Génie de la ville de Smyrne. Il est figuré en effet sur des médailles impériales, soit porté par la Fortune ou le Génie de Smyrne, soit renfermant la statue de cette divinité (voy. Mionnet, *Suppl.*, t. VI, p. 346, n° 1720; p. 355, n° 1772; p. 362, n° 1809; p. 365, n° 1822; p. 366, n° 1827). Mais sur d'autres monnaies, les deux temples *tétrastyles* figurent simultanément, et l'on distingue celui qui était consacré au Génie ou à la Fortune de la ville, de celui de l'Amazone placé à côté du temple de Rome (Mionnet, *Suppl.*, t. VI, p. 366, n° 1031). Sur des médailles de Mæsa, frappées dans la même ville, l'Amazone, armée de la bipenne et de la pelta, tient le temple d'une main (voy. Mionnet, *Suppl.*, t. VI, p. 364, n°ˢ 1816, 1817; p. 371, n°ˢ 1856, 1858).

[4] Il est difficile de saisir, sur les monnaies de Smyrne et des autres villes de l'Asie Mineure, des caractères qui puissent distinguer et différencier les diverses déesses poliades qui s'y trouvent figurées. Toutes celles-ci présentent, tour à tour ou simultanément, les attributs d'une Tyché ou Fortune, d'une Némésis, d'une déesse-mère, d'une Pallas,

tiques dont il a déjà été question. Enfin, ce qui achève
de nous en convaincre, c'est le rapport étroit où elles
se trouvent avec la lune, rapport qui apparaît dans les
fables grecques. Le caractère farouche et guerrier des
Amazones répond à celui de l'Artémis Taurique [1], dont
elles sont parfois représentées comme les fidèles ado-
ratrices. Leur virginité rappelle celle de l'Artémis
grecque. Aussi voit-on leurs images orner le temple
de l'Artémis Leucophryné [2] à Magnésie. On s'explique

d'une Amazone. On voit, sur les médailles de Smyrne, une femme
la tête tournée, tantôt vêtue de la stola et tenant la haste, tantôt armée
de la bipenne et de la pelta. D'autres fois, l'Amazone n'est pas couronnée
de tours, ou la femme, armée de la lance, est coiffée du casque. Sur
certaines monnaies, le Génie féminin tient des épis à la main ou porte
le modius ou la tour sur la tête et a les attributs de la Fortune, le
frein, la roue, la proue de navire et le gouvernail. Parfois il reçoit
des ailes. La corne d'abondance est souvent placée dans les mains de
cette divinité équivoque, laquelle réunit tantôt tous ces attributs, tantôt se
décompose en plusieurs déesses ayant chacune des attributs particuliers
(Cf. Mionnet, *Suppl.*, t. VI, p. 312 et suiv., 320 et suiv., 334 et suiv.,
350 et suiv.). Il est aisé cependant, à travers toutes ces transformations, de reconnaître dans l'Amazone le type le plus ancien du Génie -
polieus. Sa physionomie fut graduellement modifiée par la substitution
qui s'opéra entre son culte et celui de la Victoire, de la déesse de la
Vengeance et de la Tyché ou Fortune, divinité mixte qui ne date guère
que de l'époque impériale. (Voy., sur ces déesses, F. Lajard, *Recherches
sur le culte de Vénus*, p. 88.)

La Némésis adorée à Rhamnunte n'était pas seulement une déesse
de la vengeance, mais de la destinée et de la fortune (Pausan., I, c. 33,
§ 2). Phidias avait représenté, sur son bandeau, des cerfs, animaux
symboliques de l'Artémis d'Éphèse.

[1] Il est à remarquer que la patrie assignée par la fable grecque aux
Amazones était précisément le Pont, où existait le culte d'une déesse
fort analogue à l'Artémis Taurique. (Voy. Hecat. *Fragm.* 350. Æschyl.
Prometh., 722. Strab., II, p. 126; XII, p. 547. Diodor. Sic., III, 52.)

[2] Voy. L. Ross, *Hellenika*, I, p. 40, sq. Raoul-Rochette, *Considérat.
archéolog. et architectoniq. sur le temple de Diane Leucophryné*
(Paris, 1845).

maintenant comment les Amazones participent à la fois
du caractère des divinités mères et lunaires de l'Asie et
des déesses lunaires et guerrières de la Grèce. En présence du caractère évidemment mythologique de ces héroïnes, l'hypothèse qui voit en elles des femmes réelles,
de mœurs guerrières analogues à celles qu'on retrouve
encore dans le Caucase, peut difficilement se soutenir [1].

A la même famille des divinités de l'Asie que j'ai déjà
citées, appartient encore l'Artémis de Perge, dont le caractère oriental avait frappé Otfried Müller lui-même [2],
si peu disposé qu'il fût à admettre l'origine asiatique des
dieux grecs. Le sacerdoce de cette déesse était établi en
effet sur le même pied que celui des divinités de la
Phrygie et de la Cappadoce. Son culte était desservi par
un pontife suprême nommé à vie [3] et par des prêtres
mendiants [4]. Son simulacre, figuré sur les monnaies,
rappelle celui de l'Artémis d'Éphèse [5].

---

[1] Voyez, sur cette hypothèse, la note IX des *Éclaircissements du
livre IV*, dans les *Religions de l'antiquité*, de M. Guigniaut. Ce qui
prouve bien que les Amazones avaient une existence toute mythologique, c'est que Smyrne, dont on faisait remonter l'origine à une de ces
héroïnes, était tout simplement une colonie de Colophon, comme nous
l'apprend Hérodote (I, 16).

[2] Voy. K. O. Müller, *Die Dorier*, 2ᵉ édit., t. I, p. 396.

[3] Strab., XIV, p. 667.

[4] Callimach., *Hymn. in Dian.*, 187. Cicer., *In Verr.*, I, 20; III, 21.
Diogen. *Cent.*, V, n° 6, p. 250, ap. *Corp. parœmiograph. græc.*, edit.
Leutsch et Schneidewin, t. I. Cf. Lobeck, *Aglaopham.*, t. II, p. 1092.

[5] La déesse est représentée la tête coiffée du modius, son corps est
un cône orné de bas-reliefs (voy. Mionnet, t. III, p. 466, n° 113;
Suppl., t. VII, p. 43, 44, nᵒˢ 74, 78). Sur d'autres médailles, sa figure
est placée entre le soleil et la lune (Mionnet, t. III. p. 464, n° 100;
Suppl., t. VII, p. 37, n° 54).

Le culte de l'Artémis pergéenne constituait la religion nationale de la Pamphylie; les médailles en témoignent. Son temple, situé près de la ville de Perge et célèbre par son asile [1], vraisemblablement d'origine orientale [2], était, tous les ans, le théâtre de fêtes solennelles. Ces fêtes ou mystères rappelaient, au dire des Grecs, à la fois ceux d'Hécate à Égine, de la déesse de Comane [3], et ceux de l'Artémis du mont Tmolus que l'on vénérait aussi sur les bords de l'Halys [4]. Sans doute les prêtres se livraient, lors de ces solennités, à des danses orgiastiques dans lesquelles ils se soumettaient, comme les Galles, à des tortures volontaires, ainsi que cela se pratiquait dans le culte de presque toutes les déesses lunaires de l'Asie Mineure. J'ai déjà dit que les prêtres de l'Enyo de Comane, dans leurs accès d'enthousiasme, se faisaient avec des épées des blessures réelles ou simulées.

Les prêtres mendiants de l'Artémis de Perge portèrent en une foule de lieux la dévotion à la grande déesse

---

[1] Le mot ἄσυλον se lit sur la frise du temple de la déesse, qu'on voit au revers de diverses médailles de Perge (voy. Mionnet, t. III, p. 466, n° 113). Le droit d'asile avait été transporté, en mémoire de celui du temple métropolitain, aux sanctuaires qui avaient été élevés dans d'autres villes à la déesse, à Halicarnasse, à Attalia, si toutefois le temple représenté sur ses monnaies n'est pas celui de Perge même (voy. Mionnet, *Suppl.*, t. VII, p. 37, n° 54).

[2] Quoique les asiles fussent des institutions helléniques, ils se rencontrent aussi en Orient dès la plus haute antiquité (voy. Ét. Quatremère, *Sur les asiles des Orientaux*, dans les *Mémoires de l'Académie des inscriptions et belles-lettres*, t. XV), et leur usage s'est perpétué dans les églises chrétiennes. (Cf. H. Sauval, *Histoire des antiquités de Paris*, t. I, p. 499 et suiv.)

[3] Voy. Strab., XIV, p. 607.

[4] Voy. Origen., *Adv. Cels.*, VI, c. 22, p. 647, edit. Delarue.

pamphylienne[1], mais son culte ne s'établit d'une manière
régulière que dans les contrées voisines de son siége
principal, dans la Carie par exemple[2], et notamment à
Halicarnasse. Ce culte demeura longtemps florissant[3] et
finit par se confondre avec celui des déesses congénères
adorées dans les autres provinces de l'Asie Mineure[4].

Des médailles de Sidé, en Pamphylie, d'une époque,
il est vrai, fort postérieure, portent le type d'une déesse
guerrière qui rappelle la Pallas hellénique et dont l'attribut
est la grenade[5]. C'est là sans doute encore une autre
forme de la grande déesse asiatique dont les variétés do-
minent le panthéon de presque toutes les cités de l'Asie
Mineure.

Je ne pense pas, comme l'a avancé M. Bergmann[6],
que ce soit une colonie caro-lycienne qui ait transporté de la

---

[1] Voy. Scylax Car., 39. Strab., XIV, p. 667. Callimach. *Hymn. in
Dian.*, 187. Cicer., *In Verr.*, I, 20 ; III, 21. Hesychius, Suidas, *s. h. v.*
Cf. Müller, *Dorier*, t. I, p. 396, note.

[2] A Apollonie de Carie, comme l'indiquent les médailles (voy.
Mionnet, *Suppl.*, t. VI, p. 469).

[3] Voy. Boeckh, *Corp. inscr. græc.*, t. II, n° 2656. Le sacerdoce
de ce temple était à vie, comme celui du temple métropolitain. Un peu
avant le règne d'Auguste, les habitants de la ville vendirent cette
charge sacrée. (Dionys. Halicarn. *Ant. Rom.*, II, 92. Cf., dans le *Philo-
logical Museum*, I. II, p. 455, la dissertation de Boeckh, intitulée :
Prolusio academica de sacerdotiis Græcorum.)

[4] C'est ce qui résulte du type plusieurs fois donné à la déesse sur les
médailles de l'époque impériale, type qui annonce visiblement qu'elle
était alors confondue avec l'Artémis d'Éphèse, avec Aphrodite et la
Pallas hellénique. (Voy. Mionnet, *Suppl.*, t. VII, n° 87, p. 46; n° 134,
p. 54 ; n° 138, p. 55, et passim.)

[5] Voy. Mionnet, t. III, p. 472, n° 144 ; p. 479, n° 197. Cf. *Suppl.*,
t. VII, p. 69, n° 206.

[6] Voy. *Les Amazones*, p. 11.

Lycle aux bords du Thermodon le culte d'Artémis et ses prêtresses cimmériennes. Les analogies générales exposées tout à l'heure et l'ordre géographique conduisent beaucoup plutôt à faire venir de l'Arménie en Cappadoce et en Lycle une divinité qui n'avait rien de grec dans les attributs et le caractère. Ce que nous dit Homère des Amazones [1] nous montre que le culte de la déesse dont elles sont les emblèmes avait tenté, de son temps, de pénétrer en Phrygie et en Lycie; c'est donc plus à l'est qu'il faut en chercher le berceau.

En Lycie et en Pamphylie, outre la divinité lunaire qui recevait un culte semblable à celui qu'on rencontre dans l'Asie Mineure, on paraît aussi avoir invoqué un dieu guerrier analogue au Zeus Stratios, l'Osôgô des Cariens. Sur les monnaies d'Aspendus et d'Attalia, on le trouve figuré sous les traits d'un jeune homme nu, placé près d'un rocher, le bras armé d'un bouclier, et tenant à la main un maillet qui rappelle la bipenne du Zeus carien [2]. A Ilœa, dans la même province, une monnaie nous représente un personnage casqué et cuirassé, le bouclier au bras, et monté sur un bouc qui galope [3]. Ce bouc fait songer au Zeus adoré dans Laodicée [4], mais le serpent placé parfois comme attribut près de ce personnage, sur les médailles d'Ilœa, lui donne un caractère spécial [5]. Il n'est pas hors de vraisemblance que ce dieu national des Lyciens ait été *Xanthos* (Ξάνθος), qui

---

[1] *Iliad.*, III, 189; VI, 186.

[2] Voy. Mionnet, *Méd. ant.*, t. III, p. 418, n° 14. Cf. *Suppl.*, t. VII, p. 36, n° 51.

[3] Mionnet, *Méd. ant.*, *Suppl.*, t. VII, p. 29, 40, n° 64. Ces médailles sont de Gordien Pie.

[4] Voyez plus haut, page 144.

[5] Sur la médaille autonome de cette ville de Pamphylie, le serpent

avait, dans la ville du même nom, un temple desservi par un prêtre particulier, et auquel une inscription donne l'épithète de πατρῷος θεός[1]. Ce nom de Xanthos, c'est-à-dire *blond*, convient parfaitement à une divinité solaire[2], mais il a été aussi porté par un fleuve de la Lycie[3]. Il se pourrait que Xanthos fût simplement un de ces dieux-fleuves dont le culte était si répandu dans l'Asie Mineure.

Dans la Cappadoce, nous rencontrons des divinités que les Grecs assimilaient à leur Zeus, et qui présentent un caractère également oriental. Tel est le Zeus adoré dans la Morimène, chez les Vénases[4], et dont trois mille hiérodules desservaient le temple. Le pontife de ce dieu était à vie comme celui de Comane, et occupait après lui le premier rang dans la province[5]. Le *Zeus Dacios*, reconnu dans une autre partie de la Cappadoce[6], paraît avoir eu un caractère analogue. Nous ne savons rien d'un dieu cappadocien nommé Dysanda ou Dibdas, que les Grecs comparaient à Hercule[7], et qui semble avoir été originaire de Phénicie. Du reste, la majorité des divinités

est placé entre les jambes du cheval que monte le personnage divin (voy. Mionnet, *loc. cit.*).

[1] C. Keil, *Griechische Inschriften aus Lycien*, ap. Philologus, t. V, p. 644, 645 (1850).

[2] Le surnom de Xanthos est plusieurs fois donné à Apollon (voy. *Schol. Pind. ad Olymp.*, VII, 56).

[3] *Iliad.*, II, 877. Homère applique encore ce nom à un fleuve de la Troade (*Iliad.*, XX, 73) qu'il qualifie de fils de Zeus (*Iliad.*, XIV, 434; XXI, 2; XXIV, 693). On peut inférer de là que le fleuve recevait les honneurs divins.

[4] Strab., XII, p. 537.

[5] Id., *ibid.*

[6] Id., *ibid.*, p. 538.

[7] Ἡρακλέα τίνες φασιν ἐν Φοινίκῃ γνωρίζεσθαι Δισανδᾶν ἐπιλεγόμενον, ὡς καὶ μέχρι νῦν ὑπὸ Καππαδόκων καὶ Ἰλιέων (G. Syncell. *Chronogr.*, p. 290, edit. Dindorf). Certaines leçons donnent Διεδᾶν.

de la Cappadoce, pays qui avait passé de la domination
des Perses sous celle des Mèdes[1], était vraisemblablement empruntée à la mythologie assyro-perse, puisque les
noms des mois, qui se trouvent constamment liés chez
les anciens à ceux de divinités, appartiennent tous, dans
le calendrier cappadocien, à un idiome persique[2]. On
voit encore cité, parmi les divinités de la Cappadoce
et associé au culte de la déesse Anaïtis, un dieu Omanos
(Ὤμανος[3]), dans lequel on reconnait le *Bahman* persan,
le *Vohû-Manô* des textes zends[4]. Le nom de ce dieu
avait été imposé à la montagne où il recevait un culte
spécial[5]. D'autres montagnes étaient adorées dans la
même contrée sous des noms de divinités perses. Cette
adoration des lieux hauts était une importation de la
Médie, où, de même qu'en Phrygie, les dieux étaient
identifiés aux montagnes sur la cime desquelles on leur
rendait un culte[6]. Peut-être ces divinités d'origine
perse n'avaient-elles pénétré en Cappadoce que sous
l'influence du magisme, qui s'y exerça surtout dans les
derniers temps de l'empire persan[7]. «Les mages, nous dit

[1] Herodot., I, 72.
[2] Voyez, à ce sujet, E. Burnouf, *Sur les mois cappadociens*, dans
le *Journal des savants* de juin 1837, p. 330.
[3] Strab., XI, p. 511 ; XV, p. 733.
[4] Cf. Burnouf, *art. cit.*, p. 321.
[5] Strab., XI, p. 521. Voilà pourquoi les Cappadociens sont parfois
donnés comme adorant une montagne (voy. Maxim. Tyr. *Diss.*, VIII,
c. 8, p. 144, edit. Reiske).
[6] En Médie, le mont Bagistan (Βαγίστανος) tirait son nom du culte
qu'on lui rendait comme à un dieu (Diodor. Sic., II, 13); le radical de
ce mot impliquant l'idée de divin. On disait de même que Mithra
était né d'un rocher ou d'une montagne (voy. F. Windischmann, *Mithra*,
p. 18 et sq.).
[7] Strab., XV, p. 763. Au temps de Strabon, il y avait beaucoup

Strabon, y étaient fort nombreux [1] et y avaient élevé plusieurs pyrées [2]. Dans les sacrifices, on assommait la victime, au lieu de l'égorger, suivant le rite perse [3]. »

On a vu plus haut que les Ciliciens se rattachaient vraisemblablement à la famille sémitique ; mais, en rapport fréquent avec les populations de la Phrygie et de la Cappadoce, leur culte subit aussi l'influence de ces provinces. Le type des médailles de la Cilicie est presque partout la figure de Zeus [4], c'est-à-dire du grand dieu de la Cappadoce ; d'un autre côté, l'Apollon Cataonien dont j'ai déjà fait mention, et qui avait son temple à Dastarcum [5], parait être d'origine syro-phénicienne. Strabon nous dit que ses simulacres étaient d'une nature particulière, ce qu'il n'eût pas noté si cet Apollon eût reproduit les caractères d'une des divinités de l'Asie Mineure. Plusieurs traditions rattachaient à des héros troyens la fondation de différentes villes ciliciennes. Il est difficile de ne voir là que de pures inventions poétiques ou populaires, et il est plus naturel d'y reconnaître un souvenir des anciennes relations existant entre la Cilicie et la Phrygie. J'ai déjà parlé de Sarpédon comme

de pyrées en Cappadoce, et le magisme y était florissant. (Cf., sur la propagation de la religion perse en Cappadoce, C. Heyne, *De sacerdotio Comanensi*, ap. *Commentation. Societ. reg. Goettingensis*, t. XVI, p. 127.)

[1] Ch. Texier, *Description de l'Asie Mineure*, t. II, p. 17 et suiv.

[2] Πολλὰ δὲ καὶ τῶν Περσικῶν θεῶν ἱερά (Strab., XV, p. 723). On a retrouvé les restes d'un pyrée au village de Gorun (Eug. Boré, *Correspondance d'Orient*, t. I, p. 263).

[3] Les victimes étaient assommées avec un maillet (κορμῷ τινι) (Strab., *loc. cit.*).

[4] Mionnet, t. III, nᵒˢ 282-314.

[5] Strab., XII, p. 536, 538. Les statues et les temples de ce dieu étaient fort répandus en Asie Mineure.

d'un dieu solaire lycien [1]; son nom se trouve aussi
attribué en Cilicie à une divinité lunaire confondue avec
Artémis [2], et nous savons, par un autre témoignage,
qu'Apollon, c'est-à-dire le Soleil, y recevait le même
surnom [3]. Tout donne donc à penser que Sarpédon était
une divinité commune aux Ciliciens et aux Lyciens. La
forme de ce nom de Sarpédon dénote d'ailleurs, comme
je l'ai observé plus haut, une origine sémitique [4]; on
est dès lors conduit à supposer que des traditions syro-
phéniciennes avaient pénétré dans la Cilicie et la Lycie,
et s'y étaient mêlées de bonne heure aux légendes grecques. Ce n'est pas là, du reste, le seul exemple que la
Cilicie nous fournisse de l'association des traditions helléniques et des mythes orientaux. Il existait à Olba, dans
la même province, un temple de Zeus dont la fondation
était attribuée à Ajax, fils de Teucer [5]. Strabon nous
dit même que la plupart des prêtres de ce temple portaient le nom de Teucer [6]. Il ajoute que le grand pontife

[1] Voy. ci-dessus, p. 147. Cf. *Iliad.*, II, v. 876; V, v. 479; XVI,
v. 490. C'est sans doute le souvenir du héros d'Homère qui avait donné
naissance à l'oracle attribué, en Troade, à Sarpédon. (Tertullian., *De
anim.*, c. 46.)

[2] Strab., XIV, p. 676. Le géographe grec nous dit que, dans ce
temple, des hommes, agités par une fureur divine, prédisaient l'avenir.

[3] Ce Sarpédon ou Apollon cilicien paraît avoir été représenté un glaive
à la main, car on montrait, à Tarse, le glaive (μαχαίρα) d'Apollon, que
l'eau, disait-on, ne pouvait mouiller. (Plutarch., *De defect. oracul.*, § 41,
p. 768, edit. Wyttenbach.)

[4] M. Preller (*Griech. Mythol.*, t. II, p. 81) regarde le nom de *Sarpédon* comme impliquant l'idée d'orage et de tempête. On l'a traduit avec
plus de vraisemblance par le *seigneur des champs, des moissons* (סַר,
princeps, rex, et פֶּדֶן, *ager, campus*).

[5] Strab., XIV, p. 672.

[6] Id., *ibid.*

du temple était jadis le souverain du pays [1]. C'est là une
preuve que la divinité d'Olba était analogue aux dieux de
la Cappadoce identifiés par les Grecs à Zeus, et dont
le prêtre était revêtu d'une autorité à la fois politique
et religieuse.

Enfin, une dernière tradition, remontant également à
une époque très ancienne, puisqu'il y est fait des allusions dans l'Iliade, témoigne de la fusion des mythes
grecs et cilico-lyciens. Bellérophon, dont le nom parait
lui-même indiquer une origine asiatique [2], apparaît comme
le vainqueur de la Chimère [3], dans laquelle se personnifient les feux souterrains qui s'échappaient du sol vol-
canique de la Phrygie brûlée et des contrées voisines.
Ce Bellérophon, dont j'ai déjà parlé ailleurs, parait avoir
été le Génie national des Lyciens, et peut-être est-ce lui
qu'il faut reconnaître dans le personnage monté sur une
chèvre qu'on voit sur la monnaie d'Ilœa. Comme Hercule et Thésée, il est l'ennemi des monstres, des animaux
féroces, dont il affronte courageusement les attaques [4];

---

[1] Strab., *ibid.*

[2] Βελλεροφῶν ou Βελλεροφόντης, c'est-à-dire le meurtrier de Belléros.
Ce dernier nom paraît étranger à la langue grecque, et rappelle celui
de Bêlus, Baal. M. Preller soupçonne que c'était un monstre divin.
Le mot Belléros pourrait bien cependant être une forme adoucie
d'ἕλλερος, qui paraît avoir eu le sens de *méchant, mauvais, ennemi*
(voy. Eustath., *Ad Iliad.*, p. 635, 6 ; Naeke, *Opuscul.*, II, p. 167). Dans
ce cas, Belléros personnifierait les ténèbres.

[3] Le mythe que renferme la légende de Bellérophon émanait d'une
conception commune à toute l'Asie occidentale ; il fut ensuite localisé,
comme cela était arrivé pour les mythes grecs, en un lieu qui s'adaptait aux phénomènes qu'il peignait à la pensée, sur le mont Chimère,
où se reflètent les rayons du soleil levant (Plutarch., *De mulier. virtut.*,
§ 9, p. 21, edit. Wyttenb.). Voyez ce que j'ai dit, tome I, p. 359.

[4] Suivant une légende vraisemblablement postérieure, Bellérophon
combattit, outre la Chimère, un lion, un léopard et un sanglier. (Voy.

il est l'adversaire des Solymes [1], peuple voisin et rival
des Lyciens [2]. Cette Chimère n'était elle-même qu'une
montagne personnifiée prise par les Solymes ou les Lyciens pour une sorte de pyrée naturel, analogue à ce
qu'étaient pour les Mèdes les dégagements de flammes
volcaniques ou de gaz incandescents, tels que ceux de
Bakou [3]. Son combat avec les Amazones nous reporte
à des mythes naturalistes et stellaires. On a vu que ces
déesses personnifiaient la lune [4]; elles ne semblent avoir
été mises en rapport avec Bellérophon que parce que
celui-ci était la personnification de la lumière ou des
ténèbres [5]. Les Grecs rapportaient que le vrai nom de
Bellérophon était *Hipponoos* [6], nous laissant entrevoir par
là qu'ils avaient identifié un héros hellénique, adoré sous
ce nom à Corinthe, avec le Génie national des Lyciens,
dont la légende se popularisa de bonne heure parmi eux.
L'histoire de Bellérophon, par le mythe qui en fait le fond,
rappelle d'une manière frappante celle de Persée [7], à laquelle elle dut emprunter quelques traits, une fois qu'elle

Plutarch., *De virt. mulier.*, § 9, et pour une représentation du combat
de Bellérophon et d'un léopard, un bas-relief funéraire de Tlos, Spratt
and Forbes, *Travels in Lycia*, II, p. 33, sv.)

[1] Pindar. *Olymp.*, III, 123, sq.

[2] Voy. *Odyss.*, V, 285.

[3] Maxime de Tyr nous dit en effet que les Lyciens adoraient ce feu
comme un dieu et lui avaient élevé un temple et une statue. (*Dissert.*,
VIII, 8, p. 143).

[4] Voy. Preller, *Griech. Mythol.*, t. II, p. 59.

[5] Id., *ibid.*, p. 55.

[6] Voy. *Schol. ad Iliad.*, VI, 155.

[7] On peut, pour s'en convaincre, comparer les deux terres cuites de
Mélos, publiées par Millingen (*Unedited Monuments*, II, pl. 2, 3). Ces
deux sujets étaient souvent mis en pendants (voy. Pausan., II, c. 27,
§ 2).

eut été portée dans la Grèce. L'une et l'autre nous
offrent un symbolisme analogue à celui du Rig-Véda,
dans lequel apparaît à chaque hymne la peinture des
phénomènes du ciel et de l'atmosphère, cachée sous
l'allégorie de victoires que les puissances de la terre
remportent sur celles des ténèbres. Comme, d'ailleurs,
les noms qui figurent dans la légende de Bellérophon
appartiennent, à en juger du moins par leur forme, à la
famille indo-européenne, il est probable que la mythologie lycienne, dont elle nous fournit un échantillon, se
rattachait à cet ensemble de conceptions poétiques et religieuses qui caractérisent le Véda, et qui se retrouvent
dans les fables grecques sous une forme plus anthropomorphique et plus arrêtée. Il n'y a rien, en effet, dans
l'histoire de Bellérophon, qui se rapporte à ces cérémonies orgiastiques, à cette divinisation du sexe féminin,
et à ces désordres qu'entraîne un élan trop impétueux
vers lui, en un mot, à tout ce qui est le caractère de la
religion des Cananéens. Dans la légende de Bellérophon,
comme dans celles qui ont pour personnages principaux
Apollon, Hercule ou Athéné, ce sont les phénomènes
de la lumière que l'imagination a mis en scène, c'est-à-
dire précisément les éléments qui constituent par excellence la mythologie de la race aryenne. Chez les syro-
phéniciens, on va voir, au contraire, un autre symbolisme
qui, en nous ramenant à la légende de Cybèle et d'Atys,
nous révèle ainsi la présence d'éléments sémitiques dans
les fables de la Phrygie et des contrées voisines, habitées
cependant par des peuples indo-européens. C'est qu'une
fusion assez profonde s'était opérée en Asie entre les
croyances des deux races, et le mythe de Bellérophon

lui-même, tout indo-grec qu'il est, n'en a pas moins emprunté, comme on s'en convaincra par la lecture du chapitre suivant, plusieurs de ses traits aux traditions de la Phénicie.

CHAPITRE XVI.

INFLUENCE
DES RELIGIONS SYRO-PHÉNICIENNES SUR LES CROYANCES
DES POPULATIONS HELLÉNIQUES.

On vient de voir, au chapitre précédent, quelle influence les religions de l'Asie Mineure avaient exercée sur les croyances et le culte des populations helléniques. On a pu s'assurer que cette action remontait déjà à une haute antiquité, et qu'elle s'était plus particulièrement fait sentir à l'époque où les Grecs, ayant atteint un notable degré de civilisation, entretenaient des relations fréquentes et suivies avec les provinces intérieures de l'Asie Mineure. A travers les diversités inséparables d'un grand fractionnement de peuples et de tribus, il est encore possible de démêler des traits communs aux différentes religions de cette partie du monde ancien. On peut donc admettre, jusqu'à un certain point, l'existence d'une religion commune à l'Asie Mineure, se subdivisant en un grand nombre de religions locales que le culte des divinités purement helléniques pénétra plus ou moins. Cette religion pourrait être désignée sous le nom collectif de *lydo-phrygienne;* car c'est dans la Phrygie et la Lydie que l'on trouve ses traits le plus nettement accusés. Ce qui la distingue de la religion grecque proprement dite, c'est l'importance qu'y prend le culte d'une divinité femelle offrant les caractères d'une personnification de la terre ou de la lune. Cette déesse domine toutes les théogonies de l'Asie occidentale ; les autres divinités lui sont subordonnées, soit dans les fables où elles figurent, soit dans le culte qui leur est 'rendu.

Les traits de ressemblance qu'on saisit çà et là entre quelques déesses pélasgiques ou helléniques et les grandes déesses de l'Asie Mineure ne sauraient autoriser toutefois leur assimilation. On n'est donc pas en droit de conclure à une identité de croyances religieuses en Grèce et en Asie. Chez les Pélasges prédominaient l'adoration et le culte des divinités chthoniennes, de dieux présidant à la culture des céréales et à l'élève des bestiaux. Chez les Doriens, au contraire, ce sont les divinités pastorales, mises en rapport avec le soleil, les astres et les phénomènes lumineux, qui occupent le premier rang. Enfin, chez les Ioniens, les divinités marines sont l'objet d'une dévotion plus particulière. Or, dans l'Asie Mineure, nous ne trouvons rien d'analogue. La religion lydo-phrygienne exalte une déesse Terre et Lune mise en rapport avec les phénomènes des saisons, et représentant, dans son histoire mythique, le passage de l'hiver à l'été ou de l'été à l'hiver. Tout, dans les mythes dont cette déesse est l'objet, annonce, en Phrygie et en Lydie, une société encore barbare, des usages grossiers et cruels, qui contrastent avec les mœurs simples et pastorales des Hellènes, avec les habitudes plus réglées des Pélasges. On dirait que chez les Phrygiens et les Lydiens s'est fait sentir l'influence des contrées voisines du Caucase, du pays des Scythes, des Mèdes ou des Cimmériens, dont les mœurs demeuraient féroces, alors que les

thynie [1] et chez les Mariandyniens [2]. Malgré l'influence grecque, les rites paraissent s'être conservés à l'abri des altérations, grâce sans doute à la famille qui se transmettait héréditairement à Cypre le sacerdoce de la déesse [3]. Le grand développement que prit à Corinthe le culte d'Aphrodite, doit probablement son origine à des importations de la religion syro-phénicienne. Dans cette ville, où se rendaient incessamment des matelots phéniciens, l'adoration d'Aphrodite se liait à l'exercice de la prostitution [4], qui déshonorait, comme on l'a vu, à Cypre le culte d'Astarté [5].

L'Astarté asiatique, après avoir été portée, à deux reprises différentes, en Grèce, d'abord, dans les temps antiques, sous les traits qui servirent à composer la

---

[1] Proclus, *Paraphr. Tetr.*, lib. II, p. 97.

[2] Pollux, *Onomastic.*, II, 8. Si l'on en croit Musée (*Hero et Leand.*, v. 24 et sq.), les Adonidies se seraient aussi célébrées à Sestos.

[3] Tacit. *Hist.*, II, 3. Pindar. *Pyth.*, II, 26. Voyez, sur la famille sacerdotale à laquelle était dévolu le culte de l'Astarté ou Aphrodite de Cypre, Guigniaut, *La Vénus de Paphos*, à la suite du *Tacite*, trad. par Burnouf, t. IV, p. 421, 422. A l'époque de Ptolémée, le grand prêtre de la déesse conservait encore, sur toute l'île, son autorité (voy. Boeckh, *Inscr.*, t. II, nᵒˢ 2619, 2622, 2624, 2633), et cet état de choses se prolongea jusque sous la domination romaine (Boeckh, t. II, nᵒ 2633; Ross, *Inscr. cypr.*, ap. *Rheinisch. Museum*, 3ᵉ série, t. VIII, p. 521).

[4] Theopomp., ap. Athen., XIII, p. 573, c. 32. Voyez tome I, p. 488, et ci-dessus, p. 216.

[5] « Mos erat Cypriis virgines ante nuptias statutis diebus dotalem » pecuniam quæsituras in quæstum ad littus maris mittere pro reliqua » pudicitia libamenta solituras. » (Justin., XVIII, 5.) Cet usage phénicien avait été porté par les Carthaginois en Numidie (Valer. Maxim., II, 6, 15). Peut-être y faut-il rapporter l'inscription trouvée à Palæpaphos, et qui contient la consécration faite par Démocrate, fils de Ptolémée, chef des Cinyrades (ὁ ἀρχὸς τῶν Κινυραδῶν), et sa femme Eunice, de leur fille à la déesse de Paphos. (Cf. Ross, 'Inscr. cypr., p. 521, nᵒ 16. Voy. plus haut, page 216,)

figure de l'Aphrodite hellénique, puis comme Aphrodite de Paphos et de Cypre, y rentra une troisième fois, à une époque fort postérieure, comme Aphrodite de Syrie. C'est à cette déesse qu'on éleva un temple au Pirée; c'est elle qui eut, sous le nom de *Déesse syrienne*, un sanctuaire à Égire, en Achaïe[1]. On n'entrait dans son sanctuaire qu'à certains jours, et seulement après s'être préparé par des purifications et des jeûnes. Ces rites, conformes à ceux qu'on pratiquait dans la Phénicie, en l'honneur de la déesse syrienne, n'étaient déjà plus les mêmes qu'à Paphos. La différence provenait de ce que le culte de l'Astarté cypriote, une fois apporté dans les contrées grecques, y avait pris un caractère nouveau qui finit par en faire une divinité à part. Voilà pourquoi l'Aphrodite paphienne constitua par la suite une déesse assez distincte de celle de la Phénicie, et cela explique comment, vers l'époque impériale, son culte semblait être celui d'une divinité particulière, et fut, à ce titre, introduit en différents lieux de l'Asie Mineure [2].

En Sicile, au mont Éryx, le culte d'Aphrodite offre une physionomie qui en fait rattacher directement l'origine à l'Astarté phénicienne. La colombe, oiseau symbolique de cette déesse, y recevait un culte spécial[3], et les hiérodules attachées en grand nombre au sanctuaire sicilien rappellent celles que l'on trouve en Asie au service du temple d'Astarté[4]. Enfin, la liaison étroite de la

[1] Pausan., VII, c. 26, § 3.
[2] L'existence du culte de l'Aphrodite paphienne, en différents points de l'empire, est constatée par les médailles. Voyez notamment Mionnet, *Méd. ant.*, t. II, p. 589, n° 494.
[3] Ælian. *Hist. var.*, I, 15.
[4] Strab., VI, p. 272.

prostitution au .culte- de‾la déesse grecque [1] adorée à
Abydos comme présidant à la débauche (Πόρνη) [2], nous
ramène à la fois aux déesses de la Syrie et à Mylitta, leur
mère commune. Quant au culte d'Adonis qu'on retrouve
dans toute la Syrie et jusqu'en Babylonie [3], qui, sous les
Ptolémées, pénétra en Égypte [4], par suite de la fusion
opérée entre les religions phénicienne et égyptienne, on
ne voit pas qu'il se soit jamais combiné en Grèce avec
celui d'Aphrodite. Il y garda toujours un caractère étranger. Ce dieu n'entra chez les Hellènes qu'à la suite
d'Aphrodite ; les poëtes de l'époque alexandrine [5] lui donnèrent, il est vrai, une physionomie grecque, mais sa
légende ne modifia ni celle d'Apollon ni celle de Dionysos,
dont le rapprochait son caractère solaire. C'est seulement
chez les Orphiques des derniers temps, qu'il se confond
avec le fils de Sémélé, devenu un dieu panthée, époux de
Déméter-Cora [6]. Le poëte Phanoclès en fit l'échanson de
Dionysos ; mais ces rapprochements tenaient simplement
à ce que les Grecs croyaient reconnaitre leurs Dionysies
dans toutes les fêtes orgiastiques de l'Asie, et jusque
dans les cérémonies secrètes dont ils ne pouvaient percer
le sens ni l'origine [7].

---

[1] Lajard, *Recherches sur le culte de Vénus*, 2ᵉ mém. Cf., pour
des monuments qui déposent de la liaison de la prostitution au culte
d'Aphrodite, J. de Witte, *Description des antiquités du cabinet Durand*,
nᵒˢ 60, 61 ; *Description d'une collection de vases peints*, nᵒˢ 12 et 13.

[2] Voy. tome I, p. 488.

[3] Macrob. *Saturn.*, I, 21. Ælian. *Hist. anim.*, XII, 33. Cf. *Genes.*,
L, 10 ; Movers, *Phœnizier*, t. I, p. 193.

[4] Heliodor. *Æthiopic.*, V, 11, 11.

[5] Orph. *Hymn.*, LVI, 55.

[6] Plutarch. *Conviv. quæst.*, IV, 5, § 3, p. 743.

[7] C'est ainsi que Plutarque assimile les fêtes des Juifs aux Dionysies,
et s'imagine que ce peuple adorait Dionysos, fait dont il croit trouver

Pour découvrir dans la religion hellénique des influences phéniciennes autres que celles dont je viens
d'assigner le caractère, on doit remonter davantage le
cours des siècles, et arriver à une époque où la mythologie
avait une forme plus mobile, moins arrêtée qu'au vi⁰ ou
viiᵉ siècle avant notre ère. Les mythes qu'ils tiraient du
dehors n'étaient alors pour les Grecs qu'un thème sur
lequel ils bâtissaient une légende conforme à leur' génie
et rattachée à leur propre histoire. Il faut donc se transporter aux temps antéhomériques pour compléter l'énu-
mération des éléments syro-phéniciens dans la mythologie hellénique; et encore dans cette recherche d'idées
communes à la Phénicie et à la Grèce, faut-il tenir compte
de ce que les deux pays avaient puisé dans un même fond
des croyances primitives. De ce qu'on trouve attachées
aux traditions héroïques qui seront rappelées plus bas
des fables d'un caractère semblable à celles de la Phénicie, il ne s'ensuit pas nécessairement que les Grecs
aient reçu des navigateurs phéniciens ou dû au contact
des populations asiatiques la connaissance des mythes en
question. Ces mythes ont pu leur être apportés de l'Assyrie ou de la Perse, par une voie différente de celle qu'ils
ont suivie pour arriver en Syrie et en Phénicie. Il est,
en effet, remarquable de trouver dans les plus anciennes
données de la mythologie hellénique des analogies avec
les divinités phéniciennes et syriennes dont les carac-

---

la preuve dans la ressemblance des noms du sabbat et de σάββαι, ou
Bacchants (*Conviv. quæst.*, IV, 6, § 2, p. 740). Ce que dit Tacite
(*Hist.*, V, 5) nous montre que cette assimilation, dont il fait aisément
voir l'absurdité, était fondée sur l'emploi, dans le culte mosaïque,
d'instruments de musique, semblables à ceux qui étaient en usage dans
les Dionysies et les Sabazies.

tères viennent d'être esquissés; et ces divinités elles-
mêmes, j'ai montré dans quelle étroite relation elles sont
placées avec celles de la Phrygie et de la Lydie. La
déesse Héra, dont les Pélopides apportèrent le culte de
cette dernière province dans le Péloponnèse, offre une
curieuse analogie avec les déesses telluriques de l'Asie [1].
Ce qui s'explique aisément quand on songe que Samos,
située au voisinage de l'Asie Mineure, était un des
centres de son culte [2]. Pélops régnait, d'ailleurs, à Sipyle,
où Cybèle était adorée [3]. Il n'est donc point impossible
que, dès l'époque des Pélopides, une divinité asiatique,
qui n'était qu'une des formes des Grandes déesses de
Phrygie et de Syrie, soit venue se greffer sur la Grande
déesse des Pélasges. Ce qui le donne à penser, c'est que,
dans la légende de la Héra d'Argos et dans plusieurs des
mythes qui s'y rattachent, notamment dans l'histoire des
amours de Zeus et d'Io [4], on saisit des traits d'une parfaite conformité avec les traditions syriennes. J'ai déjà
fait remarquer que la métamorphose du souverain des
dieux en taureau, dans la légende de l'enlèvement d'Europe, a une forme toute phénicienne [5]. C'était de Crète
que cette légende avait passé dans la Grèce [6]; des

---

[1] Voy. Gerhard, *Bemerkungen zur vergleichend. Mythologie*, ap.
Monatbericht der Acad. von Berlin, juin 1855, p. 370.

[2] Athen., XV, p. 672. Apollon. *Argon.*, I, 187. Pausan., VII, c. 4,
§ 4. Varron. ap. Lactant., I, 17.

[3] Pélops est fils de Tantale, roi de Sipyle. Euripid. *Electr.*, 5.
Pausan., II, c. 22, § 4, 5. Diodor. Sic., IV, 74. Hygin. *Fab.*, 124.

[4] Hesiod. *Fragm.* 173. Apollodor., II, 1, 3. Æschyl. *Suppl.*, v. 291
et sq.

[5] Voy. ci-dessus, p. 214. Cf. Lucian, *De dea Syr.*, 4. Hoeck, *Kreta*,
t. I, p. 98. Movers, *Die Phönizier*, t. II, p. 77 et suiv.

[6] Voy. Hesiod. *Theogon.*, 357. Antimach. *Fragm.* 3. Apollodor.,
III, 1, 1. Steph. Byzant., v° Ταυμεσσός.

traditions rattachaient par sa naissance Europe à un monarque phénicien, Phœnix ou Agénor [1]. Dans le taureau sous la figure duquel se montre Zeus, dans la vache dont Io prend la figure après sa métamorphose [2], on reconnaît l'emblème des grandes divinités lunaires de l'Asie. Io surtout offre un caractère lunaire que l'on ne saurait méconnaître; elle est gardée par Argus Panoptès, le bouvier aux cent yeux qui personnifie les étoiles [3]. L'enlèvement de cette héroïne semble l'image du coucher de la lune [4]. Toutefois il est impossible, sans risquer de décider au hasard, de faire dans ces mélanges la part des éléments indo-européens et des éléments syriens, quand ils présentent déjà entre eux tant de points de contact.

Ariadne, que l'on a vue déjà dans Homère associée à Dionysos, offre une grande analogie avec Aphrodite [5], et

[1] Homère fait Europe fille de Phœnix et de Périmède (*Iliad.*, XIV, 321; Pausan., VII, c. 4, § 2). Des traditions postérieures (cf. Pausan., V, c. 25, § 7; Apollodor., III, 1, 1) lui donnent pour père Agénor.

[2] Ce symbolisme peut du reste avoir également une origine indo-européenne; il rappelle, comme je l'ai montré au chapitre II, les métamorphoses du Rig-Véda.

[3] Voy. Æschyl. *Prometh.*, v. 565. Cf. Panofka, *Argos Panoptes*, dans les *Annales de l'Institut archéologique de Rome*, t. XI (1837). Voyez ce que j'ai dit à ce sujet, tome I, p. 253 et suiv., 312 et suiv.

[4] Voyez, sur l'explication de ce mythe, Preller, *Griech. Mythol.*, t. II, p. 79-80. Le nom d'Europe (Ἐυρώπη) a été interprété dans le sens d'*obscurité* (cf. Hesychius, v° Ἐυρωπόν), et pourrait faire allusion au passage de la lune de la région du levant dans celle du couchant.

[5] L'identité de l'Ariadne crétoise et de l'Aphrodite cypriote paraît résulter de l'existence d'un bois sacré à Amathunte, que les habitants appelaient bois d'Aphrodite Anadyomène, et où l'on montrait le tombeau d'Ariadne (voy. Plutarch., *Theseus*, § 20, p. 41, edit. Reiske). La fête de cette divinité se célébrait le second du mois de Gorpieus, et, entre autres cérémonies qu'on y accomplissait, un jeune garçon, couché dans un lit, imitait, du geste et de la voix, les douleurs d'une femme en travail.

reflète, comme elle, les traits des déesses lunaires, telluriques et mères de l'Asie

M. Gerhard est disposé à attribuer une origine sémitique à Déméter. Le mythe de Démophoon passé par le
feu lui semble être une sorte d'allusion aux sacrifices
d'enfants qui s'accomplissaient en l'honneur 'd'Astarté
et de l'Artémis Taurique; mais ce sont là des analogies
trop éloignées pour qu'on puisse en rien conclure sur
les origines du culte de Déméter, dont les racines sont
éminemment pélasgiques. La purification par le feu est
d'ailleurs un usage commun à une foule de peuples.

La légende de Persée [1], quoique reposant sur un symbolisme d'une physionomie tout aryenne, comme je l'ai
fait observer dans les chapitres précédents, rappelle par
un de ses traits les traditions venues de la côte de Syrie.
Je veux parler de l'aventure d'Andromède attachée sur
un rocher de la Phénicie et exposée aux fureurs d'un
monstre marin. Il y a là sans doute un fond sémitique ou
chananéen[2]. Ce qui ferait croire que le Persée grec avait
été identifié à une divinité phénicienne dont les attributs
présentaient avec les siens quelque analogie. Pausanias [3]
nous dit en effet que le culte de Persée existait près de
Joppé, et que l'on y montrait une fontaine teinte, suivant

---

[1] Voy. tome I, p. 302.
[2] C'est à ce mythe que semble se rattacher la légende juive du prophète Jonas. Le grand dieu marin de Tyr paraît avoir été représenté
comme un monstre marin dont l'image était fournie par la baleine ou
Léviathan. Quinte-Curce (IV, 16) rapporte qu'au siége de Tyr, une baleine s'étant montrée près du rivage, les habitants de cette cité virent
dans ce monstre un animal envoyé par Neptune. Ce dieu tyrien était le
Cétó vaincu par Persée (voy. mon *Mémoire sur le Neptune phénicien*,
dans la *Revue archéologique*, t. V, p. 544 et suiv.).
[3] IV, c. 35, § 5. Cf. G. Codin.; *De signis* C. P., p. 31.

la croyance populaire, du sang du monstre mis à mort par le héros. Or, on sait qu'il existait en Syrie une rivière du nom d'Adonis[1] qui se colorait aussi en rouge, lors de la fête du dieu solaire dont elle portait le nom. Il n'est donc pas hors de vraisemblance, comme je l'ai montré ailleurs[2], que l'on ait vénéré en Phénicie une divinité marine à laquelle les Grecs rattachèrent le personnage de Persée. Ce qui vient, d'un autre côté, à l'appui de l'existence d'un élément purement aryen dans l'aventure d'Andromède, c'est qu'on la trouve reproduite avec de légères modifications à propos d'Hercule[3] mis en rapport par les poëtes avec Persée[4]. Hésione, la fille de Laomédon, y prend la place de la fille de Céphée, et ce n'est plus la Phénicie qui est le théâtre de cette délivrance miraculeuse, mais une contrée qui apparaît dans les plus anciennes traditions de la Grèce.

Ce que j'ai dit de Persée s'applique, à plus forte raison, à Bellérophon, dont l'histoire mythique repose sur le même symbolisme. Rien d'ailleurs ne dénote une provenance phénicienne ou sémitique pour le héros lycien, qui est, au contraire, l'adversaire des Solymes, race précisément d'origine sémitique. Je ne saurais donc souscrire à l'opinion adoptée sur l'origine de ces fables, et voir là le résultat exclusif d'un courant d'idées phéniciennes.

Il est difficile de méconnaître une analogie entre la légende crétoise du Minotaure et de Pasiphaé et les mythes helléniques qui se rattachent à Europe et à Io.

---

[1] Strab., XVI, p. 755. Lucian., *De dea Syr.*, § 8.
[2] Voy. mon *Mémoire sur le Neptune phénicien*, loc. cit.
[3] Homer. *Iliad.*, V, 639, sq. Diodor. Sic., IV, 43, 49.
[4] Voy. tome I, p. 528.

La physionomie en est la même; le taureau et la vache y jouent un rôle identique [1]. Le sens lunaire primitif de ces divinités se laisse également pénétrer. Talos, dont le personnage se rattache au cycle des fables crétoises [2], nous reporte, d'un autre côté, aux créations de la mythologie syro-phénicienne. Mais, ces ressemblances constatées, il n'y a pas encore là de trait exclusivement sémitique, et l'on peut s'expliquer de pareilles analogies par l'emploi d'un symbolisme de même ordre que celui des poëtes aryas [3]. Ce qui vient à l'encontre d'une origine syro-phénicienne pour les dieux et les héros de la Crète, c'est l'absence de tout nom réellement sémitique dans la mythologie de cette île; quoique j'aie montré plus haut une analogie assez frappante entre Baal ou Moloch et le Cronos crétois [4]. En général, les moyens nous font défaut pour discerner dans la mythologie de la Crète, comme

---

[1] Voyez ce qui a été dit tome I, p. 507.

[2] *Talos* ou *Tauros* est le nom d'un homme d'airain qui brûlait, disait-on, tous les étrangers assez téméraires pour oser aborder dans l'île de Crète (Apollon. Rhod. *Argon.*, IV, 163, 819; Apollod., I, 9, 26; Bœttiger, *Kunstmythologie*, I, p. 358 et 380). M. J. de Witte (*Annales de l'Institut archéologique de Rome*, part. franç., t. II, p. 284) croit y reconnaître une des formes du Moloch phénicien, auquel on offrait des sacrifices humains.

[3] J'ai déjà montré au chapitre VI (t. I, p. 507) qu'une partie de la légende de Minos rappelle les mythes védiques. Je pourrais réunir ici bien des rapprochements nouveaux, dans le but de rendre plus étroite la ressemblance des deux ordres de traditions. Je me bornerai à un seul rapprochement: suivant les Védas, Ilà, la terre représentée sous forme d'une vache, est la fille de Manou. Ainsi voilà connue, dans la légende de Minos, personnage presque identique à Manou, une déesse Terre analogue à Europe, mise en rapport avec l'animal dont les cornes symbolisent le croissant de la lune (voy. *Rig-Véda*, trad. Langlois, t. II, p. 508).

[4] Voyez ci-dessus, p. 219.

dans les traditions de la Grèce, ce qui était de provenance sémitique. Le critérium le moins incertain est encore l'analogie générale des traits. Il y a quelques fables phéniciennes ou syriennes qui ont une physionomie à part; partout où quelque chose de cette physionomie reparaît, il est naturel de supposer une provenance syrophénicienne.

M. Gerhard a cru saisir un trait distinctif des mythes sémitiques, dans la présence des récits fondés sur la naissance et la disparition, l'enlèvement et la mort des dieux; mais, ainsi qu'il est obligé d'en faire lui-même l'aveu, ces traits ne sont pas non plus étrangers aux mythologies de l'Inde et de la Perse. Ne voit-on pas d'ailleurs le culte de Cybèle, empreint du même caractère que celui d'Astarté et fondé sur des mythes analogues, exister chez des populations, telles que les Phrygiens, issues d'une race indo-européenne. Il est donc difficile d'assigner aucun caractère générique aux légendes phéniciennes, d'autant plus qu'une fois que ces légendes furent acceptées par les Grecs, elles durent subir des transformations qui les ont graduellement défigurées.

De toutes les légendes grecques où l'existence de données phrygiennes peut être admise avec le plus de vraisemblance, celle de Cadmus est certainement la plus originale. L'apparition du héros de ce nom en Grèce est liée effectivement à l'introduction des lettres, dont l'origine est incontestablement phénicienne[1]. Tous les Hel-

---

[1] Voyez, sur cette question, Franz, *Elementa epigraphices græcæ*, p. 12 et sq. Cette introduction ne peut remonter à moins de 650 à 700 ans avant notre ère, et c'est probablement à cette date que se rattache la composition de la légende de Cadmus.

lènes s'accordaient à faire venir Cadmus de Phénicie ; d'un autre côté, nous voyons qu'en Asie, comme en Égypte, l'invention de l'alphabet était rapportée à un personnage divin [1]. Dans tout l'Orient, l'écriture et les sciences étaient présentées comme la révélation d'un dieu ; de même que la parole était donnée pour d'origine divine. Suivant la mythologie assyrienne, Oannès avait composé le corps des livres sacrés et enseigné l'écriture aux hommes. Les principaux ouvrages de la littérature babylonienne, remarque M. E. Renan, avaient la forme d'une technique sacrée, analogue au Çilpa-Çastra de l'Inde, où chaque art était représenté comme une révélation de la divinité [2]. Cadmus semble donc avoir été un

[1] Voy. Beros, edit. Richter, p. 48. En Égypte, c'était au dieu Thoth que l'on rapportait l'invention de l'écriture (Platon. *Phœdr.*, § 59 ; Plutarch. *Conv. Quœst.*, IX, 3 ; Diodor. Sic., I, 16). Les Phéniciens révéraient presque sous le même caractère que ce dieu égyptien une divinité qui portait le nom de Taaut. C'est au moins ce que nous apprend le livre qui porte le nom de *Sanchoniathon* (*Phœn. Theolog.*, p. 38, edit. Orelli). Mais on n'est point assuré que, dans cet ouvrage, tout empreint des doctrines du syncrétisme alexandrin, des emprunts n'aient point été faits à l'Égypte, dont Taaut est d'ailleurs donné pour roi. Porphyre (Sanchoniathon, edit. Orelli, p. 43) identifie formellement les deux divinités, toujours en se fondant sur l'autorité du prétendu *Sanchoniathon,* et, en effet, Eusèbe rapporte de Taaut ce que les Alexandrins nous disent du Thoth égyptien, à savoir qu'il avait consigné, sur des stèles sacrées, toutes les connaissances humaines (cf. Movers, *Die Phönizier,* t. I, p. 501 et suiv., 518). Du reste, les recherches de M. de Rougé ont montré que les Phéniciens, ainsi que l'avait déjà rapporté Tacite (*Annal.* XI, 14), d'après le dire des prêtres égyptiens, avaient emprunté leurs lettres à l'écriture hiératique égyptienne, dès une époque reculée, probablement 1800 à 2000 ans avant notre ère. En sorte que leur Taaut doit être le même que le Thoth égyptien. (Cf. E. Renan, *Sur l'origine et le caractère véritable de l'histoire de Sanchoniathon,* p. 269, 294, 312, 333.)

[2] *Mém. cit.*, p. 263.

dieu phénicien transformé par les Grecs en un héros
fondateur d'une de leurs villes. Ce serpent, qui figure
dans cette légende et qu'avait tué Cadmus, au dire de
Phérécyde et de Stésichore, cités par un scholiaste d'Euripide, ce serpent dont il sème ensuite les dents qui produisent les Spartes, rappelle le mythe égypto-phénicien
d'après lequel Thoth ou Taaut était un être ophiomorphe [1].
Dans la légende de la fondation de Thèbes, on retrouve
des détails qui offrent une curieuse ressemblance avec
une fable rapportée sur la fondation de Carthage [2], et
cette analogie dépose en faveur de l'origine phénicienne
de Cadmus. Plutarque [3] nous dit que les Tyriens offraient
à Agénor, dont les traditions helléniques font le père de
Cadmus [4], les prémices de leurs récoltes. Ce serait certainement là une preuve décisive de l'origine phénicienne

---

[1] Sanchoniathon, edit. Orelli, p. 45. *Schol. ad Euripid. Phœnic.*,
657, 662. Apollon. *Argon.*, III, 183. Apollodor., I, 9, § 23. Pausan.,
IX, c. 10, § 1. Hygin. *Fab.*, 6, 78.

[2] On peut notamment rapprocher le rôle que joue le bœuf ou la
vache dans les légendes de Cadmus et de Didon. Cadmus découvre
l'emplacement où Thèbes devait être fondée, en suivant une vache du
troupeau de Pélagon (*Schol. ad Euripid. Phœnic.*, 637 ; Pausan., IX,
c. 12, § 1 ; Hygin. *Fab.*, 178). Didon obtint, en Afrique, une étendue
de terrain égale à celle que la peau d'un bœuf pouvait recouvrir, circonstance qui valut à la ville le nom de *Byrsa* (Justin., XVIII, 4, 7 ;
Virgil. *Æn.*, I, v. 368). Ces deux légendes paraissent avoir été forgées
sur le mot *Burs*, qui signifiait, en phénicien, ville (בִּיר et עִיר) et que les
Grecs interprétaient par βοῦς, *bœuf*. On rapportait aussi aux Phéniciens
la fondation du temple d'Apollon Thourios, près de Chéronée, en se
fondant sur ce que Θώρ οἱ Φοίνικες τὴν βοῦν καλοῦσι, sens qui est effectivement celui de חוֹר, en hébreu (voy. Plutarch. *Sylla*, § 17, p. 113).
L'exactitude du sens attribué par la tradition au surnom d'Apollon est
un indice de l'authenticité du fait qui s'y rattachait.

[3] *Conv. quœst.*, III, 2, p. 631.

[4] *Schol. Apollon. Rhod.*, II, 78. Hygin. *Fab.*, 78. Pausan., V, c. 25,
§ 7.

du fondateur de Thèbes, s'il n'était pas à supposer que les Grecs avaient, à l'époque des Séleucides, rapporté à Tyr le culte d'un héros que leurs fables faisaient sortir de cette ville. Movers croit reconnaître dans ce personnage un dieu-serpent adoré en Phénicie, le γέρων ὀφίων, c'est-à-dire *le vieux dragon*[1], qui jouait un grand rôle dans la mythologie assyro-phénicienne. Mais je pense que le savant professeur de Breslau a poussé un peu trop loin le désir de retrouver en Phénicie l'origine de tous les personnages introduits par les Grecs dans la légende de Cadmus.

Pausanias nous apprend qu'à Thèbes, la déesse Athéné recevait le nom d'*Onga* ou *Onka*[2], donné déjà comme surnom par Eschyle à la déesse[3] ; et le voyageur grec ajoute que certaines personnes voyaient précisément dans la forme exotique de ce nom une preuve de l'origine phénicienne de la déesse adorée à Thèbes. Movers explique ce nom par un mot phénicien signifiant *la brûlante, la chaude*, et identifie la déesse thébaine avec Astarté[4] ; mais l'étymologie qu'il propose n'est guère admissible. On ne trouve rien non plus dans le culte rendu à Athéné en Béotie, qui rappelle les cultes orgiastiques de l'Orient. Le surnom d'*Elieus*, qu'au dire d'Hesychius[5], Zeus recevait à Thèbes, serait plus significatif, si l'origine

---

[1] Voy. Movers, *Die Phönizier*, t. I, p. 515 et suiv.

[2] Pausan., IX, c. 12, § 2. Steph. Byzant., v° Ὀγκαῖα. Cf. Nonn. *Dion.*, V, 70. Voyez ce que j'ai dit sur l'étymologie de ce nom (tome I, p. 97).

[3] *Sept. Theb.*, v. 149, 472.

[4] Movers, *op. cit.*, p. 644. Voyez cependant, pour une opinion contraire, Welcker, *Griechische Götterlehre*, t. I, p. 776.

[5] Hesychius, *s. h. v.* Sanchoniathon nous dit, d'autre part, que, chez les Phéniciens, le dieu suprême (ὕψιστος) s'appelait Ἐλιοῦν, nom qui rappelle celui du dieu de Melchisédech, עליון (*Genes.*, XIV, 18). Les

phénicienne en était prouvée; nous aurions alors là
une trace visible des influences orientales, un des souvenirs gardés par les Grecs du dieu suprême phénicien [1], qu'on ne voit apparaître nulle part dans leurs
fables. Mais on ignore malheureusement si ce surnom
n'avait point été imposé à Zeus, dans les derniers temps
du polythéisme hellénique, sous l'empire de l'opinion qui
attribuait aux Phéniciens la colonisation du pays. On a
aussi proposé, pour l'épithète de Μειλίχιος donné à Zeus,
une origine phénicienne qui viendrait à l'appui de celle
qu'on suppose au surnom d'Elieus [2]. Rien, il est vrai, ne
rattache l'adoration de Zeus à l'Orient, et le fait auquel se
rapportait l'érection de sa statue était exclusivement lié à

Babyloniens appelaient leur dieu suprême Ἦλ (Diodor. Sic., II, 21), et
M. J. Oppert, qui identifie cet Ἦλ à la lumière primitive (φῶς νοητόν,
Ἀώ, הוא, l'*être*) de la cosmogonie assyrienne, croit que cette divinité
était la planète Saturne, à laquelle Babylone (*Bab-el*, la porte d'El)
avait été consacrée (voy. *Expédition en Mésopotamie*, t. II, p. 87,
et *Journ. asiat.*, 5ᵉ série, t. IX, p. 193).

[1] Au dire de Sanchoniathon, Cronos s'appelait, chez les Phéniciens,
Ἴλος, ou, si l'on suit une leçon qui paraît préférable, Ἦλ; ses compagnons étaient les Ἐλοείμ (voy. Sanchoniathon, p. 28, 17). D'après le
Pœnulus de Plaute (V, 1), on nommait, en carthaginois, les dieux *Alon*,
au pluriel féminin, *Aloniuth* (cf. H. Ewald, *Ueber die Phönizischen
Ansichten von der Weltschopfung*, dans les *Mémoires de l'Académie
de Gœttingue*, t. V, p. 60). Ce nom d'*El* a été confondu, par les Grecs
et les Romains, avec le mot *Baal* ou *Bel* (Damasc. ap. Phot. *Biblioth.*,
cod. 242, p. 343, edit. Bekker; Serv., *Ad. Æn.*, v, 733). De là l'opinion, à Rome, que les Juifs adoraient Saturne, Baal étant identifié à
Saturne, et Jehovah-Elohim à Baal (Tacit. *Hist.*, V, 2; cf. Buttmann,
Mytholog., t. II, p. 44; J. Oppert, *Expédition en Mésopotamie*, t. II,
p. 87).

[2] Voy. E. Renan, *Sur l'origine et le caractère véritable de l'histoire
de Sanchoniathon*, p. 267. C'est par une assimilation postérieure que
le Zeus Μειλίχιος fut, je crois, rapproché de Moloch, dont le nom, ainsi
que l'a montré M. Ewald, se prononçait, en phénicien, *Milik*.

l'histoire de l'Argolide; mais la forme de son simulacre primitif, qui était une simple pyramide, rappelle les images que les Phéniciens se faisaient de leurs dieux [1].

Des caractères phéniciens plus manifestes se rencontrent dans l'histoire mythique d'Hercule, que j'ai déjà fait connaître au chapitre VI [2]. Hérodote [3] rapporte qu'il existait dans l'île de Thasos un temple d'Hercule dont la construction remontait aux Phéniciens, et l'histoire d'Halicarnasse distingue formellement cet Hercule de l'Hercule grec, car il ajoute que la colonie phénicienne s'établit dans l'île, cinq générations avant qù'Hercule, fils d'Amphitryon, naquit en Grèce [4]. Malgré les étymologies forcées proposées pour expliquer la liaison des deux légendes, on doit reconnaître que l'Hercule de Thasos était un dieu phénicien rapproché par les Hellènes du héros thébain. La manière dont Hercule est représenté sur les monnaies de Thasos rappelle la figure que donnent celles de Tyr au dieu protecteur de cette ville, et qu'on retrouve sur les médailles des rois de la Phénicie [5]. Le dieu tyrien, comme celui de Thasos, a l'arc à la main. Il est donc naturel d'admettre que l'Hercule de Thasos n'était autre que l'Hercule tyrien, qui

[1] Pausan., II, c. 9, § 6; c. 20, § 1. Cf. Thucyd., I, 126.

[2] Voy. tome I, p. 527.

[3] Herod., II, 44.

[4] Lucien distingue de même formellement l'Hercule tyrien de l'Hercule thébain, avec lequel les Grecs l'avaient confondu (Lucian., *De dea Syria*, § 4, p. 83, edit. Lehmann).

[5] Mionnet, *Méd. ant.* t. V, p. 409 et suiv. De Luynes, *Essai sur la numismatique des Satrapies et de la Phénicie*, pl. XIII et LIV. L'Hercule de Tyr est représenté, sur les monnaies, tenant avec la main gauche la massue au-dessus de sa tête, et ayant l'arc de la droite, autour de laquelle est enroulée une peau de lion.

n'avait, dans le principe, rien de commun avec le fils d'Alcmène. Ce dieu tyrien était purement phénicien, tant par le nom que par les attributs. L'arc qu'il tient à la main, la flèche qu'il lance, dans les images 'que nous offrent les monuments numismatiques, rappellent la figure du dieu Ninip, toujours représenté sur les bas-reliefs assyriens décochant une flèche du haut du ciel [1], et font penser à cet Hercule du mont Sambulos, dieu de la chasse, dont les chevaux, chargés d'un carquois et de flèches, couraient les bois, toute la nuit, et revenaient le carquois vide [2]. Comme il présidait à la navigation, les marins de Tyr portèrent son culte dans tous leurs comptoirs et leurs colonies; il avait un temple à Gadès [3], un autre à Malte [4]. A Tyr, on lui donnait le nom de Baal-Melcarth, c'est-à-dire, *seigneur de la cité* (מלך קרת); car il était pour cette ville la divinité poliade [5], et il avait

---

[1] Voy. Layard, *Nineveh and its remains*, t. II, p. 448. J. Oppert, *Journal asiatique*, 5ᵉ série, t. X, p. 207.

[2] Tacit. *Annal.*, XII, 13.

[3] Strab., III, p. 169. Philost. *Vit. Apoll.*, V, 4. Cæsar, *De bell. civil.*, II, p. 121. Pompon. Mela, III, 6. Dion Cass., XXXVII, p. 144, 52; XLIII, p. 368, 5. Arnob., *Adv. Gent.*, I, c. 36. Silius Italic., III, 30. On sacrifiait tous les jours une victime dans ce temple (Porphyr., *De abstin.*, I, 25).

[4] Ptolem. *Geogr.*, VIII, 3.

[5] Ἔλαθι μου, Βαλυαρκίος, κοίρανε κωμῶν καὶ δέσποτα, dit l'inscription de Béryte. Ce nom fut diversement altéré par les Grecs. On le retrouve chez Plutarque, dans celui de Malcandros, personnage associé à Astarté (*De Isid. et Osir.*, § 15, p. 464); on a cru le reconnaître dans le surnom de Mélicerte, donné à Palémon (voy. tome 1ᵉʳ, page 417). Cédrénus (*Hist. comp.*, p. 98) l'a transformé en Μελχώμ. Quinte-Curce dit, à propos des Tyriens : « *Arœque Herculis cujus numini urbem dicaverant.* » (IV, 14.) Cet Hercule n'est autre que Melcarth (cf. Arrian., *De exped. Alex.*, II, 24).

deux temples, l'un dans le nouveau quartier, l'autre en dehors des murs, sur l'emplacement de l'ancienne Tyr[1]. Son nom nous a été conservé dans des inscriptions grecques d'une époque, il est vrai, assez récente[2]; il est donné avec quelques variantes par Sanchoniathon[3] et Eusèbe[4]. Peut-être les Grecs, en le lisant de gauche à droite, ont-ils cru y reconnaitre le nom de leur Hercule, que reproduit en effet le mot *Melcarth* retourné[5]. Le dieu tyrien de ce nom présente une assez grande analogie, et paraît même, jusqu'à un certain point, s'être confondu avec *Moloch* auquel, comme je l'ai dit, on offrait des victimes humaines[6]; car de pareils sacrifices se retrouvent en l'honneur de l'Hercule tyrien, à Carthage, colonie de Sidon qui lui attribuait sa fondation[7].

Les Phéniciens débitaient sur le compte de leur Melcarth une foule de légendes. Il était, pour les habitants de Tyr, le premier législateur, l'inventeur[8] des arts. Ces légendes se rapportaient généralement aux diffé-

[1] Herodot., II, 44. Quint. Curt., IV, 7.

[2] Voyez notamment l'inscription trouvée près de Béryte, ap. Boeckh, *Corp. inscr.*, t. III, n° 4536.

[3] Sanchoniathon, edit. Orelli, p. 32. Ce nom y est écrit Μελίκαρθος.

[4] Euseb., *De laud. Constant.*, c. 13. Son nom est transformé, par cet écrivain, en celui de Μελκάνθρος.

[5] En effet, le mot ΜΕΛΚΑΡΘ, lu de droite à gauche, donne, suivant la remarque de M. de Saulcy, ΗΡΑΚΛΕΣ; la lettre Σ se faisant, dans l'anciene écriture, comme Μ, et le Θ étant une aspiration analogue à Ħ.

[6] Voyez ci-dessus, p. 219.

[7] « Quartus (Hercules) est Jovis et Asteriæ, Latonæ sororis, qui Tyri » maxime colitur; cujus Carthaginem filiam ferunt. » (Cicer., *De natur. deor.*, III, 16. Cf. Quint. Curt., IV, 8.)

[8] On lui attribuait, par exemple, la découverte de la pourpre. (Cedrenus, p. 18 et 21.)

rentes contrées où les Tyriens avaient fondé des établissements et porté leurs armes [1].

Bien que séparées de la métropole, les colonies de Tyr et de Sidon n'en étaient pas moins unies à elle par un lien religieux. En vertu d'un usage qui paraît caractéristique de la race de Sem, elles envoyaient, à certaines époques, des théories ou ambassades sacrées, pour sacrifier dans le sanctuaire national [2]. En un mot, elles pratiquaient quelque chose d'analogue à ce que les Juifs dispersés en Cyrénaïque, à Alexandrie, en Asie Mineure, observaient pour Jérusalem [3]. Un *hag* (גח) ou pèlerinage, tel qu'il existait chez les Arabes pour le temple de la Câaba, consacré à Zouhal, dieu de la planète Saturne [4], et pour celui de Sanaa [5], dédié à la déesse Khabar ou Koubar, personnification de la planète Vénus, a pu lier, dans le principe, les colonies de Cypre

[1] Melcarth paraît avoir offert le caractère d'un dieu guerrier, puisque la planète Mercure, qui lui était consacrée, fut, pour ce motif, tour à tour appelée, par les Grecs, Hercule et Arès. (Voy. Aristot., *De mundo*, c. 2.)

[2] C'est ce qui résulte des témoignages de Quinte-Curce et d'Arrien (*De exped. Alex.*, II, 24). Le premier de ces auteurs (IV, 10) nous dit que, tous les ans, Carthage envoyait à Tyr des ambassadeurs pour y faire un sacrifice, suivant les rites nationaux (*ad celebrandum anniversarium sacrum more patrio*). Il est probable que ces théories offraient aussi au dieu des ex-voto, car le temple de Tyr en était rempli (Dion Cass., XLII, p. 334, 65).

[3] Voy. S. Munk, *Réflexions sur le culte des anciens Hébreux*, dans la *Bible* trad. par Cahen, t. IV, p. 52 et suiv.

[4] Diodor. Sic., p. 211. Caussin de Perceval, *Essai sur l'histoire des Arabes avant l'islamisme*, t. I, p. 170, 338.

[5] S. Hieronym. *Vit. S. Hilar.*, c. 20. Cf. J. von Hammer, *Ueber die Sternbilder der Araber*, ap. *Fundgruben des Orients*, t. I, p. 1 et suiv.

aux villes de Sidon et d'Hiérapolis; ce qui expliquerait les rapports étroits qui continuaient de rattacher le culte de cette île à celui de la Phénicie. Quoi qu'il en soit, il est à croire, comme je l'ai dit, que les matelots phéniciens portaient toujours avec eux l'idole de leur dieu protecteur, en sorte que les voyages qu'ils effectuaient sur les côtes occidentales semblaient être ceux du dieu même. Ces longues pérégrinations de Melcarth, les aventures qui s'y rattachaient, amenèrent entre lui et le fils d'Alcmène un rapprochement naturel, et les Grecs finirent par croire que Tyr s'était placée sous la protection de leur Hercule. L'assimilation une fois opérée, les fables phéniciennes pénétrèrent facilement dans la légende grecque, et vinrent ainsi grossir l'histoire mythique d'Alcide.

Dans l'examen que j'ai tenté au chapitre VI, de tout ce cycle légendaire, j'ai déjà signalé le caractère exotique qu'il présente. Les Grecs tenant des Phéniciens une partie des connaissances qu'ils avaient sur la géographie des contrées situées à l'occident de la Méditerranée, il était naturel qu'en agrandissant de plus en plus le cercle des voyages que l'on prêtait au héros thébain, ils introduisissent dans sa légende des données puisées en Phénicie. C'est ce qui a dû arriver, notamment pour la fable du combat de Géryon, et pour celle du jardin des Hespérides. La présence de Géryon, le géant au triple corps, à Gadès, à Tartesse, en Ibérie[1], est des plus significatives, car elle nous reporte à autant de colonies

---

[1] Movers, *Das Phönizische Alterthum*, t. II, p. 147. Voy. ce que j'ai dit du temple d'Hercule à Gadès. Cf. J. de Witte, *Étude sur le mythe de Géryon*, dans les *Annales de l'Institut archéologique de Rome*, part. franç., t. II, p. 270 et suiv.

phéniciennes. Les colonnes d'Hercule elles-mêmes semblent tirer leur origine de celles que les Tyriens étaient dans l'usage de consacrer à leur dieu protecteur Melcarth[1]. Il n'est point impossible que ces diverses circonstances aient été introduites par Phérécyde, qui avait composé une légende d'Hercule[2], et dont la théogonie semble en partie tirée des traditions syro-phéniciennes. Du reste, Melcarth n'a pas dû être le seul dieu phénicien que les Hellènes identifièrent à leur Hercule; d'autres divinités phéniciennes ou syriennes, d'un caractère analogue au dieu tyrien, se confondirent sans doute également avec le héros thébain. Movers a fait voir qu'une divinité numido-phénicienne, du nom de *Macar* ou *Macéris*[3], était devenue, pour les Grecs, l'Hercule libyque auquel la légende de l'Hercule thébain emprunta certaines particularités. Le nom de *Macar* paraît avoir suggéré celui d'une fille d'Hercule et de Déjanire, Macarée, à laquelle une source avait été consacrée près de

---

[1] Movers, *Die Phönizier*, t. I, p. 293 et suiv. Pindare (*Nem.*, IV, 21; cf. *Schol. ad Olymp.*, III, 79) fait déjà mention des colonnes d'Hercule, circonstance qui montre que la tradition phénicienne avait pénétré de bonne heure chez les Grecs; il se pourrait toutefois que ceux-ci eussent substitué au nom d'un de leurs dieux celui d'une divinité phénicienne, en transportant ces colonnes dans un des lieux où des marchands phéniciens avaient leur comptoir, car on les trouve aussi désignées sous le nom de *colonnes d'Égéon, de Briarée, de Cronos*. (Cf. Ælian. *Hist. var.*, V, 3. *Schol. ad Pind. Nem.*, III, 38. Eustath., *Ad Dion. Perieg.*, 645.)

[2] Pherecyd. ap. Athen., XI, p. 470. Suivant le philosope de Syros, Hercule, avant d'en venir aux mains avec Géryon, avait dû lutter contre l'Océan.

[3] Voy. Pausan., X, 12, § 2. La forme sémitique *macar* (מעקר) se trouve dans les Inscriptions phéniciennes. (Voy. Gesenius, *Monum.*, I, 1, c. 1, tab. xxvii, 44. Cf. Movers, *Die Phönizier*, t. I, p. 417.)

Marathon[1]. J'ai fait observer que le nom de Mélicerte a été rattaché à celui de Melcarth. Le caractère de dieu marin qu'offre le fils d'Athamas convient, en effet, assez à une divinité phénicienne, et le nom de Palémon, imposé par les Grecs à ce héros[2], fait supposer que le dieu phénicien avait été identifié avec le héros de ce nom, de la même façon que celui-ci fut plus tard identifié par les Romains au dieu marin *Portumnus*[3].

Toutefois, chez l'Hercule grec, les traits empruntés au dieu lydo-cilicien *Sandan* se mêlent tellement à ceux de l'Hercule phénicien, qu'il n'est pas aisé d'opérer le départ des éléments originaires. La forme des noms qui entrent dans l'histoire mythique de l'Hercule lydien donne à penser que le berceau de ce dieu pourrait bien être la Syrie[4]; ce qui expliquerait l'analogie des deux légendes. L'ingénieuse explication que Movers a proposée pour l'histoire de Didon[5] nous ramène d'ailleurs à cette communauté d'origine. La mort volontaire sur un bûcher de la reine ou plutôt de la déesse de Carthage serait, d'après cet orientaliste, un souvenir de la cérémonie qui avait lieu en l'honneur de l'Hercule Sandan, cérémonie qui se célébrait aussi dans la Syrie[6],

---

[1] Pausan., I, c. 32, § 5.

[2] Voy. Apollodor., III, 4, 3. Hygin. *Fab.* 2. Pausan., II, c. 2, § 1.

[3] Voy. Cicer., *De natur. deor.*, II, 26. Ovid. *Fast.*, VI, 547. Servius, *Ad Virg. Æn.*, V, 241.

[4] Voyez ce qui a été dit au chapitre précédent, p. 152.

[5] Voy. Movers, *Die Phönizier*, t. I, p. 609, 616, et l'analyse que j'ai donnée dans les *Religions de l'antiquité* de M. Guigniaut, t. II, part. II, p. 1029 et suiv.

[6] Suivant Lucien (*De dea Syr.*, § 49), lors d'une certaine fête célébrée en l'honneur de la Grande déesse, on abattait de grands arbres, on dressait un bûcher dans la cour du temple, on y suspendait des

où elle s'était rattachée à des faits historiques [1]. Le caractère hermaphrodite de la divinité solaire qui nous a frappé chez Atys et Adonis se retrouve d'ailleurs, comme je l'ai déjà fait remarquer au chapitre précédent, dans l'Hercule efféminé, amant d'Omphale; et ce sexe mixte expliquerait pourquoi, dans la légende que nous a conservée Virgile, une femme, Didon, a été substituée au dieu; en même temps que la cérémonie, dont les médailles nous attestent la réalité, est devenue pour le poëte la mort volontaire de son héroïne.

J'ai parlé au chapitre II [2] des Cabires, dont le nom rappelle d'une manière si frappante celui de divinités phéniciennes. L'apparition de ce même nom de Cabire dans la version grecque de Sanchoniathon nous montre que des dieux phéniciens, appelés vraisemblablement *Gabirim*, avaient été assimilés aux dieux grecs dont les noms rappelaient les leurs. Ces Cabires asiatiques étaient les dieux de la navigation, et leur figure grotesque et trapue décorait les embarcations de la Phénicie [3]. C'est ce que nous apprend Hérodote, qui identifie lui-même ces divinités aux Cabires de Lemnos et de Samothrace.

---

chèvres, des brebis et d'autres quadrupèdes vivants, des oiseaux, ainsi que des vêtements et divers objets d'or et d'argent. Les rites religieux accomplis, on portait les images des dieux autour du bûcher, auquel on mettait ensuite le feu. (Voyez, à ce sujet, les observations de M. J. Roulez, dans les *Annales de l'Institut archéologique de Rome*, t. XIX, p. 267.)

[1] La mort de Sardanapale, comme peut-être aussi celle de Crésus, paraît être une forme historique de ce mythe. A Carthage, Amilcar mit fin à ses jours, au milieu des flammes d'un bûcher, et reçut les honneurs divins sous le nom de Melcarth ou d'Hercule. (Voy. Herodot., VII, 267. Cf. Movers, *Die Phönizier*, t. I, p. 612.)

[2] Voy. tome I, p. 204.

[3] Herodot., III, 37. Cf. Movers, *ouvr. cit.*, p. 652 et suiv.

Les Cabires furent aussi assimilés aux Dioscures et aux Corybantes[1]. De pareilles assimilations n'ont pu s'opérer, sans faire passer quelques traits des légendes phéniciennes dans la mythologie grecque; mais nous manquons de données pour déterminer l'étendue de ces emprunts. Le serpent mis entre les mains de Cabires sur des monnaies phéniciennes[2] est un attribut probablement étranger à la Grèce; il aura sans doute contribué à faire prendre dans ce pays les Cabires pour des enchanteurs.

L'un des Cabires phéniciens, *Esmoun* ou *Aschmoun*, fut, à une époque qui semble, il est vrai, peu ancienne[3], assimilé à l'Asclépios ou Esculape grec. Cet Aschmoun, ainsi que l'indique son nom[4], était le huitième Cabire. Mais on n'aperçoit rien, dans ce qu'en rapporte Sanchoniathon, qui ressemble aux traditions que les Hellènes conservaient de leur Esculape. Le rapprochement des deux divinités paraît avoir eu uniquement pour origine l'attribut du serpent qui leur était commun. On a vu, en effet, qu'Esculape était adoré sous la

---

[1] Euseb. *Prœp. evang.*, I, p. 36, 38, 39. Damasc. *Vit. Isidor.*, p. 242. Ovid. *Trist.*, X, 45. Plutarch. *Alcib.*, § 20. Voy. tome I, p. 201 et suiv.

[2] Voy. Eckhel, *Doctrin. num. veter.*, t. III, p. 254 et sq., 275 et sq.

[3] Appien (*De reb. punic.*, VIII, 130) qualifie d'*Asclépion* un temple de Carthage, consacré à un dieu phénicien, que Movers conjecture avec vraisemblance avoir été Aschmoun. Cette identification se retrouve dans les livres hermétiques, où ce dieu phénicien, devenu le *Taut*, autre dieu phénicien, est appelé Esculape (voy. S. Cyrill., *Adv. Jull.*, p. 33 : S. Augustin., *De civit. Dei*, VIII, 23 ; *Chron. Pasch.*, p. 65, 68). L'herbe qui portait, en carthaginois, le nom d'Ἀστρεσμουνίμ, est désignée par Dioscoride sous le nom d'*herbe d'Esculape* (Dioscor., IV, 71).

[4] אשמן, c'est-à-dire *le huitième*. (Cf. Movers, *Die Phònizier*, t. I, p. 527, 529.)

forme d'un serpent[1] ; mais tandis qu'à en juger par les monnaies[2], le dieu phénicien était représenté ayant ce reptile à la main, l'Esculape grec tenait simplement un bâton autour duquel le serpent était enroulé, ou avait cet animal à ses pieds[3]. Cette identification valut à Aschmoun la qualification d'Ἀσκληπιὸς ὀφιοῦχος[4] (l'Esculape serpentaire). Un autre dieu phénicien adoré à Ascalon, et qui est désigné par les Grecs sous le nom d'Ἀσκληπιὸς λεοντοῦχος (l'Esculape tueur de lion), prouve du reste que ces assimilations devaient tenir à des analogies d'attributs. L'Aschmoun phénicien occupait d'ailleurs, dans la hiérarchie divine, un rang plus élevé que le fils de Coronis. Il s'offre comme l'emblème du monde formé par le concours des sept planètes[5] ; et Esculape n'a en aucune façon le caractère stellaire. Il semble qu'Aschmoun ait été plutôt le type de l'Ophiuchus transformé en une constellation par les Alexandrins[6], et qu'on l'ait, en conséquence, identifié avec l'Hercule thébain, dans lequel les mythographes prétendaient reconnaître le type de la constellation de ce nom[7].

Les matelots phéniciens ne furent pas les seuls courtiers en Grèce des idées de leur pays; quelques auteurs allèrent puiser directement en Phénicie les mythes

[1] Pausan., II, c. 28, § 1. Tit. Liv. Epitom., lib. XI. Ovid. Metam., XV, v. 670.

[2] Gesenius, Monum. Phœn., tab. XXXIX, XII, O, E, G, I.

[3] Clarac, Musée de sculpture antique et moderne, n° 1145 et suiv.

[4] Marin. Vit. Procl., c. 19.

[5] Ἑπτὰ μὲν θεοὺς εἶναι τοὺς πλανήτας, ὄγδοον δὲ τὸν ἐκ αὐτῶν συνεστῶτα κόσμον. (Clem. Alex. Protrept., c. 5, p. 66.) Cf. Cicer., De natur. deor., I, 13.)

[6] Erastoth. Cat., 6.

[7] Voy. tome I, p. 448.

dont ils enrichirent la théologie hellénique. Au premier
rang se place Phérécyde de Syros, qui, comme je le
disais plus haut, paraît avoir mis à contribution les traditions phéniciennes, dans une *Théogonie* dont l'ensemble
ne nous est malheureusement pas parvenu[1]. Toutefois
les fragments qui nous en ont été conservés, suffisent
pour montrer la physionomie asiatique de ses doctrines,
et l'on ne peut se refuser d'y reconnaître une compilation
d'idées syro-phéniciennes[2].

A quelle époque écrivait le philosophe de Syros? C'est
ce qu'on ne saurait préciser. La discussion des témoignages contradictoires que nous a transmis l'antiquité
conduit à la placer entre la xxxve et la lixe olympiade[3].
Au temps de Celse et de Diogène Laërte, on possédait
encore une partie de sa théogonie[4]. Les forces invisibles
de la nature et leur jeu combiné y figuraient comme des
dieux et étaient liés entre eux par une généalogie épique[5].
Phérécyde n'avait pas, comme les anciens poëtes grecs,
fait commencer le monde par le chaos obscur et informe;
mais il avait placé à l'origine des choses, Zeus, c'est-à-dire
le Dieu créateur et vivant[6]. Il est remarquable de trouver

---

[1] Voy. Theopomp. ap. Diogen. Laert., I, 11, 2, p. 86, edit. Hübner.
Suidas, v° Φερεκύδης. Cf. Preller, *Rheinisches Museum für Philologie*,
neue Folgo, Jahrg. IV, p. 377.

[2] Voy. Pherecydis *Fragm.*, edit. Sturz, editio altera, Lipsiæ, 1824.

[3] Euseb. *Præpar. evang.*, lib. I, c. 1. Hesych. Milesius, *De philos.*,
ad calcem. Diogen. Laert., edit. Causaubon, p. 65. Clem. Alex. *Stromat.*, VI, 2, p. 741. Suidas, v° Φερεκύδης.

[4] Voy., dans l'édition de Sturz, *Commentatio de Pherecyde Syrio et
Atheniensi*, § 2.

[5] Voyez, à ce sujet, Preller, *Diss. cit.*

[6] Ζῶντα μὲν εἶναι ἀεὶ (voy. Damascius, *Quæstion. de prim. princip.*,
edit. Kopp, p. 384). Le passage de Damascius, emprunté au péripaté-
ticien Eudème, indique que Phérécyde rapprochait le nom de Ζεύς de

déjà chez lui la pensée monothéiste, et peut-être faut-il voir là un emprunt fait aux croyances phéniciennes, dont l'analogie avec les idées religieuses des Hébreux ressort chaque jour davantage de l'étude des monuments phéniciens [1]. Phérécyde considérait Zeus sous trois faces différentes : comme principe primitif, comme *Eros*, et enfin comme démiurge ou créateur. En cette dernière qualité, le dieu tirait le monde du principe matériel, *Chthon* ou *Chthonia*, qui devient, entre ses mains, la Terre, par l'action du Temps ou Cronos [2]. Ainsi le dieu créateur est, pour le philosophe de Syros, le feu primitif, la force élémentaire, résidant dans l'éther et agissant, en raison de son énergie créatrice, sur la matière passive et chaotique.

Il y a là certainement une conception analogue à celle qui formait le fond de la cosmogonie assyrienne, cosmogonie où les Phéniciens doivent avoir fait des emprunts. Selon les Assyriens, le premier principe avait engendré Tauthé (Ταυθέ), la terre, le chaos, l'abime [3], que M. J. Oppert regarde comme la personnification des entrailles de

ζωή, *la vie.* (Voy. cependant Achill. Tat. *Isagog. in Arat. Phænom.*, c. 3. Cf. J. L. Jacobi, *Ueber die Fragmente des Pherecydes bei den Kirchenvätern*, dans les *Theologische Studien*, publié par Ullmann et Umbreit, ann. 1851, vol. I, p. 207.)

[1] Cette analogie de croyances ressort surtout de la curieuse inscription du tombeau du roi de Sidon, Esmunazar, publiée par M. le duc de Luynes. (Paris, 1846, in-4). Cf. Renan, *Sur l'origine et le caractère véritable de l'histoire de Sanchoniathon*, p. 249 et suiv.

[2] Voy. Diogen. Laert., I, p. 119. Clem. Alex. *Stromat.*, VI, p. 264. Damasc., *loc. cit.* Le temps, qui embrasse tout, était, selon les Phéniciens, la cause première et créatrice. Φοίνικες δὲ αἰῶνα κοσμικὸν, ὡς πάντα ἐν ἑαυτῷ συνῃρηκότα, écrit Damascius (*Quæst. de prim. princip.*, p. 268, edit. Kopp). Ce temps est l'Éternel des Hébreux, le premier Éon des gnostiques.

[3] Damasc. *Quæst. de prim. princip.*, c. 125, p. 384, edit. Kopp. Cf. E. Renan, *Mémoire sur Sanchoniathon*, loc. cit.

la terre, et que les Assyriens donnaient pour époux à Baal-Dagon [1]. De ce premier couple étaient nés Μωϋμίς et les autres générations de dieux.

Si nous reprenons maintenant la cosmogonie de Phérécyde, nous y voyons que le premier monde ainsi créé se composait de la terre, *Gé*, et de l'eau ou l'océan, *Ogén* [2]. Mais la formation de ce monde, à la fois solide et liquide, avait été précédée par celle des éléments : le feu, l'eau, l'air, la terre et l'éther. Au dire d'Eudême, le feu (πῦρ), le souffle (πνεῦμα) et l'eau (ὕδωρ), en se combinant, avaient produit *l'intelligible* (τὸ νοητόν), et donné naissance à cinq races de dieux (μυχοί) : les *Ogénides* ou divinités de l'Océan, les *Ophionides*, les *Cronides*, etc. [3]. Ici il est probable que le philosophe grec avait mêlé ses propres idées, puisées en partie dans Hésiode, à celles que lui fournissaient les doctrines orientales. Il est cependant un point où le mythe phénicien semble prédominer dans la composition de Phérécyde, c'est le rôle important qu'y joue le serpent. Je ne parle pas seulement de la fréquente intervention de cet animal dans les fables rapportées par le philosophe, mais de ce qu'il dit d'Ophion, dieu-serpent, ainsi que l'indique son nom, précipité avec ses compagnons dans l'océan ou le Tartare, par Cronos, qui l'avait vaincu [4]. On retrouve là comme un reflet de la personnification du mal sous la forme du serpent consi-

---

[1] Oppert, dans le *Journal asiatique*, 5ᵉ série, t. IX, p. 493.

[2] Clem. Alex. *Stromat.*, VI, p. 621, Sextus Empiricus, *Pyrrhon. Hypot.*, III, 4, p. 126, edit. Bekker.

[3] Voy. Euseb. *Præp. evang.*, I, 10, 41. Cf. Preller, *Diss. cit.*

[4] Sanchoniathon, p. 47, edit. Orelli. Origen., *Adv. Cels.*, VI, 42, p. 303. Cf. Apollod. Rhod. *Argon.*, I, 503 et sq., et Pherecyd., edit. Sturz, p. 49 et sq.

gnée dans la Genèse [1]. Il est vrai que la mythologie védique nous fournit, dans la lutte d'Indra et d'Ahi, une
image toute semblable à celle du mythe grec [2], et que rien
dès lors ne s'oppose à ce que le philosophe de Syros ait
puisé dans les anciennes traditions apportées en Grèce
par la race indo-européenne. Mais il est à noter que les
mythes racontés par Phérécyde sont presque toujours
rattachés par lui à la Phénicie ou en rappellent le caractère. Ainsi, c'est le même Phérécyde qui nous fournit tous
les détails de la légende de Persée ; et la délivrance d'Andromède par ce héros nous transporte sur la côte de Phénicie [3]. J'ai déjà dit, en parlant du voyage d'Hercule aux
extrémités de la Méditerranée, que Phérécyde nous avait
rapporté les détails de ce mythe astronomique, où un
Hercule navigateur et solaire prend la place du héros
grec [4]. C'est aussi Phérécyde qui rattache Danaé ou Da-
naüs à Bélus, nom évidemment phénicien ou assyrien [5],
et à Phœnix, qui personnifie également la Phénicie [6]. Le

---

[1] Aussi Eusèbe voit-il là un emprunt fait par Phérécyde à la théologie
phénicienne (*Prœp. evang.*, I, 1, § 42 ; voy. Jacobi, *Mém. cit.*, p. 203).
Phérécyde devait avoir puisé dans les traditions, dont l'opposition de
Jéhovah et du serpent, adoptée par la Genèse, a été sans doute le point
de départ, mais qui ne se trouvent pourtant pas dans la Bible. Ces traditions représentent Dieu châtiant les anges rebelles ; on ne les rencontre que dans les compositions des derniers temps du judaïsme mosaïque, telles que l'Apocalypse et le livre d'Enoch (voy. Gfrörer, *Pro-
phetæ veteres pseudepigraphi*, p. 137, sq., Stuttgard, 1840).

[2] Voyez mon *Essai sur la religion des Aryas*.

[3] Cf. *Fragm.*, edit. Sturz, n° 2, p. 72 ; n° 10, p. 90.

[4] *Fragm.*, edit. Sturz, n° 12, p. 97 ; n° 14, p. 103, et notamment
les passages d'Athénée (XI, p. 470, C), et de Macrobe (*Saturn.*, V,
p. 21).

[5] *Schol. Apollon. Rhod.*, III, v. 1185, *Fragm.*, edit. Sturz, p. 105.

[6] *Ibid.*

mythe de Cadmus, dont l'origine phénicienne paraît, comme je l'ai dit plus haut, très vraisemblable, et où l'on voit encore figurer le serpent, avait été développé dans le Vᵉ livre de l'ouvrage de Phérécyde[1]. La légende de Jason et de Médée, qui a surtout l'Asie pour théâtre, avait été rapportée par le même auteur[2], et nous voyons, dans son récit, Jason tuer un serpent qui rappelle celui du mythe de Cadmus[3]. Quelques-unes des fables crétoises, qui nous ont paru offrir un caractère phénicien, avaient aussi trouvé place dans l'ouvrage du philosophe de Syros[4]. M. Jacobi a cru saisir une certaine ressemblance entre ce que Phérécyde dit du chêne ailé (ἡ ὑπόπτερος δρῦς) et la légende orientale de l'arbre divin, du *hom*, de l'arbre du bien et du mal[5]. Zeus étendit sur ce chêne un voile magnifique sur lequel étaient représentées la terre et les demeures d'Ogên[6]. C'est là évidemment une image de la voûte du firmament, souvent figurée par un voile, et auquel un arbre est donné pour support. Il y a là une conception toute semblable à celle de l'arbre Yggdrasil de la mythologie scandinave, dont les racines s'étendent jusqu'au Niflheim et dont la tige s'élève dans les cieux[7]. Ainsi compris, le mythe de Phérécyde nous reporterait encore plus aux antiques cosmogonies

[1] Voy. *Schol. Apollon. Rhod.*, III, 1178. Cf. edit. Sturz, p. 106.
[2] Edit. Sturz, p. 80 (*Schol. Pindar. Nem.*, III, 55); edit. Sturz, p. 115 (*Schol. Apollon. Rhod.*, IV, 223); edit. Sturz, p. 167 (*Schol. Pindar. Pyth.*, IV, 133).
[3] *Schol. Apollon. Rhod.*, IV, 156. Cf. edit. Sturz, p. 115.
[4] Voy. edit. Sturz, p. 197, n° 59.
[5] Maxim. Tyr. *Dissert.*, X, 4, p. 174. Jacobi, *Mém. cit.*, p. 207.
[6] Clem. Alex. *Stromat.*, VI, 2, p. 741.
[7] Voy. W. Müller, *Geschichte und System der altdeutschen Religion*, p. 156, 345, 387.

des races aryennes qu'à celles de la Phénicie et de la
Judéé. Quoi qu'il en soit, on doit reconnaître que le philosophe de Syros puisait à des sources totalement étrangères à la Grèce. Les noms égyptiens qu'il mêle çà et là
à sa mythologie[1] prouvent qu'il aimait au moins à consulter les traditions des bords du Nil.

Tandis que les Cabires étaient généralement fixés par
les Grecs au nombre de trois, Phérécyde les porte à
neuf[2]. Ce chiffre décèle une assimilation des *Gabirim* ou
Cabires de la Phénicie à ceux de la Grèce[3]. Enfin, pour
compléter ces rapprochements, notons que le même
philosophe parle d'un second Deucalion[4], par lequel il
semble vouloir désigner le Noé de la Bible, dont le nom
ne pouvait être inconnu à la Phénicie[5].

En général, les mythes racontés par Phérécyde présentent entre eux une certaine analogie de conception;

---

[1] Ainsi il introduit, dans ses généalogies divines, le Nil (*Schol. Apollon. Rhod.*, III, 1185, edit. Sturz, p. 105), Memphis, Busiris (*ibid.*, IV, v. 1396, p. 132, edit. Sturz). C'est peut-être ce qui a fait dire à Eusèbe (*Præp. evang.*, 1, 1) que Phérécyde avait puisé ses idées en Orient.

[2] Strab., X, p. 472, D, edit. Sturz, p. 141. D'après Sanchoniathon (edit. Orelli, p. 39), les Phéniciens reconnaissaient sept Cabires issus de Sydyk, et un huitième, Asclépios; ce qui, avec Sydyk, faisait neuf dieux cabiriques.

[3] M. E. Renan regarde comme certaine l'origine phénicienne du mot Cabire lui-même. (*Sur l'origine et le caractère véritable de l'histoire de Sanchoniathon*, p. 269.)

[4] Voy. *Schol. Apollon. Rhod.*, III, 1086, edit. Sturz, p. 187.

[5] Les détails que Lucien (*De dea Syr.*, 12, 13) ajoute à la légende grecque de Deucalion montrent qu'il puisait aux traditions de Judée, lesquelles avaient du reste la plus grande analogie avec celles de la Babylonie, comme on le voit par les monnaies d'Apamée de Phrygié. (Voy. mon article DÉLUGE, dans l'*Encyclopédie moderne*, dirigée par M. Léon Rener.)

on y voit presque toujours symbolisée la lutte du bien et du mal, de la lumière et des ténèbres, le jeu des forces de la nature [1]; bref, tout ce qui constituait le fond de la mythologie phénicienne. Je dois faire remarquer cependant que Phérécyde ne paraît avoir prononcé nulle part le nom d'Adonis ou d'Astarté; ce qui porterait à croire qu'il n'avait puisé qu'indirectement aux mythes de la Phénicie. Mais, dans le personnage d'Idmon, on retrouve quelque chose d'Adonis ou d'Atys [2]. Comme le premier, Idmon est tué par un sanglier; Astérie, sa mère, a évidemment avec Astarté une assez grande ressemblance [3].

L'introduction de la magie orientale en Grèce y fit pénétrer des idées et des noms de dieux empruntés à la Syrie et à l'Assyrie. Les prêtres de Babylone avaient chez les Hellènes une grande réputation de magiciens [4]. Confondus avec les mages de la Perse, ils passaient pour les inventeurs de l'astrologie, dont l'étude était liée chez eux à celle de tous les procédés divinatoires [5]. Les expéditions de Darius et de Xercès avaient popularisé leur

---

[1] Je citerai la victoire d'Apollon sur les Cyclopes (Pherecyd., ap. *Schol. Eurip. Alcest.*, 2, edit. Sturz, p. 82), le mythe de Typhon et d'Échidné (Pherecyd., ap. *Schol. Apollon. Rhod.*, IV, v. 1396, edit. Sturz, p. 132); la légende de Titye (*Schol. Pindar. Pyth.*, IV, 160, p. 152, edit. Sturz).

[2] Voy. *Schol. Apollon. Rhod.*, I, 139, edit. Sturz, p. 170. Aucun auteur ne fait mention, avant Phérécyde, de ce genre de mort, qui paraît être un emprunt fait par ce philosophe à la légende d'Adonis.

[3] Astérie est déjà, pour Hésiode (*Theog.*, v. 409), la sœur de Latone et la fille de Phœbé; ce qui décèle une personnification de la planète Vénus; de là son assimilation à Astarté.

[4] Ασσυρίοι δὲ, ἔθνος Περσικὸν ἀκριβὲς εἰς μαγείαν. (*Schol. in Theocrit. Idyll.*, II, 161.)

[5] Voy. Diodor. Sic., II, 21. Cicer., *De divinat.*, I, 1. Apul. *Florid.*, II, 15. Sulpic. Sever. *Hist. sacr.*, II, 3. Lucian. *Necyom.*, p. 11, 12.

nom chez les Grecs, et l'on a vu, au chapitre XIII, que c'étaient aux mages qui avaient accompagné le grand roi au delà de l'Hellespont, qu'on faisait remonter en Grèce la connaissance de l'astrologie [1]. A dater du IVe siècle avant notre ère, les astrologues perses et chaldéens commencèrent à se répandre dans les contrées helléniques [2]. Ils furent les instituteurs des magiciens et des mathématiciens grecs, qui empruntèrent bientôt leur nom [3]. Une tradition, rapportée par Vitruve, dit même qu'un célèbre astrologue assyrien, Bérose, fonda à Cos une école d'astronomie [4]. D'autres villes de l'Asie, telles que Rhodes, Antioche, ouvrirent pour les Grecs des écoles d'astrologie [5]· Il est impossible qu'une fois mises en circulation, les doctrines chaldéennes n'aient pas fait pénétrer dans le culte et la théologie grecs plusieurs idées orientales. D'ailleurs, l'orphisme, par ses principes, prêtait un appui à cette science chimérique [6], et permettait de l'associer aux croyances religieuses [7]. La magie et l'astro-

---

[1] Voy. tome II, p. 507.

[2] Suivant une tradition rapportée par Aulu-Gelle, le père d'Euripide avait consulté les astrologues à la naissance de son fils (*Noct. Attic.*, XV, 20, § 1). Alexandre se fit accompagner des devins assyriens, qu'il consulta plusieurs fois (Quint. Curt., IV, 39).

[3] Plin. *Hist. nat.*, XXX, I. Euseb. *Chron.*, I, 43; *Præp. evang.*, IV, p. 119, V, 14. Suidas, v° Ἀστρονομία. Dion Chrysost. *Orat.*, XLIX, p. 249, XXXVI, p. 93. Ælian. *Hist. var.*, II, 17. Theocrit. *Idyll.*, II, 161, 162. Minuc. Felix, *Octav.*, c. 26. Apul., *De mag.*, c. 27, p. 504, c. 40, p. 616, edit. Hildebr.

[4] Vitruv., IX, 2, 6.

[5] C'est à Rhodes que Tibère alla s'initier à l'astrologie. (Tacit. *Annal.*, VI, 20, 21; Sueton. *Tiber.*, 14; Dion Cassius, LV. II.)

[6] S. Chrysost. *Homil. XXIV in Matth.*, IV, p. 395, *in Epistol. ad Galat.*, I, 7, p. 669.

[7] Μοιρίδι πάσης μοίρης σημάντορες ὄντες, dit des astres un hymne orphique (V, 6). Cl. Lucian., *De astrolog.* c, 10, p. 208.

logie assyriennes, amalgamées bientôt à l'astrologie égyptienne, dont les prétentions d'antiquité n'étaient pas moins exagérées [1], faisaient usage d'une foule de noms de dieux étrangers et de rites exotiques [2] qui furent associés au culte d'Hécate et à celui des divinités infernales [3], puis consignés dans les nombreux traités de magie et d'astronomie que l'on composa sous le nom des plus célèbres mages [4]. Mais ces rites, ces formules d'exorcisme, ne sont pas assez connus, pour que nous puissions apprécier l'étendue des emprunts faits par les magiciens et les devins grecs à l'Orient.

J'aurai occasion de revenir, au chapitre XVIII, en traitant de l'orphisme, sur le rôle que jouèrent en Grèce les idées asiatiques. Ce qui a été dit suffit pour montrer la part à assigner aux influences orientales sur la formation des croyances religieuses de la Grèce, au moins vers une époque voisine du ive siècle avant notre ère. Cette part ne paraît point avoir été aussi large que quelques auteurs semblent disposés à l'admettre. Les dernières découvertes archéologiques ont appris sans doute que les populations qui s'étendaient sur les

---

[1] Diod. Sic., I, c. 81. Lucian., op. cit., c. 2, p. 204, 205. Euseb. Præp. evang., V, 7 et sq. Origen., Adv. Cels., VIII, c. 58. Syncs, Encom. Calvit., p. 73. Cf. Lepsius, Das Todtenbuch der Ægypter, Vorwort, p. 10.

[2] Origen., Adv. Cels., V, 45, p. 512. On prêtait aux noms des dieux tirés de la langue des Assyriens et des Égyptiens une vertu mystique, qu'on justifiait par le caractère antique de ces idiomes et l'origine révélée de leur théologie. (Voy. Jamblich., De myster. Ægypt., IV, 4.)

[3] Voyez, sur toute cette question, le Fragment d'un Mémoire sur l'histoire de l'astrologie et de la magie dans l'antiquité et au moyen âge, lu par moi à l'Institut en 1858.

[4] Tertullian., De anim., c. 35.

bords de l'Euphrate et du Tigre étaient arrivées à un
assez haut degré d'avancement dans les arts plastiques,
à une époque où l'art grec était à peine né. Les relations
qui s'établirent de bonne heure entre l'Asie et la Grèce
purent porter dans ce dernier pays quelques-uns des
types figurés qu'avait créés l'Orient. Des antiquaires
exercés ont reconnu dans plus d'un bas-relief assyrien,
dans les ornements architectoniques de Ninive et de Per-
sépolis, des formes et des sujets que les Grecs ont imités [1].
Mais l'importation de ces types étrangers ne suffisait pas
pour introduire dans la religion hellénique les idées mythiques qui s'attachaient à ces figures. Et ce qui se passa
en Égypte, comme on le verra au chapitre suivant, tend
à faire croire qu'au lieu d'aller interroger les Assyriens
et les Syro-Phéniciens sur la signification des images
qu'ils en avaient reçues, les Grecs se contentaient
de forger des fables destinées à les expliquer. Ctésias
nous en fournit la preuve ; parlant des images qui avaient
frappé sa vue en Perse et en Assyrie, au lieu de nous
faire connaître les dogmes et les mythes de ces pays,
dont il a négligé de s'instruire, il nous donne ses propres
suppositions [2]. On peut se faire une idée des étranges
métamorphoses que l'ignorance des Grecs a dû faire subir
aux mythes des peuples de la Phénicie et de l'Assyrie, par
les explications naïves ou ridicules que les premiers
voyageurs qui visitèrent l'Amérique et l'Inde, propo-

[1] Voyez les judicieuses remarques de M. Ad. de Longpérier, sur ces
analogies, *Notice des antiquités assyriennes, babyloniennes, perses, etc.*,
du Musée du Louvre, 3ᵉ édit., p. 19 et suiv., et, du même auteur,
*Notice sur les monuments antiques de l'Asie nouvellement entrés au
Louvre*, dans le *Journal asiatique*, 5ᵉ série, t. VII, p. 407 et suiv.

[2] Ctesias, *Fragm.*, edit. C. Müller, p. 80, sq.

saient des idoles qu'ils ne comprenaient pas. Les Grecs n'étaient, dans le principe, guère plus savants en matière de religion phénicienne, que les romanciers du moyen âge en matière d'islamisme, alors qu'ils faisaient de Mahomet une idole des Sarrasins; que les Romains eux-mêmes, au commencement de notre siècle, quand ils voyaient dans les Juifs les adorateurs d'un dieu à tête d'âne, dont l'image était cachée au fond du saint des saints. Ces grossières erreurs expliquent celles que les Hellènes ont dû commettre, et nous mettent en garde contre les inductions qu'on pourrait tirer de leurs récits.

CHAPITRE XVII.

INFLUENCE DES CROYANCES ET DES DOCTRINES ÉGYPTIENNES SUR LES CROYANCES ET LE CULTE DES GRECS.

C'est seulement à dater de la dynastie saïtique, que des communications régulières mirent en rapport l'Égypte avec la Grèce [1], pour laquelle le royaume des Pharaons était auparavant une terre lointaine et mystérieuse [2]. En pénétrant aux bords du Nil, les Hellènes, l'esprit rempli des fables que leurs poëtes avaient forgées sur cette contrée, furent singulièrement frappés de la grandeur du spectacle qu'ils avaient devant les yeux. Des temples magnifiques, .

---

[1] Voy. Herodot., II, 164, 172, 178.
[2] De là le refrain longtemps chanté par les Grecs, au dire de Strabon (XVII, p. 802) :

Αἴγυπτόν δ' ἰέναι δολιχὴν ὁδὸν ἀργαλέην τε.

couverts de peintures représentant les exploits des anciens
rois du pays, d'innombrables inscriptions en caÿac-
tères hiéroglyphiques et d'autant plus faites pour éveiller
la curiosité, que ces caractères étaient autant d'images
d'hommes, d'animaux, de végétaux et d'objets connus.
Plus de vingt familles royales avaient laissé sur ces monuments l'empreinte de leur nom et le souvenir de leur
autorité. Le culte rendu dans ces sanctuaires à une foule
de dieux inconnus, à des animaux, à des plantes même,
avait quelque chose de solennel et de mystérieux, qui
était bien fait pour impressionner leur imagination [1]. L'organisation savante et régulière de ce culte, gardant dans
chaque province [2] ses rites spéciaux et ses symboles pré-
férés, contrastait avec le chaos des cultes de la Grèce, si
complétement dépourvus de lien et de hiérarchie. Tandis
que les traditions religieuses des Hellènes remontaient à
peine à cinq ou six siècles, l'histoire d'Égypte allait se
perdre dans la nuit des temps. Avant ces dynasties qui
avaient élevé les pyramides, creusé tant de nécropoles,
construit de si nombreux palais, des dieux avaient régné
sur le pays et réglé en personne les adorations qui devaient leur être adressées. Aussi les voyageurs grecs
interrogeaient-ils avec un vif sentiment de curiosité les
prêtres égyptiens sur les divinités dont ils trouvaient, à
chaque pas, les temples et les gigantesques simulacres.
Ceux-ci, fiers de l'antiquité de leur nation, orgueilleux
de leur science, répondaient avec une assurance et un
dogmatisme qui en imposaient à leurs naïfs interlocuteurs;

---

[1] Voyez les paroles d'Isocrate (*Busiris*, c. 25, p. 145, edit. Baiter).
Hérodote (II, 37) dit que les Égyptiens surpassent les autres hommes
dans le culte qu'ils rendent aux dieux.

[2] Hérodot., II, 42, 46.

ils tranchaient hardiment tous les points qui leur étaient soumis[1] et ajoutaient encore par des fables à leur prétendue antiquité, qu'ils prenaient à tâche d'opposer à l'origine récente du peuple grec. Ils faisaient pompeusement valoir l'ancienneté de leurs institutions et de leur culte. Habitués à supposer que les nations étrangères adoraient les mêmes dieux qu'eux, bien que sous des noms différents, les Hellènes, qui trouvaient en Égypte des divinités honorées depuis tant de siècles, furent naturellement conduits à supposer que leurs ancêtres avaient emprunté à ce pays son culte[2], et ils demandaient à ses prêtres des explications à ce sujet. Les docteurs égyptiens ne manquaient pas d'adapter leurs réponses aux préjugés de ceux qui les interrogeaient ; ces préjugés flattant d'ailleurs leur propre orgueil. Tenant, comme tous les anciens, une opinion pour d'autant plus respectable, et d'autant plus assurée, qu'elle était plus vieille, étrangers à toute critique, avides de récits nouveaux, les voyageurs qui se rendaient de Grèce en Égypte accueillaient avec empressement les assertions outrecui-

---

[1] On peut s'en convaincre, en lisant les fables que les prêtres égyptiens débitèrent à Hérodote sur la guerre de Troie, sur le voyage de Ménélas dans leur pays (II, 97, 98, 99). Ils en avaient agi de même avec Hécatée (Herodot., II, 143).

[2] Ce qui a contribué encore à faire supposer aux Hellènes que leurs dieux avaient été apportés d'Égypte, c'est que, par leur style, les simulacres divins de ce pays rappelaient ceux des premiers temps de la Grèce. Ἀνάγλυφὰς δ' ἔχουσιν οἱ τοῖχοι οὗτοι μεγάλων εἰδώλων, ὁμοίων τοῖς Τυρρηνικοῖς καὶ τοῖς ἀρχαίοις σφόδρα τῶν παρὰ τοῖς Ἕλλησι δημιουργημάτων, écrit Strabon (XVII, p. 806) ; et ces simulacres, ils leur attribuaient, sur la foi des prêtres égyptiens, une antiquité fabuleuse. Platon nous dit que les images des dieux des Égyptiens sont réglées depuis dix mille ans, dans leur dessin et leur forme, par des règles fixes, et il ajoute, quand je dis dix mille ans, ce n'est pas par manière de parler, mais à la lettre. (Voy. *Leg.*, II, § 3, p. 516, edit. Bekker.)

dantes d'une caste sacerdotale, qui ne connaissait pas mieux l'histoire hellénique que les Grecs ne connaissaient celle de l'Égypte. Ces prêtres affectaient d'appeler les Hellènes des enfants : «O Solon, Solon, s'écrie l'un d'eux en s'adressant à ce sage dans le *Timée*, vous autres Grecs vous serez toujours enfants; il n'y a pas de vieillards parmi vous, vous êtes tous jeunes d'intelligence; vous ne possédez aucune vieille tradition ni aucune science vénérable par son antiquité[1].» Rien ne prouve mieux ces faits que la lecture d'Hérodote. L'écrivain d'Halicarnasse croit, sur la foi des prêtres, retrouver en Égypte la patrie des héros les plus grecs, des dieux les moins égyptiens, tels, par exemple, que Persée et Mélampus. Au lieu de nous donner les noms des divinités des bords du Nil, il ne parle, le plus souvent, que des divinités helléniques qu'il leur assimile.

Les érudits ont été longtemps dupes de ces assertions menteuses et de ces rapprochements arbitraires. Il a fallu que Champollion et son école nous découvrissent les mystères de la religion égyptienne, ou du moins en soulevassent en partie le voile, pour nous convaincre qu'il n'y avait aucune ressemblance entre les noms des dieux grecs et ceux des dieux égyptiens. Et en effet, le système théogonique de l'Égypte est essentiellement différent de celui des contrées helléniques, et il n'y a entre eux que ces ressemblances générales qui se rencontrent entre toutes les religions fondées sur l'adoration des forces et des phénomènes de la nature.

Ce qui avait fait croire d'abord à la réalité des rappro-

---

[1] Ὦ Σόλων, Σόλων, Ἕλληνες ἀεὶ παῖδές ἐστε, γέρων δὲ Ἕλλην οὐκ ἔστιν. (Platon. *Tim.*, § 5, p. 242, edit. Bekker.)

chements que l'on trouve chez Herodote et beaucoup d'autres écrivains postérieurs, c'est que la légende grecque plaçait en Égypte les aventures de quelques-uns de ses héros, tels que Protée, Hercule, Ménélas, etc., mais ces personnages n'appartenaient pas plus à l'histoire mythique et héroïque de l'Égypte que les inventions de nos romanciers du moyen âge sur des rois de la Syrie, de l'Égypte et de la Tartarie, n'appartiennent à l'histoire de ces pays.

La preuve que l'Égypte n'avait, dans le principe, rien fourni directement à la mythologie grecque, c'est qu'on ne trouve dans Homère que les plus vagues notions sur la contrée arrosée par le Nil. On voit par ses poëmes que les Grecs n'entretenaient, de son temps, avec les Égyptiens presque aucune relation ; ce qui touchait à ce pays ne leur apparaissait que dans un nébuleux lointain. L'Odyssée nous montre que la terre d'Égypte n'était alors visitée que par des pirates grecs, des Cariens et des Léléges, des Ioniens qui y faisaient de passagères descentes [1], et plus tard ce ne furent que quelques mercenaires attachés à la garde des Pharaons, qui se fixèrent à Saïs, à Bubaste, à Memphis [2]. Les relations habituelles des Grecs avec les Égyptiens ne sont point antérieures à la xxxe olympiade. On avait cru d'abord retrouver dans le Memnon d'Homère un roi d'Égypte, mais ce que le poëte en dit convient plutôt à un monarque de l'Assyrie qu'à un Pharaon [3]. Memnon règne non-seulement sur les Éthiopiens qui habitent au sud de l'Égypte, mais sur ceux qui se trouvent

---

[1] *Odyss.*, XIV, 360 et sq. Cf. E. Curtius, *Die Ionier*, p. 12.
[2] Herodot., II, 152, 159.
[3] *Odyss.*, IV, 187 et sq. Cf. II, 521.

à l'est[1]. Toutes les traditions qui se rattachent à ce héros nous font reconnaître en lui l'incarnation d'une divinité solaire de l'Asie, une sorte de Baal ou d'Adonis, ainsi que l'a montré Völcker[2].

Il faut donc, en réalité, descendre à l'époque des rois saïtiques pour trouver en Grèce des notions plus précises sur l'Égypte. Thalès de Milet, contemporain d'Amasis, paraît avoir entretenu déjà des relations avec les prêtres égyptiens, et reçu d'eux des enseignements[3]. Trois quarts de siècle plus tard, Hécatée de Milet voyageait en Égypte, et consacrait à ce pays un livre qui ne nous est malheureusement pas parvenu[4]. Et encore dans le ve siècle avant notre ère, l'Égypte demeurait pour les Grecs une contrée bien imparfaitement connue, et sur laquelle couraient parmi eux plus de fables que de notions sérieuses. La légende de Busiris, racontée par Panyasis et Phérécyde, un âge d'homme seulement avant Hérodote, témoigne d'une bien grande ignorance de la nature de la

---

[1] Ce caractère de prince oriental appartient à Memnon, non-seulement chez Homère, mais chez les écrivains postérieurs. (Voy. Herodot., V, 53, 54. Strab., XV, p. 1058. Diodor. Sic., II, 22. Oppian. Cyneget., II, 151.)

[2] Voyez la dissertation intitulée : Ueber Spuren ausländischer Götterkulte bei Homer, dans le Rheinisch. Museum, t. I, p. 217.

[3] Diogen. Laert., lib. I, p. 17.

[4] Ce livre était un de ceux que comprenait la Périégèse d'Hécatée ; l'auteur y traitait surtout de la haute Égypte. (Cf. Herodot., II, 143. Voy. Schœll, Hist. de la littérat. grecque, 2e édit., t. II, p. 136.) Hécatée de Milet est cité par Hérodote (II, 143). L'ouvrage qu'il composa a été parfois confondu avec celui d'un autre Hécatée, Hécatée' d'Abdère, qui écrivait au temps d'Alexandre. Ce dernier auteur avait écrit un Traité de la philosophie égyptienne (Diogen. Laert. Proem., 10) et avait visité l'Égypte (Diodor. Sic., I, c. 47). Il est cité par l'auteur du Traité sur Isis et Osiris, p. 453, edit. Wyttenbach. Cf. Joseph., Adv. Apion., I, 22. Euseb. Præp. evang., IX, 4.

société égyptienne ; elle caractérise une époque où les
Égyptiens étaient encore assez étrangers aux Grecs pour
leur apparaître comme de véritables sauvages [1]. Pindare,
qui est postérieur à Hécatée de Milet, ne parle que
vaguement de quelques noms de dieux égyptiens, d'Épa-
phus et de Zeus-Ammon [2]. Quand il ne puise pas ses
données dans Homère [3], il les tire des notions répandues en Grèce par les colonies de la Cyrénaïque, sur
l'Égypte, qui en était limitrophe. Et c'est généralement
dans cette province que les populations helléniques ont
puisé les premiers renseignements précis sur la terre
des Pharaons. La colonie cyrénéenne ne remontant pas
au delà du milieu du vii° siècle avant notre ère [4], il
en faut conclure que, jusqu'à cette époque, les Grecs
n'eurent de la religion égyptienne que les plus vagues
idées.

La colonie de Cyrène était peu éloignée d'un des plus
célèbres temples de l'Égypte. On y rendait un culte à
l'une de ses grandes divinités, *Ammon* ou mieux *Amoun-
Ra*, ainsi que disaient les Égyptiens. Ce dieu est qualifié,

---

[1] C'est ce que remarque judicieusement Otf. Müller dans ses *Frole-
gomena zu einer wissenschaftlichen Mythologie*, p. 171. Au temps
de Strabon, les Grecs avaient reconnu que l'histoire de Busiris était une
pure fable (XVII, p. 802).

[2] *Nem.*, X, 9. *Isthm.*, V, 50.

[3] Il est évident, en effet, que Pindare reproduit quelquefois les dires
d'Homère sur les contrées lointaines. C'est ainsi qu'il puise chez ce
poète la légende de Memnon (*Nem.*, III, v. 110); la qualification de
fertile, qu'il donne à la Libye, lui est fournie par l'Odyssée (IV, 85,
89). Cf. Pindar. *Pyth.*, IV, 38-41.

[4] Strab., XVII, p. 387. Cf. Thrigge, *Res Cyrenensium*, p. 80, 87.
L'histoire de la fondation de cette colonie montre que les Grecs savaient
à peine, auparavant, où était placée la Libye, dont ils avaient seulement
entendu les étrangers vanter la fertilité. (Herodot., IV, 151, 158;
Odyss., IV, 85, 89.)

sur des monuments qui nous viennent des bords du Nil, de *roi des dieux*[1], *seigneur du ciel*[2]. Les Pharaons l'invoquaient spécialement comme leur père. Son culte avait été apporté de Thèbes dans l'oasis de Libye[3], dont la Cyrénaïque n'est séparée que par un vaste désert de sable[4]. La fontaine qui arrosait cette oasis coulait tour à tour chaude et glacée, tiède ou bouillante, suivant l'heure de la journée[5]. Elle était vraisemblablement consacrée

[1] E. de Rougé, *Notice des monuments exposés dans la galerie d'antiquités égyptiennes, au Musée du Louvre*, 2ᵉ édit. p. 51, nᵒ 36.

[2] Rougé, *ibid.*, p. 49, nᵒ 15. Le nom d'*Ammon*, ou plutôt *Amon*, signifiait, selon M. de Rougé, adoration et mystère. (Voy. *Journ. asiat.*, 5ᵉ série, t. VIII, p. 207. Cf. Plutarch. *De Is. et Osirid.*, § 9, p. 453, edit. Wyttenb. Jamblich. *De myster. Ægypt.*, VIII, 3)

[3] Herodot., II, 42, 55. Les détails qu'ajoute l'historien grec sont évidemment fabuleux; ils ont pour origine les contes que lui avaient débités les prêtres de Thèbes, afin de faire revenir aux Égyptiens l'honneur de la fondation de l'oracle de Dodone. Mais l'origine thébaine du dieu de l'oasis, confirmée ailleurs par le même Hérodote (IV, 180), n'en est pas moins certaine. On sait, en effet, par les monuments égyptiens qu'Ammon était le grand dieu de la Thébaïde; on le qualifiait de *père des dieux*, de *seigneur des- trônes de la terre*, de *celui qui équilibre le monde*, de *seigneur de l'éternité*, de *grand dieu vivant en vérité*. Les Égyptiens représentaient Ammon comme celui qui dispose en souverain des royaumes de la terre et qui les donne en présent à leurs rois. La tête de bélier, qui était, en Libye, donnée à son simulacre (Herodot., II, 42. IV, 181), montre que cette divinité s'y confondait avec celle que les Égyptiens appelaient *Noum*, nom que les Grecs altérèrent plus tard en *Chnoumis* ou *Chnouphis*. Cet *Ammon-Noum* était spécialement considéré comme le créateur des dieux et des hommes. Sa tête de bélier symbolisait l'ardeur du principe mâle, représenté par cet animal. Sur les monuments égyptiens, le dieu est quelquefois figuré, tournant, à la manière d'un potier, une figure d'homme ou l'œuf mystérieux d'où doit sortir la nature entière. (Voy. E. de Rougé, *Notice sommaire des monuments égyptiens du Louvre*, p. 102, 103.)

[4] Arrian. *Exped. Alex.*, III, 2.

[5] Arrian., *loc. cit.* Herodot., IV, 156. Diodor. Sic., XVII, I, 50. Lucret., II, 47 et sq.

au dieu égyptien, car elle portait le nom de *fontaine du soleil*[1], et l'on sait que le surnom de *Ra*, attribué à Ammon, veut dire *soleil*[2].

La statue de la divinité déposée dans le temple était ornée d'émeraudes et d'autres pierres précieuses[3]. Lorsqu'on voulait interroger Ammon sur quelque événement important, on plaçait ce simulacre dans une nacelle que quatre-vingts prêtres portaient sur leurs épaules[4]. Les peintures et les bas-reliefs égyptiens nous représentent souvent les dieux ainsi placés dans un naos s'élevant du milieu d'une barque[5] et portés sur les épaules des

---

[1] Diodor. Sic., *loc. cit.* Strab., XVII, p. 814. Quint. Curt., IV, 29.

[2] Voy. Rougé, *Mémoire sur la statuette naophore du Musée Grégorien*, dans la *Revue archéolog.*, t. VIII, p. 58.

[3] Diodor. Sic., *loc. cit.* Maxim. Tyr. *Dissert.*, VIII, 7, p. 142, edit. Reiske.

[4] Quinte-Curce dit que cette nacelle, qui rappelle celle dans laquelle on portait l'image d'Isis (*lenunculus*), était dorée et garnie, de chaque côté, de patères d'argent. Des cérémonies de ce genre sont fréquemment représentées sur les monuments égyptiens. Les dieux de ce pays étaient presque toujours figurés montés sur des barques. C'était spécialement le véhicule donné au soleil, *Ra*, identifié à Ammon. On voit, notamment sur un sarcophage du Louvre, le dieu, représenté par un homme à tête de bélier, debout dans un petit temple ou *naos*, remorqué par des dieux et des déesses (voy. E. de Rougé, *Notice des monuments de la galerie égyptienne du Louvre*, 2ᵉ édit., p. 114). Ce que nous dit Hérodote des cérémonies usitées dans la fête d'autres divinités égyptiennes nous reporte à des usages analogues (II, 63). Cette barque symbolique du dieu fatidique Ammon offre une curieuse analogie avec l'arche d'alliance des Hébreux, arche douée aussi d'une vertu prophétique; et il ne serait pas impossible que Moïse eût puisé en Égypte l'idée de ce symbole divin, placé sur un char à quatre roues, comme le *naos* du dieu de Paprémis, ou porté par les lévites, comme celui de l'oasis libyque (Herodot., *loc. cit.*).

[5] Voy. Rougé, *Étude sur une stèle égypt. de la Biblioth. impér.*, dans le *Journ. asiat.*, 5ᵉ série, t. VIII, p. 215.

prêtres, comme les Israélites portaient l'arche d'alliance. Un augure pris pour un signe de la volonté divine, ou une voix mystérieuse qui se faisait entendre, on ne sait comment, indiquait dans quelle direction il fallait conduire la statue. Une foule de femmes et de jeunes filles lui faisaient cortége, en chantant des hymnes à la gloire du dieu [1].

Il semble que ç'ait été de l'examen des pierres précieuses [2] qui décoraient la statue d'Ammon que l'on tirait l'oracle. Ce mode de divination rappelle l'usage des Urim et des Thummim chez les Hébreux [3], lequel pourrait bien avoir été emprunté à l'Égypte [4].

Ainsi que cela existait dans presque tous les temples égyptiens, le grand prêtre du dieu était en même temps le premier prophète [5]. C'était nécessairement un homme du pays, très versé dans la théologie. Mais une fois que les Grecs se mirent à fréquenter le sanctuaire d'Ammon, le grand prêtre dut se familiariser avec leurs

[1] Diod. Sic., *loc. cit.* Quint. Curt., IV, 29. Lorsque Alexandre consulta l'oracle, la voix mystérieuse se fit entendre.

[2] Strabon dit (XVII, p. 814) que les oracles étaient le plus ordinairement tirés des signes de tête, et en général de tous les signes fortuits donnés par l'image du dieu (νεύμασι καὶ σύμβολοις τὸ πλέον); et Quinte-Curce s'exprime ainsi : « Id quod pro deo colitur, non eamdem effigiem » habet quam vulgo diis artifices accommodaverunt; umbilico maxime » similis est habitus smaragdo et gemmis coagmentatur. » (*Loc. cit.*)

[3] Voy. l'article *Urim et Thummim* de Winer, dans son *Biblisches Realworterbuch.* Cf. Ælian. *Hist. var.*, XIV, 34.

[4] Philon. *Vit. Mos.*, 3.

[5] Hérodote (II, 37) rapporte que chaque divinité égyptienne avait un grand prêtre et plusieurs prêtres. (Rougé, *Notice des monuments de la galerie égyptienne du Louvre*, 2e édit., p. 35. Cf. Plutarch. *Alexand.*, § 27, p. 66, edit. Reiske.) Les prophètes sont représentés, sur les monuments égyptiens, vêtus de la peau de panthère et portant à la main un sceptre ou long bâton.

croyances, afin de rendre des réponses qui pussent être comprises par eux et qui concordassent avec leurs usages religieux. De là un mélange, dans les oracles que les Grecs remportaient dans leur patrie, d'idées égyptiennes et de données grecques, de noms de divinités appartenant aux deux contrées, qui altérait la religion hellénique [1]. On doit donc considérer le sanctuaire d'Ammon comme le plus ancien foyer des importations religieuses qui s'effectuèrent d'Égypte en Grèce. Plus tard, les enfants égyptiens qui avaient appris le grec près des Ioniens et des Cariens établis par Psammétichus en Égypte, mirent en circulation un certain nombre d'idées empruntées aux croyances de leur pays.

Une fois que les Grecs eurent identifié Ammon à leur Zeus, ils forgèrent sur le compte du dieu égyptien des fables empreintes de leur esprit et qui avaient pour but de mettre Ammon en rapport avec leurs propres divinités [2]. Zeus-Ammon ne fut plus qu'un Zeus grec à tête de bélier, lequel eut sa légende, comme le Zeus de Dodone ou celui de l'Ida. Ce furent probablement les colons libyens venus en Élide pour assister aux jeux Olympiques, qui y portèrent le culte d'Ammon [3] et celui des deux divinités égyptiennes qui appartenaient à la

---

[1] Les Grecs de Cyrène envoyèrent comme ex-voto, en Grèce, des images du dieu Ammon. Pausanias vit, à Delphes, une de ces images où le dieu était représenté dans son arche, que le voyageur grec prend pour un char (ὄρμχ) (X, c. 13, § 3). D'autre part, l'alliance des Égyptiens et des Cyrénéens conduisit les premiers à honorer les divinités grecques, et à accepter par conséquent leur identification avec celles de leur patrie. Amasis fit, en Grèce, diverses offrandes aux dieux (Herodot., II, 182).

[2] Voy. Herodot., II, 155.

[3] Voy. Pausan., V, c. 15, § 7.

même triade, mais dont les noms avaient été métamor-
phosés par les Grecs [1]. Ceux-ci, ignorant complétement la
nature du symbolisme égyptien qui faisait attribuer à
Ammòn une tête de bélier, auront inventé un conte ridicule pour expliquer ce singulier attribut, conte qui nous
a été conservé par Hérodote; le rôle qu'y joue Hercule
prouve suffisamment son origine hellénique [2].

Le nombre des étrangers qui accouraient à l'oracle
d'Ammon alla toujours croissant. Cela tenait surtout
à ce que la règle égyptienne ne permettant pas aux
prêtres d'exercer la divination pour leur propre compte,
ceux qui voulaient consulter les dieux de l'Égypte
devaient nécessairement en visiter les sanctuaires [3].
Déjà Crésus, qui avait fait interroger tous les oracles
de la Grèce, comprit, parmi ceux dont il demandait la
réponse, le mantéion libyen [4]. Au temps de Platon,
cet oracle était compté parmi les grands oracles de la
Grèce, et traité dès lors comme un mantéion national [5]

[1] Ces deux divinités paièdres d'Ammon furent appelées, par les
Grecs, *Parammon* et *Héra-Ammonia* (Pausan., V, c. 15, § 7 ; Panofka,
Terracotten des Konigl. Mus. zu Berlin, p. 38). La première, identifiée par les Grecs à leur Hermès, est vraisemblablement *Khons*, et la
seconde doit être la déesse *Maut*, qui entrait dans la même triade
qu'Ammon ; car on ne saurait voir ici la triade du dieu Noum, qui
comprenait deux déesses.

[2] Herodot., II, 42. Voy., sur ces fables, Servius, *Ad Æn.*, IV, 196.
Les Carthaginois et les Phéniciens en avaient inventé de leur côté.

[3] Hérodote (II, 83) nous dit formellement qu'en Égypte, personne
n'exerçait la divination, qui ne se pratiquait qu'en un petit nombre de
mantéions.

[4] Voy. Herodot., I, 46. La tradition disait aussi que Sémiramis avait
jadis consulté cet oracle (Diodor. Sic., II, 12).

[5] « Il ne faut point, écrit Platon dans ses *Lois* (V, § 9), si l'on a du
bon sens, que relativement aux dieux et aux temples à élever dans la
ville et en leur honneur, quels que soient les dieux ou les démons sous

Aussi raconta-t-on qu'Hercule et Persée étaient venus le consulter [1]. Il est à croire que des rites grecs s'étaient, dès cette époque, introduits dans le temple d'Ammon, ou, comme cela a été remarqué récemment au Sérapéum de Memphis [2], les Grecs interrogaient le dieu et lui adressaient leurs adorations dans un lieu distinct de celui qui était affecté aux Égyptiens [3]. L'immense majorité des Hellènes qui se rendaient à l'oasis d'Ammon ne parlant pas la langue égyptienne, il a fallu nécessairement que le prêtre qui leur interprétait la réponse du dieu, le prophète [4], s'exprimât en grec, et l'emploi de cette langue contribua encore au rapprochement des croyances helléniques et égyptiennes. Quand Alexandre le Grand se rendit dans ce temple, afin d'obtenir de la divinité un

l'invocation desquels on veuille les placer, on fasse aucune innovation contraire à ce qui a été réglé par l'oracle de Delphes, de Dodone, d'Ammoñ ou par d'anciennes traditions. » Aussi, depuis Platon, voit-on l'oracle d'Ammon toujours cité entre les grands oracles de la Grèce (voy. *Æl. Aristid. Orat. Platonic.*, I, p. 12, edit. Dindorf; Origen., *Adv. Cels.*, lib. VII, p. 333; Cicer., *De divinat.*, I, 42; cf. I, 1). La vogue de l'oracle d'Ammon survécut à celle du Zeus dodonéen (Juvenal. *Sat.*, VI, 565).

[1] Strab., XVII, p. 814.

[2] Voyez, à ce sujet, le mémoire de M. Auguste Mariette, sur sa découverte du Sérapéum de Memphis.

[3] Les Égyptiens excluaient les étrangers de leur table et de leurs sacrifices. Τιμῶντας ξένιον Δία μὴ βρώμασι καὶ θύμασι τὰς ξενηλασίας ποιουμένους καθάπερ ποίουσι νῦν θρέμματα Νείλου, μήδε κηρύγμασι ἀγρίοις (Plat.· *Leg.*, XII, § 6, p. 603). Mais une exception fut faite en faveur d'Alexandre le Grand, car Diodore (XII, 1, c. 5) nous dit que ce héros fut introduit, par les prêtres, dans le temple, jusqu'en présence de la statue du dieu ; ce que rapporte également Strabon (XVII, p. 824). Cf. Quint. Curt., IV, 30.

[4] Voyez ce qui a été dit plus haut. Comme il y avait dans chaque temple un grand prophète et des prophètes secondaires, le prophète grec pouvait être un de ces derniers.

oracle conforme à ses prétentions et à ses desseins, le prêtre lui tint un langage annonçant assez qu'il était au courant de la vie du héros macédonien [1]. Il flatta le conquérant, de même que ses prédécesseurs, lors de la guerre de Sicile [2], avaient flatté, dans les réponses qu'ils avaient remises, les projets d'Alcibiade.

Tel était, au temps des guerres de Sparte et de Thèbes, le renom de l'oracle d'Ammon, qu'Épaminondas l'envoya consulter [3], et que Lysandre, qui tenait à en obtenir une réponse favorable, tenta vainement de le corrompre [4]. Sans doute l'établissement du culte de ce dieu égyptien à Thèbes contribua à populariser en Béotie des pèlerinages à son temple. Pindare avait, dit-on, dédié au dieu une statue [5]. L'introduction de ce culte étranger à Thèbes parait tenir à la croyance où étaient les Grecs que la capitale de la Béotie tirait son origine de la Thèbes d'Égypte. Une ressemblance de nom fit croire à

---

[1] Diodor., *loc. cit.*

[2] Voy. Plutarch. *Nicias*, § 13, p. 365, edit. Reiske.

[3] Voy. Pausan., VIII, c. 11, § 6.

[4] Voy. Plutarch. *Lysand.*, § 20, p. 43; § 2, p. 48; § 25, p. 55, edit. Reiske. Cf. Corn. Nepos, *Lysand.*, § 3. Plutarque nous rapporte, d'après Éphore, que Lysandre se rendit en Libye, à l'oracle d'Ammon, afin de s'acquitter des sacrifices qu'il avait promis de faire aux dieux, avant le combat; mais les prêtres repoussèrent le général lacédémonien, qu'ils accusaient d'impiété, et envoyèrent même des ambassadeurs à Sparte, avec mission de poursuivre cette accusation devant le gouvernement de sa patrie. Ce fait nous montre que le culte d'Ammon était déjà fort populaire à Sparte, au commencement du IVe siècle avant notre ère; environ cinquante ans plus tôt, Cimon, près de mourir, envoya consulter l'oracle du dieu égyptien (voy. Plutarch. *Cimon.*, § 18, p. 215, edit. Reiske).

[5] Pausan., IX, c. 16, § 1. Cette statue était l'ouvrage de Calamis. Pindare adressa aussi, aux habitants de l'oasis de Libye, un hymne en l'honneur d'Ammon.

une identité d'origine, et l'on voulut placer la ville hellénique sous la protection du dieu que l'on révérait dans sa prétendue mère patrie [1]. Quand Philippe, roi de Macédoine, commença à exercer sur les affaires de la Grèce une influence prépondérante, le culte d'Ammon était déjà répandu dans le pays ; il avait pris un caractère assez national, pour que la pythie elle-même en recommandât l'établissement [2]. Alexandre le Grand, qui avait trouvé près des prêtres d'Ammon un accueil si favorable, garda toute sa vie pour ce dieu une dévotion intéressée, et le consulta plus d'une fois [3]. On s'explique donc que Zeus-Ammon ait fini par devenir une vraie divinité grecque. Nous voyons, au temps de Pausanias, son culte établi depuis une époque déjà ancienne, en Laconie [4], et les monuments numismatiques et glyptiques montrent que son adoration s'était propagée en Mysie [5], en Carie [6] et en une foule d'autres contrées [7].

[1] Ce que rapporte Hérodote (II, 55) de la migration de l'oracle qu'Ammon avait à Thèbes d'Égypte tire vraisemblablement son origine de l'introduction du dieu égyptien en Béotie.

[2] Voy. Plutarch. *Alex.*, § 3, p. 7, edit. Beiske; cf. Diodor. Sic., XVII, 51. Philippe, ayant, à la suite d'un songe, envoyé à Delphes Chéron de Mégalopolis, on rapporte que la pythie enjoignit à ce messager de dire à son maître d'offrir des sacrifices à Ammon et de l'honorer d'un culte particulier.

[3] C'est cet oracle qui ordonna à Alexandre de révérer Héphæstion et de lui sacrifier comme à un demi-dieu. (Voy. Plutarch. *Alexand.*, § 72, p. 157.)

[4] Voy. Pausan., III, c. 18, § 2.

[5] Les monnaies autonomes de Pitane portent la tête de Zeus Ammon (Mionnet, t. II, p. 626; *Suppl.*, t. V, p. 488), qui se voit aussi sur les monnaies impériales de Cassandria (Vaillant, *Numism. Colon.*, p. 107, Paris, 1695).

[6] Voyez les monnaies d'Halicarnasse et d'Euromus (Mionnet, *Suppl.*, t. VI, p. 490, 493).

[7] Voyez surtout, pour les pierres gravées représentant la tête d'Ammon,

Mais il ne faut point oublier qu'il n'avait dû se conserver, dans ce culte d'origine exotique, qu'un petit nombre de rites égyptiens. La Cyrénaïque, contrée toute grecque, eut son mouvement religieux propre, et ce mouvement fut si spontané, qu'il donna le change aux Hellènes, en leur faisant croire que la Libye était une des contrées d'où ils avaient tiré la connaissance de plusieurs de leurs dieux. Cette croyance, qui flattait l'amour-propre des colons cyrénéens, a pu être accréditée par les réponses mêmes de l'oracle d'Ammon. Le prophète grec, c'est-à-dire cyrénéen, chargé d'interpréter aux dévots venus d'au delà des mers la réponse du dieu, ne manquait certainement pas de donner la sanction d'une révélation divine à ces prétentions d'antériorité en matière religieuse. Il est aussi un fait à noter, c'est que dans la colonie de Cyrène, demeurée en dehors du mouvement qui entraînait la Grèce vers des changements de culte, les rites avaient dû conserver un caractère archaïque ; ce caractère contribua à entretenir la fausse idée que c'était en Libye et en Égypte que devait être cherchée l'origine des divinités grecques. Tels furent sans doute les motifs qui firent prendre par Hérodote l'Athéné *Tritogénie* et Poséidon pour des divinités originaires de la Libye [1].

On ne saurait cependant affirmer que la Cyrénaïque n'ait pas, à une certaine époque, fourni aux Grecs quelques-uns de leurs mythes. La légende d'Antée, par exemple, pourrait fort bien appartenir à cette contrée. Pin-

---

Tœlken, *Verzeichniss der antiken Steine der K. Preuss. Gemmensammlung*, p. 13, n° 22. Raspe, *Catal. gemm.*, n° 1365, 1389.

[1] Herodot., IV, 189. Voyez, du reste, ce qui a été dit à ce sujet au chap. II, t. I, p. 97.

dare[1] assigne pour résidence au héros de ce nom, Irasa, district de Cyrène, et lui donne pour fille Barcé, nom d'une des villes de la Cyrénaïque. On montrait dans le pays un tertre qui portait le nom d'Antée[2]. Les aventures d'Hercule en Libye et en Égypte semblent un emprunt fait aux fables cyrénéennes[3]. Je reviendrai, du reste, plus loin sur ce sujet, en traitant de l'Hercule égyptien.

Le culte d'une autre divinité égyptienne qui existait en Cyrénaïque passa, de même que celui d'Ammon, chez les Grecs[4]; je veux parler d'Isis, déesse en l'honneur de laquelle, au dire d'Hérodote, les femmes cyrénéennes célébraient des fêtes solennelles, et s'abstenaient de manger de la chair de vache et de porc[5]. Isis offrait beaucoup d'analogie avec Déméter[6], et les Grecs

[1] Pindar. *Pyth.*, IX, 110 et sq.

[2] Diodor. Sic., IV, 17. Apollod., II, 5, 12. Hygin. *Fab.* 31. Lucan. *Phars.*, IV, v. 590 et sq.

[3] Antée pourrait aussi tirer son origine de la déesse Anta, particulièrement révérée, au temps de la XIXe dynastie, et qui présente un caractère guerrier. Cette Anta avait, pour compagnon, Renpou, dieu belliqueux, qui offre plus d'un trait de ressemblance avec Hercule (voy. E. de Rougé, *Notice sommaire des monuments égyptiens du Louvre*, p. 121). Mais ce qu'Alexandre Polyhistor rapporte de l'Hercule qui vainquit Antée fait plutôt songer au dieu Melkarth (voy. Joseph. *Ant. Jud.*, I, 15).

[4] Herodot., IV, 196.

[5] Suivant Hérodote (*loc. cit.*), c'étaient les femmes de Barcé qui joignaient à l'abstention de la chair de vache, consacrée dans le culte d'Isis, celle du porc.

[6] Herodot., II, 59. Diodor. Sic., I, 13. Clem. Alexand. *Stromat.*, I, p. 382, edit. Potter. Apul. *Metam.*, XI, 5. Isis était regardée, chez les Égyptiens, ainsi que Déméter chez les Grecs, comme ayant inventé la culture des céréales (Diodor. Sic., *loc. cit.*). On portait, dans ses fêtes, des corbeilles remplies de froment et d'orge. La même

l'y assimilèrent naturellement. D'ailleurs cette assimilation était encore - favorisée par la conformité des fêtes d'Isis et de celles des grandes déesses éleusiniennes. Corinthe, où venaient aborder les navires de la Cyrénaïque, fut une des premières villes grecques qui lui élevèrent un sanctuaire ; mais, afin de distinguer l'Isis naturalisée en Grèce de celle de l'Égypte, on lui donna le surnom de *Pélasgia* [1] *;* voulant donner par là à entendre que cette divinité avait été empruntée, dès le principe, par les Pélasges aux Égyptiens ; si ce surnom ne désignait pas simplement qu'elle avait été apportée par mer à Corinthe. Au reste, le culte d'Isis resta, en Grèce, longtemps fort circonscrit, et c'est seulement à dater de l'époque alexandrine, qu'on le voit se propager. De Corinthe, il fut d'abord porté à Phliunte, ville où la déesse avait une statue dont la vue n'était permise qu'à son prêtre [2]. Ce fait rappelle ce qui s'observait en Égypte aux mystères de la déesse, et en général dans les temples. Les prêtres étaient seuls admis, d'ordinaire, à pénétrer au fond du sanctuaire, ainsi que cela se pratiquait aussi chez les Juifs. Au temps de Pausanias, il existait à Tithorée, à 40 stades du temple d'Esculape, une chapelle d'Isis, où son culte se célébrait d'après la liturgie égyptienne. Sa panégyrie avait lieu deux fois par an, au printemps et à l'automne, dates qui rappellent celles des deux grandes solennités du culte des déesses éleusiniennes. Il n'était alors permis qu'aux prêtres et aux inspirés de péné-

---

déesse avait aussi, comme Déméter à Athènes, le caractère de *Thesmophore*, ou législatrice.

[1] Pausan., II, c. 4, § 7. Cf. Boeckh. *Corp. inscr. græc.*, t. II, n° 2174.

[2] Pausan., II, c. 13, § 7.

trer dans le sanctuaire, et l'on racontait que les profanes qui-avaient transgressé cette défense avaient été frappés de mort soudaine[1].

De même que dans les Éleusinies, des imprécations terribles étaient lancées contre ceux qui viendraient à révéler, après y avoir été initiés[2], les mystères (ἀπόῤῥητα) dé la déesse. Toutefois, il faut faire cette distinction entre les mystères égyptiens tels qu'ils se pratiquaient en Grèce, et les solennités des bords du Nil, que dans celles-ci les initiés appartenaient exclusivement à la caste sacerdotale, qui avait seule le privilége de la science sacrée[3], tandis qu'à Eleusis les initiés étaient de simples citoyens que l'accomplissement de certains rites purificatoires rendait aptes à recevoir l'initiation.

Le culte d'Isis fut introduit à Lesbos, à Chios, à Samos, à Andros, à Paros, à Naxos, à Délos[4]. Il pénétra dans la Lydie[5], dans la Phrygie[6], et plus tard s'associa généralement aux cultes de Sérapis, d'Anubis, et plus particu-

---

[1] Pausan., X, c. 32, § 9.

[2] Jamblich., De myster. Ægypt., VI, 5. Porphyr. Epist. ad Anebon.

[3] Clem. Alex. Stromat., V, p. 670, edit. Potter. Chaque classe de prêtres devait étudier ceux des quarante-deux livres de Thoth ou Tat, qui traitaient de quelques parties de la science sacrée. Les odistes, par exemple, devaient apprendre le livre des hymnes et celui des rites. L'ensemble de ces livres constituait un canon sacré analogue à la Bible des Hébreux (Stromat., VI, p. 757). Voyez ce qui est dit page 289.

[4] Voy. le Mémoire de M. Preller, ap. Berichte über die Verhandlungen der Kön. sächs. Gesellschaft der Wissenschaften zu Leipzig, 1854, nᵒˢ 5 et 6, p. 196 et sq. Cf. Ross, Inscr. græc. ined., II, 92.

[5] Isis est représentée sur les monnaies d'Apollonoshiéron et de Saittæ (Mionnet, t. IV, p. 111; Suppl., t. VII, p. 320, nᵒ 40).

[6] Cette déesse figure sur les monnaies de Docimæum, d'Hiérapolis et de Pessinunte (Mionnet, t. IV, p. 282, nᵒ 506, p. 394, nᵒ 125; Suppl., t. VII, p. 554, 646, 647).

lièrement à celui d'Osiris et d'Horus[1]. Osiris, en effet,, était, dans la théologie égyptienne, donné pour époux à Isis[2]. Il personnifiait, dans le principe, le soleil[3]; mais les Grecs l'identifièrent plus tard, tantôt avec le Nil[4], tantôt à Dionysos, dans lequel ils reconnaissaient un symbole de l'élément humide[5], et qui, comme Osiris, avait pour attribut la vigne[6]. Les Phallophories, qui déshonoraient le culte du dieu égyptien, avaient d'ailleurs une grande ressemblance avec celles des Dionysies[7]. Une des causes qui paraissent avoir le plus contribué à faire rapprocher Osiris du fils de Sémélé[8], c'est que le taureau était, à l'un et à l'autre, donné pour symbole. On représentait Dionysos avec les cornes de cet animal;

[1] Voyez-les nombreuses inscriptions en l'honneur de ces différentes divinités, données dans Boeckh, notamment tome 1, 2° 1729, 1800. Cf. Preller, art. cit., et une foule de monnaies impériales, telles que celles d'Aphrodisias, de Carie (Mionnet, t. III, p. 323 et suiv.), d'Anchiale, de Thrace (Mionnet, t. I, p. 371; Suppl., t. II, p. 215), de Périnthe et d'Hadrianopolis, dans la même province (Mionnet, t. I, p. 400; n° 252; Suppl., t. II, p. 397, n°° 1161, 1166, p. 312, et passim).

[2] Diodor. Sic., I, 13.

[3] Voy. Aug. Mariette, Mémoire sur une représentation égyptienne gravée en tête de quelques proscynèmes (Paris, 1856, in-4), p. 47, 48, et de Rougé, Notice sommaire des monuments égyptiens du Louvre, p. 113.

[4] Plutarch., De Is. et Osirid., §§ 32, 33. Cf. Lobeck, Aglaopham., p. 155.

[5] Voy. tome I, p. 300, 510.

[6] Quoique la vigne ne fût pas, comme pour Dionysos, un attribut essentiel du dieu, cependant, dès la xvIIIᵉ ou xIXᵉ dynastie, on voit les grappes de raisin figurer parmi les offrandes qui lui sont faites, et servir de décoration à ses naos (voy. Th. Devéria, Notice des antiquités égyptiennes du Musée de Lyon, p. 16). C'était à titre de dieu de l'agriculture, qu'Osiris avait la vigne pour symbole (Diod. Sic., I, 15).

[7] Herodot., II, 48.

[8] Voy. Herodot., II, 42. Diodor. Sic., I, 15. Plutarch., De Is. et Osir., § 28. Suidas, v° Ὄσιρις. Eustath., Ad Iliad., V, p. 391.

SUR CELLES DE LA GRÈCE.

il était, comme je l'ai dit ailleurs, le dieu *taurocéphale*, *tauromorphe* [1]. Osiris avait pour symbole vivant un bœuf, le bœuf-Apis, où, pour parler plus exactement, on s'imaginait que ce bœuf en était une incarnation [2]· Après sa mort, le bœuf-dieu était invoqué sous le nom d'*Osor Apis*, et, par corruption, de *Sérapis* [3]. D'autre part, Osiris étant qualifié par les Égyptiens de *roi des enfers, roi de l'Amenti* [4], les Grecs crurent y reconnaître le Dionysos des mystères d'Éleusis, qui avait hérité du rôle attribué, dans l'origine, à Pluton. Cette identification finit par être si complète, que Dionysos fut donné pour époux à Isis [5], dont le nom égyptien se conserva plus en Grèce que celui d'Osiris [6].

Ce qui popularisa surtout chez les Hellènes la dévotion pour Isis, ce fut son caractère de divinité médicale. Les sanctuaires de cette déesse étaient en effet le théâtre de guérisons réputées miraculeuses [7], qui attiraient en foule

[1] Plutarch. *Quæst. græc.*, § 36; *De Is. et Osir.*, § 35, p. 60, edit. Parthey. Strab., XV, p. 687. Athen., XI, p. 476. Euripid. *Bacch.*, v. 100. Diodor. Sic., IV, 4. Lycophron. *Alexandr.*, 209. Orph., *Hymn.* XLIV, 1.

[2] Mariette, *ouvr. cit.*

[3] Clem. Alex. *Cohort. ad Gent.*, p. 43, edit. Pott. Strab., XVII p. 806. Plutarch., *De Is. et Osir*, § 29. Varro ap. S. August., *De civ Dei*, XVIII, 5.

[4] Herodot., II, 123. Bunsen, *Ægyptens Stelle in der Weltgeschichte*, t. I, p. 495 et suiv.

[5] Herodot., II, 42, 123. Boeckh, *Corp. inscr. græc.*, t. III, n° 6202.

[6] Dionysos est parfois donné pour fils à Isis (Plutarch., *De Is. et Osir.*, § 37).

[7] Diodor. Sic., I, 25. Isis apparaissait en songe aux malades et leur révélait les remèdes qui devaient les guérir. On citait des aveugles, des paralytiques qui avaient ainsi recouvré la vue, le mouvement (voy. Gauthier, *Recherches histor. sur l'exercice de la médecine dans les temples*, 1844, p. 106 et suiv. La connaissance de l'art de guérir faisait, en Égypte, partie des sciences sacrées, et plusieurs des livres de Thoth contenaient des recettes médicales (Clem. Alex. *Stromat.*, VI, p. 758, edit. Potter). Portée en Grèce, Isis y continua ses guérisons (Pausan., X, c. 32, § 9).

les fidèles. Véritable Déméter égyptienne, Isis fut pour les Grecs, de même que la mère de Proserpine, la déesse de la pureté, de la chasteté, de la continence. Elle reçut l'épithète d'άγνή [1]. Le portrait que nous en a tracé l'auteur du traité sur son culte attribué à Plutarque, est certainement une des conceptions les plus élevées que nous offre le polythéisme antique, et l'on est frappé de la ressemblance qu'il présente avec celui de la Vierge Marie.

« Isis communique sa doctrine à ceux qui, par leur persévérance dans une vie sobre, tempérée et éloignée des plaisirs des sens, des voluptés et des passions, aspirent à la participation de la nature divine; à ceux qui s'exercent assidûment dans les temples aux pratiques sévères, aux abstinences rigoureuses, dont la fin est la connaissance du premier et du souverain être, que l'esprit seul peut concevoir et que la déesse invite l'homme à chercher en elle-même, comme dans le sanctuaire où il réside [2]. » Isis est la sagesse même [3], une sorte de *Sophia* dont on peut dire qu'elle est l'éclat de la lumière éternelle, le miroir sans tache de la majesté divine et l'image de la bonté [4]. C'est elle qui, comme la Sophia des Juifs alexandrins, enseigne la tempérance, la prudence, la justice et la force [5]. L'Isis de l'époque alexandrine se rattache à la Sophia des sectes gnostiques, sorte de per-

---

[1] Boeckh, *loc. cit.*

[2] Plutarch., *De Is. et Osir.*, §§ 1, 2. Aussi Plutarque nous dit-i que les vérités qu'enseignent les mystères de l'Égypte ont besoin, pour être découvertes, d'une recherche assidue : ἰχνηλάτου δεινοῦ δέοντα (*Amator.* c. 17, n. 55, edit. Wyttenb.).

[3] Plutarch., *ibid.*, § 3.

[4] *Lib. Sapient.*, vii, 26.

[5] *Ibid.*, viii, 7. Voyez, comme un exemple de la chasteté des femmes

sonnification féminine du Saint-Esprit[1]. C'est une Béatrice qui initie l'homme aux mystères ineffables, qui communique à l'esprit purifié et ennobli la lumière céleste[2]. Elle est née de la puissance divine, dont elle ne se détache pourtant pas. Telle était la doctrine qu'au moins à l'époque des Ptolémées, on enseignait aux initiés. Un passage d'Héliodore[3] nous dit, en effet, que les prêtres révélaient aux mystes le caractère tellurique d'Isis, et Platon ajoute que, d'après l'explication des prêtres égyptiens, Zeus (Ammon) est l'intelligence, Aphrodite (Isis) l'âme de Zeus[4]. On doit donc croire que la définition que Plutarque donne d'Isis était puisée aux doctrines égyptiennes.

Isis, à raison de son caractère de déesse mère, de divinité de la terre et de la production[5], se confondit aussi,

vouées au culte d'Isis, l'anecdote de la romaine Pauline, rapportée par Josèphe (*Ant. Jud.*, XVIII, c. 3, § 4).

[1] Voy. J. Matter, *Histoire critique du gnosticisme*, 2ᵉ édit., t. I, p. 132 et suiv. Tout en admettant un fonds égyptien dans cette doctrine, il y faut cependant reconnaître aussi l'influence du platonisme. Quand on voit cette philosophie faire naître, chez les Juifs d'Alexandrie, une doctrine complétement distincte de la tradition palestinienne, l'hypothèse qui rapporte à la même source les dogmes analogues de l'*égyptianisme* alexandrin acquiert une grande probabilité. Il est donc à croire que le dogme véritablement égyptien ne présentait pas ce caractère raffiné de spiritualisme.

[2] *Quella che' imparadisa la mie mente*, dit Dante de Béatrice (*Paradiso*, XXVIII, 3), et ailleurs le grand poète florentin, en parlant de la vertu divine, écrit ces vers, qui pourraient s'appliquer à Isis :

> Che quella viva luce che si mea
> Del suo lucente che non si disuna,
> Da lui nè da l'amor che' in lor s'intrea.
>   (*Paradas.*, XIII.)

[3] IX, 9, 362, cité par Lobeck, *Aglaopham.*, p. 155.
[4] *Ennead.*, III, c. 8, p. 298, d.
[5] Apul. *Metamorph*, XI, 5, p. 1003, edit. Hildebrand. Cf. XI, 2, p. 84.

282 INFLUENCE DE LA RELIGION ÉGYPTIENNE

dans les derniers temps de la Grèce, avec Cybèle et la grande déesse de Syrie[1], de même qu'Osiris fut confondu avec Adonis[2], à raison de l'analogie des Adonidies et des mystères de la divinité égyptienne[3]· Ses prêtres, ainsi que cela était arrivé pour ceux des divinités phrygiennes et orientales, devinrent des astrologues, de véritables métragyrtes, qui couraient les rues en vendant des charmes et des amulettes[4]. Cette confusion tenait certainement à la grande ressemblance de la règle observée par les prêtres égyptiens et de celle des prêtres de la Syrie et de la Phrygie. De même que les Galles, les ministres des

[1] Isis était assimilée à la Terre et Osiris au Nil, du moins dans le dernier âge de la théologie égyptienne (Heliodor., IX, p. 362; Lobeck, *Aglaopham.*, p. 155; Servius, *Ad Æn.*, VIII, 696). Cette confusion apparaît avec évidence dans les inscriptions latines. Les cérémonies du taurobole et du criobole furent transportées dans le culte d'Isis. Les trois déesses eurent des ministres communs, *sacerdotes fanatici* (voy. Orelli, *Inscr. latin. select.*, n°° 2335, 5841). Cette confusion fait attribuer par Apulée, à la déesse de Syrie, le pouvoir d'aveugler ceux qui se parjurent en son nom (*Met.*, VIII, 25), ce qui était le privilége d'Isis (Juvenal. *Sat.*, XIII, 92), qui se servait, pour cela, de son sistre. Isis passait, de même que Cybèle, pour l'inventeur de certaines mélodies religieuses d'un caractère triste (Platon. *Leg.*, II, § 3, p. 516, edit. Bekker).

[2] Étienne de Byzance nous dit qu'à Amathunte, on adorait Adonis, que les Égyptiens appellent Osiris (v° Ἀμαθοῦς). Suidas (v° Διαγνώμων) remarque que les Alexandrins associaient dans un même culte Osiris et Adonis. On trouve, chez plusieurs autres auteurs, le dieu égyptien à la fois rapproché de l'amant d'Aphrodite et de Dionysos (Plutarch., *De Is.*, § 5; Auson. *Epigr.*, XXIX, et plus bas, p. 284, note 6).

[3] Lucian., *De dea Syr.*, § 7, p. 84, edit. Lehmann.

[4] Juvenal. *Satir.*, VI, v. 578, 579. Les désordres honteux nés des usages symboliques qui se rattachaient au caractère hermaphrodite d'Agdistis et des divinités syriennes (cf. Lucian., *De dea Syr.*, §§ 19, 20, p. 467) ne semblent avoir pénétré que plus tard dans le culte d'Isis (voy. Apul. *Metamorph.*, VIII, p. 724, edit. Hildebr.; Lamprid. *Commod.*, c. 9).

dieux en Égypte devaient tous être des hommes [1].
On retrouvait chez eux les mêmes principes d'ascétisme qu'on observe dans le monachisme chrétien [2], qui
les leur a empruntés. Il est facile de s'en convaincre en
lisant le curieux tableau que le stoïcien Chérémon nous a
tracé des prêtres de l'Égypte. Ces prêtres passaient presque toute leur vie dans les déserts, occupés au service
des dieux, près des statues desquels ils habitaient, et ne
se rendaient dans la ville qu'aux jours des grandes solennités. Ils renonçaient à tout commerce avec le monde et
vivaient dans la contemplation, la tempérance, la frugalité [3] et le renoncement des richesses. Nul ne pouvait
s'approcher d'eux sans avoir été purifié, et lorsqu'ils se
purifiaient eux-mêmes, ils n'avaient de commerce qu'avec
leurs plus proches. Dans les autres temps, ils n'entretenaient de liaisons d'amitié qu'avec ceux de leur caste.
Lors des purifications [4], ils se soumettaient à une abstinence sévère, n'usant pas même de pain, et n'en mangeaient, aux autres époques, que coupé en petits morceaux et mêlé avec de l'hyssope; ils se rasaient la tête, et
chacun d'eux portait la marque du rang qu'il occupait
dans la hiérarchie sacerdotale [5]. Hérodote nous dit,
d'autre part, que les prêtres égyptiens observaient des

[1] Herodot., II, 35.

[2] Voy. Brunet de Presle, *Mémoire sur le Sérapéum*, dans les *Mém. de l'Acad. des inscr. et belles-lettres, Savants étrang.*, 1ʳᵉ série, t. II, p. 552 et suiv.

[3] Voyez, sur le régime alimentaire des prêtres égyptiens, Plutarch., *De Is. et Osir.*, § 5, p. 447, edit. Wyttenb.

[4] Les prêtres égyptiens ne devaient jamais souiller leurs mains du sang d'un homme ou d'un animal, hors des sacrifices offerts aux dieux (Herodot., I, 90).

[5] Chæremon. ap. Porphyr., *De abstinent.* IV, 6. Cf. Herodot., II, 36, 37. Plutarch., *De Is. et Osir.*, §§ 5, 6, 7.

soins rigoureux de propreté, destinés à préserver leur corps de toute souillure [1]. Ces observances se retrouvaient généralement chez les prêtres de l'Orient [2], et en particulier chez ceux qui étaient attachés au culte des déesses que j'ai fait connaître aux chapitres précédents. L'habitude de se mutiler, de se faire des blessures dans les accès de fureur orgiastique qui étaient propres aux Galles et aux prêtres de l'Enyo cappadocienne, se retrouvait chez ceux d'Isis et d'Osiris [3].

A cette similitude dans la constitution de leur sacerdoce, les cultes d'Isis, de Cybèle et de la déesse syrienne joignaient un autre élément de confusion [4] : c'était l'extrême analogie de la légende des divinités, analogie qui fit tout naturellement supposer que les trois déesses sortaient du même berceau. Isis pleurait son époux Osiris [5], comme Cybèle pleurait Atys, comme Astarté pleurait Adonis [6].

[1] Herodot., II, 37. Clem. Alex. *Stromat.*, VII, p. 850.

[2] Lucien (*De dea Syr.*, § 5, p. 454) nous dit que les prêtres d'Adonis, de même que ceux d'Égypte, se rasaient la tête, en signe de deuil de la mort de leur dieu. Les Galles furent ensuite confondus avec les uns et les autres (Lucian., *op. cit.*, § 22, p. 470 ; § 50, p. 486). Dans Apulée se retrouve la même confusion (*Metam.*, VIII, 24, p. 720, 721, edit. Hildebrand).

[3] Au temps de l'empire romain, le culte d'Isis et celui de la Mère des dieux était desservi par les mêmes prêtres (voy. Orelli, *Inscript. latin. select.*, t. III, edit. Henzen, n° 5841). Ce que rapporte Clément d'Alexandrie des mystères phrygiens indique clairement un mélange d'idées orientales et égyptiennes.

[4] Herodot., II, 61. Cf. Gardn. Wilkinson, *Manners and customs of the ancient Egyptians*, 2ᵉ sér., t. II, p. 380.

[5] Plutarch., *De Is. et Osir.*, §§ 13 et 14. Servius, *Ad Æn.*, IV, 609.

[6] On voit par Lucien (*De dea Syr.*, §§ 6, 7), que plusieurs prétendaient que l'*Adonis* dont on pleurait la mort à Byblos était le même dieu qu'Osiris. D'un autre côté, on identifiait Adonis à Atys, et Astarté ou *Dercéto* à Cybèle (*De dea Syr.*, §§ 15, 16, p. 461, 462). Damascius nous dit formellement qu'Adonis et Osiris étaient tenus pour le même

Elle l'appelait en gémissant, le cherchait, accompagnée de son cynocéphale et de ses prêtres, qui, dans leur douleur, se frappaient la poitrine et imitaient, ainsi que le dit Minucius Félix [1], la douleur d'une mère inconsolable. Osiris avait été mis en pièces par son frère [2], comme le dieu phrygien Zagreus, le Dionysos des Omophagies, l'avait été par les Titans ; enfin Isis se réjouissait, parce

dieu par les Alexandrins (*Vit. Isidor.*, ap. Phot., *Bib.*, cod. 242, p. 343, edit. Bekker), ce que confirme Suidas (v° Ἡραΐσκος). Au reste, l'extrême analogie des légendes d'Isis et de Cybèle avait frappé presque tous les philosophes (voy. Cornut., *De natur. deor.*, c. 28, p. 163. edit. Osann).

[1] « Isis perditum filium cum cynocephalo suo et calvis sacerdotibus » luget, plangit, inquirit, et Isiaci miseri cædunt pectora et dolorem » infelicissimæ matris imitantur. » (*Octav.*, c. 21. Cf. Plutarch., *op. cit.*, § 14. Maxim. Tyr. *Dissert.*, VIII, 5, p. 137. Lactant. *Inst. epit.*, 22.)

[2] « Et dispersis membris inanem tui Serapidis sive Osiridis tumu— » lum. » (*Octav.*, loc. cit.) Diodore de Sicile (I, 21), qui rapporte en détail cette légende, nous dit que dans le principe elle avait été secrète, mais qu'avec le temps, elle était devenue publique. Osiris avait été tué par son frère, que les Grecs appelaient Typhon, mais qui paraît avoir porté, chez les Égyptiens, le nom de Set (Lepsius, *Todtenbuch.*, ch. XVII ; cf. Rougé, *Notice sommaire des monuments du Louvre*, p. 111 ; Plutarch., *De Is. et Osir.*, § 62, p. 110). Le corps d'Osiris fut partagé en vingt-six morceaux, c'est-à-dire en autant de parties qu'il y avait de nomes ; et Typhon en donna un à chacun de ses complices. Isis, aidée de son fils Horus, parvint à venger le meurtre de son époux et mit à mort Typhon. Après la victoire, elle se mit à la recherche du cadavre, dont elle retrouva tous les lambeaux, hormis les parties sexuelles ; elle éleva alors à Osiris un tombeau qui, bien que caché, fut honoré par tous les Égyptiens. Chaque nome prétendit à l'honneur de le posséder, et célébra, à l'anniversaire de la mort d'Osiris, les fêtes de ses funérailles. On peut rapprocher de ce récit celui que nous a conservé l'auteur du *Traité sur Isis et Osiris* (§ 18 et suiv.), et d'après lequel Typhon partagea le corps d'Osiris en quatorze morceaux. Le dieu, ayant apparu à son fils Horus, avertit celui-ci d'enchaîner Typhon. Tout ce récit a été plus tard dénaturé par une foule de contes populaires. (Cf. Damasc. *Vit. Isidor.*, ap. Phot., cod. 242, p. 335, edit. Bekker. Serv., *Ad Æn.*, VI, 154 ; *Ad Georg.*, I, 166. Gardn. Wilkinson, *ouvr. cit.*, 2e série, t. I, p. 330 et suiv.)

que son époux était retrouvé, et ses prêtres partageaient sa joie[1]. La fête égyptienne était donc toute semblable à celle d'Atys et d'Adonis, comme elle n'est pas à son tour sans analogie avec celle de Déméter et de Proserpine[2]. Horus, qui reproduisait les attributs d'Osiris, son père, n'est pas non plus, ainsi que je l'ai fait observer, sans analogie avec Iacchus. Il est à croire que les mystères sur lesquels la fête était fondée avaient été tirés, par les peuples de la Grèce et de l'Asie occidentale, d'un fond commun de traditions[3].

Les Grecs identifièrent aussi Isis avec Io, que la Fable disait avoir été métamorphosée en vache[4] par Zeus, dont elle était aimée. Ils avaient cru reconnaître la fille d'Inachus[5]

---

[1] « Sic et Osiris quod semper, sepelitur in vivido quæritur et cum » gaudio invenitur. » (Tertullian., *Adv. Marcion.*, I, p. 372.) De là le mot célèbre de Xénophane aux Égyptiens : « Si ce sont des dieux que vous adorez, vous ne devez pas les pleurer ; si ce sont des hommes, vous ne devez pas leur sacrifier. » (Plutarch., *De superstition.*, § 13, p. 679, edit. Wyttenb.; *Amat.*, c. 18, p. 60. Cf. Gardn. Wilkinson, *Manners and customs of the ancient Egyptians*, 2ᵉ série, t. I, p. 354 ; Minut. Felix, *Octav.*, c. 21.) L'auteur du *Traité sur Isis et Osiris* (§§ 39, 40, p. 68, 69, edit. Parthey) décrit cette curieuse cérémonie, qui durait plusieurs jours. C'était la nuit du dix-neuvième jour que les prêtres annonçaient qu'Osiris était retrouvé. (Cf. S. August., *De civit. Dei*, VI, 9. Cf. Serv., *Ad Georg.*, I, VI, 19, 147 ; *Ad Æn.*, 154.)

[2] Plutarch., *De Is. et Osir.*, § 9.

[3] L'auteur du *Traité sur Isis et Osiris* fait ressortir l'analogie des cérémonies et des légendes qui s'attachaient au culte d'Isis et à celui de Déméter (§ 69, p. 120, edit. Parthey). Lactance dit de même (*Inst.* I, 21, p. 97) : « Sacra vero Cereris Eleusinæ non sunt his dissimilia. Nam » sicut ibi Osiris puer planctu matris inquiritur, ita hic ad incestum » patrui matrimonium rapta Proserpina. »

[4] Apollodor., I, 1, 2 ; II, 13. Ovid. *Metam.*, I, 624. Cette Io, confondue avec Isis, fut identifiée d'autre part à Ino, qui jouait un rôle dans la légende de Dionysos, devenu pour les Grecs le même dieu qu'Osiris.

[5] De là son surnom d'*Inachia*. (Callimach. *Epigr.*, 61, p. 231, edit. Spanheim. Servius, *Ad Georg.*, III, 153.)

dans les déesses nourricières de l'Égypte, qui toutes reproduisaient plus ou moins les caractères d'Isis, et dont la vache était l'attribut ordinaire [1].

Une déesse que sa ressemblance avec Athéné introduisit aussi dans le panthéon hellénique, est *Neith*, honorée d'un culte spécial à Saïs [2], et qui affectait également le type de divinité mère. Cette circonstance eût dû faire identifier par les Grecs la déesse de Saïs à Déméter ou à Rhéa [3], mais il est à croire que l'analogie des deux noms d'Athéné (Ἀθήνη) et de Neith fut le principal motif du rapprochement qui se rencontre déjà dans Hérodote et Platon [4]. Toutefois le caractère de divinité mère qu'avait Neith la fit parfois confondre, en Grèce, avec Isis [5]. L'inscription qu'on lisait sur le piédestal de la

---

[1] Plutarch., *De Is. et Osir.*, 39. Herodot., II, 41. Diodor. Sic., I, 11. Hathor était, comme Isis, représentée par la vache (Plutarch., *op. cit.*, c. 56; Strab., XVII, p. 803). Cette déesse, que les Grecs assimilèrent à Aphrodite, paraît n'être qu'une forme d'Isis. Les textes égyptiens la qualifient de *déesse qui comble de biens le ciel et la terre* (H. Brugsch, ap. A. Gladisch, *Empedokles und die Ægypter*, p. 147, Leipzig, 1858).

[2] Herodot., II, 41, 59. Propert., XXV, 89. Cicer., *De natur. deor.*, III, 23 ; cf. XXX, 17, sq. Voy. Gardn. Wilkinson, *Manners and customs of the ancient Egyptians*, 2ᵉ série, t. I, p. 283 et suiv.

[3] Neith est représentée, sur les monuments égyptiens, avec l'arc et les flèches ; ces attributs guerriers ont aussi contribué à faire croire aux Grecs qu'elle était identique à leur Athéné armée. Neith étant d'ailleurs la souveraine de la basse Égypte, cela la constituait en une sorte de divinité poliade. Toutefois, par son rôle de mère du soleil, elle s'éloignait de la déesse vierge des Athéniens (voy. Rougé, *Notice sommaire des monuments égyptiens du Louvre*, p. 105). Neith présidait à la production, comme Isis (Plutarch., *De Is. et Osir.*, c. 9, 62; Procl., *in Plat. Tim.*, p. 30).

[4] Herodot., II, 172, 175. Platon. *Tim.*, § 21. Cf. Pausan., IX, c. 12, § 2.

[5] *De Is. et Osir.*, § 9, p. 14, edit. Parthey.

statue de la déesse était ainsi conçue : *Je suis tout, le passé, le présent et le futur; aucun mortel n'a soulevé mon voile*[1]. Ce voile donné à Neith est un attribut qui rapprochait encore la déesse de Saïs de celle d'Athènes. Les cérémonies célébrées par les Égyptiens en l'honneur de Neith furent, de même que celles qui avaient lieu en l'honneur d'Isis, regardées comme les mystères qui avaient servi de modèle aux Grecs. Dans cette fête il y avait, de même que dans les Éleusinies, *une veillée générale* ou *Pannychis*, durant laquelle chacun allumait en plein air des lampes autour de sa demeure [2]. Le concours de tant de circonstances était plus que suffisant pour persuader aux Grecs que Saïs était réellement consacrée à la fille de Zeus. Et l'on s'explique alors comment le culte de l'Athéné saïtique fut apporté en Grèce. On lui éleva, notamment sur le mont Pontinos, un temple dont Pausanias visita les ruines [3]. Mais rien n'indique que ce culte ait jamais rencontré grande faveur chez les Hellènes.

Les poëtes paraissent avoir aussi fait divers emprunts à la théogonie égyptienne, ou, pour mieux dire, avoir modifié, sous l'influence d'idées venues d'Égypte, quelques détails de la théogonie grecque. Par exemple, Eschyle, suivant la remarque d'Hérodote[4], avait puisé en Égypte l'idée qu'Artémis était fille de Déméter.

Je ne parlerai point de Sérapis, dont le culte est fort postérieur, en Grèce, à l'époque que je fais connaitre ici,

---

[1] Ἐγώ εἰμι πᾶν τὸ γεγονὸς καὶ ὂν καὶ ἐσόμενον· καὶ τὸν ἐμὸν πέπλον οὐδείς πω θνητὸς ἀπεκάλυψεν.

[2] Herodot., II, 62. Cf. Gardn. Wilkinson, *Manners of the ancient Egyptians*, 2ᵉ série, t. II, p. 308. Voy. tome II, p. 330.

[3] Pausan., II, c. 36, § 8.

[4] II, 56. Hérodote désigne sous les noms d'Artémis et de Déméter les déesses égyptiennes auxquelles elles étaient assimilées.

et dont j'ai dit ailleurs déjà quelques mots [1]. La dévotion
à Anubis est d'une date encore plus récente ; elle ne fut
du reste jamais séparée, à Rome et dans les contrées helléniques [2], de l'adoration des trois divinités, Osiris, Sérapis et Isis, qui finirent par personnifier, pour les Occi-
dentaux, la théogonie égyptienne [3].

Les Grecs connurent aussi de bonne heure le dieu
égyptien *Thoth* ou *Theuth*, qu'ils assimilèrent plus tard à
leur Hermès [4] ; mais on ne voit pas qu'ils lui aient, dans
le principe, rendu de culte. Ce n'était, à leurs yeux, qu'un
héros qui partageait avec Cadmus l'honneur d'avoir inventé les lettres : Thoth passait, en effet, chez les Égyptiens, pour l'inventeur de l'écriture [5].

J'ai dit plus haut que c'est vraisemblablement de Cyrénaïque que les Grecs apportèrent la légende d'Hercule
et d'Antée. Ils nous parlent, il est vrai, d'un Hercule
égyptien ; mais ils paraissent avoir, sous ce nom, confondu divers dieux de l'Égypte dont ils ont considérable-
ment altéré la physionomie. L'un de ces dieux est Khons,
la troisième personne de la triade de Thèbes, le fils d'Ammon et de Maut [6] ; comme le montre ce qu'en rapporte

[1] Voyez, sur la propagation du culte de Sérapis en Grèce, Preller,
dans le *Bericht* cité, 1854, n°° 5 et 6, p. 196 et suiv.
[2] Servius, *Ad Æn.*, VIII, 698.
[3] Voy. Dion Cass., XLVII, p. 501, 34.
[4] Plutarch. *Conviv. quæst.*, IX, 3, § 2, p. 1050. Pseudo-Herm.,
ap. Stob. *Eclog.*, I, c. 52. Jamblich., *De myster. Ægypt.*, VIII, 5.
Clem. Alex. *Stromat.*, I, p. 399, edit. Potter.
[5] Platon. *Phileb.*, § 23, p. 445, 446, edit. Bekker ; *Phædr.*, § 134,
p. 185. Platon n'identifie pas encore Thoth à Hermès. Cf., sur ce Thoth-
Hermès : Cedrenus, p. 19. Lepsius, *Ueber den ersten Ægyptisch. Götterkreis*, dans les *Mém. de l'Acad. de Berlin*, ann. 1851, p. 183, et ce
qui a été dit plus haut, p. 235.
[6] Voy. Herodot., II, passim. Arrian., *De exped. Alex.*, II, 16. Cf.

Diodore, qui dit que l'Hercule égyptien, fils de Zeus Ammon[1], avait aidé Osiris à triompher des ennemis de l'Égypte[2]. Les inscriptions hiéroglyphiques le qualifient de *grand dieu qui chasse les rebelles*[3] ; ce qui, joint au surnom de *bon protecteur* qu'on lui donne encore, faisait naturellement songer en Grèce au héros ἀλεξί-κακος[4]. Khons étant le patron de la Thèbes d'Égypte, et la Thèbes de Béotie étant représentée par les prêtres égyptiens comme une fille de cette antique cité[5], on s'explique que les Grecs aient cru reconnaître en lui le fils d'Alcmène. D'ailleurs le nom qu'Hesychius nous a donné pour celui de l'Hercule égyptien, Γιγνῶν, celui de Χῶν, qu'on rencontre chez un autre lexicographe[6], sont des altérations évidentes des noms de *Khons* et de *Chnum*. Toutefois on ne découvre guère dans les fables alexandrines relatives à Hercule de traits qui semblent empruntés à l'histoire mythique du fils d'Ammon[7]. Les

E. de Rougé, *Notice sommaire des monuments égyptiens du Louvre*, p. 102, 103. Gardn. Wilkinson, *Manners and customs of the ancient Egyptians*, 2ᵉ série, t. II, p. 19. Bunsen, *Ægyptens Stelle in der Weltgeschichte*, t. I, p. 461. Tacite, en nous disant que l'Hercule égyptien était un des plus anciens dieux de l'Égypte, confirme son identité avec Khons (*Annal.* II, 60).

[1] I, c. 24.

[2] I, c. 17.

[3] Rougé, *loc. cit.*

[4] Voy. tome I, p. 530. Khons était invoqué contre les maladies (Rougé, dans le *Journ. asiat.*, 5ᵉ sér., t. VIII, p. 207).

[5] Herodot., II, 43.

[6] Hesych., v° Γιγνῶν. *Etymol. magn.*, v° Χῶνες.

[7] Si les Grecs avaient connu le fond du mythe égyptien, ils n'eussent pas manqué de nous représenter Hercule comme né du commerce de Zeus (Ammon) avec Rhéa (Maut), sa mère ; car tel est le fait auquel se rattache la naissance de l'Hercule d'Égypte. Ammon, époux de sa propre mère, s'était engendré lui-même sous la forme de Khons (voy. Rougé, *Etude sur une stèle*, dans le *Journ. asiat.*, 5ᵉ série, t. VIII,

Grecs identifièrent l'Hercule égyptien au dieu Nil [1], qui se trouvait en relation étroite avec Khons, puisque celui-ci était fils d'Ammon, confondu par les Alexandrins avec Osiris, le dieu du fleuve [2].

Il est probable que le dieu *Bes* ou *Besa*, dont l'oracle était en grand renom chez les Hellènes [3], fut aussi pris par eux pour Hercule ; les Égyptiens le représentant avec la peau de lion et armé de l'arc [4], comme l'Hercule de Thasos. Sa légende aura sans doute fourni aux Grecs le fond de la fable de Busiris ; car Besa, était de même que le prétendu roi d'Égypte, donné comme égorgeant les captifs [5] ; la figure hideuse et bestiale sous laquelle il était représenté annonçait la cruauté. Cette figure a pu suggérer aux Hellènes l'idée de leur Typhon, dans lequel son type vint se confondre avec celui de Set. Besa ne semble pas, du reste, être d'origine égyptienne ; il a été vraisemblablement emprunté à l'Assyrie.

Le grand dieu Phtha ou Ptah fut identifié par les Grecs

p. 204 et suiv.). Rien, en Grèce, d'analogue à cette idée tout orientale, où l'on entrevoit le germe du dogme chrétien de l'incarnation. Voy. ci-dessus, p. 197.

[1] Ptolem. Hephæst., lib. II, p. 185, edit. Westerm. Cicéron (*De nat. deor.*, III, 16) en fait un fils du Nil. Le dieu de Canope était assimilé par les Grecs à Hercule (Tacit. *Annal.* II, 60).

[2] Wilkinson, *ouvr. cit.*, 2ᵉ série, t. II, p. 58. A Silsilis, le dieu Nil appartient à une triade dont les deux autres personnes sont Ra et Ptah.

[3] Amm. Marcell., XIX, 12. Son oracle se trouvait à Abydos, dans la Thébaïde (voy. Champollion, *L'Égypte sous les Pharaons*, t. I, p. 286).

[4] Rougé, *ouvr. cit.*, p. 117. Gardn. Wilkinson, *ouvr. cit.*, 2ᵉ série, t. II, p. 18.

[5] Rougé, *loc. cit.* Le nom de Busiris paraît formé de *p Osiri*, c'est-à-dire du nom d'Osiris joint à l'article (*p*). Ce qui expliquerait comment plusieurs des traits du mythe osiridien étaient entrés dans la légende de ce prétendu pharaon. (Voy. H. Brugsch, *Geograph. Inschrift. altägyptischer Denkmäler*, t. I, p. 241.)

à leur Héphæstos[1], sans pourtant qu'ils semblent avoir fait passer dans la légende de celui-ci aucun trait qui convienne au patron de Memphis. Ptah est le dieu au beau visage[2], tandis que l'époux d'Aphrodite a toujours gardé en Grèce sa laide et vulgaire figure. Rien non plus qui rappelle, dans les fables qu'ont recueillies les mythographes[3], la vache fécondée par un rayon de soleil, que la mythologie égyptienne assigne pour mère à ce dieu. Les Grecs se bornèrent à voir leur Esculape dans Imouthès[4], donné par les Égyptiens pour fils à Phtha.

Hérodote, sur la foi des prêtres égyptiens, crut reconnaître Persée[5] dans le dieu de Chemmis, qui paraît cependant n'avoir eu avec lui rien de commun, mais dont les fêtes rappelaient seulement les jeux agonistiques de la Grèce[6]. Le Pan égyptien, que l'historien d'Halicarnasse compte au nombre des principales divinités du pays[7], était un des grands dieux de l'Égypte que le caractère

---

[1] Herodot., II, 99, 101, 112, 121, 136, 141. Cf. Strab., XVII, p. 807. Jamblich., *De myster. Ægypt.*, VIII, 3. Phtha était, comme Héphæstos pour les Grecs, l'artisan, le fabricateur de l'univers. Cf. Lepsius, *ouvr. cit.*, p. 189.

[2] Rougé, *ouvr. cit.*, p. 105.

[3] Voy. Aug. Mariette, *Mémoire sur une représentation égyptienne gravée en tête de quelques proscynèmes*, p. 18 et suiv.

[4] Cf. Synes. *Encom. Calvit.*, p. 73. Ammian. Marcell., XXII, 14. Bunsen, *Ægyptens Stelle in der Weltgeschichte*, I. I, p. 469. De là l'opinion soutenue plus tard en Grèce, qu'Esculape avait appris d'Isis la science médicale (voy. A. Gladisch, *Empedokles und die Ægypter*, p. 122, Leipzig, 1858).

[5] II, 91. Hérodote dit que les Égyptiens de la ville de Chemmis célébraient, en l'honneur de leur dieu, des jeux semblables à ceux d'Olympie.

[6] Il est évident, par ce que rapporte l'historien grec, que les prêtres entrèrent dans ses idées, et fabriquèrent à son usage une fabuleuse généalogie du fils de Danaé.

[7] II, 145. Cf. II, 46.

ithyphallique de son simulacre avait fait assimiler à la divinité arcadienne [1]. Son nom égyptien était *Min, Mentou* ou *Mount*, qu'Hérodote a rendu par Mendès [2].

Quelques autres divinités égyptiennes ont encore pu venir à la connaissance des Grecs, avant l'époque alexandrine et romaine; mais ni leur nom ni leur histoire n'ont exercé d'influence sur les légendes de leurs dieux, et il est dès lors inutile à mon but de rechercher en quoi consistèrent ces emprunts. Strabon, à l'exemple d'Hérodote, assimile les dieux de l'Égypte aux différents membres du panthéon hellénique : Horus à Apollon [3], Hathor à Aphrodite [4], Saté à Héra, Sevek à Kronos, etc. Déjà Hérodote avait identifié Buto à Latone [5] et Typhon à Set [6]. Si l'on en excepte l'histoire du premier et du dernier de ces dieux [7],

---

[1] Diodore dit que le Pan égyptien s'appelait *Chemmo* (I, c. 18; cf. Plutarch., *De Is. et Osir.*, § 4), parce qu'en effet Panopolis portait en égyptien le nom de *Khem-min*, c'est-à-dire *sanctuaire de Mentou* ou *Min*. Brugsch, *ouvr. cit.*, t. I, p. 213.

[2] II, 46. Cf. Steph. Byzant., v° Πανὸς πόλις. Plin. *Hist. nat.*, V, 9. Brugsch, *ouvr. cit.*, t. I, p. 132, 212.

[3] Cette assimilation se trouve déjà dans Hérodote (II, 144, 156). Cf. Origen., *Adv. Cels.*, III, 28. Diodor. Sic., I, c. 17, 25. Ælian. *Hist. anim.*, X, 14. Plutarch., *De Is. et Osir.*, § 12, p. 459, edit. Wyttenb.

[4] Strab., XVII, p. 809. Plutarch. *Amat.*, c. 19, p. 63.

[5] Herodot., II, 83, 155, 156.

[6] Herodot., II, 144, 156. Plutarch., *De Is. et Osir.*, §§ 2, 12, p. 443, 458, edit. Wyttenb.

[7] J'ai parlé plus haut de ces dieux; j'ajouterai à ce que j'ai dit, que Set ou Soutech, l'ennemi d'Osiris, était un dieu destructeur, qui, comme Typhon, personnifiait les forces violentes de la nature. Son culte était fort répandu dans la basse Égypte et avait pénétré jusqu'en Asie, d'où il était peut-être même originaire; car les textes égyptiens donnent aussi à ce dieu le nom phénicien de Baal (voy. de Rougé, *Le poème de Penta-our*, extrait d'un *Mémoire sur les campagnes de Ramsès* II, p. 10, 11; Lepsius, *Ueber den erten Ægypt. Götterkreis*, p. 204). Ce fait explique comment sa légende put venir d'assez bonne heure aux oreilles des Grecs.

aucune analogie bien saisissable n'existe entre les fables racontées sur ces différentes divinités par leurs adorateurs, et les récits qui s'attachaient à celles de la Grèce qui leur étaient assimilées. Les Grecs ne semblent pas avoir pris à ces divinités, dont ils connaissaient à peine le nom, les attributs qui leur appartenaient, pour les reporter à leurs propres dieux. Du moins des emprunts de ce genre n'eurent lieu qu'assez tard. Les monnaies grecques de l'Égypte nous montrent seules, entre les mains des divinités helléniques qu'on substituait aux dieux égyptiens, l'animal ou l'objet symbolique qui caractérisait ces derniers. Voilà notamment comment le symbole de l'épervier passa d'Horus à Apollon [1]. Quant à la raison pour laquelle la théologie égyptienne avait préféré tel ou tel symbole, les Grecs l'ignorèrent toujours, et au lieu de chercher à la découvrir, ils inventaient, comme ils l'avaient fait pour Ammon, une fable puérile destinée à expliquer l'origine du symbole. C'est ainsi qu'observant l'image égyptienne d'Horus enfant (en égyptien *Har pe Krati*), qui le représentait le doigt dans la bouche [2], signe caractéristique de l'enfance en Égypte[3], ils y virent un dieu du silence, auquel ils imposèrent le nom d'Harpocrates [4]. Les figures symboliques d'animaux étaient pour

---

[1] Ælian. *Hist. anim.*, X, 14. Anton. Liber. *Metam.*, c. 28. Euseb. *Præp. evang.*, III, 12.

[2] Λέγεται δὲ κατελθεῖν ἀπὸ τῆς μητρὸς εἰς τὸ φῶς ἐπὶ τοῖς χείλεσιν ἔχων τὸν κατασιγαζόντα δάκτυλον, οἷον Αἰγύπτιοι μυθολογοῦσι γενέσθαι τὸν Ὧρον. (Damasc. *Vit. Isidor.*, ap. Phot., *Cod.*, 242, p. 343, edit. Bekker. Cf. Suidas, v° Ἡραίσκος.)

[3] Rougé, *not. cit.*, p. 116. De là, la légende qui disait qu'Isis avait nourri Horus, en lui mettant le doigt dans sa bouche, au lieu de lui donner sa mamelle (Plutarch., *De Is. et Osir.*, § 16, p. 464, edit. Wytt.).

[4] Diodor. Sic., I, c. 25. Varron, *De ling. latin.*, IV, p. 17, edit. Bip. Auson. *Ep.*, 24, 27.

eux autant de formes qu'avaient prises les diéux en
Égypte, afin d'échapper à la poursuite des géants et des
génies malfaisants [1]. De tout cela, il ressort que la mythologie égyptienne proprement dite était demeurée étrangère à la Grèce, et que les emprunts qu'elle a pu y faire
postérieurement ont été très superficiels.

Quoi qu'on en ait dit, les Hellènes semblent pareil-
lement avoir peu emprunté aux doctrines égyptiennes
relatives à l'autre vie. Empédocle et Platon ont sans doute
demandé à l'Égypte quelques traits de leur système de
métempsycose [2]; mais l'ensemble de l'eschatologie des
Égyptiens resta toujours distinct de celle qui était admise
en Grèce. Ce qui a fait croire à des emprunts plus nombreux qu'il ne s'en opéra réellement, c'est que, dans les
livres hermétiques [3], il s'était introduit beaucoup d'idées
helléniques qu'on a prises pour des dogmes égyptiens.
Loin d'être originaires des bords du Nil, elles avaient
été apportées de Grèce en Égypte, à dater des Ptolémées.
Dans ces livres, les doctrines d'origine égyptienne se
trouvent altérées par les spéculations de la philosophie
néoplatonicienne. Cependant, malgré ce mélange, il est

---

[1] Apollodor., 1, 6, 3. Lucian., *De sacrific.*, §§ 14, 15, p. 88, edit.
Lehmann. Hygin. *Poet. astronom.*, II, 28. Lactant. Placid. *Fab.*, V, 5.
Ovid. *Metam.*, V, 521, sq. Serv., *Ad Æn.*, VIII, 696.

[2] Platon place dans la bouche de Socrate une théorie de la métempsycose qui rappelle celle des Égyptiens (*Phædon*, §§ 69, 70, p. 247,
251, 252, edit. Bekker). D'un autre côté M. Gladisch a montré qu'il
existe une grande conformité entre la doctrine de la transmigration,
telle que l'entend Empédocle, et celle des Égyptiens (voy. *Empedokles
und die Ægypter, eine historische Untersuchung*, p. 61, sq.).

[3] Ces livres avaient sans doute été traduits en partie de ceux dont
les Égyptiens attribuaient la composition à Thoth, et qui étaient au
nombre de quarante-deux. (Clem. Alex. *Stromat.*, VI, p. 758, edit.
Potter; voy. plus haut, page 277.)

encore possible de constater des différences entre la
théorie des transmigrations psychiques exposée dans les
livres grecs d'Hermès, et celle qu'enseignèrent Pythagore, Empédocle et Platon. Ce qui n'exclut pas pour cela
l'idée que ces trois philosophes aient pu puiser à la
source égyptienne, Empédocle surtout[1]. Ces emprunts
touchaient du reste plus à la métaphysique qu'à la religion,
à la physique qu'au culte, et ils n'ont eu, je le répète,
que bien peu d'influence sur les doctrines théologiques
de la Grèce.

Les livres hermétiques admettent une hiérarchie psychologique quadripartite : 1° les dieux, qui habitent au
ciel; 2° les étoiles, qui sont suspendues dans l'éther;
3° les âmes, placées sous le gouvernement de la Lune
et qui résident dans l'air; 4° les hommes et les animaux,
fixés sur terre. Ce sont les dieux qui créent les âmes des
rois de ce monde ; les âmes destinées à régir les autres
devant en effet participer d'une nature plus élevée. Toutefois, bien que d'origine divine, elles sont encore sujettes
à faillir, et peuvent se rendre coupables de péchés d'un
ordre secondaire. Les anges et les démons qui les accompagnent sur terre, pour faire cortège à leur royale nature,
participent des passions bonnes ou mauvaises qui les
animent[2]. Or, on ne retrouve pas là le système qu'au
chapitre suivant, on verra proposé en Grèce par les

---

[1] M. Gladisch a cherché à démontrer qu'Empédocle avait emprunté
toute sa doctrine aux Égyptiens. Les rapprochements qu'il établit
entre la philosophie de ce sage et les théories égyptiennes ne sont pas
toujours concluants. Nous ne connaissons pas d'ailleurs assez bien la
théologie de l'Égypte, pour être en état de distinguer entre de simples
analogies et des identités.

[2] Pseudo-Hermes, ap. Stob. *Eclog.*, I, c. 52, I, p. 980, 982, edit.
Heeren.

philosophes. Les peintures des sarcophages et le rituel funéraire égyptien nous présentent, d'autre part, une série de transmigrations dans l'Amenti et une minutieuse description du royaume d'Osiris [1], qui ne ressemblent à l'Hadès que par des traits généraux communs aux enfers de toutes les mythologies [2].

Le nom du serpent infernal Apophis peut se reconnaitre, il est vrai, dans celui d'Épaphos que les Grecs donnèrent à un prétendu fils de Zeus et d'Io, qu'ils unirent comme époux à Memphis; mais la fable forgée à son sujet [3] prouve que le nom seul de ce reptile ennemi d'Osiris était venu jusqu'à leurs oreilles, et qu'ils lui avaient fabriqué une légende. Les paroles d'Hérodote nous montrent d'ailleurs qu'ils le confondaient avec le bœuf Apis, image vivante d'Osiris. Et voilà pourquoi ils

---

[1] Voy. Lepsius, *Todtenbuch*, Vorwort, p. 10 et suiv. Rougé, *Notice sommaire des monuments égyptiens du Louvre*, p. 81 et suiv. Cf. Plutarch., *De Is. et Osir.*, § 79.

[2] En effet, les principales scènes de l'*Amenti* : le voyage du dieu Soleil sur sa barque, la lutte d'Osiris et de ses ennemis, et son triomphe sur Apophis, la psychostasie, le jugement par les trente-deux juges, la réception de l'âme par Isis, les vœux et les témoignages des dieux en faveur du défunt, l'intervention de Nephthys et d'Anubis, le ministère des génies funéraires, ne se retrouvent pas dans les légendes grecques (voy. de Rougé, *Notice des monuments égyptiens du Louvre*, 2ᵉ édit., p. 114 et suiv.). D'ailleurs, le principe même de la transmigration égyptienne est différent de celui de la métempsycose grecque. Suivant les Égyptiens, l'âme justifiée, une fois parvenue à une certaine époque de ses pérégrinations et reconnue vertueuse par Osiris, devait se réunir à un corps pour n'en être plus jamais séparée. Quant aux transmigrations de l'âme placée sous la conduite d'Osiris, autrement dit *Sahou*, confondu alors avec la constellation d'Orion, elles s'opéraient dans les sphères célestes, et l'une des stations de cette longue pérégrination était l'emploi à des travaux agricoles dans l'*Aaenrou*, le champ céleste des âmes pures.

[3] Apollodor., II, 1, 3, 5, 11. Mnascas, ap. Plutarch., *De Is. et Osir.*, § 36. Hygin. *Fab.*, 145, 149, 275. Voy., sur Apophis, Rougé, *loc. cit.*

lui donnaient pour mère Io, qui, selon leurs traditions, avait été changée en vache [1].

Les faits que je viens d'exposer prouvent que l'influence exercée sur la religion grecque par la religion égyptienne fut plus externe que théologique ; cette influence tenait en effet au côté extérieur de la religion égyptienne. Les Égyptiens étaient plus religieux que les Grecs [2]. Leur culte, environné d'un appareil plus habituellement triste et mystérieux, était de nature à frapper l'imagination hellénique [3]. Leur sacerdoce présentait une organisation plus grande [4] et était en possession d'un enseignement plus savant, plus étendu, et se trouvait revêtu d'une autorité plus forte. Les miracles, les prodiges [5], étaient fréquents dans les sanctuaires égyptiens, et venaient en aide à la science des prêtres, pour dominer l'esprit d'une populace ignorante et fanatique, de castes inférieures plus misérables et plus dégradées que ne l'étaient les classes pauvres de la Grèce. Le culte entretenait ainsi en Égypte plus puissamment la foi que les oracles de la Grèce, discrédités d'assez bonne heure, et où les devins, à la merci des besoins de la politique, étaient aisément pénétrés dans leurs subterfuges par

---

[1] Herodot, III, 27, 28.

[2] Herodot., II, 58. Arnob., *Adv. Gent.*, III, 15. Juvenal. *Satir.*, XV, 1.

[3] « Ægyptia numina ferme plangoribus, græca plerumque choreis » gaudent. » (Apul., *De deo Socrat.*, c. 14.)

[4] Voyez, sur l'organisation du sacerdoce égyptien, Clem. Alex. *Stromat.*, VI, p. 758. Le gouvernement de l'Égypte était, en grande partie, théocratique, et les pontifes ou prophètes exerçaient une partie de l'autorité civile.

[5] Hérodote (II, 82) dit que les Égyptiens en ont inventé plus que tous les autres hommes. Les prêtres égyptiens, de même que les augures romains, tenaient registre des prodiges et des effets qu'ils leur attribuaient.

l'esprit vif et perçant du peuple [1]. Les simulacres égyptiens, quoique offrant des images d'une exécution moins parfaite que ceux des Grecs, inspiraient cependant davantage la vénération pour les dieux qu'ils représentaient, car ils montraient que l'artiste ne s'était pas laissé aller au caprice ou aux exigences du beau, mais qu'il avait obéi à des règles invariables consacrées par la science sacerdotale [2]. L'influence qu'exerça la religion égyptienne fut donc en Grèce plus favorable à l'esprit religieux que celle des religions de la Phrygie, de la Phénicie et de la Syrie. Tandis que les rites orgiastiques de ces contrées faisaient sortir le culte hellénique de sa simplicité élégante et de sa gravité première, la religion égyptienne augmentait au contraire ce sentiment de vénération et de crainte que fait naître la vue des sanctuaires, la contemplation des simulacres divins [3]. Aussi, lorsque le polythéisme gréco-latin s'ébranlait de toutes parts, les croyances et les cérémonies empruntées à l'Égypte lui rendirent-elles un instant la vie; et l'incrédulité, qui n'épargnait pas les dieux de la Grèce, respécta pendant plusieurs siècles ceux qui avaient été apportés d'Égypte.

Tout n'était pas moral cependant dans la religion égyptienne; on y retrouvait, comme dans les cultes de l'Asie occidentale, la divinisation de l'acte de la génération, l'adoration des organes qui en sont l'emblème : par ce côté, l'influence des idées égyptiennes fut moins bienfaisante. On ne saurait douter que la procession du phallus, qui existait déjà dans le culte de Dionysos, n'ait pris un

---

[1] Herodot., II, 83.

[2] Voy. les observations de Platon, *Leg.*, II, § 5, p. 516, edit. Bekker.

[3] Aussi Platon (*Leg.*, II, § 3, p. 516, edit. Bekker) propose-t-il les Égyptiens comme modèle en ce qui touche les règles à suivre pour les représentations divines.

singulier développement, par suite d'emprunts faits aux religions de la Syrie et de l'Égypte. Dans la première de ces contrées, l'adoration de l'organe du sexe mâle était reproduite sous mille formes [1] et associée à des actes honteux. Hérodote nous fait connaître des cérémonies analogues accomplies en l'honneur d'Osiris, qu'il confond avec Dionysos, précisément à raison du rôle que le phallus jouait dans son culte [2]. Les mystères, ou plutôt les bacchanales qui se célébraient à Sagra et à Alimunte en Attique [3] pourraient bien avoir été établies sur le modèle de ces fêtes obscènes. Mais il ne faut point oublier que les Grecs n'attachaient pas à ces représentations licencieuses les mêmes idées qu'on leur attribuerait aujourd'hui, et la crudité même des images est un indice de la naïveté qui les inspirait.

CHAPITRE XVIII.

DES DOCTRINES ORPHIQUES ET DES MODIFICATIONS QU'ELLES FIRENT SUBIR AUX CROYANCES RELIGIEUSES DES GRECS.

Je viens de montrer quels éléments nouveaux le contact des religions de l'Asie avait introduits dans le polythéisme hellénique. A côté de ces importations étrangères,

---

[1] Lucian., *De Syr. dea*, § 16, p. 463, edit. Lehmann.

[2] L'auteur du *Traité sur Isis et Osiris* nous parle aussi de ces processions en l'honneur d'Osiris, où était portée l'image du dieu ayant un phallus monstrueux (§ 3, 36).

[3] Clem. Alex. *Cohort. ad Gent.*, p. 29, edit. Potter. Dans ces fêtes, on chantait des louanges en l'honneur du phallus, et l'on faisait jouer à des individus ithyphalliques des scènes bouffonnes que rappelaient encore, il y a quelques années, les représentations de Caragouze à Constantinople.

se firent sentir d'autres influences dont l'origine et le caractère est plus difficile à déterminer. Je veux parler de l'action des doctrines orphiques. Depuis le viᵉ siècle environ avant notre ère, on avait répandu, sous le nom d'Orphée et des plus célèbres aœdes, tels que Linus, Musée, Eumolpe, des hymnes, des poëmes, même des ouvrages en prose, traitant de sujets théologiques. Ces compositions annonçaient des idées religieuses différentes de celles d'Homère et d'Hésiode [1]. Les Grecs étaient devenus facilement dupes de ces inventions, et avaient reçu avec une crédule vénération les écrits apocryphes des fondateurs supposés des mystères. A l'aide de cette supercherie, des novateurs réussirent à donner l'apparence d'une haute antiquité, d'une sorte de révélation divine, aux doctrines qu'ils voulaient substituer à l'ancienne religion. La fraude ne s'arrêta pas là. Les écoles qui professaient les doctrines prétendues d'Orphée se changèrent, pendant plusieurs siècles, en autant d'officines où se fabriquaient une foule de poëmes qu'on donnait pour des œuvres du grand aœde thrace. Cette longue succession de faussaires s'est continuée jusqu'au commencement de notre ère. La diversité des époques auxquelles appartiennent les écrits orphiques rend difficile l'exposé historique et critique des idées nouvelles que ce mouvement théosophique introduisit dans la religion grecque. Il n'est pas toujours possible, en effet, de distinguer entre les compositions de date récente et celles qui remontent aux premiers promoteurs de cette révolution théologique. Mais là n'est pas la seule difficulté que soulève l'histoire de l'*orphisme*. Une obscurité plus grande encore

[1] Voy. tome I, p. 237.

entoure les doctrines elles-mêmes et leurs origines. D'où
sortaient les conceptions que les écoles orphiques insi-
nuaient, à l'aide de leurs suppositions, dans les croyances
publiques et les mythes jusqu'alors accrédités ? On a pu
croire d'abord qu'elles étaient simplement le fruit de
méditations prolongées sur les anciennes traditions,
auxquelles s'attachait un sens de plus en plus en harmonie avec les idées abstraites et élevées qu'on commençait à se former de la divinité. Mais en rapprochant
ce qui nous est parvenu des doctrines orphiques, de l'ensemble des traditions religieuses de la Phrygie, de la
Phénicie, de la Syrie, de l'Assyrie, de la Perse, de
l'Égypte et de l'Inde, on est frappé des analogies qu'elles
ont entre elles. Et en présence de pareilles ressemblances, il est impossible de ne voir dans l'orphisme qu'un
mouvement purement hellénique. On est donc conduit à
admettre que les novateurs avaient emprunté à l'Asie
une partie de leurs idées, et apporté chez les Hellènes
des croyances ayant avec les leurs une parenté originelle. Mais ici se pose une nouvelle question : Les
Orphiques étaient-ils bien réellement des novateurs, ou
ne faisaient-ils autre chose que rendre publiques les doctrines enseignées depuis longtemps dans les mystères ?
Quelques érudits ont admis la dernière supposition, et
ils ont produit en sa faveur cette circonstance spécieuse,
que les faussaires donnaient leurs inventions pour les
écrits où Orphée avait consigné les doctrines sur lesquelles reposait l'institution des mystères. Dans cette
hypothèse, la ressemblance des idées orphiques et des
croyances orientales s'expliquerait aisément. Les mystères apportés de l'Asie auraient conservé le dépôt des
vieilles théologies asiatiques, et les écoles orphiques au-

raient simplement rendu publique une doctrine ésotérique qui avait été transmise par les âges antérieurs. Des objections graves et, à mon avis, péremptoires, s'élèvent contre cette explication, à laquelle le caractère oriental que l'on saisit de plus en plus dans la théologie orphique, à mesure qu'on l'étudie davantage, a ajouté un nouvel air de vraisemblance.

On a vu au chapitre XI [1] que les mystères d'Éleusis avaient été, dans le principe, des fêtes orgiastiques qui s'étaient associées à des cérémonies commémoratives du mythe de l'enlèvement de Proserpine par Pluton. Ces mystères étaient simplement liés à un court enseignement destiné à expliquer le sens des rites et des usages qu'on y observait. Rien n'indique qu'une doctrine théologique développée, telle qu'elle nous apparaît dans l'orphisme, ait fait l'objet de l'initiation. On ne voit rien percer qui rappelle le système théogonique lié à des conceptions physiques, la doctrine de la métempsycose et toute la théorie eschatologique, que nous offrent les écrits fabriqués sous le nom d'Orphée. D'ailleurs l'existence d'une science ésotérique n'aurait été possible qu'avec l'établissement d'une caste sacerdotale, d'un collége de prêtres, dont on ne découvre nulle trace dans la Grèce. Les familles auxquelles appartenait à Éleusis le privilége d'exercer le sacerdoce, ne présentent en aucune façon le caractère de caste. Leurs membres n'étaient point soumis à un noviciat dont la nécessité se serait fait sentir, si, pour exercer leurs fonctions, les prêtres eussent dû posséder une science spéciale. Sans doute, aux derniers siècles du paganisme, les doctrines orphiques sont habi-

---

[1] Voy. tome II, p. 299 etsuiv.

tuellement présentées comme constituant l'enseignement
des mystères; mais loin de voir là une preuve que ces
doctrines fissent le fond primitif de la science des
Eumolpides et des Céryces, il faut admettre que les idées
orphiques dont s'était pénétrée peu à peu en Grèce la
religion des classes supérieures avaient été adoptées par
les hiérophantes.

A mesure que les progrès de la philosophie faisaient
dans les mystères une plus grande place aux enseignements exégétiques, les interprétations orphiques étaient
appelées au secours d'une théologie pauvre de son fond,
et à laquelle échappait le sens des cérémonies dont elle
prescrivait l'accomplissement. Lorsqu'on lit les hymnes
prétendus d'Orphée et les fragments les plus anciens
qui nous soient restés sous son nom [1], on n'y trouve pas
le caractère antique et simple que n'auraient pas manqué
de présenter des traditions remontant à l'origine même
des croyances religieuses de la Grèce. Tout annonce
dans ces écrits un travail de refonte postérieur, l'œuvre
d'un syncrétisme qui cherchait à faire rentrer dans un
même tout des données fort diverses. La critique a d'ailleurs établi que l'origine des plus anciens écrits orphiques ne remonte pas beaucoup au delà de l'an 500 avant
notre ère [2]. Un prêtre du nom d'Onomacrite paraît avoir
été l'auteur des premières compositions apocryphes ré-

---

[1] Voyez, sur les écrits supposés d'Orphée, Giseke, *Das Verzeichniss
der Werke des Orpheus bei Suidas*, dans le *Rheinisches Museum für
Philologie*, nouv. série, t. VIII, p. 70 et suiv. Otfried Müller a très
bien fait voir qu'au temps d'Euripide, il existait déjà une littérature
orphique assez riche (*Proleg. zu einer wissenschaftl. Mythologie*,
p. 380).

[2] Voyez le savant ouvrage de Lobeck, intitulé *Aglaophamus*.

pandues sous le nom d'Orphée[1]. L'habile faussaire, qui vivait à la cour d'Hipparque, fils de Pisistrate, mit à contribution les doctrines de Pythagore, où, comme on le verra au chapitre suivant, une nouvelle doctrine religieuse empruntée à l'Orient[2] était substituée au vieux culte hellénique. Apportant dans la mythologie grecque et les institutions sacrées l'élément mystique et ascétique qu'il trouvait en Asie et en Égypte[3], Pythagore s'était acquis la gloire d'un sage, la réputation d'un homme inspiré; et ses enseignements étaient accueillis avec autant de respect que l'eussent été ceux d'un dieu. Onomacrite ne pouvait donc puiser à une source plus féconde. Mettre les idées nouvelles empruntées au philosophe de Samos, ou tirées du moins de ces mêmes croyances orientales qui les lui avaient fournies, sous l'autorité imposante d'Orphée, c'était en assurer le triomphe. Partout, je le répète, on accepta avec empressement les compositions prétendues de l'aœde thrace, on y vit une antique révélation qui donnait le mot de l'obscure mythologie des poëtes. Quantité d'hymnes en l'honneur des dieux furent composés dans l'esprit nou-

[1] C'est ce que nous apprend Hérodote (VII, 6). Cf. Plutarch., De Pyth. oracl., § 25. Tatien. Orat. ad Grœc., c. 26, p. 168. Clem. Alex. Stromat., I, p. 332. Aristote soutenait qu'Orphée n'avait jamais existé, et que les vers qui portaient son nom étaient l'œuvre d'un pythagoricien nommé Cercorps (Cicer., De nat. deor., I, 38).

[2] Voyez ce qui est dit au chapitre suivant.

[3] L'opinion qui veut que Pythagore ait tiré de l'Égypte les doctrines et les rites dits orphiques a été soutenue par Hérodote (II, 81), reproduite par Diodore de Sicile (I, 96), et par l'auteur des Argonautiques; celui-ci fait d'un Égyptien du nom d'Orphée l'auteur du ἱερὸς λόγος (v. 43). Cf. Giseke, ap. Rheinisch. Museum für Philologie, nouv. série, 8ᵉ ann., p. 111.

veau donné par le faussaire pour la pensée du chantre
inspiré de la Thrace[1]. De nombreux écrivains marchèrent sur les pas d'Onomacrite[2], et, à l'aide de toutes
ces œuvres mensongères, les doctrines nouvelles purent, au sein même des mystères, être acceptées comme
les enseignements qu'avait légués leur fondateur.

Une autre considération contribue à nous faire voir
dans l'orphisme le produit d'une réforme religieuse :
c'est qu'en même temps qu'une foule d'écrits étaient répandus sous le nom d'Orphée, les mystères, au moins
ceux d'Éleusis, perdaient leur caractère originel, leur
simplicité chaste et naïve, pour se grossir de cérémonies
destinées à rappeler les mythes que la Grèce venait de
recevoir de la Phrygie, de la Phénicie, de la Syrie,
mythes qu'un premier travail de syncrétisme avait, dans
une théogonie bâtarde, associés aux fables de la Crète,
et à la légende grecque de Dionysos[3]. Tel était le caractère des mystères célébrés dans la Grèce, quand Pausanias la visita; l'origine orphique que leur attribue ce
voyageur tient précisément à ce qu'ils étaient en partie
fondés sur les doctrines supposées d'Orphée[4]. Les mythes
en question exercèrent sur les mystères d'Éleusis une

---

[1] Tous les hymnes qui nous sont parvenus sous le nom d'Orphée
portent l'empreinte des mêmes idées syncrétiques, idées qui percent
surtout dans plusieurs hymnes à Apollon et à Dionysos, attribués, soit à
Orphée, soit à Musée. (Menand., *De encom.*, II, 300. Aristid., *Orat.*,
III, 28. Cf. Lobeck, *Aglaoph.*, p. 745.)

[2] Plutarch., *De Pyth. oracul.*, § 25, p. 667.

[3] Suivant Diodore de Sicile (V, 75), c'étaient les Crétois qui, les premiers, avaient donné Dionysos comme né de Zeus et de Proserpine,
ce qui, aiusi qu'on le verra plus loin, était le dogme orphique.

[4] Pausan., II, c. 30, § 2; III, c. 14, § 5; IX, c. 30, § 3; X, c. 7,
§ 3.

influence si profonde, ils s'y amalgamèrent si étroitement, qu'on ne distingua plus les mystères phrygiens de
Sabazius de ceux de Déméter, devenue l'épouse du Dionysos infernal. Mais, malgré les analogies qui lient les
doctrines orphiques et celles des mystères, sous leur
forme hellénico-phrygienne, on ne saurait encore les
confondre, et plusieurs traits les séparent notablement.
Ce qui caractérise la théologie orphique, c'est une tendance panthéistique prononcée ; c'est une cosmogonie
dont on ne trouve, dans la théologie des mystères
d'Éleusis, aucune trace ; c'est enfin une doctrine de
l'autre vie, fondée sur la métempsycose, sur la palingénésie, tout à fait distincte des idées professées antérieurement dans les mystères et traduites aux yeux des initiés par des scènes représentatives, auxquelles ne se
seraient pas prêtées les nouvelles idées spéculatives.

La cosmogonie orphique est empreinte d'un caractère
scientifique qui exclut l'idée d'une origine bien ancienne.
On y saisit la trace du travail des premiers physiciens[1].
Si, dans la théogonie d'Hésiode, quelques conceptions
du même ordre se font jour, elles sont rejetées sur le
second plan ; dans la cosmogonie orphique, ce sont elles,
au contraire, qui constituent le fond ; les mythes ne sont
que des accessoires. La doctrine orphique de la palingénésie est trop étroitement liée à cette cosmogonie, pour

---

[1] C'est ce qui explique comment on trouve, dans la cosmogonie
orphique, plusieurs des idées de l'école d'Ionie. L'eau, par exemple,
était, au dire d'Athénagore, donnée par Orphée comme le principe de
toute chose (*Apologet.*, 144) ; et Sextus Empiricus nous apprend
qu'Onomacrite, dans les écrits qu'il composa sous le nom de ce poète,
avait introduit le feu, l'eau et la terre comme principes de l'univers
(*Hypotip.*, III, 4, 136 ; *Adv. phys.*, IX, 5, 6, 621) : ce qui est confirmé
par Ausone (*Gryph.*, v. 74).

qu'on puisse l'en détacher. Ce n'est pas que la même théogonie soit adoptée par toutes les écoles orphiques, mais chez toutes se retrouvera à peu près le même ordre de conceptions.

Enfin ce qui achève de rendre manifeste l'origine comparativement moderne des doctrines cosmogoniques des écoles orphiques, c'est qu'on en peut suivre, dans les écrits du pseudo-Orphée, la formation. C'est par degrés que les novateurs arrivèrent à des idées qui constituèrent en fin de compte une théologie radicalement différente de celle d'Hésiode. Ils commencèrent par adopter une partie de ses doctrines, et ne s'en éloignèrent que peu à peu. On voit par Platon[1] que les premières cosmogonies orphiques plaçaient comme Hésiode, à l'origine des choses, Uranos et Téthys, son épouse, de l'union desquels étaient sortis tous les êtres. La théorie des âges était acceptée par les novateurs, sauf de faibles modifications[2]. Plus tard, le poëte d'Ascra fut totalement abandonné, et dans la plupart des cosmogonies qui nous sont parvenues, notamment dans celle que l'on attribuait plus spécialement à Orphée, on donnait comme premier principe, *Chronos* (Χρόνος), autrement dit le Temps.

De Chronos étaient sortis le Chaos (Χάος) et l'Éther (Αἰθήρ). Le Chaos[3], masse informe, d'une profondeur insondable, était la source de l'indéterminé, de l'infini; l'Éther avait produit le fini, le borné, le déterminé[4]. Ce

---

[1] Platon. *Cratyl.*, § 41, p. 239.

[2] Procl., *Ad Hesiod. oper.*, 126. Cf. Lobeck, *Aglaopham.*, p. 510. L'âge d'argent était, pour les Orphiques, celui où avait régné Cronos.

[3] Voyez mon article intitulé *De la cosmogonie orphique*, dans la *Revue archéologique*, 7ᵉ ann., p. 341.

[4] Simplic., *Ad auscult.*, IV, p. 123.

sont là des idées que l'on retrouve dans l'école pythagoricienne [1], et qui ont leurs racines dans les antiques cosmogonies de l'Orient [2]. Le Chaos était environné d'un
voile, d'une *nuée obscure* (Σκοτόεσσα ὀμίχλη)[3], qui constituait les *ténèbres premières* (Νὺξ ζοφερά) [4]. La nuit devenait
ainsi l'épouse de Zeus [5] ; elle formait la coquille, l'enveloppe de l'œuf dans lequel étaient contenus les premiers
éléments des choses [6]. Car la matière, en se condensant,
avait pris une forme ovoïde ; une enveloppe épaisse envi-
ronna une cavité centrale qui constitua la matrice cosmique [7]. Ce travail s'opéra sous l'influence de l'Éther, la
force créatrice immatérielle [8]. Au sein de l'œuf primitif,

---

[1] Ainsi, suivant Philolaüs, le monde avait été formé par Cronos,
c'est-à-dire, la monade unie à la dyade ; de cette union était sorti un
troisième principe, qu'il identifiait à Arès et qui semble être le principe
igné. De cette triade étaient nés tous les dieux (Joann. Lyd., *De
mens.*, IV, p. 76, edit. Bekker).

[2] Voyez mon article déjà cité, page 342 et suiv. Si l'on peut s'en fier
au témoignage, il est vrai fort postérieur, de Proclus, qui avait toutefois
sous les yeux de nombreux ouvrages aujourd'hui perdus, le démiurge
forma le monde de feu, d'eau, de terre et d'air (αἴθηρ). (*In Tim.*, III,
154, p. 365.)

[3] Procl., *In Plat. Parm.*, VII, 18. Aristophane parodie cette cosmogonie dans sa comédie des *Oiseaux*, vers 694, sq.

[4] Cedren., p. 57, 10. Cf. J. Lyd., *De mensib.*, II, 7.

[5] Porphyr., *De antr. nymph.*, § 16. C'est à l'union de Zeus et de la
Nuit que se rattachait la fable de l'enivrement de Cronos par un breu-
vage miellé.

[6] Ὀρφεὺς τὸ χάος ὠῷ παρεικάζει, ἐν ᾧ τῶν πρώτων στοιχείων ἦν σύγχυσις.
(Clem. Rom. *Homel.* VI, IV, 671 ; t. II, p. 678, ed. Cotel. Damasc. *Quæst.
de prim. princip.*, c. 55, p. 147, c. 122, p. 380, edit. Kopp. Cf. Plutarch.
Conviv. quæst., II, 3, § 1, p. 577, edit. Wyttenb.)

[7] La forme ovoïde apparente de la voûte céleste dont est entourée
la terre a vraisemblablement suggéré l'idée de cet œuf, comme le
montrent les paroles de Damascius (*loc. cit.*) : Καὶ γάρ Ὀρφεύς, ἔπειτα
δ'ἔτευξε μέγας Κρόνος αἰθέρι δίῳ ὠεὸν ἀργύφεον.

[8] *Art. cit., Revue archéologique*, p. 343.

prit naissance la première manifestation de l'être, *Pha-nès* [1]. Une pareille conception n'était que l'application à l'univers d'un fait observé dans la formation des êtres vivants. L'âme (πνεῦμα), d'abord répandue au sein de la matière animée (ὕλη ἔμψυχος), s'était ensuite retirée du milieu de cet abîme, pour se porter à la périphérie, par une opération toute semblable à celle qu'effectue la masse liquide qui se forme en bulles (ὥσπερ ἐν ὑγρῷ πομφόλυξ). Dès lors, tous les éléments s'étaient coordonnés et étaient devenus propres à la génération [2].

Ces systèmes, dans leur ensemble, offrent une assez grande analogie avec la cosmogonie de Phérécyde, d'après laquelle aussi, comme on l'a vu au chapitre XVI, un souffle animé (πνεῦμα) avait pénétré au sein de l'univers, et lui avait donné le mouvement [3]. De ces trois principes, *Zeus*, *Chthon* et *Chronos*, le dernier se retrouve dans la cosmogonie orphique; les deux premiers répondent à l'Éther et au Chaos [4]. En parcourant les théogonies des philosophes de l'école ionienne et celle d'Héraclite, on retrouve un même ordre de conceptions parfois en parfaite concordance avec celle de

---

[1] *Art. cit.* Simplic., *In Ausc.*, I, p. 31, 6. Cette conception rappelle tout à fait l'*Hiranyagarbha* indien, dont il a été question au chapitre II. Suivant la vieille cosmogonie indienne, avant qu'il fît jour, Savitar était enveloppé dans les nuages comme dans un œuf; il habitait une masse nébuleuse. Or, d'après les idées indiennes, la naissance du jour est l'image même de celle de la création. (Cf. A. Kuhn, ap. *Zeitschr. für vergleich. Sprachforsch.*, ann. 1851, p. 456.)

[2] *Art. cit.*, p. 344.

[3] Diog. Laert., I, p. 84. Voy., sur la théogonie de Phérécyde Preller, dans le *Rheinisches Museum für Philologie*, neue Jahrg., IV, p. 377.

[4] *Art. cit.*, *Revue archéologique*, p. 346.

l'orphisme[1]. Toutes ces cosmogonies nous reportent à celle qu'on trouve exposée dans Sanchoniathon; leur origine-syro-phénicienne ne saurait donc être douteuse[2].

Phanès (Φάνης) est la manifestation de l'intelligence ou de la lumière première [3]; de là les deux autres noms qui lui sont donnés, Μῆτις, c'est-à-dire *la réflexion, la pensée*[4], et Ἠρικαπαῖος, c'est-à-dire *celui qui brise, qui sépare* la lumière des ténèbres [5]; car, par cela seul que la lumière est née, la nuit, son contraire, a dû prendre naissance [6]. Phanès, l'être primordial éclos de l'œuf cosmique[7], crée le ciel et la terre, et cette création, les

---

[1] *Art. cit.*, p. 348 et suiv. Thalès, le chef de l'école ionienne, paraît avoir puisé une partie de ses idées dans la Phénicie, d'où il était originaire (Diogen. Laert., I, p. 15).

[2] Voy. E. Renan, *Sur l'origine et le caractère véritable de l'histoire de Sanchoniathon*, dans les *Mém. de l'Acad. des inscript. et belleslettres*, t. XXIII, part. II, p. 251.

[3] *Orphica*, edit. Hermann, p. 504. *Etymol. magn.*, p. 787, 29. Lobeck, *Aglaopham.*, p. 478.

[4] Dans la cosmogonie d'Acusilaüs, que Damascius analyse d'après Eudème, Métis constitue, avec l'Éther et Éros, les trois hypostases intelligibles (νοητὰς ὑποστάσεις). Métis occupe le troisième rang, et Éros le rang intermédiaire. Ces trois hypostases immatérielles sont nées du mélange du Chaos, principe primordial qui a donné naissance à l'Érèbe, principe mâle, et à la Nuit, principe femelle. (Damasc. *Quæst. de prim. princip.*, p. 383, edit. Kopp.)

[5] Ou Ἐρικεπαῖος (Damascius, *op. cit.*, p. 380; cf. p. 307). Ce nom paraît en effet formé du grec ἐρείκω, *rompre, briser*. Suivant cette étymologie, Éricapæos serait une sorte d'Érysichthon (voy. cependant, sur ce mot, Lobeck, *Aglaoph.*, p. 47). M. Renan croit les noms de Φάνης et d'Ἠρικαπαῖος d'origine juive ou samaritaine (*Sur l'origine et le caractère véritable de l'histoire de Sanchoniathon*, p. 315).

[6] Lobeck, p. 493, 496.

[7] Καὶ (Φάνης) πρόεισιν ἀπὸ τοῦ πρωτογενοῦς ᾠοῦ, ἐν ᾧ σπερματικῶς τὸ ζῷόν ἐστιν. (Procl., *In Platon. Tim.*, II, § 130, p. 307, edit. Schneider.)

Orphiques se la représentent comme née de l'union de Phanès et de la Nuit[1].`Ericapæos est le verbe créateur qui a donné naissance à tous les dieux, dont il est le sperme et la cause productrice[2].

Ce qui prouve l'origine comparativement récente de cette théogonie en Grèce, c'est le soin pris par les Orphiques de la rattacher à la théogonie d'Hésiode, qui avait fait jusqu'alors autorité[3]. Zeus y paraît introduit uniquement dans ce but. Issu de Phanès, il intervient avec les autres dieux et donne le jour à Uranos et à Gê, souche première de toutes lès générations divines[4]. La fable où Hésiode représentait le souverain des dieux avalant Mêtis[5], était mise en usage pour faire passer dans la mythologie cette cosmogonie hétérodoxe; Zeus avalait Phanès, autrement dit le Monde, et le reproduisait à son tour, mais plus parfait et, grâce à l'aide de Dicé (Δίκη)[6], définitivement ordonné.

Ainsi, comme l'a remarqué Aristote[7], l'âme n'était, dans ce système, que le souffle qui s'échappe de l'être organisé[8], du *Tout* (ὅλον[9]). Elle allait se confondre,

---

[1] Lobeck, *loc. cit.*

[2] Ἀλλὰ καὶ Ὀρφεὺς τὸν πολυτίμητον τοῦτον θεὸν ἀνευφήμησεν τὸν σπέρμα φέροντα θεῶν, καὐτὸν Ἡρικεπαῖον· καὶ ἐξ αὐτοῦ ποιεῖ προϊοῦσαν ἅπασαν τὴν τῶν θεῶν γενεάν. (Damasc., *op. cit.*, p. 307.)

[3] Voy. ci-dessus, p. 308.

[4] Lobeck, *Aglaopham.*, p. 514, 532.

[5] Voy. tome I, p. 377.

[6] Lobeck, p. 519, 526 et sq.

[7] *De anim.*, I, 5, 15.

[8] Voyez, à ce sujet, les réflexions de M. Nægelsbach, *Die nachhomerische Theologie*, p. 403.

[9] Φησὶ γὰρ τὴν ψυχὴν ἐκ τοῦ ὅλου εἰσιέναι ἀναπνεόντων (τῶν ἀνθρώπων), φερομένην ὑπὸ τῶν ἀνέμων.

après s'être exhalé du corps, avec le souffle universel, auquel elle était portée par les vents. Tant qu'elle demeurait emprisonnée dans son enveloppe, elle ressemblait au mort au fond du tombeau, au prisonnier dans son cachot[1]. Conçue de la sorte, la vie se présentait aux Orphiques, sous un aspect bien différent de celui qu'elle a pour les Grecs des temps homériques. Du moment que l'âme était regardée comme emprisonnée dans le corps, il fallait admettre qu'elle subit une peine ; la vie s'offrait donc comme un châtiment infligé pour des délits antérieurs, pour les péchés commis dans une autre existence[2] ; et, au sortir de son enveloppe, l'âme devait passer dans d'autres corps et parcourir tout un cycle d'existences[3], destinées à la purifier graduellement.

Ces doctrines, qui étaient aussi celles de l'école de Pythagore, se rattachaient, comme les autres, aux cosmogonies asiatiques, mais on ne saurait admettre qu'elles fissent partie des premières notions religieuses apportées en Europe par les ancêtres des Hellènes, puisqu'on n'en

---

[1] Platon fait dire à Socrate : « Cependant je crois que les disciples » d'Orphée rapportent ce nom (σῆμα) à la peine que subit l'âme en » expiation de ses fautes, et qu'ils regardent l'enceinte corporelle » comme une prison où l'âme est gardée. » (*Cratyl.*, § 38, p. 234, edit. Bekker. Cf. Cicer. *Hortens. fragm.*, 85, p. 486, edit. Orelli.)

[2] Nægelsbach, *Die nachhomerische Theologie*, p. 403, 404. Toute cette doctrine de la métempsycose orphique est exposée au commentaire de Proclus sur la *République* de Platon (l. X, ap. Maï, *Specil. rom.*, t. VIII, p. 696). Dans leurs hymnes, les Orphiques appelaient la semence humaine μίτος, c'est-à-dire, *trame*. Ils comparaient la naissance d'un enfant au nœud d'un filet ou d'un réseau, dont la vie, poursuivie à travers la succession des êtres, n'était que le développement. (Aristot., *De gener. animal.*, II, 1.° Clem. Alex. *Stromat.*, V, p. 571. Cf. Valckenaer, *De Aristobul.*, p. 76.)

[3] Κύκλος γενέσεως. (Cf. Lobeck, *Aglaopham.*, p. 70.)

trouve aucune trace dans les temps anciens ; elles ont dû
être puisées dans la Syrie et l'Égypte. L'idée de la métempsycose elle-même est, dans l'Inde, postérieure à
l'époque védique ; elle appartient à un mouvement d'idées
religieuses qui s'opéra vraisemblablement aussi en Assyrie et en Égypte [1], quand les méditations de l'homme
mûri par la réflexion se furent portées sur le grand
problème de l'autre vie.

De même, dans les mystères de la Grèce, et en particulier dans ceux d'Éleusis, la préoccupation de la vie
future prit une place de plus en plus grande ; elle pénétra
les rites commémoratifs des mythes chthoniens qui faisaient d'abord l'objet de ces solennités. Les purifications qui
en avaient été le point de départ, et qui demeuraient liées à
leur accomplissement [2], s'offrirent alors comme une préparation à la participation à la vie nouvelle promise aux
initiés. Il était donc tout naturel que les idées orphiques,
qui apportaient sur la vie future un dogme plus précis et
plus logiquement enchaîné à l'ordre des choses, s'introduisissent dans les mystères et s'emparassent peu à peu
de leur esprit.

Les écoles orphiques, en cherchant à systématiser le
naturalisme théologique qui faisait le fond de la mythologie hellénique, mais s'y trouvait obscur et mal défini,
apportaient en même temps à la théologie des mystères
des interprétations simples et précises pour des symboles

---

[1] L'analogie que présentaient les purifications usitées chez les Chaldéens avec celles des Orphiques, purifications qui se liaient aussi à la
croyance à la métempsycose, les fit confondre en une même liturgie,
aux derniers temps du néoplatonisme. (Voy. Marin. *Vit. Procl.*, c. 18,
p. 15, edit. Boissonade.)

[2] Plutarch., *De defect. oracul.*, § 14, p. 708, edit. Wyttenb. Cf.
t. II, p. 299.

dont le sens commençait à s'oublier [1]. Les Orphiques ramenaient les dieux aux éléments d'où ils étaient nés, le feu, l'eau, l'air, le soleil, la lune, le jour, la nuit, les astres [2]. Aussi disaient-ils que les agents physiques primitifs avaient enfanté les générations divines. Tous ces éléments cosmiques étant nés du principe créateur et éternel, les dieux se trouvaient dès lors réduits, en dernière analyse, à un seul dieu ou cause unique, le *commencement*, le *milieu* et *la fin de tous les êtres* [3]. Ce dieu était conçu comme répandu dans tout l'univers; c'était une divinité panthée qui se confondait avec l'âme du monde. Telle est la divinité que les Orphiques assimilèrent au Dionysos des mystères [4], déjà identifié, par l'enchaînement des idées de production et de terre, de germination et de puissance chthonienne, à Hadès ou Pluton [5]. Macrobe [5], d'après un fragment orphique, nous dit que le

---

[1] On avait composé, sous le nom d'Orphée, des écrits destinés à expliquer aux initiés les propriétés et les attributs des dieux, et sans doute aussi les symboles. Un livre de ce genre était le ἱερός λόγος ou *discours sacré* dont parle Hérodote (II, 48, 51, 62, 81). (Cf. B. Geiske, *Verzeichniss der Werke des Orpheus bei Suidas*, dans le *Rheinisch. Museum für Philologie*, nouv. série, 8ᵉ ann., p. 110, 111.)

[2] Epicharm., ap. Menand., p. 196. Lobeck, *Aglaopham.*, p. 742, sq. Ces dieux sont ceux que les Romains appelèrent *Genitales*, mot qui n'était que la transcription de l'épithète de γεννήτορες, que leur donnaient les Orphiques (Theon., *In Mathemat.*, c. 48, p. 164 ; Festus, vᵒ *Genitales*).

[3] Ὁ μὲν δὴ θεός ὥσπερ καὶ ὁ παλαιός λόγος, ἀρχήν τε καὶ τελευτὴν καὶ μέσα τῶν ὄντων ἁπάντων ἔχων. (Platon. *Leg.*, IV, § 7, p. 112, edit. Bekker.)

[4] Voy. Clem. Alex. *Cohort. ad Gent.*, p. 30, edit. Potter. Cedrenus, p. 84. Cf. ce qui est dit plus loin.

[5] Macrob. *Saturn.*, I, 18, 23. Lobeck, *Aglaopham.*, p. 745. Le mythe de la descente de Dionysos aux enfers paraît avoir été l'une des origines de la confusion (Apollodor., III, 4, 3, V, 1, 3 ; Pausan., II, c. 37, § 4). Voyez ce qui a été dit à ce sujet, tome II, p. 364.

dieu suprême, appelé Zeus-Dionysos, est le père de la
mer, de la terre, le soleil qui engendre tout, le Pan aux
mille formes, à l'éclat d'or (Χρυσεοφεγγές), et qui fait
tourner éternellement sur les gonds célestes la sphère du
vaste univers [1].

Identifié ainsi avec l'être suprême et immanent, devenu
animateur du monde, confondu avec Phanès [2], Dionysos
est donné pour époux à Déméter; il perd alors complète-
ment son caractère circonscrit originel. Son identification
au dieu phrygien Sabazius favorisa cette transformation.
Sabazius, dieu de la nature et de la production, avait en
effet un caractère bien plus général que le fils de Sé-
mêlé. Sa légende, dans laquelle s'étaient conservés,
avec leur physionomie propre, les grands mythes
asiatiques recueillis par les religions de la Syrie et de
l'Égypte, transportait les initiés dans un ordre d'images
et de fictions où le naturalisme panthéistique était plus
vivant que dans les compositions homériques.

Ce sont les légendes de Dionysos-Sabazius que les auteurs des derniers siècles du paganisme nous donnent
pour la mythologie des Phrygiens. Je n'en ai donné qu'un
aperçu incomplet au chapitre XV, l'orphisme et l'influence grecque me semblant les avoir trop métamorpho-

---

[1] Macrob. *Saturn.*, I, 18. Dionysos se trouvait ainsi confondu à la
fois avec Zeus, Pluton et le Soleil, comme nous le montrent ces deux
vers orphiques :

Ἥλιος ὅν Διόνυσον ἐπίκλησιν καλέουσιν
. . . .
Εἷς Ζεύς, εἷς Ἅιδης, εἷς Ἥλιος, εἷς Διόνυσος.

Cf. *Etymol. magn.*, v° Διόνυσος.

[2] Diodor. Sic., I, 11. Macrob. *Saturn.*, I, 18, Cf. Zeller, *Die Philosophie der Griechen*, t. I, p. 73.

sées pour qu'on puisse y discerner les éléments purement phrygiens [1].

Une fois partiellement confondue avec la doctrine des mystères, la théologie orphique fut communiquée à la manière d'une initiation, et les auteurs qui nous parlent d'Orphée finissent par ne plus distinguer s'il est question des cérémonies d'Éleusis ou des doctrines mises sous le nom de leur prétendu fondateur [2]. Au début de certains poëmes orphiques, on demande que les portes soient fermées aux profanes [3]. Julius Firmicus rapporte de même que l'on faisait prêter serment à, ceux qu'on initiait aux doctrines d'Orphée, de ne point les révéler [4]. Et, fidèle à cet exorde, Porphyre, au commencement de son traité intitulé Περὶ τῆς ἐκ λογίων φιλοσοφίας, adjure les lecteurs de ne pas divulguer la doctrine qu'il lui confie [5].

Le secret gardé sur les enseignements de la nouvelle école religieuse tenait précisément à ce que les dogmes que l'on y révélait, étaient regardés comme ayant besoin, pour être compris, d'une initiation. L'homme ne pouvait arriver que par degrés à jouir de la connaissance de la

---

[1] Voy., à ce sujet, Plutarch., *De defect. oracul.*, § 10, p. 69.

[2] Ainsi, quand Plutarque remarque que, dans les mystères orphiques, certains rites secrets ne peuvent être accomplis que par les femmes (*Cæsar*, § 9, p. 185, edit. Reiske), il paraît n'avoir en vue que les mystères d'Éleusis, complétement transformés de son temps par l'orphisme.

[3] Voyez, par exemple, le fragment que nous a conservé Eusèbe, ap. *Præpar. evang.*, XIII, 12 ; ap. *Orphica*, edit. G. Hermann, p. 450. Cf. Suidas, vᵒ βεβῆλος ; *Schol. ad. Sophocl. OEd. Col.*, v. 9.

[4] « Quum ignotis hominibus Orpheus sacrorum secreta aperiret, » nihil aliud ab iis quos initiabat, in primo vestibulo nisi jurisjurandi » necessitatem et cum terribili quadam auctoritate religionis exegit, ne » profanis auribus religionis secreta proderentur. » (*Astron.* VII, *Præf.*, p. 493.)

[5] Euseb. *Præpar. evang.*, V, 5, 189.

vérité, à entrer dans la plénitude de la science des choses supérieures et invisibles. Et là encore, l'orphisme se trouvait en parfait accord avec la doctrine des mystères, l'initiation à ces solennités ayant pour effet d'assurer dans l'autre vie un sort meilleur [1], et d'élever par conséquent l'homme au-dessus de la condition de simple mortel.

La nature de l'enseignement des écoles orphiques exigeait d'autant plus une préparation, que la théologie s'y présentait sous une forme obscure, dans un langage figuré et métaphorique dont les adeptes n'auraient pu, du premier coup, percer le sens [2]. On comprend que dans les mystères primitifs d'Éleusis, qui ne réclamaient pas une bien longue initiation, il eût été impossible d'enseigner aux mystes cette théologie abstruse.

Le naturalisme panthéistique sur lequel reposait la théologie orphique avait conduit les nouveaux sectaires à introduire dans la légende mythique des mystères une foule de fables qui en dénaturaient le sens et qui en faisaient disparaître surtout le caractère moral. La tendance, déjà assez prononcée dans les fables grecques, à sacrifier la moralité du récit au désir de représenter fidèlement un

---

[1] Platon nous dit que, dans l'Hadès, les plus malheureux sont ceux que l'initiation n'a point purifiés (*Gorgias*, § 105, p. 276, edit. Bekker). Car les purifications usitées dans les initiations, et dont on faisait remonter l'origine à Orphée (Pausan., IX, c. 30, § 3), avaient pour objet de laver l'homme de souillures qui eussent été, dan l'autre vie, un motif de condamnation.

[2] Origène observe que les écrits qui portaient le nom d'Orphée, de Linus, de Musée et de Phérécyde, étaient remplis de figures et d'allé gories (*Adv. Cels.*, I, 335, p. 16). Tel était aussi, comme on le verra au chapitre XIX, le caractère de l'enseignement de Pythagore, dont le préceptes constituaient des espèces d'énigmes renfermant un sen symbolique (Diogen. Laert., VIII, p. 578).

phénomène naturel, fut alors portée à son comble. Diogène Laërte reproche amèrement à Orphée, c'est-à-dire aux Orphiques, d'avoir prêté aux dieux toutes les passions humaines, même les plus honteuses [1]. En effet, les mythes qui nous sont parvenus comme l'expression des mystères orphiques ont un caractère d'obscénité et de grossièreté qui justifie l'indignation des Pères de l'Église [2].

L'introduction de ces fables dégoûtantes dans les mystères des Grandes déesses, tenait à la conception nouvelle que se faisaient les Orphiques du personnage de Proserpine. Cette déesse n'est plus seulement pour eux la fille de Déméter et de Zeus, l'épouse que Pluton s'est donnée par violence, c'est l'ordonnatrice de l'univers [3], la source de la vie [4]. Représentant, dans le principe, le germe qui lève sous terre et d'où naît la plante, elle finit par être prise pour la force organisatrice qui circule dans la matière ; et elle apparut, dès lors, comme émanant directement de l'action de Zeus, c'est-à-dire de Dieu, sur le monde, ou, pour emprunter une expression qui fut adoptée plusieurs siècles plus tard, elle devint l'émanation directe

---

[1] *Prœm.*, p. 4.

[2] Ce que dit Orphée des dieux, écrit Origène, les rend beaucoup plus indignes de ce nom que ce qu'en dit Homère (*Adv. Cels.*, VII, 54, p. 773). Théodoret (*Serm. I de fid.*, ap. *Op.*, t. IV, p. 482) s'élève contre l'obscénité des mystères. Enfin, ce que l'auteur des *Philosophumena* rapporte des mystères confirme ces accusations d'obscénité (Origen. *Philosophum.*, V, edit. Miller, p. 144). Les phallagogies qui se mêlèrent, dans les derniers temps, aux mystères de l'Attique, paraissent avoir été introduites sous l'influence des doctrines orphiques (Clem. Alex. *Cohort. ad Gent.*, p. 29).

[3] Elle produit, comme dit Proclus (*In Platon. Crat.*), τὸν διάκοσμον τῆς ζωνῆς.

[4] Καὶ παρὰ τῷ Ὀρφεῖ ἡ Κόρη, ἥπερ ἐστὶ παντὸς τοῦ σπειρομένου ἔφορος. (Porphyr., *De antr. nymph.*, 14.)

320 ORPHISME.

du Dieu suprême, sa fille unique et *première-née* (μουνο-γένεια Θεά)[1]. Zeus l'avait engendrée dans les profondeurs mystérieuses de la génération divine[2]. Cette Proserpine, ou, comme on l'appelait de préférence, cette *Coré* (Κόρη), se confondit avec la lune, identifiée au principe féminin de l'univers[3], tout en continuant de représenter le germe des fruits et des plantes, la vie et la mort[4], et d'être à ce titre la reine du Tartare et l'épouse de Pluton[5].

Zeus, disaient les Orphiques, avait eu commerce avec sa propre fille, à laquelle il s'était uni sous la forme d'un dragon, d'un serpent[6], après s'être glissé par surprise dans le sein de la jeune enfant[7]. Ce mythe paraît, en grande partie, emprunté aux mystères qui étaient sortis du mélange de ceux de Phrygie et de ceux d'Éleusis. On racontait en effet dans les mythes hellénico-phrygiens, que Zeus

---

[1] Orph. *Hymn.*, XXIX, p. 289, v. 2, edit. G. Hermann.

[2]   Ἦν Ζεὺς ἀῤῥήτοισι γοναῖς τεκνώσατο κούρην
. . . .
(Orph. *Hymn.*, XXIX, v. 7.)

[3] *Hymn. cit.*, v. 9, sq. De là ses épithètes de φαεσφόρος, ἀγλαό-μορφος. Cf. J. Firmic. Matern., *De error. prof. relig.* c. 7.

[4]   Ζωὴ καὶ θάνατος μούνη θνητοῖς πολυμόχθοις.
(*Hym. cit.*, v. 15.)

[5] *Hymn. cit.*, v. 4, 20.

[6] Callimach. *Fragm.* 171. Clem. Alex. *Cohort. ad Gent.*, p. 13, edit. Potter. Arnob., *Adv. Gent.*, V. 21; *Etymol. magn.*, v° Ζαγρεύς. Ovid. *Metam.*, VI, 114. Nonn. *Dionys.*, VI, 264.

[7] De là l'épithète de ὁ διὰ κόλπου θεός, donnée à Dionysos, né de cette union, suivant les mystères phrygiens. Pour rappeler cet événement, les initiés introduisaient sur leur poitrine un serpent, qu'ils faisaient entrer par en haut et sortir par en bas (Clem. Alex., *loc. cit.*). L'animal dont on se servait dans ce but était porté dans une *ciste* ou corbeille. L'existence de mystères sabaziens dans lesquels le serpent jouait un grand rôle date certainement d'une époque antérieure à Alexandre, puisque nous voyons que sa mère Olympias s'y était fait initier.

avait donné naissance à Coré, de la manière suivante : Saisi d'une passion violente pour *Déo* (Δήω), c'est-à-dire Démétēr, ou, suivant d'autres, pour Rhéa [1], le dieu, dans le but de satisfaire ses désirs, avait pris la forme d'un taureau[2]. Dêo ayant résisté[3], Zeus eut recours aux

---

[1] A l'époque orphique, Déméter est constamment confondue avec Rhéa; aussi suivant un auteur anonyme, cité par M. Lobeck, Orphée disait-il que Zeus avait tué son propre père, possédé sa propre mère, Rhéa, et que Proserpine, avec laquelle le dieu eut plus tard commerce, était née de cet inceste (*Martyr. Theodot. Ancyr. et. sept. virg.*, c. 24, t. IV, 124; dans l'*Aglaopham.*, ed. *Gall.*, cité, p. 593).

[2] L'association des formes du dragon et du taureau au principe créateur figuré par Zeus, se retrouvait dans la cosmogonie d'Hiéronyme, qui est tout empreinte des idées orphiques. Les deux principes premiers y étaient l'eau et la matière (ὕλη) qui donnait naissance à la terre. Celle-ci représentait le principe de division, de répulsion (σκεδαστή), l'eau celui d'attraction, de cohésion (κολλητικὸν καὶ συνεκτικὸν). De ces deux principes, en naissait un troisième figuré tricéphale, ayant la tête du dragon, du lion et du taureau. Son visage était celui d'un dieu, il avait des ailes aux épaules; Hiéronyme l'appelle *le temps qui ne vieillit pas* (χρόνος ἀγήρατος) ou *Hercule*; à lui est unie *Adrastée* ou *la nécessité* (voy. Damasc. *Quæst. de prim. princip.*, p. 181, edit. Kopp). Tous ces symboles sont empruntés à l'Orient et rappellent ceux qu'Ézéchiel tire de la théogonie assyrienne (voy. Chiarini, *Fragments d'astronomie chaldéenne découverts dans Ézéchiel*, dans le *Journ. asiat.*, 2ᵉ série, t. VI, p. 279). D'un autre côté, l'Hercule-Panthée, qui apparaît dans la cosmogonie d'Hiéronyme évidemment entée sur celle d'Hellanicus, n'est qu'une variété du *Phanès* des Orphiques, dont il a été question plus haut, comme on peut en juger par ce curieux passage de Proclus (*In Platon. Tim.*, II, § 130, p. 307, edit. Schneider) : « La » théologie d'Orphée nous dit la même chose de Phanès; suivant elle, » le premier dieu vivant fut polycéphale; il avait la tête d'un bélier, d'un » taureau et d'un lion monstrueux; il sortit de l'œuf primordial où était » renfermé l'animal que Platon appelle avec raison *le grand dieu qui* » *existe par lui-même* (αὐτοζῶον). » Après avoir ainsi parlé, Proclus développe l'idée que le Phanès orphique se confond avec l'αὐτοζῶον platonique.

[3] Suivant Arnobe et Clément d'Alexandrie, Dêo dut à l'état de fureur dans lequel l'avaient mise les attaques du dieu, le surnom de Brimô (Βριμώ) (Clem. Alex., *loc. cit.*; Arnob., V, 20, voy. ci-dessus, p. 104).

prières et aux supplications, et, simulant le repentir de
son crime, il feignit, pour se punir, de s'arracher les
organes de la génération. C'étaient les testicules d'un
bélier qu'il avait coupés ; il les lança enveloppés de laine
dans le sein de la déesse qui se trouva ainsi fécondée, et,
au bout de dix mois, mit au jour Coré[1]. Mais Coré devint,
à son tour, comme je l'ai dit plus haut, la victime des
désirs incestueux de Zeus transformé en dragon[2]; et de
son accouplement avec le dieu naquit un être à tête ou à
forme de taureau[3] ; c'était Dionysos-Zagreus, que l'on
identifia au Dionysos chthonien[4], celui que Cicéron désigne comme le Bacchus des mystères orphiques, fils de
Jupiter et de la Lune[5].

Les traces de ce mythe orphique apparaissent déjà dans
Euripide[6] : Déméter est identifiée à Rhéa-Cybèle; Proserpine est la Κόρη ἄῤῥητος ; Zeus s'unit à Rhéa confondue
avec Dêo[7].

Dionysos Zagreus prit bientôt le caractère de divinité

---

[1] Clem. Alex., *Coh. ad gent.*, p. 13, Arnob., V, 20, 21.

[2] Le Zeus à forme de dragon avait, suivant certains Orphiques, donné
le jour à un dieu de la même forme assimilé à Hercule (voy. Athenagor.,
c. 20, p. 292; cf. Lobeck, *Aglaoph.*, p. 548), et qui est qualifié de
πατὴρ χρόνου, *le père du temps* (Orph. *Hymn.*, XII, 3). Cet Hercule
dragon avait eu aussi pour mère Proserpine. Une partie de ces fables
ont été mises à contribution par Nonnus (*Dionys.*, V, 565, sq.).

[3] Clem. Alex., *loc. cit.* Arnob., *loc. cit.*

[4] Ὁ χθόνιος Διόνυσος (Callimach. ap. Hesych., v° Ζαγρεύς, *Etymol. magn.*,
p, 406). Tatien (*Adv. Gent.*, VIII, p. 251) et Athénagore (c. 32, p. 292)
s'accordent pour attribuer à Orphée, c'est-à-dire aux Orphiques, l'invention de cette fable.

[5] *De natur. deor.*, III, 23.

[6] *Helen.*, v. 1301-1306.

[7] Cette union était représentée dans les ἄῤῥητοι γυναί auxquelles fait
allusion le vers de l'hymne orphique, cité plus haut (Hesych., v° ἄῤῥητος; cf. Preller, *Demeter und Persephone*, p. 141).

de la génération, de personnification de la puissance vitale qui circule dans la nature, et c'est en cette qualité, qu'il est invoqué dans les hymnes orphiques [1]. Le mythe en apparence grossier de sa naissance, cachait un sens mystique que l'on révélait aux initiés. Zagreus était, à l'égard de Zeus et de Proserpine, ce qu'avait été celle-ci à l'égard de Zeus et de Dêo, la troisième personne d'une triade. Né de l'union mystérieuse de deux divinités [2], Zagreus apparaissait comme le dieu premier-né [3], comme *celui que Zeus avait, dans ses éternels desseins, décidé d'engendrer* [4]. Quoique tous les attributs de l'ancien Dionysos subsistent chez ce dieu nouveau, qu'il lui emprunte, par exemple, les cornes du taureau [5], il présente un caractère bien plus général; il est devenu le monarque universel [6], la divinité suprême; en lui se réunissent les attributs de Zeus et de Sabazius [7]. Il a mille formes et mille noms [8]; il préside à la végétation comme à la mort [9]; et tous les éléments qui entraient dans la légende de l'ancien Dionysos ont été subordonnés au nouveau caractère qui lui est donné.

[1] *Hymn.*, XXX, XLV, XLVI, XLVII, L.

[2] .....Διὸς καὶ Περσεφονείης
Ἀρρήτοις λέκτροισι τεκωθείς.....
(*Hymn.*, XXX, v. 6, 7.)

[3] Πρωτόγονος (*Hymn.*, XXX, 2).

[4] Καὶ βουλῆσι Διὸς πρὸς ἀγαυὴν Φερσεφόνειαν
Ἀχθεὶς ἐξετράφης.....
(*Hymn.*, XLVI, 6, 7. Cf. XLV, 6, 7.)

[5] Il reçoit l'épithète ταυρομέτωπος (*Hymn.*, XLV, 1); δικέρως, ταυρωπός (XXX, 3, 4).

[6] Παντοδυνάστης (XLV, 2).

[7] Cf. *Hymn.*, XLVI, XVIII. Dans ce dernier hymne, il est qualifié de : Φρυγίης μεδέων, Βασιλεύτατε πάντων.

[8] Πολυώνυμος (XLV, 2).

[9] *Hymn. cit.*

On comprend maintenant comment les Dionysies finirent par se confondre avec les Éleusinies. Quand Dionysos et Proserpine eurent été associés par les liens d'une
filiation, inconnue des anciens Hellènes, les mythes
obscènes, qui s'attachaient au fils de Sémélé comme au
dieu phrygien, vinrent souiller la légende originairement si
pure de la fille de Déméter ; et les phallagogies ou processions du phallus, qui caractérisaient, comme on l'a vu, les
fêtes de Dionysos, furent transportées dans les mystères.

Là ne s'arrête pas d'ailleurs la métamorphose qu'on
fit subir à la légende de Dionysos. A côté du mythe de sa
naissance, se plaça celui de son supplice. La théologie
orphique transforma le dieu en un Titan sur lequel on for-
gea la fable suivante : Un jour Dionysos encore enfant fut
attiré par ses frères, qui lui présentèrent un jouet, appât
fait pour son âge[1] ; au moment où le dieu s'approchait
d'eux, les infâmes le saisirent traîtreusement et lui
donnèrent la mort. Ils dépecèrent son cadavre et en
jetèrent les lambeaux dans une chaudière, où ils les firent
bouillir. Une seule partie leur fut dérobée. Pallas enleva
le cœur du dieu, sans que les Titans s'en aperçussent, et
l'alla porter à Zeus[2]. Indigné de tant de scélératesse, le
souverain des dieux[3] lança la foudre sur les fratricides
et chargea ensuite Apollon du soin de recueillir les membres dispersés de Zagreus. Le fils de Latone obéit et alla

---

[1] Clem. Alex. *Cohort. ad Gent.*, p. 15. Arnob. *Adv. Gent.*, V, 18, 19.
Cornut. *De natur. deor.*, c. 30, p. 185, edit. Osann.

[2] Clem. Alex., *loc. cit.* J. Firm. Matern. *De error. prof.*, c. 6.

[3] Clem. Alex., *loc. cit.* Plutarch. *De esu carn.*, § 7, p. 49. Suivant
Arnobe (*loc. cit.*), on disait que l'odeur qui s'exhalait de la chaudière
était venue frapper l'odorat de Zeus. (Voy. Nonn. *Dionys.*, VI, v. 1,
sq., 170, sq.)

ensevelir sous le mont Parnasse [1] les restes du cadavre arrachés à la fureur des monstres. Voilà ce que les Orphiques appelaient la *passion* de Zagreus (παθήματα), et ce qu'Onomacrite avait raconté dans un de ses poëmes [2]. Otfried Müller suppose que le faussaire avait puisé dans une tradition mystérieuse conservée à Delphes, le fond de cette fable singulière. Il admet que le tombeau de Dionysos, qui existait dans le sanctuaire d'Apollon Pythien, se rattachait à un mythe tenu caché aux profanes et qu'Onomacrite aurait ainsi révélé [3]. Rien ne vient justifier cette supposition. Sans doute, comme le remarque fort bien le grand antiquaire de Gœttingue, Onomacrite n'avait pas créé de toutes pièces la légende de Zagreus, et il n'a pu la faire accepter qu'en la rattachant à des traditions déjà répandues de son temps ; mais ce n'est point d'une fable purement locale qu'il a dû tirer le sujet de son poëme. Le récit de la mort de Zagreus se rattache à tout un ensemble d'idées symboliques qui apparaissent déjà dans le Rig-Véda [4], et dont le fond se retrouve en Phrygie, en Phénicie et en Égypte.

---

[1] Clem. Alex., *loc. cit.* Arnob., V, 18.

[2] Pausan., VIII, c. 7, § 5.

[3] *Prolegom. zu einer wissenschaftl. Mythologie*, p. 393. Ce tombeau de Dionysos, qu'on montrait au temple de Delphes, était un souterrain ténébreux dont avait mention le poète Dinarque (voy. Philochor., *Fragm.* p. 21, edit. Lenz. S. Cyrill. *Adv. Julian.*, X, p. 341). Il me paraît beaucoup plus naturel de voir ici l'analogue du marais Alcyonia, par lequel on disait que Dionysos avait opéré sa descente aux enfers (Pausan., II, c. 37, § 5), plutôt qu'un témoignage de la mort de Dionysos-Zagreus, fable étrangère aux traditions de Delphes.

[4] Voyez le mémoire de M. Langlois, sur le culte du dieu védique Soma, dans lequel le savant orientaliste fait ressortir les analogies des

Ce que les Égyptiens racontaient de la mort d'Osiris
tué par son frère Typhon et ses complices, et dont le
corps avait été coupé en treize ou vingt-six morceaux,
semble être le thème sur lequel les Orphiques ont bâti
l'histoire de la mort de Zagreus[1]. Les parties du corps jetées
dans le Nil, auquel la légende grecque a substitué une
chaudière, sont retrouvées par Isis qui s'acquitte, dans le
récit égyptien, des fonctions attribuées par les Orphiques
à Apollon. Un seul organe échappe à la profanation, c'est
le phallus d'Osiris qu'Isis ne put retrouver[2] et qui fut avalé
par le poisson nommé oxyrrhynque[3]. Le peuple ajoutait
que la déesse dut le remplacer par un phallus artificiel ; et
cette légende nous ramène aux Phallagogies. La disparition
du phallus d'Osiris paraît avoir suggéré l'idée qui fait,
dans la légende grecque, sauver le cœur de Zagreus par
Pallas. Ces analogies expliquent comment, dans les derniers temps, le culte de Sérapis, c'est-à-dire d'Osiris
mort, fut associé à celui de Dionysos Zagreus.

Ainsi que l'a remarqué Otfried Müller[4], un passage
d'Hérodote[5] montre que le culte de Dionysos subit, au
temps de Clisthènes de Sicyone (600 av. J.-C.), des
altérations destinées à consacrer l'introduction du nouveau mythe dans la légende du fils de Sémélé. L'Adraste

idées qui s'attachaient à ce dieu, et de celles que les Orphiques appliquaient à Zagreus (*Mém. de l'Acad. des inscript. et belles-lettr.*,
t. XIX, p. 354).

[1] Diodor. Sic., I, 22. Origèn. *Philosoph.*, p. 101, edit. Miller.
Damasc. *Vit. Isidor.*, ap. Phot. *Bibl.*, cod. 241, p. 335, ed. Bekker.
J. Firm. Matérn., *De error. prof.*, c. 2. Voy. ci-dessus, p. 285.

[2] Plutarch., *De Is. et Osir.*, § 18, p. 468.

[3] Plutarch., *De Is. et Osir.*, § 13, p. 461, § 18, p. 467.

[4] *Prolegomena zu einer wissenschaftl. Mythologie*, p. 395.

[5] V, 67.

qu'on révérait à Argos, présente dans sa légende quelque ressemblance avec Adonis [1], et l'on a vu plus haut [2] qu'un personnage du même nom figure dans la légende d'Atys, qui n'est qu'une forme phrygienne de celle d'Adonis. On célébrait, au dire d'Hérodote, les malheurs d'Adraste dans des chœurs tragiques, de même que cela se pratiquait pour le dieu syro-phénicien. Or, Clisthènes substitua au culte du héros argien celui de Dionysos, en l'honneur duquel il prescrivit des chœurs analogues. Il est donc à supposer que ce fut alors qu'on transporta dans le culte du fils de Sémélé une fête commémorative de sa *passion*, et qu'à dater de cette époque, la légende de Zagreus se répandit en Grèce. Celle-ci avait vraisemblablement été importée de la Crète [3], où Zagreus occupait dans la mythologie, une place correspondante à celle d'Atys en Phrygie, d'Adonis en Phénicie. J'ai déjà dit que la religion de Rhéa, à laquelle se rattachait Zagreus, offrait une parenté étroite avec celle de Cybèle. Suivant Diodore de Sicile [4], c'étaient les Crétois qui les premiers avaient donné Dionysos pour fils à Zeus et à Proserpine; mais dans le récit de l'historien grec, les fables crétoises et phrygiennes se confondent tellement, qu'on

---

[1] On voit en effet apparaître, dans sa légende, le sanglier, qui joue un rôle si important dans le mythe d'Adonis (Apollodor., III, 6, 1; Hygin. *Fab.* 69).

[2] Voy. ci-dessus, page 197.

[3] Il est à noter qu'Adraste, qui semble être une forme altérée de Zagreus, transportée dans l'histoire des temps héroïques, était fils de Talaos, ancêtre de Crétheus, personnification de la Crète, et à ce titre époux de Tyro (Tyr) (Apollodor., I, 9, 13; Antimach., ap. Pausan., VIII, c. 25, § 5; Homer. *Odyss.*, XI, 236, 258, Pindar. *Nem.*, V, 47).

[4] V, 64, 76. Diodore ajoute que ce Dionysos est celui qu'Orphée, dans ses mystères, représente comme déchiré par les Titans.

ne sait quelle part faire à la Crète et à la Phrygie[1] ; car le Dionysos crétois est aussi identifié avec Atys[2], et en même temps que l'on faisait enlever Dionysos par les Titans, on le représentait comme gardé par les Curètes[3], lesquels, suivant la tradition crétoise, avaient été chargés de l'éducation de Zeus.

Le syncrétisme qui perce dans tous les mythes que je viens d'exposer, n'apparaît pas d'une manière moins évidente dans la légende qui donnait à Dionysos non plus les Titans, mais les Cabires ou les Corybantes pour frères[4]. Tantôt on chargeait les Corybantes du meurtre de Zagreus, après quoi on ajoutait que, s'étant couronnés et ceint la tête de pourpre[5], ils avaient été l'ensevelir au pied du mont Olympe ; tantôt l'on disait que les Cabires avaient porté en Tyrrhénie, placées dans une ciste, les parties génitales de leur frère[6].

Il est impossible de faire, au milieu de ces récits contradictoires, la part de l'orphisme et celle des traditions plus anciennes. Tout ce qu'on peut dire, c'est que le meurtre de Dionysos avait un sens mystique. Le sang répandu par les Titans ou les Cabires était l'image du principe fécondant répandu dans la nature. Dionysos

---

[1] En effet, Diodore de Sicile nous dit que le Dionysos crétois s'appelait Sabazius.

[2] Clem. Alex., *loc. cit.* Arnob. *Adv. Gent.*, I, 41, V, 19. Munk, *Ad Hyg. fabul.* 155, p. 267, 19.

[3] Clem. Alex. *Cohort. ad Gent.*, p. 15. Cf. Euseb. *Prœp. evang.*, II, 3.

[4] J. Firmicus Maternus, *De error. profan. relig.*, c. 17, p. 43, edit. Münter.

[5] Clem. Alex., *loc. cit.* Cf. Minuc. Felix, *Octav.*, c. 21. Lactant. *Instit. divin.*, I, 13. Arnob. *Adv. Gent.*, V, 19.

[6] Clem. Alex., *loc. cit.*

étant l'âme universelle et les âmes humaines en tirant leur source [1], ce sang devenait le germe des êtres, et les humains étaient alors représentés comme issus du sang de Zagreus; ils en étaient la chair, les membres, et le vin consacré à Dionysos devenait ainsi l'image de la communion des hommes [2]. De là, à Chios et à Ténédos, où les doctrines orphiques avaient donné lieu à l'établissement de rites nouveaux, la cérémonie des *Omophagies* [3], allusion évidente, ainsi que l'a remarqué Creuzer [4], au démembrement du dieu par les Titans. Thémistocle sacrifia un jour trois jeunes gens à Dionysos Ὠμηστής [5]. Cette circonstance nous montre que le dieu célébré sous ce nom par les Orphiques [6], avait déjà des adorateurs vers l'an 480 av. J.-C., et c'est là une preuve qu'il faut faire remonter jusqu'avant cette époque, l'immixtion de leurs idées dans la religion hellénique [7].

Toute une doctrine correspondant à ce panthéisme s'attacha à chacune des divinités grecques. Il suffit de lire les hymnes orphiques pour s'en convaincre. Les différents dieux invoqués, Apollon, Pluton, Poséidon, Cronos, Hercule, Pan, Héphæstos, Adonis, Éros, Némésis, les Nymphes, les Euménides, les Mœres, etc., ne sont que des

---

[1] Olympiodor. *Comment. in Phœd.*, ap. Lobeck, *Aglaoph.*, p. 566.

[2] Procl. *In Plat. Crat.*, p. 82. Voilà pourquoi Dion Chrysostome (*Orat.*, XXX, 550) dit que les hommes sont issus du sang des Titans.

[3] Ὠμοφαγία. (Euripid. *Bacch.*, 139. Clem. Alex. *Cah. ad gent.*, p. 15. S. Epiphan. *Adv. Hœres.*, III, p. 1092.)

[4] *Religions de l'antiquité*, trad. Guigniaut, t. III, part. I, p. 230. Cf. Otf. Müller, *Prolegomena*, p. 390.

[5] Plutarch. *Themistocl.*, § 13; *Pelopid.*, § 21. *Aristid.*, § 8.

[6] Ὠμηστής ou Ὠμάδιος. (Orph. *Hymn.*, LI, 7. Porphyr. *De abstinent.*, II, 55.)

[7] Voyez ce qui a été dit à propos des sacrifices humains, tome II, p. 106.

formes de la divinité universelle[1]. Les anciens attributs
de chacun d'eux subsistent encore, mais ils prennent un
autre caractère. On voit, en un mot, se dessiner une
théogonie systématique et régulière, qui n'a plus rien de
commun avec l'ancienne mythologie[2]. C'est de cette
théogonie que dut être, dans les derniers temps, instruit
l'hiérophante des mystères; car on représentait dans leurs
cérémonies toute la légende de Zagreus[3], telle qu'elle
vient d'être racontée. Cette légende expliquait et, par
conséquent, justifiait les images obscènes, les scènes lu-
briques et sanguinaires, qui constituaient comme autant
d'actes du drame sacré[4].

[1] Ainsi l'on voit par Proclus qu'Aphrodite était, pour les Orphiques,
le principe de l'attraction qui lie toutes les parties de l'univers, φιλία
τοῦ παντός (*In Tim.*, III, § 223, p. 538). Les Mœres étaient les phases
de la lune (Clem. Alex. *Stromat.*, V, c. 8, § 50).

[2] Plusieurs de ces hymnes datent, il est vrai, d'une époque assez
récente et sont postérieurs à l'établissement du christianisme; mais
l'ancienne tradition orphique se perpétua pendant longtemps dans les
écoles, et son esprit n'avait pas notablement changé, au commencement
de notre ère, bien que peut-être la tendance monothéistique y fût plus
prononcée (Lobeck, *Aglaoph.*, p. 375).

[3] C'est ce qui résulte des témoignages de Théodoret (*De fid. Serm.*, I,
Op., t. IV, p. 482) et de Firmicus Maternus (*De error.*, c. 6). L'auteur
du *Traité d'Isis et d'Osiris* (c. 25) dit que la représentation du combat
des Titans et les aventures de Cronos faisaient le fond des mystères de
Zagreus.

[4] Une foule de témoignages ne nous laissent pas de doutes sur le
caractère obscène de ces mystères. Diodore de Sicile (IV, 4), parlant du
Dionysos Sabazius, dit que les fêtes en mémoire de sa naissance, que
les sacrifices qu'on lui offre, que le culte qui lui est rendu, ne se célèbrent
que de nuit et avec mystère, parce que la pudeur doit toujours voiler
les secrets du commerce entre les deux sexes. Ici il est fait allusion à
la représentation de l'union incestueuse de Zeus avec Déméter et Proserpine, qui avait lieu dans ces cérémonies mystérieuses. Le passage
cité fait mention d'un Priape fils de Dionysos et d'Aphrodite, qui était
représenté par un nain monstrueusement ithyphallique. Il est même

L'orphisme devint ainsi la doctrine même des mystères, dont la théologie se trouva alors résumée dans les poésies orphiques. Orphée finit par être représenté comme l'auteur de tous les mystères que le syncrétisme avait rapprochés [1]; il fut même jusqu'à un certain point confondu avec Zagreus, sur l'exemple duquel on raconta qu'il avait été mis en pièces; les Ménades ayant, sur le mont Rhodope, joué le rôle des Titans [2].

On a vu que la doctrine des mystères était liée à certaines notions sur la vie future, et que l'eschatologie hellénique servait en quelque sorte de sanction à l'enseignement qui y était donné. Les doctrines orphiques, en pénétrant dans les mystères, modifièrent aussi sensiblement les idées sur l'autre vie associées au culte des Grandes déesses. Les livres apocryphes composés sous les noms de Musée et d'Eumolpe [3], substituaient aux fables

possible.que l'épisode de Baubo, qui figurait dans les mystères de Déméter, et qui contrastait avec la chasteté du récit, ait été introduit par les Orphiques; car on sait que cette aventure était racontée dans un hymne attribué à Orphée (Clem. Alex. *Cohort. ad Gent.*, p. 16). Les circonstances obscènes qui entouraient aussi la descente de Dionysos aux enfers, appartenaient également à la théologie orphique, et l'on y rattacha l'origine de la procession des phallus faits de bois de figuier (*Cohort. ad Gent.*, p. 29). Aux mystères de Phliunte, on montrait une représentation obscène du même genre (Origen. *Philosophum.*, V, 21, edit Miller, p. 144).

[1] Theodoret. *Serm. I de fid.*, ap. *Oper.*, t. IV, p. 468. L'analogie des mystères ainsi transformés par l'orphisme avec ceux de l'Égypte, explique la facilité avec laquelle on admit qu'Orphée avait apporté les mystères de cette contrée (Herodot., II, 81; Theodoret., *loc. cit.*).

[2] Virgil. *Georg.*, IV, 520. Ovid. *Metamorph.*, XI, 1, sq. Plus tard on alla jusqu'à faire d'Orphée une divinité (Gori, *Inscr. etrusc.*, t. III, p. 73, n° 36).

[3] On avait composé sous le nom de Musée une théogonie ou cosmogonie dans laquelle était exposée la doctrine que toutes choses viennent

homériques des opinions nouvelles qui n'en altéráient
dans le principe que légèrement la forme, mais qui finirent par en dénaturer le fond. « Musée et son fils Eumolpe, écrit Platon[1], désignant ainsi les auteurs qui
avaient usurpé leurs noms, accordent au juste de magnifiques récompenses. Ils les conduisent, après la mort,
dans la demeure de Pluton, les font asseoir, couronnés de
fleurs, au banquet des hommes vertueux, où ils passent leur
temps dans une éternelle ivresse. Quant aux méchants et
aux impies, ils sont, d'après eux, relégués aux enfers,
plongés, dans un bourbier, et condamnés à porter de l'eau
dans un crible[2]. » On reconnaît dans le fond de ce tableau
la vieille eschatologie poétique. Ce sont là, sans doute,
des idées encore bien matérielles, et combattues comme
telles par Platon ; mais elles étaient vraisemblablement
liées à la doctrine de la palingénésie[3], d'après laquelle
le corps était considéré comme une prison où l'âme
se trouve pour un temps confinée[4], comme un tombeau dont elle doit sortir, afin de naître à une vie

d'un même principe et y retournent (Diogen. Laert., *Prœm.*, p. 2, 3),
ce qui était également enseigné dans une composition du même genre,
attribuée à Linus.

[1] Platon. *De Republ.*, II, § 6, p. 343, edit. Bekker.

[2] Id., *ibid.*, p. 344.

[3] Voy. ci-dessus, p. 313. Il y avait vraisemblablement dans les écrits
orphiques, une exposition de cette palingénésie. Socrate, dans le *Phédon* (§ 40, p. 197), faisant allusion à cette doctrine, dont on attribuait
l'invention à Orphée, la qualifie de παλαιὸς λόγος (voy. *Olympiod.*, ap.
Orphic., edit. Hermann, p. 510, et la note de Bekker).

[4] Cela résulte des paroles de Platon (*Phœdon.*, § 2, p. 62), qui présente cette idée comme étant enseignée dans les mystères (ἐν ἀπορ-
ρήτοις), nom sous lequel il entend les doctrines orphiques. Théodoret
rapporte aussi que les anciens théologiens et les devins disent que
l'âme a été jointe au corps par l'effet d'un châtiment, et qu'elle y est là

nouvelle[1], celle qui attend le juste. C'était en punition de ses crimes antérieurs, que l'âme était ainsi condamnée à habiter ici-bas, dans une prison de chair.

De pareilles idées sur la transmigration des âmes, conduisaient naturellement à prêcher l'abstention de toute nourriture animale, le respect pour la vie des créatures[2]; en sorte que la règle des mystères qui, par une raison mystique [3], interdisait l'usage de certains végétaux s'étendit à toutes les viandes[4].

L'homme devant surtout songer ici-bas à la vie future et craindre, si ses péchés ne sont pas suffisamment expiés, d'être condamné, après sa sortie de l'enfer, à une vie pire que celle qu'il a menée sur terre, un des rites principaux du culte orphique fut la purification[5].

comme placée dans un tombeau (*Gr. Aff. cur.*, V, p. 821, edit. Schulz; cf. Clem. Alex. *Stromat.*, III, p. 435, III, p. 433).

[1] Je cite ici les paroles de Platon auxquelles j'ai fait allusion, p, 313 : Καὶ γὰρ σῆμά τινές φασιν αὐτὸ (τὸ σῶμα) εἶναι τῆς ψυχῆς, ὡς τεθαμμένης ἐν τῷ νῦν παρόντι· δοκοῦσι μέντοι μοι μάλιστα θέσθαι οἱ ἀμφὶ Ὀρφέα τοῦτο τὸ ὄνομα, ὡς δίκην διδούσης τῆς ψυχῆς, ὧν δὴ ἕνεκα δίδωσι· τοῦτον δὲ περίβολον ἔχειν, ἵνα σώζηται, δεσμωτηρίου εἰκόνα. (*Cratyl.*, § 38, p. 234.)

[2] Ὀρφικοί τινες λεγόμενοι βίοι ἐγίγνοντο ἡμῶν, τοῖς τότε, ἀψύχων μὲν ἐχόμενοι πάντων, ἐμψύχων δὲ τοὐναντίον πάντων ἀπεχόμενοι. (Plat. *Leg.*, VI, § 22, p. 256, edit. Bekker; cf. Plutarch. *Sept. sapient. conviv.*, § 16, p. 627, edit. Wyttenbach.) Le tableau qu'Euripide fait du genre de vie d'Hippolyte, est une preuve qu'il avait en vue le régime suivi par les Orphiques (*Hippolyt.*, v. 948; cf. Walckenaer, *Ad Hippolyt.*, p. 206; Otf. Müller, *Prolegom.*, p. 384; Lobeck, *Aglaoph.*, p. 245).

[3] Ainsi les prêtres du Dionysos orphique ou cabire devaient s'abstenir du sélinum, parce qu'on disait que cette plante était née du sang des Corybantes, qu'on avait répandu à terre. (Clem. Alex. *Cohort. ad Gent.*, p. 15.)

[4] Voy. la dissertation de l'abbé Fraguier, sur la vie orphique (*Mém. de l'ancienne Acad. des inscript. et belles-lettres*, t. V, p. 117 et suiv.).

[5] *Phædr.*, § 49, 107, p. 67, 152.

Obtenir le pardon de ses fautes par l'accomplissement de certaines cérémonies qui rachetaient l'homme du péché, fut le grand objet de l'orphisme. De là le nom d'*Orphéotélestes* donné aux disciples d'Orphée [1]. Des rituels furent composés sous le nom du chantre de la Thrace, qui indiquaient les formules et les prières à répéter dans l'acte de la purification [2], la discipline que devaient s'imposer les pénitents. De là la prédominance de l'ascétisme chez les Orphiques, ascétisme qui tranche avec la facilité de mœurs et l'admission des plaisirs que l'on observe dans l'ancienne religion grecque [3].

Il est probable qu'originairement les Orphiques entendaient la purification dans un sens moral; les rites dont ils l'accompagnaient, ne s'offraient à eux que comme la simple consécration du changement opéré dans le cœur et l'esprit du purifié. Mais, ainsi que cela est ar-

---

[1] Plutarque rapporte (*Laconic. Apophth. Leotych.*, 3, p. 895, edit. Wyttenbach) qu'un Orphéotéleste, qui menait une vie fort misérable, s'étant adressé à Léotychidas pour l'engager à se faire purifier, lui promettant la félicité dans l'autre vie. — Pourquoi, imbécile, repartit celui-ci, ne te hâtes-tu pas de mourir, plutôt que de mener ici une si triste vie ?

[2] Platon nous apprend que les Orphéotélestes faisaient usage, pour les purifications, d'une foule de livres dont la composition était attribuée à Musée et à Orphée, (βίϭλων ὅμαδον, *De republ.*, II, § 7, p. 348, *Protagoras*, § 20, p. 272). Ce fait est confirmé par Plutarque, qui dit que les métragyrtes, de même que les prêtres de Sérapis, se servaient de livres apocryphes (*De pyth. oracul.*, § 25, p. 668). Il existait encore au temps d'Apulée (*Apolog.*, p. 142) de pareils rituels; Orphée et Pythagore en étaient donnés pour les auteurs. La composition de plusieurs d'entre eux devait certainement remonter aux plus beaux temps de la Grèce, puisque Aristophane (*Ran.*, 1032, 1064) et Euripide en font déjà mention (*Alcest.*, 966).

[3] Voyez, à ce sujet, les observations de Boettiger, *Ideen zur Kunstmythologie*, t. I, p. 129.

rivé chez tant d'autres religions, la pratique du culte
finit par l'emporter sur l'enseignement même, et
au lieu de conduire l'homme à la vertu, la purification
des orphéotélestes n'est plus devenue qu'un moyen de
calmer dans l'âme du méchant les terreurs du châtiment
futur[1]. Les prêtres d'Orphée descendirent à la condition
de charlatans, de diseurs de bonne aventure, c'est-à-dire
à celle des métragyrtes, avec lesquels on les a peu à peu
confondus. Platon nous les décrit comme des devins,
des sacrificateurs ambulants qui assiégent les portes des
riches, leur persuadent qu'ils ont obtenu des dieux, par
certains rites et enchantements, le pouvoir de remettre
non-seulement leurs péchés, mais encore ceux de leurs
ancêtres, et peuvent leur assurer la félicité dans l'autre
vie[2]. On reconnaît là quelque chose d'analogue au scan-
dale de la vente des indulgences pendant le moyen âge.
Poussant la simonie encore plus loin, les orphéotélestes
faisaient trafic de charmes et de philtres, vendaient au
premier venu de prétendus secrets pour le délivrer de
ses adversaires, quels qu'ils fussent, méchants ou hommes
de bien [3].

Cette dégradation des prêtres orphiques frappa d'im-
puissance morale la réforme religieuse dont ils étaient les
agents. L'orphisme n'exerça que peu d'empire sur les
mœurs, et laissa passer à la philosophie l'œuvre qu'il avait
essayé d'accomplir. Au point de vue de la théogonie, l'influence de cette doctrine fut plus sérieuse et plus profonde.

---

[1] Théophraste nous représente le superstitieux se rendant chaque
mois chez les Orphéotélestes, afin de se faire purifier avec toute sa
famille (Charact., XVI).

[2] Platon. De Republ., II, § 7, p. 345.

[3] Id., ibid.

Sa tentative pour restaurer dans la religion grecque, sous une forme plus systématique et plus élevée, le naturalisme des anciens âges, pour ramener les mythes à un symbolisme allégorique que les inventions des poëtes avaient fait disparaître, réussit auprès de certains esprits et a laissé des traces dans les idées religieuses des siècles suivants. Toutefois, si les Orphiques parvinrent à se rendre maîtres de ce qu'on pourrait appeler la *religion des mystères*, la religion populaire échappa à leur influence. Le vieux culte se conserva tel qu'il était dans les siècles antérieurs, accompagné d'une grande ignorance de la signification des rites, consacré seulement par un respect traditionnel. Le néoplatonisme tenta avec plus de bonheur une transformation du polythéisme, qui pût lui rendre la force et la vie. Mais cette transformation, sortie d'un mouvement plus philosophique que religieux, coïncide avec l'apparition de doctrines qui ont miné peu à peu la religion grecque et préparé sa décadence, tout en prétendant la fortifier. Cette décadence fut amenée surtout par le progrès des idées philosophiques, dont l'apparition est presque aussi ancienne chez les Grecs que la religion même. L'esprit libre des Hellènes ne pouvait demeurer enchaîné à une forme religieuse immuable. Il n'y avait pas de sacerdoce constitué dépositaire des traditions sacrées, pour veiller à la défense des croyances et sauvegarder les dieux contre des interprétations qui en compromettaient l'existence. Tout était caprice et fantaisie dans ces fables que la poésie brodait sur le vieux fond mythologique. La philosophie trouvait donc facilement accès dans la théogonie, et une conception indépendante se substitua naturellement chez bien des esprits, à la notion vague, contradictoire et parfois puérile que le culte extérieur donnait de la divinité. Il n'existe point d'ailleurs de religion où la philosophie n'ait eu sa part d'influence. Mais il n'est aucun pays dont les conceptions théologiques aient été aussi dominées par la philosophie que la Grèce. On ne saurait donc écrire l'histoire des religions helléniques, sans parler de l'action modificatrice, puis destructrice, qu'exercèrent les philosophes sur le mouvement des idées religieuses. Je n'ai point l'intention de suivre jusqu'au temps de la décadence, l'histoire des rapports de la religion et de la philosophie libre. Il me suffira de faire connaître le rôle que joua celle-ci à la période dont j'ai entrepris de tracer la vie religieuse. Cet aperçu deviendra la transition naturelle à l'époque qui représente la seconde phase du polythéisme antique.

CHAPITRE XIX.

DE L'INFLUENCE EXERCÉE PAR LA PHILOSOPHIE SUR LA RELIGION DES POPULATIONS HELLÉNIQUES.

On a vu, au chapitre XVI, qu'un philosophe, Phérécyde de Syros, avait été en Grèce le principal courtier des doctrines orientales; ses opinions, en grande partie puisées à la source asiatique, exercèrent sur la mythologie hellénique une influence notable. Phérécyde avait repris l'œuvre d'Hésiode; il avait tenté d'expliquer et de systématiser la théogonie grecque, à l'aide de conceptions plus exclusivement empruntées au naturalisme que les inventions de la poésie tendaient sans cesse à faire

oublier. Il s'efforça de régler la hiérarchie divine sur
celle des phénomènes physiques dont ses dieux n'étaient
que la personnification. Nous ne connaissons malheureusement pas assez son système, pour apprécier jusqu'à
quel point il s'écarta de la tradition purement grecque.
Nous ne savons rien non plus de sa vie, si ce n'est qu'il
était fils de Badys et avait suivi les leçons de Pittacus[1].
Ce qu'en ont rapporté les anciens nous le montre comme
un théosophe, c'est-à-dire un de ces sages qui donnaient leurs propres idées pour une inspiration de la
divinité. Phérécyde fut donc, selon toute vraisemblance,
un réformateur religieux, une sorte de prophète, d'envoyé, à la manière dont les Orientaux entendent ce
mot.

Le caractère religieux offert par les doctrines de Phérécyde, se retrouve chez celles d'un grand nombre de
philosophes grecs de la même époque. Mais les hommes
auxquels l'antiquité a décerné le nom de *sages* (σοφός)
ou plutôt de *savants*, car tel est le vrai sens du mot
grec, sont loin d'avoir envisagé du même point de
vue la nature et les problèmes métaphysiques. Les
uns, soumettant tous les faits à l'appréciation rationnelle, et partant de l'observation individuelle, pour
expliquer la formation de l'univers, substituaient aux
croyances populaires un système créé par eux et plus
ou moins en contradiction avec les opinions du vulgaire; c'étaient les philosophes proprement dits. Les
autres acceptant la religion de leurs contemporains,
cherchaient seulement à y rattacher un système métaphysique et cosmogonique tiré de leurs propres théo-

ries, et qui devenait ensuite le point de départ de modifications dans les croyances et le culte; ils entreprenaient, au nom de la sagesse divine dont ils se donnaient pour les interprètes, non de renverser, mais de réformer les notions théologiques et les formes religieuses, de façon à les mettre d'accord avec leurs principes philosophiques. Le nom de *théosophes* est celui qui convient le mieux à cette seconde catégorie de sages. La philosophie proprement dite tendait à la ruine de l'ancienne religion; la théosophie, au contraire, la faisait vivre, en la rajeunissant. L'influence de la première ne se fit jamais sentir directement sur le culte, puisqu'elle allait droit à sa destruction. La seconde pénétra de plus en plus la religion hellénique, à ce point que dans les derniers temps du polythéisme grec, on ne saurait plus guère distinguer la théologie mythique de la théosophie ou philosophie religieuse qui se l'était appropriée.

J'apprécierai séparément ces deux ordres d'influences généralement opposées, mais qui tendaient l'une et l'autre à discréditer les fables poétiques de la Grèce. J'examinerai successivement l'action exercée, chez les Hellènes, par ces deux classes de sages, et je commencerai naturellement par ceux dont les idées venaient en aide au mouvement religieux, rejetant dans la seconde partie de ce chapitre, l'exposé des principes d'impiété et de scepticisme que la philosophie purement rationaliste fit pénétrer dans les esprits.

Phérécyde n'est pas le plus ancien de ceux qui jouèrent chez les Grecs le rôle de réformateur religieux. Ce sage semble seulement, comme je l'ai dit tout à l'heure, avoir été un des premiers qui entreprirent la refonte de la théogonie. Avant lui, avaient paru d'autres sages qui préparèrent le mouvement de réforme dont il a été le principal promoteur. Bias, Chilon, Cléobule, Pittacus, Anacharsis, Épiménide surtout, répandirent des préceptes dont le but principal était de rectifier les croyances de leur temps. Épiménide, dont j'ai déjà eu occasion de parler [1], fut même un théosophe dans la véritable acception du mot [2]. Sorti vraisemblablement du collége des Curètes [3], il était versé dans la mythologie crétoise et avait même composé une théogonie [4] qui rappelait celle d'Acusilaüs [5]. Il introduisit dans la liturgie plusieurs modifications et écrivit un traïté des sacrifices [6]. Si grande fut l'influence de ce sage crétois, qu'il laissa après sa mort la réputation d'un homme divin [7]. La légende rapportait de

---

[1] Voyez tome I, p. 176, et tome II, p. 140.

[2] Plutarque le qualifie de θεοφιλής, σοφὸς περὶ τὰ θεῖα (*Solon.*, § 12, p. 335, 336, edit. Reiske).

[3] Diogen. Laert., I, p. 79. J'ai déjà dit qu'Épiménide avait composé une généalogie des Curètes et des Corybantes; aussi l'appelait-on le nouveau Curète (Plutarch. *Solon.*, § 12).

[4] Diogen. Laert., *ibid.* Cette théogonie était un poème de 5000 vers.

[5] Suivant Épiménide, les deux principes primordiaux étaient la nuit et l'air, dont l'union avait donné naissance au Tartare. Ce Tartare, qui se confondait sans doute avec le Chaos, avait, de concert avec les deux premiers principes, produit l'œuf cosmique au sein duquel l'intelligence s'était développée (Damasc. *Quæst. de prim. princip.*, p. 383, edit. Kopp). On retrouve là une cosmogonie analogue à celle de l'école orphique. (Voy. ci-dessus, page 309.)

[6] Diogen. Laert., *loc. cit.* Plutarch. *Solon.*, § 12, p. 335, 336, edit. Reiske. Thucydid., I, 126. Porphyr. *Vit. Pythag.*, p. 19. Jamblich. *Vit. Pythag.*, c. 28. Cf. Fabricius, *Biblioth. græca*, edit. Harlès, t. I, p. 30, 34.

[7] Platon., *Leg.*, I, § 11, p. 476, edit. Bekker.

lui des événements merveilleux destinés à fortifier cette opinion [1]. On lui attribua des prophéties [2]; on raconta qu'une voix venue du ciel lui avait un jour parlé [3]. Tout présente, en un mot, chez Épiménide le caractère d'un législateur inspiré. Comme aucun de ses écrits ne nous est parvenu, nous ne pouvons, non plus que pour Phérécyde, juger du genre d'influence que ses doctrines eurent en Grèce sur la religion. Le peu que nous savons de ses opinions et de ses actes, dénoté une tendance mystique et surtout *téléturgique*, c'est-à-dire une disposition à faire prédominer dans le culte les purifications et les expiations ; ce qui donne à penser qu'Épiménide admettait déjà l'idée du rachat des fautes et du renouvellement de l'âme à l'aide de rites symboliques, doctrine dont le germe apparaît, comme on l'a vu, dans les mystères et que l'orphisme a développée. Initié aux mystères de la Crète, ce sage devait avoir consigné dans ses écrits une partie des principes qui s'enseignaient dans l'école des Curètes [4].

Le caractère mystique qu'on entrevoit dans la philosophie d'Épiménide, se retrouve avec un caractère bien plus prononcé dans celle de Pythagore, le grand réformateur religieux de la Grèce. Disciple de Phérécyde, d'après la tradition la plus générale [5], il continua l'œuvre

---

[1] Tel était, par exemple, son sommeil dans une caverne pendant cinquante-sept ans (Diogen. Laert., I, p. 77; cf. Apoll. Dyscol. *Hist. com.*, c. 1; Maxim. Tyr. *Dissert.*, XXXVIII, § 3, p. 222, edit. Reiske), légende analogue à celle qui courait sur Aristée de Proconnèse (Herodot., IV, 14).

[2] Platon., *loc. cit.* Diogen. Laert., I, p. 81. Ciceron., *De divinat.*, I, 18.

[3] Diogen. Laert., *loc. cit.*

[4] Voy., sur Épiménide, William Mure, *A critical history of the language and literature of ancient Greece*, t. II, p. 463 et suiv.

[5] Diogen. Laert., VIII, p. 568. Cicer. *De divinat.*, I, 50 ; *Tuscul.*

de son maître et exerça sur ses contemporains une influence que n'avait jamais eue le fils de Badys.

Pythagore fut à la fois théosophe et philosophe. Son système cosmologique, fondé sur la théorie des nombres [1], ne pénétra jamais dans la religion, étrangère, en Grèce, aux spéculations métaphysiques; mais ses idées en matière de théologie, de liturgie et de morale, déterminèrent une véritable révolution religieuse, dont les effets furent profonds et durables. Sa philosophie trouva des partisans dans toute la Grèce, l'Asie Mineure, et se répandit depuis le Pont jusqu'en Cyrénaïque, depuis la Grande Grèce et la Sicile jusqu'à Carthage [2]. Les colonies grecques fondées au sud de la péninsule italique et dans l'antique Trinacrie, adoptèrent, durant plusieurs années, une législation qui émanait de l'école pythagoricienne [3]. Tandis que certaines communautés se donnaient pour règle les préceptes du maître, des admirateurs de ce sage développaient dans des écrits, ou confirmaient par leur conduite [4] les principes qu'il avait proclamés. L'in-

---

quæst., I, 16. Euseb. Præp. evang., X, 4. Ælian. Hist. var., V, 2. Apul. Flor., II, 15.

[1] Voy. Aristot. Metaphys., I, 5.

[2] Jamblich. Vit. Pythagor., c. 30, p. 213, edit. Kuster. On trouve, dans ce passage, énumérés les noms d'un grand nombre de Pythagoriciens de différentes villes du monde ancien.

[3] C'est ce qui eut lieu, notamment à Crotone, où Pythagore vint s'établir, à Sybaris, à Catane, dont Charondas, son disciple, fut le législateur; à Locres, qui reçut ses lois d'un autre de ses disciples, Zaleucus; à Rhégium, à Himère, à Agrigente, à Taurominium (Jamblich. Vit. Pyth., c. 7, p. 26; Porphyr. Vit. Pyth., § 31, p. 29). Si l'on en croit les Pythagoriciens, leur doctrine fut portée jusque chez les Gètes par Zamolxis (Porphyr. Vit. Pyth., § 14, p. 16; Jamblich. Vit. Pyth., c. 30, p. 146).

[4] Un auteur anonyme, cité par Photius, distingue trois classes de

INFLUENCE DE LA PHILOSOPHIE. 348

fluence de Pythagore a donc été considérable, surtout
pendant les deux siècles qui suivirent la publication de sa
doctrine. Établi à Crotone, dans la LXIIᵉ olympiade, ce
philosophe ouvre, pour ainsi dire, le grand mouvement
religieux qui marqua le vᵉ siècle avant notre ère; et ses
doctrines avaient déjà pu exercer une notable influence,
quand parurent les grands penseurs de cette époque. Les
idées orphiques commençaient à prévaloir, de son temps,
et se levaient comme l'aurore du jour qui devait éclairer le
polythéisme homérique [1]. On ne doit pas dire, comme
l'a avancé Creuzer [2], que le fils de Mnésarque ait tiré
des doctrines enseignées dans les mystères de Thrace
le fond de sa philosophie. Il ne semble pas plus
exact d'admettre avec M. Lobeck [3], que l'orphisme n'ait
été que l'œuvre du pythagorisme, introduit par la fraude
d'Onomacrite et de quelques autres faussaires, dans la
théologie des mystères d'Éleusis. Ce qui paraît le plus
vraisemblable, c'est qu'Orphiques et Pythagoriciens pui-
sèrent à la même source et que les idées des uns et des
autres furent le résultat du mouvement religieux qu'avait
provoqué en Grèce un contact plus intime avec l'Orient [4].

Pythagoriciens : les uns qui se vouaient à la vie contemplative, sous la
règle de leur maître (σεβαστικοί); les autres qui prenaient part aux
affaires (πολιτικοί); enfin les troisièmes, qui ne s'occupaient que de
sciences, d'après les principes de Pythagore (μαθηματικοί) (Anonym. De
vit. Pyth., ap. Phot. Bibl., cod. 259, p. 56, edit. Kuster).

[1] Jamblique (Vit. Pyth., c. 38, p. 122), frappé de l'analogie des
doctrines de Pythagore et de celles qu'on trouvait consignées dans les
écrits supposés d'Orphée, émet l'opinion que le philosophe de Samos
s'était inspiré de la lecture de ses écrits.

[2] Voy. Religions de l'antiquité, trad. Guigniaut, t. III, part. I, p. 118.

[3] Voy, Aglaoph., I, passim, et ma note dans les Éclaircissem. des
Religions de l'antiquité, t. III, part. II, sect. 2, p. 935 et suiv.

[4] Procl., in Tim., IV, § 289, p. 700.

Désireux de connaître toutes les doctrines religieuses
qui, de son temps, se partageaient les peuples, Pythagore
voyagea dans une bonne partie du monde ancien [1], se
fit initier aux mystères de la Grèce [2], à ceux de la Crète [3],
et visita probablement l'Égypte [4].

Le but qu'il se proposa, ce fut de rendre l'homme
meilleur, plus religieux, plus moral, en le rendant aussi
plus savant. Il entreprit non-seulement une réforme dans
la liturgie, mais il s'appliqua à régler ce qui ne l'avait
point encore été; descendit dans le détail des cérémonies
et des pratiques de tous les jours, donna des règles pour
honorer les dieux, tout comme il en donnait pour vivre

[1] Voy. Porphyr. *Vit. Pyth.*, §§ 19 et 20. Diogen. Laert., VIII, p. 568,
569. Cicer. *De fin. bonor. et mal.*, V, 19.

[2] Diogen. Laert., VIII, p. 568.

[3] Justin., XX, 4. Valer. Maxim., VIII, 7, ext. 2. Pythagore se rendit dans l'antre du mont Ida et se fit initier par les Curètes, prêtres des
Dactyles idéens, qui le purifièrent avec une pierre de foudre (κεραυνίᾳ
λίθῳ), sans doute un aréolithe, suivant le mode de purification adopté ;
puis, couvert de la toison d'une brebis noire immolée par lui, il pénétra
dans l'antre, où il fut admis à voir le siége sur lequel Zeus était né. Il
passa, dit-on, trente jours dans cet antre (voy. Porphyr. *Vit. Pyth.*,
§§ 19, 20; Diogen. Laert., VIII, p. 569). Le voyage de Pythagore en
Crète a été l'origine du singulier anachronisme qui lui donne pour
disciple Épiménide, quoique celui-ci vécut bien des années avant lui;
anachronisme qu'on trouve dans Diogène Laërte et Jamblique.

[4] Isocrat. *Busiris*, § 11. Plutarch. *Quæst. Conviv.*, VIII, § 1, p. 1007.
Diogen. Laert., VIII, p. 569. Apul. *Florid.*, II, 15. Clem. Alex.
Stromat., I, p. 303. Justin. Martyr. *Parœn.*, p. 7, edit. Sylb. Cicer.
De fin. bonor. et malor., V, 29. Valer. Max., *loc. cit.* Porphyr. *Vit.
Pythag.*, § 7, p. 11. Lactant. *Instit. divin.*, IV, 2. Suivant l'auteur du
Traité sur Isis et Osiris (§ 10, p. 454), Pythagore fut initié aux
mystères de l'Égypte par un prêtre d'Héliopolis nommé OEnuphis. (Cf.
Jamblich. *De myster. Ægypt.*, I, 2, p. 3.) La légende conduisit Pytha-
gore jusqu'en Chaldée et lui donna pour maître le mage Zaratas ou
Zoroastre (Origen. *Philosoph.*, I. p. 7, 8, edit. Miller).

et se conduire. A ces prescriptions liturgiques, mises généralement en rapport avec sa philosophie, furent rattachées des notions plus pures sur la nature des dieux. Il tenta de substituer à la mythologie confuse et immorale des anciens poëtes, des dogmes plus en harmonie avec les idées qu'on commençait à se faire de l'univers. Son œuvre fut donc complexe, et pour l'apprécier, il me faut entrer dans quelques détails.

Pythagore s'attache avant tout à dégager la notion de l'unité divine des mythes au fond desquels elle reposait. Dieu (ὁ θεός) est pour lui le principe, la cause suprême de l'univers qu'il a créé[1], qu'il conserve et qu'il règle[2], et auquel il communique sa nature éternelle et impérissable[3]. Ce dieu, dont Pythagore paraît avoir emprunté l'idée à son maître Phérécyde[4], est l'intelligence suprême, le νοῦς, comme il l'appelle[5], principe qui n'est ni sujet à nos passions, ni accessible à nos sens, ni exposé à la corruption, et que l'esprit seul peut concevoir[6]. Afin de justifier le dogme fondamental de l'unité divine, le phi-

---

[1] Plutarch. *De placit. philosoph.*, I, 2, p. 526, edit. Wyttenb. Γεννητὸν ὑπὸ θεοῦ τὸν κοσμόν (Plutarch., *ibid.*, II, § 4, p. 568; Stob. *Ecl. phys.*, I, 10, § 12, p. 301, edit. Heeren).

[2] Telle est la doctrine de Philolaüs, qui ne faisait que suivre en cela les idées de Pythagore, son maître (Philol., ap. Philon. *De opif. mund.*, p. 24, edit. Mangey; Stob. *Eclog. phys.*, loc. cit.; Athenagor. *Legat. pro christ.*, p. 25).

[3] Stob., *loc. cit.* Philolaüs admet l'éternité de l'univers, qui semble avoir été l'un des principes de la cosmogonie pythagoricienne (Stob. *Eclog. phys.*, I, 21, §§ 2, 5, p. 420, 426).

[4] Voy. J. Lyd. *De mensib.*, II, 6. L'idée de faire de Dieu la monade primitive, qui a donné naissance à la dyade, paraît avoir été enseignée par Phérécyde.

[5] Plutarch. *De placit. philosoph.*, I, 2, p. 526.

[6] Plutarch. *Numa*, § 8, p. 258, edit. Reiske.

losophe de Samos conçut toute une théorie de la formation des nombres, qu'il appliqua à la génération divine. Le
dieu suprême, il en déclarait la nature insondable, la forme
incompréhensible, et en cela il s'accordait avec les Orphiques[1]; mais en tant que principe, Dieu lui apparaissait
comme la monade primordiale[2]. Transportant dans la
théologie les principes mathématiques, il essayait de
donner ainsi à cette science la rigueur et l'évidence de
l'arithmétique[3]. En montrant que tout dérive de l'un
primitif, il forçait les esprits à admettre l'unité de Dieu
pour point de départ, et par la manière dont les nombres
s'engendrent les uns les autres, il cherchait à expliquer
comment les autres divinités avaient pu naître du sein de
la divinité primordiale. C'est de la sorte que Pythagore
était conduit à assimiler les dieux à des nombres. Tout
devenait nombre pour lui, le ciel, l'âme et la création[4]. L'unité ou monade donnait naissance à la dyade,
et la dyade, en s'unissant à la monade, engendrait la
triade, dans laquelle tout était contenu, parce qu'elle renferme le commencement, le milieu et la fin[5]. On s'élevait
ainsi jusqu'à la décade, qui devenait alors le symbole
du principe universel[6]. De là, l'assimilation des grandes

---

[1] Voy. T. B. Hassel, *Unum Theologiæ Pythagoricæ compendium*
(Helmstadt, 1710), p. 14.

[2] Ὀυσία, ἀρχή. (Aristot. *Metaphys.*, I, 5; XIII, 6; XIV, 3. Boeckh,
Philol., § 19. Stob. *Eclog. phys.*, I, 3, § 28.)

[3] Cicer. *Academ.*, II, 37.

[4] Aristot. *De cœlo*, III, 1. *Metaphys.*, I, 5. Stob. *Eclog. phys.*, I, 52,
§ 1, p. 795. Alex. Aphrodis. *In Aristot. de prim. philos.*, I, fol. 106,
ap. Brandis, *De perdit. Aristot. libr.*, p. 30. Plutarch. *De placit. philos.*,
IV, 2; *De anim. procreat.*, I, 2. Jamblich. *Ad Nic. arithm.*, p. 11.
Procl. *in Tim.*, III, p. 367; edit. Scheineid.; Boeckh, *Philol.*, § 19.

[5] Aristot. *De cœlo*, I, 1; Origen, *Philosoph.*, VI, p. 179, ed. Miller.

[6] Theon. Smyrn. *Platon. math.*, I, 49. Philol., ap. Stob. *Eclog.*

divinités aux douze premiers nombres. Zeus-Soter [1] (Ζεὺς σωτήρ) demeure sans doute le dieu conservateur et créateur, mais il paraît avoir été distinct, dans l'esprit de Pythagore, de la monade engendrée, laquelle est la première manifestation du divin et que représente Apollon; la dyade est représentée par Artémis, l'hexade par Aphrodite [2]. Athéné répond à la heptade [3], Poséidon à l'ogdoade; tandis que la décade figure l'être parfait (παντέλεια), c'est-à-dire le dieu suprême [4]. Un enchaînement d'idées analogues conduisit Philolaüs, l'un des plus célèbres disciples de Pythagore, qui vivait au commencement du iv⁰ siècle avant notre ère, à consacrer les trois angles du triangle et les quatre du quadrilatère aux divinités dont la génération était représentée, dans le système de son maitre, par leurs relations géométriques [5].

Selon Pythagore, le dieu créateur est le dispensateur des biens et des maux, c'est de lui que découle ce que les hommes appellent la fortune (τύχη) [6]. Il se manifeste dans la nature, dont il est l'archége et l'hégémon (ἀρχηγὶς, ἡγεμών), par la puissance créatrice, la force (δύναμις), que le philosophe appelle Hercule, pour se conformer à la

---

phys., I, 3, § 3. Aristot. Metaphys., I, 5. J. Philopon, In Aristot. de anim., p. 2.

[1] Jamblich. Vit. Pythag., c. 28, p. 131.
[2] Incert., ap. Stob. Eclog. phys., I, 2, § 10.
[3] J. Lyd. De mensib., III, 6.
[4] Autrement dit le démiurge, l'être qui règle les destinées de l'univers (εἱμαρμένη) ; cf. Stob., loc. cit.; Procl. In Platon. Tim., I, § 331, p. 806, edit. Schneider. Πατήρ ἦν μονὰς, ὡς οἱ Πυθαγόρειοί φασι, δεκὰς δὲ αὐτῆ τῶν θείων ἡ τάξις. (Ib., II, § 96, p. 227.)
[5] Procl. In Eucl. elem., 1, p. 46, 48.
[6] Aristoxen., ap. Stob. Eclog. phys., I, 7, § 18, p. 207, 208.

donnée grecque. L'harmonie de l'univers était établie
par les Dioscures [1].

Ainsi la formation du monde devenait, ʿdans les idées
de Pythagore, le développement harmonique de l'un
primordial. Les dieux s'engendraient les uns les autres;
c'étaient ʿautant d'émanations successives de l'âme universelle siégeant au centre de la sphère [2]; et, à l'extrémité de cette échelle des êtres, se trouvaient les âmes
humaines, les dernières et les plus individuelles émanations de l'âme du monde. Les démons, les héros, constituaient les anneaux intermédiaires de cette grande chaîne,
dans laquelle circule, pour ainsi dire, le νοῦς divin [3]· Plus
on redescend les échelons de cette série divine, plus on
trouve une nature imparfaite et matérielle. Il n'y a de
souverainement bon, de souverainement parfait que l'un,
que Zeus-Sôter; tous les autres êtres sont atteints, à des
degrés divers, d'imperfection. Cependant les âmes ne
sont pas condamnées à occuper perpétuellement le même
échelon dans la hiérarchie des existences. L'âme est éternelle, mais ses conditions sont passagères, tant qu'elle

---

[1] Jamblich. *Vit. Porphyr.*, c. 27, p. 131.

[2] Telle était du moins la doctrine de l'école pythagoricienne, exposée
par Philolaüs. Le centre de la sphère reçoit de lui, pour ce motif, le
nom de Διὸς οἶκος (Stob. *Eclog. phys.*, I, 23, § 1, p. 488).

[3] Πυθαγόρας τῶν ἀρχῶν τὴν μὲν μονάδα θεὸν καὶ τ' ἀγαθὸν, ἥτις ἐστὶν
ἡ τοῦ νόος φύσις, αὐτὸς ὁ νοῦς, τὴν δὲ ἀόριστον δυάδα δαίμονα καὶ τὸ
κακὸν, etc. (Stob. *Eclog. phys.*, I, 3, § 27, p. 58). « Nam Pythagoras
» qui censuit animum esse per naturam rerum omnem intentum ex
» quo nostri animi carperantur; non vidit, etc. » (Cicer. *De natur.
deor.*, I, 11.) Cette idée est donnée par Aristote comme appartenant
aux Orphiques (*De anim.*, I, 5), nouvelle preuve de l'extrême ressemblance de la physiologie pythagoricienne et dé celle que l'orphisme
avait introduite en Grèce.

n'est pas rentrée en Dieu [1]. Les êtres ou, si l'on veut, les personnalités corporelles nè sont que des formes transitoires par lesquelles passent et repassent les âmes sorties de la divinité, au sein de laquelle elles rentrent plus tard [2]. On reconnaît là la palingénésie orphique [3] que Pythagore paraît avoir reçue de Phérécyde [4]. Deux systèmes de métempsycose eurent cours en Grèce. L'âme humaine, en sortant du corps qu'elle a habité, pouvait passer immédiatement dans celui d'un animal, d'un être vivant plus ou moins parfait, plus ou moins vil, suivant les vertus ou les vices qu'elle a déployés; tel est le système qui se trouve exposé dans le *Timée* de Platon; ou bien cette âme, plus ou moins impure et coupable, doit, durant un temps déterminé, aller habiter un autre monde jusqu'à ce qu'elle revienne animer un nouveau corps sur la terre. C'est probablement ce second genre

[1] Ἡ δὲ τῆς ψυχῆς διαμονὴ καὶ ἀϊδιότης ἐν μάλιστα τῶν Πυθαγορικῶν δογμάτων γνώριμόν ἐστι πᾶσι. (Porphyr., ap. Stob. *Eclog. phys.*, I, c. 52, p. 1044.)

[2] « Audiebam Pythagoram, Pythagoreosque, …numquam dubitasse, » quin ex universa mente divina delibatos animos haberemus. » (Cicer. *De senect.*, c. 21.) Il paraît que, d'après Pythagore, les âmes venaient des astres, qui en étaient comme la source (Origen. *Philosoph.*, VI, p. 181, edit. Miller).

[3] Voyez ci-dessus, p. 307, Cf. Servius *Ad Æn.*, III, 68, S. Karsten, *Verhandeling over Palingenesie en Metempsychosis*, p. 6, 30 (Amsterdam, 1846).

[4] Tatian. *Orat. ad græc.*, c. 5, p. 14, edit. Oxon. Cicer. *Tusculan.*, I, 16. Phérécyde l'avait lui-même très vraisemblablement puisée en Orient, dans la Phénicie où elle avait cours. Voyez, à ce sujet, une dissertation curieuse et peu connue de M. Chr. Tieroff, intitulée : *Disputatio physica de metempsychosi Judæorum* (Ienæ, 1651, in-4), § 21, sq. L'analogie de la métempsychose égyptienne avec celle que professait Pythagore, fit supposer plus tard que le philosophe de Samos avait puisé en Égypte cette doctrine psychologique (voy. Diodor. Sic., I, 98; Plutarch. *De Is. et Osir.*, § 29, p. 142; Herodot., II, 123; Diogen. Laert. *Præm.*, p. 7; cf. ci-dessus, p. 296).

de transmigration qu'admettait, suivant la judicieuse observation de M. J. Denis [1], le philosophe de Samos, puisque d'après un livre fort ancien émané de son école, Hermès tire les âmes des corps et de la terre [2], et conduit celles qui sont pures au ciel. Les autres sont livrées aux Érinnyes, qui les tourmentent et les enchaînent [3], comme on le voit par le mythe de Her l'Arménien, dont il sera question plus loin; et, après un cycle de 1000 ou 1200 ans, elles reviennent sur terre [4]. L'union qui se formait, d'après Pythagore, entre une âme et un corps, n'était donc pas le résultat d'un concours fortuit; elle avait pour base la convenance de l'âme et du corps [5]. Un être s'était-il épuré durant sa vie par des actes vertueux;

[1] *Histoire des théories et des idées morales dans l'antiquité*, t. I, p. 19.

[2] Voy., sur le rôle d'Hermès dans ce cas, mon *Mémoire sur les divinités et les génies psychopompes*, dans la *Revue archéologique*, t. I, p. 584 et sv.

[3] Si, comme l'avance Élien (*Hist. var.*, IV, 17), Pythagore disait que les tremblements de terre sont déterminés par l'agitation des morts sous terre, il faudrait, en conclure, ce qui ressort d'ailleurs d'autres faits, qu'il admettait l'existence du Tartare.

[4] Diogen. Laert., VIII, p. 576. C'est la doctrine exposée par Virgile dans le VIe livre de son Énéide (voy. 548 et sq.) :

> Has omnes, ubi mille rotam volvere per annos,
> Lethæum ad fluvium deus evocat agmine magno,
> Scilicet immemores supera ut convexa revisant
> Rursus et incipiant in corpora velle reverti.

Cette doctrine d'un cycle millénaire, qui n'a peut-être pas été sans influence sur la croyance répandue parmi les premiers chrétiens, et d'après laquelle le règne des saints durerait mille ans, s'était conservée chez les Sabéens, comme il résulte d'un passage du *Fihrist* et d'un autre d'Aboulfaragé (voy. Chwolsohn, *Die Ssabier und der Ssabismus*, t. II, p. 4, 57); ce qui en montre l'origine orientale.

[5] Aristot. *De anim.*, I, 3. Cf., sur la métempsychose pythagoricienne, la dissertation de F. W. Sartorius, intitulée : *Commentatio critico-sacra de metempsychosi pythagorica a discipulis Christi et gente judaica* (Luebben. Lusator., 1760, in-4), p. v, sq.

des sentiments élevés; par la piété et la régularité des mœurs, son âme, au sortir du corps où elle avait été comme ensevelie[1], s'unissait à un nouveau corps, de façon à donner naissance à un être plus parfait. Au contraire, l'être s'était-il avili et corrompu, son âme, en revenant sur la terre, en allait animer un encore plus impur et grossier[2]. De cette façon, l'univers ne s'offrait plus que comme le théâtre de perpétuelles migrations, réglées par le mérite et le démérite des créatures. Toutefois Pythagore n'étendait pas la sphère de sa métempsychose à tous les êtres organiques et inorganiques ; il en excluait non–seulement les minéraux, mais encore les plantes qui, selon lui, n'étaient pas animées[3]. A travers ces migrations successives, l'âme humaine pouvait remonter jusqu'à la divinité. Pythagore promettait à la vertu une sorte d'absorption en elle[4]. C'est ce que nous

---

[1] Οἱονεὶ ἐγκατορωρυγμένας ὡς ἐν τάφῳ. (Origen. *Philosoph.*, VI, p. 181; edit. Miller.) C'est encore là une idée orphique. Voy. ci-dessus, p. 333.

[2] Tertullian. *De anim.*, c. 31. Diodor. Sic., XVIII, 1;Origen., o. c., p. 182; Cicer. *Tuscul.*, I, 16. Porphyr. *Vit. Pythag.*, § 19, p. 24, 25. Cette doctrine, fort analogue au dogme égyptien, qui l'avait peut-être suggérée (Herodot., II, 123), est développée dans les livres hermétiques (Voy. ci-dessus, p. 295). Les migrations des âmes y sont représentées comme tantôt améliorant, tantôt empirant leur condition (τούτων τοίνυν τῶν ψυχῶν πολλαὶ αἱ μεταβολαί, τῶν μὲν εἰς τὸ εὐτυχέστερον, τῶν δὲ εἰς τὸ ἐναντίον). Les âmes des reptiles peuvent passer dans des corps de poissons, celles des poissons dans des corps d'animaux terrestres, celles de ces derniers animaux dans des corps d'oiseaux, et celles des oiseaux dans des corps humains: les âmes humaines peuvent devenir des démons, et les démons des dieux (Stob. *Eclog. phys.*, I, 52, §,44, p. 1001, 1003). Suivant Porphyre (*De antr. Nymph..* 28), Pythagore supposait que les âmes, après être tombées dans les voies de la génération, étaient réunies dans la voie lactée (γαλαξία).

[3] Diogen. Laert., VIII, 28. Telle était l'opinion de Philolaüs.

[4] *Carm. aur.*, v. 70, 71. Plutarch. *De placit. philos.*, IV, 7, p. 626;

disent les *Vers dorés* qu'on lui attribuait, quoiqu'ils ne
soient certainement pas de lui, mais où se trouve une
exposition de sa doctrine [1].

Les héros, les démons, avaient été, dans le principe,
selon le même philosophe, des âmes telles que les nôtres.
Cette conception adaptait la métempsycose au vieux culte
grec des morts honorés sous le nom de héros [2]. Elle permettait aussi d'épurer les attributs et l'histoire mythique
des grandes divinités, en rejetant sur les démons, conçus
comme encore entachés d'imperfections et de vices [3], les
actions coupables que les poëtes avaient attribuées aux
dieux. Pythagore admit l'existence de démons bons et
mauvais comme les hommes [4]; et tout ce qui lui paraissait
indigne de l'idée qu'on devait se faire des dieux, et dont
avait été cependant sali leur légende, il en faisait l'œuvre
des démons et des héros. Ces héros, ces démons, conservaient de leur vie antérieure des penchants criminels
ou vicieux, qui les poussaient à commettre des actes
dont les dieux étaient à tort donnés pour auteurs [5]. De

[1] C'est ce que nous dit formellement Clément d'Alexandrie (*Pædag.*,
I, 10 ; cf. S. Hieronym. *Adv. Rufin.*, III, col. 469, ed. Martian.). Proclus
(*In Tim.*, III) nomme Pythagore τὸν τῶν χρυσῶν ἐπῶν πατέρα ; Chrysippe
(ap. Aul. Gell. *Noct. Att.*, VI, 2), Plutarque et Jamblique n'attribuent
pas les *Vers dorés* à Pythagore, mais à son école, et Hiéroclès appelle
cette composition : Ὅλου τοῦ ἱεροῦ συλλόγου ἀπόφθεγμα κοινόν (*In Carm.
aur.*, III, p. 793, 794).

[2] Voy. tome I, p. 560, 567. Cf., sur la démonologie pythagoricienne,
E. Zeller, *Die Philosophie der Griechen*, t. I, p. 331, 332.

[3] Jamblich. *Vit. Pythag.*, c. 27, p. 104. Les auteurs postérieurs
nous représentent l'école pythagoricienne comme admettant de bons et
de mauvais démons (Plutarch. *De Is. et Osir.*, § 15).

[4] Plutarch. *De placit. philos.*, I, 8, p. 548.

[5] Euseb. *Præp. evang.*, V, 5. Cette doctrine fut adoptée non-
seulement par Platon et son école, mais encore par Xénocrate, Chrysippe
et une bonne partie des stoïciens.

cette façon, le sage de Samos délivrait l'histoire des divinités grecques, des fables immorales, monstrueuses, qui s'opposaient à ce qu'on pût s'en faire une notion pure et philosophique [1].

Il n'y a pas de doute que la doctrine pythagoricienne de la métempsycose n'ait pénétré de bonne heure dans la religion hellénique. L'orphisme professant le même dogme [2], les systèmes de palingénésie empruntés aux deux doctrines se confondirent ; et ils s'abritèrent l'un et l'autre sous le nom d'Orphée. Déjà, à l'époque de Périclès, ces doctrines, qui commençaient à percer dans les mystères, étaient enseignées à Éleusis, et en général dans les sanctuaires des Grandes déesses.

Afin de mieux persuader ses disciples de la vérité de la métempsycose, Pythagore alla jusqu'à soutenir qu'il se rappelait la vie antérieure qu'il avait menée [3], que son âme avait été jadis celle de Patrocle [4], d'Euphorbe [5] ; et il prétendit même un jour reconnaître dans le temple de Hèra, à Argos, le bouclier qu'il y avait consacré, plusieurs siècles auparavant [6]. L'existence de la métempsy-

---

[1] C'est ce que tenta, avec plus de bonheur, Platon. (Voy. plus bas.)

[2] Voy. ci-dessus, p. 349. Karsten, *Verhandeling over Palingenesie en Metempsychosis*, p. 25. La doctrine de la palingénésie est déjà consignée dans Pindare (*Olymp.*, II, 68, sq.; cf. Platon. *Menon.*, § 14, p. 33).

[3] Procl., *In Tim.*, t. I, p. 88, edit. Schneider.

[4] Jamblich. *Vit. Pythag.*, c. 14, p. 48.

[5] Porphyr. *Vit. Pythag.*, § 27, p. 33. Jamblich. *Vit. Pythay* c. 38, p. 112. S. Hieronym., *Adv. Rufin.*, t. III, col. 470. Lactant. *Divin. Instit.*, III, p. 151. Maxim. Tyr. *Dissert.* XVI, 2, p. 287.

[6] Porphyr. *Vit. Pythag.*, loc. cit. Diogen. Laert., VIII, p. 569. Selon une autre tradition, Pythagore soutenait avoir régné bien antérieurement en Phrygie, sous le nom de Midas (Ælian. *Hist. var.*, IV, 17).

cose n'excluait pas pour Pythagore celle de l'Hadès ; et
il acceptait la description qu'en avait conçue l'imagination populaire [1]. J'ai dit plus haut que dans le système
que ce sage avait adopté, les âmes des méchants étaient
livrées aux Érinnyes. Avant d'être renvoyée sur la terre,
l'âme qui s'était abandonnée aux penchants mauvais
devait, en effet, subir au Tartare la punition de ses
crimes ; et c'était seulement après les avoir expiés,
qu'un arrêt de la divinité lui attribuait le nouveau corps,
où elle était enfermée comme en un tombeau [2]. Il est
aussi probable que Pythagore et ses disciples adoptaient
l'opinion qui place au-dessous de la terre le séjour des
méchants ; car faisant de l'Olympe le lieu où se trouvent
réunis les éléments dans leur pureté [3], de la terre le
siége de la vertu imparfaite [4], le monde souterrain
devait être pour eux le réceptacle des éléments impurs
et mauvais. Le tout était contenu dans la sphère cosmique, qui représentait l'univers [5]. Cette opinion qui
attribue au monde une forme sphérique, rappelle l'œuf
cosmique d'Épiménide et des Orphiques, et paraît empruntée à la même source.

Pythagore, rejetant toutes les fables débitées par les
poëtes [6] sur les dieux, condamnait naturellement la mythologie d'Homère et d'Hésiode, et c'est vraisemblablement pour ce motif qu'il représentait ces poëtes comme

---

[1] Aristot. *Anal. Post.*, II, 11, extr. Cf. Lobeck, *Aglaoph.*, p. 893.

[2] Voyez sur cette idée orphique, p. 333, 351.

[3] Anonym. *Vit. Pythag.*, ap. Phot., § 11.

[4] Les Pythagoriciens identifiaient le haut (τὸ ἄνω) au bien, et le bas
(τὸ κάτω) au mal (Simplic., *In Aristot. de cœlo*, II, 2, p. 285, 10 ; *Schol.
ad Aristot.*, loc. cit., p. 492).

[5] Aristot., *De cœlo*, II, 13.

[6] Jamblich. *Vit. Pythag.*, c. 32, p. 176.

ayant été condamnés au Tartare [1]. Toutefois le philosophe de Samos ne semble pas avoir tenté de remanier les traditions et les légendes. Comme la notion qu'ils se faisaient des dieux enlevait à toutes ces fables leur valeur théologique, les Pythagoriciens n'avaient pour elles que du dédain, et préféraient les spéculations de leur arithmétique divine à l'histoire héroïque et aux légendes sacrées.

Ce qui fixa, dans la religion, surtout l'attention de Pythagore, ce furent les rites, la liturgie. Il en tenait l'exacte observation pour un des premiers devoirs de l'homme. Sa maxime favorite était qu'on doit toujours commencer par les dieux [2]. Et, pour emprunter le langage d'un de ses disciples, les lois doivent régler avant tout ce qui a rapport aux dieux, aux démons, à la famille; ce qui est bon et honnête devant passer avant ce qui est utile [3]. Le culte ayant pour objet de mettre l'homme en rapport avec la divinité, avec les êtres supérieurs, l'épuration de l'idée qu'on se faisait de ceux-ci ne pouvait être entreprise sans que, du même coup, on modifiât aussi les rites. Rien ne devait plus subsister dans le culte qui fût en désaccord avec une conception plus élevée, plus rationnelle de la divinité. Et voilà comment Pythagore fut conduit à tenter une réforme au moins partielle de la liturgie.

---

[1] Pythagore disait avoir rencontré dans l'Hadès, lorsqu'il y descendit, Homère lié à un arbre et mordu par un serpent, et Hésiode attaché à une colonne, en punition de ce qu'ils avaient mal parlé des dieux. (Diogen. Laert., VIII, 21).

[2] Jamblich. *Vit. Pythag.*, c. 28, p. 112.

[3] Δεῖ τὸν νόμον τὰ περὶ θεοὺς καὶ δαίμονας καὶ γονέας καὶ ὅλως τὰ καλὰ καὶ τίμια πρᾶτα τίθεσται, dit un passage attribué à Archytas (Orelli, *Opusc.*, t. II, p. 254).

Et d'abord, il introduisit dans le culte la même hiérarchie qu'il avait admise pour les divinités : « Honore premièrement les dieux, honore les héros; honore les héros catachthoniens, » disent les *Vers dorés* [1], où se trouve le résumé de la doctrine adoptée dans son école. Puisque l'adoration des dieux passe avant celle des héros, on doit offrir en tout temps un culte aux premiers, tandis qu'il suffit, selon Pythagore, qu'on adresse aux seconds ses prières et ses hommages, après le coucher du soleil [2]. Mais il ne faut pas que ce culte, dû par l'homme aux dieux, se réduise à une vaine cérémonie, à de purès démonstrations extérieures d'où l'esprit est absent. « Les. dieux olympiens, disait ce sage [3], tiennent beaucoup plus, dans les sacrifices, aux dispositions de l'âme (διαθέσεις) qu'au nombre des victimes. Ce sont les divinités inférieures, les dieux chthoniens, qui s'attachent à la multiplicité des sacrifices, et montrent un goût particulier pour les libations, les offrandes et tous ces rites magnifiques et somptueux accomplis en leur honneur [4]. » Ainsi, sans heurter de front la foi qu'avait le vulgaire dans la vertu des sacrifices, des libations et des offrandes multipliés, Pythagore combattait les idées superstitieuses qu'on attachait de són temps au culte. Au dire de quelques-uns, dans la crainte que l'adoration des simulacres divins ne dégénérât en une idolâtrie, il en avait défendu l'usage [5]. Il ajoutait que les habits magnifiques,

---

[1] *Carmin. aur.*, v. 1-3. Cf. Porphyr. *Vit. Pythag.*, § 38, p. 39. Diogen. Laert., VIII, p. 581. /

[2] Diogen. Laert., VIII, p. 588.

[3] Jamblich. *Vit. Pythag.*, c. 27, p. 104.

[4] Id., *ibid*.

[5] Plutarch. *Numa*, § 8, p. 258, edit. Reiske.

les vêtements blancs et purs dont le sacrificateur doit être revêtu, ne sont que l'image de la pureté et de l'innocence que son âme doit avoir [1]. De là, la nécessité de ne se présenter à l'autel qu'avec des sentiments de modestie et d'équité [2], avec la paix et le calme dans le cœur [3] ; de s'abstenir de tout acte qui souillerait le corps ou l'âme ; aussi recommandait-il en tout temps, et particulièrement avant le sacrifice, la chasteté et la sobriété [4].

Pythagore prescrivait à ses disciples une règle diététique, des observances alimentaires qui rappellent celles de la loi de Moïse, et plus encore celles qu'on rencontre en Syrie et en Égypte, où il en avait peut-être puisé l'idée [5]. Car, ainsi que les prescriptions religieuses de ces deux pays, les interdictions qu'il avait portées semblent avoir été plutôt fondées sur des idées mythiques que sur le principe de l'abstinence. L'usage du poisson [6], ou du moins de certains poissons [7], était condamné par lui dans les sacrifices et les repas [8]; il bannissait aussi de la table la mauve [9]; enfin, selon l'opinion la plus générale, il interdisait l'usage des fèves [10].

[1] Diodor. Sic., X, *fragm.* 8.
[2] Jamblich., *op. cit.*, c. 11, p. 40. Plutarch., *loc. cit.*, § 14, p. 276.
[3] Plutarch., *De superstit.*, c. 9, p. 671, edit. Wyttenbach.
[4] Jamblich., *op. cit.*, c. 24, p. 90. Voyez ce qui a été dit à propos des sacrifices, tome II, p. 108.
[5] Voyez ce que dit Plutarque, *Quæst. conviv.*, VIII, 8, § 1, p. 1006; cf. IV, 5, §§ 1, 2, p. 737, 738.
[6] Plutarch. *Quæst. conviv.*, VIII, 8, § 1, p. 1009.
[7] Par exemple, le mélanure, le rouget (ἐρυθῖνον) (Jamblich., *op. cit.*, c. 24, p. 90 ; Diogen. Laert., VIII, p. 34.
[8] Plutarch., *loc. cit.*
[9] Jamblich., *loc. cit.* Ælian. *Hist. var.*, IV, 17.
[10] Plutarch. *Quæst. conviv.*, II, 3, p. 577 ; VIII, 8, § 1, p. 1007. Cicer., *De divinat.*, I, 30 ; II, 58. Porphyr. *Vit. Pythag.*, § 44, p. 44. Clem. Alex. *Stromat.*, III, p. 521. Diogen. Laert., VIII, 34.

Toutefois, ces prescriptions paraissent .avoir varié dans
son école, et il est certain que l'usage de la viande [1], aussi
bien que celui des fèves, n'était pas condamné par la
majorité des Pythagoriciens [2]. Sans doute Pythagore
avait défendu l'emploi, dans le culte, de certains aliments; et ses disciples, évitant pour ce motif de les
présenter sur l'autel, refusaient de prendre part aux
repas qui suivaient les sacrifices où ces aliments avaient
été offerts aux dieux. Cela expliquerait comment les
Pythagoriciens pouvaient, dans leurs repas journaliers,
faire usage de la viande [3] et des fèves, sans pour cela

[1] Le Pythagoricien Aristoxène dit formellement que la doctrine de
son maître autorisait l'usage de la viande (Athen., X, c. 13, p. 418;
Diogen. Laert., VIII, 20; Aul. Gell. *Noct. Attic.*, IV, 11); ce que
contredisent Héraclidè de Pont (Clem. Alex. *Pædag.*, II, p. 145) et
divers autres auteurs (Diod. Sic., IX, *fragm.* 37; Plutarch., *De esu
carn.*, § 1, p. 35; *Quæst. conviv.*, VIII, 7, § 1, p. 999).

[2] Voyez, à ce sujet, ce que dit Aulu-Gelle (*Noct. Attic.*, IV, 11), qui
nie absolument que Pythagore ait interdit l'usage des fèves, et cite de
célèbres Pythagoriciens qui en mangeaient. On avait, selon lui, inexac-
tement interprété, dans la règle pythagoricienne, le mot κύαμος par
fève, tandis qu'il a le sens de testicule. Peut-être cette abstention
des fèves passa-t-elle de l'Égypte, où elle était consacrée pour les
prêtres, dans quelques écoles pythagoriciennes (Herodot., II, 37;
Diodor. Sic., I, 89; Plutarch., *De Is. et Osir.*, c. 5, 8; Porphyr., *De
abstinent.*, II, c. 25). Les Sabéens, qui avaient conservé la plupart des
observances des religions orientales, s'abstenaient de fèves et d'oignons
(Chwolsohn, *Die Ssabier und der Ssabismus*, t. II, p. 10, 109); ce qui
donnerait à penser que l'interdiction des fèves avait été empruntée à la
Syrie par Pythagore. On retrouve d'ailleurs l'horreur des fèves chez les
Orphiques (S. Gregor. Nazianz., *Orat.*, XXII, 525; Lobeck, *Aglaoph.*,
p. 25). Quant à l'interprétation du mot κύαμος, proposée dans Aulu-
Gelle, sans la rejeter, je ferai observer que la fève était, pour les
anciens, une image obscène, opinion qui peut concilier les deux explications.

[3] Voyez ce que je dis plus loin de l'abstinence de viande chez les
Pythagoriciens. Krische prétend qu'en admettant l'interdiction dans

enfreindre la règle. Quoi qu'il en soit, il est certain que les Pythagoriciens n'immolaient pas de victimes, parce qu'ils ne voulaient pas que le sang ensanglantât les autels [1], et qu'ils tenaient la fève pour une image obscène indigne des dieux. Cependant Pythagore autorisait, en certains cas, des sacrifices d'animaux, par exemple celui du coq et du cochon de lait [2], bien qu'il voulût qu'on s'abstînt de manger du coq dans les repas journaliers [3].

Les offrandes de froment, de gâteaux (πόπανα, ψαιστά), de miel, d'encens et de myrrhe [4], étaient celles dont ce

---

l'école de Pythagore, de l'usage de la viande, on a confondu la règle de ce philosophe avec celle d'Orphée ; mais les témoignages s'accordent pour établir que, dans les défenses de ce genre, les Pythagoriciens et les Orphiques professaient des idées analogues ; ils avaient, par exemple, les uns et les autres, horreur du cœur et du cerveau comme aliments (Athen., II, p. 65 ; Plutarch. *Quœst. conviv.*, II, p. 635). Placide Lactance (*Fab.*, XV, 2) prétend que l'usage de la viande, interdit d'abord par la règle de Pythagore, fut dans la suite toléré.

[1] Aul. Gell. *Noct. Att.*, IV, 11. Porphyr. *Vit. Pythag.*, § 36, p. 39. Diogen. Laert., VIII, 8. Syllas soutient même que, dans ce cas, les Pythagoriciens goûtaient de la viande qui avait été offerte (Plutarch. *Quœst. conviv.*, VIII, 8, § 3, p. 1009).

[2] Jamblich., *loc. cit.* Porphyr., *op. cit.*, p. 39.

[3] Suivant quelques-uns, Pythagore n'aurait parlé que du *coq blanc* seulement (Plutarch. *Quœst. conviv.*, IV, 5, § 2, p. 740 ; *De repugnant. stoicor.*, § 32, p. 275, edit. Wyttenb.; Ælian. *Hist. var.*, IV, 17). Les disciples de ce sage avaient vivement reproché à Chrysippe le stoïcien d'avoir autorisé l'usage de la chair de cet oiseau. Suivant Jamblique (*Vit. Pythag.*, c. 18, p. 70), Pythagore interdisait de tuer le coq, parce qu'il est consacré au soleil et annonce les heures. Selon Krische, c'était par des motifs religieux analogues qu'il condamnait l'usage de la viande de bœuf et de bélier (Diogen. Laert., VIII, 20), et nullement par des raisons se rattachant à la métempsycose (*De Societ. a Pythag. condit.*, p. 36).

[4] Plutarch. *Numa*, § 8, p. 259. Jamblich. *Vit. Pythag.*, c. 11, p. 40. Py-

philosophe recommandât l'emploi dans la liturgie. De là sa dévotion pour l'Apollon Γενέτωρ à Délos[1], dont l'autel n'était jamais ensanglanté, et sur lequel on déposait ces simples offrandes. Aussi prit-il le fils de Latone pour le patron de son école, pour son dieu protecteur par excellence[2]. Quelques anciens ont avancé que cette dévotion particulière qu'il avait pour Apollon tenait à ce qu'il devait à une prêtresse de Delphes, Thémistoclée, la première idée de sa doctrine[3]; mais on ne retrouve guère, dans la religion d'Apollon, les prescriptions et les principes de ce philosophe. Et si cette assertion a quelque fondement, elle prend sa source dans le soin que Pythagore avait mis à donner sa doctrine pour une inspiration du dieu le plus révéré de la Grèce. Il paraît, du reste, hors de doute que sa foi dans la métempsycose a été la vraie cause qui lui faisait proscrire les sacrifices[4]. En

thagore voulait en outre que les objets proposés en offrande eussent été faits par les mains de personnes libres (Cf. Porphyr., *op. cit.*, § 36, p. 39).

[1] Jamblich., *op. cit.*, c. 10, p. 39. Aristot. ap. Diogen. Laert., VIII, p. 576. Censorin. *De die natal.*, c. 1. Macrob. *Saturn.*, III, 6. S. Cyrill., *Adv. Jul.*, X, p. 348. Clem. Alex. *Stromat.*, VII, p. 304. Pythagore avait refusé, disait-on, de sacrifier sur les autres autels d'Apollon (Cicer., *De natur. deor.*, III, 36). On rapportait le même refus de Philolaüs; mais la légende ajoutait qu'il avait été, plus tard, puni par une mort cruelle, de son impiété (Ælian. *Hist. var.*, IV, 28).

[2] Jamblich., *op. cit.*, c. 10, p. 39. Les villes qui adoptèrent la loi pythagoricienne se mirent sous la protection d'Apollon. Selon Krische, Pythagore aurait choisi pour patron Apollon, puisqu'il était le dieu qui adoucit les mœurs (Ephor. ap. Strab., IX, p. 422; cf. Krische, *De Societ. a Pythag. condit.*, p. 37).

[3] Aristoxen. ap. Diogen. Laert., VIII, p. 572.

[4] Clem. Alex. *Stromat.*, VII, p. 848, 849. Anonym., *De vit. Pythag.*, p. 58. De là la plaisanterie de Tertullien à propos du Pythagoricien qui refuse de manger du bœuf : « *Ne bubalum comedens de proavo suo obsonaret.* » (*Apologet.*, c. 40.)

immolant un animal, le Pythagoricien, qui croyait qu'une âme jadis humaine y pouvait habiter, se fût exposé à tuer son semblable. De là, chez lui, cette bienveillance pour tous les êtres vivants[1], qui rappelle ce qu'une croyance identique inspire aux Hindous brahmanistes. Les mêmes idées se retrouvent chez les Orphiques, qui, comme je l'ai dit, interdisaient absolument de manger de ce qui avait eu vie[2]; et c'est là un nouvel indice que la métempsycose enseignée par Pythagore était celle qu'avaient adoptée les réformateurs qui se couvraient du nom d'Orphée.

Bien qu'un symbolisme particulier et le dogme de la palingénésie aient surtout présidé chez Pythagore à l'établissement de ses prescriptions diététiques, il est incontestable que les idées de mortification et d'abstinence n'y étaient pas non plus tout à fait étrangères. Le philosophe recommandait sans cesse la frugalité[3]. Il admettait l'usage du jeûne, et enjoignait à ceux qui se rendaient dans un temple pour y offrir leurs prières et y demeurer soit quelques heures, soit même plusieurs jours, suivant une observance qui se pratique encore en Orient, de ne pas prendre d'aliments tout le temps qu'ils demeureraient dans le lieu saint. Aussi les Pythagoriciens engageaient-ils ceux qui accomplissaient ces sortes de neuvaines à ne rien manger à l'avance qui pût provoquer la soif ou la faim[4].

Pythagore parait être entré dans les prescriptions les

---

[1] Ὅθεν ἀνείργοντες ἑαυτοὺς οὐ νόμῳ μόνῳ τῆς πρὸς ἄνθρωπον ἀδικίας, ἀλλὰ καὶ φύσει τῆς πρὸς ἅπαν τὸ μὴ βλάπτον. (Plutarch. *Quœst. conviv.*, VIII, 8, § 3, p. 1012.)

[2] Platon. *Leg.*, VI, § 22, p. 256, edit. Bekker. Plutarch. *Sept. sapient. conviv.*, § 16, p. 627. Voy. ci-dessus, page 333.

[3] Jamblich. *Vit. Pythag.*, c. 27, p. 104. Diogen. Laert., VIII, 19.

[4] Porphyr. *Vit. Pythag.*, § 34, p. 38.

plus minutieuses en matière de liturgie, à en juger du
moins par les préceptes qui nous sont restés de lui. Il
voulait que l'on fît d'abord des offrandes aux dieux olympiens et aux dieux protecteurs de l'État. On devait ensuite immoler des victimes de second ordre aux dieux
chthoniens. Ces victimes devaient être en nombre pair,
et celles qu'on présentait aux dieux olympiens en nombre
impair [1]. Les parties droites de l'animal immolé étaient
réservées aux dieux du ciel, et les gauches aux dieux des
enfers [2]. Ces prescriptions sur la manière d'offrir les
victimes n'eussent pas eu de sens, si Pythagore, tout en
rejetant pour la règle de son école l'emploi des sacrifices
sanglants, ne les avait autorisés dans la religion populaire où ils étaient consacrés par la tradition. Il faut, en
effet, toujours soigneusement distinguer, dans la doctrine pythagoricienne, ce qui appartient à la discipline
intérieure des communautés qui embrassaient sa loi, et
ce qui se rattache simplement à la réforme qu'il tentait
d'introduire dans le culte hellénique. Dans la règle à laquelle il astreignait ses disciples, tout était fondé sur sa
doctrine, mais pour le vulgaire, bien que tendant à faire
prévaloir les mêmes principes, il se montrait moins absolu. Le soin, en apparence frivole, qu'il mettait à régler
le nombre des victimes, la nature des parties qui devaient être offertes, avait son origine dans une ontologie
mathématique, dont il ne séparait jamais son enseignement religieux. Toutes ces prescriptions avaient trait au
rôle que jouaient dans sa philosophie l'impair et le pair,
l'un et le multiple, le droit et le gauche, le mâle et la
femelle, la lumière et les ténèbres, le bien et le mal, le

---

[1] Porphyr., c. 38, p. 39.
[2] Ibid., p. 39, Plutarch. Numa, § 14, p. 277.

carré et le rectangle, considérés comme des conceptions opposées qui constituaient les premiers éléments de la nature[1]. Pythagore voulait aussi qu'on rendit un culte convenable aux démons et aux héros[2]; que chaque famille eût son culte domestique. En matière de rites, il se montre d'une minutie sans égale : il veut que les libations soient toujours répétées trois fois de suite[3], qu'on les fasse les yeux fermés, en tenant les vases par l'anse[4]. Dans les sacrifices, il établit aussi une foule de règles du même genre. On ne doit manger ni les lombes, ni les testicules, ni la verge, ni la moelle, ni les pieds de la victime[5]; le bois dont on se sert pour le sacrifice ne peut être que le cèdre, le laurier, le cyprès, le chêne et le myrte[6]. Il a pour les temples un respect superstitieux. On n'y doit entrer que par la droite et n'en sortir que par la gauche[7]. Si l'on y laisse tomber du sang, on doit en laver la souillure avec de l'eau de mer mêlée de poudre d'or[8]. Ce n'est que couvert de vêtements purs et dans lesquels on n'ait pas dormi, qu'il permet de pénétrer dans le sanctuaire[9]. On n'y peut immoler aucun animal;

---

[1] Voy. C.-A. Brandis, *Handbuch der Geschichte der Griechische-Rœmischen Philosophie*, t. I, § 116, p. 449, sv.

[2] Diogen. Laert., VIII, 19, 23. *Carm. aur.*, v. 1-4, 17, 60.

[3] Jamblich. *Vit. Pythag.*, c. 38, p. 128.

[4] Porphyr. *Vit. Pythag.*, § 42, p. 43. Jamblich., *op. cit.*, c. 38, p. 131.

[5] Porphyr., *op. cit.*, §§ 43 et 44, p. 43. Certains auteurs ajoutent le cœur (Ælian. *Hist. var.*, IV, 17; Diogen. Laert., VIII, p. 579). Les Pythagoriciens évitaient aussi de manger de la chair d'un animal mort naturellement (Ælian., *loc. cit.*).

[6] Jamblich., *op. cit.*, c. 28, p. 129. Les Pythagoriciens se faisaient enterrer au milieu de feuilles de myrte, d'olivier et de peuplier noir. (Plin. *Hist. nat.*, XXXV, 46.)

[7] Jamblich., *op. cit.*, c. 28, p. 131,

[8] Id., *ibid.*, c. 28, p. 129.

[9] Id., *ibid.*

pas même un porc[1] ; et le temple serait souillé, si une
femme venait à y mettre un enfant au jour[2].

Les fêtes étaient aussi marquées par des prescriptions
minutieuses. Pythagore interdisait, par exemple, durant
leur célébration, de se couper les ongles et les cheveux[3].
Chaque jour devait avoir, selon les Pythagoriciens, un
dieu particulier en l'honneur duquel on sacrifiât : par
exemple, le 6 du mois était consacré à Aphrodite, et le
8 à Hercule[4]. Cette idée se rattachait à leur théorie de la
génération des nombres. Le philosophe de Samos faisait
jouer dans le culte un grand rôle à la musique, qui,
disait-il, avait la vertu de calmer l'esprit, d'entretenir sa
pureté, en même temps qu'elle adoucissait les mœurs[5].
Aussi les disciples de Pythagore chantaient-ils tous les
soirs des hymnes, avant d'aller se livrer au sommeil[6].

Dans les funérailles, Pythagore n'avait pas plus épar-
gné les prescriptions. Il défendait que l'on brûlât les
corps des morts sur le bûcher[7], et ne voulait pas non
plus qu'on les enterrât, comme le faisaient souvent les
anciens, dans des cercueils de cèdre, bois réputé incor-
ruptible[8].

---

[1] Jamblich., op. cit., p. 130.

[2] Id., ibid., p. 139.

[3] Id., loc. cit. Diogen. Laert., VIII, p. 578.

[4] Jamblich., loc. cit., p. 128, 129.

[5] Id , ibid., c. 29, p. 139. Cicer. Tuscul. quœst., IV, 2. Les Pythagoriciens mêlaient aussi la musique aux incantations pour guérir les
maladies (Apollon. Dyscol. Histor. comment., c. 49, p. 44, edit. Meur-
sica ; Schol. in Homer. Iliad., X, 391 ; Schol. venet. ad Iliad., XXII,
391 ; Quintil., De mus., II, p. 110, edit. Meib.).

[6] Jamblich., op. cit, c. 25, p. 95.

[7] Jamblich. Vit. Pythag., c. 28, p. 130. Pythagore donnait de cette
défense une raison mystique.

Id., ibid., p. 131. Plutarch., De genio Socrat., § 16, p. 361.

Comme plusieurs de ces prescriptions se trouvent antérieurement dans le culte grec, il faut en conclure que, tandis qu'il interdisait quelques-uns des anciens rites, Pythagore en recommandait d'autres, d'une manière particulière, rites dont sans doute on commençait à se relâcher. En sorte que toute la liturgie pythagoricienne n'était pas exclusivement propre à la secte. Ce mélange d'innovations et d'usages depuis longtemps consacrés se retrouve clairement dans la doctrine de Pythagore sur la *mantique*. En effet, le philosophe de Samos avait visiblement accepté tout l'héritage de la superstition des anciens âges en cette matière. Il accordait une grande autorité à la divination, à laquelle il avait sans cesse recours [1]; il ajoutait foi à toutes les fables inventées pour justifier la confiance dans cet art imaginaire [2]; il tirait des présages des apparitions soudaines, des songes [3], et jusque des paroles prononcées au hasard [4]; mais il rejetait certains procédés divinatoires en désaccord avec les rapports mystiques qu'il établissait entre l'homme et les dieux. Il condamnait, par exemple, la divination par les sacrifices, et lui en substituait une à l'aide de l'encens [5]. Il avait sans doute emprunté à l'Asie une doctrine des augures plus développée que celle qu'avaient consacrée les anciens usages de la Grèce, et tenait les oiseaux pour des messagers divins [6].

---

[1] Cicer., *De divinat.*, I, 3.

[2] Jamblich. *Vit. Pythag.*, c. 28, p. 116. Notamment les fables rapportées par Aristée de Proconnèse.

[3] Porphyr. *Vit. Pythag.*, § 11, p. 14. Cicer., *De divinat.*, I, 3; II, 58.

[4] Cicer., *De divinat.*, I, 45.

[5] Plutarch., *De placit. philosoph.*, V, 2, p. 650. Porphyr. *Vit. Pythag.*, § 11, p. 14. Diogen. Laert., VIII, p. 580.

[6] Jamblich. *Vit. Pythag.*, c. 13, p. 47.

A ses yeux, c'était principalement avec les démons ou dieux inférieurs que la divination met l'homme en rapport, car il reportait à cette classe d'êtres divins les songes, les apparitions prophétiques [1]. J'ai dit qu'afin de dégager la notion divine de ce qu'elle avait de trop humain, il attribuait aux démons les actes entachés de passion ou de viee que l'on faisait remonter avant lui aux dieux olympiens. Il était conduit de la sorte à croire que les maladies qui atteignent les hommes [2], les châtiments dont ils sont l'objet, ne sont pas envoyés par les dieux, mais par les démons [3]. Et les purifications, les expiations qu'on trouve autant recommandées dans la doctrine pythagoricienne [4] que chez les Orphiques [5], devenaient alors plutôt des rites pratiqués en vue des démons qu'en vue des dieux [6].

---

[1] Aristot. ap. Apul., *De deo Socrat.*, c. 20, p. 158, edit. Hildeb. Diogen. Laert., VIII, 32. D'après certains Pythagoriciens, leur maître regardait le tintement ou bourdonnement d'oreille comme la voix des démons. (Ælian. *Hist var.*, IV, 17 ; cf. Cicer., *De divinat.*, I, 45.)

[2] On voit par Homère (*Odyss.*, V, 596) que la maladie était regardée comme le résultat du courroux d'une divinité ; et le poëte appelle déjà cette divinité un démon (δαίμων), qu'il qualifie de στυγερός, *terrible*. C'est cette croyance que combat Hippocrate (*De aer.*, *aq. et loc.*, c. 21, 22). Voy. tome I, p. 568 ; tome II, p. 502.

[3] Jamblich. *Vit. Pythag.*, c. 32, p. 178. Diogen. Laert., VIII, 33. C'étaient aussi eux qui envoyaient les songes. (Cicer., *De divinat.*, I, 3 ; II, 58).

[4] D'après la loi toute pythagoricienne attribuée à Zaleucus, celui qui s'était approché d'un méchant démon devait se réfugier à l'autel des dieux et s'adresser aux hommes vertueux, pour qu'ils purifiassent son cœur et le délivrassent de tout mauvais penchant. (Stob. *Serm.*, XLII.)

[5] Plat., *De republ.*, II, § 7, p. 348, edit. Bekker.

[6] Voilà pourquoi Pythagore recourait aux enchantements, aux expiations pour guérir les maladies. (Jamblich. *Vit. Pythag.*, p. 174. Porphyr. *Vit. Pythag.*, § 32.)

Cette conception plus élevée de la divinité permit à Pythagore d'épurer la morale religieuse, et quand on compare son enseignement éthique à celui des poëtes et des gnomiques, on est conduit à reconnaître qu'il avait apporté dans la doctrine du devoir un sentiment plus pur et plus délicat dû à une notion moins étroite des dieux ; cette notion respire dans tous les écrits de ses disciples, Hippodamus de Thurium, Euryphamus, Hipparque, Théagès, Metopus, Clinias, Damasippe, Polus de Lucanie, Callicratidès [1]. « L'homme, disait Pythagore, doit révérer la divinité comme ses parents, ses amis [2]. » C'était presque prêcher la doctrine de l'amour divin. Le commerce entre Dieu et l'homme élève celui-ci, sans qu'il puisse jamais cependant atteindre à la perfection divine, car Dieu seul est vraiment sage et souverainement heureux [3] ; nul homme ne saurait l'être [4] ; mais en s'approchant des dieux, nous améliorons notre nature faible et peccable [5]. L'homme qui cherche à être sage est agréable aux dieux, dit encore Pythagore, et voilà pourquoi c'est lui qu'il faut charger d'implorer pour nous la divinité [6] ; faisant ainsi de la vertu un véritable sacerdoce. Le philosophe voulait que l'homme s'abandonnât tout entier aux mains de la Providence ; aussi enseignait-il que dans la prière, il ne faut pas

---

1 Voy. les fragments de ces auteurs, dans Orelli, *Opuscula Græcorum vetera sententiosa et moralia*, t. II, p. 282, sq.

2 Jamblich. *Vit. Pythag.*, c. 30, p. 148, c. 35, p. 208.

3 Καὶ θεῷ μὲν εὐδαιμοσύνα καὶ βίος ἄριστος, disait Archytas, ap. Orelli, *Opuscul. Græcor. sentent. et moral.*, t. II, p. 240.

4 Quintilian. *Inst. orat.*, XII, 1, 19. Diogen. Laert. *Prœm.*, VIII, 8.

5 Καὶ διὰ τοῦτο ὁ μὲν ἑπόμενος τοῖς θήοις ἀγαθὸς εὐδαιμονεῖ ὁ δὲ ἑπόμενος τοῖς θνατοῖς κακοδαιμονεῖ. (Hippodam., *De felicit.*, ap. Orelli, t. II, p. 284.)

6 Diodor. Sic., IX, 41.

spécifier les bienfaits qu'on réclame des dieux, mais
s'en remettre à la connaissance qu'ils ont des biens qui
nous sont désirables [1]. C'est par la vertu seule que l'homme
arrive à la béatitude, privilége exclusif de l'être doué de
raison [2] ; en soi-même, de sa propre nature, il n'est ni
bon ni heureux, mais il est susceptible de le devenir par
les enseignements de la vraie doctrine [3]. Pythagore recommande comme le plus sacré des devoirs la piété
filiale. De même que le Décalogue, il inscrit parmi les
principes les plus essentiels l'amour des parents. « Quel
temple, quel simulacre, écrit Pampélus [4], qui nous a
conservé ses enseignements, posséderions-nous de plus
saint, de plus précieux, qu'un aïeul et une aïeule véné-
rables et chargés d'années? Dieu répand ses bienfaits
sur celui qui honore et respecte les auteurs de ses jours. »
Et Périctioné ajoute qu'il ne saurait y avoir de plus
grand crime que l'ingratitude envers les parents [5].

Dans tout ce qui touche à la chasteté [6], au mariage,
Pythagore est d'une pureté de principes qui rappelle le
christianisme [7]. Non-seulement il recommande à tout

---

[1] Diod., *ibid.*

[2] Καττὸν βίον δ'ὲ τέλησι τοὶ μὴ μόνον ἀγαθοὶ ὄντες, ἀλλὰ καὶ εὐδαίμονες.'
(Hippodam., *loc. cit.*)

[3] Ὁ δὲ ἄνθρωπος οὔτε τᾷ φύσει εὐδαίμων, ἀλλὰ μαθήσιος καὶ προνοίας
ποτιδέεται, ποτὶ μὲν τὸ γενέσθαι ἀγαθὸς, τᾶς ἀρετᾶς, ποτὶ δὲ τὸ γενέσθαι εὐδαίμων, τᾶς εὐτυχίας. (Hippodam., *loc. cit.*)

[4] *De parentibus*, ap. Orelli, *Opuscul. Græcorum sentent. et moralia*,
t. II, p. 345.

[5] Μεῖζων γὰρ ἁμαρτίη καὶ ἀδικίη ἀνθρώπων οὐκ ἂν γένοιτο ἢ εἰς πατέρας
ἀσεβεῖν. (Orelli, *op. cit.*, p. 350.)

[6] La retenue des Pythagoriciens dans leurs discours, et notamment
celle d'Archytas de Tarente, était célèbre. (Ælian. *Hist. var.*, XIV, 19.)

[7] Voy. Lasaulx, *Zur Geschichte der Ehe bei den Griechen*, dans les
Mémoires de l'Académie de Bavière, t. VII, p. 107, sv.

instant la chasteté et la tempérance[1] ; il interdit les unions entre les deux sexes qui n'auraient pas pour but la procréation des enfants[2]. Car il veut que les époux laissent une postérité, afin que leurs enfants continuent le culte dont ils se seront acquittés envers la divinité[3]. Il recommande au mari de ne point connaitre d'autre femme que la sienne, à la femme de ne se livrer qu'à son mari[4]. Il entend que l'époux traite bien la compagne qu'il a prise devant les dieux[5]. En retour de ces égards, l'épouse devra aimer son mari plus qu'elle-même, lui être en tout soumise et dévouée[6]. Femme, son maintien, son langage, doivent être décents, sa réputation intacte[7]. Ces principes furent toujours ceux de son école; on les retrouve dans les écrits des Pythagoriciennes Périctioné et Phintys[8]. Les plus beaux caractères de femmes que l'antiquité grecque nous présente, ont été formés à l'école de Pythagore; et les auteurs s'accordent à dire qu'il était parvenu à inculquer chez le sexe, non-seulement le précieux et pur sentiment de la chasteté, mais cette simplicité de mœurs, cette réserve, ce mérite solide et ce goût

[1] Diodor. Sic., X, *fragm.* 7. Cf. IX, *fragm.* 40. Diogen. Laert., VIII, p. 579.

[2] Jamblich. *Vit. Pythag.*, c. 31, p. 172; cf. c. 18, p. 70. De là, sans doute, ce que dit Hiéronyme, « qu'il vit, punies aux enfers, les âmes de ceux qui avaient refusé de vivre avec leurs femmes. » (Diogen. Laert., VIII, p. 580; voy. ci-dessous.)

[3] Jamblich. *Vit. Pythag.*, p. 83, 86 : Ὅτι δεῖ τεκνοποιεῖσθαι· δεῖ γὰρ ἀντικαταλιπεῖν τοὺς θεραπεύοντας τὸν θεόν. (Cf. Hierocl., ap. Stob. *Serm.*; XLV, 14.)

[4] Jamblich. *Vit. Pythag.*, p. 48, 84.

[5] Voy. Lasaulx, *Mém. cit.*

[6] Jamblich., *op. cit.*, c. 11, p. 41, 42.

[7] Id., *ibid.*

[8] Voyez les fragments qui nous en sont restés, dans Orelli, *Opuscul. sentent. et moral.*, t. II, p. 348, sq.

des pensées sérieuses, qui ont atteint leur parfait modèle chez quelques femmes chrétiennes [1]. A sa voix, les femmes, se dépouillant de leurs frivoles atours, allaient consacrer à Héra leur parure, comme on voit les vierges, au moment de prendre le voile, offrir à Marie les vêtements qui servaient à rehausser leur beauté. Pythagore recommande surtout au sexe la piété, comme la vertu qui lui sied particulièrement [2]. Dans le reste de sa morale, ce philosophe n'est ni moins élevé ni moins rigide. L'idée de justice dominait tous les actes de ceux qui suivaient sa doctrine [3], et en observant entre eux une bienveillance mutuelle, ils avaient en vue de plaire à la divinité [4]. Pythagore veut, avant tout, que la parole de l'homme soit sacrée, et il menace le parjure des supplices de l'Hadès et du courroux céleste [5].

On comprend qu'un tel enseignement moral ait pu

[1] « Docebat nunc has pudicitiam et obsequia in viros; nunc illos mo-
» destiam et litterarum studium. Inter hæc velut genitricem virtutum
» frugalitatem omnibus ingerebat, consecutusque disputationum assi-
» duitate erat ut. matronæ auratas vestes cæteraque dignitatis suæ
» ornamenta velut instrumenta luxuriæ deponerent, eaque omnia delata
» in Junonis ædem ipsi deæ consecrarent præ se ferentes vera orna-
» menta matronarum pudicitiam non vestes esse. » (Justin., XX, 4.)

[2] Jamblich., *op. cit.*, c. 11, p. 42.

[3] C'est ce qui résulte d'un passage du traité du Pythagoricien Polus, sur la justice (ap. Stob., *Serm.*, VIII, edit. Schow, p. 232). D'après ce philosophe, la justice (δικαιοσύνη) est la mère et le principe de toute vertu; c'est elle qui entretient la paix et l'équilibre dans l'âme; elle engendre le bon ordre (εὐνομία) des cités, la concorde (ὁμοφροσύνα) entre époux, l'amour des serviteurs pour le maître, et la bienveillance du maître pour les serviteurs (οἰκετᾶν δὲ ποτὶ δεσπότας εὔνοια, δεσποτᾶν δὲ ποτὶ θεραπόντας καδεμονία).

[4] Pythagore disait que les dieux avaient fait aux hommes deux beaux présents, la vérité et la bienfaisance (εὐεργεσία). (Ælian. *Hist. var.*, XII, 59.)

[5] Jamblich. *Vit. Pythag.*, c. 28, p. 130.

former des hommes d'une vertu exemplaire. Toute l'antiquité est unanime sur la haute vertu et la simplicité de
mœurs d'Archytas de Tarente [1]. L'un des plus beaux caractères de l'antiquité, Épaminondas, avait été l'élève
d'un Pythagoricien, Lysis, établi à Athènes [2]. Suivant
une tradition conservée par Cicéron, Eschyle, dont les
drames sont empreints d'un caractère si moral et si
religieux, était aussi sectateur de Pythagore [3].

On vient de voir quelle était la morale du philosophe de
Samos, celle dont il recommandait l'observation à tous.
Mais il ne se bornait pas à donner des préceptes pour bien
vivre, tel, par exemple, que celui de se tenir toujours
prêt à mourir [4]; il avait poussé plus loin les prescriptions, et imaginé, pour ceux qui acceptaient complète-
ment sa loi, une règle, dans le sens ascétique du mot. Il
ressort en effet de ses enseignements, qu'il avait institué
un véritable état monastique qui rappelle, à certains
égards, celui des thérapeutes [5] ou des herrnhuters [6].
Quand on rapproche ce que Philon et Josèphe nous
disent des Esséniens, on est même frappé de l'ana-

---

[1] Diogen. Laert., V, 25; VIII, 79, 82, 83. Ælian. *Hist. var.*, XII,
15; XIV, 19. Cicer., *De senect.*, 12. Valer. Maxim., IV, 1, ext. Athen.,
XII, 72, p. 429. Athénée signale surtout sa bonté envers ses esclaves,
qu'il traitait comme ses fils. Mathématicien et physicien éminent, il
avait, par un touchant intérêt pour les enfants, inventé un jeu destiné
à leur récréation : Ἀρχύτου πλαταγή. (Aristot. *Polit.*, VIII, 6, 1. Cf. Har-
tenstein, *De Archyta dissertatio*. Lipsiæ, 1833, p. 92.)

[2] Diodor. Sic., X, *fragm.* 11. Plutarch., *De genio Socrat.*, § 8. Cicer.,
De offic., I, 44.

[3] Cicer. *Tuscul. quæst.*, II, 10.

[4] Voy. Origen. *Philosoph.*, VI, p. 183, edit. Miller.

[5] Voy., sur les thérapeutes, Philon., *De vita contemplativa*, p. 471,
473, edit. Mangey.

[6] Voy., sur les herrnhuters ou frères moraves, Grégoire, *Histoire
des sectes religieuses*, nouv. édit., t. V, p. 353 et suiv.

logie de la règle adoptée par cette secte et de celle que
Pythagore avait instituée[1], analogie qui n'avait pas échappé
à l'historien juif[2]· Mais la doctrine religieuse des Esséniens était fort différente de la théologie pythagoricienne[3];
et l'analogie ne prouve qu'un fait, c'est que l'Orient avait
fourni au philosophe de Samos le type de la règle qu'il
proposait à ses disciples. Pythagore imposait à ceux qui
embrassaient sa doctrine dans toutes ses conséquences,
un genre de vie particulier, des prescriptions toutes
semblables à la règle d'un couvent, et comprenant des
formalités minutieuses, des observances diététiques et
hygiéniques, des pratiques dont le caractère rappelle,
à beaucoup d'égards, les enseignements du Talmud ou
les préceptes du brahmanisme. Il leur · enjoignait de
fuir les lieux fréquentés, de ne point se baigner, d'éviter
de parler sans lumière[4]; il leur ordonnait de se chaus-
ser d'abord ́du pied droit[5], d'entrer et de sacrifier
dans les temples, les pieds nus ; de s'abstenir de toute
démonstration publique de douleur[6]; d'éviter envers les

---

[1] Philon. *Fragm.*, edit. Mangey, p. 632. Joseph. *Bell.·Jud.*, II, 8,
§§ 3, 10.

[2] Josèphe dit, en parlant des Esséniens ; Γένος δὲ τοῦτ' ἐστι διαίτῃ
χρώμενον τῇ παρ' Ἕλλησιν ὑπὸ Πυθαγόρου καταδέδειγμένη. (*Ant. Jud.*, XV,
c. 10, § 4.)

[3] Par exemple, les Esséniens n'admettaient pas la métempsycose, et
croyaient seulement que les âmes des justes, délivrées des liens du
corps, où elles étaient emprisonnées (εἱρκταῖς ταῖς σώμασιν ἴυγγι, etc.), se
rendaient dans un lieu de rafraîchissement et de paix, tandis que les
âmes des méchants souffraient des supplices éternels. (Joseph. *Ant.
Jud.*, XIII, 5, § 9.)

[4] Jamblich. *Vit. Pythag.*, c. 18, p. 70. Ælian. *Hist. var.*, IV, 17.

[5] Jamblich., *op. cit.*, c. 18, p. 70.

[6] Id., *ibid.*, c. 32, p. 183. Pythagore était dépeint, par ses biogra-
phes, comme ne se livrant jamais à des démonstrations soit de douleur, soit surtout de joie. (Diogen. Laert., VIII, p. 579.)

hommes les prières instantes et les supplications [1]. Les ascètes pythagoriciens devaient s'abstenir de vin, ne prendre pour aliment, le matin, que du pain et du miel [2] ; le soir, il leur était permis d'user de légumes et de viandes, pourvu que ce ne fût pas celles d'animaux que le maitre défendait d'offrir aux dieux [3]. Chaque repas était précédé de libations et de fumigations, et finissait par une nouvelle libation. A certaines heures, on faisait des lectures en commun. Le plus jeune lisait à haute voix; le plus âgé présidait l'assemblée, et le soir, il rappelait à chacun les principaux articles de la règle [4]. Tout Pythagoricien, avant de s'endormir, devait faire son examen de conscience [5]. L'influence des idées grecques sur cette règle tout orientale se reconnaît par les exercices gymniques, les promenades, auxquels Pythagore donnait une place dans le cours de la journée [6]. Ce philosophe recommandait même la danse, mais il interdisait la chasse [7].

Une règle de cette nature entraînait nécessairement une vie en commun; les Pythagoriciens formaient en effet diverses communautés de nombre et d'importance divers [8]. En y entrant, chaque néophyte appor-

---

[1] Jamblich., op. cit., c. 32, p. 183.
[2] Jamblich., op. cit., c. 21. Porphyr. Vit. Pythag., § 34, p. 37. Diogen. Laert., loc. cit.
[3] Jamblich., loc. cit. Porphyr., loc. cit. Athen., X, 13, p. 418. Diogen. Laert., VIII, 20.
[4] Jamblich., op. cit., c. 21, p. 84.
[5] Carmin. aur., v. 60.
[6] Jamblich., op. cit., c. 21. Porphyr., loc. cit.
[7] Jamblich. Vit. Pythag., c. 21, p. 84. Diogen. Laert., VIII, 19. Athen., II, 26, p. 46.
[8] Jamblich., op. cit., c. 18, p. 67; c. 30, p. 143. Aul. Gell. Noct.

tait ses biens, mais il pouvait les reprendre en la quittant [1],
car les vœux n'étaient pas perpétuels. Tous les ascètes
pythagoriciens étaient vêtus à peu près de même : ils
portaient une tunique blanche retenue par un cordon
de lin; ils évitaient dans leur habillement l'usage du cuir [2].
Pour être admis dans la communauté, il fallait être d'une
réputation sans tache [3], annoncer un heureux naturel [4]. On était d'ailleurs préparé par un noviciat durant
lequel il fallait se soumettre à des purifications et à
des expiations [5]. Il y avait trois degrés ou grades pour
arriver à la connaissance complète de la loi [6]. Pendant
deux années, le novice ne devait faire qu'écouter, ne
jamais parler et exercer sa mémoire à retenir ce qui lui
était enseigné; il s'appelait alors *auditeur* (ἀκουστικός) [7].
Il passait ensuite dans les rangs des μαθηματικοί, et se
livrait à l'étude de la géométrie, de la gnomonique, de la
musique. Enfin il était admis dans la dernière classe,
celle des φυσικοί, où la science de la nature intime des
choses, la cosmogonie, la métaphysique, étaient ensei-

attic., I, 9. Plutarch. *De amor. fratr.*, § 17, p. 986. L'édifice dans
lequel habitait chaque communauté portait le nom d'ὁμακοεῖον ou
ὁμακοῖον.

[1] Jamblich., *loc. cit.* Zenob. *Prov. Cent.*, IV, 79. Phot. *Lexic.*,
vᵒ κοινά. Cf. Tim. *Fragm.*, XV, p. 218, edit. Gœll. *Schol. ad Platon.*
Phœd., p. 319, edit. Bekker.

[2] Jamblich., *op. cit.*, c. 21, p. 84. Diogen. Laert., VIII, p. 579.

[3] Diodor. Sic., X, *fragm.* 10. Voyez l'anecdote que cet historien rapporte sur Cylon de Crotone.

[4] Aulu-Gelle nous apprend (*Noct. Att.*, I, 9) que l'on jugeait, par la
physionomie et les manières, de la vocation du jeune homme qui se
proposait d'entrer dans la secte.

[5] Jamblich., *op. cit.*, c. 17, p. 61. Porphyr., *op. cit.*, § 32, p. 36.

[6] Jamblich., *op. cit.*, c. 18, p. 68.

[7] Aul. Gell. *Noct. attic.*, I, 9. Jamblich., *op. cit.*, c. 32, p. 183.
Diodor. Sic., X, *fragm.* 4. Clem. Alex. *Stromat.*, V, p. 681.

gnées[1]. Car c'était aux ascètes seuls que Pythagore faisait connaitre sa vraie doctrine ; il ne communiquait au vulgaire que les principes qui constituaient sa doctrine exotérique[2]. L'enseignement ésotérique, confié originairement tout à la mémoire[3], consistait en symboles, en sentences énigmatiques[4], qui formaient de véritables arcanes. Quelques-uns de ces préceptes nous ont été conservés par les anciens ; leur obscurité rappelle souvent celle des oracles[5]. Durant les cinq années

---

[1] Aul. Gell., *loc. cit.* Admis dans cette classe, le Pythagoricien pouvait parler, faire des questions et prendre des notes.

[2] Plutarch. *Numa*, § 22, p. 297, edit. Reiske. Aul. Gell. *loc. cit.* Oἱ (les Pythagoriciens) τοὺς περὶ τῶν θείων λόγους ἀποῤῥήτους εἶχον καὶ οὐ πρὸς πάντας διελέγοντο περὶ αὐτῶν (Procl. *In Tim.*, II, § 92, p. 217, edit. Schneider; cf. Procl., *In Parmen.*, V, p. 310). Krische combat l'opinion qui admet, chez Pythagore, une doctrine ésotérique. Sa doctrine a été regardée, selon lui, comme telle, à raison de sa forme symbolique, J'ai déjà fait observer que, des préceptes donnés par le sage de Samos, les uns s'appliquaient à la règle qu'il avait établie, et les autres étaient destinées au vulgaire, et avaient trait au gouvernement des cités. C'étaient ces derniers qui constituaient la partie ésotérique de sa doctrine.

[3] Diodor. Sic., IX, *fragm.* 29. Pythagore paraît n'avoir rien écrit, et ce n'est que plus tard que des ouvrages furent composés dans le but d'exposer sa doctrine. (Plutarch., *De Alexand. fortun.*, I, 4. Diogen. Laert., I, 16, VIII, 15. S. Hieronym., *Adv. Rufin*, II, col. 415, 469.)

[4] Euseb. *Præp. evang.*, X, 3. Plutarch. *Quæst. conviv.*, VIII, 7, § 2, p. 999. Jamblich. *Vit. Pythag.*, c. 32, p. 183, c. 34, p. 198; cf. c. 23. Maxim. Tyr. *Dissert.*, XXXI, 2, p. 101, edit Reiske. Procl., *In Platon. Tim.*, I, § 10, p. 22, III, p. 519, edit. Schneider.

[5] Porphyr. *Vit. Pythag.*, § 41, p. 42. Diogen. Laert., VIII, p. 578. Tels étaient ces préceptes : « *Il ne faut pas effeuiller la couronne.* » Ce que les Pythagoriciens entendaient en ce sens, qu'on ne doit pas violer les lois ; les lois étant les couronnes des États. — «*Il ne faut pas remuer le feu avec le glaive.* » Ce qui voulait dire qu'on ne doit pas exciter l'orgueil et la colère par des paroles offensantes. (Origen. *Philosoph.*, VI, p. 183, edit. Miller. Plutarch. *Numa*, § 14, p. 277, edit. Reiske. Cf. S. Hieronym., *Adv. Rufin.*, III, 10.)

du noviciat, les Pythagoriciens passaient par un grand
nombre d'épreuves et d'études destinées à .fortifier leur
vertu et à éclairer graduellement leur intelligence[1]. Les
femmes étaient aussi admises dans la communauté[2] et y
pouvaient même aspirer à un rang élevé[3]; car si Pythagore recommandait la chasteté, il n'imposait pas pour
cela le célibat.

Cette vie en commun développait chez les Pythagoriciens un puissant sentiment de fraternité[4]. On les voyait
s'entr'aider les uns les autres, et si l'un d'eux venait à
perdre ses biens, ses frères étaient tenus de partager avec
lui[5]. Une brouille venait-elle à éclater parmi eux, ils ne
devaient pas laisser coucher le soleil avant de se récon-
cilier.

On conçoit quelle influence sérieuse put exercer sur
les esprits et les mœurs une pareille doctrine, et de quelle
réputation son auteur dut être entouré. Les disciples de
Pythagore avaient pour lui un enthousiasme tel, qu'ils
tenaient ses paroles pour infaillibles. Il suffisait de dire :

1 Jamblich., *op. cit.*, c. 21, p. 84.

2 Plusieurs Pythagoriciennes, notamment Théano et Phintys, se
sont rendues célèbres par leur instruction et leur sagesse. Cette
Phintys, fille de Callicrates, avait composé un traité : Περὶ γυναικὸς
σωφροσύνας.

3 Voyez, par exemple, ce que Cicéron rapporte du dévouement
mutuel des deux Pythagoriciens Damon et Phintias, condamnés par
Denys le Tyran (*De officiis*, III, 10). Pythagore avait dit que les deux plus
beaux présents que les dieux eussent faits aux hommes sont la vérité et
la bienfaisance (τὸ εὐεργετεῖν) (Ælian. *Hist. var.*, XII, 59). Pour ce
sage, l'amitié reposait sur le sentiment de l'égalité entre les hommes
(Cicer., *De legib.*, I, 12; Diogèn. Laert., VIII, 10), qui le conduisit à
prêcher une φιλία universelle (Procl., *In Tim.*, I, p. 11).

4 Diodor. Sic , X, *fragm.* 2 et 3. Cette générosité s'étendait souvent
d'une communauté à l'autre.

5 Plutarch., *De amor. fratr.*, § 17, p. 986, edit. Wyttenb.

Le maître l'a dit[1], pour faire cesser toute controverse parmi eux; le principe d'autorité en matière de dogme étant d'ailleurs un de ceu$_x$ de la secte[2]. Pythagore était, aux yeux de ses disciples, le plus sage de tous les hommes[3]. On alla jusqu'à en faire un héros, un démon, un dieu[4], à l'identifier même à Apollon, l'Apollon des Hyperboréens[5], sans doute à cause de la prétendue visite que lui avait faite Abaris, le prophète de ce peuple fantastique[6]. Bref, une légende se forma par degrés qui fit de Pythagore un personnage purement imaginaire, et dont le principal théâtre fut la Grande Grèce[7], où il

---

[1] Ἀυτος ἔφη. Cicer. *De natur. deor.*, I, 5. *Schol. ad Aristoph. Nub.*, 195.

[2] « Rationem illi sententiæ suæ non fere reddebant, » écrit Cicéron des Pythagoriciens (*Tuscul. quæst.*, I, 17).

[3] Jamblich. *Vit. Pythag.*, c. 11, p. 42. Il mérita, dit Diodore en parlant de Pythagore, d'être honoré à l'égal des dieux par les Crotoniates (X, *fragm.* 9).

[4] Jamblich., *loc. cit.* On disait qu'il avait, de même qu'Hercule, tué des serpents et touché des reptiles, sans en éprouver aucun mal. (Jamblich., c. 28, p. 119.)

[5] Ælian. *Hist. var.*, II, 36. Dion. Chrysost. *Orat.*, XLVII, p. 222, edit. Reiske. Jamblich., *op. cit.*, c. 7, p. 23. D'autres affirmaient que c'était un des démons qui habitent dans la lune; plusieurs que c'était un des dieux olympiens venus sur terre sous forme humaine, pour réformer la conduite des hommes, et leur apporter la vraie lumière et un moyen de salut : Λέγοντες ἐν ἀνθρωπίνῃ μορφῇ φανῆναι τοῖς τότε, ἵνα τὸ τῆς εὐδαιμονίας τε καὶ φιλοσοφίας σωτήριον ἔναυσμα χαρίσηται τῇ θνητῇ φύσει.

[6] Jamblich., *op. cit.*, c. 28, p. 118.

[7] On disait, par exemple, qu'on l'avait vu s'entretenir avec ses disciples, le même jour, à Métaponte, en Italie, et à Tauroménium, en Sicile, quoique ces deux localités soient très éloignées l'une de l'autre (Ælian. *Hist. var.*, IV, 17; Jamblich., *op. cit.*, c. 33, p. 113, 114; Porphyr., § 27, p. 34). A Sybaris et en Tyrrhénie, Pythagore avait impunément touché et tué des dragons (Jamblich., *loc. cit.*). En Daunie, il avait subitement apprivoisé un ours qui désolait le pays (Jamblich., *op. cit.*, c. 12, p. 46; Porphyr., *op. cit.*, § 23, p. 31), et lui avait enjoint de

avait été porter ses lois[1]. On raconta aussi qu'il avait fait des miracles[2], des prophéties[3]. On prétendait qu'il avait une cuisse d'or qu'il fit voir un jour à Abaris[4]; et que, lorsqu'il passa le fleuve Nessus, ou, selon d'autres, le Caucase, une voix mystérieuse s'était fait entendre qui lui avait crié: *Salut, Pythagore*[5]. Ce qui parait probable, c'est que ce philosophe recourait à des charmes, des incantations, et opérait des guérisons réputées miraculeuses[6]. Plus tard on raconta qu'après sa mort, son âme était apparue à certaines personnes[7]. Hiéronyme avait fait le récit de la descente de Pythagore aux enfers, et j'ai

---

retourner dans les forêts pour n'en plus sortir. A Tarente, un bœuf, qui se permettait de manger des fèves, avait sur son ordre laissé l'aliment défendu (Jamblich., *op. cit.*, c. 13, p. 47; Porphyr., § 24). Un jour un aigle blanc s'était posé près de Pythagore et s'en était laissé caresser (Ælian., *loc. cit.*).

[1] Jamblich., *op. cit.*, c. 30, p. 144.

[2] Jamblich., *op. cit.*, c. 19, p. 76, 77. Ælian. *Hist. var.*, IV, 17. Diogen. Laert., VIII, p. 580. On rapportait de lui un miracle tout semblable à celui de la pêche miraculeuse. (Porphyr. *Vit. Pythag.*, § 24, p. 54.)

[3] Jamblich., *op. cit.*, c. 28, p. 114, 120. Anonym., *De vit. Pythag.*, p. 58, edit. Kuster. Clem. Alex. *Stromat.*, I, p. 399. Pythagore lisait les pensées cachées et découvrait les projets coupables. (Jamblich., *op. cit.*, c. 32, p. 180).

[4] Porphyr., *op. cit.*, § 27, p. 34. Jamblich. *Vit. Pythag.*, c. 38, p. 113. Ælian. *Hist. var.*, IV, 17. Ammian. Marcellin., XXII, 16; Plutarch. *Numa*, § 8, p. 256. *Schol. ad Lucian. de sacrific.*, p. 334, edit. Lehmann. On ajoutait qu'Abaris lui avait donné sa flèche mystérieuse, sur laquelle il se transportait dans les airs, comme faisait le thaumaturge scythe. (Jamblich., c. 38, p. 114.)

[5] Ælian. *Hist. var.*, II, 27; cf. IV, 17. Porphyr., *op. cit*, § 27, p. 33. Jamblich., *op. cit.*, c. 28, p. 113. Apollon. Dysc. *Histor. comm.*, c. 6.

[6] Porphyr., *op. cit.*, § 33, p. 37. Jamblich., *op. cit.*, c. 29, p. 139; c. 34, p. 196.

[7] Jamblich., *op. cit.*, c. 28, p. 117.

dit plus haut que le sage de Samos passait pour y avoir rencontré l'âme d'Hésiode enchaînée à une colonne, et celle d'Homère tourmentée par des serpents [1]. De même que cela s'est observé dans les légendes de saints au moyen âge [2], le nombre des miracles qu'on lui prêtait alla tous les jours se grossissant [3]. On finit par le déclarer l'homme le plus saint, le plus grand qui eût jamais paru et qui pût paraitre jamais [4].

Tout, chez ce sage, rappelle donc un de ces prophètes, de ces législateurs religieux dont l'Asie nous offre de nombreux modèles. Sa doctrine pénétra dans la théologie grecque, elle épura le culte et la morale, et le mouvement qu'elle avait imprimé se continua jusque chez des sectes qui prétendaient ne lui rien devoir.

L'école pythagoricienne a fleuri durant plusieurs siècles. J'ai dit qu'elle avait surtout rencontré des adeptes dans la Grande Grèce, où le philosophe de Samos s'était rendu vers la LXe olympiade [5]. Sa secte acquit en effet une grande influence à Crotone ; elle y établit une forme

---

[1] Hieronym., ap. Diogen. Laert., VIII, p. 580. Il avait, ajoutait-on, trouvé dans les enfers, soumis à différents châtiments, ceux qui avaient refusé de vivre avec leurs épouses.

[2] Voy. mon *Essai sur les légendes pieuses du moyen âge*, p. 50 et suiv.

[3] Jamblique nous dit qu'il avait fait des milliers de prodiges, qu'il avait prédit des tremblements de terre, arrêté subitement des pestes, calmé les vents, détourné la grêle et apaisé les flots. Enfin il ajoute cette phrase, qui rappelle tout à fait les expressions de nos hagiographes : Καὶ μυρία ἕτερα τούτων θειότερα καὶ θαυμαστότερα περὶ τοῦ ἀνδρὸς ὁμαλῶς καὶ συμφώνως ἱστορεῖται. (*Vit. Pythag.*, c. 38, p. 114; cf. Porphyr. *Vit. Pythag.*, § 27, p. 34.)

[4] Jamblich., *op. cit.*, c. 6, p. 23. A Métaponte, on lui éleva un temple et on lui rendit les honneurs divins. (Justin., XX, 4.)

[5] 540 ans avant notre ère. Voy. l'excellente dissertation intitulée : *De Societ. a Pythagora in urbibus Crotoniatarum condit. scopo politico commentatio*, auctor. Aug. Bern. Krische (Gœtting., p. 11, 1836).

de gouvernement aristocratique ou plutôt oligarchique[1], dans lequel un conseil dirigeait toutes les affaires de la cité[2]. Ce conseil (συνέδριον), composé de trois cents membres[3], paraît avoir longtemps gouverné la ville avec sagesse, y avoir fait régner la concorde et la paix[4]; attentif à éviter les innovations, que Pythagore condamnait comme une cause de révolution[5]. L'influence de la même secte ne tarda pas à s'étendre aux autres colonies helléniques de l'Italie[6], à Sybaris[7], à Métaponte[8], à Tarente[9]. Crotone devint une sorte d'école gouverne-

[1] La forme oligarchique est le mode de gouvernement que préféraient les Pythagoriciens et qu'on retrouve aussi préconisé par Platon. Le Pythagoricien Hippodamus fait voir les dangers de la démocratie. La monarchie, qui reproduit à ses yeux la forme du gouvernement divin, est, dit-il, un système que les citoyens supportent difficilement, et qui périt promptement par l'excès du luxe et le despotisme des souverains; l'aristocratie est ce qui est préférable. (*De felicitate*, ap. Orelli, t. I, p. 298.)

[2] Polyb., II, 39. Aristoxen., ap. Porphyr. *Vit. Pythag.*, § 54. Valer. Maxim., VIII, 7, ext. 2. *Schol. ad Lucian. de sacrif.*, 332, edit. Lehmann. Welcker, *Prolegom. ad Theogn.*, p. 49.

[3] Dicæarch., ap. Porphyr., *op. cit.*, § 56. Plutarch., *De genio Socrat.*, § 13, p. 583. Diogen. Laert., VIII, 8, 39. Aristoxen. ap. Jamblich., § 249. Justin., XX, 4. Lucian. *Vitar. auct.*, c. 6.

[4] Diogen. Laert., VIII, 3. Jamblich., *op. cit.*, § 129. Ciceron. *Tuscul. quæst.*, I, 16, V, 4; *De officiis*, I, 30; *De amicit.*, 4. Dion. Chrysost. *Orat.*, XLIX, p. 248, edit. Reiske. Cf. Archyt. Tarent., *De disciplin.*, ap. Orelli, t. II, p. 258.

[5] Diogen. Laert., VIII, 23. Aristoxen., ap. Stob. *Eclog.*, t. III, p. 115, et ap. Jamblich., *op. cit.*, § 176.

[6] Justin., XX, 4. Apul., *De mag.*, p. 36.

[7] Justin., *loc. cit.*

[8] Diogen. Laert., VIII, 15, 40. Jamblich. *Vit. Pythag.*, § 170, p. 144, Dicæarch., ap. Porphyr. *Vit. Pythag.*, § 57, p. 52. Valer. Maxim., VIII, 7, § 2, ext.

[9] Diogen. Laert., *loc. cit.* Claudian., *De consul. Fl. Mall. Theod.*, v. 157, 158.

mentale pour la Grande Grèce [1], et si l'on en croit Plutarque [2], la législation de Numa y avait puisé plus d'un principe. A Catane, à Locres, les législations dont on faisait remonter l'établissement à Charondas et à Zaleucus [3] étaient certainement pénétrées des idées pythagoriciennes, ce qui explique comment la tradition, qui tient souvent peu de compte des dates [4], fit de ces personnages des adeptes de la secte. Le plus vraisemblable, c'est que l'antique constitution de ces cités fut modifiée de façon à s'accorder avec les règles d'une doctrine qui portait à Crotone de si heureux fruits. Mais la législation pythagoricienne était en opposition avec la forme du gouvernement despotique auparavant adoptée dans la Grande Grèce, et une lutte ne tarda pas à s'élever entre les partisans de la tyrannie et ceux du sage de Samos. Les premiers finirent par avoir le dessus à Sybaris, et les seconds s'enfuirent à Crotone pour y chercher un asile. En vain Télys, qui avait conquis dans Sybaris l'autorité suprême, réclama l'extradition des réfugiés, les Crotoniates, sur les instances de Pythagore, la refusèrent, et, sous le commandement d'un de ses disciples, le célèbre Milon, ils marchèrent contre leurs rivaux [5]. Ils obtinrent sur les

---

[1] Diogen. Laert., VIII, 16.

[2] Plutarch. *Numa*, § 8, p. 255, edit. Reiske. Strabon avance même que les habitants de Mazaca, en Cappadoce, avaient adopté la législation de Charondas, en partie empruntée aux idées pythagoriciennes ; mais il est probable que le géographe grec entend seulement par là indiquer l'analogie du gouvernement de cette ville avec celui de Thurium.

[3] Diodor. Sic., XII, c. 20. Diogen. Laert., VIII, 16. Nicomach., ap. Porphyr., *op. cit.*, § 21, p. 29. Jamblich., *op. cit.*, §§ 53, 104, 130, 172, p. 39, sq. Scymn. Ch., v. 282, sq. Senec. *Epist.*, XC.

[4] Voy. Krische, *De Societ. a Pythag. condit.*, p. 89.

[5] Herodot., V, 44. Diodor. Sic., XII, 9. Aristot. *Polit.*, V, 3. Heracl.

habitants efféminés de Sybaris une victoire facile; les conséquences en furent toutefois funestes : la discorde s'éleva parmi eux, quand il fut question de partager le butin. Cylon se mit à la tête du parti populaire qui réclamait une part dans les dépouilles dont le conseil oligarchique voulait s'attribuer le profit en commun [1]. Les disciples de Pythagore eurent le dessous dans l'émeute excitée par le démagogue, et le maître lui-même fut réduit à prendre la fuite [2]. La persécution contre ses partisans s'étendit bientôt aux autres cités, et Pythagore alla mourir dans l'abandon à Métaponte [3].

La défaite des Pythagoriciens devint dans toute la Grèce le signal d'une réaction contre leur législation austère et probablement quelque peu intolérante. Ils avaient mis fin à la tyrannie; ils succombèrent à leur tour sous les attaques d'une démocratie qui laissait aux passions un plus libre cours et imposait une discipline moins sévère [4].

Les réunions des Pythagoriciens furent proscrites, leurs maisons incendiées [5]; les citoyens les plus distin-

Pont., ap. Athen., XII, c. 21. Strab., IV, p. 263. Apollon., ap. Jamblich., *op. cit.*, § 260.

[1] Diogen. Laert., VIII, 49. Diodor. Sic., X, *fragm.* 6. Aristoxen. et Apollon., ap. Jamblich., §§ 248, 249, 258, p. 262.

[2] Une tradition le fait périr dans l'incendie de sa maison (voy. Arnob., *Adv. Gent.*, I, 39; II, 9, 10).

[3] Aristoxen., ap. Jamblich., *op. cit.*, §§ 248, 249. Plutarch., *De genio Socrat.*, § 13; *De repugnant. stoic.*, § 37. Themist. *Orat.*, IV, p. 102, edit. Pet. Porphyr., *op. cit.*, § 56. Valer. Maxim., VIII, 7, ext. 2. Justin., XX, 4. Cicer., *De fin.*, V, 2. Pythagore mourut vers la LXIXe olympiade (503 ans avant Jésus-Christ).

[4] Theopomp. et Hermipp., ap. Athen., V, c. 52. Justin., *loc. cit.* Dicæarch., ap. Porphyr., *op. cit.*, § 56. Cf. Heyne, *Opuscul.*, II, p. 188.

[5] Jamblich., *op. cit.*, §§ 249, 250. Cf. Heyne, *Opuscul.*, II, p. 188.

gués qui étaient attachés à leurs principes furent bannis
jusqu'à ce que les partis eussent enfin fait une trêve, grâce
à la médiation des Achéens, qui consolidèrent ainsi l'établissement du gouvernement démocratique [1].

C'est sans doute à cette époque surtout que les sectateurs du pythagorisme se répandirent dans la Grèce et
la Sicile [2], et que leurs principes se propagèrent dans les
contrées que j'ai énumérées plus haut [3]. Cinq des disciples de Pythagore se firent un nom chez les Hellènes, et c'est à eux que l'on doit la connaissance d'une
doctrine qui était restée jusqu'alors le secret de ses
adeptes. Ce furent Philolaüs, Lysis, Clinias, Euryte et
Archytas [4]. C'est à leur école que Socrate et Platon pui-
sèrent les principes qu'ils ont développés dans leur enseignement et qu'ils ont transformés au point de faire, comme
nous le verrons plus loin, oublier leurs maîtres. Les opinions de ces Pythagoriciens furent plus tard recueillies par
des sectateurs de la même école qui avaient emprunté leurs
noms [5]. Philolaüs et le seul dont les ouvrages cités par les
anciens présentent un caractère d'authenticité [6].

Archytas, contemporain de Philolaüs, florissait vers la
LXXXXVe olympiade, c'est-à-dire vers 400 avant notre ère;

[1] Polyb., II, 39. Apollon., ap. Jamblich., *op. cit.*, § 262. Dicæarch.,
ap. Porphyr., *op. cit.*, § 56.

[2] C'est à la sollicitation des Pythagoriciens, alors nombreux en Sicile,
que Platon se rendit près du jeune Denys. (Plutarch. *Dion.*, § 11, p. 273,
edit. Reiske.)

[3] Voyez page 342.

[4] Plutarch., *De genio Socrat.*, § 13. Voy. Ritter, *Histoire de la philosophie*, trad. par Tissot, t. I, p. 305.

[5] Les écrits attribués à Archytas et à Timée ne sont pas d'eux, mais
ils sortent de l'école pythagoricienne. Lysias, Euryte et Clinias n'avaient
rien écrit. (Ritter, *ouvr. cit.*, p. 306.)

[6] Voy. Boeckh, *Philolaüs*, p. 16 et suiv.

et comme on a vu que Pythagore se rendit dans la Grande
Grèce vers 540, il en résulte que sa doctrine compta près
de deux siècles d'existence avant de tomber dans un dis-
crédit [1] qui tenait à l'obscurité des sentences dans lesquelles elle était formulée, et à l'usage qu'elle faisait du
dialecte dorien dans lequel avaient été composés presque
tous les ouvrages où elle était exposée. Plus tard, le
nom de Pythagoriciens passa à des philosophes qui
ne professaient plus la doctrine du sage de Samos dans
toute sa pureté, et mêlaient à ses préceptes ceux de
l'orphisme et même du néoplatonisme [2]. L'association du
pythagorisme à des idées plus modernes rend difficile
de tracer un tableau de cette doctrine, telle qu'elle
était sortie de la bouche de son auteur, et les témoignages de Porphyre et de Jamblique, celui même de
Timée, auquel s'en réfère si souvent Diogène Laërte,
peuvent paraître suspects. Toutefois, comme on ne
trouve d'ordinaire dans leurs ouvrages rien qui ne soit
conforme à ce qu'on sait de plus authentique sur le fils
de Mnésarque, et qu'ils citent presque toujours des auteurs plus anciens, on est autorisé à y chercher sinon
les traits exacts, au moins la physionomie générale de sa
philosophie [3].

---

[1] « Pythagorica illa invidiosa turbæ schola præceptorem non invenit. »
(Senec. Quæst. nat., VII, 32.)

[2] Porphyr., op. cit., § 53, p. 49. Il est incontestable que plusieurs
écrits orphiques furent composés sous le nom de Pythagore, comme le
montrent ces paroles de Proclus (In Tim., IV, § 279, p. 700) : Πυθαγο-
ρικὸν δὲ καὶ τὸ ταῖς Ὀρφικαῖς ἔπεσθαι γενεαλογίαις· ἄνωθεν γὰρ ἀπὸ τῆς Ὀρφικῆς
παραδόσεως διὰ Πυθαγόρου καὶ εἰς Ἕλληνας ἡ περὶ θεῶν ἐπιστήμη προῆλθεν, ὡς
αὐτὸς ὁ Πυθαγόρας φησὶν ἐν τῷ ἱερῷ λόγῳ.

[3] Voy. Archytæ Tarentini Fragmenta, ap. Orelli, Opuscul., t. II,
p. 234, sq.

Le caractère que j'ai signalé dans Pythagore reparaît en grande partie chez Empédocle, né à Agrigente, c'est-à-dire dans une île où la doctrine du philosophe de Samos avait rencontré de nombreux adeptes. Empédocle dut se trouver en contact avec eux, et l'on a même avancé qu'il avait suivi les leçons de leur maitre [1]. Mais la chronologie seule réfute cette assertion. Car Empédocle florissait vers la LXXXIVe olympiade [2], conséquemment bien après la mort de Pythagore. D'ailleurs sa doctrine, malgré les analogies qu'elle présente avec les principes pythagoriciens, s'en distingue essentiellement. Ainsi c'est à tort que quelques auteurs anciens ont classé Empédocle dans la secte pythagorique [3]; tout ce qu'on peut admettre, c'est qu'il y avait fait des emprunts.

Appartenant à une famille riche et influente, Empédocle joua dans sa patrie un rôle politique qui lui permit de mettre en application ses principes [4]. Sans avoir été un législateur, un réformateur, à la façon du sage de Samos, il travailla cependant à faire adopter sa doctrine philosophico-religieuse dans Agrigente. Après la mort de Méton, il fit prévaloir dans cette ville un système politique fondé sur l'égalité [5], et exerça presque l'autorité royale [6].

---

[1] Tim., ap. Diogen. Laert., VIII, 54. Aul. Gell. *Noct. Attic.*, IV, 11. D'autres le donnent pour un disciple de Télangès, élève de Pythagore (Diogen., *loc. cit.*), ou du Pythagoricien Archytas de Tarente (Suidas, v° Ἀρχύτας).

[2] 443 ans avant Jésus-Christ (Diogen. Laert., *loc. cit.*). Voy. Brandis, *Handbuch der Geschichte der Griechisch. Römischen Philosophie,* p. 188, et Bonamy, dans les *Mémoires de l'Académie des inscriptions et belles-lettres,* t. X, p. 54.

[3] Brandis, *ouvr. cit.*, p. 189, 190.

[4] Diogen. Laert., VIII, p. 600.

[5] Id.. *ibid.*, p. 613.

[6] Id., *ibid.*

Éloquent et enthousiaste [1], il laissa la réputation d'un homme extraordinaire, et la légende s'emparant de sa biographie, il fut représenté comme un thaumaturge, un devin, un prophète [2]. On raconta de lui des résurrections [3]; on dit qu'il avait conjuré les vents [4], et, par des moyens magiques, asservi la nature à sa volonté [5]. Sans être un ascète, comme Pythagore, il paraît cependant s'être fait remarquer par une grande simplicité de mœurs [6], et malgré l'élévation de sa fortune et de sa naissance, il vécut plus pour la science que pour les jouissances de la vie [7]. Plus physicien que Pythagore, mais moins géomètre, il avait emprunté quelques-unes de ses idées aux écoles ionienne et éléatique [8]. Il ne

[1] Tim., ap. Diogen. Laert., VIII, p. 602. Aristotel., ap. eumdem, p. 603.

[2] Satyr. et Tim., ap. Diogen. Laert., VIII, p. 604, 605. Cf. Empedocl., edit. Sturz, t. I, p. 36. Cf. Philostr. Vit. Apollon. Tyan., VIII, 7, 6.

[3] Diogen. Laert., VIII, 58. Il avait rappelé à la vie, en présence de quatre-vingt personnes, et après avoir offert un sacrifice aux dieux, une femme d'Agrigente nommée, selon quelques-uns, Panthéa (VIII, p. 610, 611).

[4] Tim., ap. Diogen. Laert., VIII, 59. De là les surnoms de κωλυσανέμας, ἀλεξάνεμος, qui lui furent donnés. (Porphyr. Vit. Pythag.; § 29, p. 36. Jamblich. Vit. Pythag., c. 28, p. 114. Hesychius, v° κωλυσανέμας. Suidas, v° ἀμύκλαι. Plutarch., De curiosit., § 1, p. 76. Clem. Alex. Stromat., VI, p. 630.)

[5] Suidas, v° ἄπνους. Philostrat. Vit. Apollon. Tyan., I, 2, p. 3. Plutarch., Adv. Colot., § 32, p. 601.

[6] Diogen. Laert., VIII, p. 612.

[7] Tim., ap. Diogen. Laert., VIII, 66. Aussi Empédocle reprochait-il à ses compatriotes leur luxe et leur mollesse. « A voir votre vie voluptueuse, leur disait-il, on croirait que vous pensez mourir demain ; et à regarder vos maisons, on s'imaginerait que vous pensez vivre éternellement. » (Diogen. Laert., VIII, p. 607.)

[8] Voy. Brandis, Handbuch der Geschichte der Griechisch. Römischen Philosophie, p. 188, § 47.

faisait pas jouer aux -nombres le rôle que leur attribuait Pythagore, et cela seul est une preuve décisive
qu'il n'appartenait pas à son école. Il avait imaginé une
cosmogonie qui offre plus d'un trait de ressemblance avec
celles de Phérécyde, d'Acusilaüs et même d'Hésiode[1].
Elle reposait sur le dualisme; car Empédocle admettait l'existence primordiale de deux principes, celui
de l'union ou de l'amour (φιλία), et celui de la répulsion
ou de la haine (νεῖκος)[2]. Dès le commencement existait,
selon lui, le chaos; mais ce chaos, il le concevait comme
une matière animée et jusqu'à un certain point intelligente[3]. Quant aux dieux, dont il acceptait les noms tels que
les Grecs les lui avaient transmis, il les identifiait aux forces
créatrices, aux éléments primordiaux. Voilà pourquoi il
faisait de Zeus le feu, de Héra la terre, d'Aïdoneus
l'air, de Nêstis (Νῆστις) l'eau[4]. Une conception aussi
matérielle de la divinité révèle un panthéisme analogue à celui des écoles d'Ionie et d'Élée. Mais,
tandis que ces écoles affaiblissaient l'idée religieuse,
Empédocle cherchait, au contraire, à la fortifier. De
même que Pythagore, il condamnait l'anthropomorphisme des poëtes[5], et repoussait les fables qui donnent
des divinités une idée trop humaine. Ainsi que lui,
il rejetait sur les démons ou divinités inférieures les

[1] Plutarch., *De placit. philosoph.*, I, 3, p. 531. Diogen. Laert., VIII,
p. 615.
[2] Philopon, *Ad Aristot. Physic. auscult.*, III, 4. Cf. Empedocl.,
edit. Sturz, t. I, p. 262.
[3] Empedocl., edit. Sturz, p. 292.
[4] Plutarch., *De placit. philosoph.*, I, 3, p. 531. Diogen. Laert., VIII,
p. 615.
[5] C'est ce que nous dit Ammonius (*Ad Aristot. de interpret.*,
fol. 54, *a*).

actes et les œuvres condamnables que la mythologie
des premiers âges attribuait aux dieux [1]. Ces démons
étaient, de même que les anges du christianisme, bons
ou mauvais, imparfaits, vicieux comme nous, et parfois
plus pervers encore [2].-

La métempsycose constituait un des dogmes fondamentaux de la doctrine d'Empédocle. Il enseignait que la
partie supérieure de l'âme ($\delta\alpha\iota\mu\omega\nu$) est d'origine divine,
et que c'est en punition des fautes qu'elle a commises dans
une vie antérieure, qu'elle est attachée au corps [3]. Pour
être purifiée, cette âme devait vraisemblablement, après
avoir subi un premier châtiment aux enfers [4], passer par

---

[1] Origen. *Philosoph.*, c. 3, p. 9, edit. Miller. Empedocl., edit. Sturz,
t. I, p. 296.

[2] Plutarch., *De defect. oracul.*, § 16, p. 713. Theodoret., *De Græc.
affect. curat. dissert.*, X, ap. *Oper.*, vol. IV, p. 952. Empedocl., edit.
Sturz, t. I, p. 297, 298. Empédocle donnait aux mauvais démons l'épithète de φαῦλοι. D'après ce système, tout pythagoricien, les mauvais
démons subissaient la punition des fautes dont ils s'étaient rendus coupables. (Plutarch., *De Is. et Osir.*, § 24, p. 478.)

[3] Ainsi le réglait l'ordre général de l'univers (ἀνάγκη), le décret
rendu par les dieux à l'origine des choses (θεῶν ψήφισμα παλαίον,
ἀίδιον). Trois myriades d'heures cosmiques devaient s'écouler avant que
l'âme revînt au séjour de la béatitude (τρίς μέν μυρίας ὥρας ἀπὸ μα-
κάρων ἀλάλησαι). (Empedocl., edit. Karsten, v. 1, sq. Cf. Diogen. Laert.,
VII, p. 616. Sext. Empiric., *Adv. Math.*, IX, 127-129. Origen.
Philosoph., c. 27. Plutarch., *De esu carn.*, § 7, p. 49. Cedren. *Chronic.*,
t. I, p. 157.) Cette doctrine, reprise en partie par Platon, est résumée
dans ce beau passage de Cicéron : « Est enim animus cœlestis ex altis-
» simo domicilio depressus et quasi demersus in terram, locum divinæ
» naturæ, æternitati contrarium. » (*De senect.*, c. 21.)

[4] C'est du moins, selon la remarque de M. E. Zeller (*Die Philosophie
der Griechen*, t. I, p. 549), à ce châtiment préalable que semble faire
allusion le vers :

Ἄτης ἂν λειμῶνα κατὰ σκότος ἠλάσκουσιν.

(Empedocl., edit. Karsten, v. 23.)

une série d'existences, errer dans l'atmosphère [1], habiter
une foule de corps, d'enveloppes matérielles, et même descendre jusqu'au point de n'être plus que la force vitale
de la plante [2]. La métempsycose d'Empédocle était donc
un système de transmigration plus complet et plus logique que celle de Pythagore [3]. L'âme y devenait un
démon qui passe par tous les degrés de l'échelle animée,
avant de remonter jusqu'à la source de toute vie. Ce système rappelle la doctrine égyptienne, à laquelle il était
peut-être emprunté [4].

Nous ne savons rien de la discipline qu'Empédocle
imposait à ses disciples. Il paraît avoir, de même que le
fils de Mnésarque, accordé dans la liturgie une grande
place aux purifications, aux expiations, dont l'emploi se
liait tout naturellement à sa doctrine eschatologique fondée sur l'état de pureté des âmes [5]. Il ne semble pas
avoir précisément institué une règle, comme la conçut le
sage de Samos. Et malgré sa croyance à la métempsycose, il n'interdisait ni l'usage des viandes, ni celle du

Αἰθέριον μὲν γάρ σφε μένος πόντονδε διώκει
Πόντος δ'ἐς χθονὸς οὖδας ἀπέπτυσε, γαῖα · δ'ἐς αὐγὰς
Ἡελίου ἀκάμαντος, ὁ δ'αἰθέρος ἔμβαλε δίναις·
Ἄλλος δ'ἐξ ἄλλου δέχεται στυγέουσι δὲ πάντες.

(Édit. Karsten, v. 14, sq.)

[2] Diogen. Laert., VIII, p. 616. S. Hieronym., Adv. Jovin., lib. II,
ap. Oper., I. II, p. 52. Empedocl., edit. Sturz, t. I, p. 466. Empedocl.,
edit. Karsten, v. 368. Origen. Philosoph., VI, p. 182, edit. Miller.

[3] Cette doctrine était la conséquence naturelle du principe qui admet
que l'âme du monde est répandue dans tout l'univers.

[4] Damasc., ap. Suid., v° ἱερατικὴ. Voy. A. Gladisch, Empedokles
und die Ægypter, p. 66. Cf. ce qui a été dit plus haut, p. 296.

[5] On lui attribuait la composition d'un ouvrage intitulé Καθαρμοί, qui
est mentionné par Cléomènes et Phavorinus (voy. Diogen. Laert., VIII,
p. 607).

poisson [1]. Son enseignement était aussi moins ésotérique
que celui de Pythagore, et il avait exposé sa doctrine
dans des poëmes dont nous avons conservé des fragments [2]. Ce qu'il y dit de la Divinité dénote une certaine
tendance vers le monothéisme panthéistique qui prévalut
chez les philosophes postérieurs, car son dualisme, de
même que l'ancien dualisme mazdéen, se résout dans
une unité primordiale [3].

La réputation dont jouissait Empédocle, la foi aveugle
qu'on avait dans ses oracles, semblent, de son vivant
même, en avoir fait une sorte de dieu [4]. Il finit par ne se
montrer que vêtu de pourpre, une ceinture d'or retenant
sa tunique, et un diadème ceignant sa chevelure qui re-
tombait en flottant sur ses épaules; une foule de serviteurs suivaient son char [5]. Un tel faste ne contredit pas ce
qu'on a rapporté de la simplicité de sa vie; il prouve
seulement qu'Empédocle se donnait lui-même pour inspiré [6]; et cette opinion qu'il avait de sa mission a dû
contribuer à accréditer les fables dont j'ai parlé plus haut.
Toutefois les destinées de sa doctrine furent assez bor-
nées. Son influence ne s'étendit guère au delà de la Sicile ; il se vit même forcé de quitter sa patrie, et alla
mourir dans le Péloponnèse [7]. La réforme qu'il avait

---

[1] Plutarch. *Quæst. conviv.*, VIII, 8, § 1, p. 1006, edit. Wyttenb.

[2] Voyez l'édition de Sturz, déjà citée.

[3] Voyez la dissertation de R. Roth sur la religion de Zoroastre, dans
les *Theologische Jahrbücher*, 1847.

[4] On lui éleva une statue et un autel. (Diogen. Laert., VIII, p. 612.)

[5] Diogen. Laert., VIII, p. 613, 614.

[6] Timée dit que, dans ses vers, il se donnait pour un dieu (Diogen.
Laert., VIII, p. 609), ce qu'avance aussi Héraclite (Diogen. Laert., VIII,
p. 606).

[7] Diogen. Laert., VIII, p. 612. Les opinions étaient très partagées
sur le lieu et la manière dont il était mort. Toutefois la présence de son

tentée n'a laissé presque aucune trace dans la théologie et la liturgie des Grecs.

Cette réforme se confondit, pour la postérité, avec celle de Pythagore, auquel furent rattachés son enseignement et ses principes, preuve claire qu'Empédocle n'avait pas empreint ses idées d'un sceau qui leur pùt donner un caractère individuel et durable. Ses ouvrages restèrent, sans doute; ils furent lus par les philosophes, admirés par quelques-uns, mais ils ne devinrent le code d'aucune secte, la loi religieuse d'aucune société.

Héraclite d'Éphèse n'a point été un réformateur religieux à la manière d'Empédocle, et encore moins tel que le fut Pythagore. Quoique imbu des doctrines physiques de l'école ionienne, il eut cependant de la Divinité une notion plus immatérielle qu'elle ne ressortait de la croyance populaire de son temps; et un demi-siècle avant qu'Empédocle entreprît de réformer la religion dans la Sicile, il avait répandu [1] en Asie Mineure et en Grèce l'idée de l'unité divine [2]. Alla-t-il plus loin, et tenta-t-il,

tombeau à Mégare prouve qu'il avait fini ses jours dans le Péloponnèse, ce qui est formellement dit par le mieux informé de ceux qui ont raconté son histoire. C'est sans doute parce qu'ils ne pouvaient se glorifier de posséder son tombeau, que les Agrigentins imaginèrent la fable qui le fait périr dans l'Etna (Diogen. Laert., VIII, p. 611).

[1] Héraclite florissait vers la LXIXe olympiade (505 ans avant Jésus-Christ), c'est-à-dire un demi-siècle environ avant Empédocle; mais les deux philosophes n'ont pu être contemporains (voy. Brandis, *Handbuch*, p. 150, n° 40), puisque ce dernier est, au dire d'Aristote, mort âgé de soixante ans.

[2] Diogen. Laert., IX, 1. Sext. Empiric., VII, 127, 131. Cf. Lasaulx, *Ueber die theolog. Grundlag. aller philosoph. System.* (Munich, 1856). Héraclite subordonnait à cette divinité les démons et les âmes dont il disait l'univers rempli. Καὶ πάντα ψυχῶν εἶναι καὶ δαιμόνων πλήρη, écrit Diogène Laerte.

outre une réforme philosophique, une réforme religieuse ?
Le fait paraît douteux. Ce qui est certain, c'est qu'Héraclite blâmait, comme les philosophes de Samos et d'Agrigente, l'anthropomorphisme homérique, et interprétait les
mythes des poëtes à l'aide des phénomènes naturels [1]
dégagés par lui des idées merveilleuses qu'y attachait l'imagination du vulgaire. La morale d'Héraclite repose sur la
notion même qu'il se fait de Dieu. « Toutes les lois humaines, disait-il, sont nourries de la seule loi divine, car
celle-ci peut tout ce qu'elle veut ; elle satisfait à tout et
surmonte tous les obstacles [2]. » Il prêchait la résignation
et la subordination aux conseils, c'est-à-dire à l'autorité [3].
Toutefois on entrevoit chez lui une tendance à un fatalisme universel, à un dualisme mécanique qui nous
reporte loin du spiritualisme de Pythagore. Sa philosophie offre quelque chose d'analogue aux conceptions
purement physiques que l'école ionienne se faisait de la
raison primordiale ; ce qui est peu favorable à l'hypothèse
que ce philosophe ait tenté une réforme de la religion, hors
de laquelle devaient le jeter des principes tout scientifiques
et une façon de voir les choses qui ne pouvait inspirer que le
mépris et le dégoût pour le culte des éléments divinisés [4].

---

[1] Plutarch., *De Is. et Osir.*, § 23, p. 483. Diogen. Laert., IX, 8. Les
écrits d'Héraclite traitaient de la politique et de la théologie (Diogen.
Laert., IX, 2, 3).

[2] Stob. *Serm.*, III, 84 : Τρέφονται γὰρ πάντες οἱ ἀνθρώπινοι νόμοι ὑπὸ
ἑνὸς τοῦ θείου κρατεῖ γὰρ τοσοῦτον, ὁκόσον ἐθέλει καὶ ἐξαρκεῖ πᾶσι καὶ περι-
γίγνεται.

[3] Clem. Alex. *Stromat.*, V, p. 604, II, p. 417.

[4] C'est ce que semble indiquer le refus que fit Héraclite, au dire de
Diogène Laerte, de donner des lois à son pays, parce qu'il était trop
imbu de principes détestables de gouvernement. La misanthropie de ce
philosophe, son goût pour la solitude, ne dénotent pas d'ailleurs
l'intention de réformer la société.

L'influence d'Anaxagore de Clazomènes sur les idées de son temps fut plus profonde et plus durable que celle qu'on peut attribuer à Héraclite. Ayant choisi Athènes pour le théâtre de son enseignement, il compta parmi ses disciples les hommes les plus illustres du siècle de Périclès et ce grand homme lui-même [1]. Euripide avait suivi ses leçons, ainsi que Prodicus de Céos, qui fut le maître et le précurseur de Socrate [2]. Anaxagore professa un monothéisme plus franc et surtout plus spiritualiste que celui d'Héraclite, plus dégagé des formes polythéistes que ceux d'Empédocle et de Pythagore. A ses yeux, le principe animateur et formateur de l'univers est complétement incorporel (ἀσώματον); c'est un esprit (νοῦς) immatériel dont l'action a produit dans le chaos l'ordre et l'harmonie [3]. Cet esprit n'est pas précisément pour Anaxagore un dieu, mais c'est le _divin;_ il pénètre tous les êtres et les fait vivre [4]. Il est répandu dans le monde entier, et cependant il a une existence individuelle et propre; c'est un être immuable, pensant et actif [5]. En lui résident la justice, le vrai bonheur, dont l'homme ne peut s'approcher qu'en méditant les perfections qui prennent cet esprit dans leur source [6].

[1] Diogen. Laert., II, 12. Plutarch. _Pericl._, § 32.

[2] Diogen. Laert., II, 14. Aul. Gell. _Noct. Att._, XV, 20.

[3] Platon. _Phæd._, § 105, p. 317.

[4] Aristot. _Metaphys._, I, 3, 4; _Ethic. ad Eudem._, I, 5, p. 1216, 10; _De cœlo_, III, 2. Clem. Alex. _Stromat._, II, p. 364. J. Philopon, _In Aristot. de anim._, p. 9. Cicer. _Academ._, II, 37. Voy. Zeller, _Die Philosophie der Griechen_, t. I, p. 696.

[5] Plutarch. _Pericl._, § 3. Platon. _Cratyl._, § 64, p. 274. Aristot. _Physic. auscult._, VIII, 4, p. 256. Simplic., _In Aristot. Phys._, folio 33, b. Cicer., _De natur. deor._, I, 11. Cf. Ritter, _Histoire de la philosophie_, trad. Tissot, t. I, p. 258.

[6] Αὐτὸς δ'ἴσω; ᾤετο τὸν ζῶντα ἀλύπως καὶ καθαρῶς πρὸς τὸ δίκαιον ἢ

Une telle conception de la Divinité n'eût certainement
pas blessé l'opinion de ses contemporains, si Anaxagore
eût pris soin de la mettre d'accord avec ce qu'ils croyaient
des dieux, si, identifiant Zeus à Νοῦς, l'esprit, il eût fait
entrer comme démons les divinités dans le cercle des natures contingentes ; mais c'est ce qu'il ne paraît pas avoir
essayé, et son monothéisme fut si pur, qu'il exclut tout
compromis avec la religion hellénique. Anaxagore ne voit
dans les mythes homériques, dans les noms des dieux que
des allégories[1]. Le soleil n'est plus pour lui Apollon,
c'est une masse de matière embrasée[2] ; la lune est une
terre où existent des montagnes et des vallées, et non
Artémis éclairant les ténèbres de la nuit[3]. Le ciel,
enfin, n'est qu'une voûte de pierre où les dieux ne sauraient habiter[4]. Il va plus loin encore, et heurte la superstition populaire dans ses objets les plus chers ; il
refuse aux prodiges toute signification[5]. De pareilles
hardiesses attirèrent sur sa tête la persécution. Quoique Anaxagore n'ait été ni un sceptique ni un athée, tel
qu'il y en avait déjà de son temps dans la Grèce, il fut
regardé comme un impie. Ses opinions religieuses étaient
trop au-dessus de celles du vulgaire, pour être comprises
et, à plus forte raison, acceptées. Tandis qu'Empédocle
et Pythagore paraissent avoir obtenu, au moins en certains lieux, l'assentiment populaire, Anaxagore ne fut

τινος θεωρίας κοινωνοῦντα θείας τούτων ὡς ἄνθρωπον εἰπεῖν μακάριον εἶναι.
(Aristot. *Eth. ad. Eud.*, I, 4.)

[1] Diogen. Laert., II, 11. G. Syncell. *Chronic.*, p. 149.

[2] Cette opinion fut un des chefs de l'accusation d'impiété portée
contre Anaxagore. (Platon. *Apol. Socrat.*, § 14, p. 311).

[3] Diogen. Laert., II, 8. Xenoph., *Memor.*, IV, 7,7. Plutarch., *loc. cit.*

[4] Diogen. Laert., II, 10, 11.

[5] Plutarch. *Pericl.*, § 6. Theophrast. *Char.*, 16.

défendu que par un petit nombre d'hommes éclairés : triste partage de ceux qui devancent les idées religieuses de leur époque et ont le courage de rompre avec des doctrines qui blessent leurs convictions et leur conscience. Ils ameutent contre eux le fanatisme des uns, le zèle hypocrite des autres. Ils sont traités d'impies, de scélé· rats, eux plus religieux, plus honnêtes, et plus sincères que leurs contemporains, puisque, pour la seule satisfaction du devoir accompli, par un amour désintéressé du vrai, ils compromettent leur repos, leurs intérêts de fortune, et souvent même exposent leur vie. Accusé d'impiété, Anaxagore n'échappa à la prison que grâce à l'intervention de Périclès[1], et alla mourir à Lampsaque[2]. Mais son enseignement avait jeté un trop grand éclat dans Athènes pour ne laisser aucune trace, et ne pas modifier chez quelques esprits d'élite les croyances religieuses que leur avaient transmises d'autres âges[3]. Il est à remarquer, en effet, que c'est à dater d'Anaxagore que la notion monothéiste s'offre avec le plus de clarté dans les écrits des poëtes, des philosophes et des historiens.

J'ai dit que Prodicus avait été son élève. Plus hardi encore dans les questions religieuses, ce philosophe semble avoir fait meilleur marché des fables de la vieille mythologie ; il réduisit tous les dieux à de pures personnifications des forces de la nature. Aussi, par ce côté, n'appartient-il pas à la catégorie des réformateurs réli-

---

[1] Diogen. Laert., II, 12. Diodor. Sic., XII, c. 39, § 2.

[2] Diogen. Laert., II, 13, 14. Plutarch., *De exil.*, § 18 ; *De profect. in virtut.*, § 15.

[3] Aristid. *Orat.*, III, p. 218, edit. Cantab. Cf. Ritter, *Histoire de la philosophie*, trad. Tissot, t. I, p. 247.

gieux, et doit-il être plutôt rangé dans la classe de ces
sophistes qui sapaient toute l'antique théogonie[1]. Toutefois
il n'est pas avéré que Prodicus ait professé l'athéisme, le,
scepticisme, et il y a quelques raisons de supposer que,
comme Anaxagore, il admettait un principe divin, primitif et créateur[2], dont celui-ci lui avait donné l'idée.

Socrate reprit l'œuvre qu'Anaxagore avait laissée
ébauchée. Abandonnant des spéculations métaphysiques
étrangères à la religion, des recherches physiques qui ne
pouvaient rien pour les mœurs, il concentra toutes ses
méditations sur la morale, dont il s'efforça d'asseoir plus
solidement les bases et d'assurer plus efficacement la pratique; il enseignait à l'homme à rentrer en lui-même et à
juger de la valeur de ses actes[3]. Mais une réforme morale
ne pouvait s'accomplir sans toucher à la mythologie. La
notion qu'on avait des dieux exerçait une trop grande
influence sur les œuvres, pour que celles-ci pussent être
réformées sans qu'elle le fût elle-même. Socrate ne
songea pas à creuser les attributs divins, il ne refit pas
la théodicée, mais il chercha à épurer les antiques
croyances, à dégager les dogmes populaires de ce qu'ils
avaient de plus immoral. Il accepta les noms des dieux[4],
les fables même qu'on débitait à leur sujet[5]. Il professa le

---

[1] Voy. plus loin.

[2] Voy. E. Cougny, *De Prodico Ceio Socratis magistro et antecessore*,
p. 56, sq. (Parisiis, 1857).

[3] Voy., à ce sujet, F. Ch. Baur, *Das Christliche des Platonismus
oder Socrates und Christus*, p. 20, sq. (Tubingue, 1837). L'idée de
Socrate se trouve admirablement développée dans Cicéron (*De legib.*,
I, 22, 23). Voyez ci-après, p. 400.

[4] C'est ce qui résulte des témoignages de Xénophon et de Platon.
Voy. notamment Xenoph. *Memor.*, IV, 3, I, 4; *Conviv.*, IV, 46.

[5] Voy., sur le passage d'Euripide (*Bacch.*, v. 13), ce que dit M. Nægelsbach à propos de Socrate (*Die Nachhomerische Theologie*, p. 437).

plus souvent cette maxime que l'on trouve formulée dans
Euripide[1] : *Laissons les vains discours sur les dieux et sur
leur nature; quelle raison pourrait renverser les traditions de nos ancêtres, dont l'origine se perd dans la nuit des
temps.* Il se borna à compléter et à rectifier les poëtes.

Socrate ne paraît avoir voulu modifier ni le culte, dont il
recommande la pratique[2], ni le cérémonial des fêtes. Il
reconnaît la divination[3], les oracles, les prodiges[4], et admet
une bonne partie des superstitions de son temps[5]. Les vents
et la foudre sont, par exemple pour lui, les ministres de
la volonté divine[6]. Mais il s'attache à éloigner toute idée
d'imperfection, d'impureté, de passions de la notion
des dieux. Il nous montre notre âme s'approchant de
la Divinité par la vertu[7]. Les dieux, dit-il, ne peuvent
prescrire des choses injustes; ce qui leur plaît, c'est ce
qui est juste et conforme aux lois[8]. Il nous dépeint
les divinités protégeant l'homme comme leur créature[9],

---

[1]
Οὐδὲν σοφιζόμεσθα τοῖσι δαίμοσι
Πατρίους παραδοχὰς ἅς θ'ὁμήλικας χρόνῳ
Κεκτήμεθ' οὐδεὶς αὐτὰ καταβαλεῖ λόγος.
(*Bacch.*, v. 202, sq.)

[2] « L'homme pieux est, dit Socrate, celui qui honore les dieux. Ce
sont les lois qui règlent le culte que nous devons leur rendre. » (Xenoph.
Memor., IV, 6; cf. Platon. *Phæd.*, p. 251.)

[3] Xenoph. *Memor.*, I, 4.

[4] Xenoph. *Memor.*, IV, 3. « Comme nous ne pouvons prévoir par
nous-même ce qui peut nous être utile dans l'avenir, les dieux viennent à notre secours par la divination; ils répondent à nos demandes. »
(Cf. Xenoph. *Apolog. Socrat.*, § 13. Cicer., *De divinat.*, I, 3.)

[5] Xenoph. *loc. cit.* Lactant. *Inst. divin.*, III, 20. Aussi ne faut-il pas
s'étonner de le voir, à sa mort, dire à Criton d'immoler un coq à Esculape
(*Phæd.*, § 154, p. 409). Voy. au reste, ce qui a été dit, tome I, p. 579.

[6] Xenoph. *Memor.*, IV, 3.

[7] Id., *ibid.*

[8] Id., *ibid.*, IV, 4.

[9] Socrate dit, dans le *Phédon*, que les dieux ont soin des hommes,

et placées elles-mêmes sous l'empire, l'autorité du Dieu suprême, dont il emprunte la notion plus claire à Anaxagore [1]. « Toutes les divinités, dit-il, nous prodiguent des biens sans se rendre visibles. Mais le Dieu suprême, celui qui dirige et soutient tout l'univers, celui en qui se réunissent tous les biens et toute beauté, qui, pour notre usage, le maintient tout entier dans une vigueur et une jeunesse toujours nouvelles, qui le force d'obéir à ses ordres plus vite que la pensée et sans s'égarer jamais, ce Dieu est visiblement occupé de grandes choses, mais nous ne le voyons pas gouverner [2]. » Toutefois nous pouvons apprendre à le connaître, et sa connaissance devient la source de nos vertus, tandis qu'en l'ignorant, nous tombons dans le mal [3]. Aussi Xénophon nous représente-t-il son maître engageant ses disciples à ne rien faire d'impie, de honteux, de criminel, non-seulement en présence des hommes, mais en vue des dieux, aux regards desquels on ne saurait échapper [4].

Son enthousiasme pour la vertu rend Socrate peu favorable au gouvernement populaire. Frappé des vices d'une démocratie corrompue, il s'imagine trouver dans les antiques institutions les garanties pour les mœurs qu'il ne

---

et que les hommes sont une possession des dieux. (Platon. *Phæd.*, §.16, p. 154, edit. Bekker; cf. *Leg.*, X, p. 771, *d*. Julian. *Epistol. ad Athen.*, p. 276, *b*.)

[1] Καὶ ἡγησάμην, εἰ τοῦθ' οὕτως ἔχει, τόν γε νοῦν κοσμοῦντα πάντα κοσμεῖν καὶ ἕκαστον τιθέναι ταύτῃ ὅπῃ ἂν βέλτιστα ἔχῃ. (Platon. *Phæd.*, p. 97.)

[2] Xénoph. *Memor.*, IV, 3.

[3] Socrate s'exprime ainsi dans le *Théétète* : Ἡ μὲν γὰρ τούτου (θεοῦ) γνῶσις σοφία καὶ ἀρετὴ ἀληθινή, ἡ δὲ ἄγνοια ἀμαθία καὶ κακία ἐναργής. (Platon. *Theæt.*, § 85, p. 480, edit. Bekker.)

[4] Xénoph. *Memor.*, I, 4.

rencontre pas dans la liberté. Comme tous les réformateurs, il prétend revenir à l'antique pureté de la loi, et,
de même que Luther et Calvin, qui prétendaient restaurer
le christianisme dans sa lettre primitive, il prêche la
simplicité et les usages des anciens temps. Comme le
fit aussi Platon, il s'irrite que l'égalité ait pénétré
jusque dans l'intérieur des familles, que les pères traitent
leurs enfants comme leurs égaux, que les jeunes gens
veuillent tenir tête aux vieillards soit en paroles, soit en
actions, que les vieillards descendent aux manières de
la jeunesse, afin de ne point passer pour des gens
bourrus et difficiles, qu'il y ait trop de liberté et d'égalité entre les hommes et les femmes. Ce qu'il y avait
enfin de plus intolérable, à ses yeux, c'est que les habitants, et même les étrangers, affectassent dans Athènes
les mêmes droits que les citoyens, que les esclaves de
l'un et l'autre sexe fussent aussi libres que ceux qui les
avaient achetés [1].

, L'idée de progrès était si étrangère aux esprits de l'antiquité, qu'un réformateur ne pouvait faire passer ses
principes qu'en les présentant comme un retour à la sagesse supposée des premiers âges. Quand Socrate propose des changements, c'est toujours au nom de celle-ci;
car il ne se contente pas de demander à la tradition religieuse une sanction de la morale dont il épure les préceptes et systématise l'enseignement, il entreprend encore
de consolider le principe même de cette tradition, en
démontrant, d'une manière plus logique et plus serrée
qu'on ne le faisait avant lui, l'existence de la Divinité et

---

[1] J'emprunte cette appréciation à l'intéressant ouvrage de M. J. Denis,
Histoire des théories et des idées morales dans l'antiquité, t. **I**,
p. **89.**

la réalité de l'autre vie. Xénophon le met en présence
du sceptique Aristodème, dont il réfute les objections, et
aux yeux duquel il établit la réalité des dieux et la nécessité de les adorer [1]. Socrate rattache la croyance à
l'immortalité de l'âme à la doctrine du divin dans
l'homme et de la raison qui vivifie l'univers [2]. Bien qu'il
lui semble téméraire de parler avec quelque précision dè
l'état de l'âme après la mort, sa conviction est que l'âme
du juste, affranchie par le trépas des entraves du corps,
jouira de la plénitude de son activité [3]. Socrate présente
dans sa doctrine morale ce caractère nouveau, qu'il ne
règle pas seulement, comme la loi politique et religieuse
de son temps [4], les obligations des citoyens entre eux et
envers l'État, mais qu'il cherche la morale universelle [5],

---

[1] Xenoph. *Memor.*, I, 4.

[2] Xenoph. *Cyrop.*, VIII, 7, § 3. Cicer., *De legib.*, I, 8. Voyez, à
propos des paroles que Xénophon met dans la bouche de Socrate mou-
rant, Ritter, *Histoire de la philosophie*, t. II, p. 56, trad. Tissot, et W.
G. Tennemann, *Die Lehren der Sokratiker von der Unsterblichkeit*,
Iéna, 1791, in-8.

[3] Platon. *Phæd.*, p. 107. Xenoph. *Memor.*, IV, 5.

[4] Νόμοι ἄγραφοι, comme Xénophon les appelle (*Memor.*, IV, 4;
OEconom., VII, 31).

[5] La vertu antique n'était que le courage militaire, ou pour mieux
dire, la force, écrit M. J. Denis; la tempérance n'avait de prix que parce
qu'elle est excellente pour faire des corps robustes et des âmes intré-
pides; la justice, que parce qu'elle est le respect des lois ou de la discipline, sans laquelle il n'y a pas de citoyens... La philosophie renouvela
et généralisa les idées de vertu et donna naissance au droit des gens, à
un droit public nouveau (voy. J. Denis, *Histoire des théories et des
idées dans l'antiquité*, t. 1, p. 248). On retrouve ces idées développées
par Cicéron dans ses *Lois* (I, 23), qui veut que le sage reconnaisse qu'il
n'est point habitant d'une enceinte fermée par des murailles (*non unius
circumdatum mœnibus loci*), mais un citoyen du monde (*civem totius
mundi, quasi unius urbis agnoverit*). De là, à l'idée d'une fraternité,
d'une charité commune entre les hommes, il n'y avait qu'un pas. Et en

les devoirs qui lient réciproquement tous les hommes, et voilà pourquoi il se déclare *citoyen du monde*[1]. Sans doute, il a un respect profond pour les lois, il prêche la soumission à l'autorité, il admet ou semble admettre que ces lois sont d'institution divine[2], mais il conçoit quelque chose de plus élevé qu'elles.

C'est donc Socrate qui a posé en Grèce les fondements de cette doctrine de la fraternité universelle, professée par les Platoniciens[3], consacrée, étendue par le christianisme, et c'est, en conséquence, à lui que l'on doit la première idée du droit des gens, dont les principes ne furent développés que bien des siècles après; car de son temps, ce droit, qu'on peut appeler la morale des nations, n'existait point. « Les Grecs, écrit M. F. Laurent[4], ne se croyaient liés ni par le droit ni par l'humanité; ils ne se reconnaissaient d'obligations réciproques que lorsqu'un

effet, cette idée conduit Cicéron à énnocer ces paroles, qui sont déjà du christianisme presque pur : « En effet, lorsque l'âme, après avoir connu
» et compris les vertus, se sera dégagée de toute complaisance envers le
» corps, et qu'elle aura étouffé la volupté comme la souillure du beau,
» qu'elle se sera affranchie de toute crainte de la mort et de la douleur,
» qu'elle se sera associée à ses semblables par le lien de la charité (*so-*
» *cietatemque caritatis coierit cum suis*), qu'elle aura regardé les
» hommes comme ses alliés naturels; lorsque enfin, ayant embrassé le
» culte des dieux et une religion pure, elle aura exercé cette vue de
» l'esprit... alors, je le demande. peut-on connaître, peut-on imaginer
» un sort plus heureux que le sien? » (*De legib.*, II, 23.)

[1] Cicer. *Tuscul.*, V, 37. Cette idée fit son chemin après Socrate, et quand parut le christianisme, qui la consacrait, les païens parlaient déjà des *mundi jura* (Lucan. *Phars.*, VI, 139), des *terrarum leges* et des *fœdera mundi* (Stat. *Theb.*, XII, 842).

[2] Xenoph. *Memor.*, IV, 4.

[3] Chacun, dit Apulée, naît d'abord pour la patrie, puis pour ses proches, puis pour les autres hommes avec lesquels il a des rapports de parenté et de connaissance. (*De dogm. Platon.*, II, c. 2, p. 214.)

[4] *Histoire du droit des gens*, t. I, p. 117.

traité les avaient stipulées. La notion de devoirs découlant de la nature de l'homme reconnue par les philosophes n'entra pas dans le domaine des relations internationales.»

Il règne beaucoup d'obscurité et d'incertitude sur les vrais motifs de la condamnation de Socrate; et l'on a émis à cet égard diverses hypothèses[1]. Que la politique y ait joué un rôle, c'est ce qui est avéré; mais que ses opinions religieuses en aient été le prétexte et, jusqu'à un certain point, la justification, c'est ce que l'on ne saurait aussi nier. Suivant l'acte d'accusation, Socrate s'était rendu coupable d'impiété; il ne reconnaissait pas les dieux de l'État; il introduisait des divinités nouvelles sous le nom de démons, et, par son enseignement, corrompait la jeunesse[2]. Ces termes sont formels; il est évident que, malgré ses protestations de respect pour le culte de l'État, pour les dieux de sa patrie, Socrate ne les concevait pas comme le peuple d'Athènes, dont le poëte Mélitus, le démagogue Anytus et le rhéteur Lycon se faisaient les organes[3]. Et à la mention des démons, il est facile

---

[1] Voy., à ce sujet, J. G. Cooper, *Life of Socrates*, London, 1749, in-8. Fréret, *Sur la condamnation de Socrate*, dans les *Mém. de l'Acad. des inscript. et belles-lettres*, t. XLVII, p. 209 et suiv., et l'article de M. Zeller, dans l'*Encyclopédie classique* de Pauly, t. VI, p. 1247.

[2] Diogen. Laert., II, 40. Xenoph. *Memor.*, IV, 8; *Apolog.*, § 25, p. 345. Platon. *Euthyphron.*, § 5, p. 117; *Apolog.*, p. 56; *Phæd.*, p. 99. Diodor. Sic., XIV, c. 37. Ælian. *Hist. var.*, II, 13. Voyez, au sujet de l'introduction d'un culte nouveau imputé à crime au philosophe, les réflexions de Lévesque, *Mém. de l'Instit., scienc. moral. et polit.*, t. I, p. 267, 268.

[3] M. Ch. Lenormant a judicieusement remarqué qu'il y avait, au temps de Socrate, deux partis religieux dans Athènes. Les uns, et Aristophane et Mélitus étaient du nombre, recommandaient le respect

de reconnaître la doctrine déjà professée par Pythagore, qui reportait à ces êtres divins les actions impures et coupables que les poëtes racontaient des dieux olympiens. D'ailleurs nous voyons le grand ennemi de Socrate, Aristophane, le représenter comme un athée qui nie l'existence de Zeus et n'admet que des causes naturelles, lui prêter même les idées matérialistes de Démocrite et de l'école atomistique[1].

Si la réaction fut, dans le principe, violente contre Socrate[2], la postérité ne tarda pas à le venger de l'iniquité de sa patrie. Quelques auteurs ont même prétendu

des vieilles croyances, quelles qu'en fussent la grossièreté et l'impureté fondamentales; les autres, disciples d'Anaxagore, voulaient purifier la religion et favorisaient la liberté des opinions. M. J. Denis propose toufois une explication différente. Socrate est, à ses yeux, un adhérent du parti réactionnaire, qui voulait ressusciter, avec une aristocratie de fraîche date, les antiques formes oligarchiques. Il faisait cause commune avec un parti corrompu, et traître aux véritables intérêts de la patrie, dont il était la dupe, et dans les rangs duquel se trouvaient les Critias, les Théramène; mais un de ces retours fréquents dans les révolutions, le fit accuser par le parti dont il avait épousé les préjugés. (Voy. *Histoire des théories et des idées morales dans l'antiquité*, t. I, p. 92.) Ce dernier point de vue me semble erroné, et l'opinion de M. Ch. Lenormant est plus conforme à la donnée de l'histoire. Cf., du reste, Dresig, *De Socrate juste damnato*, Leipzig, 1738, in-8. Stallbaum, *Conjecturæ de rationibus quæ inter Socratem et ejus adversarios intercesserint*, Leipzig, 1834, in-4. F. G. Zimmermann, *De necessitate qua judices coacti fuerint capitis damnare Socratem*, Clausthal, 1834, in-4.

[1] *Nubes*, v. 340, sq. C'est ce qui ressort du dialogue que le comique établit entre Socrate et Strepsiade. La doctrine du Δῖνος et de la Δίνη est évidemment prêtée, dans ce passage, au philosophe.

[2] « Les chances de la lutte avec Lacédémone, écrit M. Ch. Lenormant, paraissent avoir influé sur la fortune des deux partis. Tant que la victoire fut facile, Périclès et ses amis purent favoriser la philosophie et montrer peu de zèle pour la religion, et surtout pour les mystères; mais les revers croissants de la république furent interprétés dans le

que l'indignation populaire se tourna contre ses ennemis et ses accusateurs[1]. Le fait paraît fort douteux ; mais, quoi qu'il en soit, on doit reconnaître que l'influence de ses idées n'a fait que s'accroître par la condamnation dont elles avaient été frappées. C'est ainsi qu'au xvi° siècle, la condamnation de Luther devint le signal d'un mouvement religieux, dirigé tout entier dans le sens qui avait attiré sur lui les foudres de l'Église, et qu'au xviii°, la condamnation de l'*Émile* et la persécution dirigée contre son auteur préparèrent le triomphe de ses principes, qui eut lieu vingt-cinq ans plus tard. Je ne veux comparer Socrate ni à Luther ni à Rousseau, mais j'ai dû faire ce rapprochement pour montrer qu'une doctrine qui a sa raison d'être dans l'état des esprits n'est jamais si près de triompher que quand ses adversaires épuisent sur elle leurs dernières rigueurs.

Socrate, sans être transformé par la tradition en un demi-dieu, en un personnage surnaturel, laissa cependant dans son école, dont les adeptes allaient toujours croissant, la réputation d'un homme divin[2] ; et on lui rendit même un culte[3]. Ce qu'il avait dit de son démon le faisait d'ailleurs tenir pour inspiré[4], et son admirable rési-

sens d'une punition divine, et la faction des vieilles croyances reprit le dessus, notamment à partir des étourderies sacriléges d'Alcibiade, disciple de Socrate. » (Voy. *Le Correspondant.*, ann. 1857.)

[1] C'est ce que répètent Diodore de Sicile (XIV, c. 37), Plutarque (*De invidia et odio*, p. 170, edit. Wyttenb.), saint Augustin (*De civit. Dei*, VIII, 3), Tertullien (*Apolog.*, c. 14), et ce que disent encore Thémistius et Libanius ; mais cette assertion paraît contredite par le silence de Xénophon.

[2] Voy. Cicer., *De divinat.*, I, 25.

[3] Il eut, plus tard, une chapelle à Athènes. (Marin. *Vit. Procl.*, c. 10, p. 8, edit. Boissonade).

[4] Platon. *Theæt.*, § 20, p. 405, sq. ; *Apolog.*, § 19, sq., p. 329, sq.

gnation le proposait pour modèle à tous les sages. Joignant la pratique des vertus à leur théorie, il se distinguait par là d'un 'grand nombre de philosophes qui avaient payé à la faiblesse humaine de trop fréquents tributs. Son enseignement était dépouillé de cette forme scientifique et abstraite qui ne peut convenir qu'à un petit nombre ; la douceur de ses mœurs contrastait avec l'orgueil que leur science inspirait à d'autres philosophes.

Tout était donc éminemment propre chez Socrate à en faire un réformateur religieux. Et en effet, à dater de sa mort, c'est-à-dire dès la xlve olympiade (399 av. J.-C.), on voit ses principes de morale exercer en Grèce, sur la religion, une influence qu'il est facile de constater. La tentative de Socrate retentit certainement au delà du cercle des philosophes, et son enseignement eut trop d'éclat pour n'avoir pas réagi parfois sur les opinions du vulgaire. Toutefois ces efforts dans le but de régénérer la religion hellénique, de lui donner un fondement plus moral, étaient encore prématurés, et pour être efficaces, ils n'eussent pas dû tendre à une réforme radicale. Et cependant Socrate se voyait contraint de rejeter tant de fables, de condamner tant de pratiques jusqu'alors intimement liées au culte, qu'il ne laissait plus debout qu'un édifice démantelé. Ce n'était pas seulement une réforme qu'il poursuivait, mais une réédification totale; il périt écrasé sous les ruines.

L'école de Mégare continua les enseignements de Socrate, mais sans en agrandir le caractère et en fortifier l'influence. Euclide s'attachait à maintenir l'union du

Xenoph. *Memor.*, I, 1, 4 ; IV, 8, 5. Plutarch., *De genio Socrat.*, c. 20. Apul., *De deo Socrat.*, p. 1, sq. Voy. Lélut, *Du démon de Socrate*, nouv. édit., Paris, 1856, in-12.

principe monothéiste et de la morale, montrant en Dieu la raison et l'intelligence suprêmes d'où découle le bien et dont le bon est l'essence [1]. En perfectionnant la logique, la seule branche de la philosophie que son maître ait cultivée, le chef de l'école mégarienne habitua sans doute les esprits à se rendre compte de leurs croyances, et simplifia, par cela seul, la théologie. Mais toute trace de l'influence de cette école s'est effacée, et la subtilité de sa dialectique la jeta promptement dans des voies étrangères à la religion [2].

Platon reprit l'œuvre de Socrate avec plus de liberté, et, tout en parvenant à sauver les apparences, il porta à la mythologie antique un coup dont elle ne put jamais se relever. Il n'innova pas cependant autant que donneraient à le penser ses doctrines; car il ne faut pas les séparer de celles qu'on avait enseignées avant lui. Platon emprunta beaucoup à Pythagore ; toute l'antiquité est unanime à cet égard [3], et cela ressort du rapprochement de ses principes avec ceux de l'école italique. Sans doute il ne s'était point engagé sous la règle du philosophe de Samos, mais il avait médité les écrits d'un de ses principaux disciples, Philolaüs [4]. Il a fait dans son *Timée* de notables emprunts à la théorie des nombres, et ses disciples Speusippe et Xénocrate ont soutenu, à leur

---

[1] Diogen. Laert.; II, 106; IV, 161. Cicer. *Aristocl.*, ap. Euseb. *Præp. evang.*, XIV, 17.

[2] Voy. H. Ritter, *Histoire de la philosophie*, trad. Tissot, t. II, p. 108 et suiv.

[3] Aristot. *Metaphys.*, I, 6. Euseb. *Præp. evang.*, XIV, 5. Diogen. Laert., III, p. 191. Procl., *In Platon. Tim.*, I, § 1, p. 1, edit. Schneider. S. August.; *De civit. Dei*, VIII, 4.

[4] Il avait acheté, disait-on, pour un prix très élevé, les livres de Philolaüs. (Aul. Gell. *Noct. Att.*, III, 17 ; cf. Diogen. Laert., III, p. 192.)

tour, cette théorie pythagoricienne. S'il faut en croire même la-tradition, Platon avait conversé à Locres et à Tarente avec les disciples du fils de Mnésarque [1]. Ce qui est certain, c'est qu'il combina les opinions du dernier avec celles de Cratyle et d'Héraclite [2]. Et de la sorte il composa un corps de doctrine sur lequel il greffa la morale de Socrate. Ce qui lui permit de profiter des progrès que la philosophie avait fait faire avant lui aux idées religieuses. Ayant fourni une longue carrière [3], il parvint à exercer dans la Sicile et à Athènes [4] une influence qui dépassa celle de tous les sages qui l'avaient précédé. Son éloquence donnait à ses paroles une autorité qui avait manqué à l'enseignement obscur et énigmatique de Pythagore. Ses voyages [5], la célébrité de son nom, répandirent dans toutes les contrées helléniques ses ouvrages, et par suite ses idées. Socrate lui-même lui dut d'être mieux connu, mieux apprécié, et la morale que ce sage avait inculquée dans l'esprit d'un petit

---

[1] Diogen. Laert., III, p. 190. Cicer., *De finib. bon. mal.*, V, 29. Cf. *Tusculan. quæst.*, I, 17.

[2] Aristot. *Metaphys.*, I, 6. Cratyle avait été disciple d'Héraclite, et Platon l'avait entendu dans sa jeunesse. (Cf. Diogen. Laert., III, p. 191.)

[3] Platon mourut âgé de quatre-vingt-un ans, la deuxième année de la cviiie olympiade (343 ans avant Jésus-Christ). (Cf. Diogen. Laert., V, 9. Cicer., *De senect.*, 5.)

[4] Platon fit deux voyages à Syracuse; il visita pour la première fois la Sicile, vers sa quarantième année.

[5] Diogen. Laert., III, p. 190. Platon avait été en Égypte (Valer. Max., VIII, 7, § 3 ext.), et l'on trouve en effet, dans ses écrits (voy. ci-dessus, p. 295), une connaissance de la religion de ce pays, moins imparfaite que chez les poëtes grecs. Suivant la tradition de l'école néoplatonicienne, il avait conversé, à Saïs, avec le prêtre Paténeit, à Héliopolis, avec le prêtre Ochlapit, à Sebennyte, avec le prêtre Ethimon. (Procl., *Ad Platon. Tim.*, § 31, p. 72).

nombre, devint, une fois qu'elle eut eu Platon pour interprète, celle de presque tous les philosophes religieux.

La doctrine platonicienne constitue toute une religion.
Elle a sur l'ancienne mythologie l'avantage incomparable
d'avoir pour base une philosophie qui repose elle-même
à la fois sur la raison et sur la conscience intime. Le
platonisme ne laisse, pour ainsi dire, aucune question
psychologique, morale, théologique et sociale, en dehors
de ses appréciations. Il pourvoit à tout, et a pour objet
de remplacer le système religieux incohérent et contradictoire qui régnait en Grèce. On s'explique donc le prodi-
gieux succès qu'eut l'enseignement du philosophe athénien et l'influence exercée plus tard par ses doctrines
sur la religion hellénique. En effet, à dater du commencement du ive siècle avant notre ère, cette influence
se reconnaît visiblement dans la mythologie, dans la
poésie religieuse, dans le culte, dans les lois. Platon
fut l'instituteur du jeune Denys [1]. Cyrène lui demanda,
dit-on, des lois [2]. Dion partit de l'académie pour aller
affranchir Syracuse, Python et Héraclite pour délivrer la
Thrace de la tyrannie de Cotis, Aristonyme, Phormion et
Ménandre pour donner une constitution et des lois aux
Arcadiens, aux Éléens et à Pyrrha [3]. Cette influence de la
doctrine politique de Platon eut aussi son côté fâcheux ;
elle ramena ou fortifia en beaucoup d'États un régime

---

[1] C'est au moins ce qui paraît le plus vraisemblable ; mais Denys le
Jeune ne répondit pas à ses leçons. (Voy. Ritter, *Histoire de la philosophie*, trad. Tissot, t. II, p. 130.)

[2] Diogen. Laert., III, 20.

[3] Athénée remarque qu'il sortit de l'école de Platon moins de législateurs et de philosophes que de tyrans.

aristocratique ou monarchique qui dégénérait en tyrannie [1].- C'est que Platon était plus fait pour former des
penseurs que des citoyens ; le caractère pratique manque
à ses idées. Mais ce n'est pas sous ce rapport que j'ai
à envisager son influence. A l'égard de la religion et de
la morale, cette influence fut incontestablement bienfaisante, et elle mérite tous les éloges qui lui ont été donnés.
Il faut le dire aussi, Platon n'était que l'écho des plus
nobles aspirations de son temps. Ce qu'il enseignait existait déjà à l'état de sentiment dans un grand nombre
d'esprits. Il systématisa des idées qui n'attendaient pour
éclore qu'un jour de beau soleil et une exposition libre.
La preuve que le disciple de Socrate résumait les opinions de son époque, c'est que le développement naturel
de son système se-continua sans effort après sa mort. Ses
disciples s'assimilèrent les doctrines particulières soutenues hors de leur école. Aussi le platonisme perdit-il ce
caractère mystique et contemplatif qu'il avait à l'origine [2],
et il fut longtemps avant de revenir à sa pureté première. Ce caractère, il l'avait dû peut-être à une influence
du dehors ; Platon, de même que Pythagore, puisa vraisemblablement plusieurs de ses idées en Orient, en
Égypte. Mais il sut leur donner un caractère hellénique,
il les appropria si bien au système dont la Grèce lui avait
fourni les éléments principaux, qu'on ne saurait regarder
sa philosophie comme une importation étrangère ; loin
de là, le platonisme réagit plus tard pour modifier les
croyances auxquelles il avait pu faire des emprunts.

---

[1] Voy. J. Denis, *Histoire des théories et des idées morales dans
l'antiquité*, t. I, p. 112 et suiv.
[2] C'est ainsi que Crantor, Cratès et Polémon rabaissent la notion
du bien en soi jusqu'à celle des objets qui conviennent à notre nature.

Platon, si puissant par ses idées, si fort d'un assentiment qu'il trouvait dans des esprits dont il connaissait à merveille les besoins, ne fut forcé ni d'en appeler aux prodiges ni à une inspiration supposée. Sans doute la légende ne pouvait laisser passer ses débuts dans la vie, sans y mêler quelques circonstances merveilleuses[1], mais elle n'offrit jamais en lui qu'un homme, qu'un sage. Platon fut un réformateur, et non, comme Pythagore et Empédocle, un prophète et un thaumaturge. Il proposa sans doute des lois, en les plaçant sous le patronage de la Divinité[2], mais il ne se donna point pour un envoyé du ciel, èt même, quand il joue le rôle de Minos, il évite tout ce qui pourrait faire croire que Zeus lui dicte ses lois[3].

Platon adopte franchement le monothéisme d'Anaxagore et de Socrate, qu'il présente dans toute sa sévérité. Également éloigné du fatalisme physique et de la superstition populaire[4], il écarte de la conception de l'unité divine cette notion panthéistique qui tend à confondre la Divinité avec l'âme du monde, le créateur

---

[1] Tels sont, l'anecdote sur l'essaim d'abeilles que Perictioné, sa mère, trouva un jour dans sa bouche (Ælian. *Hist. var.*, X, 21; cf. XII, 45), le récit du songe que fit Socrate la veille du jour où le jeune Platon vint prendre place parmi ses disciples (Diogen. Laert., III, 5; Pausan., I, c. 30, § 3).

[2] Cicer. *Tuscul. quæst.*, II, 14.

[3] Platon propose ses *Lois* pour les Magnètes, petit peuple de la Crète.

[4] On voit par le dialogue de l'Athénien et de Clinias (*Leg.*, XII, § 13, sq., p. 633 et suiv.), que Platon, tout en réfutant l'athéisme, combat l'opinion du vulgaire, qui tenait pour athées ceux qui admettaient des lois dans les révolutions des astres et les phénomènes de la nature. Il cherche à opérer l'alliance de la science et de la religion, et fait de l'astronomie une branche de la théologie. (*Leg.*, VII, § 21, p. 335.)

avec le principe de vie circulant dans toute la nature [1].
Dieu (ὁ θέος) est incorporel et incompréhensible; il est, à
ses yeux, la source primordiale de toute existence [2]. Si le
monde subsiste, s'il est indestructible, c'est par sa volonté [3] Dieu est le père et le créateur de toutes choses [4].
Il soutient et fait vivre le monde, après l'avoir créé [5]. Ce
monde est comme sa manifestation visible; il l'a façonné
de terre et de feu [6], d'après un type qui existait en
lui de toute éternité. Dieu est parfait [7], et voilà pourquoi il a voulu que le monde fût bon. Il est le type de
toute perfection, de toute beauté [8], et la juste mesure de
toutes choses [9]. Aussi l'homme de bien trouve-t-il dans
ce Dieu éternel le modèle qu'il cherche [10]; et celui qui
veut être heureux et juste doit s'attacher à lui, s'efforcer
de l'imiter [11]. C'est, comme on voit, la doctrine déjà pro-

---

[1] Πλάτων δὲ καὶ οἱ Πυθαγόρειοι τὸν δημιουργὸν ὕμνησαν τοῦ παντὸ : ὡς
χωριστὸν καὶ ἐξηρημένον καὶ πάντων ὑποστάτην. (Procl., *In Platon. Tim.*,
§ 81, p. 192, edit. Schneider.)

[2] Platon. *Tim.*, § 15, p. 275. Cicer., *De natur. deor.*, I, 12.

[3] Platon., *loc. cit.*

[4] Τὸ πᾶν ξυνετεκταίνετο, comme dit Platon dans le *Timée*, § 10, p. 258.

[5] Platon., *loc. cit.* Aussi Dieu est-il immuable (*Conviv.*, p. 208).

[6] Platon. *Tim.*, § 11; cf. §§ 10, 14.

[7] Platon. *Protagor.*, § 83, p. 335, sq.; cf. Plutarch., *De defect. oracul.*,
§ 24, p. 731. Platon ne veut pas qu'on représente Dieu comme cause des
choses mauvaises, puisqu'il est essentiellement bon (*De republ.*, III,
§ 19, p. 383).

[8] *Conviv.*, p. 85, 86.

[9] Platon., *loc. cit.*

[10] Platon. *Phœdr.*, § 64, p. 94, sq.

[11] « Dieu n'est injuste, dit Platon dans le *Théetète* (§ 81, p. 473,
sq.), en aucune manière; au contraire, il est parfaitement juste, et
rien ne lui ressemble plus que celui d'entre nous qui est parvenu
au plus haut degré de justice... Qui connaît Dieu est véritablement sage et vertueux ; qui ne le connaît pas est évidemment ignorant

fessée par Pythagore et Socrate [1]. « Dieu, dit encore Platon, aime l'homme juste et l'appelle à lui [2], tandis qu'il repousse l'orgueilleux, le voluptueux, l'homme enflé de ses avantages corporels. Le premier est l'ami de Dieu, les seconds sont ses ennemis [3]· »

Cette notion de la Divinité lie plus intimement chez le philosophe athénien la morale à la religion. Elle fait de son observation une loi d'obéissance de la créature envers le créateur. Aussi Platon relève-t-il cette humilité que d'autres condamnent comme de la bassesse; nous devons, écrit-il, être humblement soumis à la loi divine [4].

C'est, en général, à l'école de Socrate qu'il a puisé sa morale, dont Apulée nous a laissé un éloquent exposé [5]; il la rattache si étroitement à la religion, qu'à ses yeux le dernier degré du vice et de la dégradation est celui que nous présente l'homme contempteur des dieux [6]. Le sage,

---

et méchant.» Voyez ce que rapporte saint Augustin de ces doctrines, au sujet desquelles il dit : «Nulli nobis quam isti propius acceperunt.» (*De civit. Dei*, VIII, 5.)

[1] Ἕπου θεῷ, avait dit Pythagore; et Stobée, en rapportant ces paroles, ajoute : Σωκράτης, Πλάτων ταῦτα τῷ Πυθαγόρᾳ τέλος ὁμοίωσιν θεῶ. (*Eclog.*, II, 7, p. 64, 65.)

[2] Ὁμὲν σώφρων θεῷ φίλος, ὅμοιος γάρ. (*Leg.*, IV, § 8, p. 114.)

[3] *Leg.*, IV, § 8, p. 113, edit. Bekker.

[4] Voyez, sur cette idée et sur le sens plus favorable que Platon prête au mot ταπεινός, l'article de Neander, intitulé : *Ueber das Verhältniss der hellenischen Ethik zur christichen*, dans le *Deutsche Zeitschrift für christliche Wissenschaft und christlichen Leben*, herausg. von F. Th. Schneider, t. I, p. 122 (Berlin, 1850).

[5] *De dogm. Platon.*, lib. II, c. 1, sq.

[6] « Qui sit autem pessimus, eum non solum turpem et damnosum et » contemptorem Deorum, et immoderatam et inhumanam atque insocia- » bilem vitam ait vivere, » dit Apulée (*op. cit.*, c. 16, p. 237).

au contraire, est l'acolyte de Dieu, sur les traces duquel il se dirige[1].

J'ai dit précédemment[2] que les anciens avaient connu les trois principes de la foi, de l'espérance et de la charité. Platon les admet aussi, mais il en règle l'application. Tandis qu'il exclut de la foi les croyances superstitieuses et les fables indignes des dieux, il veut que la charité soit éclairée et moralisante : il entend qu'elle ne vienne au secours du malheur qu'autant que ce malheur n'est pas un juste châtiment du vice ou du crime[3]. « Si quelqu'un, écrit-il[4], s'avise de mendier et d'aller ramasser de quoi vivre à force de prières, que les agoranomes le chassent de la place publique, les astynomes de la cité, et les agronomes de tout le territoire, afin que le pays soit tout à fait délivré de cette espèce bestiale. » Mais à côté d'une si dure injonction, il recommande, comme le devoir le plus sacré, l'hospitalité, cette forme noble et élevée de la charité antique. « L'étranger, étant sans parents et sans amis, intéresse davantage, ajoute-t-il, les hommes et les

---

[1] « Sapientem quippe pedisequum et imitatorem Dei dicimus et » sequi arbitramur Deum, » dit encore Apulée (loc. cit.).

[2] Voy. ci-dessus, p. 13.

[3] Cette doctrine, qui enlève à la charité, dans Platon, ce qu'elle a de miséricordieux et d'indulgent dans le christianisme, était fondée sur l'opinion que Dieu ne fait jamais le mal, et que là où il semble le faire, c'est un juste châtiment qu'il envoie. Platon ne veut pas, pour ce motif, qu'on représente sur la scène les malheurs de Niobé ou des Troyens comme l'ouvrage des dieux ; «ou si le poète les leur attribue, ajoute-t-il, il doit montrer que le châtiment a tourné à l'avantage des coupables. Si nous ne souffrons pas non plus que le poëte appelle le châtiment un malheur et attribue ce malheur à Dieu, nous ne lui permettrons pas de dire que les méchants sont à plaindre, en ce qu'ils ont eu besoin d'un châtiment, parce que Dieu, en les châtiant, a fait leur bien. » (De republ., II, § 28, p. 382.)

[4] Leg., XI, § 14, p. 571.

dieux, » et il menace d'un châtiment céleste ceux qui manqueront à cette obligation sainte [1].

A la suite des vertus théologales se placent les vertus cardinales. C'est Platon qui, le premier, les définit et assigne leur rang dans l'ordre des mérites. « Parmi les biens divins, dit-il, le premier est la prudence (φρόνησις), puis vient la tempérance (σώφρων ψυχῆς ἕξις), et du mélange de ces deux vertus naît la justice (δικαιοσύνη), qui occupe la troisième place. La force (ἀνδρία) est la quatrième [2].

En ce qui touche l'union des sexes, Platon suit les principes sévères de Pythagore. Non-seulement il recommande la tempérance, mais il veut qu'aucun citoyen ne contracte avec des concubines une union qui ne se trouverait ainsi précédée d'aucune cérémonie et dont les fruits seraient illégitimes [3].

On voit combien, même dans les détails, la morale de Platon se rapproche du christianisme; elle complétait les enseignements de Pythagore, en leur enlevant leur caractère quelque peu ascétique pour en faire une morale vraiment sociale.

La notion que Platon se fait de Dieu le conduit à une cosmogonie assez différente de celle qu'avaient adoptée les poëtes. Aussi les Platoniciens se voient-ils forcés d'avouer que les anciens Grecs avaient mal expliqué l'origine des choses [4]. Opinion qui était une nouvelle atteinte à la théologie d'Homère et d'Hésiode, que Platon repoussait comme Pythagore [5].

[1] *Leg.*, III, § 2, p. 139, 140.
[2] *Ibid.*, I, § 6, p. 440.
[3] *Ibid.*, VIII, § 8, p. 374.
[4] Πρῶτόν μοι κακῶς ἀπεικασάντων τῶν ἔμπροσθεν βέλτιον, etc. (*Epinom.*, § 5, p. 18, edit. Bekker.)
[5] Platon reproche aux poëtes de rapporter des dieux des fables

Dieu étant le principe de toutes choses, les autres divinités ne devenaient plus que ses créatures. Afin de rendre moins choquant cet abaissement des dieux olympiens presque au rang des êtres terrestres, Platon les identifia aux corps célestes, aux principes physiques qu'ils personnifiaient chez les poëtes, mais d'une manière détournée. Toutefois, dans cette identification, il suit plus ses propres idées que des données empruntées à la tradition. Ainsi, la terre et le ciel, qui, dans sa théorie, ont été créés les premiers par la Divinité suprême, ont perdu à ses yeux le caractère mythologique qui en faisait des personnes vivantes, pensantes, agissantes et douées d'un pouvoir infiniment supérieur au nôtre. « Le ciel et la terre, écrit le philosophe, engendrent l'Océan et Téthys ; de ceux-ci

indignes d'eux. Il respecte pourtant les anciens récits, mais en ce sens seulement qu'il ne s'en occupe pas. Son respect n'est en réalité que du mépris, sinon de la prudence. Il évite de réfuter des fables qui ne valent pas, après tout, une réfutation : Τὰ μὲν οὖν δὴ τῶν ἀρχαίων πέρι μεθείσθω καὶ χαιρέτω καὶ ὅπη θεοῖσι φίλον λεγέσθω ταύτῃ. (Leg., X, § 2, p. 465.) Ailleurs le même philosophe dit que les poésies d'Homère et d'Hésiode sont remplies de mensonges (De republ., II, § 57, p. 376). « Détourner sourdement de l'argent est une action basse, l'enlever ouvertement est un trait d'impudence, » écrit-il encore. « Que personne ne se laisse tromper par ce que débitent les poètes et tous autres conteurs de fables, ni ne s'enhardisse à commettre rien de semblable, sur la fausse persuasion que le vol et la rapine n'ont rien de honteux, et qu'il ne fait en cela que ce que font les dieux eux-mêmes. » (Leg., XII, § 1, p. 577. Cf. ce que dit de Platon, S. Augustin, De civit. Dei, VIII, 13.) Suivant une tradition qui est du reste loin d'être authentique, Platon, qui avait puisé en Égypte l'idée d'un monothéisme beaucoup plus franc, aurait évité de l'exposer, par crainte des rigueurs de l'Aréopage (S. Justin. Exhort. ad Gent.; § 20, p. 68, edit. Otto). Mais Platon paraît avoir peu approfondi la théogonie égyptienne, et s'il n'a pas dit toute sa pensée, il ne paraît pas du moins avoir eu une doctrine ésotérique distincte de celle qui ressort de ses enseignements.

naissent Phorcys, Cronos, Rhéa et leurs frères; de Cronos et de Rhéa, Zeus et Héra et tous les frères qu'on leur donne [1]. Les astres, comme en général tous les êtres vivants, deviennent ainsi, pour Platon, des dieux, ou plutôt des êtres divins; car, bien qu'il les distingue du Dieu éternel, il les nomme cependant encore des dieux sensibles et contingents [2]. Il suppose leurs corps principalement formés de feu, pour qu'ils soient aussi resplendissants et aussi beaux que possible, et leur attribue une figure ronde semblable à celle du tout [3]. Créés par la Divinité et admirablement enchaînés les uns aux autres, ces principes divins reçoivent de lui une sorte d'immortalité, car Platon ne les fait sujets ni à la dissolution ni à la mort [4]. Peut-être, au reste, est-ce là une simple concession faite à la religion de son pays. Quoi qu'il en soit, c'est à ces êtres divins que Dieu, selon lui, a remis le soin d'achever la formation de l'univers [5]. Le philosophe reproche aux vieilles cosmogonies d'avoir placé à la tête de la création le ciel et les autres corps célestes [6]. « L'antiquité protége, sans doute, dit-il, ces fables peu dignes des dieux, mais elles sont inutiles aux hommes et peu propres à leur inspirer la vertu et la piété filiale [7]. »

De ces dieux créés et contingents, les uns, se confondant avec les corps célestes, perdent tout caractère théologique; les autres, moins bien définis, ne se mani-

---

[1] *Tim.*, § 15, p. 277.
[2] *Tim.*, ibid. Voy. Ritter, *Histoire de la philosophie*, trad. Tissot, t. II, p. 302, 303.
[3] *Tim.*, § 15.
[4] *Ibid.*, § 16.
[5] *Ibid.*, § 17.
[6] Voyez la note 5 ci-dessus, p. 414.
[7] *Leg.*, X, § 2, p. 465.

festent que quand il leur plait [1] ; et lorsque Platon les veut définir, il les assimile aux cercles de la sphère cosmique [2].

Je n'entrerai pas dans le détail de la cosmogonie platonicienne, où le mythe, mais un mythe moins capricieux que celui des poëtes, paraît constamment servir d'enveloppe à la réalité. Ce mythe, que l'on pourrait appeler philosophique [3], n'est qu'une description du jeu des forces physiques supposé produit sous la double action du principe primordial et du fluide vital répandu dans l'univers. L'anthropomorphisme antique en est banni ; car Platon tient, comme je l'ai dit, Homère, Hésiode et leurs imitateurs, pour remplis de mensonge [4]. Les poëtes attribuent à tort aux dieux des choses indignes d'eux, la Divinité étant essentiellement bonne [5]. En parlant de la sorte, ce philosophe ne fait, du reste, que reproduire les opinions

[1] Voy. Th. Henri Martin, *Commentaire sur le* Timée *de Platon*, t. II, p. 138, 139.

[2] *Tim.*, *loc. cit.*

[3] Ce genre de mythe figure fréquemment dans l'enseignement néoplatonicien. Voyez ce qu'en dit M. M.-N. Bouillet dans sa traduction de Plotin, t. II, p. 535, 536.

[4] *De Republ.*, II, § 17, p. 375, edit. Bekker. Voy. la note ci-dessus, p. 414, 415.

[5] Voy. ce que dit Platon de la fable de Ganymède (*Leg.*, I, p. 467, edit. Bekker; cf. Cicer. *Tuscul.*, I, 26, 65) et le passage que j'ai déjà cité ci-dessus, p. 412, note 3. Ces sentiments furent ceux de la plupart des philosophes de l'antiquité grecque, et plusieurs siècles après, ils inspiraient à Pline ces paroles énergiques : « Matrimonia quidem inter deos credi tanto » que ævo ex his neminem nasci et alios esse grandævos, semper que canos, » alios juvenes atque pueros, atri coloris, aligeros, claudos, ovo editos » et alternis diebus viventes morientesque, puerilium prope delira- » mentorum est. Sed super omnem impudentiam, adulteria inter ipsos » fingi; mox jurgia et odia atque etiam furtorum esse et scelerum hu- » mina. » (*Hist. nat.*, II, 5, § 7.) Cf. ce que j'ai déjà dit à ce sujet en traitant de la morale, p. 13 et suiv.

de Pythagore, qui étaient aussi celles des gens éclairés de
son temps; car au iv° siècle, on traitait de contes de
bonnes femmes la plupart des traditions de l'époque,
héroïque[1], comme on le voit par Euripide[2]. Si Platon
en accepte quelques-unes, c'est pour les modifier de
façon à les adapter à ses vues. Il en agit ainsi, par
exemple, pour le mythe de l'âge d'or et du règne de
Cronos, qui ne devient pour lui qu'un thème d'enseignements sur l'art de gouverner les hommes[3]. L'*Euthyphron* et le second livre de la *République* prononcent
la condamnation des fables scandaleuses racontées par
les poëtes. « Gardons-nous de croire, dit Platon au
troisième livre du dernier de ces traités[4], que Thésée, fils
de Poséidon, et Pirithoüs, fils de Zeus, aient tenté des
enlèvements criminels, ni que nul enfant des dieux, nul
héros ait osé commettre les cruautés et les impiétés que
des fictions calomnieuses leur prêtent aujourd'hui. Met-
tons les poëtes dans l'alternative de ne plus leur imputer
ces faits, ou de ne plus les reconnaître comme enfants des
dieux, et qu'ils ne puissent plus faire l'un et l'autre à la fois. »
Speusippe continue ce système d'exégèse fondé par son
maître, et c'est à cette circonstance qu'il paraît avoir dû
le surnom de Θεολόγος que lui donne Eustratios[5].

Dans les écrits d'Isocrate, bon nombre de fables théologiques ne sont plus présentées, de même, que comme
des allégories morales.

[1] Ἅπερ αἱ γραῖαι ᾄδουσι, dit Platon dans le *Lysis*, §5, p. 214, edit. Bekker.
[2] *Iphigen. Taur.*, v. 391, 1387. Cf. F. Bouterwek, *De philosophia
Euripidea*, ap. *Comment. Gœtting. Societ.*, t. IV, p. 21.
[3] *Leg.*, III, § 6, p. 105, 106, edit. Bekker.
[4] *De Republ.*, III, § 5, p. 401; cf. II, § 19, p. 383.
[5] *Ad Aristot. Ethic. Nicom.*, I, 6, p. 13, *b*. Cf. Gräfenhan, *Geschichte der klassisch. Philologie*, t. I, p. 232.

Et ce n'est pas seulement parce que les fables des poëtes dénaturent la vraie notion des dieux, que Platon les repousse; c'est aussi parce qu'elles exercent sur les mœurs une influence qui peut devenir funeste. Comme il le montre par ces paroles : « Défendons aussi toute tentative pour persuader à la jeunesse que les dieux engendrent de mauvaises choses, et que les héros ne valent pas mieux que les hommes. Ces discours blessent à la fois la religion et la vérité; car nous avons montré qu'il est impossible que rien de mauvais vienne des dieux. » Ailleurs il s'écrie : « Lorsque Homère raconte comment, à la suite de pareils plaisirs, Arès et Aphrodite furent surpris dans les filets d'Héphæstos; crois-tu que tout cela soit bien propre à porter les jeunes gens à la tempérance [1] ? »

Platon refuse créance, dans Homère, à bien d'autres fables, comme il rejette ce que Pindare et les tragiques avancent d'Esculape, en racontant que ce dieu, fils d'Apollon, consentit, à prix d'or, à guérir un homme riche qui allait mourir et fut en punition frappé de la foudre. On doit, soutient le philosophe, ou dire qu'Esculape était fils d'un dieu, et alors il ne pouvait convoiter un gain sordide, ou avouer, puisqu'il le convoitait, qu'il n'était pas fils d'un dieu [2].

Ces fables immorales ou ridicules furent toujours, au reste, un sujet d'embarras pour la philosophie platonicienne, qui craignait de rompre avec la tradition des poëtes, et refusait cependant d'en accepter les inconséquences théologiques. Aussi cette école proposa-t-elle les explications les plus diverses, toutes inspirées par la

---

[1] *De Republ.*, III, § 4, p. 399; *Leg.*, IV, § 6, p. 713.
[2] *Ibid.*, III, § 16, p. 435.

nécessité d'enlever à ces fables leur caractère scanda-
leux [1]. Mais il était souvent difficile de trouver une explication conforme à la morale et à la raison. Les Platoniciens
étaient-ils tentés de rejeter totalement ces fables, les périls
se dressaient alors devant eux, et les faisaient revenir
sur une hardiesse qui compromettait le fond de la religion même. « En commençant cet ouvrage, écrit Pausanias [2], je trouvai que les contes grecs annonçaient une
crédulité bien stupide, mais venu en Arcadie, j'ai changé
de façon de penser; ceux des Grecs qu'on honorait du
nom de sages, enveloppaient leurs discours dans des
énigmes et ne les annonçaient jamais ouvertement; j'ai
donc conjecturé que ce qu'on dit sur Cronos est quelque
allégorie de ce genre, et nous devons en penser de même
de tout ce qui est débité sur les dieux. » Ce langage était
celui que tenaient ou devaient tenir les Platoniciens.

Nous retrouvons la hiérarchie divine chez Platon à peu
près la même que chez Pythagore. Il y a au-dessous
des dieux, d'après l'*Epinomis* [3], des démons ou génies
dont le corps est composé principalement d'éther. Ces
démons n'ont plus, par conséquent, la perfection des
dieux, bien qu'ils soient fort au-dessus des hommes [4]. Ils
peuvent se rendre coupables d'actions criminelles ou
répréhensibles [5]; et leur infériorité morale contraste profondément avec la perfection, la sainteté des dieux [6]. En

---

[1] Plutarch. *Quom. adolesc. poet. aud. deb.*, § 4, p. 73, edit. Wytt.
[2] VIII, c. 8, § 2.
[3] Voy. Th. Henri Martin, *Comm. cit.*
[4] Platon. *Conviv.*, § 28, p, 72.
[5] Voy., à ce sujet, F. A. Märcker, *Das Princip des Bösen nach den
Begriffen der Griechen*, p. 155, sv. (Berlin, 1842).
[6] De là l'usage, chez les Platoniciens, d'opposer l'œuvre des divinités
et de Dieu à celle des démons : Τὸ δὲ κολαστικὸν ἐριννυῶδές καὶ δαιμονικὸν,

substituant une simple démonologie à la théologie d'Homère et d'Hésiode, le philosophe grec sauvait le monothéisme, et maintenait la forme polythéiste, si chère au peuple, si pleine de charmes pour l'imagination. Platon fait pour son Dieu suprême, ce que le catholicisme a fait pour le créateur, en associant à son culte celui de la Vierge et des saints. Tentative qui a abouti du reste au même résultat pratique ; les disciples du néoplatonisme ayant fini par oublier pour les démons le Dieu qui en était le souverain et le père ; de même que dans le catholicisme, le culte des intercesseurs finit par plus occuper l'esprit des fidèles que celui du Dieu dont la Vierge et les saints sont les créatures.

C'est que, chez les peuples d'une imagination vive et d'un esprit mobile, existe un besoin de multiplier les objets de ses adorations. En vain l'idée monothéiste se fortifie et s'épure, le sentiment religieux réclame des formes variées, auxquelles il puisse attacher des idées diverses et des vertus différentes ; et la même cause qui a fait sortir de l'adoration d'un Dieu un, le culte du sacré cœur, du saint sang, de Marie immaculée, de Marie des grâces ou des douleurs, ramenait le païen, tout éclairé qu'il fût par le platonisme, à prêter à des démons des dons et des puissances qu'il n'allait plus chercher dans une divinité où ces attributs demeuraient tous confondus.

L'idée que Platon se fait des démons l'a contraint, de même que Pythagore, à faire rentrer dans leur classe les dieux olympiens tels que Zeus et Héra [1] ; seulement il en distingue diverses catégories. Les plus élevées dans

---

οὐ θεῖον δὲ οὐδὲ ὀλύμπιον. (Plutarch. *De cohib. ira*, § 9, p. 879, edit. Wyttenb.)

[1] Voyez ce qui est dit plus bas des opinions des docteurs chrétiens.

l'ordre hiérarchique ont un corps éthéré; les autres, qui
ne sont que des demi-dieux, ont un corps fait d'eau ou de
vapeurs aqueuses [1]. Et cette hiérarchie divine règle naturellement le culte. « Après les dieux, dit Platon, le sage
rendra un culte convenable aux démons, puis aux héros
ou demi-dieux [2]. »

Une semblable classification modifiait trop la vieille
mythologie, pour ne pas donner lieu à une foule de diffi-
cultés dans l'esprit de ceux qui n'avaient pas suffisamment pénétré la pensée intime du maître. Il fallut avoir
recours à de nouveaux compromis, dire, comme le répétait plus tard Proclus, que les démons divins (θεῖοι
δαίμονες) sont si semblables aux dieux [3], qu'on avait pu
les confondre avec eux. De là, la nécessité de distinguer
minutieusement les classes de démons et, au besoin, d'en
multiplier le nombre. « Après les démons divins, écrit
Proclus [4], viennent ceux qui participent de la nature intellectuelle et président aux montées et aux descentes (καὶ
τῶν ἀνόδων προστάμενοι καὶ τῶν καθόδων), qui rendent appa-
rentes et font connaître les actions des dieux. La troisième classe comprend ceux qui distribuent les affections

[1] Cette classification en dieux, démons et héros, bons ou mauvais,
fut admise par la majorité des philosophes anciens (voy. Euseb. *Præp.
evang.*, V, 43). Les démons partageaient, avec les dieux, l'immortalité,
avec les hommes, les passions (S. August. *De civit. Dei*, VIII, 14).

[2] *Leg.*, IV, § 8, p. 115. Les Platoniciens de la deuxième et de la
troisième époque assignaient aux dieux le ciel pour séjour, et aux
démons, l'air ou la région moyenne (S. August., *De civit. Dei*,
VIII, 14).

[3] Les Platoniciens expliquaient ainsi les actions coupables et criminelles que l'on avait jadis reprochées aux dieux (Plutarch., *De Placit.
Philosoph.*, I, p. 548).

[4] Procl. *Oper.*, edit. Cousin, t. II, p. 192-194. Cf. Diadoch., *In
Platon. Prim. Alcib.*, p. 26, edit. Creuzer.

des âmes divines, et complètent le lien de celles qui reçoivent de l'action des dieux leurs émanations. La quatrième classe embrasse ceux qui transmettent les forces efficaces de la nature dans les parties génerescibles et corruptibles (εἰς τὰ γενητὰ καὶ φθαρτά), qui communiquent la vie aux natures particulières, leur donnent l'ordre, la raison et la force parfaite. La cinquième comprend les démons corporels qui s'attachent, en quelque sorte, aux extrémités du corps. Telle est la démonologie à laquelle aboutit la théogonie de Platon. Bien que celui-ci eût parlé des démons avec moins de détails, on trouve cependant dans ses ouvrages les germes de toutes les idées de ses derniers disciples. Dans le *Cratyle*[1], il cherche l'étymologie du nom des démons, qu'il fait venir de δαήμο-νες[2], et celui du nom de héros, qu'il dérive de ἔρως, *l'amour*, parce que, selon lui, les héros sont fils des dieux et des déesses. Dans •l'*Apologie de Socrate*, il nomme démons les fils que les dieux ont engendrés de leur commerce avec les nymphes ou les autres femmes. Au passage célèbre du *Phèdre*, où Hestia reste seule dans la maison divine, Zeus est appelé le *conducteur des dieux*[3], le *grand Dieu*[4], sans doute parce que Platon le confond alors avec la divinité suprême, et, dans ce cas, celui-ci distingue les dieux des démons. A la classe des démons, il rapporte toutes les âmes, celles des divinités seules exceptées, et en particulier celles des hommes avant leur descente sur la terre[5]. Les démons s'occupent, selon lui, des affaires humaines, et ser-

---

[1] *Cratyl.*, § 33, p. 226, sq.
[2] Voy. Creuzer, *Symbolik*, 3ᵉ Ausgab., t. III, p. 180.
[3] Ἡγέμων. (*Phædr.*, § 72, p. 108.)
[4] Μέγας θεός. (*Phædr.*, *loc. cit.*)
[5] *Phædr.*, *loc. cit.* Cf. Jamblich., *De myster. Ægypt.*, III, sq.,

vent d'intermédiaires entre les hommes et les dieux supérieurs [1]. Ce sont de divins pasteurs [2] qui protégent les êtres vivants, veillent sur leurs destinées, animent la nature entière, ou plutôt président au jeu de toutes ses parties [3]. Les démons se réduisent ainsi à n'être que des personnifications de la force vitale circulant dans tous les êtres animés [4]. Ils arrivent par degrés, dans l'école platonicienne, à être conçus comme de véritables hypostases de l'âme humaine [5]. Ils personnifient et individualisent la partie divine de celle-ci [6]. Et en effet,

p. 39, sq. L'auteur de ce traité emprunte à Platon une partie de sa démonologie, en l'étendant et en la développant.

[1] Maxim. Tyr. *Dissert.*, XIV, p. 266, edit. Reiske. Apul., *De deo Socrat.*, c. 6, p. 128, ed. Hild. S. August., *De civit. Dei*, IX, 1.

[2] Νομεῖς θεῖοι. (*Politic.*, p. 277, edit. Bekker.) Voy. ce que dit Platon sur le gouvernement que Cronos a remis aux démons (*Leg.*, IV, § 6, p. 106).

[3] « Quelle est la fonction d'un démon? D'être l'interprète et l'entremetteur entre les dieux et les hommes, apportant au ciel les vœux et les sacrifices des hommes, et rapportant aux hommes les ordres des dieux et les récompenses qu'ils leur accordent pour leurs sacrifices. Les démons entretiennent l'harmonie de ces deux sphères ; ils sont le lien qui unit le grand tout, et c'est d'eux que procède toute la science divinatoire... Dieu ne se manifeste point immédiatement à l'homme, et c'est par l'intermédiaire des démons que les dieux commercent avec lui et lui parlent, soit pendant la veille, soit pendant leur sommeil. Celui qui est savant dans toutes ces choses est un homme *démoniaque* ou inspiré. Les démons sont en grand nombre et de plusieurs sortes. » (Platon. *Conviv.*, § 28, p. 72).

[4] Apul., *De deo Socrat.*, c. 6, p. 128, sq. Cf. Bouillet, *Eclairciss.* dans Plotin, *Ennead.*, trad. fr., tome II, p. 532 et suiv.

[5] Voy. la note que j'ai donnée dans les *Éclaircissements* du livre VII des *Religions de l'antiquité*, t. III, part. III, p. 873 et suiv.

[6] J'appelle démon, écrit Dion Chrysostome, interprète ici des doctrines platoniciennes, la puissance qui commande chez chaque homme (τὸ κρατοῦν ἑκάστου) et qui est l'inspiratrice de ses actions, que cet homme soit libre ou esclave, riche ou pauvre, roi ou simple particulier. Ce

dans la doctrine de Socrate, adoptée par Platon, le démon se confond avec le divin[1], et ce divin, est, pour lui, la force du Dieu suprême agissant dans le monde. Chaque homme a ainsi son démon protecteur, son *ange gardien*, qui veille sur ses actes[2]; et, au moment de la mort, conduit son âme dans un autre corps, dans un autre séjour[3]. Parfois même, selon les idées platoniciennes des derniers siècles, ce génie psychopompe n'est que la partie divine de notre âme qui s'en détache pour retourner à la source dont elle émane[4]. C'est par cette conception que les Néoplatoniciens mettent

principe qui est supposé gouverner dans chaque homme est ce qu'on appelle le démon ; il en est le chef (ἄρχων) et le maître (κύριος) (*Orat.*, XXV, p. 281).

[1] Xénophon, dans l'exposé de la doctrine de son maître, emploie avec le même sens, ces mots : ὁ δαίμων et τὸ δαιμόνιον (*Cyrop.*, VII, § 26, VI, 12; *Hist. græc.*, VII, 43; *Conviv.*, VIII, 1; *Memor.*, I, 12, *Apolog.*, § 14, 24).

[2] Ὁ ἑκάστου δαίμων ὅσπερ ζῶντα εἰλήχει. (Platon. *Phædon*, p. 107. Cf. *Lysias*, p. 198. Προστάτης δαίμων. (Jamblich., *De myster. Ægypt.*, VIII, 9. Cf. Plotin, *Ennead.*, III, lib. IV, p. 284. 'Sallust. *De diis et mundo*, c. 20, p. 278, edit. Gale. Hermias, *In Platon. Phædr.*, p. 96.)

[3] Ce démon accompagne l'âme dans le Tartare, et chaque âme en choisit un nouveau, en recommençant une nouvelle vie (Platon., *De republ.*, X, § 13, p. 222; *Phædon.*, § 130, p. 362; cf. F. A. Ukert, *Ueber Dämonen, Heroen, Genien*, p. 158). Platon attribue même en certains cas, à chaque homme, un bon et un mauvais démon, dont l'homme suit tour à tour l'inspiration (*Leg.*, V, § 4, p. 146).

[4] Censorin., *De die natal.*, c. 3. Hierocles, *De providentia*, p. 277, edit. Needham. Hermias, *In Platon. Phædr.*, ap. Van Goens, *Animadv. ad Porphyr. de antro nymphar.*, p. 663. Cf. mon *Mémoire sur les divinités et les génies psychopompes*, dans la *Revue archéologique*, t. I, p. 663. Cette conception du démon conduisit à donner un de ces génies pour hypostases à tous les êtres et même aux dieux. Dans l'esprit de plusieurs Platoniciens, les dieux ont leurs démons, comme les hommes (Strab., X, p. 471; Plutarch., *De defect. oracul.*, § 12; voy. F. A. Ukert, *Ueber Dämonen, Heroen und Genien*, p. 159).

d'accord la démonologie nouvelle avec l'ancienne opinion qui faisait des âmes des morts autant de héros ou de démons[1], opinion que Platon n'avait pas repoussée[2].

Quoique la doctrine des génies psychopompes ait été fort développée par les Néoplatoniciens[3], elle n'en remonte pas moins à Platon, et date sans doute d'avant lui[4]. On la trouve dans Ménandre[5], qui s'inspirait de sa philosophie. Sa conception démonologique conduisit naturellement Platon à admettre que chaque contrée est gouvernée par des démons, dont le caractère plus ou moins juste ou bienveillant, réagit sur celui des habitants[6].

Les démons sont donc, d'après la doctrine platonicienne, répandus en tous lieux; ils circulent dans les

[1] Voy. tome I, p. 567 et suiv.

[2] Platon. *Cratyl.*, § 33, sq., p. 226, sq. Plutarch., Cf. *De placit. philosoph.*, I, § 8, p. 548. Sext. Empiric., *Adv. Physic.*, IX, p. 568, edit. Fabricius. Porphyr., *De abstinent.*, II. Ces âmes, devenues *démons*, étaient de bons ou de mauvais génies, suivant la vie qu'ils avaient menée ici-bas (cf. August., *De civit. Dei*, IX, 3) ; ce qui est conforme à la doctrine professée par les Alexandrins (çf. Jamblich., *De myster. Ægypt.*, II, 5, 6, 7).

[3] Déjà, en comparant la démonologie puisée par Platon chez Pythagore, à celle de l'*Epinomis*, on constate un premier développement de la hiérarchie des démons. L'auteur de ce traité (§ 8, p. 27) établit entre les démons et les dieux une classe d'êtres éthérés (ἀέριων γένος) qui représente ce qu'il y a de plus élevé et de plus pur dans la conception démonologique. Ces démons d'un ordre supérieur servent d'interprètes aux hommes qui les doivent honorer par leurs prières; ils connaissent toutes nos pensées, ont une inclination pour les bons et une aversion pour les mauvais.

[4] Voy. Empedocl., edit. Sturz, t. I, p. 300.

[5] Le comique l'appelle μυσταγωγὸς τοῦ βίου (ap. Plutarch., *De anim. tranquill.*, § 15).

[6] *Leg.*, V, § 14, p. 184. Cf. Jamblich. *De myster.*, *Ægypt.*, I, 11, p. 20, 31.

airs [1]; ils habitent les astres; ils peuvent quitter la région qui-leur est propre, se rendre où il leur plaît, suivre les dieux et en révéler la présence, par leurs manifestations visibles [2]. Aussi sont-ce eux qui parlent dans les sanctuaires fatidiques; c'est à leur intervention qu'ont recours les magiciens [3], si toutefois les maléfices de ceux-ci ne sont pas plutôt un effet de l'imagination et de la peur, que de l'action démoniaque [4]. Ils pénètrent jusque dans les corps, s'introduisent dans les aliments et se logent dans l'organisme humain, qu'ils tourmentent et qu'ils agitent [5]. Il faut alors avoir recours à certaines formules pour les chasser [6]. Ils produisent en nous toutes

---

[1] Voy. Maxim. Tyr. *Dissert.*, XIV, p. 266, edit. Reiske. Alcin., *De doctrin. Platon.*, c. 15. Voy. *Revue archéolog.*, t. I, p. 596.

[2] Procl., *loc. cit.*

[3] Platon. *Conviv.*, § 28, p. 72· Plutarch., *De defect. oracul.*, § 15, p. 712, § 16, p. 713; cf. § 38, p. 760.

[4] « Il est bien difficile de savoir au juste, écrit Platon en parlant des maléfices, ce qu'il y a de vrai dans tout cela; et quand on le saurait, il ne serait pas plus aisé d'en convaincre le vulgaire. » (*Leg.*, XI, § 12, p. 564.) Parole qui nous montre que le philosophe évitait d'approfondir, comme le font encore aujourd'hui tant de gens, les pouvoirs réputés surnaturels.

[5] Voy. ce que dit Maxime de Tyr (*Dissert.*, XV, t. I, p. 268, edit. Reiske) des démons qui habitent dans le corps de l'homme. Toutefois tous les Platoniciens n'acceptèrent pas la doctrine qui faisait des aliénés et des hommes atteints de maladies nerveuses, autant d'énergumènes et de démoniaques. Plotin la combat par des arguments en tout semblables à ceux qu'Hippocrate opposait à ceux qui voyaient dans l'épilepsie un mal envoyé par les dieux. (Voy. le curieux passage d'un de ces traités, *De virtutibus adversus gnosticos libellus*, edit. A. Kirchhoff, p. 39, 40; Berolini, 1847. Cf. mon art. DÉMONIAQUE, dans l'*Encyclopédie moderne*, et ce que j'ai déjà dit tome II, p. 468 et suiv.)

[6] On voit par le *Théagès* de Platon (§ 11, p. 16, sq.) que c'était par des prières et des sacrifices que Socrate croyait pouvoir apaiser son démon.

les passions dont ils ne sont eux-mêmes, pour Platon, que
les personnifications [1].

Telle est la démonologie que le philosophe athénien et
ses disciples substituaient à l'antique mythologie. Elle
avait pour point de départ le monothéisme, mais, on l'a
déjà vu, en fin de compte, elle aboutissait à un polythéisme pratique. Elle n'admettait qu'un Dieu, mais elle
multipliait tant les démons, intermédiaires nécessaires
entre l'homme et lui, que la conscience de la Divinité
s'effaçait pour ainsi dire du cœur humain. Ces démons
n'étaient sans doute pas tous mauvais [2] ; il y en avait de
dignes de nos adorations, et d'autres dont on ne prononçait les noms que pour les conjurer [3]. Mais comme la
mythologie montrait à chaque instant des actions criminelles et déshonnêtes attribuées aux dieux, c'est-à-dire,
selon la nouvelle doctrine, aux démons, cela diminuait
singulièrement le nombre de ceux auxquels il était convenable d'adresser des hommages [4]. Toute la religion
grecque se trouvait ainsi réduite au culte et à l'histoire
de démons imparfaits ou pervers ; le Dieu suprême planait seul au-dessus de cette tourbe de génies, être malfaisants ou vicieux qui avaient usurpé, dans le principe,
son nom, et dont toute la nature était, pour ainsi dire,

---

[1] Platon. *Conviv.*, p. 178. ὥστε τούτων ἑκάστων σπέρματα τῶν
παθῶν ἀνακεκραμένα δεδεγμένης ἡμῶν τῆς γενέσεως. (Plutarch., *De
tranquill. anim.*, § 16, p. 933. Cf. Apul., *De deo Socrat.*, c. 13,
p. 141.

[2] Chalcid. *In Platon. Tim. Com.*, p. 226. Clem. Alex., *Stromat.*,
VII, 2, p. 382.

[3] Porphyr., *De abstinent.*, II, 40.

[4] Aussi, dans le traité *De mysteriis Ægyptiorum*, voit-on que,
sous le nom de δαίμονες, on entend presque toujours les méchants
démons (voy. notamment sect. II, c. 4).

infectée. Telle est la doctrine que le platonisme a léguée au christianisme [1]. La foi nouvelle ne répudia aucune des idées de la démonologie antique. Elle changea quelques noms, voilà tout [2].

Les caractères donnés par les Pères de l'Église aux démons sont les mêmes, en effet, que ceux que l'on rencontre chez les Platoniciens; ces écrivains puisent dans les livres des Grecs [3], ils empruntent leurs paroles, ils s'arment de leur autorité; ils partagent toutes leurs superstitions, et c'est en s'en référant à Platon, qu'ils déclarent l'univers livré au culte des démons, d'êtres méchants et

[1] La plupart des docteurs chrétiens ne voient que des démons dans les dieux païens (voy. Euseb. *Præp. evang.*, V, 5, p. 187, edit. Viger). « Autrefois les méchants démons (δαίμονες φαῦλοι), écrit saint Justin, se manifestaient par des apparitions, forniquaient avec les femmes, faisaient voir des spectres effrayants aux hommes, qui, dans leur frayeur, ne se rendaient pas alors compte des actions qu'ils accomplissaient, mais saisis par la crainte et ignorant que c'étaient de méchants démons, les appelaient des dieux et les désignaient par chacun des noms que ces démons s'étaient imposés. » (*Apologet.*, I, 5.) Saint Augustin, qui fait des dieux des païens autant de méchants démons, convient cependant qu'ils ont donné quelques bons préceptes de morale aux initiés (*De civit. Dei*, II, 26).

[2] Voy. pour les développements de ce fait, mon *Mémoire sur les divinités et les génies psychopompes*, dans la *Revue archéolog.*, t. I, p. 598 et suiv., ann. 1845. Hobbes est un des premiers qui aient montré que les docteurs chrétiens tenaient des Grecs tout leur système démonologique (*Leviathan*, cap. 45, *Works*, edit. W. Molesworth, t. 1, p. 699).

[3] Eusèbe emprunte à Porphyre tout ce qu'il dit des démons (*Præp. evang.*, IV, 22, IX, 22; cf. Porphyr., *De abstinent.*, II, 38; Apul., *De deo Socrat.*, c. 6, p. 182, c. 11, p. 137, sq.; Martian. Capell., II, 38). Saint Augustin prend ce qu'il en dit dans Apulée (*De civit. Dei*, VIII, 15.18). Le démon de Socrate est regardé par les Pères comme un méchant démon dont il était possédé (Minuc. Felix, *Octav.*, c. 26; cf. K. R. Hagenbach, *Lehrbuch der dogmengeschichte*, 2te Ausg., I, p. 123).

pervers qui inondent l'atmosphère[1], entrent dans le corps
humain [2], parlent par les oracles [3], suggèrent les pensées
mauvaises et les actions coupables, habitent [4] enfin dans

[1] Telle est l'idée qu'on entrevoit dans saint Paul (*Epist. ad Ephes.*,
II, 2, VI, 12), et que saint Jérôme commente en disant que c'est
l'opinion de tous les docteurs (*omnium doctorum opinio*), que l'air
est rempli de démons (*plenus est contrariis spiritibus*). Il faut rapprocher ces paroles d'un passage bien curieux de Cassien (*Collat.*, VIII,
c. 12) : « Tanta a vero spirituum densitate constipatus est aer ¡ste, qui
» inter cœlum terramque diffunditur in quo non quieti nec otiosi per-
» volitant ut satis utiliter humanis aspectibus eos providentia divina
» absconderit atque subtraxerit. Aut enim terrore concursus eorum vel
» horrore vultuum in quos se pro voluntate sua, cum libitum fuerit,
» transformant atque convertunt, intolerabili formidine homines con-
» sternarentur atque deficerent nequaquam valentes hæc carnalibus
» oculis intueri. »

[2] Voy. S. Johan. Chrysost., *In Matth.*, XXVIII, 2; *Oper.*, t. VII,
p. 388, nov. edit. Origen., *Adv. Cels.*, VIII, 31, 32. Minucius Felix
nous dit (*Octav.*, c. 23, 24) que les démons, ayant des corps subtils et
déliés, peuvent se glisser dans le corps des hommes, et y produire
des maladies. Selon les *Clementines*, les démons entrent dans l'intérieur de l'homme, si celui-ci vient à manger de la viande qui a
été offerte aux idoles. Ils aiment en général les aliments, les boissons,
les plaisirs sensuels, mais manquant d'organes pour les goûter, ils se
servent des organes humains. Voilà pourquoi, est-il ajouté, le jeûne et
l'abstinence sont un moyen de combattre leur influence (Homil., IX, 9,
sq., ap. Coteler. *Patr. Apostol.*, I, p. 688, sq.). Ces caractères assignés aux
démons par les chrétiens sont résumés dans ces paroles de saint Isidore
de Séville : « At vero improbi et impuri spiritibus, vagi et subtiles, animo
» tantum passibiles sunt et aereis corporibus induti, numquam senescunt
» et cum hominibus inimicitias exercentes superbia tument. Fallaces
» atque in fraude callidi, homines, sensus commovent, terroremque
» mortalibus [inferentes, inquietudinibus somniorum et morbis et
» distortione membrorum vitam turbant, præstigia atque oracula
» fingentes. » (*Liber de ordine creaturarum*, c. 8, ap. d'Achery,
Spicilegium, t. I, col. 231. Voy. mon article DÉMONIAQUE, dans l'*Encyclopédie moderne*, publiée par L. M. Renier.)

[3] Telle est l'opinion qu'a réfutée Van Dale, *De oraculis veterum ethni-
corum dissertationes*, 1704.

[4] Tertullian. *Apolog.*, c. 23. Athenager, *Legat.*, c. 26. Fabricius,·

ces idoles que le vulgaire prend pour l'image de la Divinité, et se nourrissent du sang des victimes et de la fumée
des sacrifices [1]. Tandis qu'ils réservent aux diables, confondus avec les démons, tous les caractères des démons
du néoplatonisme, les chrétiens appliquent aux anges [2] ce
que les philosophes avaient rapporté du rôle bienfaisant
des démons [3]. Ils en font des génies psychopompes [4], qui
président à la distribution et à la formation des âmes[5].

Codex Apocryph. nov. Test., *Histor. S. Simon.*, c. 8, *S. Bartholom.*,
c. 42. Voy. mon *Essai sur les légendes pieuses*, p. 118.

[1] Cette opinion découlait de l'idée que, placés dans une région plus
pure et doués d'un corps plus subtil, les démons devaient faire usage
d'aliments moins matériels. Aussi voit-on par Sextus Empiricus (*Adv.
Physic.*, IX, p. 568, edit. Fabric.), qu'on supposait que les démons se nourrissaient des exhalaisons de la terre, mode de nourriture prêté également aux astres. Porphyre professe des opinions analogues (*De abstinent.*, II, 42), puisées dans des croyances superstitieuses
auxquelles font allusion Aristophane (*Aves*, 183, 1513) et Lucien (*De
sacrific.*, c. 9). Cf. ce que disent Athénagore (*Legat.*, 22, 23, sq.),
saint Justin (*Apolog.*, II, c. 6), Minucius Felix (*Octav.*, c. 27), Firmicus Maternus (*De error. profan. relig.*, p. 55, edit. Münter).

[2] La qualification d'ange (ἄγγελος) fut même appliquée par les Néoplatoniciens, à une classe de bons démons (voy. Jamblich., *De myster.
Ægypt.*, II, 5, et ap. Stob. *Eclog.*, I, 52, § 35, p. 904, edit. Heeren;
Pseud.-Orph., ap. Lobeck, *Aglaoph.*, p. 456; Plutarch., *De oracul.
defect.*, § 38, sq., p. 761, sq.). Déjà Philon croyait reconnaître, dans les
démons et les héros du platonisme, les anges de la tradition hébraïque:
Ἃς οἱ μὲν παρ' Ἕλλησι φιλοσοφήσαντες ἥρωας καλοῦσι καὶ δαίμονας, Μωϋσῆς δὲ
εὐθυβόλῳ χρώμενος ὀνόματι Ἀγγέλους προσαγορεύει (*De mundo*, p. 604, edit.
Mangey).

[3] Voy. mon *Mémoire sur les divinités psychopompes*, dans la *Revue
archéolog.*, p. 597 et suiv.; p. 665 et suiv.

[4] *Ibid.*, p. 585 et suiv.

[5] Tertullien dit des anges : « Commissa hominibus utero terendi,
» struendi, fingendi paratura divinis officiis. » (*De anim.*, c. 37.) Origène
les fait présider à la naissance des animaux, des plantes et à la germination des bourgeons (*In numer. Hom.*, XIV, edit. Delarue, t. II,
p. 323).

Dans l'opinion d'un certain nombre de juifs et de chrétiens, les anges se confondent même avec les génies des astres [1] ; ce sont eux qui les gouvernent et les dirigent:. En sorte que tous les phénomènes de la nature ne tardèrent pas à être placés sous l'autorité respective de ces esprits divins dont ils n'étaient plus ainsi que des manifestations [2].

L'héritage de Platon passa donc aux chrétiens, qui demandèrent à ses idées tout ce qui pouvait éclairer ou compléter leur doctrine ; ils firent de sa démonologie une arme pour renverser le polythéisme dont elle avait déjà ébranlé les bases ; et une fois les dieux réduits à n'être plus que de méchants génies, le nom de Jésus suffit pour les conjurer tous et les renvoyer aux enfers [3].

La théologie de Platon trouve son complément dans sa théorie eschatologique. L'immortalité de l'âme, avec ses peines et ses récompenses, est la sanction naturelle de sa morale. Aussi ses dialogues sont-ils remplis d'allusions aux biens et aux maux réservés par la justice de Dieu à nos vertus ou à nos vices. « Lorsque l'âme, écrit le philosophe dans les *Lois* [4], a fait des progrès marqués, soit dans le bien soit dans le mal, par une volonté ferme et soutenue, si c'est dans le bien et qu'elle se soit attachée à la divine vertu jusqu'à en devenir divine comme elle, alors elle

[1] C'est ce qui ressort avec évidence du *Livre d'Hénoch*, composition apocryphe du premier siècle de notre ère (XVIII, 16 ; XXI, 3 ; LXXXI, 10, 11, ap. Gfrœrer, *Prophet. veter. pseudepigraph.*, p. 188, 184, 232).

[2] Voy. mon *Essai sur les légendes pieuses du moyen âge*, p. 17 et suiv.

[3] Ὁ ἡμέτερος Ἰησοῦς ᾧ τὸ ὄνομα μυρίους ἤδη ἐναργῶς ἑώραται δαίμονας ἐξελάσαν ψυχῶν καὶ σωμάτων ἐνεργῆσαν εἰς ἐκείνους ἀφ' ὧν ἀπηλάθησαν (Origen. *Adv. Cels.*, I, 25).

[4] *Leg.*, X, § 12, p. 509. Cf. *Phædon.*, § 69, p. 247.

reçoit de grandes distinctions, et du lieu qu'elle occupe, elle passe dans une autre demeure toute sainte et bienheureuse ; si elle a vécu dans le vice, elle va habiter une demeure conforme à son état. Telle est la justice des habitants de l'Olympe [1]. »

. Sans admettre tout ce que les poëtes avaient raconté de l'autre vie, Platon, avec Socrate, son maître, en accepte, comme on le voit, le fond [2]. Il essaye même de rattacher à ce système eschatologique plusieurs des superstitions populaires. « Si les âmes des morts se montrent parfois alentour des tombeaux, dans les lieux impurs [3], c'est, dit Platon, que, chargées des souillures d'une vie antérieure, elles ne peuvent s'élever jusqu'au séjour de la vertu et de la félicité. » Dans la gradation qu'il établit entre les châtiments futurs, on reconnaît quelque chose d'analogue au paradis, au purgatoire et à l'enfer de la théologie catholique. Car ceux qui n'ont été ni absolument criminels ni complétement innocents, doivent se rendre, selon Platon, au marais Achérusiade, pour expier leurs fautes, avant d'entrer au séjour de félicité. Ce lieu de délices et de paix est celui d'une béatitude éternelle. Quant aux criminels incurables, aux sacriléges, ils sont précipités dans le Tartare d'où ils ne sortiront jamais [4]. Enfin on retrouve dans cette théorie eschatologique jusqu'à la croyance que les prières peuvent délivrer les âmes du purgatoire. «Ceux, écrit Platon, qui ont commis des péchés guérissables, quoique bien grands, tels que violences contre les auteurs de leurs jours, meurtres,

---

[1] Voy. J. Denis, *ouvr. cit.*, t. I, p. 161.
[2] *Phædon.*, § 145, p. 394.
[3] *Ibid.*, §§ 69, 70, p. 258, 249. Cf. Sallust., *De diis et mundo*, c. 19.
[4] *Phædon.*, §§ 143, 144. p. 391, 393, 394.

mais qui en ont fait pénitence leur vie entière, nè demeurent au Tartare qu'une année ; le flot les rejette et les renvoie, les homicides dans le Cocyte, les parricides dans le Pyriphlégéton, d'où ils sont entraînés dans le marais Achérusiade ; là ils jettent de grands cris, appellent à leur secours ceux qu'ils ont tués ou violentés, et les prient, les conjurent de leur pardonner, de leur permettre de passer le marais et de les revoir. S'ils les fléchissent, ils passent le marais et sont délivrés de leurs maux [1]. »

Ailleurs Platon adopte un autre système, celui de la métempsychose, mais comme il n'en-parle généralement que sous la forme allégorique, on ne saurait au juste décider quel est le mode de métempsychose qu'il admet ; il a successivement recours aux deux systèmes de transmigration dont j'ai parlé, en traitant de Pythagore. « Celui qui passera dans la vertu le temps qui lui sera donné pour vivre, retournera, dit Platon [2], habiter avec l'astre à la société duquel il était destiné, et partagera son bonheur. Celui qui succombera, deviendra femme dans une seconde naissance, et s'il persiste encore dans sa méchanceté [3], suivant le genre de vice auquel il se sera livré, il sera changé en un animal d'une nature analogue aux mœurs qu'il se sera formées ; et il ne verra le terme de ses transformations et de son supplice, que lorsqu'il se sera laissé conduire par la révolution du Même et de l'Invariable en lui, et que, triomphant ainsi par la raison de cette multitude de parties déraison-

---

[1] *Phæd.*, § 143, p. 391.
[2] *Tim.*, § 17, p. 279, sq.
[3] Cette méchanceté de l'homme souillé de vices est ce qu'Apulée nomme *malitia* (*De dogmat. Platon.*, II, c. 4, p. 217), expression qui fut adoptée dans le même sens par les chrétiens.

nables et désordonnées de feu, d'eau, d'air et de terre, venus plus tard s'ajouter à lui, il reviendra à l'excellence et à la dignité de son premier état. »

On le voit, dans ce système, l'âme s'épure par la vertu, elle se dégage ainsi de l'influence de la matière dont elle subit, au contraire, de plus en plus la tyrannie, à mesure qu'elle se plonge davantage dans le vice. Cette conception était au fond celle du principe de la perfectibilité humaine. Nos mauvaises pensées, nos dispositions au crime, s'offrent alors comme la conséquence de crimes antérieurs qui n'ont point été expiés[1] Platon s'efforce d'adapter ce système rémunératoire à l'antique mythologie. Au lieu de combattre la croyance au Tartare et aux divinités infernales dans ses formes enfantines et superstitieuses, il l'associe souvent à sa métempsychose. C'est ainsi qu'il nous parle des juges des enfers. D'après lui, en se présentant devant le redoutable tribunal, chaque âme s'entend condamner à des peines proportionnées à ses délits[2]; sentence inutile, assurément, puisque le dogme de la transmigration veut que ce soit dans une nouvelle vie que l'âme subisse son châtiment. L'enfer était, en réalité, dans la doctrine de la palingénésie, une superfétation. Mais ne tenir aucun compte de ce que les poëtes avaient dit de l'Hadès, eût été une hardiesse dangereuse. De là la nécessité pour Platon de parler des supplices du Tartare. Il livre aux derniers tourments les scélérats tels que le tyran Ardiée, de Pamphylie ; il peuple les enfers de personnages hideux, au corps de feu[3], qui tor-

---

[1] Platon. *Leg.*, IX, § 1; p. 398 : Ἐμφυόμενος ἐκ παλαίων καὶ ἀκαθάρτων τοῖς ἀνθρώποις ἀδικημάτων. De là la nécessité des expiations, des prières aux dieux averrunciens (ἀποτροπαίοι).

[2] *De Republ.*, X, § 13, p. 218, 219.

[3] Ἄνδρες ἄγριοι, διάπυροι (*De Republ.*, loc. cit., p. 218). Dans les lé-

turent les damnés et répondent trait pour trait aux diables du christianisme [1]. Ce n'est qu'après cette première rémunération, que les âmes doivent recommencer une nouvelle vie. « Ames passagères, chante la mœre Lachésis, fille de la Nécessité, vous allez recommencer une nouvelle carrière et renaître à la condition mortelle [2]. »

Toutefois, Platon repousse ce qu'il y a de plus contraire à sa doctrine dans la vieille tradition eschatologique. Il se plaint de ce que l'on représente Pluton comme un dieu formidable, et recourt à des étymologies forcées, pour donner un caractère nouveau aux divinités infernales. « Dans l'autre vie, fait-il dire à Socrate, nous sommes retenus par une condition meilleure, par le désir des choses divines, qui détourne notre pensée de la terre et des biens qu'on y goûte. C'est dans l'autre vie qu'est le vrai bien, la vraie richesse; de là le nom de Pluton, c'est-à-dire *le riche;* l'âme y prend connaissance du divin. De là l'étymologie du nom d'Hadès, emprunté au mot *connaître* [3]. Il faut donc effacer des poëtes tous ces récits effrayants, de nature à inspirer la crainte de la mort. Il faut supprimer ces noms formidables de Cocyte, de Styx, de dieux infernaux et autres du même genre [4]. »

gendes chrétiennes, les démons enchaînent les damnés avec des chaines de feu (voy. mon *Mémoire sur les divinités psychopompes,* dans la *Revue archéolog.,* t. II, p. 237).

[1] Dans les légendes chrétiennes, le diable se montre généralement sous la figure d'un petit homme noir et hideux. C'est ainsi, par exemple, qu'il apparut à S. Élie Speléote (Bolland., *Act. sanctor.,* XI sept., p. 863), à S. Macaire (Macar. Ægypt. *Epistol.,* edit. Floss, p. 116; Voy. mon *Essai sur les légendes pieuses du moyen âge,* p. 198).

[2] *De Republ.,* X, § 14, p. 223.

[3] Εἰδέναι, *Cratyl.,* § 45, p. 243.

[4] *De Republ.,* III, § 1. p. 393.

Et cependant, ailleurs, on l'a vu, Platon parle des supplices réservés dans les enfers aux meurtriers [1]. Cette contradiction tient sans doute à la différence des points de vue auxquels le philosophe se place. Quand il entre dans la morale pratique et la législation, il accepte les croyances populaires sur l'autre vie, mais s'il discute, s'il aborde le pur domaine des idées et s'abandonne tout entier à la spéculation, il fait bon marché de ces fables et n'admet alors qu'une métempsychose fondée sur l'épuration graduelle de l'âme, ou son immersion de plus en plus grande dans la matière.

Le premier point de vue paraît avoir prévalu dans l'école platonicienne. L'*Axiochus*, œuvre d'un platonicien, adopte les tableaux de l'autre vie qui étaient, dans les mystères, mis sous les yeux des initiés [2]. Ceux qui ont été inspirés par un bon démon pendant leur vie, dit l'auteur anonyme, se rendent dans la demeure des justes, où croissent des fruits de toute espèce, où coulent des sources d'eau vive, où sont des prairies émaillées de fleurs [3]. Ceux, au contraire, qui ont passé leur

---

[1] *Leg.*, IX, § 10, p. 436. Platon adopte ici la doctrine des mystères d'Éleusis, d'après laquelle le coupable devait expier ses fautes par des châtiments, avant de commencer une nouvelle vie. Toutefois il parle de ces supplices, comme d'une opinion à laquelle beaucoup ajoutent une grande foi; mais il ne dit pas qu'il y croie lui-même.

[2] *Axiochus*, §§ 19, 20, ap. Platon. *Oper.*, edit. Bekker, p. 194 et sq. La description que ce livre donne du Tartare est empruntée aux poëtes. Il y est représenté comme un lieu souterrain fermé de verroux et de barres de fer, et où règne Pluton (Πλούτωνος).

[3] Apulée, en exposant les doctrines platoniciennes (*De dogmat. Platon.*, lib. II, c. 23, p. 251), dit que les sages auront pour récompense une vie pieuse au milieu des dieux et des demi-dieux (*Deorum choreis semideumque permixtam*).

vie à mal faire, endurent des peines éternelles avec les Danaïdes, Tantale, Titye, Sisyphe; ils sont traînés par les Erinnyes à travers le Tartare, dans les ténèbres et le chaos, séjour des impies.

Cet attachement pour les vieilles superstitions eschatologiques n'empêcha pas la métempsychose de demeurer un des dogmes fondamentaux du platonisme [1]. Elle resta toujours la forme par excellence de la croyance à l'immortlité, immortalité que Platon avait démontrée, ainsi que son maître, par la spiritualité de l'âme, par son affinité avec le divin [2].

Toutefois l'école platonicienne ne paraît pas avoir tenu à tel ou tel système sur l'autre vie, sur la rémunération future. Ce qu'elle voulait seulement, c'est que la crainte des châtiments à venir, effrayât et retint le criminel ; peu lui importait sous quelle forme ces châtiments étaient représentés. C'est ce qui résulte d'un passage du *Traité de l'âme du monde*, attribué à Timée de Locres :

« Les études de la sainte philosophie, y est-il dit, ont purifié nos erreurs et nous ont donné la science; elles ont retiré nos esprits de l'abime de l'ignorance, pour les élever à la contemplation des choses divines. Cette contemplation assidue, avec de la modération et quelque aisance, suffit pour rendre heureuse une vie entière. C'est une croyance très légitime que celui à qui la divinité a donné ces biens en partage, est sur la route du souverain bonheur; mais pour l'homme indocile et rebelle à la voix de la sagesse, que les châtiments des lois retombent sur lui; et ceux plus terribles encore dont nos

---

[1] Voy. Plutarch., *De defect. oracul.*, § 10, p. 700.
[2] Voy. J. Denis, *ouvr. cit.*, t. I, p. 157.

traditions le menacent, vengeance du ciel, supplices de l'Hadès, inévitables châtiments préparés sous la terre, et toutes les peines expiatoires dont le poëte de l'Ionie a eu raison de nous dérouler le tableau; car si l'on guérit quelquefois le corps avec des poisons, quand le mal ne cède pas à des remèdes plus sains, il faut aussi guérir les esprits par des mensonges, puisque la vérité est impuissante. Qu'on y joigne, s'il est nécessaire, la terreur des dogmes étrangers qui font passer les âmes des hommes timides dans des corps de femmes, que leur faiblesse expose à l'injure; qui changent les meurtriers en bêtes féroces, les débauchés en pourceaux ou en sangliers, les hommes légers et frivoles en oiseaux, et ceux qui sont paresseux et fainéants, ignorants et stupides, en poissons. Némésis règle ces punitions dans une seconde vie, de concert avec les dieux terrestres et vengeurs des crimes dont ils ont été témoins [1]. »

J'ai dit que Socrate admettait les formes du culte hellénique, se bornant à inspirer à ceux qui le pratiquaient des sentiments plus purs et plus élevés. Tel est aussi le but que poursuit Platon. Il n'innove pas, il ne fait que prêcher une observation plus stricte et plus sincère des rites adoptés par les âges antérieurs. Il condamne même les nouveautés et respecte ce qui a été réglé par les oracles. « Dès qu'il y a eu, écrit-il, des sacrifices institués avec des cérémonies, soit que ces cérémonies aient pris naissance dans le pays, soit qu'on les ait empruntées des Tyrrhéniens, de Cypre ou de quelque autre endroit, et que sur ces traditions on ait consacré

---

[1] *De anim. mundi*, § 11, ap. Platon. *Oper.*, edit. Bekker, t. V, p. 66.

des oracles, érigé des statues, des autels, des temples et
planté des bois sacrés, il n'est plus permis au législateur
d'y toucher en aucune façon [1]. Il faut honorer ces
images, puisque ce culte nous attire la faveur des dieux [2].»
Mais il ajoute qu'on doit se garder d'en user avec les
sacrifices comme on en use avec de l'argent, et ne point
s'imaginer que l'on achète la faveur des dieux, qu'il est
possible de fléchir ou détourner leur colère par des
victimes, des prières ou des offrandes [3]. Autrement on
pourrait être injuste, et, du prix de ses injustices, acheter
l'impunité [4]. « Il ne convient pas a un homme de bien,
dit-il ailleurs [5], encore moins à Dieu, de recevoir les
dons que lui présente une main souillée de crimes. Tous
les soins que les méchants se donnent pour gagner la
bienveillance des dieux sont donc inutiles, tandis que
ceux de l'homme juste sont favorablement accueillis. On
doit éviter de demander aux dieux des choses mauvaises
et coupables. Aussi faut-il que les poëtes soient bien
instruits des choses qu'il est permis de réclamer d'eux,
afin qu'ils ne nous enseignent pas des prières et des
chants qui iraient directement contre leur objet [6]. Ce

[1] *Leg.*, V, § 9, p. 161.
[2] *Ibid.*, XI, § 11, p. 559.
[3] Tel a été, dans tous les pays, le langage des réformateurs religieux ; ils se plaignent de ce que les observances du culte prennent
la place de la vraie piété. C'est ainsi que parlait Osée, chez les Juifs,
plusieurs siècles avant Platon : « Car j'ai demandé la piété et non les
» sacrifices, la connaissance de Dieu plutôt que les holocaustes. »
(IV, 6.)
[4] Platon., *De Republ.*, II, § 8, p. 352. Cf. ce que dit Cicéron : « Nec
» est ulla erga deos pietas, nisi honesta, » etc. (*Pro domo sua*, § 41.)
[5] *Leg.*, IV, § 8, p. 114, 115.
[6] *Leg.*, VII, § 9, p. 291. Platon veut aussi qu'on instruise la jeunesse
et les citoyens des principaux points de la science divine, afin qu'ils

qu'il est_permis de demander à Dieu, c'est l'heureux succès de justes entreprises, c'est qu'il daigne écouter nos prières, et venir, plein de bonté et de bienveillance, nous aider dans nos projets [1]. » Ces préceptes, on les retrouve dans Ménandre [2]; ils ont pour objet de combattre la superstition et non le culte.

Platon entre dans des détails de liturgie qui annoncent le désir de donner à l'adoration des dieux une forme plus uniforme et plus régulière. Il veut que chaque classe de citoyens ait sa divinité, son démon ou son héros particulier [3]. En tout lieu, il y aura des temples consacrés à Hestia, à Zeus, à Athéné et à la divinité sous la protection de laquelle est placée chaque douzième partie du territoire. Autour de ces temples, s'élèveront les demeures des prêtres [4]; le centre de chaque ville doit être consacré aux trois grandes divinités qui viennent d'être nommées [5]. Les citoyens seront divisés en douze tribus, placées chacune sous le patronage d'une divinité [6]; chacune d'elles aura des autels où, deux fois le mois, on s'assemblera pour faire des sacrifices [7]. Platon veut qu'on entremêle les prières d'hymnes, de chants à la louange des dieux, et qu'après les dieux, on loue les démons et les héros [8]; que

en parlent toujours d'une manière convenable, qu'ils comprennent le sens du culte qu'on rend aux dieux, et qu'ils n'en blasphèment pas le nom (*Leg.*, VII, § 21, p. 337).

[1] *Leg.*, III, § 5, p. 103.

[2] Voy. les vers de ce poète, cités par Eusèbe (*Præp. evang.*, XIII, 13, p. 682).

[3] *Leg.*, V, § 9, p. 161.

[4] *Ibid.*, VIII, § 12, p. 389.

[5] *Ibid.*, V, § 14, p. 176, 177.

[6] *Ibid.*, p. 178.

[7] *Ibid.*, VI, § 6, p. 202.

[8] *Ibid.*, VII, § 10 p. 292.

chacun présente dans les temples l'offrande qui lui plaira,
soit en bois, soit en pierre, pourvu que ce soit un ouvrage
fait d'une seule pièce. Il ne faut pas que les tissus offerts
excèdent le travail d'une femme durant un mois. Ces
tissus doivent être blancs; car c'est la couleur qui plaît
aux dieux. On ne fera aucun usage des teintures réservées pour les ornements militaires. Les dons les plus
saints sont des oiseaux, et les images qu'un peintre peut
faire en un seul jour [1]. Chacun doit faire des offrandes
selon ses moyens. Que tout homme qui a la médiocrité
en partage ne fasse que des offrandes médiocres [2]. Quand
à la terre et au foyer (*hestia*) de chaque habitation, on ne
doit les consacrer à aucune divinité, puisqu'ils le sont
déjà à tous les dieux. — Dans ces prescriptions, Platon
ne fait le plus souvent que donner une nouvelle sanction
à des usages déjà adoptés avant lui. Pour certains détails,
on est toutefois incertain s'il modifie ou s'il confirme un
rite déjà en vigueur, comme, par exemple, lorsqu'il
interdit de brûler sur les autels des dieux, des parfums
étrangers, et n'admet que les fumigations faites avec les
parfums du pays [3].

Platon règle aussi les fêtes et les jours de sacrifices.
Mais il s'en réfère, avant tout, aux prescriptions de
l'oracle de Delphes [4]. Il veut que chaque jour de l'année,
ait lieu un sacrifice spécial offert à quelque dieu ou à
quelque démon, pour l'État, ses habitants et tout ce qu'ils
possèdent [5]. Il institue ainsi une sorte de calendrier litur-

---

[1] *Leg.*, XII, § 7, p. 608.
[2] *Ibid.*, XII, § 7, p. 606.
[3] *Ibid.*, VIII, § 10, p. 387.
[4] *Ibid.*, VIII, § 1, p. 345, edit. Bekker.
[5] *Ibid.*, VIII, § 1, p. 346; § 8, p. 287.

gique[1] qui rappelle, à certains égards ; celui de l'Église
catholique. Il veut qu'on détermine les hymnes et les
danses dont chaque sacrifice sera accompagné[2]. Il entend que des mesures sévères soient prises pour que
rien ne trouble l'ordre de ces solennités, n'en attriste la
célébration et n'en modifie plus les règles[3]. Il en constitue pour gardiens les magistrats et les prêtres[4]. Il
règle aussi les jeux qui peuvent, avec les danses, rendre
les dieux propices et assurer à l'État la victoire sur ses
ennemis[5].

En ce qui touche aux funérailles et au culte des morts,
Platon entre dans des détails tout aussi minutieux. Il
paraît attacher une grande importance à ce que la mémoire du défunt soit honorée, tant à l'époque des ob-
sèques qu'aux anniversaires[6]. Mais il laisse plus de lati-
tude pour les rites qui doivent alors s'accomplir[7]. Il veut
que les prêtres assistent aux funérailles des censeurs de

---

[1] *Leg.*, *loc. cit.* Pour ce qui est de la loi, elle ordonne qu'il y ait douze
fêtes en l'honneur des douze divinités qui donnent leur nom à chaque
tribu, et que, tous les mois, on leur fasse des sacrifices accompagnés de
chœurs et de jeux musicaux. A l'égard des jeux gymniques, la distribution s'en fera, en assignant à chaque divinité et à chaque saison ceux
qui conviennent davantage. On prendra garde de ne pas confondre le
culte des dieux chthoniens avec celui des dieux célestes, non plus que
le culte des divinités subalternes du ciel et des enfers, et on remettra
les sacrifices aux dieux souterrains, pour le douzième mois assigné à
Hadès, selon la loi.

[2] *Leg.*, VII, § 10, p. 292 ; XI, § 7, p. 286, 287.

[3] *Ibid.*, § 9, p. 290.

[4] *Ibid.*, VII, p. 287. C'était au reste le principe suivi dans le culte.
Cf. Thucyd., I, 118 ; II, 13. Æschin. *Adv. Timocrat.*, p. 56, 72, et ce
qui a été dit tome II, p. 419.

[5] *Leg.*, VII, § 10, p. 298.

[6] *Ibid.*, IV, § 8, p. 117.

[7] *Ibid.*, XII, § 9, p. 613.

l'État, contre l'usage qui interdisait leur présence dans
ces cérémonies, « pourvu, ajoute-t-il, que la Pythié y
consente [1]. » Il détermine la forme et la grandeur des
tombeaux ; car il tient à ce qu'aucun citoyen ne soit
privé de la sépulture [2]. Il ne veut pas que le tombeau
exige plus que le travail de cinq hommes en cinq jours,
et que la pierre funéraire n'excède pas les dimensions
nécessaires pour recevoir l'éloge du défunt [3]. Il fixe à
trois jours la durée de l'exposition [4].

Ce que j'ai dit de la métempsychose platonicienne a
déjà montré que Platon admettait les expiations. Ces
sortes de cérémonies doivent consister, selon lui, en
certaines prières et certains sacrifices adressés aux divinités dont le soin est de veiller à ce qu'aucun meurtre ne
soit commis dans l'État [5]. C'est aux interprètes des dieux
qu'il remet le soin d'en déterminer la forme [6]. Tel était,
du reste, le principe adopté avant lui. Mais à l'oracle de
Delphes appartenait le droit d'en prescrire l'emploi solennel. Platon s'attache surtout à régler l'expiation du meurtre, et adopte pour cela les principes de la législation
athénienne. Il entend que tout meurtre involontaire soit
expié et que son auteur se condamne au bannissement.
Telle est l'importance qu'il attache à ces prescriptions,
qu'il veut qu'on respecte la croyance populaire d'après
laquelle le spectre de la victime vient tourmenter de
ses apparitions le meurtrier, « parce que, dit-il, cette

---

[1] *Leg.*, *ibid.*, XII, § 3, p. 591.
[2] *Ibid.*, XII, § 9, p. 613.
[3] *Leg.*, XII, § 9, p. 614.
[4] *Ibid.*
[5] *Ibid.*, IX, § 11, p. 437, 438.
[6] *Ibid.*, IX, § 8, p. 425.

croyance entretiendra l'observation des rites expiatoires [1]. »

L'expiation, dans la pensée de Platon, de même que
dans celle des Orphiques, lave l'âme du péché et lui as-
sure la félicité future, sans qu'elle ait besoin de passer
par de nouvelles épreuves. C'est un baptême qui remet
les péchés et garantit à l'homme juste la récompense
réservée à la vertu. Malheur donc à celui qui ne s'est
pas purifié de ses crimes. Il n'y a pas de plus grande
infortune que de descendre dans l'Hadès, l'âme chargée
d'injustices [2].

Le philosophe athénien n'innove pas davantage en
matière de divination et d'oracles [3]. Il laisse conséquemment le sanctuaire fatidique en possession du droit de
régler la liturgie et le cérémonial sacré [4]. La faculté prophétique lui paraît être naturelle à l'homme, en certains
cas. Il cherche même, dans son *Timée* [5], à asseoir sur
une base rationnelle l'aruspicine. La divination nous a
été donnée, selon lui, par les dieux, afin que nous
participions en quelque manière à leur science. « Une
preuve assez forte que Dieu a suppléé à l'intelligence
supérieure, c'est qu'aucun homme jouissant de l'usage de
la raison, ne prévoit l'avenir d'une manière certaine et
intuitive, à moins que ses facultés intellectuelles n'aient
été enchaînées par le sommeil ou égarées par la maladie
ou l'enthousiasme. Mais il appartient à un homme sain

---

[1] *Leg.*, X, §§ 8, 9, p. 426, 430.
[2] Ηολλῶν ἀδικημάτων γέμονεα τὴν ψυχήν. (*Gorgias*, § 165, p. 360.).
[3] Voy. *De Republ.*, V, passim.
[4] *Leg.*, VI, § 7, p. 202.
[5] *Tim.*, § 47, p. 336, sq. Cf. H. Martin, *Comment.*, t. II, p. 307.

d'esprit de revenir, lorsqu'il en garde le souvenir, sur les paroles prophétiques ou inspirées, sur les visions qu'il a eues pendant le sommeil ou la veille, de les examiner toutes à l'aide de la réflexion, pour voir comment et à qui elles annoncent un bonheur ou un malheur dans le présent, le passé ou l'avenir. Quant à celui qui a éprouvé ce délire et demeure encore dans le même état, il ne lui convient pas de juger ses paroles et ses visions.... C'est pour cela que la loi a établi les prophètes juges des prédictions dictées par l'inspiration ; on les appelle quelquefois devins, parce qu'on ignore qu'ils ne font qu'interpréter les paroles et les visions obscures, sans être eux-mêmes des devins ; ils sont plutôt les interprètes de ceux qui prédisent. »

Platon ne pouvait tenir ce langage, sans donner une place importante aux devins ; il les constitue, avec les prêtres ou prêtresses, les gardiens des lois [1]. « Les prêtres présentent dans les sacrifices, écrit-il [2], nos offrandes aux dieux d'une manière qui leur est plus agréable, et leur demandent par des prières la possession des biens. » Le sacerdoce conserve donc ici [3] tout le respect dont les anciens Grecs l'avaient entouré. Aussi Platon veut-il que les prêtres appartiennent à des familles honorables, qu'ils soient d'une moralité éprouvée et n'aient aucun défaut corporel [4]. Quant au mode adopté pour leur choix, il consacre ce qui était en usage, et admet, selon les circonstances, le sort ou l'élection. Mais, frappé sans doute des

[1] *Leg.*, VIII, § 1, p. 346.
[2] *Politic.*, p. 290.
[3] *Leg.*, VI, § 7, p. 202.
[4] *Ibid.*

dangers d'un sacerdoce perpétuel, il ne veut pas que les fonctions de prêtre soient exercées au delà d'une année[1]. L'organisation religieuse proposée par Platon se lie à toute une législation, et, par conséquent, à sa morale. Car dans les idées des anciens philosophes, les institutions de l'État devaient avoir moins pour but de régler et de défendre les intérêts, que de conduire les citoyens à la vertu[2]. Platon appartient, comme son maître Socrate, à l'école aristocratique; il a été frappé des dangers de la démagogie, et il juge impossible qu'une multitude composée de gens de toute sorte, soit capable de bien gouverner un État[3]. Et d'ailleurs, le principe qu'il adopte, excluait la démocratie. Quand on admet que le gouvernement n'est qu'un règlement d'intérêts, il est naturel d'y appeler, directement ou par voie représentative, tous les intéressés, mais du moment que le gouvernement est regardé comme un moyen d'éducation, la forme absolue ou aristocratique doit prévaloir. «Les *bons* seuls, comme disait Socrate, peuvent avoir en main la direction des affaires.» Platon soutient donc que c'est à un petit nombre d'hommes, et, dans quelques cas, à un seul, qu'on doit confier le gouvernement[4]. Les chefs de la république se trouvent revêtus alors d'une autorité bien autre que celle qu'on attribuerait à de simples hommes d'affaires; ils peuvent purger l'État pour son bien, en mettant à mort ou en

---

[1] *Leg.*, *ibid.*
[2] Voy. J. Denis, *ouvr. cit.*, t. I, p. 128.
[3] *Politic.*, p. 291 et sq. Cf. J. Denis, *ouvr. cit.*, t. I, p. 92 et suiv.
[4] *Polit.*, p. 303 et sq. Toutefois Platon condamne également la tyrannie et les abus de la démocratie (voy. Apul., *De dogmat. Platon.*, II, c. 24 et sq., p. 252, sq.),

bannissant les citoyens dangereux. Et pourvu qu'ils se conforment aux lois, quelque rigoureuses qu'elles soient, ils ne sauraient être taxés d'injustice [1]. Tout le dialogue du *Politique* est consacré à cette doctrine. Platon admet cependant des améliorations et un progrès dans le gouvernement ; il convient que le pire de tous les États est celui où il n'existe d'autre règle que les caprices et les passions d'un tyran. Le roi commande ; mais il faut que la paix et l'amitié règnent dans la famille et l'État. La concorde et l'amour sont les conditions indispensables de la prospérité, et la garantie de la morale. Platon entrevoit le principe de la fraternité entre les hommes. « Primitivement, écrit-il dans le *Banquet* [2], nous étions un, mais depuis, en punition de notre iniquité, nous avons été séparés par Zeus..... Je suis certain que nous serons tous heureux, hommes et femmes, si nous satisfaisons l'amour, et si nous retrouvons chacun notre moitié, en retournant à l'unité de notre nature primitive. .....Louons l'amour qui non-seulement nous sert beaucoup en cette vie, puisqu'il nous conduit à ce qui nous est propre, mais qui nous fournit encore les plus puissants motifs d'espérer que si nous rendons fidèlement aux dieux le culte qui leur est dû, il nous rétablira, après cette vie, dans notre nature première, guérira nos infirmités, et nous donnera un bonheur sans mélange. »

Ce principe, le philosophe athénien ne se borne pas à l'énoncer, il veut encore l'appliquer par des établissements spéciaux. L'exercice de l'hospitalité est élevé par lui à la hauteur d'une institution de charité. « Il faut qu'il

---

[1] *Politic.*, p. 309, sq.
[2] *Conviv.*, p. 193. Cf. Apul., *De dogm. Plat.*, II, c. 14, 22, p. 233, 247.

y ait pour les étrangers, écrit-il, des demeures situées auprès des temples, où ils trouveront une hospitalité généreuse. Les prêtres et les néocores auront soin qu'il ne leur manque rien[1]. » J'ai dit que dans sa morale, Platon professe des sentiments d'une pureté sévère. Ses principes ont le culte pour sanction. Ce sont, par exemple, les rites qui consacrent l'union des sexes, ainsi que le montre le précepte que j'ai déjà rappelé : « Qu'on ne contracte point avec des concubines une union qui ne serait précédée d'aucune cérémonie, et dont les fruits seraient illégitimes ; qu'on n'ait point avec les personnes du même sexe un commerce stérile interdit par la nature[2]. » Aussi Platon déclare-t-il infâme et prive-t-il de toute distinction et privilége, celui qui vit avec une femme autre que celle qu'il a reçue dans sa maison, sous les auspices des dieux et avec le titre sacré d'épouse[3].

Il était naturel que Platon fût conduit par les principes sur lesquels repose sa législation, à une intolérance analogue à celle de l'Église au moyen âge. Dans sa classification des délits, il place en premier ordre les atteintes portées à la religion de l'État, ou même au culte d'une tribu, d'une classe de citoyens[4] : « Quiconque offense les dieux dans ses paroles ou ses actions doit subir un châtiment[5]. » Au degré immédiatement inférieur de la criminalité, se rangent, dans son système pénal, les atteintes portées au culte domestique et à la sainteté des tombeaux[6]. Les crimes contre

[1] *Leg.*, XII, § 6, p. 602.
[2] *Ibid.*, VIII, § 8, p. 374, 375.
[3] *Ibid.*
[4] *Ibid.*, VII, § 2, p. 400.
[5] *Ibid.*, XI, p. 461.
[6] *Ibid.*, X, § 1, p. 460, 461.

les parents n'arrivent qu'en troisième lieu , et doivent
inspirer une horreur moindre que les précédents [1]. On le
reconnait, ce sont là les mêmes principes qui faisaient,
au moyen âge, tenir l'hérésie et le sacrilége pour le
pire des crimes. Platon admettait le dogme de l'autorité absolue en matière de foi. Car la raison est, à
ses yeux, impuissante pour résoudre les grands problèmes théologiques, et il faut s'en remettre alors à
la tradition. « Quant à dire et à connaître la génération des autres dieux, écrit-il dans son *Timée* [2], c'est
une chose au-dessus de nos forces. Croyons donc ceux
qui ont parlé avant nous, puisqu'ils descendent, à ce
qu'ils disent, des dieux eux-mêmes, et que, certes, ils
doivent avoir bien connu les auteurs de leurs jours. Il
est impossible de refuser sa foi aux enfants des dieux;
quand bien même ils ne fourniraient pas de preuve
plausible de ce qu'ils avancent, nous devrions les croire
par obéissance à la loi. En conséquence, admettons et
disons que la génération des dieux est telle qu'ils le
disent. »

Une semblable doctrine tendait à immobiliser le culte.
Aussi Platon veut-il que l'autorité veille à ce qu'il ne
s'introduise pas de divinités étrangères. Il défend d'offrir
des sacrifices, d'ériger des chapelles aux dieux, aux
démons, aux enfants des dieux, toutes les fois que l'oracle
ou l'autorité sacerdotale ne l'a pas prescrit [3]. Il redoute,
il condamne les cultes secrets, qui ouvrent la porte à la
superstition et à la magie [4]. Le culte doit toujours être

---

[1] *Leg.*, *loc. cit.*
[2] *Tim.*, § 40, p. 530.
[3] *Leg.*, X, p, 278.
[4] *Ibid.*

public,-afin que le sacerdoce en contrôle et en surveille l'exercice [1].

Tel est le caractère qu'a la religion dans Platon; telles sont les idées que répandirent ses ouvrages; les copies s'en multiplièrent tellement qu'ils ne tardèrent pas à se trouver, pour ainsi dire, dans toutes les mains. Il était impossible qu'interprété de la sorte, le polythéisme ne changeât pas de caractère, aux yeux de ceux qui faisaient leurs délices de la lecture du grand philosophe, ou qui jetaient même simplement les yeux sur ses écrits, sous l'impression de l'admiration qu'ils inspiraient [2].

Après s'être écarté des enseignements du maître, on y revint sur certains points, au temps de Polémon et de Crantor; on prêcha une observation plus exacte de sa doctrine. Vivre honnêtement fut la devise de la nouvelle Académie. Arraché à une vie dissipée par les leçons du vertueux Xénocrate [3], Polémon adopta une conduite morale et régulière; ce qui prouve la bienfaisante influence que le platonisme exerçait sur les mœurs. Déjà Dion avait montré par ses paroles l'efficacité pratique des leçons de l'Académie. « Il y avait, disait-il, appris à dompter la colère, l'envie et l'esprit de contradiction, à triompher de ses passions; il y était devenu doux et affable, non pas seulement pour ses amis, pour

---

[1] *Leg.*, *loc. cit.*

[2] « Platonem..... inter semideos Labeo ponit. » (S. August., *De civit. Dei*, VIII, 13.) « Cum omnium jam mortalium sapientissimus » haberetur, eo quident usque, ut si ipse Jupiter cœlo descensisset, nec » elegantiore, nec beatiore facundia usurus videretur. » (Valer. Maxim., VIII, 7, § 3 ext.) De là les fables que l'on racontait sur son enfance et sa jeunesse (Diogen. Laert., III, p. 187, 189 ; voy. ci-dessus, p. 410).

[3] Les vertus de Xénocrate, sa chasteté, sa sobriété, sa douceur ont été justement louées par les anciens (Diogen. Laert., IV, p. 256, 257).

les gens de bien, ce qui n'est pas difficile, mais indulgent envers les coupables et facile à apaiser dans son
irritation contre ceux qui sont injustes à son égard [1]. » Les
utopies de Platon ne furent sans doute jamais réalisées,
mais, ainsi que cela est arrivé pour bien des utopistes,
plusieurs de ses principes trouvèrent plus tard leur
application. Ses plans annonçaient la voie où la religion
tendait à entrer. Une tentative plus complète pour réaliser
la religion platonicienne, marqua la dernière phase du polythéisme antique ; elle n'appartient dès lors plus à cette
histoire. Disons seulement que cette tentative acheva de
porter la morale à son plus haut point de pureté, pureté
dont Plutarque nous a laissé de si éclatantes preuves dans
ses écrits [2].

Avec Platon, on peut dire que la religion grecque était
arrivée à son apogée ; elle trouve en lui sa plus noble
expression, sa forme la plus épurée, ses applications les
plus morales. Et cependant, dans le même temps où elle
portait ce dernier fruit d'une séve qui n'avait pas cessé
de monter, les symptômes de destruction se faisaient
sentir. Ce n'étaient plus seulement les indices de pertur-
bations accidentelles, c'étaient les signes certains d'une
décadence prochaine. A côté de la philosophie religieuse
de Pythagore, d'Empédocle, de Platon, naissaient et se

---

[1] Εἴ τις ἀδικούμενος ἐυπαραίτητος εἴη καὶ πρᾷος τοῖς ἁμαρτάνουσι. (Plutarch., *Dion.*, c. 47, p. 329, edit. Reiske.)

[2] Plutarque dit de la philosophie : « Elle nous a enseigné qu'il faut
» adorer les dieux, honorer ses parents, respecter les vieillards, obeir
» aux lois, honorer le mariage par une sage tempérance, avoir de la
» tendresse pour ses enfants, traiter ses esclaves avec humanité, et, ce
» qui est plus difficile, ne se laisser ni enfler par la prospérité, ni abattre
» par les disgrâces, ni amollir par la volupté, ni emporter par la
» colère. » (*De liber, educand.*, § 10, p. 25, edit. Wyttenb.)

propageaient d'autres philosophies qui ne cherchaient
pas à purifier le polythéisme et à sanctifier le culte, mais
qui, sous des formes plus ou moins déguisées, semaient
dans les esprits l'incrédulité, ébranlaient la notion fonda-
mentale des dieux, inspiraient le mépris pour les rites et
les sacrifices, et ne faisaient relever la morale que de
l'individu, de sa conscience et de ses besoins.

Aristote, tout en faisant des concessions aux croyances
de son temps, montre assez par son langage, qu'il ne
partage pas les idées de ses contemporains touchant les
divinités. Il évite prudemment de discuter ce qu'elles
peuvent avoir de fondé ou d'imaginaire; et il se borne à
prendre la religion comme une institution humaine, un
fait naturel dont on doit tenir compte [1] dans la politique
et la conduite de la société. Au fond, le philosophe de
Stagyre ne reconnait d'autres dieux que les astres, et
comme il était assez avancé en physique pour ne pas
concevoir ces corps célestes autrement que comme des
masses de matière inanimée, il n'admet en réalité de divinité que le Dieu un et universel, qu'il entend encore
plus comme une force intelligente et impersonnelle, que
comme un être tout-puissant, dont la constitution spirituelle et morale rappelle celle de l'âme humaine [2].
« Quant aux autres choses, écrit-il, elles ont été ajoutées
pour la persuasion de la multitude et pour la sanction des

---

[1] Aristote usait d'une grande circonspection, quand il parlait des
dieux : « Egregie Aristoteles ait nunquam nos verecundiores esse debere
» quam quum de diis agitur. » (Senec. *Quæst. nat.*, VII, 30.) Cette
circonspection ne le mit pas cependant à l'abri d'une accusation d'impiété qu'éleva contre lui Eurymédon, et qui le força de quitter Athènes
(Diogen. Laert., V, p. 303).

[2] Straton, élève de Théophraste, élève lui-même d'Aristote n'admet
d'autre dieu que la nature (Cicer., *De nat. deor.*, I, 13).

lois et le bien public[1]. » C'était dire en fait que la religion est d'invention humaine. Et effectivement, Aristote
n'émet nulle part l'opinion que notre âme est immor-
telle, et qu'elle doit trouver dans un autre monde ou
une autre existence la récompense des actions qu'elle a
accomplies ici-bas. Ce qu'il admet simplement, c'est
l'immortalité de la raison, de l'entendement[2], et à l'aide
de cette doctrine, il échappe aux accusations qu'aurait
pu soulever contre lui son scepticisme. Toutefois, les disciples de l'école péripatéticienne ne demeurèrent pas assez
fidèles aux opinions de leur maître, pour qu'on soit assuré que son matérialisme ait été généralement adopté
par eux. Le caractère que présente au fond cette école,
c'est l'indifférence en matière religieuse. Elle ne combat
pas les fables populaires, mais elle ne les prend pas pour
cela comme des vérités dogmatiques. Elle transporte
l'étude de la morale sur un terrain purement philosophique, et s'efforce de régler la vie non par des croyances,
mais par les données de la science. C'était assurément là
une atteinte grave portée aux idées religieuses, et en semant dans les cœurs cette indifférence, qui devenait
bientôt du dédain, elle ouvrait la porte à une hostilité
systématique.

Les Stoïciens se montrèrent, en matière religieuse,
moins réservés qu'Aristote et ses adhérents. Ils firent,
à certains égards, main basse sur la religion populaire,
et ne gardèrent pour elle, dans leur enseignement, aucun
ménagement. Aussi Cicéron nous les représente-t-il
comme étant, avec les Épicuriens, les plus novateurs des

[1] *Metaphys.*, XIV, 8.
[2] *De anim.*, III, 6. Cf. Ritter, *Histoire de la philosophie*, t. III,
p. 243.

philosophes [1]. Zénon anéantit toutes les notions primitives et innées sur les dieux [2]; et, par un essai d'exégèse fondée sur la physique, Chrysippe ramène toutes les divinités à n'être que les phénomènes de la nature matérielle [3]. Et d'abord les Stoïciens ne veulent plus que l'on distingue des dieux et des déesses, car, pour eux, les dieux n'ont pas de sexe [4] et ne sont que des manifestations naturelles du Dieu suprême, Zeus, la vie, qui émane lui-même de l'éther, le principe universel [5]. Aussi ne doit-on pas redouter les dieux, et la crainte qu'ils inspirent est, aux yeux des Stoïciens, une pure superstition [6]. Sous cette

---

[1] *De fin. bon. et malor.*, III, 2.

[2] Cicer., *De natur. deor.*, I, 14. Zénon réduisait à des agents physiques tous les dieux d'Hésiode.

[3] Cicer., *De natur. deor.*, I, 15. Voyez l'exposé des idées de Chrysippe, donné dans le curieux traité de Phèdre l'Épicurien, édité par Petersen (*Phædr. Epicur., vulgo Anonym. Herculanens.*, Hamb., 1833). Pour Chrysippe, Héphæstos est le feu, Aphrodite n'est autre que la justice, la paix et l'harmonie, Cronos est le cours des choses, Rhéa la terre, Zeus l'éther, Hadès l'air épais et ténébreux. Une fois les dieux réduits à n'être que des principes de la nature, le soleil, la lune, les étoiles ont droit sans doute à être appelées des divinités; mais il est facile de voir que ce nom n'a plus alors de valeur religieuse. Cependant Chrysippe s'efforce d'accommoder son sentiment avec ce que disent Homère, Hésiode et les Orphiques; tentative essayée aussi par Cléanthe. Diogène de Babylone, dans son livre *sur Athéné*, proposait un système analogue (cf. Cicer., *loc. cit.*).

[4] Phædri Epicurei, *De natur. deor.*, edit. Petersen, p. 16. Voy. Villoison, *Theologia physica stoicorum*, ad calcem. Cornut., *De natur. deor.*, edit. Osann., p. 421 (Gœtting., 1844).

[5] Voilà pourquoi les Stoïciens voient dans le mot ζῆν la racine du nom de Zeus (cf. F. Ravaisson, *Mémoire sur le stoïcisme*, dans les *Mem. de l'Acad. des inscript. et belles-lettres*, t. XXI, p. 70, 1857). « Zenoni et reliquis fere stoicis æther videtur summus deus, mente » præditus qua omnia regantur. » (Cicer., I, *Acad.*, II, 41.)

[6] Chrysipp., ap. Plutarch., *De repugn. stoic.*, § 32, p. 275. Senec., *De benefic.*, IV, 19; *Epist.*, 29, 79. Cf. Villoison, *op. cit.*, p. 577. Les

diversité de noms que leur a donné la crédulité du vulgaire, les dieux sont des étincelles du feu animateur, qui brillent dans chacune des parties du monde où elles se localisent[1]. Ce Dieu suprême est un feu subtil, créateur[2], qui pénètre le monde[3], le gouverne[4], qui en est l'âme et la vie[5], la raison primordiale ou, comme disent ces philosophes, la raison spermatique[6]. Le monde physique, l'univers, en est la forme sensible ; car il n'y a pas de principe actif sans une matière pour le recevoir, pas plus qu'il n'y a de forme sans principe animateur et formateur[7]. L'être primordial est donc de forme ronde[8].

Ce panthéisme, si voisin en apparence de l'athéisme[9],

Stoïciens se représentaient le principe premier comme à la fois actif et passif, mâle et femelle (Ravaisson, *Mém. cit.*, p. 18). Cependant, par condescendance sans doute pour l'opinion, les Stoïciens prêchaient encore la piété envers les dieux (Diogen. Laert., VII, p. 510).

[1] Par le relâchement de sa tension, Dieu prend toutes les formes, les unes après les autres ; il s'assimile, il se fait tout en tout. De là tous ces dieux différents qu'honore les religions populaires, dénominations différentes d'une même divinité, selon les différentes régions qu'elle occupe et les puissances qu'elle y déploie ; cause de toute vie, on l'appelle Zeus ; présente dans l'éther, on la nomme Athéné, dans le feu Héphæstos, dans l'air, Héra, dans l'eau, Poséidon, dans la terre, Déméter ou Cybèle (Ravaisson, *Mém. cit.*, p. 70 ; cf. Stob. *Eclog. phys.*, I, p. 58. Plutarch., *De placit. philos.*, I, 7 ; Diogen. Laert., VII, 147 ; Athenag. *Legat. pro Christ.*, c. 22, p. 284).

[2] *Ignis artifex.* Cicer., *De natur. deor.*, II, 11. Πῦρ τεχνικόν (Diogen. Laert., VII, 137, 148, 156 ; cf. Ravaisson, *Mém. cit.*, p. 20).

[3] Stob. *Eclog. phys.*, I, p. 54.

[4] Villoison, *op. cit.*, p. 396, sq.

[5] Athenagor, *Leg. pro Christ.*, c. 22.

[6] Λόγος σπερματικός (Diogen. Laert., VII, 140 ; cf. Villoison, *op. cit.*, p. 465, 460).

[7] Voy. Ravaisson, *Mém. cit.*

[8] Plutarch., *De repugn. stoic.*, § 44, p. 296, sq. Diogen. Laert., VII, 140. Cicer., *De natur. deor.*, I, 10.

[9] Plutarch., *De repugn. stoicor.*, §§ 32, 33.

s'en distingue cependant: Les Stoïciens établissaient avec
force l'existence de Dieu [1], et, par une de ces associations
d'idées qui trouvaient leur source même dans le polythéisme antique, ils conservaient à ces dieux physiques, à
ce dieu-monde, une véritable personnalité ; ils leur attribuaient des vertus et des qualités morales que l'on ne
saurait attacher à des êtres impersonnels. Leur école est
une de celles qui ont le plus accrédité la notion d'une
divinité bienfaisante régissant l'univers [2]. Car le Dieu-
tout n'est pas pour eux sans une certaine conscience de
soi-même, et la nature, qui en est la manifestation, est à
leurs yeux, essentiellement bonne, tant dans sa constitution générale que dans les formes individuelles qu'elle
revêt, les agents par lesquels elle exerce son action, et
auxquels les hommes donnent le nom de dieux. Aussi,
Chrysippe ne veut-il, pas plus que Platon, qu'on attribue à
ces dieux des actions honteuses et criminelles [3] ; car les
dieux ne sauraient nous faire aucun mal. Ils vivent dans
un état de félicité complète, et c'est pour cela qu'ils ne
peuvent être méchants, car il n'y a pas de bonheur pour
l'être mauvais [4]. Il est aisé de voir que la félicité ainsi
conçue s'approche beaucoup de l'état de celui qui n'a pas
conscience de soi-même ; c'est une sorte de passivité, de

---

[1] Cicer., *De natur. deor.*, II, 6.

[2] Cicer., *De officiis*, III, 29 ; VI, 3. Cf. *Phœdri Epicurei vulgo
Anonymi Herculanensis de natura deorum fragmenta*, edit. Chr.
Petersen, p. 25, 26. L'épicurien Phèdre, tout en convenant que telle
était la doctrine de la majorité des Stoïciens, soutient qu'il en existait
bon nombre aux yeux desquels les dieux étaient la cause du mal.

[3] Plutarch., *De repugn. stoicor.*, § 33, p. 277. Cf. Bagueti *Commentatio de Chrysippi vita, doctrina et reliquiis*, p. 10, sq. (Lovan.,
1822).

[4] Aristot. *Ethic. ad Nicomach.*, X, 8.

repos, au sein duquel il n'y a plus ni douleur ni joie. Ai-
je besoin d'ajouter qu'une pareille conception de la divinité
aboutit à la destruction totale de la religion? Aussi, quoique les Stoïciens se conformassent par prudence aux pratiques du culte national [1], en regardaient-ils l'accomplissement comme parfaitement inutile. Zénon engage ses
disciples à ne point élever de temples aux dieux, parce
qu'un temple est un objet de peu de valeur [2]. Le panthéisme des Stoïciens ne substitue pas au reste les lois du
hasard à celles de la sagesse divine. Si leur Dieu-monde
n'a qu'une personnalité douteuse, il garde cependant les
attributs de la divinité suprême; il est prévoyant et infiniment sage [3], et ce qu'on nomme le Destin, n'est, pour eux,
que la parole éternelle de la Providence [4]. Les Stoïciens
étaient si loin de faire de l'univers l'ouvrage du hasard,
ils avaient une conviction si arrêtée de la parfaite intelligence du moteur suprême, qu'ils excellaient à en démontrer, dans leurs discours, la nécessité [5]. Par ce côté,
ils nous apparaissent comme des adversaires redoutables

.

[1] Plutarch., *De repugn. stoicor.*, § 6, p. 214.
[2] Plutarch., *De repugn. stoicor.*, § 6, p. 213. Diogen. Laert., VII,
p. 457. Theodoret., *Serm. III de angel., diis, dœmon.*, ap. *Oper.*,
t. IV, p. 519.
[3] Les Stoïciens admettent la Providence (πρόνοια) (Cicer., *De natur.
deor.*, I, 8; cf. Senec., *De providentia*).
[4] Stob. *Eclog. phys.*, I, 6, p. 180. Aul. Gell. *Noct. Att.*, VI, 11.
Cf. Daunou, *Mémoire sur le Destin*, dans les *Mém. de l'Acad. des
inscript. et belles-lettres*, t. XV, p. 63) : « Ex quo intelligitur est fatum
» sit non id quod superstitiose, sed id quod physice dicitur, causa
» æterna rerum, cur et ea quæ præterierunt, facta sint, et quæ instant,
» fiant et quæ sequuntur futura sint. » (Cicer., *De divinat.*, I, 55.) « Sic
» tunc naturam vocas, fatum, fortunam : omnia ejusdem Dei nomina
» sunt, varie utentis sua potestate. » (Senec., *De benef.*, IV, 8; cf. IV, 22.)
[5] Cicer., *De natur. deor.*, I, 5. Cf. Senec., *De benefic.*, IV, 6. 7.

de l'athéisme. Leur Dieu-monde, bien qu'il ait pour forme sensible la matière, n'est cependant pas cette matière même, et faute de pouvoir se représenter son essence comme tout à fait immatérielle, ils le dépeignent comme étant d'une nature infiniment subtile qu'ils nomment l'éther.

Convaincus qu'il y a une Providence, les Stoïciens pouvaient sans inconséquence admettre la possibilité de l'inspiration divine. Ils croyaient en effet à la divination et aux oracles [1]; mais ils s'efforçaient d'en donner une théorie purement scientique [2]. En cela ces philosophes ne rompaient pas tout à fait avec la religion nationale. Quant à leurs idées sur l'immortalité de l'âme, elles s'éloignaient beaucoup des superstitions populaires. Selon eux, le principe animé qui réside en nous et est une partie de la force vitale universelle [3], ne périt pas; il s'accroît et va animer d'autres êtres, ou subsiste séparé des corps [4]. Il donne naissance à autant de démons qui, de même que ceux qu'admettent Pythagore et Platon, ont des défauts, des vices analogues aux nôtres [5].

Quoique les Stoïciens ne semblent pas avoir donné à la démonologie tous les développements qu'elle reçoit dans l'école platonicienne, il est cependant constant qu'ils y rattachaient des idées fort analogues [6]. Toutefois n'ayant pas pour objet de constituer la théologie, ils ne substi-

[1] Cicer., *De divinat.*, I, 3. Diogen. Laert., VII, p. 529.
[2] Cicer., *op. cit.*, I; 53.
[3] Voy. J. Lips. *Philos. stoic.*, I, 19.
[4] Sext. Empiric. *Adv. Physic.*, IX, p. 568. Plutarch., *De placit. Philosoph.*, I, 8.
[5] Telle était l'opinion de Chrysippe (Plutarch., *De oracul. defect.*, § 18, p. 714.
[6] Diogen. Laert., VII, p. 531, 580.

tuaient pas des démons aux dieux, et ne remplaçaient pas une mythologie divine par une mythologie démoniaque.

En morale, les Stoïciens émirent les principes les plus sévères. Ils définirent les devoirs avec une précision, ils en montrèrent l'enchaînement avec une logique qu'on ne retrouve point à un égal degré chez Socrate[1] ; ils finirent même par tomber dans une véritable casuistique[2].

Ce qui nous est rapporté de leurs actes nous montre qu'ils portèrent la pratique de la vertu plus loin qu'on ne l'avait fait en Grèce avant eux[3]. Il y a en effet chez ces philosophes, non-seulement un sentiment profond des devoirs de l'individu, mais encore une notion claire de la solidarité qui lie tous les hommes entre eux. Le sage ne doit pas vivre pour soi ; il doit se regarder comme membre de la cité humaine en général, et plus songer à l'intérêt de tous qu'au sien propre[4] ; car il est avant tout membre de l'État. Aussi, quand il est au pouvoir, son administration doit-elle être sévère ; il ne devra connaitre

[1] Diogen. Laert., VII, 126. J. Stob. *Eclog.*, II, 7, p. 114, sq. edit. Heeren. Dans la morale, refusant de suivre et la dialectique platonicienne et la métaphysique d'Aristote, jusqu'à l'idée d'un bien qui surpasse toute chose sensible et multiple, le stoïcisme a fait consister le bien dans l'harmonie des parties qui s'accordent ou la conséquence par laquelle il définit la beauté (Ravaisson, *Mém. cit.*, p. 89).

[2] Tel fut le caractère des traités de Chrysippe, d'Hécaton, de Diogène de Babylone et d'Antipater, qui entraient dans l'appréciation morale des moindres actions, comme on le voit par certains passages qu'en cite Cicéron (*De offic.*, III, 10, 12, 23), auquel les Stoïciens ont fourni une bonne partie de ses vues (voy. III, 4). Cf. ce que dit S. Justin, *Apolog.*, II, 7.

[3] Sauf dans l'école pythagoricienne, plus réellement religieuse que celles du Portique.

[4] Cicer., *De offic.*, III, 5, 6 ; *De fin. bon. et mal.*, III, 19.

ni pitié ni indulgence, ni adoucissement de la loi [1]. Sa
vertu sera toute désintéressée, il aimera ses amis pour
eux-mêmes [2]; dans tous les actes, c'est l'intention et
non le fait qu'il lui faudra considérer. Ainsi conçu, l'accomplissement du devoir avait moins besoin de la sanction d'une autre vie. Aussi, les Stoïciens ne recourent-ils
pas plus à la métempsychose qu'aux vieilles fables du
Tartare et des îles Fortunées pour refréner le méchant.
Et cependant ils admettaient encore cette division absolue
des hommes en bons et mauvais [3], généralement consacrée par la doctrine de la rémunération future, bien qu'elle
soit en désaccord avec la nature complexe de l'homme,
mélange en proportions variables de bonnes et mauvaises
qualités.

La doctrine du Portique, tout en épurant la morale,
portait donc à la religion un coup mortel. Elle exaltait la
liberté humaine, et, d'après un principe qui fut celui de
la morale antique [4], elle faisait dépendre toute la vertu
de l'homme et non des dieux [5]; elle mettait le sage au-
dessus de la loi commune; elle rejetait même tout
ce qui paraissait tenir à des scrupules religieux, tels
que le respect des morts, le caractère sacré des funé-

---

[1] Stob., *op. cit.*, II, 7, p. 106, 190, 192.

[2] Stob., *loc. cit.*

[3] Ἀρέσκει γὰρ τῷ τε Ζήνωνι καὶ τοῖς ἀπ' αὐτοῦ Στωϊκοῖς φιλοσοφοῖς, δύο
γένη τῶν ἀνθρώπων εἶναι, τὸ μὲν τῶν σπουδαίων, τὸ δὲ τῶν φαύλων· καὶ τὸ
μὲν τῶν σπουδαίων διὰ παντὸς τοῦ βίου χρῆσθαι ταῖς ἀρεταῖς, τὸ δὲ τῶν φαύλων
ταῖς κακίαις. (Stob. *Eclog.*, II, 7, p. 198.)

[4] Voyez plus haut, p. 56.

[5] C'est là, comme le remarque judicieusement M. Ravaisson, ce
qui distingue profondément la morale stoïcienne de la morale chrétienne (*Mém. cit.*, p. 81).

railles [1]; l'aversion de la chair humaine employée comme aliment [2], l'interdiction des unions entre parents [3]; elle ne condamnait ni le suicide [4] ni même la prostitution [5], et on trouvait chez les Stoïciens ce cynisme [6] propre à l'homme qui a scruté la nature physique, et pour le scalpel duquel il n'y a plus rien de hideux, d'obscène ou de repoussant [7].

Sans doute, la doctrine stoïcienne ne conquit pas, dès l'origine, un empire, une popularité, qui aient pu mettre en péril les croyances publiques. Par sa nature et sa forme, elle demeura le privilége d'un petit nombre; mais elle s'infiltra lentement dans la morale de chacun, à raison même de sa supériorité, et en dissipant les préjugés et jusqu'aux convenances dont l'observation sert au maintien du bon ordre social, elle relâcha le lien religieux, qui y puise encore une partie de sa force, quand la foi s'est retirée des cœurs. Tendant à remplacer complétement la religion par la science associée à un certain enthousiasme de la règle et de la nature dont cette règle est l'expression, le stoïcisme substituait compléte-

---

[1] Les Stoïciens affectaient un grand mépris pour la sépulture (Sext. Empiric. *Adv. Math.*, XI, p. 194; *Pyrrh. Hyp.*, III, p. 248).

[2] Sext. Empiric. *Adv. Math.*, XI, p. 193, 194. Diogen. Laert., VII, 188. Theophil., *Ad Autolyc.*, III, 5.

[3] Les unions comme celle d'OEdipe et de Jocaste étaient, pour eux, chose indifférente (Plutarch., *De repugn. stoic.*, § 22, p. 257. Diogen. Laert., VII, 188. Theophil., *ibid.*, III, 6).

[4] Diogen. Laert., VII, 130. Plutarch., *De repugn. stoic.*, § 33, p. 277. Stob. *Eclog.*, II, p. 226. Cicer., *De finib.*, III, 8, 18. S. August., *De civit. Dei*, XIX, 4. Cf. Ravaisson, *Mém. cit.*, p. 84.

[5] Sext. Empiric. *Pyrrh. Hyp.*, III, 201.

[6] Voy. Ritter, *Histoire de la philosophie*, t. III, p. 545, trad. Tissot.

[7] Tatian. *Adv. Græc.*, p. 443. Clem. Alex. *Cohort. ad Gent.*, p. 44.

ment la raison avec sa roideur, sa sécheresse, mais aussi sa grandeur et sa puissance, aux élans du sentiment religieux.

Ce mouvement d'idées, qui transportait à la notion scientifique des lois physiques et morales de l'univers le gouvernement des esprits et la direction des actes, avait, au reste, commencé bien avant Zénon, Cléanthe et Chrysippe. L'école ionienne avait installé en Grèce l'étude physique de la nature, et sa philosophie porte déjà l'empreinte des idées développées ensuite par le Portique. Les dieux n'étaient, pour les sages ioniens, que des phénomènes ou des êtres matériels qu'ils cherchaient à expliquer. Anaximandre de Milet, de même que les Stoïciens, ne voit dans les dieux que des étoiles [1]. Pour Héraclite d'Éphèse, c'est le feu central qui a tout créé[2]; pour Thalès, l'eau est le principe universel[3]. Cependant, ces philosophes n'ont pas pu se dégager complétement des idées superstitieuses qu'ils doivent à leur éducation polythéiste, et, dans leurs opinions, on retrouve des compromis continuels entre les vieilles croyances et les principes auxquels la science les conduit. Thalès admet encore des démons et des héros; les uns sont les âmes des corps animés, et comme la personnification, l'individualisation des forces animales; les autres sont les âmes dégagées de l'enveloppe humaine et qui conservent dans leur vie nouvelle leurs bonnes ou leurs mauvaises qualités[4].

[1] Plutarch., *De placit. philos.*, I, 7, p. 545. Cf. Villoison, *Theologia physica stoicorum*, edit. Osann., p. 526.

[2] Ritter, *Histoire de la philosophie*, t. I, p. 204.

[3] Plutarch., *op. cit.*, I, 3, p. 521. Ritter., p. 178.

[4] Diogen. Laert., I, p. 23. Plutarch., *op. cit.*, I, 8, p. 521. Athenagor. *Leg. pro Christ.*, p. 204.

Le mouvement se continue chez les Éléates, dont l'hostilité contre le polythéisme antique n'est plus dissimulé. Xénophane de Colophon déclare que le monde est Dieu [1], et, ainsi que Parménide et Zénon d'Élée, il ne tient aucun compte des croyances populaires, des récits des poëtes [2] ; il les signale commé un grossier anthropomorphisme [3] en désaccord avec la morale. Il ne veut pas qu'on prête aux divinités les formes et les organes de l'homme. « Si les chevaux ou les bœufs, s'écrie-t-il, se font des images de Dieu, ils le représentent sous la forme d'un cheval ou d'un bœuf [4]. » Ce même Xénophane tient pour inutile d'offrir aux héros des sacrifices [5]; il rejette la divination [6], et il faut descendre jusqu'à Épicure, c'est-à-dire près de deux siècles plus tard, pour rencontrer une incrédulité aussi peu déguisée.

L'école atomistique de Leucippe et de Démocrite prépare l'avénement de celle d'Épicure, qui nous apparait entre les philosophes, comme le plus irréligieux et le plus négatif. Le matérialisme de ces philosophes éclate dans toute leur doctrine. Ils écartent de l'explication de l'univers l'intervention de tout principe divin. A

[1] Diogen. Laert., IX, 9. Euseb. Præp. 'evang., I, 8, 4. Xenophan. Fragm. 2, edit. Karsten.

[2] Cf. ce qu'il dit de la théologie d'Homère et d'Hésiode. Xenophan. Fragm. 7, edit. Karsten. Sext. Empiric. Adv. Math., IX, 193 ; I, 289. Cf. Zeller, Die Philosophie der Griechen, t. II, p. 382.

[3] Fragm. 1, 2, edit. Karsten.

[4] Xenophan. Fragm. 5, 6, edit. Karsten. Clem. Alex. Stromat., V, p. 601.

[5] Interrogé par les Éléates, s'ils devaient immoler des victimes à Leucothée, et la pleurer ou non, il leur conseilla de ne pas la pleurer s'ils la croyaient une déesse, et de ne pas lui offrir de sacrifices s'ils la regardaient comme une mortelle (Aristot. Rhetor., II, 23, p. 287).

[6] Plutarch., De placit. philos., V, I, p. 650.

leurs yeux, tout est inerte et passif, et si les corps ont
pu se mouvoir, c'est par suite de chocs (πληγαι) qui se
sont succédé de toute éternité [1]. L'âme n'est que la force
vitale qui grandit et vieillit avec le corps [2]. Cependant
Démocrite ne niait pas encore absolument l'existence des
dieux, mais ceux-ci n'étaient, à ses yeux, que des formes
(εἴδωλα), autrement dit des phénomènes visibles [3], des
météores auxquels, à ce qu'il semble, il prêtait une individualité, une âme, et qu'il supposait dès lors pouvoir entrer
avec l'homme dans une relation bienfaisante ou malfai-
sante ; car, selon lui, les dieux peuvent nous révéler l'avenir et faire entendre à nos oreilles une voix articulée [4].

Quant à la morale de Démocrite, elle n'est qu'un
égoïsme bien entendu ; elle se confond avec l'art de vivre
heureux, et n'a pas pour base le devoir [5].

Épicure emprunta à l'école atomistique le fond de son
système, et généralisa des principes que Leucippe et
Démocrite n'avaient fait souvent qu'indiquer. S'il n'ose
pas dire hautement que les dieux n'existent pas, de
peur de s'attirer le châtiment des lois et l'animad-
version du peuple [6], il en fait au moins des êtres pure-

---

[1] Stob. *Eclog. phys.*, I, p. 348. Cicer., *De natur. deor.*, I, 12, 29.
Cf. Ravaisson, *Mémoire sur le stoïcisme*, p. 8. Zeller, *Die Philosophie
der Griechen*, t. I, p. 641.

[2] Stob. *Serm.*, CLXVI, 25. Aussi Démocrite admettait-il que, dans le
cadavre, il restait une partie de l'âme, montrant par là que l'âme n'était
pour lui que le principe d'organisation (Plutarch. *Placit. philos.*, IV, 4.
Cicer. *Tuscul.*, I, 34).

[3] Sext. Empiric. *Adv. Math.*, IX, 24. Cf. Brandis, *Handbuch*, p. 388,
389. Zeus était l'air, selon Démocrite (voy. *Oper.*, edit. Mullach, p. 237).

[4] Sext. Empiric. *Adv. Math.*, IX, 19.

[5] Voy. H. Ritter, *Histoire de la philosophie*, t. I, p. 494, 495.

[6] Posidonius a fort bien montré qu'Épicure déguisait à dessein son
athéisme.

ment contingents, et comme lés citoyens d'un autre monde, étrangers, indifférents à celui-ci[1]. Épicure rejette toute notion divine comme une pure imagination, variable d'un peuple à l'autre[2], et extirpe toute religion en ôtant aux dieux la volonté de faire le bien[3]. Il anéantit toute croyance à une autre vie, toute espérance d'une rémunération et toute crainte d'un châtiment futur. Par là, il délivra les esprits de terreurs qui troublaient encore plus leur repos qu'elles ne servaient à leur amélioration, et mérita la reconnaissance de ses disciples[4]. Mais, en même temps, il priva l'homme de la consolation de la prière[5], et réduisit la morale à n'être plus qu'une intelligence bien entendue de nos besoins et de nos aises Il réhabilita ainsi la volupté, tout en prêchant la modération dans les plaisirs; et si sa philosophie a pu contribuer à adoucir les mœurs, en apprenant à l'homme à raisonner ses actes et à résister à ses passions féroces et brutales[6], elle n'a fait, par contre, que

[1] Voy. Senec., *De benefic.*, IV, 9. Philodem. ap. *Volumin. Hercul.*, t. VI, p. 43.

[2] Cicer., *De nat. deor.*, I, 21, 22, 29.

[3] *Ibid.*, I, 43.

[4] Voyez l'éloquent tableau que M. Ravaisson a tracé des craintes superstitieuses qu'entretenait alors la religion, et de l'enthousiasme qu'inspira celui qui en délivrait les esprits (*Mémoire sur le stoïcisme*, p. 10, 11).

[5] « Itaque non dat Deus beneficia, sed securus et negligens nostri, » aversus a mundo, aliud agit, aut quæ maxima Epicuro felicitas vi- » detur, nihil agit, nec magis illum beneficia quam injuriæ tangunt. » Hoc qui dicit, non exaudit precantium voces, et undique sublatis in » cœlum manibus vota facientium privata ac publica. » (Senec., *De benefic.*, IV, 4.)

[6] Voy. E. Zeller, *Die Philosophie der Griechen*, I. III, part. I, p. 363, sq.

des gens faciles et accommodants, d'aimables égoïstes, et non des hommes réellement vertueux[1]; elle a anéanti tout idéal[2], et, en rapetissant la vertu, ouvert la porte à tous les vices[3]. De là les accusations souvent injustes dirigées contre la secte épicurienne par ceux qui ne la jugeaient que par ses principes, sans considérer comment elle les appliquait[4].

Substituant à la théologie des doctrines purement physiques, au sentiment religieux la raison, détournant les esprits de toute préoccupation de culte, ne faisant de la morale qu'une simple règle de conduite, Épicure doit être regardé comme celui de tous les philosophes qui a préparé davantage la décadence des croyances publiques. Il est vrai qu'originairement peu répandue, adoptée seulement d'abord par quelques riches, et quelques heureux oisifs[5], accueillie de voluptueux, d'égoïstes qui exagéraient les principes du maitre, sa doctrine n'exerça pas une influence aussi funeste sur le polythéisme qu'elle l'eût fait si elle avait été de nature à devenir populaire. Car la majorité éprouve un impé-

---

[1] On voit, par ce que dit Cicéron, que les Épicuriens étaient généralement assez bonnes gens (*Tuscul. quæst.*, III, 21).

[2] « Sentit (Epicurus) autem nihil unquam elegans, nihil decorum. » (Cicer., *De divinat.*, I, 30.)

[3] Les Épicuriens sont généralement signalés comme des volupteux et des gourmands (cf. Lucian. *Hermotim.*, c. 16, p. 25, edit. Lehmann). Sénèque nous dit que les gens débauchés et dépravés cherchaient dans les préceptes de l'école épicurienne, la justification de leur conduite, qui était cependant, au fond, en opposition avec l'enseignement de son fondateur (*De vita beata*, c. 12).

[4] « Itaque non dico, quod plerique nostrorum sectam Epicuri flagi- » tionem magistram esse : sed illud dico, male audit, infamis est et, » immerito. » (Senec., *De vita beata*, c. 12.)

[5] Cicéron nous dit que, de son temps, les écrits d'Épicure n'étaient que dans les mains de ses sectateurs (*Tuscul. quæst.*, II, 3).

rieux besoin de croyances et les négations de l'épicu-
risme étaient trop contraires à ce besoin pour conquérir
les esprits.

Bien que les Cyniques n'aient exercé qu'une faible
influence sur les idées de leur temps, ils ont pu contribuer aussi à ébranler la religion par le mépris qu'ils
affichaient pour elle. Différents mots d'Antisthène et de
Diogène décèlent suffisamment leur incrédulité. Ce dernier tenait pour des insensés les devins et les interprètes
des songes, et regardait les fêtes de Dionysos comme
une chose admirable pour des fous [1]. Il n'avait nul respect pour les choses saintes, et croyait permis de manger
les viandes interdites par la religion [2]. La secte cynique
répond jusqu'à un certain point, pour la Grèce, à ce que
furent les ascètes en Orient [3]; mais elle s'en distingue
profondément, en ce que sa doctrine du renoncement
n'était pas fondée sur une pensée religieuse. Les cyniques
ont laissé peu d'écrits; Diogène ne paraît pas en avoir
composé, en sorte que, s'ils exercèrent quelque influence
sur les mœurs, ce fut plutôt par leur exemple que par
leur doctrine; toutefois leur exagération de simplicité
provoqua plus de raillerie que d'admiration.

Je n'ai encore parlé que des philosophies, des corps de
doctrine qui minaient l'édifice religieux; mais les philosophes n'étaient pas les seuls à ébranler la foi; l'incrédulité ne prenait pas toujours une forme aussi scientifique.
L'irréligion s'était déjà produite d'une manière moins

[1] Diogen. Laert., VI, p. 380.
[2] Diogen. Laert., VI, p. 44. Il pensait même qu'on pouvait manger de
la chair humaine.
[3] On voit, en effet, Diogène se livrer à de véritables actes d'ascétisme; l'été, il se roulait dans le sable brûlant; l'hiver, il embrassait des
statues couvertes de neige (Diogen. Laert., VI, p. 384).

systématique et moins savante, quand Socrate avait tenté de réformer la religion nationale. Il y avait alors bon nombre de sceptiques, d'athées[1], inspirés, peut-être par l'école atomistique[2]. Bien des gens doutaient de l'immortalité de l'âme. Cébès, parlant à Socrate, dit que les hommes s'imaginent presque tous que lorsque l'âme a quitté le corps, elle cesse d'exister, elle s'évanouit comme une vapeur qui se dissipe. Platon, on l'a vu, s'efforce de combattre ces raisonnements[3], et Socrate a épuisé tous les arguments pour réfuter les sophistes qui n'admettaient aucune vérité absolue, aucun principe fixe, et soutenaient que tout dépend de l'opinion[4]. Protagoras d'Abdère, disciple de Démocrite, doutait des dieux[5], et donnait l'homme pour la mesure de toutes choses[6]. Il faut le dire aussi, ces maximes n'étaient que la

---

[1] Platon. *Leg.*, XI, p. 463; XII, § 4, p. 593. Les athées n'étaient pas rares en Grèce (voy. Ælian. *Hist. var.*, II, 81). « Dans tous les temps, écrit Platon, qui fait parler un Athénien, il y a eu plus ou moins de personnes attaquées de cette maladie (l'athéisme), » et il ajoute : « Aucun de ceux qui, dans leur jeunesse, ont cru qu'il n'y a point de dieux, n'a persisté jusqu'à la vieillesse dans cette opinion. » (*Leg.*, X, § 3, p. 470; voy. ce qui est dit plus loin du retour des philosophes à la foi.)

[2] Métrodore de Scepsis, qui était élève de Démocrite, soutint que nous ne pouvons avoir de certitude sur rien (Cicer. *Acad.*, IV, 23; cf. Sext. Empiric. *Adv. Math.*, VII, 48, 88; Simplic., *In Phys.*, f° 7). Il expliqua par des allégories toute la mythologie d'Homère (Tatian. *Orat. ad Græc.*, c. 37, § 8).

[3] *Phædon.*, § 39, p. 197. Il est vrai que cette incrédulité a été de tous les temps, et on la retrouve plus ou moins avouée, même aux époques de foi, chez des esprits qui ne sont pas, pour cela, exempts de superstition.

[4] Voy., sur l'incrédulité des sophistes, Zeller, *Die Philosophie der Griechen*, t. I, p. 781.

[5] Athén., VIII, p. 354. Cicer., *De natur. deor.*, I, 12. Diogen. Laert., IX, 8, 51. Maxim. Tyr. *Dissert*, XVII, 5. p. 319. Theophil., *Ad Autolyc.*, III. 7.

[6] Sext. Empiric. *Pyrrh. Hyp.*, I, 217. Aristot. *Metaphys.*, XI, 6.

théorie des actes qui commençaient à se pratiquer dans
une société corrompue et en décadence. En professant
le principe que le droit se confond avec l'utile et la justice avec la force, les sophistes répétaient ce que disaient
les tyrans et les démagogues [1]. Leur école avait rencontré de nombreux admirateurs [2]. Un pyrrhonisme
qui devait plus tard prendre une forme plus décidée
avec celui dont il emprunta le nom, préparait ainsi la
ruine de la morale demeurée sans point d'appui [3]. Chaque
jour l'incrédulité devenait moins timide. Prodicus, sans
être athée, ne voyait dans les dieux grecs que de la
terre, de l'eau, des astres auxquels la crédulité populaire
prêtait une puissance et une volonté [4]. Critias donnait la
croyance aux dieux pour une invention des hommes
d'État [5], et Diagoras, qui vivait vers la LXXXXe olympiade,
professait, si l'on en croit les anciens, ouvertement
l'athéisme [6]. Peut-être Diagoras n'était-il point un athée

Cicer. *Acad.*, II, 46. Damasc., *De prim. princip.*, p. 587, edit. Kopp.
Hermias, *Irrisio gentil. philosoph.*, c. 9.
[1] Platon., *De Republ.*, I, p. 338 c. Cf. F. Laurent, *Histoire du droit
des gens*, t. II, p. 239.
[2] C'est à quoi fait allusion Thucydide (I, 76; V, 105). Cf. Brandis,
Handbuch, p. 518, note.
[3] Aussi voit-on Calliclès et Thrasymaque de Chalcédoine ne plus
reconnaître que le droit du plus fort. (Platon. *Gorgias*, p. 482, 483;
Respubl., I, p. 338, 343, 348. Philostrat. *Vit. Sophist.*, p. 497. Cicer.
Orator., § 2.)
[4] C'est à quoi Platon fait allusion (*Leg.*, X, § 2, p. 465, 465;
cf. Cicer., *De natur. deor.*, I, 42, 118; voy. Zeller, *ouvr. cit.*, t. I,
p. 782).
[5] Sext. Empiric. *Adv. Math.*, IX, 18. Cf. Nägelsbach, *Die Nachhomerische Theologie*, p. 436.
[6] Plutarch., *De placit. philos.*, I, 7, p. 541. Suidas, v° Διαγόρας.
Maxim. Tyr. *Dissert.*, XVII, 5, p. 319. Quoique l'antiquité se soit
accordée à donner Diagoras pour un athée, M. Ch. Lenormant á sou-

dans le sens absolu du mot, mais il ne prenait pas au
moins le soin de dissimuler par un système d'exégèse,
son incrédulité à l'existence des dieux. L'école d'Evhémère, en soutenant que tous les dieux ne sont que
des hommes dont on a dénaturé l'histoire[1], venait à
l'appui de cette incrédulité, et par des interprétations
ridicules[2], acceptées plus tard d'écrivains qui n'en
comprenaient pas l'intention [3], elle tentait de réduire la
mythologie à n'être qu'un recueil de contes puérils tra-
vestis par l'ignorance. Les États portèrent d'abord des
peines sévères contre cette impiété. Quoique à Athènes

tenu, dans un mémoire lu à l'Institut, que ce philosophe se bornait à
nier l'existence des dieux du paganisme, et il produit, à l'appui de cette
opinion, les vers sur la Providence, dont la composition était attribuée
au philosophe de Mélos.

[1] Evhémère de Tégée avait composé, vers la fin du IVe siècle avant
notre ère, une histoire sacrée qui fut traduite en vers latins par Ennius.
Cf. Plutarch., *De Is. et Osir.*, § 23, p. 475. Persée, disciple de Zénon le
stoïcien, disait de même que ceux auxquels on avait donné le nom de
dieux, étaient les hommes qui avaient inventé les arts (Cicer., *De natur.
deor.*, II, 15). L'évhémérisme s'est produit dans l'Inde comme dans la
Grèce. Il se forma, en ce pays, deux écoles rationalistes : l'une,
celle de Naïroukta, explique les noms de dieux et les mythes par les
phénomènes physiques; l'autre, celle d'Aïtihasika, par des faits historiques (voy. A. Kuhn, *Zeitschrift zur vergleich. Sprach.*, ann. 1851,
p. 443).

[2] On peut juger du ridicule de ces interprétations par ce que nous
rapportent Hellanicus et Philochore dans son *Histoire de l'Attique :*
Tauros est un général du roi Minos; Aïdoneus, roi des Molosses,
possesseur d'un grand chien qui dévora Pirithoüs, avait enlevé une
femme nommée Proserpine (voy. Philochor. *Fragm.* 33; Plutarch.
Thes., § 31, p. 64, edit. Reiske). Androtion, qui suit aussi les explications évhéméristes, avance que les guerriers nés des dents du serpent
semées par Cadmus, étaient des guerriers qu'il avait ramassés de tous
côtés, et qui l'avaient accompagné de Phénicie à Thèbes (*Schol. ad
Euripid. Phœnic.*, v. 674).

[3] C'est ce qui arriva par exemple à Diodore de Sicile.

la liberté de la parole fut poussée très loin [1], on ne toléra
pas une telle atteinte portée à l'opinion de la grande majorité. Protagoras [2] et Diagoras [3] furent bannis, les sophistes
se virent poursuivis avec acharnement. On regardait
alors les hommes, qui se mettaient en opposition avec les
opinions genérales, non pas seulement comme des impos-
teurs, mais comme des méchants, comme entraînés à
l'incrédulité par les passions et leur penchant pour le plaisir [4]. La démoralisation qui suivait l'impiété scandalisait
les âmes religieuses et ne leur inspirait que plus d'aversion
pour des hommes aux arguments desquels ils n'avaient
guère à opposer que des traditions sans valeur [5].

Mais l'impiété de quelques Grecs n'ébranlait pas dans
l'esprit des masses la foi aux dieux [6], pas plus que les
saillies d'un Aristophane et d'autres comiques [7] qui sem-

1 Εἰ Ἀθήναζε ἀφικόμενος, οὖ τῆς Ἑλλάδος πλείστη ἐστὶν ἐξουσία τοῦ
λέγειν. (Platon. *Gorgias*, § 39, p. 176, edit. Bekker.)

2 Le *Traité des dieux* de Protagoras fut supprimé (Platon. *Theæt.*,
p. 160, 162). Prodicus fut, dit-on, condamné, comme Socrate, à boire
la ciguë (Suidas, vᵒ Πρόδικος; cf. Cicer., *De natur. deor.*, I, 13, 42).

3 Ælian. *Hist. var.*, II, 23. Valer. Maxim., I, 1, § 7, extern. Au dire
de quelques-uns, on accusait Diagoras d'avoir révélé la doctrine des
mystères (Cicer., *De nat. deor.*, III, 37, 89; *Schol. ad Aristoph. Av.*,
1073; cf. *Ad Ran.*, 323; Diod. Sic., XIII, 6; Sext. Empiric. *Adv.
Math.*, IX, § 53; Clem. Alex. *Cohort. ad Gent.*, p. 15, edit. Sylb.).

4 Ἀλλ' ἡγεῖσθε ἀκρατείᾳ μόνον ἡδονῶν τε καὶ ἐπιθυμιῶν ἐπὶ τὸν ἀσεβῆ βίον
ὁρμᾶσθαι τὰς ψυχὰς αὐτῶν. (Platon. *Leg.*, X, § 1, p. 464.)

5 Dans Platon, on oppose surtout, aux arguments des incrédules,
l'attachement pieux que doivent inspirer pour la croyance aux dieux,
les souvenirs d'enfance qui s'y rattachent (*Leg.*, X, § 3, p. 467, 468).

6 Cicéron écrit encore, quelques siècles plus tard, après tous les progrès
de la philosophie : «Nam ut vere loquamur, superstitio ; fusa per gentes,
» oppressit omnium fere animos atque hominum imbecillitatem occu-
» pavit. » (*De divinat.*, II, 72.)

7 Aristophane raille sans doute les dieux, mais il ne propose pas de
substituer à la religion de l'État une doctrine nouvelle. Il se moque de

blent, du reste, avoir été plutôt des bouffonneries sans
conséquences que des attaques systématiques contre la
religion de l'État. Dans la vie pratique, la superstition gardait son empire, et les philosophies incrédules ne pouvant
substituer une foi nouvelle à celle du vulgaire, le culte
restait entouré du respect public et continuait de trouver
faveur chez l'immense majorité des populations helléniques; il était même respecté par ceux qui ne lui prêtaient aucun caractère divin [1]. Ces philosophes donnaient
parfois sur leurs vieux jours l'exemple du retour à des
croyances qu'ils avaient combattues, et la peur de la mort
se combinait avec le réveil des sentiments religieux pour
les ramener à des opinions que leur vie avait désavouées [2]. Les oracles, les merveilles dont les temples

l'immoralité et de l'injustice des divinités, mais il ne nie pas leur
existence (*Aves*, v. 554, 560; *Nub.*, 247, 399-402). Il tourne en
ridicule les sacrifices, mais il ne combat pas précisément le culte (*Aves*,
v. 1515, 1525); il tient, en un mot, à peu près le langage des fabliaux
du moyen âge, aussi irrévérencieux pour les choses saintes, sans que
leurs auteurs aient été pour cela des incrédules ou des sceptiques.

[1] « Nam et majorum instituta tueri sacris cærimoniisque retinendis,
» sapientis est, » écrit Cicéron après avoir démontré l'inanité d'une des
institutions qui faisaient la base de la religion romaine (*De divinat.*, II,
72). Par habitude ou par préjugé, on voyait même des philosophes, et
notamment des Épicuriens et des Stoïciens, consulter les dieux et en
révérer les simulacres (voy. Cicer., *De natur. deor.*, I, 31; *De divinat.*, II, 38). Presque tous les Stoïciens avaient foi dans l'astrologie
chaldéenne, et Cicéron ne cite que Panétius qui la rejetât (*De divinat.*,
II, 42). Pyrrhon, malgré son scepticisme, remplit à Elis, sa patrie, les
fonctions de grand prêtre (Diogen. Laert., IX, p. 672).

[2] « Tu sauras, Socrate, que lorsqu'un homme se croit aux approches
de la mort, certaines choses sur lesquelles il était tranquille auparavant,
éveillent alors dans son esprit, des soucis et des alarmes. Ce qu'on
raconte des enfers et des châtiments qui y sont préparés à l'injustice,
ces récits, autrefois l'objet des railleries, portent maintenant le trouble
dans son âme; il craint qu'ils ne soient véritables. Affaibli par l'âge

continuaient à être le théâtre, les prodiges dont l'imagi-nation grossissait toujours le nombre et dont l'explication échappait à l'ignorance [1], étaient d'ailleurs, pour la reli-gion hellénique, de puissants appuis contre lesquels venait se briser la philosophie. Il y a dans la majorité des esprits auxquels la culture scientifique est étrangère, un tel besoin de surnaturel que le rationalisme pur ne saurait lui suffire ; aussi les progrès de la physique avaient beau dépouiller les dieux de leur cortége merveilleux, la foi aux prodiges n'en reparaissait que plus générale et plus vivace.

Voilà comment le polythéisme, tout en s'affaiblissant, tout en perdant dans les régions élevées de la société hellénique, des fidèles ou des partisans, resta encore plusieurs siècles debout, et ne s'écroula que lorsqu'un travail intestin eut repris sa base en sous-œuvre et satisfait par. des croyances nouvelles le sentiment reli-gieux que la philosophie laissait sans aliments.

ou plus près de ces lieux formidables, il semble les mieux apercevoir ; il est donc plein de défiance et de frayeur ; il se demande compte de sa conduite passée ; il recherche le mal qu'il a pu faire. Celui qui, en exa-minant sa vie, la trouve pleine d'injustices, se réveille souvent;pendant la nuit, agité de terreurs subites comme les enfants ; il tremble et il vit dans une affreuse attente. Mais celui qui n'a rien à se reprocher a sans cesse auprès de lui une douce espérance qui sert de nourrice à sa vieillesse, comme dit Pindare. » (Platon. *Leg.*, I, § 5, p. 270, sq., edit. Bekker.)

[1] Voy. Cicer., *De natur. deor.*, II, 3.

RÉSUMÉ GÉNÉRAL ET CONCLUSION.

Les religions des peuples de l'ancienne Grèce et de l'Asie Mineure présentent à l'origine une physionomie commune qui trahit l'identité des conceptions d'où elles sont sorties. Le point de départ naturaliste apparaît encore, même après que la notion divine s'est transformée, agrandie, et qu'un élément spiritualiste en a profondément modifié le caractère. C'était le spectacle de la nature qui avait inculqué aux anciens, au Grec comme au Phrygien, au Syrien comme à l'Hindou, l'idée de Dieu et fait connaître les attributs du Créateur. L'infinie variété des phénomènes cosmiques, la grandeur, la magnificence des météores, la clarté solaire, la sérénité du firmament, la richesse de la végétation, les contrastes qu'offrent le ciel et la terre suivant les saisons et les climats, ont élevé l'esprit de l'homme des anciens jours vers la puissance cachée dont tout cela est l'œuvre et la manifestation. Telle fut la révélation primaire, la voix qu'Adam, la personnification des premiers hommes, entendait au jardin d'Éden, et dont il était effrayé. Cette voix ne parlait pas, en effet, comme la nôtre; elle avait pour expression le murmure des eaux, le bruit du vent, l'éclat de la foudre, l'agitation des arbres, la clameur même des animaux. Plus on remonte dans le temps, plus attentive à son appel on trouve l'oreille de l'homme. Par elle seule nous concevons Dieu à l'origine; car ce Dieu est inaccessible à notre intelligence, insondable à nos méditations. Les religions, pas plus que les philosophies, ne sauraient nous en expliquer le mystère et l'essence. Nous sentons que Dieu est, parce que nous devons aller chercher au-dessus de nous le principe qui nous éclaire et nous fait vivre. Mais essayons-nous d'en définir et d'en comprendre le caractère, tout nous échappe, tout nous arrête, et les théodicées ne nous offrent jamais que le miroir de notre personnalité au delà de laquelle nous ne pouvons plus rien concevoir. A son éveil dans l'esprit de l'homme, la notion divine n'était donc point encore séparée de la conception de la nature, pas plus que dans l'homme vivant, l'esprit n'est séparé du corps. Aussi, lorsque les populations primitives portaient à la Divinité leurs adorations, ne pouvait-on distinguer si c'était à l'agent physique, au phénomène, qu'elles s'adressaient, ou si elles en invoquaient l'auteur suprême. Partout où le Pélasge ou le Grec apercevait un météore, soupçonnait une force cachée, rencontrait un principe bienfaisant et créateur, il adorait un dieu. L'univers se trouvait de la sorte rempli pour lui de divinités, parce que l'univers est en effet divin dans toutes ses parties. L'esprit humain ne cherchait point alors à démêler dans quels rapports de subordination et de dépendance ces phénomènes peuvent être avec la cause une, primordiale, qui les enfante ; il sentait plus qu'il ne concevait la Divinité ; il l'apercevait à travers la nature, qui en décompose l'unité comme le prisme décompose le spectre solaire, pour en mieux montrer les rayons lumineux. Ainsi, les forces physiques s'offraient à l'homme des anciens âges comme autant d'individualités ayant chacune sa vie propre et son caractère personnel. La poésie prêtait aux divers phénomènes les formes, le langage et l'intelligence qui appartiennent à l'homme, et transportait dans le monde

physique toutes les données du monde moral. Telle est
l'espèce de panthéisme que l'on trouve si admirablement
peinte dans le *Rig-Véda*, et qui perce encore dans les
mythes de la Grèce et de l'Asie Mineure. La tendance à
faire de chaque partie de l'univers un individu conçu à
notre image, alla tous les jours se prononçant davantage. Les traits que l'allégorie poétique prêtait aux météores, aux agents cosmiques, à la terre, au feu, à l'air,
aux eaux, aux nuages, aux arbres, aux animaux mêmes,
devinrent les linéaments d'une figure dont l'esquisse se
dessine de plus en plus nettement, et qui finit par représenter un personnage tout humain. Ce personnage, c'est
le dieu des Hellènes, c'est le dieu d'Homère que l'on ne
peut plus distinguer de l'homme, et qui se mêle à ses
actes et à ses combats ; c'est aussi le dieu d'Hésiode.
Toutefois, chez ce poëte, l'humanité n'est pas aussi
complète en Dieu ; le corps de ses divinités garde quelque chose de fantastique et de vaporeux qui rappelle les
phénomènes incarnés dans leurs personnes. Telle est la
théologie au grand âge de l'anthropomorphisme ; le dieu
est devenu homme ; son corps est, comme celui des
premiers humains façonnés par Prométhée, pétri d'air,
de feu, de terre, de lumière et d'eau ; mais on peut, en
le décomposant par la chimie de la critique, en séparer
les éléments générateurs, et rendre au naturalisme primitif ces personnages divins qui semblaient faits de notre
chair et de nos os. L'imagination populaire prête aux
dieux nos idées et nos passions; elle ne peut se les
représenter qu'occupés des mêmes desseins que nous,
poussés par les mêmes mobiles, en proie aux mêmes
préoccupations. Toutefois la figure humaine est susceptible de s'ennoblir, de se modifier, de s'embellir. Les

traits prêtés aux dieux purent donc aussi gagner en noblesssc et en beauté, et ce fut le résultat des progrès de l'art. Les Grecs, les plus beaux des peuples de l'antiquité, avaient au plus haut degré le sentiment de la perfection dans les formes et de l'harmonie dans les parties. Le ciseau de leurs statuaires réussit à répandre sur le visage des dieux, dans leur, aspect et leur maintien, le sentiment de la force, de la vertu qu'ils personnifiaient. Zeus, Héra, Athéné, Apollon, Artémis, Poséidon, Aphrodite, Déméter et sa fille Proserpine, Dionysos et Hercule, devenaient autant de types où les artistes réunirent ce que nous appelons l'idéal de l'homme et de la femme,. aux différents âges, dans les diverses conditions de la vie, les diverses manifestations des vertus qu'ils tiennent de Dieu. Tel est le caractère des divinités grecques du vi⁰ au iv⁰ siècle avant notre ère. Ce sentiment profond que l'art hellénique sut acquérir de ce qu'il y a de vraiment divin en nous, se retrouve, bien que peut-être moins prononcé, dans la poésie et dans le culte, dans les hymnes sacrés et dans les solennités religieuses. Ce n'est plus seulement la nature dont on veut rappeler les phénomènes et fêter les bienfaits, c'est le côté moral que l'on cherche à développer. Ce côté n'apparaît d'abord que comme le reflet du côté physique; mais une vive intuition du beau, en ennoblissant celui-ci, fait aussi ressortir davantage le premier. A chaque type physique se trouva ainsi correspondre un type moral. On avait commencé par diviniser toutes les forces morales, par changer en autant d'individualités divines les vertus du cœur humain. Comme une étroite liaison existait, selon l'opinion des Grecs, entre le beau et le bien, dont il est le reflet, suivant la magnifique expres-

sion de Platon, le dieu de la belle nature se trouva transformé en une divinité morale et intellectuelle. Cette
transformation ne fut toutefois jamais complète ; la divinité hellénique ne devint point un pur esprit ayant pour
essence une entité morale, pas plus qu'elle n'avait été
dans le principe une pure conception physique. L'imagination populaire ne se représentait la bonté, la justice,
la force, la prudence, la chasteté, l'amour maternel, le
courage, la tempérance, que sous des traits qui pouvaient rendre ces vertus sensibles aux yeux. Il y a d'ordinaire dans la physionomie de celui qui les possède,
dans son abord et jusque dans ses mouvements, comme
un rayonnement de son âme, et c'est ce rayonnement
que le Grec choisissait pour l'image du dieu en qui la
vertu était personnifiée [1]. Mais ces vertus ne mettent
pas les dieux à l'abri de nos fautes et de nos faiblesses.
L'Hellène ne pouvait concevoir un dieu-homme sans lui
supposer aussi, quelque idéalisés que fussent ses traits,
les imperfections qui tiennent à notre nature, et que
nous ne séparons pas d'une existence terrestre. De là,
l'idée de divinités qui se rapprochent davantage de nous
et qui sont à la fois plus accessibles à notre intelligence
et à nos prières. La distance qui existait entre un Grec
et Zeus ou Héra n'était pas celle qui existe entre le philosophe moderne et la Divinité insondable et incompréhensible, éternelle et immanente, qu'il est conduit à
reconnaître par la logique et la méditation. L'ancien
trouvait dans son dieu un type sur lequel il pouvait se

---

[1] « Nam et oculi nimis arguti, quemadmodum animo affecti simus
» loquuntur ; et is qui appellatur vultus, qui nullo in animante esse,
» præter hominem, potest, indicat mores ; cujus vim Græci norunt. »
(Cicer., *De legib.*, I. 9.)

modeler ; il sentait en lui un protecteur et un maître
compatissant à des misères dont il n'était pas lui-même
absolument exempt. Sans doute il fut entraîné par le
sentiment instinctif de l'unité divine à subordonner tous
les dieux à Zeus ; mais à côté de ce roi de l'Olympe, il
trouvait placés sur des trônes moins élevés une foule de
médiateurs plus disposés à l'entendre, parce qu'ils
n'étaient pas eux-mêmes les inexorables arbitres de la
destinée. Chacun comptait dans l'Olympe un patron
auquel il était lié par une certaine communauté de
caractère, d'âge et de condition. C'est à lui qu'il adressait de préférence ses adorations. Chaque ville avait aussi
sa divinité protectrice, occupée des mêmes intérêts,
des mêmes intentions, portant en quelque sorte l'empreinte de son sol et de son climat, puisqu'elle n'était
en réalité que la personnification de la ville elle-même.
Malheureusement, par cela seul que le Grec reportait
à la divinité son genre de vie et ses instincts, il lui prêtait ses passions et ses entrainements coupables, et trouvait ainsi la justification de quelques-uns de ses désordres. La conséquence de ce polythéisme fut une morale
moins pure que celle des religions où la Divinité est
dégagée davantage du type humain, d'après lequel nous
sommes toujours entraînés à la concevoir.

La morale eut donc à souffrir chez les Grecs, de la
tendance anthropomorphique et de l'association trop
étroite entre le symbole physique et l'idée religieuse.
Mais, d'un autre côté, l'anthropomorphisme faisait
pénétrer davantage la religion dans la vie ; les dieux se
mêlaient plus à nos actes, ils étaient toujours présents, et
l'imagination les retrouvait partout. Là où la physique
scientifique n'eût aperçu que des forces brutes et des

conséquences fatales, l'ancien croyait entendre la voix
d'un dieu, reconnaître la preuve de sa bienveillance ou de
son courroux. D'ailleurs, plus le type divin s'ennoblis-
sait, plus on écartait de la conception théologique les
idées grossières et immorales qui prédominaient dans
le principe. Le côté matérialiste était rejeté sur l'ar-
rière-plan, et, dans les rites mêmes qui le rappelaient
davantage, une idée religieuse corrigeait la trop grande
crudité du symbole. Les dieux cessaient ainsi d'être des
personnifications de la nature, et devenaient des personnes divines rattachées, comme dans une même union
hypostatique, par la notion du divin que résumait Zeus
ou Jupiter.

On peut donc dire que le polythéisme de la Grèce antique n'a été qu'une marche constante vers le christianisme, marche lente, il est vrai, et parfois un peu
détournée, mais d'autant plus sûre qu'elle était la conséquence du mouvement général des esprits. Le polythéisme hellénique fut, à certains égards, une préparation, une introduction à la religion sortie de l'Évangile,
qui devait pourtant le combattre et en triompher.

A l'antique révélation de la nature, qui nous parle au
plus intime de la conscience, qui emprunte cette voix
plus éloquente que des sons articulés, que des mots agen-
cés par les lois de la grammaire, la voix du cœur, de
l'instinct, de l'élan spontané, qui est celle de Dieu, avait
succédé chez une partie des Sémites une révélation plus
immédiate, celle qui conduisait Abraham dans le pays
de Chanaan. Les Hébreux s'étaient délivrés du polythéisme idolâtrique auquel les esprits étaient asservis en
Assyrie et en Égypte. Étrangers aux spéculations métaphysiques de l'Inde et de la Chaldée, ces pasteurs avaient

retrouvé ce Dieu simple et universel que la nature nous enseigne, mais dont la notion s'obscurcit promptement à travers les images infinies derrière lesquelles elle apparaît. Remontant par leurs traditions jusqu'aux plus anciens âges, les Israélites personnifiaient en eux le monothéisme, bien qu'ils ne s'en fissent encore qu'une idée étroite et imparfaite.

Le mosaïsme dota le monde de l'idée de l'unité divine, de l'unité avec une rigueur et un caractère absolu que l'on ne rencontre dans aucune autre religion de l'antiquité. Seul il enseignait ce Dieu conçu purement par la pensée, être suprême et éternel qui n'a point changé, qui ne finira point. *Summum illud et æternum, neque mutabile neque interiturum*, comme dit Tacite, commentant, sans le savoir, ces mots de l'Exode : *L'Éternel régnera à perpétuité*. C'était là une nouvelle révélation. Mais le christianisme devait modifier cette notion absolue du Dieu un, que déjà le développement du système angélologique et démonologique chez certaines sectes juives tendait à altérer. Il apporta l'idée de personnes divines représentant des manifestations diverses de l'Être unique, vivant de leur vie propre et se révélant par des actes distincts. Cette notion existait, on l'a vu, dans les religions de la Grèce, et, en s'épurant, elle avait conduit la philosophie platonicienne à décomposer la Divinité en un grand nombre d'êtres divins. Le christianisme rejeta, sans doute, une pareille multiplicité de dieux, mais il en accepta le principe, en le rattachant d'une manière plus étroite à celui de l'unité divine. Il réconcilia, pour ainsi dire, le judaïsme avec l'hellénisme, et appela par là les gentils à connaître le Dieu d'Abraham, d'Isaac et de Jacob. Tout ce qu'il y

avait de-purement physique dans la notion grecque des
dieux disparut enfin. L'œuvre des philosophes et des
néoplatoniciens qui en avaient, en quelque sorte, vapo-
risé graduellement les éléments matériels, reçut son
couronnement dans le dogme de la Trinité.

Ce dernier travail, qui acheva de rejeter au fond du
vase le limon des superstitions populaires, des fables
purement physiques, pour ne laisser arriver à la surface
que le courant limpide et pur des mythes moraux,
appartient surtout à la période qu'on 'peut appeler
celle de la décadence, parce qu'elle coïncide avec la
vieillesse du paganisme. Elle est cependant aussi celle
de son épurement et de sa transformation. Elle prépara
les peuples de l'antiquité à un enseignement moral meilleur, à une vie religieuse plus féconde et plus active.
Je me suis arrêté au seuil de cette époque où, d'autre
part, la Grèce a perdu la naïveté, l'inspiration, la poésie,
le sentiment du beau, qui firent la grandeur du polythéisme hellénique. Le Grec des premiers siècles était
plus barbare et plus superstitieux ; à certains égards, il
était cependant plus religieux ; car il y a dans cette
superstition naïve, dans cette crainte enfantine de l'invisible et de l'infini, un sentiment plus profond. et plus
vivant que dans une religion qui dogmatise, qui discute, qui substitue à l'élan du cœur les règles d'une
théologie systématique. Mais, par un autre côté, le
Grec gagna en piété, puisqu'il gagna en moralité.
Quand l'homme vieillit, quand il sent ses membres
s'affaiblir, ses facultés perdre de leur souplesse et de
leur verdeur, il acquiert en prudence, en réflexion, en
sagesse ; ses passions s'amortissent et sa morale s'épure,
il tourne les yeux vers le monde invisible qu'il. attend

au delà du tombeau ; par contre, il a perdu ses douces
illusions, ses plaisirs vifs, son imagination brillante, son
ardeur et son entrain. Il en fut de même du polythéisme antique : sa dernière période présenta tous les
avantages de la vieillesse ; elle en eut toutes les amertumes comme toutes les espérances.

L'histoire à laquelle j'ai consacré ces trois volumes
n'est donc que la première phase de la vie religieuse de
l'antiquité ; mais c'est aussi la plus belle, car cette vie
est alors dans toute sa fraîcheur et sa fécondité. Inspi-
rations et désordres, bons et mauvais entraînements, tout
y est lié, comme chez une jeunesse fougueuse qui peut
beaucoup, précisément parce qu'elle va souvent au delà
du but.

Ce qui semblait manquer à l'antiquité, c'était une
intervention plus immédiate de l'inspiration divine, une
révélation dans le sens adopté aujourd'hui. J'ai montré,
en traitant des oracles, comment les Grecs cherchèrent,
dans des communications faites par la Divinité à des prêtresses ou à des devins, un guide qui pût assurer la
constitution religieuse et affermir la morale. Là encore,
le polythéisme antique prépara les esprits à recevoir la
doctrine d'une révélation plus haute, plus générale, plus
vraiment religieuse, celle qui donna à la morale sa
sanction définitive, et servit de fondement à la plus
vaste constitution de culte qui fut jamais. Delphes et les
oracles furent comme de pâles images de la Rome chrétienne, et l'inspiration du dieu de la lumière une conception analogue à celle de l'Esprit saint qui transmet
aux hommes les volontés du Tout-Puissant.

Le caractère pratique des peuples européens a écarté
aussi de la religion ce mysticisme, cet esprit d'ascé-

tisme et de renoncement qui constituent, au contraire, un des traits saillants des religions orientales. En mettant le pied sur le sol grec ou italique, le prêtre de Cybèle, de la déesse syrienne ou d'Isis, ne devenait plus qu'un charlatan ou un vil mendiant. Encore aujourd'hui, à mesure que l'on s'éloigne de l'Orient, le moine perd davantage de ce caractère désintéressé et contemplateur qui l'élevait si haut dans les déserts de la Syrie ou de la Thébaïde. Les Juifs, si positifs, eurent aussi cependant leurs esséniens et leurs thérapeutes. Le bouddhisme exalta si fort cette vie exceptionnelle, qu'il finit par en faire la règle commune. Ces sources vives de l'esprit religieux ont manqué à la Grèce ou s'y sont promptement corrompues. Les philosophes se chargèrent, chez les Hellènes, d'inspirer à quelques-uns cette sublime misanthropie qui les met au-dessus des joies éphémères, et leur ouvre, par la méditation de l'infini, des vues plus élevées sur le monde. Au lieu de plier la religion à toutes les exigences de nos passions, de nos intérêts, de nos désirs, le sage grec, comme le moine chrétien, méprisait les richesses, évitait les fêtes, fuyait les intrigues, et prenait au sérieux ce qui n'est pour tant de gens qu'un manteau hypocrite destiné à couvrir leur ambition et leurs convoitises. L'ascète de l'Orient arrivait à cette vue désintéressée des choses par un commerce de tous les instants avec Dieu ; le sage de la Grèce y était conduit par la réflexion et la science. Tous deux nourrissaient sans doute des illusions et éprouvaient des amertumes ; tous deux substituaient souvent des conceptions chimériques à la froide réalité des faits ; mais ils possédaient véritablement les uns et les autres, bien que sous des formes différentes, la vie heureuse, qui est celle de l'esprit et du cœur. Le

philosophe hellénique entretenait par l'enthousiasme de
la science ce feu divin que le solitaire de l'Orient vivifiait
par les élans de l'amour et de la prière. Le premier
adorait Dieu, en cherchant à pénétrer l'admirable ouvrage de sa création, l'autre en lui faisant le sacrifice de
toutes ses joies et de tous ses désirs. L'ascétisme oriental
fut donc inconnu aux Grecs, qui se préservèrent ainsi de
ses aberrations et de ses folies. La Grèce antique n'eut
ni sannyasis, ni stylites, ni anachorètes, ni fakirs, ni
derviches. Elle manqua de cet élan mystique qui à
créé parfois au fond des cloîtres des âmes si puissantes
et si vigoureuses. Quand elle imposa une règle au sacerdoce, ce ne fut le plus souvent qu'un amas de pratiques superstitieuses ou puériles; on peut s'en convaincre en lisant ce que j'ai dit de l'influence des
religions asiatiques sur celle des Hellènes. Les reclus
des temples égyptiens, les ascètes de la terre des Pharaons, qui ne firent que changer de dieu, en devenant
des cénobites chrétiens, ne trouvèrent en Grèce que
peu d'imitateurs. Pythagore seul naturalisa dans les
contrées helléniques une doctrine qui consacrait une
sorte de vie monastique ; mais son école n'eut qu'une
durée éphémère. C'est que, sous le climat tempéré
de l'Europe, l'homme n'est pas, comme en Asie, porté
à la vie contemplative; alors même qu'il embrasse la
vie spirituelle, son intelligence pratique et son activité
réclament un mobile, un aliment. Sur ce point, les
temps anciens nous présentent un spectacle analogue
à celui des âges modernes.

On pourrait étendre davantage ces rapprochements. Je
ne le ferai pas, laissant au lecteur le soin de les poursuivre. Qu'il s'attache dans cet ouvrage aux faits géné-

raux mis en relief par l'ensemble des détails; car quelques-uns de ces détails peuvent encore nous être imparfaitement connus, ou, pour les bien saisir, il eût fallu des mains plus exercées, et surtout plus puissantes que les miennes. Ce que l'on tirera d'une histoire telle que celle-ci, c'est une vue complète de la vie religieuse des temps anciens; là connaissance que l'on en acquerra ainsi servira ensuite à rectifier les erreurs que j'ai pu moi-même y commettre.

FIN.

ADDITIONS ET CORRECTIONS

AUX TROIS VOLUMES DE CET OUVRAGE.

ADDITIONS ET CORRECTIONS DU TOME PREMIER.

Ces additions et corrections doivent être jointes à celles qui sont données tome I,
page 598, et tome II, pages 541, 542.

Page 88, note 5. *Au lieu de :* Le nom de Deucalion se trouve, il est
vrai, dans l'Iliade (XIII, 451), *lisez :* Le nom de Deucalion est donné
dans l'Iliade (XIII, 451) à un fils de Minos.

Page 108. ADDIT. M. L. Ménard (*De sacra poesi Græcorum*, 1859)
a émis l'opinion fort ingénieuse qu'à l'origine, Hermès était une personnification du crépuscule. Il se fonde sur divers passages de l'hymne
homérique à Hermès, qui semblent en effet se rapporter à une personnification de cette nature. On dit, par exemple, dans cet hymne, que
Maïa vivait dans un antre obscur, loin de la société des dieux, et que
Zeus s'unit à elle, à l'heure où Héra était endormie. Maïa paraît, à
M. Ménard, représenter la nuit, et lui rappelle Calypso. L'association
des idées de terre et de nuit n'a au reste rien que de très naturel. Calypso, qui offre, comme on l'a vu, le caractère d'une personnification de la profondeur des eaux, est, de même que Maïa, fille d'Atlas, et
c'est en qualité de déesse de la Nuit, qu'elle habite près des Hespérides.
Une autre tradition fait d'Hermès un fils du Jour, nouvelle donnée en
faveur du caractère crépusculaire de ce dieu. Quoi qu'il en soit de son
exactitude, cette interprétation ne contredit en rien ce que j'ai dit
d'Hermès; elle ne fait même qu'ajouter une vraisemblance de plus à
l'identité originelle de ce dieu avec Sàrameya, la chienne de l'Aurore.
De l'idée du crépuscule, on passe aisément, suivant la remarque de
M. Ménard, à toutes celles qu'Hermès nous personnifie. C'est en qualité
d'intermédiaire entre le jour et la nuit, entre la vie et la mort, qu'il
prend le caractère de psychopompe, de messager et de médiateur.

Page 113, ligne 10. *Au lieu de :* à Sosipolis, sous la figure d'un
serpent, *lisez :* que l'on adorait en Élide, sous le nom de Sosipolis.

Page 114, ligne 1. *Au lieu de :* celui de Sosipolis ou celui de Lébadée,
lisez : Sosipolis ou le démon de Lébadée.

Page 136, ligne 22. *Au lieu de :* purement local, *lisez :* plus général.

Page 151, lignes 9 et 23. *Au lieu de :* Chrysès, *lisez :* Chrysé.

Page 151, ligne 1, note 1. *Au lieu de* : Chrysès, *lisez* : Chrysé.

Page 160. ADDIT. à joindre à la note. L'usage d'enterrer dans du miel existait en Égypte. (Voy. Abd-Allatif, trad. Silvestre de Sacy, p. 199.)

Page 171, note 6. Supprimez cette note.

Page 174, note 2. Supprimez cette note, répétée ici par erreur.

Page 211. AUDIT. à joindre à la fin de la note. J. Lydus (*De ostent.*, c. 5) nous dit formellement qu'on donnait le nom d'Hélène aux feux Saint-Elme.

Page 216, note 2, ligne 3. *Au lieu de* : t. III, *lisez* : t. IV.

Page 272, ligne 24. *Au lieu de* : l'Océan, *lisez* : Nérée.

Page 275, ligne 1. *Au lieu de* : Le nom de sa fille, Calypso, *lisez* : Le nom de la fille d'Atlas, Calypso.

Page 277, note 5. *Au lieu de* : 'vaisseau, *lisez* : ruisseau.

Page 281, ligne 19. *Au lieu de* : dans l'Iliade et l'Odyssée, Perséphoné ou Proserpine pour épouse, *lisez* : dans l'Iliade, Perséphoné ou Proserpine pour épouse ; mais dans l'Odyssée, le nom de celle-ci est déjà associé au sien.

Page 293, ligne 1. AUDIT. *Substituez aux premières lignes* : Athéné n'est pas formellement mentionnée, dans Homère, comme la déesse protectrice d'Athènes, bien que, dans deux passages peut-être interpolés, elle apparaisse comme une des divinités de cette ville dite aux larges rues (εὐρυάγυια). (Voy. *Iliad.*, II, 549 ; *Odyss.*, VII, 80.)

Page 304, ligne 5. *Au lieu de* : le bouclier *d'Achille*, *lisez* : le bouclier *d'Hercule*.

Page 359, note, ligne 16. Les mots *shaphád açvasya* doivent être placés après *de son sabot*, car ils signifient *ex ungulá equi*.

Page 538. ADDIT. à la note 4. Ce sujet était d'ailleurs traité sur l'un des bas-reliefs du temple de Zeus olympien, dont le musée du Louvre possède des fragments (Clarac, *Musée de sculpture*, t. II, part. I, p. 554). Ainsi la destruction des oiseaux stymphalides se rattachait à des traditions aussi anciennes que les autres travaux d'Hercule. Il en faut dire autant des cavales de Diomède, que les artistes grecs avaient sculptées au même temple, à une époque qui ne peut être beaucoup plus moderne que celle d'Alcamène, 450 ans environ avant notre ère. De ces faits et des précédents, il résulte que les travaux d'Hercule devaient déjà constituer un cycle à l'époque de Phidias, c'est-à-dire précisément à l'âge du polythéisme dont je trace le tableau dans ce chapitre.

Page 539. ADDIT. Le combat d'Hercule et de l'hydre est, avec celui du même héros contre le lion de Némée, le sujet le plus habituellement figuré sur les vases peints de la plus ancienne époque (voy. Gerhard,

Auserlesen. griechisch. Vasenbilder, t. II, pl. 93-101):' or ces vases sont incontestablement-antérieurs au iv⁰ siècle avant notre ère; car la mention du nom de l'archonte athénien sur des vases peints découverts à Bengazi a permis d'assigner pour date aux vases du style le moins ancien le milieu du iv⁰ siècle avant notre ère; ce qui fait remonter au moins un siècle plus haut les amphores archaïques de l'Italie. Diverses circonstances assignent d'ailleurs au milieu du v⁰ siècle avant notre ère l'exécution des vases d'imitation grecque découverte en Étrurie (voy. *Revue archéologique*, art. de M. Ch. Lenormant, t. V, p. 230 et suiv.). On rencontre aussi, sur des amphores de cette époque reculée, l'image d'Hercule rapportant à Eurysthée le sanglier d'Erymanthe (Gerhard, *ouvr. cit.*, t. II, pl. 97), sujet qui était sculpté au pronaos du temple d'Olympie (Pausan., V, c. 10, § 2). Cette double circonstance fait également remonter l'apparition de ce dernier mythe, en Grèce, au moins au commencement du v⁰ siècle avant notre ère. L'aventure de la biche de Cérynée nous est encore offerte par les vases du plus ancien style (Gerhard, *ouvr. cit.*, t. II, pl. 99-101).

Page 540. Addit. à la note 4. Mais la présence de ce sujet au temple de Zeus olympien (Pausan., V, c. 10, § 3) nous, est une preuve que la légende des étables d'Augias remonte au moins au v⁰ siècle avant notre ère.

Page 540. Addit. à la note 5. Le taureau de Crète était aussi un des sujets représentés au temple d'Olympie. (Pausan., *loc. cit.*)

Page 544, note 4. Addit. Hercule enchaînant Cerbère est représenté sur un vase de Vulci, de la collection Durand (J. de Witte, *Catalog.*, n° 65; cf. *Élit. des monum. céramogr.*, t. II, p. 125), ce qui confirme l'antiquité du mythe; ce sujet ne figurait pas pourtant parmi les travaux d'Hercule sculptés au temple d'Olympie.

Page 546, ligne 15. *Au lieu de :* interpellation, *lisez :* interpolation.

Page 546. Addit. à la note 8. Plusieurs de ces sujets sont représentés sur des vases peints du plus ancien style, notamment le combat d'Hercule et d'Antée, celui d'Hercule avec Cycnus et avec les Centaures (voy. Gerhard, *Auserlesen. griechisch. Vasenbilder*, t. II, pl. 94, 119, 120, 124, 125). Le combat d'Hercule contre le fleuve Achéloüs, auquel il est fait allusion dans Sophocle (*Trachin.*, 18), et que raconte Apollodore (I, 8, 1), n'était une fable ni moins anciennement célèbre ni moins populaire, puisqu'on la voit apparaître sur les vases de la bonne époque (Gerhard, *ouvr. cit.*, t. II, pl. 125). Nérée, auquel des auteurs comparativement modernes assignent une place dans le cycle d'Hercule, se voit déjà en lutte avec le fils d'Alcmène, sur de très vieux vases (Gerhard, *ouvr. cit.*, t. II, pl. 112, 113); enfin la lutte d'Hercule et de

Triton, qui ne constitue sans doute qu'une variante de celle du même héros avec Nérée, est un des sujets les plus communs sur les vases peints (Gerhard, *ouvr. cit.*, t. III, pl. 95 et suiv.). Plusieurs de ces vases sont de style archaïque ; ce qui démontre que le mythe d'Hercule et de Triton date d'une époque reculée, quoique aucun ancien poète ne nous en ait conservé le récit.

Page 592, note 1. ADDIT. C'est à titre de père des arts que Prométhée fut aussi représenté comme l'inventeur des jeux gymniques. (Voy. Philostrate, *Traité de gymnastique*, édit. Daremberg, p. 28, 30.)

ADDITIONS ET CORRECTIONS DU TOME DEUXIÈME.

Ces additions et corrections doivent être jointes à celles qui sont données tome II, page 543.

Page 61. ADDIT. à la suite de la note 1. On voit, par l'inscription découverte en 1858 à Constantini, près de Messène, que les trésors sacrés étaient ordinairement de pierre (λίθινοι), et fermaient à clef (κλαικτοί) ; ils étaient placés soit dans l'intérieur du temple, soit dans le téménos, et la clef était remise à la garde des prêtres. Cette particularité nous montre que l'emploi des troncs dans les églises doit être un emprunt fait par les chrétiens aux usages païens.

Page 170, ligne 15. *Au lieu de :* en son honneur, *lisez :* en leur honneur.

Page 218, ligne 6. ADDIT. Philostrate, dans son *Traité de gymnastique*, nous apprend quel était le véritable objet des lampadophories : les coureurs étaient placés à la distance d'un stade de l'autel, où il s'agissait d'allumer le bois destiné au sacrifice ; près de l'autel, se tenait le prêtre qui devait décerner la couronne au premier qui aurait touché le bois de son flambeau (voy. edit. Daremberg, p. 8). Cet usage n'est indiqué, il est vrai, que pour Olympie ; mais il est vraisemblable qu'il caractérisait les lampadophories en général, aussi bien celles en l'honneur d'Héphæstos que celles en l'honneur de Prométhée.

Page 249, ligne 18. ADDIT. On voit par le *Traité de gymnastique* de Philostrate, que Lyncée était représenté comme ayant excellé à lancer le javelot, et les fils de Borée comme les modèles des coureurs et des sauteurs (voy. Philostrate, édit. Daremberg, p. 6).

Page 257, ligne 25. *Au lieu de :* Hypénas, *lisez :* Hypénos. — ADDIT. Philostrate, qui confirme tous ces faits, l'appelle Hypénos l'éolien (édit. Daremberg, p. 20) ; il nous apprend aussi qu'Onomastos de Smyrne écrivit un traité sur les règles de cet exercice.

Page 268, note 5. AUDIT. On voit par Philostrate que l'autorité des hellanodices était absolue. Ils réglaient les exercices, non d'après un programme déterminé à l'avance, mais selon les circonstances; la verge qu'ils portaient, symbole de leur inflexible volonté, était suspendue dans le gymnase. (*Traité de gymnastique*, édit. Daremberg, p. 92.)

Page 276, ligne 19. AUDIT. « Sont-ce des hommes, écrit Philostrate, ceux qui changent une volupté honteuse contre les couronnes et les proclamations du héraut? » (*Traité de gymnastique*, édit. Daremberg, p. 88.)

Page 285, ligne 6. ADDIT. Philostrate nous apprend, dans son *Traité de gymnastique*, que les *énoplies* et les exercices gymniques qui se célébraient aux jeux Néméens avaient lieu en l'honneur des sept chefs qui accompagnèrent Tydée.

Page 337. AUDIT. Le rituel à suivre était consigné généralement dans des livres placés sous la garde des prêtres et déposés d'ordinaire dans une cassette (κάψα). Ces livres étaient tirés de leur boîte, quand on s'apprêtait à célébrer les mystères, et donnés à ceux qui devaient les consulter, en même temps que les objets sacrés. Quant aux formalités à observer dans la cérémonie, on les inscrivait sur une stèle au lieu de sa célébration. C'est ce que vient d'achever de démontrer une curieuse inscription récemment découverte à Constantini, près de Messène, dans un mur de l'église, et qui renferme un exposé des règlements relatifs aux mystères du lieu. (Voy. *Archäologische Zeitung*, 1858, p. 251, et le journal grec intitulé Ὁ φιλόπατρις, du 5 janvier 1859.)

Cette inscription, dont on n'a pu encore extraire du mur qu'une partie, nous révèle plusieurs particularités importantes que je vais rappeler ici.

Ceux qui voulaient se faire initier aux mystères portaient en Messénie le titre de *saints* ou *consacrés* (ἱεροί). Ils devaient jurer d'observer fidèlement les prescriptions établies pour la célébration de ces cérémonies, et de ne se rendre coupable d'aucun acte qui y aurait contrevenu ; prendre l'engagement d'apporter une extrême attention à ce que tout s'y passât convenablement et saintement. Ce serment était accompagné d'une libation de vin et de sang. Le refus de le prêter entraînait une amende et l'exclusion de l'initiation. Le prêtre qui avait pour mission de veiller sur l'ordonnance générale de la cérémonie recevait ce serment.

Les hommes qui voulaient se faire initier (ἱεροί) devaient porter une couronne, et les femmes (ἱεραί) un chapeau de feutre blanc (πῖλος λευκός); ceux qui étaient qualifiés de protomystes, sans doute parce que c'était la première fois qu'ils prenaient part à l'initiation, portaient la σφενδόνη, sorte de lame dorée que l'on se mettait aussi sur le front, quand on allait consulter un oracle. Quittaient-ils la στλεγγίς, les initiés se couronnaient alors de laurier.

Les initiés marchaient pieds nus et étaient vêtus de blanc (εἱματισμὸς λευκός). Les femmes ne devaient avoir ni robes transparentes (διαφανῆ), ni franges ou bordures à leur tunique (σημεῖα), larges de plus d'un demi-doigt; elles portaient en outre un chiton de lin et un manteau (εἱμά-τιον) dont le prix ne pouvait dépasser cent drachmes. Les enfants étaient vêtus de la calasiris ou d'un vêtement d'étoffe légère (σινδονίτη) et d'un manteau (εἱμάτιον) dont le prix ne devait pas s'élever à plus d'une mine. Les esclaves étaient vêtus de même, mais la valeur de leur vêtement était abaissée à cinquante drachmes. On ajoute encore, dans l'inscription, diverses autres prescriptions relatives aux vêtements.

Pour les processions, le costume se réglait différemment; les vêtements étaient plus riches, mais des bornes étaient mises aussi au luxe. On proscrivait l'emploi des fils d'or, du fard, du rouge, des parures de tête et des coiffures élégantes pour les cheveux, des chaussures de feutre ou de peau. Tout ce qui touchait à la toilette et à l'attirail des femmes était placé sous la surveillance du gynæcome, lequel prêtait serment en entrant en charge.

L'ordre suivi dans la procession ou pompe était celui-ci. D'abord quelque bienfaiteur du temple ou de la ville, tel que ce Mnasistrate, auquel on devait, à Messène, le don de livres sur les mystères; le prêtre des dieux (ἱερεὺς τῶν θεῶν) dont les mystères étaient célébrés; les autres prêtres, les agonothètes, les hiérothytes, les joueurs de flûte. Puis venaient les vierges consacrées, conduisant les chars sur lesquels étaient placés les cistes contenant les symboles mystiques; suivaient la θοιναρ-μόστρια du quartier du temple de Démèter, les ὑποθοιναρμόστριαι à pied, ensuite la θοιναρμόστρια du cirque, puis celle d'Ægila; enfin les initiées (ἱεραί), l'une à la suite de l'autre, dans un ordre fixé par le sort, et les initiés (ἱεροί), suivant l'ordre réglé par les dix. C'était au gynæcome qu'appartenait le soin de tirer au sort pour déterminer l'ordre des initiées et des vierges dans la procession.

Cette pompe était suivie de sacrifices en l'honneur de Démèter, à laquelle on offrait une truie pleine; d'Hermès, auquel on immolait un bélier; des Grandes déesses, auxquelles on offrait une truie qui n'avait pas été couverte; d'Apollon Carneios, qui recevait un porc; de la fontaine Hagné, qui recevait une brebis.

Ainsi que cela se pratiquait pour toutes les solennités religieuses, en Grèce, un festin avait lieu après les sacrifices (ἱερὸν δεῖπνον), dans lequel on mangeait la chair des victimes, prélèvement fait des parties réservées aux dieux. Les initiées et les vierges y prenaient part.

Les victimes qui étaient destinées à être immolées, ou seulement à paraître dans la pompe, devaient être fournies dix jours à l'avance par les aspirants à l'initiation, et ceux-ci en recevaient l'avertissement du céryx. Le règlement portait deux agneaux blancs pour la purification, un bélier d'une belle couleur et cent agneaux pour les protomystes, enfin trois cochons de lait. Toutes ces victimes étaient marquées, lorsqu'elles avaient été jugées pures et remplir les conditions requises.

Chaque année, les prêtres tenaient registre de ceux qui se proposaient de concourir à la célébration des mystères, des musiciens, joueurs de flûte et de cithare.

Ceux qui prenaient part aux mystères, tant que durait leur célébration, habitaient sous des tentes dont les dimensions et la décoration étaient réglées, et dont l'accès était sévèrement interdit à ceux qui ne se faisaient pas initier. On ne devait avoir, dans ces tentes, ni lit, ni argenterie pour un prix supérieur à trois cents drachmes.

. Des huissiers ou rhabdophores veillaient à la police des mystères et étaient eux-mêmes astreints à certaines règles, dont l'infraction emportait, pour eux, exclusion de leur charge ; toutefois leurs fonctions n'étaient que subalternes, c'était au prêtre qu'appartenait la connaissance des délits dont on pouvait se rendre coupable pendant la célébration des mystères. L'inscription de Constantini règle la pénalité à cet égard, dictant toujours des peines plus sévères pour les esclaves que pour les citoyens ; car tandis qu'on se bornait à infliger l'amende à ceux-ci, les premiers étaient fustigés.

Tout ce qui touchait aux dépenses nécessitées par ces fêtes est aussi soigneusement réglé par l'inscription ; mais je n'entrerai pas dans le détail de ce précieux monument épigraphique, dont la suite fera sans doute connaître la date et achèvera d'éclairer l'interprétation. Je me suis borné à en extraire ce qui complète ce que j'ai dit des mystères. C'est grâce à l'obligeance de mon savant confrère M. W. Brunet de Presle, auquel on doit une excellente traduction de l'inscription, qu'il m'a été possible de consigner ici les principaux renseignements qui s'y trouvent contenus.

Page 459, note 5. Au lieu de : *Æneid.*, lib. VII, v. 59, sq., lisez : *Æneid.*, lib. VII, v. 88, sq.

Page 478, ligne 2. *Au lieu de :* sang, avant de prédire l'avenir d'un agneau offert en sacrifice, *lisez :* sang d'un agneau offert en sacrifice, avant de prédire l'avenir.

Page 526, ligne 10. *Au lieu de :* Gordius, père de Gygès, *lisez :* Gordias, père de Midas.

ADDITIONS ET CORRECTIONS DU TOME TROISIÈME.

Page 3, note 5, ligne 1. *Au lieu de :* οὐδὶ, *lisez :* οὐδὶ.

Page 16, note 4, ligne 2. *Au lieu de :* Ἡσίοδον, *lisez :* Ἡσιόδου.

Page 38, note, ligne 2. *Au lieu de :* mais, d'un autre côté, *lisez :* d'un autre côté.

Page 40, note 1, ligne 2. *Au lieu de :* le juste, Cyrnos, *lisez :* le juste est, Cyrnos.

Page 46, note 1, ligne 2. *Au lieu de :* κακὶα, *lisez :* κακία.

Page 116, note 3. A supprimer.

Page 133, ligne 3. *Au lieu de :* Zalmoxis, *lisez :* Zamolxis.

Page 139, note 5, et 141, note 5. *Au lieu de :* Strab., XIV, p. 315, *lisez :* Strab., XIV, p. 659.

Page 144, note 6, ligne 10. *Au lieu de :* Ἄσεις, *lisez :* Ἄσευς.

Page 234, ligne 24. *Au lieu de :* phrygienne, *lisez :* phénicienne.

Page 239, ligne 8. *Au lieu de :* l'histoire d'Halicarnasse, *lisez :* l'historien d'Halicarnasse.

Page 244, note 2, ligne 1. *Au lieu de :* phitosope, *lisez :* philosophe.

Page 255, note 1. ADDIT. Tous ces mythes ne sont pas, il est vrai, de l'invention de Phérécyde. Le mythe de Typhon et d'Échidné apparaît déjà dans Hésiode, mais la prédilection du philosophe de Syros pour le cycle mythique auquel il appartient, n'en est pas moins un symptôme des idées dualistes sur lesquelles reposait sa théogonie.

Page 263, note 3. *Au lieu de :* Cf. II, 521, *lisez :* Cf. XI, 521.

Page 321, note 1. *Au lieu de :* dans l'*Aglaopham.*, edit. Gall. cité p. 593, *lisez :* edit Gall. cité dans l'*Aglaopham.*, p. 593.

Page 389, note 1, ligne 2. *Au lieu de :* γαῖα · δ'ἐς, *lisez :* γαῖα δ'ἐς.

Page 389, note 1, ligne 3. *Au lieu de :* δίναίς, *lisez :* δίναις.

Page 389, note 1, ligne 5. *Au lieu de :* v. 14, sq., *lisez :* v. 16, sq.

Page 393, ligne 22. *Au lieu de :* qui prennent cet esprit dans leur source, *lisez :* qui prennent leur source dans cet esprit.

Page 403. AUDIT. M. Grote, qui, dans son savant ouvrage (*History of Greece*, 3ᵉ édit., t. VIII, p. 551 et suiv.), a donné un excellent exposé de la philosophie de Socrate et du rôle qu'il joua en Grèce, présente l'appréciation la plus complète, et la meilleure que nous ayons, des causes qui ont amené la condamnation de cet homme célèbre. L'historien anglais montre combien de motifs, accrus de jour en jour, s'étaient accumulés pour amener à la fin la mise en jugement d'un philosophe qui attaquait, dans son enseignement, la constitution politique d'Athènes et sa religion. En toute autre ville, Socrate n'aurait pu continuer si longtemps en paix de pareilles attaques. L'impopularité de ses relations avec Alcibiade acheva de soulever contre lui une haine que contribuaient aussi à exciter les rhéteurs et les poètes, qu'il n'avait pas ménagés dans ses paroles. En sorte que les innovations introduites par ce sage servirent aux uns de prétexte, tandis que, pour les autres, elles ont pu être un motif réel de le condamner. Il en advint au reste, pour Socrate, comme pour bien d'autres novateurs qui éprouvèrent le même sort, les intérêts qu'ils avaient froissés travaillèrent autant à leur perte que le fanatisme de ceux dont ils avaient blessé les croyances.

Page 407. *Au lieu de* : Socrate. Ce qui, *lisez* : Socrate ; ce qui.

Page 411, note 1, ligne 1. *Au lieu de* : τοῦ παντο ὡς, *lisez* : τοῦ πάντος ὡς.

Page 412, note, ligne 2. *Au lieu de* : acceperunt, *lisez* : accesserunt.

Page 430, note 2, ligne 13. *Au lieu de* : impuri spiritibus, *lisez* : impuri spiritus.

Page 431, note 2, ligne 8. *Au lieu de* : χρώμενος, *lisez* : χρώμενος.

Page 451, note 2, ligne 3. *Au lieu de* : quident, *lisez* : quidem.

Page 458, note 4, ligne 3. *Au lieu de* : intelligitur est, *lisez* : intelligitur ut.

Page 464, ligne 3. *Au lieu de* : dissimulé, *lisez* : dissimulée.

TABLE ANALYTIQUE

DES

MATIÈRES CONTENUES DANS LE TOME TROISIÈME.

———

TABLE GÉNÉRALE DES MATIÈRES

CONTENUES DANS LES TROIS VOLUMES.

Le chiffre indique la page, et le chiffre entre parenthèse qui suit, le numéro de la note. Les pages du second volume sont indiquées par la lettre A, et celles du troisième volume par la lettre B. Les additions qui sont placées à la fin du tome III sont indiquées par ADDIT. (1).

---

(1) On a pris soin de rectifier à quelques articles de la table certaines fautes qui s'étaient glissées dans l'orthographe des noms.

Aloades, 215 (1), 229.

Alopé, mère d'Hippothoüs, 423 (4).

Althée, sa légende, A, 505.

Altis (l'), bois de l'Élide, A, 36, 271.

Alyattes, la Pythie refuse de lui répondre, A, 528,

Alytarque, A, 271.

Amarynthies, fêtes, A, 21.

Amazones, étymologie de leur nom, B, 162. Caractère de ces divinités, B, 162 et suiv., 177 et suiv. Participent du caractère des divinités lunaires et mères, B, 179 et suiv. Leur reine, B, 162 (note). Divinités protectrices des villes, B, 178. Leur rôle dans la légende de Dionysos, B, 135 (1). Construisent le temple de l'Artémis d'Éphèse, B, 161. Thésée enlève la ceinture de leur reine, 539, 540.

Ambroisie (l'), nourriture divine, 366.

Ame. Idée d'Homère sur l'âme, 333, 334. Sa destinée après la mort, 583 et suiv. Ames devenues des démons, B, 426 (2).

Amenti, enfer égyptien, 280; B, 279. Scènes de l'Amenti figurées sur les monuments, B, 297, 297(2).

Amérique (processions religieuses en), B, 158.

Amilcar périt sur un bûcher, B, 246 (1).

Amitié (l'), appui de la vertu, B, 12. Comment les Grecs l'entendaient, B, 8, 9.

Ammon, dieu égyptien, signification de son nom, B, 266 (2). Son temple et son oracle, B, 265 et suiv. Étrangers qui les visitent, B, 270. Introduction de son culte en Grèce, B, 271, 272, 273. Identifié à Zeus, B, 269. Représenté avec une tête de bélier, B, 266 (3), 270. Ses diverses représentations, B, 266 (3). Mari de sa mère, B, 197 (3), 290 (7).

Amour. Voy. Éros.

Amour de la Divinité pour l'homme, 341.

Amphiaraüs, devin, son oracle à Orope, A, 458. Prophéties qu'on lui attribuait, A, 535 (6).

Amphictyon, roi mythique, A, 189.

Amphictyonie des Pélasges, 20. De Delphes, A, 11 et suiv., 67. D'autres peuples, A, 16 et suiv. Serment des amphictyons, A, 166.

Amphidromie, A, 243.

Amphilochus, son oracle à Mallus, A, 459.

Amphilytus d'Acharnes, devin, A, 519.

Amphion, 211.

Amphiphons, gâteaux sacrés, A, 117.

Amphitrite, épouse de Poseidon, 98, 272.

Amulettes, leur emploi, A, 505.

Amygdalos, personnification de l'amandier, B, 98.

Amymone, sa légende, 422 (3). Sujet d'une tragédie, 422.

Anacharsis porte le culte de Cybèle à Cyzique, B, 114.

Anactotélestes, A, 312.

Anahid. La même qu'Anaïtis, B, 170.

Anaïs. La même qu'Anaïtis, B, 170 (4).

Anaïtis, déesse, B, 96, 168 et suiv. Ses temples, B, 169 (4). Ses rapports avec l'Artémis taurique, B, 168.

Anax. Emploi de cette épithète, 161, 252. Surnom des Dioscures, 210, A. 32. Surnom des Cabires de Samothrace, A, 309.

Anaxagore, sa doctrine religieuse, B, 393 et suiv. Accusé d'impiété, B, 395.

Anaximandre prend les dieux pour des étoiles, B, 463.

Ancêtres (culte des), 170, 171 (supprimez la note 6, p. 171).

Anchise, aimé d'Aphrodite, 297. Rapproché d'Atys, B, 115, 116.

Andocide (le rhéteur), ses paroles aux Athéniens, A, 346.

Andromède, sa légende, 417, B, 237.

Andros (île d'). Son temple de Dionysos, A, 52.

Ange gardien (l') (doctrine de), B, 423.

Anges, qualification appliquée aux démons, B, 431 (2). Président aux

Athéisme réfuté par Platon, B, 410 (4).

Athénaïs, nom d'une sibylle, A, 512.

Athéné, sa naissance, 427. Surnommée Tritogénie, 96, 100, 233 (1), 427, 428. Tritonia, 97. Identique à Pallas, 98. Alalcoménie, 98 (4). Son caractère et ses différentes formes, 98, 99, 100, 425 et suiv. Ses rapports avec Héphæstos, 101 (3), 427 (2), 433. Représente la lune, 138. L'air pur, 425. Ses métamorphoses, 256. Son caractère dans Homère,292,293,addit.,489. Surnommée Ergané, 432 (4), 433; A, 261. Autres surnoms, 428 (2), 431, 433 (1), 434 (1). Déesse poliade, 424, 429 (7). Protectrice d'Hercule, 302, 533. Déesse des chevaux, 432. Déesse de la guerre, 427. Point de départ de personnifications morales, 377. Personnifie la sagesse, B, 27. Personnifie l'océan des airs, 377 (2); de l'esprit, 426 (2). Déesse de la sagesse, 425, 427, 432. Divinité médicale, 451. Porte l'égide, 429. Protectrice d'Ilion, 298. Son temple à Tégée, A, 71. Ses simulacres, 428, 430, 434. Sa statue par Phidias, A, 45. Lieux où elle était adorée, 430. Son culte à Athènes, 430, A, 2. Ses fêtes, A, 208 et suiv. Ses prêtresses à Cos, A, 394. Confondue avec Neith, B 287, 288.

Athènes, culte qu'on y rendait à Athéné au temps d'Homère, 293, addit.,489. Peu importante au temps d'Homère, A, 316. On y introduit le culte de la Mère des dieux, B, 119. Siège d'une grande moralité et d'une grande corruption, B, 45, 46. Règlements relatifs aux dieux, A, 9. Sacerdoce à Athènes, A, 397, 398.

Athéniens (les), leur humanité, B, 44. Enclins à adopter des cultes étrangers, B, 70 et suiv.

Athos (mont), prescription de ses couvents, A, 224 (2).

Atlas, divinité tellurique, 107, 361. Père de Calypso, 275.

Atmosphère, océan aérien pour les Aryas, 99.

Atomistique (l'école), destructrice de la religion, B, 464 et suiv.

Attalistes, A, 430.

Atys, dieu phrygien, B, 92 et suiv. Différentes formes de son nom, B, 90 (2). Fêtes en son honneur, B, 92 et suiv. Figuré comme un Galle, B, 91 (3). Autres représentations de ce dieu, B, 131 et suiv. Fils de Calaüs, B, 95 (5). Sa légende, B, 97 et suiv. Enseigne les mystères de la Mère des dieux, B, 112. Réunit les caractères de diverses divinités asiatiques, B, 131. Rapproché d'Adonis, B, 195 et suiv.

Atys, fils de Crésus, B, 197 (1).

Augias, assainissement de ses étables, 537, addit., 490.

Augures (croyance ancienne aux), 192.

Augures d'après Homère, 324. Hésiode en recommande l'observation, 395. Art de les connaître, A, 438, 445 (1). Leur interprétation arbitraire, A, 519. Observés par les Phrygiens, B, 130. Leur étude recommandée aux princes, A, 432 (1).

Aurore, déesse, 289. Mère des vents, 361.

Autels, primitifs, 176. Leurs différentes sortes, A, 29, 30. Domestiques, A, 78.

Auxésia, déesse, A, 377. Ses mystères à Trézène, A, 378, 379.

Averne (lac), A, 491.

Avernus, étymologie de ce nom, A, 491 (4).

Axiéros, dieu de Samothrace, 206; A, 308 et suiv.

Axiochus (l'), ce que ce traité dit des initiés, A, 343 (3); de l'Hadès, B, 437 et suiv.

Ayou, personnage védique, son analogie avec Ogygès, 89.

Azar, dieu syro-phénicien rapproché d'Arès, 125.

Aziz, dieu asiatique, B, 114 (6).

Carthage, culte que l'on y rendait à Astarté, B, 218; ses monnaies représentant Astarté, B, 208 (5). Sacrifices qu'on y faisait à l'Hercule tyrien, B, 241. Son temple d'Esculape, B, 247 (3).

Cassien, ce qu'il dit des démons, B, 430 (1).

Cassotis (fontaine), 135, 460.

Castabala, culte qu'on y rend à Artémis Derasia, B, 173.

Castration (la) chez les Galles, B, 86, 87. Chez les prêtres de l'Artémis d'Ephèse, A, 416, 417 ; B, 157.

Casque, attribut d'Athéné, 429 (4).

Castalie (fontaine), A, 477, 516.

Casuistique (la) apparaît dans l'école stoïcienne, B, 460.

Caucones, peuple de la Grèce, 30, 33.

Causantha, nom d'un démon, 158 (1).

Cécité (la) regardée comme favorable à la faculté prophétique, A, 471, 472. Produite par Isis, B, 282 (1).

Cécrops élève un autel à Rhéa, 81 (7). Abolit les sacrifices humains, 185. Etymologie de son nom, 227.

Céléos ou Céléus, roi d'Eleusis, 470 et suiv.; A, 189.

Célibat (le) exigé des prêtres, A, 415, 416.

Cendre (autels faits de), 176.

Cénobites chrétiens, ressemblance de leur genre de vie avec celui des prêtres égyptiens, B, 283.

Centaures, peuple de bouviers, 12 (1). Leur sauvagerie, 14 (2). Personnages mythiques, 202.

Centriades (les), A, 122, 390.

Céphale, caractère de sa légende, B, 202.

Céphalides (les), famille sacerdotale, A, 388.

Céphise (le), rivière, détournée par Hercule, 596.

Cerbère, chien des enfers, 388, 514. Gâteau de miel qu'on lui jette, A, 487 (6); enchaîné par Hercule, addit., 490.

Céréales placées sous la protection de Déméter, 461.

Cérès, ses prêtresses à Agrigente, A, 418.

Cerf, animal consacré à l'Artémis d'Ephèse, B, 154.

Céryces (les), famille sacerdotale, A, 388. Voy. Céryx.

Cérynée (mont), sa biche aux cornes d'or, 538.

Céryx, héraut, A, 243, 292.

Cêto, divinité marine, 357; B, 232 (2).

Chabrias, fête en l'honneur de sa victoire, A, 237.

Chalcas ou Chalcos invente l'airain, 232.

Chaldéens (les), purifications qu'ils pratiquaient, B, 314 (1).

Chamanisme, 191, 192.

Chamyné, surnom de Déméter, A, 274.

Chaos (le) dans Hésiode, 370.

Chapelles, A, 32, 79.

Char, images de divinités placées sur un char, B, 85.

Char d'airain, conservé à Cranon, A, 52.

Charilées (les), fêtes, A, 283.

Charis, divinité de la grâce, 296. Les Charites ou les Grâces, 378. Rapprochés d'Héphæstos, 499.

Charité (la), caractère de cette vertu dans Hésiode, 383. Chrétienne inconnue à l'antiquité, B, 12 et suiv.

Charmes, leur emploi. Voy. Incantations.

Charon, obole qu'on lui offrait, A, 153, 154.

Charondas, B, 342 (2), 381.

Charonium, lieux ainsi appelés, 589 (4), A, 489, 490, 492.

Chasteté (la) prescrite aux femmes, B, 31, 32. Recommandée par l'école pythagoricienne, B, 369, 376. Voy. Continence.

CHATEAUBRIAND, ce qu'il dit des fêtes des Indiens, 189 (1).

Châtiments envoyés par les dieux, 342.

Chemmis, culte qu'on y rendait à Persée, B, 293.

Chêne, consacré à Zeus, 55. Adoré par les Gaulois, 181. De Dodone, 195. Voy. Glands doux.

Diogène (le philosophe), actes auxquels il se livre, B, 468 (3). Ce qu'il disait à propos des mystères, A, 346.

Diogène de Babylone, son livre sur la divination, A, 443.

Diomède, blessé, 255.

Diomède, roi thrace, ses cavales, 540.

Dion, fantôme dont il est effrayé, 580.

Dion Chrysostome, son discours aux jeux olympiques, A, 273. Ce qu'il dit des démons, B, 424 (3).

Dioné, déesse, 73. En rapport avec Déméter, 78.

Dionysastes (les), A, 427 et suiv.

Dionysies, fêtes, A, 186 et suiv.; champêtres, A, 190. Grandes Dionysies, A, 197. Confondues avec les Sabazies, B, 121 et suiv. Identifiées avec les fêtes d'Adonis et d'autres, B, 227.

Dionysos, son culte prévaut en Macédoine et en Thrace, 51. Associé à Dioné, 74. Ses origines, 118 et suiv., 514 et suiv. Son caractère dans Homère, 299, 300. Ægobolos, 185; A, 103, 105. Evanthès, A, 199. Tauromorphe, 509; B, 278. Endendros, A, 43. Omestès, 187 ; A, 102, 103. Pogon, 512, 513. A sexe féminin, B, 106. Propagation de son culte, 500 et suiv.; A, 6. Sa légende, 503 et suiv. Ses amours avec Ariadne, 504 et suiv. Générateur des fruits. 506. Combat les géants, 510. Cathégémon; A, 429 (4). Conducteur des muses, 506. Dieu indien, 513. Rapproché d'Hercule, 523 et suiv. Ses simulacres, 512 et suiv. Son culte et ses fêtes, A, 186 et suiv , 430. Son culte associé à celui d'Apollon, 506. A celui de Déméter, A, 361, 364 et suiv Son tombeau à Delphes, B, 325 (3). Descend aux enfers, A, 364, 369. Confondu avec Osiris, B, 279 et suiv., 300. Attributs de ce dieu, 520. Invente les orgies et les danses, B, 20 (5). Effets de sa colère, A, 422, 423 ; B, 57 (2). Produit l'ivresse, A, 470. Individus inspirés par lui, A, 535. Diony-

sos de la Thrace, B, 137 et suiv. Son culte porté chez les Scythes B, 134 (4). Confondu avec tous les dieux, B, 316 (1). Dionysos Sabazius. Voy. Sabazius, Zagreus.

Diopetès (διοπετής), statues ainsi qualifiées, 179.

Dioscures, leur culte remplace celui de l'Aurore, 290. Leurs plus anciens simulacres, 178. Leur caractère primitif, 208. Invoqué dans les dangers, 209 (2). Dieux marins. 207 (4). Leurs apparitions, 575. Confondus avec les Cabires, A, 308 (2). Leur temple, A, 32.

Diosthyos, nom d'un mois, A, 235.

Dis, dieu pélasgique, 94.

Disque (lancement du), A, 258.

Dithyrambe, surnom de Dionysos, 121. Chant en son honneur, A, 133, 198 (4).

Dium en Macédoine, ses jeux fondés par Archélaüs, A, 293.

Divination dans Homère, 323 et suiv. Foi pour elle dans l'antiquité, A 432, 433. Des différents modes de divination, A, 438 et suiv. Dans le délire, A, 468 et suiv. N'était pas pratiquée dans le culte de l'Apollon ionien, 147. D'abord individuelle, A, 535, 536. Comment elle s'exerçait en Egypte, B, 270 (3). Admise par Pythagore, B, 365 et suiv. Réglée par Platon, B, 445 et suiv. Comment l'entendaient les Stoiciens, B, 459.

Divinités, leur classification, 400.

Dodone, ville ancienne de l'Epire, 50. Son ancien sanctuaire, 175. Son oracle, 195; A, 442, 524, 528.

Dodonides, surnom des nymphes, 158 (2).

Dolions (les), peuple de souche phrygienne, B, 76.

Dolopes, population pillarde, 27.

Donat (S.). Origine de sa légende, 590 (1).

Doriens, une des trois races grecques, 47. Propagent le culte d'Hercule, A, 5.

Europe, surnom de Déméter, 483.

Europs, rapproché d'Europe, B, 214 (4).

Eurymédon, accuse Aristote, A. 354.

Eurynome, génie malfaisant, 587, 588. Son image à Phigalie, 179.

Euryphaessa, mère de Phaeton, 128.

Eurysthée, fils de Sthénélus, 526 (3). Impose à Hercule ses travaux, 302, 540.

Eurytus tué par Hercule, 549, 550

Euthyme, athlète adoré comme un héros, 560.

Eutrésis, son oracle, A, 496.

Evandre, général de Persée, A, 311, 312.

Évangélides (les), A, 535 (5).

Évhémère, sa doctrine exégétique, B, 471.

Évhémérisme (l') s'est produit dans l'Inde comme dans la Grèce, B, 471 (1).

Évoé, exclamation, A, 137, 201.

Excommunication (l') au moyen âge, A, 423.

Exégètes (les), ministres sacrés, A, 409 et suiv.

Exhalaisons, leur effet sur le cerveau, A, 480 et suiv. Exhalaisons qui avaient lieu à Delphes, A, 481.

Exorcisme, A, 149 (4), 505.

Extase (l') provoquée par les narcotiques, A, 474, 478, 479 (3).

Ex-voto dans les temples, A, 47.

Ezéchiel (le prophète), symboles qu'il emprunte aux Assyriens, B, 321 (2).

Fables, leur utilité, B, 17 et suiv.

Fagus (φηγός). Voy. Glands doux, 55.

Faînes. Voy. Glands doux.

Falères, culte de Junon dans cette ville, 76.

Familles sacerdotales, B, 363 Voy. Sacerdoces héréditaires.

Familles (dieux protecteurs des), A, 2.

Fanatici, prêtres, B, 174 (1), 282 (1).

Fantômes, 574. 580; A, 146.

Fatalité (la) chez les anciens, B, 53 et suiv. Chez les Stoïciens, B, 458.

Fées (les) rappellent les Nymphes, 159, 462.

Femme (la) introduit le mal dans le monde, 369. Exclue des jeux olympiques, A, 274. Superstitieuse dans l'antiquité, B, 32. 72. Moins libre en Grèce qu'à Rome, B, 29 (7). Pythagoricienne, B, 369.

Fer (dieu du), 124 (3, 4).

Férule, plante, 511, 511 (7).

Fêtes, leur caractère en Grèce, A, 169 et suiv.; 173, 174. 247. Des premiers Grecs, 188. Dans Homère, 310. Leur influence sur la propagation du culte, A, 17 et suiv. Comment elles étaient réglées par Pythagore, B, 364. Comment elles étaient réglées par Platon, B, 442 et suiv. Fêtes funèbres, A, 164. Défenses relatives aux fêtes, A, 239, 240. Distributions faites à leur occasion, A, 64.

Fêtes religieuses, leur grossièreté au moyen âge, B, 34.

Fétiches, 182.

Feu sacré, A, 120. Voy. Hestia.

Fèves, leur usage défendu aux Pythagoriciens, B, 358.

Finnois (sacerdoce chez les), 191 (note).

Flagellation en l'honneur d'Artémis Orthia, 184; A, 105. B, 87. En l'honneur d'autres divinités, A, 105 et suiv. Pratiquée par les Galles, B, 87. Par les prêtres de la déesse syrienne, B, 216.

Flamme (divination par la), A, 444 et suiv. Purification par la flamme, B, 231.

Flèches (divination par les), 194.

Fleuves (cultes des), 155, 277; B, 110. Chez les Phrygiens, 162; B, 109.

Fleuves rois, 161.

Flûte, son emploi dans les fêtes de Cybèle, B, 84.

Flûte (air de) aux jeux pythiques, A, 279.

Foi (la) dans la divinité, B, 13, 14.

Foires aux époques des solennités religieuses, A, 15 (6), 274, 275.

Fontaine du soleil, B, 266.

B, 282 (1). Fêtes en son honneur dans la Cyrénaïque, B, 275. Son analogie avec Déméter, B, 275. Représente la sagesse divine, B, 280. Divinité médicale, B. 279. Ses apparitions, B, 279 (7). Sa ressemblance avec la vierge Marie, B, 280. Confondue avec la mère des dieux, B, 284. Ses prêtres, B, 284.

Isocrate, son discours à Nicoclès, cité B, 16. Son discours aux jeux olympiques, A, 273. Prêche la charité, B, 9. Enseigne le respect de la religion paternelle, B, 14. Excellence de sa morale, B, 9. Ce qu'il dit des poètes, B, 18. Ce qu'il dit des Égyptiens, B, 260 (1).

Istara, déesse assyrienne, B, 193 (1).

Istros ou Istrus, ce qu'il rapporte des sacrifices humains, 184.

Itanos, divinité marine, B, 151.

Ithaque, culte qu'on y rend aux Nymphes, 159.

Ivresse (l') divinisée, 578. Ses effets funestes, A, 201.

Jacobi (M.), son opinion sur le chêne ailé de Phérécyde, B, 253.

Janus (le dieu), étymologie de son nom, 54 (1).

Japet, titan, 339, 352, 353, 364.

Jardins d'Adonis, B, 222 et suiv.

Jasion, sa légende, A, 363 et suiv. Amant de Déméter, A, 321, 364 (1). Instituteur des mystères, A, 364.

Jaso, déesse médicale, 307 (2), 450 (5).

Jason, personnage mystique, 306. Identique au fond avec Jasion, 306. Tue un serpent, B, 253.

Jehovah, son analogie avec Zeus, 61, 62.

Jettes ou Jötun, leur ressemblance avec les Titans, 66 (3).

Jeûne observé dans les mystères, A, 360. Employé comme moyen de provoquer les visions, A, 493. Chez les Pythagoriciens, B, 361.

Jeux sacrés, Homère en fait à peine mention, 322, 323. Leur influence sur la propagation des cultes, A,

22 et suiv. Jeux de la Grèce, A, 248 et suiv. Héros qui y avaient excellé, A, 249, 289. Rivalité qu'ils développent, A, 296. Les quatre grands jeux de la Grèce, A, 251. Jeux olympiens, A, 251 et suiv. Leurs lois, A, 264 et suiv. Discours et lectures à leur occasion, A, 273 et suiv. Leur influence, A, 276. Jeux olympiques (autres), A, 293, 294. Jeux isthmiques, A, 286 et suiv.; néméens, A, 283 et suiv. Addit. pythiques, A, 276 et suiv. Jeux divers, A, 294 et suiv. Jeux funèbres, A, 254, 255.

Jocaste, mère d'OEdipe, 307.

Jonas (le prophète) avalé par une baleine, B, 231 (2).

Jour (le) dans Hésiode, 351.

Jours consacrés à certains dieux, 394.

Juifs, leurs fêtes assimilées par Plutarque aux Dionysies, B, 228 (7). Donnés pour des adorateurs de Saturne, B, 238 (1).

Junon, nom analogue à Dioné, 74. Nom d'une déesse latine d'origine pélasgique, 76. Lacinienne, A, 22.

Jupiter, Cicéron en distingue trois, 63 (5). Olympien, 409.

Jupiter. Voy. Zeus.

Jurupari, divinité des indigènes de l'Amérique du Sud, A, 304.

Justice, attribut de Zeus, 404. Base de toute morale, B, 2. De toute vertu, B, 40 (1) Son observation prescrite, B, 10. Son sentiment profond en Grèce, B, 39. Justice céleste, B, 48 et suiv. Ce que dit Polus de la justice, B, 370 (3).

Kalicha, sorcier galla, 191 (3).

Kerès, déesse de la mort, 284, 285, 286.

Khonds, population de l'Hindoustan, leur dieu du fer, 124 (4). Font des sacrifices humains, 182 (6). Leur dieu Boura, 223 (2).

Khons, dieu égyptien, identifié à Hercule, B, 290. Identifié à Hermès, B, 270 (1).

Kuhn (M. A.), son opinion sur les Tel-

Philochore, son traité des fêtes, A, 231.

Philolaüs, ses ouvrages, B, 383. Connus de Platon, B, 406. Ce qu'il dit de la formation du monde, B, 309 (1).

Philomélos, A, 537 (4).

Philon, son opinion sur les démons, B, 430 (1).

Philosophes (les) avaient puisé dans les mystères, A, 348. Se conformaient aux pratiques extérieures du culte, B, 473, 473 (1).

Philostrate, ce qu'il dit des jeux gymniques, addit., 492.

Phintys, fille de Callicrate, son traité sur la chasteté des femmes, B, 30, 369. Recommande aux femmes la piété, B, 31 (3). Ce qu'elle dit du culte de Cybèle, B, 95 (1).

Phlégyas, étymologie de son nom, 120 (5).

Phlégyens, branche des Lapithes, 38 (1).

Phliunte ou Phlionte, la Terre y était adorée, 68. Chapelle à Phliunte, A, 338 (1). Ses mystères, A, 369.

Phœbé, à la couronne d'or, 352.

Phœbus, surnom d'Apollon, 150.

Phobos, caractère de cette déité, 578, 578 (5).

Phocéens (les), ceux qui vont fonder Marseille se placent sous la protection de l'Artémis d'Éphèse, B, 164 (2).

Phorcys, dieu marin, 357.

Phormion, songe qu'il eut, A, 50.

Phoronée, père de Pelasgus, 75 (7). Établit le culte de Héra, 75. Fonde Argos, 221, 222. Feu de Phoronée, 222 (4).

Phosphoros, planète identifiée à diverses divinités, B, 218 (2).

Photagogie (la), dans les mystères, A, 334.

Phratrios, surnom de Zeus, 409 (1).

Phrixos, forme de Zeus, B, 215.

Phrygiens, peuple de l'Asie Mineure, 32 et suiv., 36 et suiv.; B, 73 et suiv. Croyaient aux augures, 192. Passaient pour avoir inventé l'art de les observer, A, 445 (1); B,

130. Fusion des divinités phrygiennes, B, 131. Leurs mythes transformés par les Orphiques, B, 319 et suiv.

Phryné, se montre nue en public, A, 219. Consacre une statue à Aphrodite, B, 33.

Phtha, dieu égyptien, B, 291, 292. Assimilé à Héphæstos, 292.

Phthia, aimée de Zeus, 411.

Phyles ou tribus, ancienne division des peuples de l'Ionie et de la Doride, 46 (1). Leurs dieux protecteurs, A, 2. Héros qui présidaient aux phyles d'Athènes, 558.

Phytalides (les), famille sacerdotale, A, 389. Purifient Thésée, A, 140.

Phytalos ou Phytalus, 226.

Piéros, père des Nymphes, 460.

Pierres (culte des), 177, 178; B, 101 (3).

Piété (la), recommandée surtout aux femmes, B, 31, 32.

Pillage des temples, A, 66.

Pimpléide (fontaine), A, 476.

Pin (le), figure dans les fêtes d'Atys et de Cybèle, B, 92, 93. Consacré à Dionysos, B, 103 (8).

Pindare introduit le culte de Cybèle à Thèbes, B, 119. Ce qu'il dit à Arcésilas, B, 7. Ce qu'il dit à propos des récits mythiques, B, 21. Ce qu'il dit du sort futur des justes, B, 51. Comment il représente le Destin, B, 53.

Pirène, fontaine, 303 (2), 304 (note).

Pirithoüs, compagnon de Thésée, 545.

Pisandre, son Héracléide, 536.

Pitho ou Peitho, la persuasion, 361, 496.

Pitié (la), son autel, 577. Sentiment propre aux Athéniens, B, 44.

Pitris (culte des), 171, 389 (3); A, 163, 164.

Platéens (les), prières adressées pour eux aux dieux, A, 215 (2).

Platon, ses voyages, B, 407. Se rend près du jeune Denys, B, 382 (2). Sa doctrine religieuse, B, 406-et suiv. Ce qu'il dit des dieux, B, 414 et suiv. Caractère de sa doctrine sur l'immortalité de l'âme, B, 52,

Saïs, ville d'Égypte, culte qu'on -y rendait à Neith, B, 285.

Saisons. Les trois saisons de la Grèce, 476. Voy. Heures.

Salomon donné pour l'auteur des vieilles constructions, 17 (1).

SALVERTE (Eusèbe). Sa remarque sur l'antre de Trophonius, A, 488.

Samogitiens, culte qu'ils rendaient aux âmes, 173 (4).

Samos, siége du culte de Héra, 76 (1). On y adorait Dionysos, 301. Son temple de Héra, A, 39 et suiv.

Samothrace (île de), A, 315 (1). Ses dieux, 205 ; A, 308, 309. Ses mystères, A, 306 et suiv. Son tribunal religieux, A, 67, 312. Son asile, A, 76. Son port, A, 314 (3).

Sanchoniathon, caractère de l'ouvrage qui porte ce nom, B, 235 (1).

Sandan ou Saudon, nom de l'Hercule lydien, B, 152 et suiv., 245.

Sanglier, cet animal donne la mort à Atys, B, 95 (5) ; à Adonis, B, 195, 327 (1).

Santé publique (sacrifices offerts pour la), 532 (3).

Sar, sens de ce radical, B, 147 (6). Nom d'une période chronologique assyrienne, B, 130.

Sârameya, divinité védique, type d'Hermès, 108.

Sardanapale, légende de sa mort, B, 246 (1).

Sardis, divinité phrygienne, B, 130.

Sarpédon, divinité lycienne, B, 147, 186, 187.

Sarpédonios, surnom d'Apollon, B, 147.

Satrapès, sa statue, A, 49.

Saturne, dieu latin confondu avec Cronos, B, 238 (notes).

Satyres, compagnons de Dionysos, 518. Rapprochés des Silènes, 519.

Satyrique (danse), A, 246.

Sauterelles. Hercule invoqué contre elles, 531.

Sauveur (Dieu). Ce caractère chez Hercule, 369.

Savitri, dieu solaire des Aryas, 129 (2), 219 (1), 290 (4).

Scala sancta, à Rome, A, 56 (4).

Scamandre (le), fleuve, recevait un culte, B, 113.

Scédasus apparait à Pelopidas, 186.

Schawnies (les), population indienne, sa foi aux songes, A, 447 (2).

Schéria, île fantastique, 339.

Scieries, fêtes, A, 106.

Scirophories, fêtes, A, 141.

Scirophorion, mois athénien, A, 234.

Scopas, statuaire, avait fait une Ménade, A, 207.

Scoptzi (les), secte russe, B, 86 (5).

Scythes, leurs dieux, 72 ; B, 132 et suiv. Révéraient une épée, 180. Sacrifiaient leurs prisonniers, 183 (1). A quelle race ils appartenaient, B, 132 (2).

Scythie. Les Perses y allèrent chercher le culte d'Anaïtis, B, 176.

Sel, son emploi dans les sacrifices, 318 ; A, 108, 144.

Seléné. Voy. Lune.

Selinum. Les prêtres du Dionysos orphique s'en abstenaient, B, 333 (3).

Selles (Έλλοι ou Σελλοί), prêtres du Zeus dodonéen, 38, 196.

Semélé, mère de Dionysos, 299, 502 ; A, 369. Évincée de la légende de Dionysos, A, 365.

Sémiramis, déesse adorée à Ascalon, B, 211, 212.

Septérion (le), A, 282, 283.

Sépulture, effets de sa privation, 335 ; A, 152, 153. Donnée dans les maisons, A, 80. Comment elle avait lieu, A, 161, 162.

Sérapis, dieu égyptien, B, 288, 289. Est Osiris mort, B, 279, 326. Son culte se confond avec celui d'Esculape, 451 (3).

Serment, son caractère en Grèce, A, 165, 166.

Serpent. Le serpent Ahi, 130 et suiv., 213 ; B, 252. Emblème des ténèbres, 133 ; de l'humidité, 136 ; du mal, B, 252. Sens symbolique de la destruction du serpent, 141. image des fleuves, 162, 163. Son rôle magique, 192 (3). Joue un rôle dans la divination, A, 463 et suiv. Symbole de l'autochthonie,

Lightning Source UK Ltd.
Milton Keynes UK
UKHW02f0412030518
322021UK00013B/1522/P

9 780259 869191